# Personalentwicklung

Basistexte Personalwesen

Herausgegeben von Oswald Neuberger

Bd. 2

Oswald Neuberger

# Personal-
# entwicklung

2., durchgesehene Auflage

38 Abbildungen und 16 Tabellen

Ferdinand Enke Verlag Stuttgart 1994

Prof. Dr. Oswald Neuberger
Lehrstuhl für Psychologie I
Wirtschafts- und Sozialwissenschaftliche Fakultät
der Universität Augsburg
Universitätsstr. 2
D-86159 Augsburg

**Die Deutsche Bibliothek – CIP-Einheitsaufnahme**

**Neuberger, Oswald:**
Personalentwicklung / Oswald Neuberger. - 2., durchges. Aufl.
– Stuttgart: Enke, 1994

    (Basistexte Personalwesen; Bd. 2)
    ISBN 3-432-98752-8

NE:GT

Das Werk, einschließlich aller seiner Teile, ist urheberrechtlich geschützt. Jede Verwertung außerhalb der engen Grenzen des Urheberrechtsgesetzes ist ohne Zustimmung des Verlages unzulässig und strafbar. Das gilt insbesondere für Vervielfältigungen, Übersetzungen, Mikroverfilmungen und die Einspeicherung und Verarbeitung in elektronischen Systemen.

© 1994 Ferdinand Enke Verlag

Druck und Einband: Gruner Druck, Erlangen

# Inhaltsverzeichnis                                                              Seite

| | | |
|---|---|---|
| 1. | Grundlagen | 1 |
| 1.1. | Definitionen von PE: Ein erster orientierender Zugang zum Thema | 1 |
| 1.2. | Die zwei Bestandteile des Begriffs PE | 8 |
| 1.2.1. | Personal: Das sind die Menschen ohne Ansehen der Person | 8 |
| 1.3. | Perspektiven der PE: Personale, interpersonale und apersonale Aspekte | 12 |
| 1.3.1. | Personale Merkmale | 19 |
| 1.3.2. | Interpersonale Beziehungen | 22 |
| 1.3.3. | Apersonale Systemcharakteristika | 23 |
| 1.4. | Zu den Inhalten der drei Perspektiven | 23 |
| 1.4.1. | Inhalte der personalen Hinsicht | 24 |
| 1.4.2. | Inhalte der interpersonalen Hinsicht | 26 |
| 1.4.3. | Inhalte der apersonalen Hinsicht | 33 |
| 1.5. | Zur Personal-Entwicklung | 39 |
| 1.5.1. | Entwicklungsvorstellungen: PE als rationales 'Lücken-Management' | 40 |
| 1.5.2. | Entwicklung als das Durchlaufen vorbestimmter Phasen | 43 |
| 1.5.3. | Entwicklung als Selbstorganisation | 53 |
| 1.5.4. | Selbst-Entwicklung | 54 |
| 1.5.5. | Illustrierende Rahmenmodelle der PE | 56 |
| 1.6. | Schlußbemerkung: Ein Beispiel | 67 |
| | | |
| 2. | Sozialisation für den Beruf | 70 |
| 2.1. | PE als gesellschaftliches und betriebliches Anliegen | 70 |
| 2.2. | Die Herstellung von Beruflichkeit | 71 |
| 2.2.1. | Exkurs 1: Wertewandel | 72 |
| 2.2.2. | Exkurs 2: Die historische Entwicklung der Arbeitstugenden | 82 |
| 2.3. | Sozialisation für den Beruf - einige exemplarische Themen | 92 |
| 2.3.1. | Zum Sozialcharakter des Lohnabhängigen | 93 |
| 2.3.2. | Sozialisation von Frauen | 96 |
| 2.3.3. | Beruflichkeit (Professionalität) | 101 |
| 2.4. | Beruf und Berufsausbildung | 104 |
| 2.4.1. | Zur Charakteristik von 'Beruf' | 104 |
| 2.4.2. | Das duale System der Berufsausbildung in der Bundesrepublik | 108 |
| 2.4.2.1. | Historische und rechtliche Hintergründe der Berufsausbildung | 108 |
| 2.4.2.2. | Das duale System: Rahmenbedingungen und Bewertung | 111 |
| 2.5. | Abschließende Bemerkungen | 120 |
| | | |
| 3. | Betriebliche Sozialisation | 122 |
| 3.1. | Die Bedeutung der Einführung neuer Mitarbeiter | 122 |
| 3.2. | Phasen-Modelle der betrieblichen Sozialisation | 122 |
| 3.2.1 | Vor-Eintritts-Phase | 124 |
| 3.2.2. | Eintritts-Phase: Mitglied einer speziellen Organisation werden | 126 |

| | | |
|---|---|---|
| 3.2.2.1. | Beispiele | 127 |
| 3.2.2.2. | Inhalte der Eingliederung | 133 |
| 3.2.2.3. | Einführungsprogramme | 137 |
| 3.2.2.4. | Zur Analyse der Eingliederungsstrategien | 140 |
| 3.2.2.5. | Exkurs: Trainee-Programme | 144 |
| 3.2.3. | Vollmitglied werden (Metamorphose) | 150 |
| | | |
| 4. | PE-Bedarfsermittlung und -Bedarfsdeckung | 157 |
| 4.1. | Personal-Bestand und PE-Bedarf | 157 |
| 4.2. | PE-Bedarfs-Ermittlung | 158 |
| 4.2.1. | Konzeptionelle Vorbemerkungen | 158 |
| 4.2.2. | Bedarfsermittlung als Problemlösungsprozeß | 161 |
| 4.2.3. | Methoden der Ermittlung personalen PE-Bedarfs | 168 |
| 4.3. | Bedarfsdeckung | 171 |
| 4.3.1. | Vorbemerkungen | 171 |
| 4.3.2. | Personale PE-Bedarfsdeckung | 173 |
| 4.3.3. | PE-Methoden | 176 |
| 4.3.3.1. | Überblick über die wichtigsten Methoden der PE | 176 |
| 4.3.3.2. | Zur Differenzierung von PE-Methoden | 178 |
| 4.4. | Transfer: Probleme und Möglichkeiten | 185 |
| | | |
| 5. | Die Entwicklung der interpersonalen Beziehungen | 199 |
| 5.1. | Vorbemerkungen | 199 |
| 5.2. | Arbeitsplatzferne Interventionen | 202 |
| 5.2.1. | Teamentwicklung (Teambildung) | 202 |
| 5.2.2. | Gruppendynamische Trainingsformen | 207 |
| 5.2.2.1. | Darstellung | 207 |
| 5.2.2.2. | Zur Kritik gruppendynamischer Trainingsformen | 212 |
| 5.2.3. | Rollenklärung bzw. Rollenanalyse | 214 |
| 5.2.4. | Rollenverhandeln | 214 |
| 5.3. | Arbeitsplatznahe Interventionen | 218 |
| 5.3.1. | Qualitätszirkel | 218 |
| 5.3.1.1. | Geschichte | 218 |
| 5.3.1.2. | Definition | 220 |
| 5.3.1.3. | Organisation und Arbeitsweise | 220 |
| 5.3.1.4. | Stellungnahme zur Qualitätszirkel-Methode | 222 |
| 5.3.2. | Projektarbeit | 226 |
| 5.3.3. | Netzwerkbildung | 231 |
| 5.4. | Schlußbemerkung | 233 |
| | | |
| 6. | Personalentwicklung als Organisationsentwicklung | 238 |
| 6.1. | Vorbemerkung | 238 |
| 6.2. | Zum Konzept "Organisationsentwicklung" | 238 |
| 6.2.1. | OE-Definitionen | 238 |

| | | |
|---|---|---|
| 6.2.2. | Zentrale Themen der OE | 240 |
| 6.3. | OE-Techniken (Beispiele) | 246 |
| 6.3.1. | Daten-Erhebungs- und -Rückkopplungs-Methode (Data-Survey-Feedback) | 246 |
| 6.3.2. | Konfrontations-Treffen | 248 |
| 6.3.3. | Intergruppen-Arbeit | 249 |
| 6.3.4. | Integrierte Modelle der OE | 249 |
| 6.3.4.1. | Das Modell des NPI (Niederländisches Pädagogisches Institut) | 250 |
| 6.3.4.2. | "Grid Organization Development" von BLAKE & MOUTON | 251 |
| 6.4. | Kritik der OE | 252 |
| 6.4.1. | Struktur vs. Person (Organisation vs. Individuum) | 252 |
| 6.4.2. | Effektivität und Humanität | 256 |
| 6.4.3. | Pragmatismus und Arbeits(platz)bezug | 258 |
| 6.4.4. | PE als Prozeß, nicht als einmalige Problemlösung | 259 |
| 6.4.5. | Zur Rolle der OE-Berater(innen) | 261 |
| 6.4.6. | Zur Beteiligung der Betroffenen | 265 |
| 6.4.7. | Das Menschenbild der OE | 267 |
| 6.5. | Zur Wirksamkeit von OE | 269 |
| | | |
| 7. | PE-Evaluation | 271 |
| 7.1. | Grundlagen | 271 |
| 7.1.1. | Der Evaluationsbegriff | 271 |
| 7.1.2. | PE-Philosophie und Evaluation | 271 |
| 7.1.3. | Die Funktionen von PE-Evaluation | 272 |
| 7.2. | Methodik der Evaluation | 276 |
| 7.2.1. | Vorbemerkungen | 276 |
| 7.2.2. | Arten der Evaluation | 277 |
| 7.2.3. | Erstreckungsbereich der Evaluation | 280 |
| 7.2.4. | Methoden und Methodologie der Evaluationsforschung | 286 |
| 7.2.4.1. | Probleme der "Internen Validität" | 287 |
| 7.2.4.2. | Untersuchungs-Designs | 288 |
| 7.3. | PE: Investition oder Kosten? | 290 |
| 7.3.1. | Monetäre Kosten der PE | 291 |
| 7.3.2. | Bildungscontrolling | 297 |
| 7.3.3. | PE als Investition | 301 |
| 7.3.4. | Lohnt sich PE? | 302 |
| 7.4. | Schlußbemerkung zur Meta-Theorie der PE | 307 |
| | | |
| 8. | Sachregister | 312 |
| 9. | Autorenregister | 316 |
| 10. | Glossar | 319 |
| 11. | Literaturverzeichnis | 323 |

# 1. Grundlagen

Die Ausführungen des ersten Kapitels lassen sich folgendermaßen zusammenfassen: Zunächst werden zur Einführung Definitionen von PE[1] vorgestellt und diskutiert. Danach geht es um Objekte und Subjekte der PE: Die Objekte (Was wird entwickelt?) werden im Anschluß an die Zerlegung des Wortes PE in seine Bestandteile erörtert: Personal und Entwicklung. Personal wird als mehrwertiger Term gefaßt, bei dem personale, interpersonale und apersonale Perspektiven zu berücksichtigen sind. Entwicklung ist der Transformationsprozeß, den Personal (als gestaltetes Arbeitsvermögen) in Antwort auf externe und interne Herausforderungen durchmacht. Dem vorherrschenden Entwicklungsverständnis (Auf rationale und ökonomische Weise eine Sollvorstellung realisieren!) werden zwei Alternativen zur Seite gestellt: Entwicklung als phasengegliederter Ablauf, der immanenten Gesetzmäßigkeiten folgt und als systemische Selbstregulation, die auf Irritationen reagiert. Abschließend werden in der PE-Literatur verbreitete Basismodelle referiert und mit den hier entworfenen Konzepten konfrontiert.

## 1.1. Definitionen von PE[1]: Ein erster orientierender Zugang zum Thema

Eine erste Annäherung an das Thema besteht darin, Aufklärung über PE aus dem Studium der Begriffsbestimmungen zu erwarten, die erfahrene Autoren anbieten, wenn sie ihren Gegenstand beschreiben. Um verbreitete Auffassungen von PE in der Literatur zu demonstrieren, sollen zunächst einige Definitionen aus Lehrbüchern oder Aufsätzen vorangestellt werden.

Natürlich soll damit nicht versucht werden, die umfassende oder richtige Definition von PE herauszufinden. Definitionen sind nicht Finde-, sondern Bestimmungsleistungen und damit Konventionen. Ihre Analyse erlaubt es jedoch, unterschiedliche Ansichten über den Gegenstandsbereich kennenzulernen. Zur Auswertung der folgenden Definitionen (s. Arbeitsunterlage 1.1, S. 4 - 5) sei eine didaktische Übung vorgeschlagen:

a) Ersetzen Sie bitte in jeder der unten abgedruckten Definitionen "kritische" Begriffe durch Alternativen, Paraphrasierungen* oder Gegensätze, die im gegebenen Zusammenhang auch - aber anderen - Sinn machen würden!
b) Welche Inhalte oder Beziehungen zwischen Inhaltsaspekten fehlen, die Sie erwartet hatten?

Damit soll die Selektivität und Voraussetzungsfülle der Ansätze deutlich gemacht werden. Eine Veranschaulichung wird am folgenden ersten Beispiel - der Definition von CONRADI - vorgeführt:

"... *wollen wir im weiteren Personalentwicklung als Summe von Maßnahmen auffassen, die systematisch, positions- und laufbahnorientiert eine Verbesserung der Qualifikationen der Mitarbeiter zum Gegenstand haben mit der Zwecksetzung, die Zielverwirklichung der Mitarbeiter und des Unternehmens zu fördern*" (CONRADI, 1983, S. 3).

---

1) "Personalentwicklung" wird im Folgenden meist mit PE abgekürzt werden.
* Hinweis: Alle Begriffe, die im folgenden Text mit diesem Stern gekennzeichnet sind, werden im Glossar am Ende des Buchs erläutert.

zu a) Alternativen, Paraphrasen, Gegensätze:

- *"Summe von Maßnahmen"*: Geordnetes System von Maßnahmen? Summe von Grundsätzen/Ideen/Erscheinungen? Gesamtgeschehen?
- *"systematisch"*: Unsystematisch? Situationsabhängig? Naturwüchsig? Ungewollt?
- *"positions- und laufbahnorientiert"*: Mitarbeiterorientiert? Abteilungsorientiert? Unternehmensorientiert? Funktionsorientiert? Hierarchieorientiert?
- *"Verbesserung"*: Veränderung? Schaffung? Anpassung? Schulung? Training? Weiterentwicklung? Ersetzung?
- *"Qualifikationen"*: Einstellungen? Normen? Werte? Bedürfnisse? Verhalten? Leistungen? Beziehungen? Bedingungen?
- *"der Mitarbeiter"*: Des Personals? Der Mitarbeiter und Vorgesetzten? Der Mitarbeiterinnen? Der Strukturen und Regeln? Der Beziehungsnetze?
- *"Zielverwirklichung der Mitarbeiter und des Unternehmens fördern"*: ... oder des Unternehmens? Welche Ziele? In welchem Ausmaß? Ist das konfliktfrei möglich? Statt 'fördern': Sicherstellen? Ermöglichen?

zu b) Fehlende Bestimmungen:

Worüber in CONRADIs Definition *keine* Aussagen gemacht werden:
- Mittel und Methoden der PE;
- Verantwortliche, Zeithorizonte, Kostenträgerschaft;
- Bedarfsbezug und Evaluationsprozeduren;
- (unternehmens-)einheitliche Konzepte/Strategien;
- Einbettung ins System der anderen personalwirtschaftlichen Funktionen (P-Beschaffung, -Marketing, -Auslese, -Einsatz, -Motivation, -Abbau ...).

Die eben vorgeschlagene Mängel-Analyse einer Definition setzt den Bereich, um den es geht, als bekannt voraus, so daß dann das Fehlende ergänzt werden kann (sonst könnte man buchstäblich X-beliebiges fordern). Damit zwingt die Behauptung, eine bessere, richtige - oder auch nur: eine sinnvolle - PE-Definition vorschlagen zu können, zur Offenlegung des Kontextes, in dem definiert (= abgegrenzt) wird. Wie erfahrene Archäologen aus Tonscherben nicht nur die ganzen Gefäße rekonstruieren, sondern auf Kulturepochen schließen, so sind Definitionen Bruch-Stücke, die zum einen auf das Ganze der PE verweisen und zum anderen darüber hinaus auch auf die institutionellen Bedingungen, unter denen sie stattfindet. Diese Entschlüsselungsarbeit gelingt jedoch nur dem, der die 'Epoche' oder Gesamtkultur kennt. Ein erster Weg zum Kennenlernen des umfassenderen Verständnisses ist es, andere Definitionen, die ebenfalls angeboten werden, als gültige Beschreibungen zu akzeptieren und im Quervergleich Unterschiede oder Variationen herauszuarbeiten. Aus diesem Grund wird im folgenden Kasten (AU 1.1) eine Reihe weiterer Definitionen angeboten, an denen erprobt werden kann, was oben am Beispiel der CONRADI-Definition vorgeführt wurde.

Bei diesen Definitionen fällt - so paradox es klingen mag - sowohl ihre Unterschiedlichkeit wie ihre Einheitlichkeit auf. Unterschiedlich sind sie, weil sie aus der Gesamtmenge der Definitionsbestandteile jeweils andere Kombinationen zusammenstellen. Übereinstimmend sind sie, weil sie in einigen Aspekten konvergieren*: Meist wird die Entwicklung von (Einzel-)Personen oder sogar nur von Qualifikationen hervorgehoben, es werden der systematische, gezielte, absichtliche Gestaltungsprozeß und die Verantwortung des Managements oder der Personalabteilung betont; häufig wird auch auf den Zielkonflikt zwischen organisationalen und individuellen Interessen hingewiesen und die Möglichkeit seiner konstruktiven Lösung behauptet.

Zusammenfassend gilt für die meisten Definitionen: PE wird personalisiert (*individuelle Qualifikationen!*), sie wird aufs Technische reduziert und instrumentalisiert, sie wird harmonisiert: die Widersprüche, Probleme und Konfliktfelder werden eliminiert. Man kann natürlich nicht hoffen, all die monierten* Aspekte in einer Definition unterzubringen; hier ist zu erinnern an das, was eben über Archäologen und Tonscherben gesagt wurde: die Fundstücke sind in Kenntnis des übergreifenden Zusammenhangs zu kombinieren!

Das gilt auch für mein eigenes Verständnis von PE, das im folgenden entwickelt werden wird, hier aber schon angekündigt sei: *PE ist die Umformung des unter Verwertungsabsicht zusammengefaßten Arbeitsvermögens.* Damit soll folgendes deutlich gemacht werden:

a) Es geht nicht (nur) um den einzelnen Menschen und seine Qualifikationen, sondern um das Aggregat Personal.
b) Es handelt sich nicht um manifeste Arbeits-Leistung, sondern um Arbeits-Vermögen.
c) Zielsetzungen des *Unternehmens* (v.a.: Verwertungsabsicht) und nicht des *Mitarbeiters* stehen im Vordergrund.
d) Weil nicht nur systematisch geplante und hierarchisch kontrollierte Veränderungen erfaßt werden sollen, muß auch Selbst-Entwicklung des Arbeitsvermögens berücksichtigt werden, die nicht nur der Eigenaktivität der Subjekte, sondern auch der Dynamik sozialer Beziehungen und komplexer Strukturen entstammt.

Wenn PE als Veränderung von geformtem Arbeitsvermögen definiert wird, dann ist vor allem der Begriff 'Arbeitsvermögen' interpretationsbedürftig. Damit ist nicht 'Arbeitskraft' (als Synonym für Arbeitnehmer, Person oder Mensch) gemeint, sondern:

- Es ist ein Vermögen im Sinne jener Wortwurzel, von der auch der Begriff Macht abstammt: etwas vermögen. Damit ist sowohl *Potenz* (Kraft) wie *Potentialität* (Möglichkeit) bezeichnet: Arbeitsvermögen ist eine latente Größe, die aktiviert und aktualisiert werden muß, um ihre Wirksamkeit zu entfalten. Es geht also nicht um unmittelbares Arbeitshandeln oder Arbeitsleistung, sondern um eine vorbereitende Investition für diese.
- Arbeitsvermögen ist ein *summarischer* Begriff, der nicht die einzelnen 'Hände' oder 'Kräfte' erfaßt (wie Arbeitnehmer zuweilen verdinglichend bezeichnet werden). Nicht was eine individuelle Person (leisten) kann, interessiert, sondern was eine Person, die mit anderen Personen nach vorgegebenen Regeln und Zielen zusammenarbeitet, (leisten) kann.

## Arbeitsunterlage 1.1: Definitionen der Personalentwicklung

*(Personalentwicklung ist Anlagenentfaltung, s. S. 292). "... Ziele der Anlagenentfaltung: Erhaltung/Erhöhung der Qualifikation (incl. Lernfähigkeit und Lernmotivation) der Mitarbeiter (fachliche Kompetenz, zwischenmenschliches Verhalten) und ihrer Belastbarkeit, Sicherung einer Personalreserve" (BEYER, 1990, S. 11).*

*"Unter Personalentwicklung ist eine Summe von Tätigkeiten zu verstehen, die für das Personal nach einem einheitlichen Konzept systematisch vollzogen werden. Sie haben in bezug auf einzelne Mitarbeiter aller Hierarchie-Ebenen eines Betriebes die positive Veränderung ihrer Qualifikationen und/oder Leistungen durch Bildung, Karriereplanung und Arbeitsstrukturierung zum Gegenstand. Sie geschehen unter Berücksichtigung des Arbeits-Kontextes, wobei ihre Orientierungsrichtung die Erreichung (Erhöhung des Zielerreichungsgrades) von betrieblichen und persönlichen Zielen ist" (BERTHEL, 1989, S.202).*

*Personalentwicklung umfaßt "... alle Maßnahmen zur Auswahl, Beurteilung, Ausbildung, 'Entwicklung' und Förderung der Mitarbeiter, die im Hinblick auf das Überleben und Wachstum der Organisation ... eine besondere Bedeutung haben" (HINTERHUBER, 1980, S. 1864).*

*"Unter Personalentwicklung werden alle Maßnahmen verstanden, die darauf ausgerichtet sind, Mitarbeiter mit Führungspotential und/oder einem hohen fachlichen Potential zu erkennen, zu beschaffen (von innen oder außen), zu fördern, weiterzuentwickeln und einzusetzen ... Die Tatsache, daß in Teilgebieten faktisch Organisationsentwicklung geleistet wird, läßt es sinnvoll erscheinen, den Begriff Personalentwicklung um die Dimension Organisationsentwicklung zu erweitern" (LANGE, 1989, S. 171).*

*"Personalausbildung und Personalentwicklung sind Personalbeschaffung in anderer Form. Die Unternehmung rekrutiert nicht bereits fertig ausgeformte Fähigkeitspotentiale durch Beschaffung von außen oder innen, sondern sie baut die benötigten Fähigkeitspotentiale selbst auf" DRUMM (1989), S. 208).*

*"Personalentwicklung vermittelt allen Mitarbeitern Qualifikationen, die sie zur Bewältigung jetziger und zukünftiger Anforderungen benötigen. Sie berücksichtigt die Laufbahnplanung und bestehende organisatorische Strukturen und dient der betriebs- und personenbezogenen Zielerfüllung. Die hauptsächlich strukturierten Maßnahmen werden kurz-, mittel- oder langfristig, unternehmensintern oder -extern durchgeführt" (FIGGE & KERN 1982, S. 33).*

*"Hauptaufgabengebiet der Personalentwicklung ist es, der Organisation im notwendigen Umfang qualifizierte und motivierte Mitarbeiter, Fach- und Führungskräfte zur Verfügung zu stellen. Die Personalentwicklung der Nixdorf Computer AG hat das Oberziel, persönliche Entwicklung und Unternehmensentwicklung in Einklang zu bringen. Den Ausgangspunkt für Maßnahmen stellen dabei die Lern- und Aufstiegsorientierung der Mitarbeiter und die personelle Umsetzung der Unternehmensstrategien dar" (STREICH, 1989, S. 222).*

*"Personalentwicklung ist ein systematisch gestalteter Prozeß, der es ermöglicht, gute Mitarbeiter für das Unternehmen zu gewinnen und deren Lern- und Leistungspotential zu erkennen und entsprechend zu fördern. Damit enthält Personalentwicklung aber auch immer zwei Zielkomponenten, die einander u.U. widersprechen und die es zu optimieren gilt: (1) Aus Sicht des Unternehmens soll Personalentwicklung den qualitativen Personalbedarf dauerhaft sicherstellen; (2) aus Sicht der Mitarbeiter hat sie die Aufgabe, deren Interessen und Eignungspotential zu erkennen, zu erhalten und zu fördern" (JUNG, 1988, S. 43 f).*

*"Somit verstehen wir unter der Personalentwicklung die Summe aller Maßnahmen, die eine quantitative und eine qualitative - also anforderungsgerechte - Personalbesetzung auf allen Ebenen für die gegenwärtige und zukünftige Aufgabe der Führung sicherstellt. Damit umfaßt Personalentwicklung alle wesentlichen Funktionen in der Personalwirtschaft, wie Personalbedarfsplanung, Personalbeschaffung (intern und ex-*

tern), Personaleinsatz, Aus-/Anpassungs- und Aufstiegsbildung, Betreuung/Erhaltung, möglicherweise Freistellung, Budget-Planung" (MÜLLER & RAUFEISEN, 1988, S. 28 f).

"Personalentwicklung kann definiert werden als der Inbegriff aller Maßnahmen, die der individuellen beruflichen Entwicklung der Mitarbeiter dienen und ihnen unter Beachtung ihrer persönlichen Interessen die zur optimalen Wahrnehmung ihrer jetzigen und künftigen Aufgaben erforderlichen Qualifikationen vermitteln" (MENTZEL, 1985, S. 15).

"Personalentwicklung bedeutet: Lernbedürfnisse (Kenntnisse, Fertigkeiten, Motivation), die für die gegenwärtige und zukünftige Aufgabenerfüllung notwendig sind, feststellen und befriedigen, und umfaßt
- Ausbildung,
- Weiterbildung,
- Führungsbildung und
- Organisationsentwicklung" (HÖLTERHOFF & BECKER, 1989, S. 124).

Personalentwicklung ist "... eine personalpolitische Funktion, die darauf abzielt, Belegschaftsmitgliedern aller hierarchischen Stufen Qualifikationen zur Bewältigung der gegenwärtigen und zukünftigen Anforderungen zu vermitteln. Sie beinhaltet die individuelle Förderung der Anlagen und Fähigkeiten der Betriebsangehörigen, insbesondere unter Berücksichtigung der Veränderungen der zukünftigen Anforderungen der Tätigkeiten und im Hinblick auf die Verfolgung betrieblicher und individueller Ziele" (HENTZE, 1986, S. 324)

"Unter Personalentwicklung verstehe ich das Ineinandergreifen von Qualifikationsaufbau und beruflichem Aufstieg. Die betriebliche Personalentwicklung hat dafür den Zusammenhang zwischen Bildungsmaßnahmen und aufeinander aufbauenden Tätigkeiten sicherzustellen" (JAEHRLING 1983, S. 297).

"Personalentwicklung meint mit Blick auf den einzelnen Mitarbeiter die Förderung seiner allgemeinen Qualifikation in möglichst weitestgehender Angleichung der berechtigten Interessen des Betriebes und des Mitarbeiters. Mit Blick auf die gesamte Belegschaft stellt Personalentwicklung das Bemühen dar, ein qualifikatorisches Potential nach Arten, Standards sowie Mengen zu entwickeln und zu erhalten, das geeignet ist, einerseits einen wesentlichen Beitrag zur Erreichung der betrieblichen Ziele zu leisten und andererseits ein hohes Maß an Arbeitszufriedenheit der Mitarbeiter zu sichern" (MÜNCH 1990, S. 224 f).

"Das Ziel der Personalentwicklung ist somit die zur Aufgabenerfüllung notwendige langfristige Mitarbeiterqualifizierung. Personalentwicklung ist die Synthese zwischen dem Unternehmensbedarf an qualifiziertem Leistungspotential einerseits und dem persönlichen Entwicklungsstreben der Mitarbeiter andererseits" (BAHLMANN 1983, S. 308 f).

(Personalentwicklung ist) "Änderungsprozeß der Personalausstattung im Hinblick auf Qualifikationen, Einstellungen und Verhalten durch betriebliche Maßnahmen einschließlich der Gestaltung der Arbeitssituation" (ZIMMERMANN-SONNTAG, B. 1984, S. 1, identisch auch bei SONNTAG, K. 1986, S. 308).

PE ist "die Gesamtheit der Maßnahmen in Leistungsorganisationen zur Förderung der berufsbezogenen Qualifikationen der Beschäftigten" (SCHULER, 1989, S. 3).

Personalentwicklung "umfaßt also die systematisch vorbereitete, durchgeführte und kontrollierte Förderung der Anlagen und Fähigkeiten des Mitarbeiters in Abstimmung mit seinen Erwartungen und unter besonderer Berücksichtigung der Veränderungen der Arbeitsplätze und Tätigkeiten in der Bank" (RÜTER, 1988, S. 35; Rüter schreibt aus der Perspektive der 'Landesbank Rheinland-Pfalz').

- Arbeitsvermögen ist Vermögen, das durch den Bezug auf *Arbeit* bestimmt ist. Arbeit wird hier in ihrer gesellschaftlichen und historischen Formbestimmung betrachtet. Das heißt, daß Arbeit *unter Kapitalverwertungsbedingungen organisiert* ist und nicht als freie schöpferische Gestaltungskraft verstanden werden darf. Arbeit ist somit spezialisiert, hierarchisch kontrolliert, formalisiert, rationalisiert etc. Insofern ist normalerweise auch PE ebenso spezialisiert, hierarchisch kontrolliert, rational konzipiert, formalisiert usw.

Da PE sich auf die *Veränderung* des so bestimmten Arbeitsvermögens bezieht, ist vorausgesetzt, daß Arbeitsvermögen schon vorhanden ist (Arbeitskräfte sind beschafft, eingesetzt, motiviert, kontrolliert, bezahlt ... ). Der allgemein gefaßte Begriff 'Veränderung' läßt offen, ob diese Umformung gezielt oder spontan, fremd- oder selbstbestimmt, unmittelbar am Arbeitsplatz oder abseits davon usw. stattfindet.

Es wird somit ein außerordentlich umfassender PE-Begriff zugrundegelegt. In den meisten Lehrbüchern (s. die oben zitierten Definitionen) werden Teilmengen aus dieser Gesamtmenge als PE bezeichnet, wenn z.B. individuelle(!) Qualifikationen(!) durch gezielte(!) Weiterbildung(!) verbessert(!) werden sollen. Der weite Begriff von PE erlaubt es, sehr heterogene Sachverhalte im Zusammenhang zu diskutieren: Berufsausbildung, Einführung neuer Mitarbeiter, Seminarveranstaltungen, Qualitätszirkel, Coaching*, Outplacement*, Karriere usw. Von besonderer Bedeutung ist, daß auch ansonsten unbeachtete strukturelle Veränderungen (z.B. des Lohnsystems, der Arbeitszeitbedingungen, der technischen Anlagen etc.) als PE angesehen werden, weil sie das Arbeitsvermögen beeinflussen. Allerdings - was unten noch ausgeführt wird - ist nicht jede denkbare Maßnahme PE; sie ist es nur insoweit als sie das aggregierte Arbeitsvermögen verändert.

Aus dieser (weiten) Perspektive können auch die vielfach empirisch ermittelten Weiterbildungs(!)ziele(!) nicht das Gesamtgebiet der PE abdecken (s. einen Überblick in Tab. 1.1 auf S. 7). In dieser Aufstellung sind Befragungsergebnisse aus drei Studien zusammengefaßt: KAILER untersuchte über 1000 österreichische Unternehmen, WEISS ca. 435 deutsche Betriebe und HOFSTETTER u.a. ebenfalls deutsche Unternehmen (s. auch eine weitere Untersuchung mit noch ausführlicherer Motiv-Liste in KETTGEN 1989). Die Prozentzahlen bezeichnen die Häufigkeit der Zustimmung zu vorgegebenen Antwortmöglichkeiten. So aufschlußreich diese Befragungs-Ergebnisse auch sind, sie bleiben in ihrer Aussagekraft beschränkt auf das schlecht definierte Teilgebiet "Weiterbildung" als personalwirtschaftliche Aufgabe. Wie würden solche Ergebnisse ausfallen, wenn man die Befragten vorher ausdrücklich darauf aufmerksam gemacht hätte, daß der größte Teil von 'Weiterbildung' als 'Weiterbildung am Arbeitsplatz' durch Lernen in Zusammenarbeit mit Kollegen erfolgt (s. WEISS 1989)?

| KAILER (1990) | WEISS (1990) | HOFSTETTER u.a. (1986) |
|---|---|---|
| Behebung aktueller Qualifikationsdefizite (77 %) | Einführung neuer Techniken (56.3/29.1 %)*) | Anpassung der Qualifikation der Mitarbeiter an veränderte Gegebenheiten der Arbeitsplätze (85.0 %) |
| Anpassung an künftige fachliche Erfordernisse (78 %) | Deckung des Fachkräftebedarfs (47.3/39.4 %) | Entwicklung von Führungsnachwuchs aus den eigenen Reihen (67.7 %) |
| Unterstützung bei Einführung neuer Technologien (51 %) | Erhöhung der Arbeitsmotivation (41.5/42.5 %) | Verbesserung des Leistungsverhaltens von Mitarbeitern (59.1 %) |
| Förderung der allgemeinen Persönlichkeitsbildung (42 %) | Einführung neuer Produkte (38.9/27.9 %) | Vorbereitung auf höherwertige Tätigkeiten (49.6 %) |
| Vorbereitung auf beruflichen Aufstieg (41 %) | Steigerung der Produktivität/ Erhöhung des Leistungsvermögens (36.7/47.0 %) | Sicherung der gegenwärtigen Qualifikation der Mitarbeiter (44.9 %) |
| Steigerung der Identifikation mit Unternehmen (53 %) | Vorbereitung der Mitarbeiter auf Führungsaufgaben (32.9/41.0 %) | Erhöhung der Bereitschaft, Änderungen zu verstehen oder herbeizuführen (44.1 %) |
| Verbesserung des Kontaktes der Mitarbeiter untereinander (35 %) | Erschließung neuer Märkte/ Festigung der Marktstellung (32.8/34.2 %) | Sicherung des notwendigen Bestandes an Fachkräften (36.2 %) |
| Umschulung auf andere Aufgaben im Betrieb (27 %) | Vorbereitung der Mitarbeiter auf höherwertige Tätigkeiten (24.3/56.1 %) | Verbesserung des Sozialverhaltens (34.6 %) |
| Training sozialer Fertigkeiten (10 %) | Förderung der Persönlichkeit der Mitarbeiter (23.7/51.1 %) | Förderung der Persönlichkeit des einzelnen (32.3 %) |
| Erhöhung der Bereitschaft für organisatorische Veränderungen (31 %) | Unterstützung organisatorischer Maßnahmen (17.4/48.1 %) | Vermittlung von Zusatzqualifikationen als Grundlage einer größeren Flexibilität beim Personaleinsatz (26.8 %) |
| Verminderung von Personalfluktuation (17 %) | Belohnung der Mitarbeiter (10.2/31.6 %) | Erhöhung der Identifikation mit dem Unternehmen (22.8 %) |
| Andere Ziele (4 %) | *) erste %-Zahl steht für "sehr wichtig" zweite %-Zahl steht für "wichtig" | Belohnung für gute Leistungen (2.4 %) |
| Belohnung für gute Leistung (10 %) | | Erhöhung der Attraktivität des Unternehmens auf dem Arbeitsmarkt (0.8 %) |
| | | Ersatz für andere Leistungen (0.8 %) |

Tab. 1.1: Weiterbildungsziele. Ergebnisse von drei empirischen Studien. (Die %-Zahlen geben die Häufigkeit der Zustimmung zu den vorgegebenen Alternativen wider).

## 1.2. Die zwei Bestandteile des Begriffs PE

Der Begriff Personalentwicklung hat etwas Verführerisches, weil er suggeriert, er beziehe sich auf Personen oder Persönlichkeiten, so daß das 'Personale' (im Sinne von 'das Persönliche') betont wird. Im amerikanischen Original wird jedoch die Doppeldeutigkeit des Konzepts sichtbar: *personal development* meint etwas anderes als *personnel development* - im ersten Fall geht es um personale Entwicklung, im zweiten um Personal-Entwicklung (Manpower Development oder Human Resources Development). Ziel von PE ist nicht die Förderung der Menschwerdung oder Menschmachung ('Humanisierung'), sondern Personalwerdung oder -machung. Im Folgenden skizziere ich die beiden Begriffsbestandteile von PE kurz, um sie im Anschluß daran ausführlich zu erörtern.

a) *Personal*-Entwicklung:

Weil es um Person**al**-Entwicklung geht, stehen nicht nur *individuelle* Qualifizierungsmaßnahmen zur Debatte, sondern auch Formungen der *interpersonalen* Beziehungen und der *objektivierten* Strukturen und Bedingungen der Arbeitstätigkeit.

b) Personal-*Entwicklung*:

Synonyme für Entwickeln sind Anpassen, Einpassen, Transformieren, Bilden, Ummodeln, Modellieren, (Re-)Produzieren, Qualifizieren, Assimilieren* und Akkommodieren*, Erneuern, Reifen, Modifizieren, Prägen, (Ver-)Ändern, (Ver)Wandeln, Lernen, Restrukturieren, Reorganisieren ...

### 1.2.1. Personal: Das sind die Menschen ohne Ansehen der Person[2]

Personal ist ein Sammel- oder Summenbegriff, ein Kollektivsingular, ein Neutrum: <u>das</u> Personal! Früher wurde das anonyme Dienst-Personal (vor dem Herrn waren sie alle gleich) den persönlich identifizierten Herrschaften gegenübergestellt bzw. unterstellt.

Definiert man Personal als die Gesamtheit oder Summe der Arbeitskräfte (oder Aufgabenträger, Stelleninhaber, Organisationsmitglieder, Mitarbeiter usw.), dann wird das Neutrum unter der Hand personalisiert - so als ob das Personal gleichzusetzen sei mit "vielen einzelnen Menschen". Eine solche Vereinzelung und Vervielfachung verfehlt jedoch das Charakteristische an Personal, das als Einheit oder Ganzheit gedacht wird. Aus Personal kann man nicht Personen machen, genauso wenig wie man aus Deutschland Deutsche machen kann.

Der Aggregat-Charakter von Personal kommt besser zum Ausdruck in Bezeichnungen wie: der menschliche Faktor, die personelle Kapazität, die Belegschaft, der Arbeitskörper, das kombinierte Arbeitspersonal, der betriebliche Gesamtarbeiter, die Mannschaft, das Sozialpotential, der Produktionsfaktor Arbeit, die human resources (menschliche Wertstoffe, Humanvermögen) oder - besonders verräterisch - das Humankapital. Personal - das ist die Mitgliederschaft, die in Reih' und Glied steht und so gliedert (= einer systematischen Ordnung unterworfen) ihre Funktion erfüllt. In den derzeit beliebten

---

[2] gekürzt übernommen aus NEUBERGER 1990b

Portfolio-Modellen kennt man Personalklassen auch als Stars/Spitzenleute, Milchkühe/Ackerpferde/Leistungsträger, tote Äste (Brennholz)/Mitläufer, Problemfälle/Fragezeichen usw.

Wie jede betriebliche Funktion hat auch die Personalwirtschaft einen Leistungsbeitrag zu liefern: Das Produkt des Personalwesens ist Personal, nicht Persönlichkeit.

Eine solche Sichtweise mag befremdlich wirken auf PE-Verantwortliche, die für sich in Anspruch nehmen, zur Persönlichkeitsentwicklung der Mitarbeiter beizutragen. Es ist jedoch an die Banalität zu erinnern, daß es im Unternehmen nicht um die allseitige Entfaltung des Menschen geht, sondern um die Nutzung seiner Potenzen zur Erzielung von Leistungen und Einkommen. PE muß sich rechnen für den, der dafür Geld ausgibt, weil er dafür - letztlich - mehr Geld bekommen will. Frei entfaltete Persönlichkeiten sind eine Chance für's Unternehmen, in ihrer Häufung aber mehr noch ein Risiko, das man durch Person<u>al</u>-Entwicklung (Person<u>al</u>-Produktion) zu beherrschen sucht.

Personal kann nicht in derselben Weise "fabriziert" werden wie ein Gut oder eine Dienstleistung. Allerdings geht es auch nicht um die Neuschaffung von konkreten Menschen, sondern um die (Um-)Formung menschlicher Handlungs- oder Entscheidungs-Bereitschaften unter System-Bedingungen und als System-Bedingungen. Dies ist ganz unmittelbar: PE!

Als betriebliche Institution hat sich das Personal*wesen* nicht um *einzelne* Menschen zu kümmern. Dies würde es überfordern. Dafür gibt es Vorgesetzte, Kollegen, die Spezialisten der Sozialfürsorge, Ärzte, Therapeuten ... Sie alle leisten, was man konkrete Personal*arbeit* nennen kann. Personal*wesen* ist demgegenüber für das Schaffen von Bedingungen oder Strukturen verantwortlich.

Daß nicht der Mensch im Mittelpunkt (des Unternehmens wie des Personalwesens) steht, sondern das Geld, hat HAMEL (1989, S. 60) deutlich gemacht:

*"Unter betriebswirtschaftlicher Perspektive stellt der Mitarbeiter einen Produktionsfaktor ... dar, der unter Anlegung ökonomischer Kriterien für die betriebliche Leistungserstellung dann eingesetzt wird, wenn*
*a) sein Leistungsbeitrag für die Unternehmung höher ist als der für die Leistungsabgabe notwendige betriebliche Aufwand und*
*b) sein Leistungsbeitrag nicht wirtschaftlicher von einem maschinellen Aufgabenträger erbracht werden kann."*

Der Mensch ist Mittel. Punkt.

In der sog. labour-process-debate wird in diesem Zusammenhang das 'Transformationsproblem' behandelt, das beim "Faktor Arbeit" vor besondere Probleme stellt (s.a. S. 14 o.). Während z.B. gekaufte oder geleaste Maschinen voll in die Verfügungsgewalt des Unternehmers übergehen und ihr Leistungsspektrum klar definiert und einklagbar ist, wird bei 'Kauf' oder 'Pacht' des Faktors Arbeit nur ein Vermögen erworben; die Umsetzung (Transformation) in Leistung ist an zusätzliche 'interne' Bereitschaften des Eigentümers der Arbeitskraft gebunden: Personen sind ein eigenartiges oder besser: eigen-sinniges Gut. Weil sie Eigen-Sinn und Eigen-Wert haben, entziehen sie sich teilweise dem kontrollierenden/steuernden Zugriff. Die erlebte Einschränkung der Freiheit provoziert Gegen-Handlungen - also darf die Beschränkung nicht bewußt werden. Deshalb werden *indirekte* Steuerungsmethoden bevorzugt und auch aus diesem Grund hat Unternehmenskultur als "Herrschaft dritten Grades" Konjunktur. Aus der Steuerungsperspektive scheint es ideal, wenn die Leute frei&willig wollen, *was sie sollen*. Trotz verbergender Rhetorik wird sichtbar, daß sie nicht so sehr frei, als vielmehr willig sein sollen.

Paradoxerweise gilt in Arbeitssituationen, in denen es auf Kreativität ankommt: Je straffer die Steuerung, desto weniger wert ist der "Faktor Personal", weil die spezifischen Potenzen von Personen (Varietätserzeuger, Zufallsgenerator, Lückenbüßer, Innovator usw.) eliminiert werden, also buchstäblich jenseits der Grenzen der Organisation ins Private verbannt werden. Es ist somit ein delikates Problem: Personal so zu kontrollieren, daß es einerseits Freiheitsgrade hat und gleichzeitig durch Steuerung beherrschbar bleibt.

Organisation ist Einschränkung und Garant der Freiheit. Oft wird nur die Seite der Einengung oder gar Unterdrückung gesehen: das Menschenwerk Organisation kehrt sich gegen seinen Erzeuger. Die Organisation ist jedoch nicht das Andere, Fremde. Sie ist *im* Menschen und zwar als jene Ordnung, die seine Handlungen, Kommunikationen, Erwartungen oder Entscheidungen usw. prägt. Diesem funktionalen Organisationsverständnis ('Organisation haben') wird oft ein institutionales ('Organisation sein') gegenübergestellt, bei dem dann Mensch und Organisation in Opposition zueinander geraten können. Damit wird suggeriert, es handele sich um zwei selbständige Wesenheiten, die unabhängig voneinander existieren (können). Gemeint ist jedoch, daß eine selbstbestimmte Ordnung (des phantasierten Einzel-Menschen) auf eine fremde andere Ordnung (der Organisation) trifft und daß beide Ansprüche nicht deckungsgleich sind. Damit wird deutlich, daß das, was Organisation genannt wird, auf der Ebene der Erwartungen oder Ansprüche wirksam wird - sofern es menschliches Handeln reguliert.

Natürlich handelt niemand anderer als Menschen. Es gibt keinen Geist der Organisation oder ein organisationales Es, das handeln würde. Für die Steuerung von Unternehmen interessiert jedoch nicht so sehr die einzelne Handlung, sondern der Verbund bzw. die Koordination der Handlungen. Organisiertes Handeln zeigt sich in der Verkettung, im Anschlußhandeln. Dieses aber stellt sich selten spontan oder durch problemspezifische und stets erneute Absprache ein, sondern muß günstigerweise vor-geregelt werden (ungeachtet der Feinsteuerungen, die immer noch möglich und notwendig bleiben). Zur üblichen Rede läßt sich so eine Gegenthese formulieren: Nicht der Mensch schafft die Organisation, sondern die Organisation schafft sich ihn nach ihrem Bilde: als Personal. Die Organisation aber ist das verselbständigte, in regelhaften Mustern sich wiederholende Handeln von Menschen - Menschen, die nicht autonome Subjekte sind, sondern durch die Gesellschaft geprägt sind, die sie in ihrem Handeln (wieder-)herstellen.

Das Personalwesen behandelt vertraglich geregelte Partialinklusion (Teileinschluß): Ein Ausschnitt aus dem Arbeitsvermögen des Menschen geht in die Verfügung des Sozialgebildes Organisation über, so daß sich das Unternehmen nicht den *ganzen* Menschen aneignet. Wäre das nämlich der Fall, müßte man sich gegen einen derartigen Sozialkannibalismus wehren, der sich die Person "mit Haut und Haaren" einverleibt und z.B. totale Identifikation (= "Einswerden"!) verlangt. Wenn nicht einmal religiösen Gemeinschaften dieser totalitäre (ganzheitliche!) Zugriff zugestanden wird, um wieviel weniger dann wirtschaftlichen Organisationen! Das Unternehmen hat hier nichts zu unternehmen, sondern alles zu unterlassen. Der Fortschritt, der in der Trennung der Verfügungsrechte liegt, sollte nicht wieder aufgegeben werden, denn keine gesellschaftliche Institution kann für sich beanspruchen, die alleingültige Antwort für alle Lebensprobleme zu haben.

In *diesem* Sinn kann es auch keine Vermenschlichung der Organisation (analog der Humanisierung der Arbeit) geben. Organisationen können nicht "menschlich" werden, weil sie nicht rest-los aus Menschen bestehen oder eine Art Über-Menschen sind. In ihrer moralischen Legitimation aber sind sie einem historisch-gesellschaftlichen Menschen*bild* verpflichtet, das als Bezugspunkt für die Kritik des Bestehenden unverzichtbar ist. Wird ein *normatives* Menschenbild postuliert, das Rechte und Bestimmungen für den gesunden, reifen, selbstverwirklichten, glücklichen, befreiten, erlösten ... Menschen nennt, dann können die Inhalte und Ziele einer solchen Humanisierung nicht dogmatisch* oder autoritativ* für die Betroffenen gesetzt werden, sondern müssen mit ihnen vereinbart werden und sie unterliegen den individuell nicht überschreitbaren historisch-gesellschaftlichen Rahmenbedingungen, auf die oben hingewiesen wurde.

Organisationen existieren nur über die Fortsetzung von Handlungen, Entscheidungen, Erwartungen von Menschen. Alle diese Handlungen etc. sind "menschlich", weil und wenn sie von Menschen ausgeführt werden; in dieser Hinsicht wäre die Rede von der "menschlichen Organisation" trivial. Jenseits der Motive und Zwecke der handelnden Personen haben Organisationen als soziale Einrichtungen überindividuelle Funktionen: sie reagieren sowohl auf andere Bedingungen wie sie auch andere Wirkungen erzeugen als Individuen. Zentrale Bestandsvoraussetzungen sind zum Beispiel Geldvermehrung und Herrschaftssicherung (was unter anderem effiziente Gewinnung und Nutzung von Ressourcen voraussetzt). Organisationen, die diese Leistungen nicht erbringen, werden eliminiert - ohne Rücksicht auf ehrenwerte Motive ihrer Mitglieder.

Weil das Personal und nicht die Personen oder gar die Persönlichkeiten im Mittelpunkt stehen, kann man in Umkehrung der üblichen Formel sagen: Das Ganze (die Unternehmung) ist weniger als die Summe seiner Teile. Würde man Personen als Teile betrachten, dann hätte jede einzelne dieser Personen unendlich viele Möglichkeiten, Träume, Phantasien, Fähigkeiten, Ängste ..., die die Organisation *nicht* nutzen kann oder will. Der einzelne muß vereinfacht werden, damit er der Organisation für über(?)geordnete Zwecke zur Verfügung steht. Das wäre nicht der Fall, wenn jeder auf seiner Einmaligkeit beharrte und die volle Ausschöpfung aller seiner Möglichkeiten *in der Organisation* versuchen wollte (Morgens ein Jäger, dann ein Viehzüchter, und abends ein Kunstkritiker ...). Der einzelne muß ersetzbar sein, seine Potenzen müssen für beliebige alternative Zusammensetzungen verfügbar sein. Jeder Unersetzliche gefährdet die Organisation. Lauter selbsteuernde Menschen verträgt keine Organisation, denn sie ist trotz gegenteiliger Bekundung keine Versammlung von individualistischen Intrapreneurs - davon kann man sich nur wenige leisten. Organisationen sind Veranstaltungen zur Beherrschung von

Anarchie und Willkür, die sie andererseits jedoch ungewollt erzeugen und vermutlich sogar zum Überleben benötigen.

*Zusammengefaßt:*

Personalwesen ist zuständig für die systematische Erfassung und Steuerung des Handelns von Menschen unter den Bedingungen geldwirtschaftlich geregelter Kooperation. Ziel des Personalwesens ist es, solche Strukturen zu schaffen, die Leute zum Mitmachen bewegen. Es geht nicht um den (einmaligen, ganzen) Menschen; Personalwesen hat im betrieblichen Kontext die Funktion, bei der Lösung des Transformationsproblems mitzuwirken, nämlich Arbeitsvermögen zu formieren und in Arbeitsleistung umzuformen. *Personal* ist - als Aggregatbegriff - nicht eine Versammlung individueller Persönlichkeiten, sondern ein geformtes System. Personal-*Entwicklung* dient der fortwährenden Anpassung dieses Systems an neue Herausforderungen.

In Fortsetzung der Diskussion zum *Objekt* der PE wird nun der Globalbegriff 'Personal' aufgespalten und näher untersucht, welche Hinsichten bestimmte Formen der Einwirkung begründen können..

### 1.3. Perspektiven der PE: Personale, interpersonale und apersonale Aspekte

Es ist eine verbreitete Gliederungsperspektive, beim Reden über Personal drei Ansatzpunkte oder Wirkungsfelder zu unterscheiden: Individuum - Gruppe - Organisation. Das gilt vor allem auch für PE, die aus dieser Perspektive sowohl als Person(!)-, wie als Team- und Organisationsentwicklung gesehen wird. Die Abbildung 1.1 visualisiert diese Auffassung und zeigt, daß Personalentwicklung die Gesamtheit aller drei Aktivitäten ist und nicht auf "Person-Entwicklung" beschränkt bleibt.

Die nachfolgend dargestellte konventionelle Dreiteilung veranschaulicht, daß sich Personalentwickler seit langem darüber im Klaren sind, daß nicht das künstliche soziale Atom Individuum - rein für sich - "entwickelt" wird, sondern auch die materiellen, sozialen und organisatorischen Bedingungen, unter denen es arbeitet. Handeln folgt nicht (nur) dem rationalen Entschluß einzelner, sondern ist als kollektives Handeln geprägt durch die Formbestimmungen, die es durch soziale Konstellationen und 'versachlichte' Programmierungen erfährt. Zwar handeln nur Personen - aber nicht aus souveränem selbstbewußten Entschluß und nicht allein aufgrund eigener Motive und Bedürfnisse. Es gilt vielmehr: Was (in Gruppen, in Organisationen) geschieht, ist durch Charakteristika dieser Systeme (mit-)bedingt und umgekehrt: systemische Merkmale sind Ausdruck oder Folgen von Handlungen. Wenn die *Bedingungen der Möglichkeit* zu autonomem (oder engagiertem, sparsamem, individualistischem, konkurrierendem ...) Handeln nicht gegeben sind, kann man entsprechende Motive oder Fähigkeiten zwar *in* der einzelnen Person registrieren oder erzeugen, sie werden aber nicht verläßlich umgesetzt und nicht sicher handlungswirksam werden.

Hoch entwickelte Amazonas-Indianer, die in ihrer Kultur allen Aufgaben der Lebensbewältigung gewachsen sind, würden - wenn sie in einer Organisation wie VW oder Siemens arbeiten müßten - in dieser für sie feindlichen Umwelt kläglich zugrundegehen. Der einzelne, der als Rambo, Sheriff oder Kriegsheld die sozialen Verhältnisse grundlegend ändert, ist ein Phantasma.

**Abb. 1.1: Personalentwicklung als Vereinigungsmenge von Person-, Team- u. Organisations-Entwicklung**

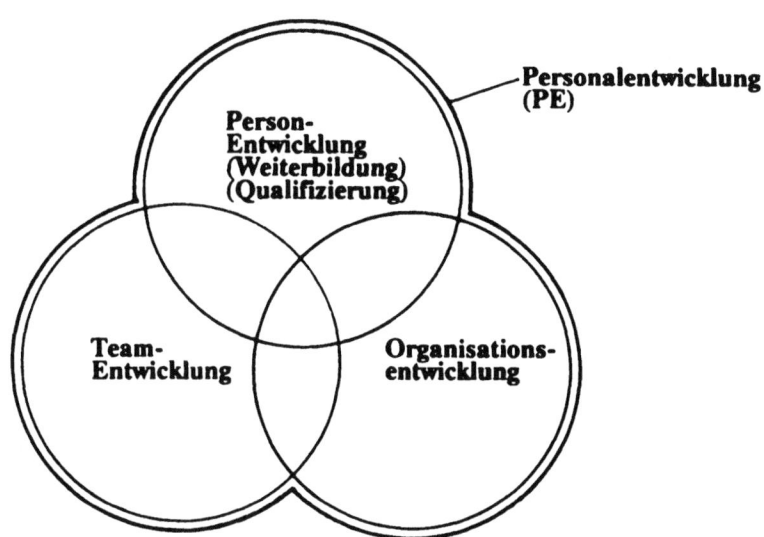

Sowohl als gezielte Intervention* wie als 'unbesondertes' Geschehen ist PE Änderung bestehender Gleichgewichte; dieser Eingriff kann auf verschiedene Weise erfolgen, je nachdem, ob er an Individuen, Beziehungen oder Strukturen adressiert ist. Dem entsprechen drei Perspektiven: *personal, interpersonal, apersonal.* Im Prinzip ist jede Maßnahme im Unternehmen - gewollt oder unabsichtlich - *auch* PE (z.B. die Aufstellung einer CNC-Maschine oder die Einführung eines Betriebsdatenerfassungssystems), weil jede Veränderung der Bedingungen Anpassungsreaktionen in *allen* Systemkomponenten (den personalen, interpersonalen und apersonalen) nach sich zieht.

Ein Unternehmen betreibt PE, weil es sich davon Vorteile erhofft; bestimmte Prozesse oder Ergebnisse sollen verbessert werden. Also sind Brennpunkte der Bemühungen eben diese Prozesse oder Ergebnisse, z.B. Entscheidungen, Leistungen, Produkte, Einkommen etc. Kapitalistisch-marktwirtschaftliche Unternehmungen sind Veranstaltungen zur Koppelung von Ressourcen, um (mehr) Einkommen zu erzielen. Es ist also der *Beitrag* entscheidend, den die *Kombination* der Ressourcen zur Zielerreichung leistet. Nicht die Ressourcen für sich interessieren, sondern die Umformung, die sie erfahren, damit ein günstiges Ergebnis resultiert. In der bisherigen Unternehmens-Diskussion sind unterschiedliche Transformationen in den Mittelpunkt gerückt worden: Ware zu Geld, Information zu Entscheidungen, Material zu Produkten, Arbeitsvermögen zu Arbeitsleistung, Menschen zu Personal ... Diese Überlegung bedeutet, daß nicht etwa die 'Ressource Mensch' (s. KÜBEL 1990) in ihren immanenten* Möglichkeiten entfaltet, sondern daß sie verwertet werden soll. Sie muß deshalb passend ein- und umgebaut werden. Dies wird in einem doppelten Transformationsprozeß angestrebt: 'Arbeitskräfte zu Personal' und 'Personal zu Arbeitsleistung' (s. KOMPA 1990): Gewonnen (lediglich) als Arbeitskräfte haben die Menschen - geformt zu Personal - Arbeit zu leisten. Arbeit allerdings nicht in einem ungesellschaftlich-abstrakten Sinn (als Verausgabung von Kraft zur Produktion von Gütern oder Leistungen), sondern in ihrer historisch-gesellschaftlichen Formbestimmung. Sie ist damit durch folgende Merkmale ausgezeichnet:

- Zielbestimmung: Es wird ein konkretes Ergebnis planvoll angestrebt.
- Kooperation: Die isolierte und autarke Tätigkeit des einzelnen ist extremer Sonderfall, üblich ist Zusammen-Arbeit.
- Organisiertheit: Die Zusammen-Arbeit ist nicht fallweise abgesprochen, sondern formal, generell und verbindlich geregelt.
- Fremdarbeit: Es wird nicht für den Eigenbedarf produziert; Leistungen werden an Dritte (Kunden, Klienten) abgegeben.
- Marktförmigkeit: Dieser Tausch erfolgt über Märkte, in denen freie vollständige Konkurrenz die Ausnahme ist.
- Geldförmigkeit: Die Leistungen werden über das symbolische Kommunikationsmedium 'Geld' verglichen und abgerechnet.

*Diese* Form der Arbeit ist der Fokus, auf den hin Personal ausgerichtet wird. Es spiegelt deshalb in seiner eigenen Gestalt die Bedingungen wieder, unter denen es zu funktionieren hat (Zielbestimmung - nicht freie Entfaltung; Kooperation - nicht genialische Einzelleistung; Organisation - nicht Adhocratie*; Fremdarbeit - nicht Ausrichtung auf eigenen Konsum und eigene Reproduktion; Marktförmigkeit - und damit nur partielle Transparenz, Berechenbarkeit, Stabilität; Geldförmigkeit - und nicht Liebe, Freundschaft, Schenkung).

Menschen, soziale Beziehungen und organisatorische Strukturen müssen diesem Milieu angepaßt sein/werden, um darin überleben zu können; weil sie aber gleichzeitig einen Eigen-Wert haben, der gegen die auferlegten Zumutungen rebelliert, muß die Passung fortwährend kontrolliert und durchgesetzt werden. Dem dient das Personalwesen, das sich damit einer durchaus widersprüchlichen, dialektischen Aufgabe konfrontiert sieht: Es muß die Eigen-Dynamik des Faktors Personal zugleich begrenzen und nutzen.

Weil PE als die Anpassung des gestalteten Arbeitsvermögens (Personal) an die sich ändernden Arbeitsbedingungen eine komplexe Daueraufgabe ist, muß sie selbst wiederum als Arbeit eingerichtet werden - also zielorientiert, integrierend, organisiert, fremdbestimmt, an Markterfordernissen ausgerichtet und dem Geldkriterium unterworfen sein. Dem allgemeinen Programm entsprechend wird ein komplexes Problem leichter lösbar, wenn es in Teilaufgaben zerlegt wird; diese Heuristik* wird auch auf PE angewandt, die in die Segmente der personalen Qualifizierung, der interpersonalen Beziehungsregelung und der apersonalen Strukturgestaltung aufgespalten wird. Genau genommen ist also nicht der Mensch, die Gruppe oder die Organisation das Objekt der PE, sondern der kapitalistisch-marktwirtschaftlich organisierte Leistungsprozeß. Deshalb muß PE auch in Zusammenhang mit sogenannten 'funktionellen Äquivalenten' gesehen werden: Wenn es Einrichtungen oder Leistungen gibt, die bestimmten Erfordernissen schneller, billiger, wirksamer oder sicherer Rechnung tragen als PE, wird PE nicht die Methode der Wahl sein (siehe dazu auch die Überlegungen auf Seite 303 ff).

Zu den Erfordernissen, die Produktionsfaktoren erfüllen müssen, gehören:

- *Fungibilität\**: Problemlose Verfügbarkeit, leichte Beherrschbarkeit, Formbarkeit, Steuerbarkeit.

  Wenn z.B. Kündigungsschutzgesetze die Trennung von einem Arbeitnehmer erschweren, wird der Auswahlprozeß sorgfältiger gestaltet werden und es wird mehr Mühe darauf verwandt werden, vorhandene Organisationsmitglieder mit Belohnungsversprechen zu motivieren und sie auf die Belange des Unternehmens einzuschwören.

  Um Abwanderung qualifizierter Kräfte zu verhindern, kann man ihre Ausbildung betriebsspezifisch gestalten und nicht zertifizieren\*, so daß ihre Chancen auf dem Arbeitsmarkt nicht erhöht werden.

- *Elastizität*: Einsatz- und Verwendungsbreite, Anpaßbarkeit an unterschiedliche Bedingungen.

  Wenn qualifizierte und loyale Mitarbeiter vom Arbeitsmarkt schwer zu beschaffen sind, wird man versuchen, bereits bewährte Kräfte für neue Einsatzorte zu qualifizieren.

- *Substituierbarkeit*: Verringerung der Abhängigkeit, leichtere Ersetzbarkeit.

  Statt sich von der Fachkompetenz einzelner abhängig zu machen, kann man versuchen Fachwissen auf Gruppen zu verteilen oder gar durch Einsatz von Routineverfahren oder Technik zu entwerten.

- *Sicherheit*: Schutz vor Ausfall, Abwanderung, Störung.

  Besonders wichtige Beiträge müssen mehrfach und unabhängig voneinander verfügbar sein; dies geht bis zur gegenseitigen Überwachung von Kontrollsystemen, so daß Abweichungen sicher erkannt und kompensiert werden können.

- *Anschlußfähigkeit, Vernetzung*

  Es kann sinnvoll sein, an bestehende Einrichtungen anzuschließen (z.B. für vorhandene Maschinen ausbilden), oder - um Synergie-Effekte zu nutzen - Ressourcen zu poolen und mehrfach zu verwerten.

- *Kostengünstigkeit*

  Wenn es ökonomischer ist, Leistungen vom Markt einzukaufen, kann unter Umständen die Heranbildung eines qualifizierten Mitarbeiterstammes als weniger attraktive Alternative eingestuft werden.

Personal konkurriert im Hinblick auf diese Kriterien mit anderen Produktionsfaktoren (z.B. Technisierung); PE muß dem Vergleich mit anderen personalwirtschaftlichen Möglichkeiten standhalten (z.B. Beschaffung von qualifizierten Mitarbeitern, Entlassung unqualifizierter, Freisetzung von Leistungsreserven durch Motivationsinstrumente, Personalleasing, Unternehmensberatung, Arbeitsstrukturierung usw.).

Einer solchen Überlegung zufolge hat PE die Aufgabe, das vorhandene *gestaltete* '*Arbeitsvermögen*' (= Personal), so umzuwandeln, daß erwünschte Ergebnisse bzw. Ziele und Nebenziele oder 'constraints' (Einkommenssteigerung, Überlebenssicherung, Flexibilität usw.) erreicht werden. Die so definierte Aufgabenstellung läßt sich nicht mehr erreichen durch Einwirkungen allein auf den Faktor 'Person', weil auch die interpersonalen und 'objektiven' Bedingungen, die den Transformationsprozeß gelingen oder scheitern lassen, zu berücksichtigen sind. Beispiel: Mitarbeitern die nötigen Kenntnisse und Fertigkeiten zu vermitteln genügt nicht, wenn nicht zugleich dafür gesorgt wird (z.B. durch Entgeltsysteme oder Gestaltung der Arbeitsinhalte), daß das so geschaffene Potential in aktuellen Einsatz transformiert wird.

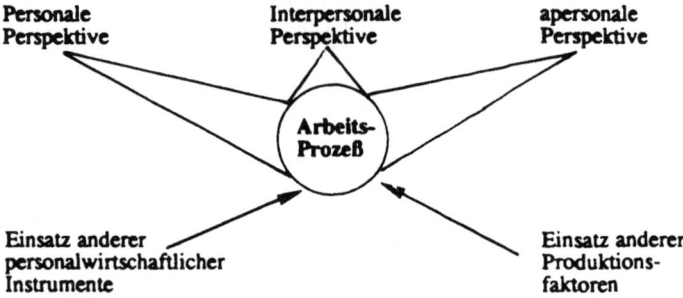

Die Entwicklung von Arbeitsvermögen (PE) konkurriert also zum einen mit anderen Einflußgrößen auf die Bessergestaltung des Arbeitsprozesses (Organisation, Technik, Kapitalintensivierung, Recht usw.), zum anderen ist sie selbst nicht als homogene Aufgabe zu verstehen, sondern erlaubt intern verschiedene Zugänge: Man kann - ohne je eine Möglichkeit total ausblenden zu können - den Akzent setzen auf individuelle Qualifizierung, interindividuelle Interaktion oder apersonale formale Strukturierung.

Wer längere Zeit an einem Einzelarbeitsplatz mit repetitiven unterfordernden Tätigkeiten unter hoher Lärmbelastung beschäftigt ist, der wird bestimmte "Qualifikationen" entwickeln (Desinteresse, Schwerhörigkeit, Inflexibilität), in seinem Sozialverhalten verändert werden (wegen Isolierung und kommunikativer Reduzierung) und durch das permanent wiederholte Muster seines Handelns bestimmte restriktive Rollenzuschreibungen als normal widerspruchslos akzeptieren und damit verfestigen, so daß sie auch für andere Stelleninhaber als gültig festgeschrieben werden.
Ist demnach Desinteresse ein individuelles Motivationsproblem, eine Beziehungsstörung oder allgemeine Norm?

Viele Abhandlungen über PE beziehen sich (fast) ausschließlich auf fachliche Weiterbildung, z.T. werden auch noch Organisationsentwicklung oder Teamtraining berücksichtigt, und im Regelfall werden alle drei Interventionen als herausgelöste (besonderte), formalisierte und strukturierte Ereignisse (PE 'off-the-job') angesehen.

Der große Bereich der PE "on the job" [sich in und durch Arbeit entwickeln, Modelle nachahmen, aus eigenen Fehlern lernen, von Kolleg(inn)en 'nebenbei' instruiert werden usw.] wird meist ausgeklammert als ein laufender Prozeß, der keine große Aufmerksamkeit verdient, weil er sich naturwüchsig ereignet und kaum zentral gesteuert werden kann. Damit zeigt sich ein weiteres Ergebnis der zunehmenden Differenzierung und Spezialisierung von Funktionen: wofür es keine professionalisierten Stellen gibt, die systemkonform dann zugleich eigene Kostenstellen sind, dafür gibt es keine Dokumentation, Standardisierung und differenzierte Verantwortlichkeit.

Will man *Personen* ändern, kann man zwar inter- und apersonale "Reize setzen", die Verarbeitung dieser "Reize" oder "Irritationen" hängt jedoch allein von den eingebauten Gesetzmäßigkeiten (Schemata, Gewohnheiten, Erwartungen, Normen, Haltungen ...) ab. Diese fundamentale Unzugänglichkeit oder 'Unmachbarkeit' der Person wird global in Ausdrücken wie Eigensinn, Freiheitsgrade, Autonomie, Selbständigkeit, Widerborstigkeit etc. gefaßt. Man muß - begibt man sich dennoch in die Rolle des Machers von PE - grundsätzlich auf inter- oder apersonale Weise 'verstören'. Auf eine solche Irritation werden Personen re-agieren; damit werden Prozesse der Selbst-Entwicklung angeregt, deren Ergebnisse überwacht, gefiltert, gelöscht oder bestätigt werden. Kennt man die Regelmäßigkeiten der Folgereaktion, kann die Ver-Störung gezielt eingesetzt werden. Je komplexer Systeme werden, desto weniger ist die Wirkung von Eingriffen *vorherzusehen*. Es wird dann *nach*geregelt, d.h. nach Kenntnis der Wirkungen erneut interveniert. Aus diesen Überlegungen wird nachvollziehbar, warum die *vorbeugende* Programmierung durch Unternehmenskultur eine so große strategische Bedeutung hat: der Nachregelungsbedarf wird gesenkt, weil die Steuerungsgröße verinnerlicht wurde!

Dasselbe gilt, wenn man interpersonale Konstellationen (durch personale und apersonale Impulse) oder wenn man apersonale Strukturen (durch personale Qualifizierung oder interpersonale Beziehungsarbeit) ändern möchte: Jeder Bereich ist zwar durchaus "anstoßfähig", folgt aber in der Verarbeitung dieser Anstöße seinen eingebauten Gesetzmäßigkeiten.

Wenn z.B. eine Frau mit persönlichem Einsatz und guten Argumenten diskriminierende Behandlung in einer Organisation ändern möchte, wird sie eventuell Wirkungen erzeugen, nicht notwendig auch eine Verwirklichung ihrer Absichten erreichen; es kann sogar im Gegenteil zu einer Verhärtung der Verhältnisse oder zur "Eliminierung" der Protestierenden kommen, weil sie etablierte ausbalancierte inter- und apersonale Gleichgewichte stört.

Der im vorliegenden Text gewählte 'perspektivische' Ansatz kann scheinbar Paradoxes leisten: *Man sieht die eigene Blindheit*, oder anders: Man sieht, was man bisher (so) nicht gesehen hat. Dazu muß man aber zuerst wahr-nehmen, was man stattdessen (statt der bisherigen oder üblichen Auffassungen) tun oder denken könnte.

In arbeitsteilig organisierten Unternehmen ist der Arbeitsprozeß von niemandem mehr ganz und wahr zu erfassen. Es kommt deshalb darauf an, ihn abzubilden, sich Modelle und Kenngrößen zu schaffen. In diesem Moment aber nimmt man Abstraktionen aus einem Geschehenszusammenhang vor, die auch Standpunkt und Interessen des 'Beobachters' widerspiegeln.

Der ontologische Status des Arbeitsprozesses (der Handlungen, Entscheidungen, Kommunikationen, usw.) ist unentscheidbar; erst wenn von Akteuren oder Beobachtern aus dem "Strom des Geschehens" bestimmte Aspekte(!) ausgegrenzt und benannt werden, existieren sie in einer handhabbaren Form. Die Aus-Schnitte werden vom Akteur/Beobachter zu sinn-vollen Gesamtheiten montiert; dies ist eine nichtselbstverständliche konstruktive Leistung, die (in begrenztem Umfang) auch anders möglich, also kontingent, ist.

Der Arbeitszusammenhang kann mit sehr vielen Determinanten in Beziehung gebracht werden: Diese können z.B. "in" der Person liegen (als Folge genetischer Ausstattung oder sozialisatorischer Prägung), sie können auf die aktuelle soziale Konstellation bezogen werden (etwa Gruppendruck oder charismatische Ausstrahlung einer Führungskraft) und sie können schließlich auf allgemeinverbindliche Handlungsregeln zurückgeführt werden, die im sozialen System Unternehmen gelten. Statt einer Job- oder Man-Analysis (siehe etwa das auf S. 61 dargestellte Grundmodell von CONRADI 1983), die gleichsam ontologisch* verfährt, weil sie die dingliche Existenz von "Job" und "Man" als selbständigen Wesenheiten unterstellt, wird vom *Arbeitsprozeß* ausgegangen, der z.B. einzelnen Menschen (Stelleninhabern) *zugerechnet* wird (s. dazu unten). Das Verbundhandeln (in) einer Gruppe z.B. kann Verläufe und Ergebnisse produzieren, die kein einzelnes Subjekt in dieser Gruppe *allein* geplant, gewollt, verursacht oder zu verantworten hat. Es sind deshalb zusätzliche Emergenz-Niveaus* zu berücksichtigen, die personübergreifende Charakteristika haben: *soziale Beziehungen* und *organisationale Strukturen*. Mit *Emergenz*\* ist der allgemeine Sachverhalt gemeint, daß komplexe Systeme Eigenschaften haben, die aus der Kenntnis von Subsystemeigenschaften nicht vorhergesagt werden können, weil sie erst durch die Koppelung der Subeinheiten als etwas qualitativ Neues entstehen (auftauchen, emergieren).

Vom 'Beobachten' zu reden, setzt nicht die Existenz eines menschlichen Beobachters voraus, der nach Laune, Gutdünken oder Voreingenommenheit soziale Wirklichkeit durch Wahr-Nehmung ratifiziert oder gar konstruiert. Es geht, abstrakt gesagt, um eine Operation, die in einem Geschehen Unterschiede sieht/macht und damit *Information* generiert: a difference that makes a difference (BATESON). Wenn z.B. ein Kunde die Kreditlinie seiner Bank überschreitet, kann dies automatisch registriert werden und programmiertes Folgehandeln auslösen. Die Lichtschranke einer Presse kann 'erkennen', daß sich ein Gegenstand (z.B. ein Hand) im gefährdeten Bereich befindet: die Presse schaltet 'sich' ab ... Über Wirklichkeit kann man nur reden, wenn man Differenz(ierung)en macht und (modellgesteuert, programmiert) verarbeitet. Dabei ist unstrittig, daß nicht alle Beobachter die gleiche Chance haben, ihre Sicht der Dinge durchzusetzen. In wirtschaftlichen Unternehmungen ist z.B. unter den gegebenen Bedingungen der Einkommensaspekt eines Vorgangs wichtiger als etwa seine affektive oder soziale Qualität. Wichtiger heißt: Wenn *auf Kosten* des Einkommensaspekts emotionale Erfahrungen gesteigert werden sollten, steht zu erwarten, daß korrigierend eingegriffen wird. Um das Funktionieren eines Unternehmens zu gewährleisten, ist es erforderlich, nicht beliebige individuelle Anschauungen zu tolerieren, sondern einheitliche Schemata durchzusetzen; es ist die Funktion von 'Organisation', diese sachliche, zeitliche und soziale Generalisierung der Sichtweisen und ihrer Formalisierung verbindlich durchzusetzen!

Die Unterscheidung zwischen (intra-)personalen, interpersonalen und apersonalen Hinsichten kann in einer Art *Scheinwerfer-Modell* visualisiert werden, das für jede beobachtete "Einheit" (z.B. Individuum, Gruppe, Organisation) neu zu zeichnen wäre. Die folgende Skizze greift "Organisation" heraus:

Man muß sich allerdings der Verführung durch dieses Scheinwerfer-Bild bewußt sein: Es suggeriert, daß derselbe 'an sich' existierende Gegenstand *nur* aus verschiedenen Blickwinkeln betrachtet wird. Zutreffender - und damit die Lage komplizierender - ist es jedoch davon auszugehen, daß jeder Beobachter etwas *anderes* sehen kann und daß die 'gleiche Sicht der Dinge' nicht spontan-naturwüchsig, sondern Ergebnis aktiver Beeinflussung ist.

Bedeutsam ist, daß wegen der Zurechnung auf die genannten Perspektiven (personal, interpersonal, apersonal) jeweils ein dreiwertiger Term zu benutzen ist: Jedes Geschehen soll als Funktion *aller drei* Perspektiven interpretiert werden. Erklärt man eine konkrete Handlung z.B. *nur* unter Rückgriff auf (intra-)personale Merkmale (z.B. Fähigkeiten, Motive, Erwartungen) eines Handelnden, dann setzt man alle anderen Determinanten konstant (oder vernachlässigt sie), die außerhalb dieser Person liegen und wird so buchstäblich einseitig. Man übersieht dann die Dreifaltigkeit der Bestimmungen: um zu existieren, benötigt die eine immer auch die anderen Hinsichten. Idealfall wäre also eine Art 'Triangulierung', bei der eine Beobachtung im Spannungsfeld aller drei Koordinaten lokalisiert wird.

Die drei Analyse-Perspektiven sollen im Folgenden etwas ausführlicher beschrieben werden.

### 1.3.1. Personale Merkmale

Weil sich die vorliegende Diskussion auf das Handeln in (wirtschaftlichen) Organisationen beschränkt, interessiert die Person nicht als "ganzer Mensch" in all ihren Facetten, die von Philosophie, Theologie, Biologie, Physik, Chemie, Psychologie, Pädagogik usw. untersucht werden können. Die Person wird hier sowohl als soziales Objekt (als Brennpunkt von sozialen Erwartungen) wie als soziales Subjekt (als Aktionszentrum, das über Handlungspotentiale verfügt) gesehen.

Diese ausschnittsweise Betrachtung der Person geht davon aus, daß ihr Handeln aufgrund externer Einwirkung nicht direkt, sondern nur vermittelt beeinflußt werden kann, indem nämlich Bedingungen in der Umwelt der Person verändert werden. Die Person wird dann bewußt oder unbewußt die empfangenen Informationen nach eingebauten Programmen (also operativ geschlossen und strukturbestimmt) verarbeiten und dementsprechend (re-)agieren.

Die Person soll hier jedoch nicht als undifferenzierte und undurchschaubare black box betrachtet werden; vielmehr werden Annahmen über ihre interne Struktur gemacht, um zu verstehen, warum eine Person handelt oder gar *sich* verändert. Es interessiert dabei weniger die genetische Ausstattung mit Eigenschaften (Fähigkeiten, Bedürfnissen), sondern das, was Eindruck hinterlassen hat, wodurch eine Person handlungsbestimmend geprägt wurde. Dies deshalb, weil davon ausgegangen wird, daß damit Ansatzpunkte auch für künftige Einwirkungen gegeben sind. Bei PE stehen traditionell gerade (oder sogar ausschließlich) diese personalen Ansatzstellen für Interventionen im Mittelpunkt. Dies wird veranschaulicht in all den Definitionen (s.o.), die Qualifikation, Einstellungen, Verhalten, Kompetenz, Fähigkeiten etc. als alleinigen Gegenstand der PE bezeichnen.

Geht man - wie das häufig geschieht - von einem "Problemlösungsansatz" bei der Analyse von PE aus, dann liegt es nahe, nach dem Subjekt des Problemlösens zu fragen: Wer steuert es - etwa die Bildungsabteilung, eine Vorgesetzte, eine Arbeitsgruppe, eine Mitarbeiterin? Der gewählte perspektivische Ansatz läßt diese Frage offen. Er unterstellt also nicht personale Akteure ("für PE trägt die Leiterin der Bildungsabteilung die Verantwortung"), sondern läßt auch die Möglichkeit der Selbst-Steuerung oder Selbstorganisation zu (wie sie etwa im Modell der Lernstatt oder bei einigen OE-Prozessen möglich ist). Fortschrittliche Konzeptionen der PE-Arbeit sehen diese Möglichkeit vor; siehe etwa die Überlegungen STIEFELs (1982) zur "Bildungsbedarfsanalyse", deren pragmatische Orientierung jedoch die zugrundeliegenden Ordnungsprinzipien nicht offenlegt. In der folgenden Prüfliste STIEFELs geht es dem Autor um ein Plädoyer für "Problemklärungs-Seminare" (PKS) als einem Instrument kooperativer Bildungsbedarfs-Analyse. PE-Bedarfe werden dabei nicht von Experten (Fachleuten der Bildungsabteilung oder externen Beratern) diagnostiziert, sondern in einem Gruppenprozeß von den Beteiligten selbst erarbeitet. Sieht man sich die Analysefragen näher an, dann wird deutlich, daß hier in sehr differenzierter Weise auf höchst unterschiedliche Facetten des Problems Bezug genommen wird. STIEFEL hat Nach-Fragen, die aus einer 'rein rationalen Sicht' wenig Sinn machen, zusammengestellt; diese Frageliste kann Ausgangspunkt für eine kleine Übung sein, in der versucht werden kann, Hypothesen und Erfahrungen zu rekonstruieren, die den gewieften PE-Fachmann STIEFEL veranlaßt haben können, bestimmte konkrete Inhalte anzusprechen:

1. Gibt es räumliche Sachzwänge (unterschiedliche Standorte der Teilnehmer usw.), die residentielle* Problemklärungsmethoden ausschließen?
2. Wieviel Zeit steht zur Verfügung?
3. Wer wird mit der Datensammlung betraut?
4. Gibt es gewisse Elemente in der Vorgeschichte der Zusammenarbeit mit den Teilnehmern, die gewisse Methoden ausschließen?
5. Gibt es eine gewisse Erwartung der Teilnehmer an die Technik der Problemklärung?
6. Wieviel Mitarbeiter sind beteiligt?
7. In welchem Umfang (Validität) sind die Bedarfe bereits erkannt?
8. Welcher Grad von Vertraulichkeit muß bei den Daten gewahrt sein?
9. Wie brisant ist das gesamte Problemfeld?
10. Welcher Grad des Vertrauens besteht zwischen Bildungsabteilung, PKS-Trainer einerseits und den Teilnehmern sowie deren Vorgesetzten andererseits?

Durch eine bei STIEFEL (1982) ebenfalls abgedruckte, von den Teilnehmern am "Problemklärungsseminar" (PKS) zusammengetragene Liste von Praxisproblemen wird plastisch veranschaulicht, in welche Vielzahl konkreter Fragen sich personale, interpersonale und apersonale Perspektiven auffächern lassen (weitere Praxisbeispiele: s. KAILER 1985 und WILDENMANN 1985). Auch hier wird der Hinter-Sinn der Fragen erst nachvollziehbar, wenn man sich ablöst vom Modell einer konsequent rationalen PE:

1. Wie beginne ich ein PKS?
2. Das Umfeld ist an der Klärung der realen Ursache nicht interessiert.
3. Die Beziehung zwischen Auftraggeber, Klientensystem und Change Agent* (und deren Interessenmotive) ist häufig unklar.
4. Trainer schafft erst die Probleme.
5. Woran orientiere ich mich als Trainer bei der Vorbereitung eines PKS?
6. Akzeptanz des Trainers aus Teilnehmersicht?
7. Wie überzeuge ich Teilnehmer und Vorgesetzte von der Wichtigkeit des PKS?
8. Wieviel Prozeß kann ich zulassen?
9. Teilnehmer trauen sich nicht zu, ihre Situation zu verändern.
10. Machtinteressen der Hierarchen (ich werde benützt oder "vernützt").
11. PKS wird zum Diskussionsclub (Probleme werden zerredet).
12. Ist die Vorbereitung technisch oder inhaltlich?
13. Kennt der Trainer die Realität der Teilnehmer?
14. Vorgesetzter "weiß" die Probleme ohnehin.
15. Validität der Probleme bei Anwesenheit des Vorgesetzten.
16. Teilnehmer fühlen sich wohler, wenn nur sichtbarer Teil des Problems bearbeitet wird.
17. Teilnehmer erleben PKS als Bestrafungsaktion.
18. Teilnehmer werden manipuliert (fertige Lösungen sind vorhanden).
19. Wie komme ich an die wirklichen Probleme heran?
20. Traineridentifikation zum Unternehmen.
21. Teilnehmer sprechen Probleme nicht offen aus (Angst vor Sanktionen und Konsequenzen).
22. Wie setze ich die erkannten Probleme in ein Seminarprogramm um?
23. Reifegrad von Teilnehmer und Organisation reicht für PKS nicht aus.
24. Teilnehmer sehen im Trainer einen Agenten der Geschäftsleitung.
25. Probleme sind sichtbar; warum fangen wir nicht gleich an?
26. Wie überzeuge ich Teilnehmer, daß die "Aktionsmenge" klein bleiben muß?
27. Datensicherung für Teilnehmer?
28. Teilnehmer sehen nur fremde Probleme.
29. Wie gehe ich mit sehr weitgestreuten Themenkomplexen (Problemen) um?
30. Es ist unbefriedigend, daß die Erreichung einer Lösung so lange dauert.
31. Rollenklärung: Experten versus "Facilitator".

32. Wie gehe ich als Trainer mit der subjektiven Bedrohtheit des Vorgesetzten um?
33. Was lege ich dem Auftraggeber als Programm vor?
34. Geweckte Erwartungen können nach dem PKS nicht erfüllt werden.

*aus: STIEFEL, R. Th. (1982). Zur Ermittlung des Weiterbildungsbedarfs. Zeitschrift für Arbeitswissenschaft, 36, (NF. 8), 54-58.*

## 1.3.2. Interpersonale Beziehungen

Personal-Entwicklung, kann - obgleich sie sich auf das Personal und nicht auf die einzelne Person bezieht - natürlich nicht darauf verzichten, sich um die Personen und ihre konkreten *sozialen* Beziehungen zu kümmern, denn damit werden neue Dimensionen des Verständnisses und der Steuerung eröffnet.

Die einmalige Beziehung zwischen zwei Personen führt quasi ein Eigen-Leben, sie ist nicht *in* Person A oder *in* Person B lokalisiert, sondern ein (emergentes)* Neues *zwischen* ihnen, also inter-personal. Dies ist notwendig an die konkreten Menschen und nicht an die apersonalen formalisierten Rollen gebunden: Beispielsweise ist die Beziehung zwischen einem Unterstellten A und einer Führungskraft B einerseits vorbestimmt durch die Rollenbeziehung; in organisationsüblicher Rede kann man von 'Stelle' oder 'Position' sprechen, die personunabhängig durch Anforderungsmerkmale definiert sind, denen eine geeignete 'Inhaberin' dann entsprechen muß. Andererseits erhält eine abstrakte Stelle ihre besondere Nuance erst durch die einmalige Persönlichkeit, mit der sie besetzt ist. Die Beziehungen *zwischen* Stellen sind immer auch Beziehungen *zwischen* konkreten Menschen, die es miteinander zu tun haben. Wenn etwa die Führungskraft eine Frau, cholerisch, jünger und qualifizierter als der männliche Unterstellte ist, dann wird diese konkrete Konstellation für die Gestaltung der Zusammenarbeit vermutlich von wesentlicher Bedeutung sein, weil der Rahmen formaler (apersonaler) Bestimmungen trotz aller Abgrenzungen und Fixierungen immer noch so weit ist, daß die spezifischen Besonderheiten "durchschlagen" können. Apersonale Bestimmungen können nämlich wegen ihrer Allgemeinverbindlichkeit grundsätzlich nicht so dicht und konkret sein, daß sie den Einzelfall erschöpfend determinieren.

Bei näherer Betrachtung gibt es ebensowenig zwei gleiche Beziehungen wie es zwei gleiche Persönlichkeiten gibt. Der interpersonale Aspekt wird auf besonders augenfällige Weise vernachlässigt in Versuchen, Management- oder Organisationsabläufe in computergestützten Planspielen zu simulieren. Denn hier wird das Geschehen als reiner (!) Sach-Prozeß abgebildet, der durch seine Komplexität, Intransparenz und Dynamik vor große kognitive Herausforderungen stellt. Völlig außer Acht gelassen wird dabei, daß Handlungen im Unternehmen nicht nur faktisch und apersonal gesteuert sind, sondern auch personal und interpersonal.

Eine "sachliche" Simulationsübung im Rahmen einer Weiterbildungsveranstaltung überspielt ganz buchstäblich, daß z.B. Animosität, Vertrauen, taktische Kalküle, Rivalität, Narzißmus, Jasagertum, groupthink, Egoismus und dergleichen wichtige Determinanten organisatorischer Prozesse sind. Der Mythos der Sachlichkeit wird erneut bekräftigt in der scheinbar neutralen Trainingsmethode 'Simulation'.

## 1.3.3. Apersonale Systemcharakteristika

Im Unternehmen ist der Zusammenhang des Handelns mehrerer Menschen weder allein durch personale Absicht, noch durch interpersonale Abstimmung, noch durch apersonale institutionelle Absicherung gewährleistet.

Die apersonale Perspektive unterscheidet sich grundsätzlich vom Spezifikum der anderen beiden Perspektiven, die durch Konkretheit und Besonderheit ausgezeichnet sind. Stattdessen ist die apersonale Ebene durch mehrfache Verallgemeinerungen charakterisiert, und zwar

- *zeitliche*: Erwartungen und Ansprüche sind auf Kontinuität und Dauer gestellt und damit verläßlich;
- *sachliche*: Es wird vom Einzelfall abgesehen, weil die Handlungsanlässe "normalisiert" und standardisiert sind;
- *soziale*: Erwartungen sind auf Rollen und Positionen, nicht auf einmalige Menschen bezogen.

Die apersonale Ebene wirkt größtenteils "hinter dem Rücken der Subjekte", weil ihre Bestimmungen

a) von den einzelnen als Prämissen ihres Handelns verinnerlicht wurden (siehe z.B. "3rd-order-control", Unternehmenskultur, mentale Programmierung) und/oder

b) als Bedingung des Handelns *veräußerlicht* (objektiviert) wurden und nun als Sach-Zwang (Maschinen, Formulare, Architektur, Verfahren) wirken und quasi fremd (entfremdet!) dem Menschen gegenüberstehen.

Organisiert arbeiten heißt, daß die Verkoppelung der Handlungen der Initiative und Autonomie des einzelnen entzogen und stattdessen vorgeregelt ist: Es ist nicht ins Belieben der einzelnen gestellt, mit wem, an welcher Aufgabe, mit welcher Zielsetzung, mit welchen Mitteln, unter welchen Bedingungen etc. sie arbeiten. Organisation ist Vor-Ordnung, die jeweils (inter-)individuell wahrgenommen und realisiert werden muß. Organisation (also die Gesamtheit apersonaler Strukturen) hat aber keine eigenständige dingliche Existenz: Ihre Struktur *realisiert* sich in (Inter-)Aktionen, die zugleich die Struktur *erzeugen bzw. erhalten* (siehe GIDDENS 1988).

Bislang ist bei der Darstellung der drei Analyseperspektiven (personal, interpersonal, apersonal) eher *formal* argumentiert worden. Im nächsten Abschnitt sollen die *inhaltlichen* Akzentsetzungen der drei Hinsichten der PE differenzierter analysiert werden. Leitfrage ist: Welche zentralen Merkmale charakterisieren die jeweilige Perspektive? Diese Darstellung findet einen unmittelbaren Anschluß zu jenen Einteilungen, die zwischen Individuum, Gruppe und Organisation unterscheiden.

## 1.4. Zu den Inhalten der drei Perspektiven

Vorab sei, um den Zusammenhang der Darstellung aufzuzeigen, an das zentrale Anliegen erinnert: Es geht um das *Objekt* der PE und zwar immer noch um den ersten Wortbestandteil: *Personal*-Entwicklung. Im folgenden soll für die drei genannten Perspektiven erörtert werden, *was* im einzelnen verändert wird, wenn PE betrieben wird.

## 1.4.1. Inhalte der personalen Hinsicht

Die personalistische Vorstellung von PE, die - wie in den einleitend abgedruckten Definitionen gezeigt - die meistverbreitete ist, erfordert es, näher darauf einzugehen, welche personalen Merkmale "entwickelt" werden sollen.

Bei individuumszentrierten Ansätzen (klassisches individuelles kognitives Training, z.B. Wissensvermittlung im "Frontal"-Unterricht; Sensitivity-Training, Lab-Training*, T-Group-Training; Outward-Bound-Training) geht es allein darum, die *einzelne* Person bzw. ihre sensumotorischen*, kognitiven, affektiven* oder motivationalen Vermögen zu verändern. Sie soll - nach dem Training - z.B. mehr wissen, andere Personen besser einschätzen können, Techniken der Gruppensteuerung beherrschen, in der Lage sein, neuartige Problemstellungen zu lösen, kreative Ideen zu entwickeln, in Streßsituationen handlungsfähig zu bleiben usw.

Im einzelnen werden folgende Persönlichkeits-Dimensionen erläutert, wobei diese Einteilung nur eine pragmatische Ordnung darstellt, die sich nicht auf ein differentialpsychologisches System stützt (s. einen alternativen Ansatz bei EASTERBY-SMITH 1986):

a) Fähigkeiten, Fertigkeiten, Wissen, Kenntnisse usw.;
b) Bedürfnisse, Motive, Interessen usw.;
c) Emotionen, Werte, Einstellungen usw.;
d) Belastbarkeit, Streß- und Frustrationstoleranz, Fitness usw.;
e) Identität, Selbstwertgefühle usw.

Diese Aufzählung ist weder vollständig noch eindeutig; Merkmale wie Temperament, Geschmack, Sensibilität, moralische Haltung, mikropolitisches Geschick, Verantwortungsbereitschaft etc. müßten einer der Rubriken zugeordnet werden, was sicher nicht ungeteilte Zustimmung finden würde.

*zu a) Fähigkeiten, Fertigkeiten, Wissen, Kenntnisse*

Dies ist die wichtigste personale Kategorie; sie ist meist gemeint, wenn mit PE die Aussage verbunden wird, die "Qualifikationen" der Mitarbeiter zu erhöhen. Hier geht es um funktionale, d.h. für die Arbeitsaufgabe wichtige Merkmale. Kenntnisse in Fremd- oder Programmsprachen, Problemlöse- und Kreativitätstechniken, Informationen über betriebliche Neuerungen (Systeme, Verfahren, Strukturen etc.), Kenntnisse in Arbeitsrecht oder Fachfragen (Kredite, Steuern, Transportwesen, Logistik ...) sind ein zentraler, wenn nicht der umfangreichste Teil praktischer PE-Arbeit. Dies ist auch zu ersehen aus Übersichten über PE-Inhalte, die z.B. überbetriebliche Institutionen anbieten.

Die Veranstaltungsformen zur Vermittlung dieser Qualifikationen sind meist hochstrukturiert und routinisiert; schriftliche Unterlagen (Handbücher, Formulare) werden eingesetzt und die Überprüfung des Trainingserfolgs ist relativ leicht möglich (durch Wissens- oder Fähigkeitstests bzw. Arbeitsproben und Simulationen).

*zu b) Bedürfnisse, Motive, Interessen*

Bei dieser Gruppe von Persönlichkeitsmerkmalen - die mit der folgenden eng zusammenhängen - geht es in der praktischen PE-Arbeit um die Thematisierung und Veränderung von "dynamischen" Persönlichkeitseigenschaften, wie z.B. Macht- oder Kontaktmotive, Abbau oder Förderung von Rivalitäts- und Konkurrenz"denken", Egoismus und Altruismus*, Hilfsbereitschaft, Karriere- und Leistungsmotivation, Einsatzfreude, Macchiavellismus etc.

Bei dieser Art von Persönlichkeitseigenschaften kann kaum im klassischen "Frontalunterricht" verfahren werden, weil es ja gerade nicht um Einsichten und Kenntnisse, sondern um Antriebsfaktoren geht. Hier spielen gruppendynamische Übungen, Rollenspiele, Outward Bound Training etc. eine wichtige Rolle. Dabei wird deutlich, daß das Umfeld, in dem diese Motivstrukturen entwickelt und realisiert werden sollen, von fundamentaler Bedeutung ist, so daß "interaktionistische" Betrachtungsweisen dominieren.

*zu c) Emotionen, Werte, Einstellungen*
- Haltungen und Werte (wie z.B. Loyalität, Betriebstreue, "Commitment", Verläßlichkeit, Sorgfalt, Mitdenken etc.),
- Einstellungen (z.B. zur Mobilität, zum marktwirtschaftlichen System, zu Leistung und Entgelt usw.), aber auch
- Emotionen, wie Angst (etwa beim Redenhalten oder in Kundenkontakten), Zufriedenheit, Leistungs- oder Produktstolz usw.

können thematische Schwerpunkte von PE-Maßnahmen sein.

Auch hier gilt, daß nicht irgendwelche standardisierten "Pakete" angeboten werden können, sondern daß das Training meist stark individualisiert werden muß, weil es in besonderem Maße "jeden dort abholen muß, wo er gerade ist". Vor allem in der betrieblichen Sozialisation unmittelbar nach der Einstellung und im Alltagslernen "on the job" spielt die Thematik der "extrafunktionalen Qualifikationen" und "sekundären Arbeitstugenden" eine große Rolle; darauf wird unten noch ausführlich eingegangen.

*zu d) Belastbarkeit, Streß- und Frustrationstoleranz, Fitness*

Wenn in PE-Programmen z.B. "rationelle Arbeitstechniken", "Zeitmanagement", "Führung der eigenen Person", Wellness, Streßmanagement oder ähnliches angeboten wird, dann geht es um Techniken und Haltungen, mit den alltäglichen Arbeitsproblemen und -belastungen besser fertigzuwerden. Das reicht vom richtigen Telefonieren und Kalenderführen über Entspannungs- oder Meditationsübungen und Sportprogrammen bis hin zu körpertherapeutischen Interventionen.

Ähnlich wie bei der Vermittlung von Fertigkeiten und Kenntnissen liegen hier hochstandardisierte Programme ("Fertigware") vor (s. zum Zeitmanagement etwa SEIWERT 1988 u. FRESE 1988); andererseits zeigt sich, daß diese Themen keineswegs nur kognitive oder aktionale Anteile haben, sondern in hohem Maße das Selbstverständnis und die Grundeinstellungen der Person berühren. Oft genug dienen sie vor allem als "symbolic management" im Sinne einer Personalisierung betrieblicher Probleme: Der einzelnen Person soll kontrafaktisch* verdeutlicht werden, daß es nicht strukturelle Schwierigkeiten sind, die sie belasten und frustrieren, sondern die eigene Unfähigkeit, mit diesen "Herausforderungen" konstruktiv umzugehen!

*zu e) Identität, Selbstwertgefühl*

Hier geht es um die Selbstdefinition der Person. Neben dem "Klassiker" Selbstsicherheitstraining (das häufig auch 'nebenbei' im Rahmen von Gesprächs- oder Verhandlungsführung vermittelt wird) haben in jüngster Zeit Veranstaltungen zum "life styling" Konjunktur. Dabei werden die Teilnehmer dazu angehalten, ihr bisheriges (berufliches und/oder privates) Leben zu analysieren und sich Methoden einer bewußteren und aktiveren Gestaltung anzueignen, zum Beispiel im Hinblick auf Karriereplanung, Freizeitgestaltung, Partnerbeziehungen usw. (s. dazu auch den Überblick in HIRTH, SATTELBERGER & STIEFEL 1981 oder SATTELBERGER 1989).

Man kann zurecht fragen, warum betriebliche Stellen ein Interesse und welche Legitimation sie haben, derartige intime Bereiche der Lebensführung zum Thema von PE-Interventionen zu machen. Hier wird sehr deutlich, daß die Trennung Arbeit - Freizeit aufgehoben wird und die Gefahr besteht, daß der "ganze Mensch" den Zwecken des Unternehmens dienstbar gemacht werden soll. Das life styling ist dann ein Abstimmen und Zurechtformen des einzelnen für die Belange des Unternehmens.

Damit wird die Fiktion oder Ideologie vom autonomen bürgerlichen Subjekt aufrechterhalten, das selbstverantwortlich, kausal-wirkmächtig und ganzheitlich-integriert seinen Lebensentwurf realisiert (s. kritisch dazu SAMPSON 1983; MEYER-DRAWE 1990).

### 1.4.2. Inhalte der interpersonalen Hinsicht

Eine ganz andere Zielrichtung scheinen interpersonal orientierte PE-Methoden zu haben. An ihnen wird besonders deutlich, daß PE nicht Persönlichkeits-, sondern Personalentwicklung bedeutet. Mit Personal ist eine unkonkrete Mehrzahl von Menschen gemeint, die durch ihre Organisations-Mitgliedschaft vereint bzw. vereinheitlicht ist. Wenn Trainings-Maßnahmen an diese Personmehrheit adressiert werden, ist nicht mehr der einzelne, sondern ein Kollektiv Gegenstand der Einflußnahme.

Interpersonale Interventionen bedürfen *konkreter anderer Personen* als Medium und Ort des Lernens. Man kann nicht als Vereinzelter soziale Prozesse lernen; man muß sie erleben, um sie zu verstehen (und sei dieses Erleben auch stellvertretend aus modellhaften Szenen in Büchern, Filmen und Vorträgen). Will man interpersonal wirken, dann muß man vorrangig Beziehungen oder Konstellationen, nicht aber Individuen ändern.

Als das *Inter*personale, das sich *nicht* an oder in Personen findet, können jene Merkmale gelten, die üblicherweise auch als Definitionsbestandteile von 'Gruppe' benutzt werden:

a) Direkte Interaktion (von Angesicht zu Angesicht),
b) Dauer bzw. Kontinuität von Beziehungen; Tradition, Zeitlichkeit,
c) Rollenzuweisung,

d) Normen, Werte, Ideologien,
e) Grenzen, Identität, Wir-Gefühl,
f) Emotionen,
g) Interessen, Macht, Politik.

Die Bedeutung dieser Merkmale wird bei gruppendynamischen Übungen klar, in denen große Desorientierung erzeugt werden kann, wenn oder weil einzelne oder mehrere dieser selbstverständlichen Gegebenheiten fehlen oder in Frage gestellt werden. Die interpersonale Situation in gruppendynamischen Trainingsformen kann z.B. gekennzeichnet sein durch diffuse Gruppen-Struktur, kurzfristige Bekanntschaft der Teilnehmer ohne Zukunft der Zusammenarbeit ('Fremde', 'stranger labs'), hohe Emotionalität in den Beziehungen, ungewohnte oder unexplizierte Normen und Regeln, keine klare Rollenverteilung [insbesondere kein(e) Vorgesetzte(r)], keine Identität als Gemeinschaft, keine konkrete Sachaufgabe, an der man sich orientieren könnte (s. u. S. 210 ff).

Mit den oben angeführten Charakteristika der interpersonalen Perspektive sind die entsprechenden Diagnose- und Interventions-Inhalte vorgegeben:

*zu a) Direkte Interaktion*

In interpersonalen Beziehungen ist man mit anderen sinnlich und direkt konfrontiert (ganz wörtlich genommen: man muß ihnen in die Augen sehen, ihnen die Stirn bieten). Natürlich ist auch eine solche Interaktion vermittelt (z.B. durch Sprache, Kleidung, Gesten, Traditionen etc.), so daß Interpretationsarbeit geleistet werden muß.

Die Dynamik sozialer Beziehungen, die in einer summierenden oder aggregierten Darstellungsweise der Ganzheit *Gruppe* nicht mehr erkennbar wäre, wird durch das Verfolgen und Mitgestalten des Inter-Aktionsprozesses erkennbar.

In der PE-Methodik ist eine der hier relevanten Interventions-Techniken die sogenannte "Prozeß-Beratung" (s. dazu Kap. 6). Dabei wird der laufende soziale Prozeß (z.B. eine Arbeitsbesprechung) von einer erfahrenen Trainerin beobachtet oder auf Tonband oder Video aufgezeichnet, ohne daß es zu irgendwelchen Eingriffen kommt. Erst wenn der Prozeß abgeschlossen ist, konfrontiert die Trainerin die Gesamt-Gruppe mit den Protokollen, Beobachtungen und gegebenenfalls Deutungen. Sie macht z.B. aufmerksam auf Unterbrechungen, Monopolisierungen, Zuspätkommen, Quergespräche, Killerphrasen, Gezänk, Schweigen einzelner, Kopfnicken, Nebenaktivitäten, Ersatzhandlungen... Dieses konkrete Feedback ist Anlaß, die eingespielten Routinen, Vorrechte einzelner, Undiszipliniertheiten, Eigen-Arten etc. zu reflektieren und unter Umständen durch Alternativen zu ersetzen. Jede eventuelle Veränderung wird aber nicht von der Trainerin als der Expertin auferlegt, sondern soll im Prinzip selbstgewollt und selbstgestaltet erfolgen.

*zu b) Dauer, Kontinuität, Zeitlichkeit*

Die Gewißheit, daß eine soziale Beziehung nicht kurze Episode bleibt, sondern andauern wird, verändert gegenseitige Ansichten und Handlungsprojekte.

Wenn gemeinsame Vergangenheit gegeben und gemeinsame Zukunft erwartbar ist, dann entwickelt sich ein anderer Stil der Beziehung, als wenn man weiß, daß die Interaktion mit anderen zeitlich befristet ist. In einem solchen Fall können nämlich mögliche *Kosten* der Kooperation (als langfristige Investition) vermieden werden; man nimmt dann kurzfristige Vorteile wahr und setzt Strategien wie Manipulation, Ausnutzung, Distanzierung etc. ein, weil ja ein "Rückzahlen" nicht zu erwarten ist. Dies ist vielleicht auch ein strategischer Hintergrund der hohen Mobilität von Führungskräften ('Rotationsprinzip'): Sie sollen keine engen "Rückzahlungs-Verträge" auf der Grundlage der Norm der Gegenseitigkeit eingehen, die sie ihren Mitarbeitern verpflichten würden. Wenn sie jede sich bietende Chance "rücksichtslos" wahrnehmen (d.h. ohne Rücksicht auf eine spezifische sozio-emotionale Zukunft der Zusammenarbeit), läßt sich der Faktor "Arbeit" (scheinbar) besser nutzen - wobei einem solchen Denken ein Maschinen- oder ein Markt-Modell zugrundegelegt wird.

Einer der Gründe für die mangelnde Effizienz der sog. "stranger labs", also Trainings mit Gruppen, die aus Fremden zusammengesetzt sind [Mitglieder aus verschiedenen Firmen kommen an einem neutralen Seminar-Ort unter Leitung eines externen firmenunabhängigen Trainers zusammen], liegt darin, daß man zwar Sozial-Techniken lernen und allgemeines Gespür für soziale Situationen entwickeln kann, daß aber Aufbau und Pflege bestehender sozialer Beziehungen nicht direkt bearbeitet werden, weil dies nur mit konkreten Arbeits-Partnern zusammen erfolgen kann.

*zu c) Rollenzuweisung*

Es sind keine völlig Gleichen oder Gleichgeschalteten, die sich in Arbeitsverhältnissen begegnen, sondern Menschen in/mit verschiedenen Rollen und Positionen. Gruppen können anstehende Probleme im Prinzip zwar jeweils neu durch Diskussion und Vereinbarung lösen, sie bedienen sich aber stabilisierender und entlastender Reglementierungen, um den einzelnen Personen Funktionen zuzuweisen, um die Inter-Aktion erwartbar zu gestalten. Im vorliegenden Zusammenhang geht es nicht um abstrakte organisationsweit gültige Festlegungen, sondern nur um die spezifischen Besonderheiten in Gruppen, die dadurch entstehen, daß konkrete Menschen in vorgegebenen Rollenschablonen aufeinandertreffen. Wenn ein Meister und ein Azubi miteinander zu tun haben, dann treffen nicht zwei Privatmenschen aufeinander, aber auch nicht zwei blutleere Marionetten eines Rollenspiels, sondern einmalige Persönlichkeiten, deren Denken und Handeln durch gegenseitige Erwartungen reglementiert ist.

Dabei gibt es für Gruppen in Organisationen zum einen bestimmte obligatorische Rollen, die auf jeden Fall ausgefüllt werden müssen, so daß bestimmte Personen in die bereitliegenden Erwartungsschablonen delegiert werden. Zum anderen können Personen durch charakteristische Verhaltensweisen auch 'informelle' Rollenangebote machen, die - wenn sie aufgegriffen und akzeptiert werden - dann die Interaktionen steuern.

In der Arbeitsunterlage 1.2, die auf den S. 30 - 31 eingefügt ist, sind Beispiele für Gruppenrollen angeführt.

In einem späteren Abschnitt (s. Kap. 5) wird auf Verfahren zur Gestaltung der interpersonalen Zusammenarbeit eingegangen. Gewollte Ergebnisse solcher Teamentwicklungs- und Rollengestaltungsverfahren sind nicht in erster Linie vertiefte Einsichten beim *einzelnen* oder neue *individuelle* Fertigkeiten im Umgang miteinander, sondern die Veränderung der gruppenspezifischen *Inter*aktion! Dabei ist auch hier nicht so sehr das

Ergebnis (formal dokumentierte Neuerungen), sondern der Prozeß seines Erreichens relevant.

*zu d)   Regeln, Normen, Werte, Ideologien, Mythen*

Hier geht es um die in interpersonalen Beziehungen und Konfigurationen geltenden Regeln, Selbstverständlichkeiten, Umgangsformen, Handlungsmaximen etc.

Diese Steuerungsinstrumente sind oberflächlich betrachtet soziale Programmierungen; im Hintergrund aber steht soziale Macht, deren Außenfassade Normen und Ideologien sind. Macht reguliert und steuert Beziehungen (s. dazu Pkt. g).

Ein möglicher empirischer Zugang zur Aufdeckung sozialer Normierung kann in der oben schon erwähnten "Prozeß-Beratung" erfolgen.

Die am höchsten strukturierte Trainings-Methode für diesen Problemkreis ist jener Teil der sogenannten *Transaktions-Analyse*, der sich mit der Aufdeckung von sozialen "Spielen" beschäftigt (BERNE, 1970, HARRIS, 1975, RÜTTINGER & KRUPPA 1981). Unter "Spiel" wird in diesem Zusammenhang eine immer wieder inszenierte, aber in ihrer Dramaturgie undurchschaute und deshalb blind wiederholte Handlungsfolge verstanden.

Beispiele solcher Spiele sind (sie werden durch Zusammenstellung der Anfangsbuchstaben des Leitmottos bezeichnet):
- *Jehides*: "Jetzt hab' ich dich endlich, Schweinehund". Durch sorgfältiges Arrangement wird sichergestellt, daß jemand Fehler macht, um ihn dann mit Vorwürfen und Bestrafung verfolgen und sich selbst als wachsam, überlegen und konsequent präsentieren zu können.
- *Waim*: "Warum immer mich?". Waim ist ein masochistisches Arrangement, bei dem das 'Opfer' fortwährend in Fettnäpfchen tappt und sich dabei als verfolgte Unschuld erlebt, die rundum Anklagen erheben darf.
- *Sissiwup*: "Sie sind wundervoll, Professor". Dieses Spiel bezeichnet eine Schmeicheltaktik, mit deren Hilfe eine Zielperson umgarnt werden soll, so daß sie zu Gegenleistungen für die Komplimente verführt wird.

In diesem Zusammenhang wird insbesondere auch das "Drama-Dreieck" (Opfer- Verfolger - Retter) analysiert, das für die Rollenverteilung (siehe oben) in diesen "Spielen" wichtig ist.

Durch das Anfertigen von Cartoons, Kollagen, Zeichnungen oder durch die Aufführung von improvisierten Theater-Stücken können typische Eigenheiten einer Gruppe symbolisiert oder karikiert - und damit zum Gegenstand von Analyse und Veränderung gemacht werden (s. auch die Bildauswertungen bei LEITHÄUSER & VOLMERG 1988, auf die unten - in Kap. 4 - eingegangen wird).

*zu e)   Grenzen, Identität, Wir-Gefühl*

Hier geht es um die Abgrenzung einer interpersonalen Konstellation von ihrer Umwelt und ihre Selbstsymbolisierung (z.B. durch Name, Zeichen, Logo, Fahne, Slogans, Sprachregelungen, Jargon, Abkürzungen ...). Eine Gruppe ist nur dann eine (identifizierbare) Gruppe, wenn sie sich abgrenzt und so in ihrer Eigen-Art konstituiert.

## AU 1.2: Analyse von Gruppenrollen (aus NEUBERGER 1989: Gruppenprozesse erkennen und gestalten. München, Pfützner)

Bitte in die Spalten jeweils die Namen der entsprechenden Gruppenmitglieder eintragen

| | Wer in der Gruppe hat diese Rolle übernommen oder delegiert bekommen? (Namen eintragen) | wer sorgt dafür, daß jemand in dieser Rolle bleibt? (Namen eintragen) | Durch welches Verhalten der anderen wird jemand in der Rolle festgehalten? *Ergänzen Sie gegebenenfalls selbst.* |
|---|---|---|---|
| Star | | | bewundern, Beifall spenden hofieren |
| Außenseiter, Randfigur | | | nichts zutrauen, hänseln, verspotten |
| Arbeitstier | | | loben, als Beispiel hervorheben, mit Aufgaben überhäufen |
| Helfer Butler | | | sie/ihn zu Hilfe rufen, bitten, an sie/ihn appellieren |
| Experte | | | bestätigen, um Rat bitten, sich auf sie/ihn hinausreden/berufen |
| Betriebsnudel, Aktivist | | | bewundern, eigene Faulheit kaschieren, Aufgaben übertragen |
| Sexprotz, Playboy | | | aufziehen, bewundern, Anspielungen machen |

| | Wer in der Gruppe hat diese Rolle übernommen oder delegiert bekommen? | Wer sorgt dafür daß jemand in dieser Rolle bleibt? | Durch welches Verhalten der anderen wird jemand in der Rolle festgehalten? |
|---|---|---|---|
| Sittenwächter, Moralist | | | zitieren, sich auf sie/ihn berufen |
| Spannungslöser, Schlichter | | | als Schiedsrichter anrufen, in Streitigkeiten hineinziehen |
| Organisator | | | als Autorität anrufen, sich auf Vorschläge verlassen, für Korrektheit verantwortlich machen |
| Unruhestifter | | | verdächtigen, angreifen, reizen |
| Sündenbock, Schuldiger | | | beschuldigen, Verantwortung abschieben, sich entlasten, bestrafen |
| Versager | | | nichts zutrauen, Fehler suchen |
| Clown, Witzbold | | | Beifall spenden, lachen, auffordern |
| Pedant, Bürokrat | | | eng kontrollieren, kritisieren, beschuldigen |
| Welche sonstigen typischen Rollen gibt es in meiner Arbeitsgruppe? | | | *Ergänzen Sie gegebenenfalls selbst.* |

Die Selbst-Typisierung ist im Regelfall dreifach dimensioniert, wie oben ja schon einmal in einem anderen Zusammenhang erläutert:
- *sachlich* (bestimmte Aufgaben, bestimmte Orte oder Territorien, bestimmte Maschinen etc.),
- *sozial* (bestimmte Mitgliedschaftsbedingungen, Aufnahme-Rituale und Zugehörigkeits-Zeichen, bestimmte Gründer-, Vater-, Helden-Figuren) und
- *zeitlich* (bestimmte Traditionen, gemeinsame, oft beschworene und zuweilen wiederbelebte Vergangenheit, wie etwa überstandene Krisen und Katastrophen, herausragende Leistungen - oder projektierte Zukünfte).

Maßnahmen der gruppenorientierten PE können darauf zielen, die interpersonelle Identitäts-Stiftung ausdrücklich zu forcieren.

*zu f)  Emotionen*

Gerade gruppendynamische Interventionstechniken haben die Bedeutung nicht-sachlicher sozialer Prozesse hervorgehoben. Die vorherrschende rationale sachorientierte Perspektive wird erweitert durch den Hinweis auf *sozio-emotionale* Perspektiven. Erotische Beziehungen, Angst, Autoritätshörigkeit, Aggressivität, Rivalität, Beschönigungs- und Verharmlosungsstrategien etc. sind einige konkrete Beispiele für die gemeinten Vorgänge. Pragmatisch kann davon ausgegangen werden - so jedenfalls WATZLAWICK u.a. (1980) - daß alle *Inhalts*-Fragen gleichzeitig einen *Beziehungs*-Aspekt haben, der den Inhaltsaspekt dominiert. Es kommt also auch bei sogenannten Sach-Themen darauf an, die begleitenden (meist latent gehaltenen) Emotionen und Beziehungskonstellationen zu berücksichtigen. Das setzt voraus, daß sie zunächst einmal überhaupt erkannt werden. Die vorherrschende Sachorientierung hat die Sensibilität für solche Prozesse verkümmern lassen und ihre Thematisierung tabuisiert; es müssen deshalb intensive Anstrengungen unternommen werden, für die Wahrnehmung und Behandlung dieser Bereiche Gespür und Kompetenz zu entwickeln. Besonders jene Verfahren, die unter dem Oberbegriff "Sensitivity Training" subsumiert werden können, konzentrieren sich auf diese Anliegen (s. Kap. 4 und 5).

Sensitivity-Trainings betonen ein quasi-therapeutisches Setting und versuchen, durch Einsicht und Selbsterfahrung neue erweiterte Erlebnis- und Ausdrucksmöglichkeiten zu erschließen. Sie sind jedoch nicht die einzige Technik, mit den benannten Problemen umzugehen. Auch 'härtere' Vorgehensweisen können hier eingesetzt werden, wie etwa Training in autoritärer Führung, Machiavellismus, Mikropolitik (HOHL & KNICKER 1987, NEUBERGER 1989). Meist steht dabei aber nicht das Auskosten von Überlegenheit, Durchsetzungserfolg oder Macht-Gefühlen im Vordergrund, sondern der kompetente Macht-Einsatz:

*zu g)  Interessen, Macht*

Macht ist ein Aspekt jeder sozialen Beziehung und selbst ein Beziehungsbegriff - und kein Persönlichkeitsmerkmal oder ein dauerhafter dinglicher Besitz (den man teilen oder delegieren könnte).

Will man differenziert über Macht in interpersonalen Beziehungen reden, dann muß man sich mit den zahlreichen Bestimmungsstücken befassen, die diesem sozialwissenschaftlichen Kernbegriff seinen Inhalt geben (Machtbasen, personaler und sachlicher Erstrekkungsgrad, Intensität und Sicherheit der Einwirkung usw., s. NEUBERGER 1980). Die Thematisierung der Macht-Variablen gibt jenen Darstellungen ein Gegen-Gewicht, die sich einseitig auf den Sachaspekt beschränken und damit suggerieren, in Arbeitsbeziehungen ginge es allein um die Lösung von Aufgaben. Es geht immer gleichzeitig auch um Interessendurchsetzung und Einfluß! Eine PE, die diesen Aspekt vernachlässigte, wäre ideologisch, weil sie sich beteiligte an der Tabuisierung einer zentralen Beziehungsdimension und durch dieses Ausblenden jenen nützte, die von ihrer Vor-Macht profitieren.

Interpersonale Phänomene, die unmittelbar auf die Bedeutung des Machtkonzepts verweisen, werden in der personalwirtschaftlichen und organisationspsychologischen Literatur häufig - zuweilen mit anderer theoretischer Einordnung - diskutiert: Autorität, Widerstand, Rebellion, Koalitionsbildung, Führung, Gehorsam, Konformität ...

Weil PE als Veränderungsbemühung in bestehende Verhältnisse eingreift, muß sie sich mit beiden Arten von Kräften befassen: jenen, die den Wandel vorantreiben und jenen, die ihn behindern. In dieses Parallelogramm der förderlichen und hemmenden Kräfte wird eingegriffen und jeder (durch PE) erreichte Zustand hat sich gegen allgegenwärtigen Veränderungsdruck zu behaupten - durch Aktivierung oder Blockierung von Interessen und Kräften.

### 1.4.3. Inhalte der apersonalen Hinsicht

Für interpersonale Beziehungen gilt ebenso wie für Einzel-Individuen, daß sie nicht in souveräner Autonomie existieren, sondern apersonaler (struktureller, organisationaler) Formbestimmung unterliegen. Das aber bedeutet, daß in Personalentwicklung immer schon "Organisations(!)"-Entwicklung enthalten ist.

Wichtige Charakteristika der apersonalen Perspektive sind:

a) Vernetzung mehrerer Gruppen,
b) Hierarchie, Entscheidungszentralisation, differentielle Ressourcenallokation,
c) Formalisierung, Kodifizierung, Standardisierung, Strukturierung,
d) Ideologien, Philosophien, Kultur, Ethik, Mission, Vision, Ziele,
e) Zeitlichkeit, Wandel, Krisen, Konflikte,
f) Interessen, Macht, Politik.

*zu a) Vernetzung mehrerer Gruppen*

Organisationen sind nicht einfach Großgruppen, sondern große Gebilde, die sich unter anderem in Gruppen gliedern. Hinzukommt, daß die Subsysteme um Ressourcen (Personal, Information, finanzielle Mittel, Ausstattung, Räume, Zukunftsperspektiven etc.) konkurrieren. Inter-Gruppen-Beziehungen sind deshalb keineswegs durch Harmonie oder einsichtige Unterordnung unter ein gemeinsames Gesamt-Ziel gekennzeichnet, sondern durch politische Aktivitäten, die den Aufbau von Macht zur Durchsetzung von Interessen zum Inhalt haben (s. unten Punkt f).

Die Entwicklung der Zwischen-Gruppen-Beziehungen kann nicht in isolierten Einzelgruppen simuliert werden, sondern bedarf der aktuellen Konfrontation der beteiligten Einheiten oder ihrer Vertreter, z.B. in Konfrontationssitzungen, Organisationaler Spiegelung, 3-D-Analysen, Schlichtung durch neutrale Dritte, etc. (siehe dazu die Belege im Kap. 5 und 6).

*zu b) Hierarchie, Entscheidungszentralisation*

Viel stärker als in (nur) 'zweistufigen' Intra-Gruppen-Beziehungen (in denen die Vorgesetzten-Mitarbeiter-Differenz im Mittelpunkt steht) spielt die personunabhängige Stabilisierung des Macht*gefälles* in Organisationen eine Rolle. Die Art und Technik der Gestaltung von Über-Unterordnungs-Beziehungen ist (unter anderem) Gegenstand der "klassischen" Reorganisationsprojekte als PE- oder OE-Maßnahmen, in denen durch Entschluß der "Spitze" Kompetenzen (Einflußbereiche) neu geordnet werden - ein Vorgehen, das nicht nur für einzelne Mitglieder, sondern vor allem für die Bedingungen der Zusammen-Arbeit gravierende Konsequenzen haben kann. Eine plastische Illustration geben KIRSCH u.a. (1979) in ihrer Diskussion der "Strategie des Bombenwurfs" (s. Abb. 1.2 auf S. 35).

Um negative Konsequenzen für interne Beziehungsstrukturen und -qualitäten zu vermeiden, werden zu diesem Zweck häufig externe Berater(firmen) mit dem Entwurf und der Verwirklichung solcher Änderungen betraut (und müssen dann auch bei Schwierigkeiten und Fehlschlägen als externe Sündenböcke herhalten). Andererseits begibt sich die Unternehmung dadurch in ein Abhängigkeitsverhältnis, das dem zwischen Experte und Laien oder Arzt und Patient strukturell ähnlich ist.

*zu c) Formalisierung, Standardisierung, Normierung*

Damit sind die auffälligsten Kriterien *apersonaler* Gestaltung angesprochen, die der 'bürokratischen' Organisationstheorie ihren Namen gegeben haben: 'Ohne Ansehen der Person(!)' wird Handeln damit grundsätzlich, allgemein und auf Dauer geregelt. In Organisationen erreicht die Anzahl theoretisch möglicher Beziehungen zwischen den Handelnden ab einer bestimmten Organisationsgröße astronomische Größenordnungen; schon für ungerichtete Zweierbeziehungen - keineswegs die einzige Konstellation (man denke an Triaden oder weitere Untergruppierungen) - steigt nach der Formel $(n^2-n)/2$ die Anzahl der Relationen quadratisch. Es müssen deshalb Einschränkungen vorgesehen werden, die sicherstellen, daß auch ohne unmittelbare kommunikative Abstimmung gehandelt werden kann. Dies geschieht unter anderem durch die "apersonale" Fixierung von Handlungsimperativen. Beispiele dafür sind Verfahren zur Personalbeurteilung oder zur Personal- oder Führungskräfteauswahl (Assessment Center), Stellenbewertung, Arbeitszeitsysteme oder auch neue Technologien ("Sachzwang", prominent: EDV, CNC, CAD, CIM) oder Arbeits- und Umfeldgestaltung (Büro-Architektur, Ergonomie). Die Einführung z.B. eines neuen Berichtswesens ist PE (nicht nur: hat PE zur Folge oder

Voraussetzung). Eine solche weite Auffassung von PE ist nötig, um auch latente Formungsprozesse ins Blickfeld zu bekommen.

**Abb. 1.2: Aktions-Reaktions-Profil des "erfolgreichen Bombenwurfs"; aus KIRSCH, ESSER & GABELE, 1979, S. 181.**

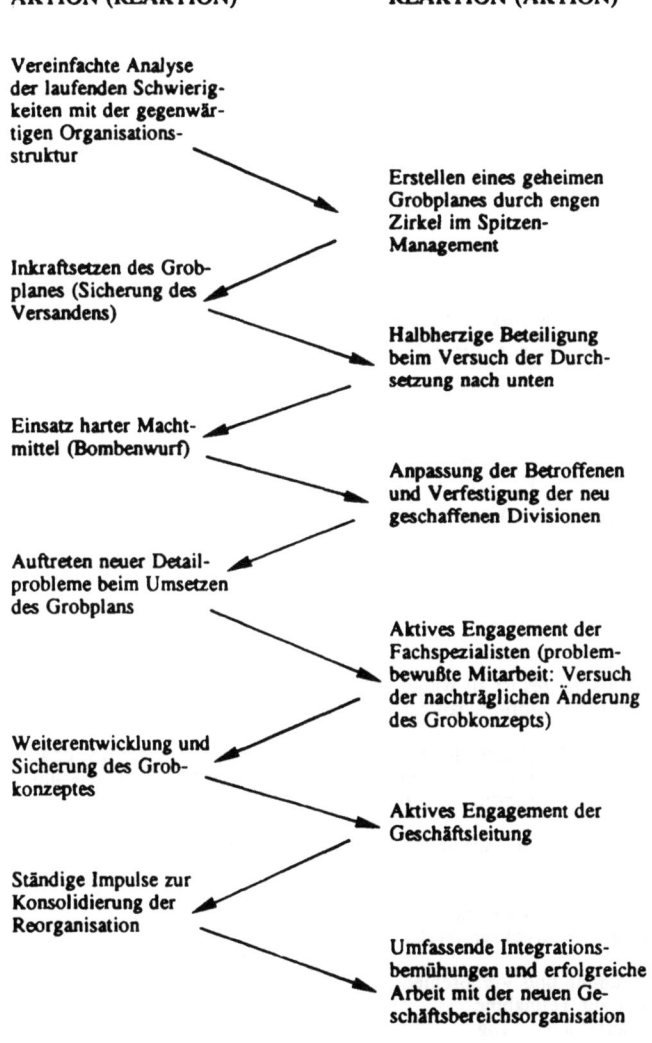

Durch derartige Vor-Regelungen wird Verhaltenssicherheit und Berechenbarkeit hergestellt, gleichzeitig aber werden auch dysfunktionale Nebenwirkungen erzeugt (Bürokratismus, Starrheit, Pedanterie usw.). Es ist deshalb ein beständiges Anliegen von PE, die unerwünschten, oftmals perversen Folgen von Formalisierung (s. TÜRKs Ausführungen zur "Pathologie der Organisation", 1976) zu bekämpfen und Flexibilität, Augenmaß, Zivilcourage, gesunden Menschenverstand usw. als Gegengewichte gegen erstarrenden Formalismus einzuführen. Gremienarbeit, task forces", Matrix-Management, innerbetriebliche Konkurrenz ('Produktkannibalismus'), sind Beispiele für solche Gegenstrategien gegen bürokratische Erstarrungstendenzen, die intensive PE-Vorbereitung benötigen.

*zu d) Ideologien, Mythen, Werte*

Hier ist an jene Themen zu denken, die vor allem im Unternehmenskultur-Ansatz behandelt werden. Es geht um "Grundannahmen" und jene organisationstypische "mentale Programmierung", die Fernsteuerung des Handelns bewirkt. Diese "Herrschaft dritten Grades" kann sich in verschiedener Weise konkretisieren oder materialisieren (z.B. Führungsleitsätze, Unternehmensverfassung, Firmenethik, Corporate Identity und Corporate Design ...). Wichtig ist nur, diese "Fakten" durch Deutungen zu erschließen, sie also nicht für sich, sondern als Hinweise auf anderes (also als symbolic management) zu betrachten.

Viele PE-Veranstaltungen enthalten gezielt oder unabsichtlich rituelle oder mythologische Momente. Explizit hat das SATTELBERGER (1989, S. 99) für ein Führungsseminar seines Unternehmens bekannt:

---

**Symbolisches Management**

"Das Seminar als ganzes ist als Ritual des Übergangs der Ernennung zu einer leitenden Führungsfunktion vorgeschaltet.

In das Seminar sind feierliche, förmliche bzw. zeremonielle Handlungs- bzw. Verhaltensmuster eingefügt, die einen genauen Handlungsablauf besitzen und sich von Seminar zu Seminar wiederholen, z.B.:

- Kleidungsvorschriften bei speziellen Seminarsequenzen
- Begrüßungscocktail
- Festabend
- Eindrucksvermerk als Dokument
- 'Eröffnung' des Eindrucksvermerks

- Art der Begrüßung und Verabschiedung von Top-Managern
- Rütli-Schwur zur Teilnahme
- 'Äquatorialtaufe' am 1. Tag

- Ungewißheit über das Programm"

*zu e) Zeitlichkeit, Krisen, Wandel, Konflikte*

Die Prozesse und Strukturen in Organisationen sind nicht bruchlos und rational ineinander verzahnt. Es gibt vielmehr ein Nebeneinander verschiedener und zum Teil konfliktärer Programme, Strukturen, Artefakte*. Da Organisationen sich in instabilen, intransparenten und mehrdeutigen Umwelten bewähren müssen, sind sie fortwährend zur Anpassung, und das heißt: zur Änderung gezwungen. Dieser Wandel geht nicht geplant und bruchlos vor sich, sondern stürzt Organisationen in Konflikte und Krisen, die überlebensbedrohend sein können, obgleich sie für den Fortbestand unausweichlich sind. Es gibt verschiedene Versuche, diese Krisenhaftigkeit der Unternehmensentwicklung zu erfassen.

Zum einen kann man die Entwicklung als einen Fortschrittsprozeß sehen, der in seinen (notwendigen?) Abschnitten durch Krisen unterbrochen oder markiert wird. GREINER folgt dieser Konzeption (s. Abb. 1.3 auf S. 53).

Eine andere Möglichkeit ist evolutionstheoretisches Denken, demzufolge zwar eine Erklärung, aber keine Prognose gegeben werden kann: Es werden ständig quasi-zufällige Variationen erzeugt, die sich bewähren müssen, um der "Selektion" zu entgehen. Sie gelten vorläufig als angepaßt, nützlich oder erfolgreich - aber in diesen Urteilen bleiben sie immer abhängig von der Umwelt.

Ganz generell geht es um die "Zeitlichkeit" der Organisation, die Tatsache also, daß Organisationen fortwährend im Fluß sind, sich also ununterbrochen ändern und daß deshalb auch die Schaffung und Pflege von jederzeit verfügbaren Bezugspunkten (etwa Tradition, Unternehmens-Geschichte, Gründerpersönlichkeiten) wichtige Stabilisierungs-Anliegen von PE sein können. Apersonal ist eine derart auf Personen(!) sich berufende Strategie deshalb, weil es um (verklärte, idealisierte, typisierte) Personen der Vergangenheit geht, die nicht unmittelbar durch ihre Ausstrahlung wirken, sondern gleichsam synthetisiert eingesetzt werden.

*zu f) Interessen, Macht, Politik*

Organisationen sind keine sachorientierten Zusammenschlüsse von Gleichen, sondern überwiegend Zwangsverbände, in denen Herrschaft ausgeübt wird. Der politischen Perspektive geht es nicht so sehr um die in Stellenbeschreibungen oder Organigrammen* *fixierten* Kompetenzen, sondern um die *Dynamik* des Geschehens.

Die Vorgänge in Organisationen sind nicht als wohldefinierte Probleme abzubilden, weil

- Informationen über die Lage unsicher, lückenhaft und subjektiv sind,
- Ressourcen knapp und umstritten sind,
- Ziele mehrdeutig, widersprüchlich und wandelbar sind und
- nicht individuelle Akteure, sondern Koalitionen agieren.

Deshalb kann und darf Wirklichkeit nicht nur 'objektiv' erfaßt, sondern muß in vielen Fällen aktiv her- und dargestellt werden. Damit aber ist die *politische* Dimension organisationalen Handelns angesprochen. Politik ist die Schaffung und Stabilisierung von Machtverhältnissen zur Durchsetzung von Interessen.

Beschränkt man sich nicht nur auf formal autorisierte Organisations-Struktur-Änderungen, sondern bezieht auch die tagtäglichen "Machtspiele" ein, dann ist das gesamte Feld der Mikropolitik in seinen gruppenübergreifenden Konsequenzen hier einzuordnen.

Berücksichtigt man diese politische Perspektive, dann werden die Prüffragen verständlich, die FISCHER (1989, S. 52) im Zusammenhang mit Auftrags- und Kontraktklärung bei (unternehmensintern) angebotenen PE-Projekten stellt. Hier wird aus der Perspektive des erfahrenen Praktikers die Vernetzung oder gar Verschmelzung von sachlicher und politischer Analyse vorgeführt:

*"Prozeßfragen bei der Auftragsannahme sollten sein:*

- *Wie kam es zu dem Auftrag? Von wem ging die Initiative aus?*
- *Was ist der Auslöser? Seit wann?*
- *Was wird als Aufgabe definiert? Ist es ein neuer oder schon länger bestehender Zustand?*
- *Wer ist davon betroffen (Einzelne oder eine ganze Funktionsgruppe)? In welchem Ausmaß?*
- *Wie sieht das gewünschte Ergebnis aus? Woran ist es erkennbar?*
- *Wer überprüft wann das Ergebnis? Wer erfährt davon?*
- *Was wurde bisher schon unternommen? Was behindert eine Lösung aus eigener Kraft?*
- *Welcher Zeitraum steht zur Bearbeitung zur Verfügung? Wieviel Zeit steht zur Disposition?*

*Prozeßfragen zur Kontraktklärung sollten sein:*

- *Handelt es sich um einen Anschlußauftrag? Welche Vorerfahrungen existieren?*
- *Wie ist die Situation des Bereichs? Welchen Bezug hat der Auftrag dazu?*
- *Inwieweit ist der Auftraggeber Bestandteil des Problems? Wird dies von ihm angesprochen?*
- *Von welcher Art sind die erwarteten Unterstützungen? Wie klar werden sie formuliert?*
- *Sind diese Erwartungen durch die zur Verfügung stehenden Fördermaßnahmen überhaupt erreichbar?*
- *Führt die Maßnahme zu einem veränderten Kräftefeld? Woher wissen die Betroffenen dies?*
- *Ist eine Erwartungsklärung mit den Nominierten sinnvoll, bevor über Maßnahmen beschlossen wird?*
- *Ist die Maßnahme ein Beitrag zur strategischen Positionierung? Wirkt sie verteidigend, erweiternd, summierend?*
- *Was bedeutet eine Annahme für uns? Entspricht der Auftrag unserem Leistungsvermögen?*
- *Welche Chancen enthält der Auftrag für uns? Was passiert, wenn wir ihn nicht annehmen?*
- *Welche Gefährdungen gehen von ihm für uns aus? In welche Wirkungszusammenhänge werden wir hineingezogen?*
- *Welchen strategischen Beitrag für die nächsten 3 Jahre enthält dieser Auftrag? Für den Bereich? Für das Bildungswesen?"*

Auf der Suche nach dem Objekt der PE werden, wie einleitend angekündigt, die beiden Wortbestandteile von Personal-Entwicklung entfaltet. Nach Abschluß der Diskussion über 'Personal' wird nun näher untersucht, was damit gemeint ist, wenn Personal *entwickelt* wird.

## 1.5. Zur Personal-Entwicklung

Das transitive "jemanden entwickeln" ist ein Amerikanismus, der aus der Direktübersetzung von "development" stammt; im Deutschen war der *in*transitive Gebrauch üblich, der Selbst-Entwicklung bezeichnete: man entwickelt *sich*. Es ist ein Unterschied, ob man Entwicklungen *durchmacht* oder *macht*!

Wenn man davon spricht, *jemanden* oder *etwas* entwickeln zu wollen, dann geht man entweder davon aus, daß das zu Entwickelnde schon knospenhaft vorhanden ist, so daß es nur noch der E-Volution oder Entfaltung bedarf oder man hält es der Eigenaktivität für unfähig, so daß es von außen angeregt oder angestoßen werden muß, damit es von einem Zustand in einen anderen kommt. Wenn sich das Objekt ständig (von) *selbst* entwickelt, verändert sich die Fragestellung, weil man sich dann mit der Entwicklung von Entwicklungen beschäftigen muß - was ganz andere konzeptionelle und methodische Anstrengungen nötig machte.

Was wird bei Personal-Entwicklung konkret entwickelt? Die häufigste Antwort ist: Qualifikationen, Einstellungen, Werte usw. von *Personen*. Auf dieses Problem ist oben schon ausführlich eingegangen worden. Hier aber sei eine weitere Sicht der Dinge angedeutet: Personal-Entwicklung zeigt sich auch in Veränderung des Gehalts, der Eingruppierung, der hierarchischen Position, der fachlichen Zuständigkeiten, der sozialen Wertschätzung. Dies sind faßbare Konkretisierungen jener qualifikatorischen oder persönlichen Entwicklungen, auf die üblicherweise bei einem engen personalistischen Verständnis von PE nicht Bezug genommen wird. Ganz zu schweigen von den Veränderungen interpersonaler und struktureller Art (die sich z.B. in Teamgeist, Rivalitäten, Vorschriften, Verfahren etc. manifestieren können), die völlig übersehen werden, wenn man sich einengt auf die Gleichsetzung von Personal-Entwicklung mit Person-Entwicklung.

Um den Blick zu schärfen für die meist unausgesprochenen Entwicklungsbegriffe, die PE-Entwürfen zugrundeliegen, sollen in akzentuierender Kontrastierung drei Ansätze skizziert werden: Entwicklung als

- systematischer und rationaler Problemlöseprozeß, der die Diskrepanz zwischen Ist- und Sollsituation überbrückt;
- Vollzug eines vorgezeichneten immanenten Phasenablaufs;
- ungeplante Konsequenz selbsterzeugter vernetzter Handlungsfolgen in komplexen Systemen.

### 1.5.1. Entwicklungsvorstellungen: PE als rationales 'Lücken-Management'

Beim transitiven Bedeutungsgehalt von Entwicklung ist PE eine Aufforderung zum Handeln: jemand/etwas soll von Zustand$_1$ in Zustand$_2$ gebracht werden. PE ist damit eine aktive Intervention und nicht ein abwartendes Geschehenlassen. Solche Eingriffe müssen - der ökonomischen Logik zufolge - bedarfsgerecht geplant, zielbezogen und effizient durchgeführt und im Hinblick auf Wirkungen und Kosten-Nutzen-Verhältnisse kontrolliert werden.

Damit ist die Vorstellung verbunden, daß Personal genauso wie jedes andere Produkt hergestellt werden kann. Reifung, Wachstum, Versuch-und-Irrtums-Lernen müssen beherrscht, d.h. zielbezogen genutzt werden. PE wird damit zur Personal-Produktion.

In einem Text über PE erwartet man wohl zuerst ein 'personales' Verständnis von Lernen: Ausgehend von einem *Defizit* (an Fähigkeiten, Fertigkeiten, Haltungen etc.) werden (Lern-)*Ziele* definiert und diese Ziele möglichst operationalisiert; beliebt ist die Unterteilung in Richtziele, Grobziele und Feinziele, die in absteigender Reihenfolge einen immer größeren Differenziertheits- und Konkretheitsgrad aufweisen. Im Sinne der (operanten\*) Lerntheorie werden sodann die gegenwärtigen unbefriedigenden Verhaltensweisen (in Art und Auftretenshäufigkeit) erfaßt, um einen Vergleichsstandard für spätere Fortschrittsmessungen zu haben. Man wird sich auch Klarheit darüber verschaffen, welche Konsequenzen das gegenwärtige und das erwünschte Verhalten für die Lern-Personen haben, um dementsprechend die positive und negative Verstärkung (Belohnung und Ent-Strafung) manipulieren zu können. Für die Durchführung des eigentlichen Lernprogramms stehen verschiedene Optionen zur Verfügung (z.B. Intervall- und Verhältnisverstärkung), die unterschiedliche Lerndauer und Löschungsresistenz haben.

Dies ist - in Kürze - das Programm, das zum Beispiel im Rahmen des 'Organizational Behavior Modification' praktiziert wird (s. dazu ausführlicher den Basistext 'Führen und geführt werden' aus dieser Schriftenreihe, NEUBERGER 1990a). Mit dieser Methode wurden durchaus beeindruckende Resultate in unterschiedlichsten Anwendungsbereichen erreicht (Qualitätsverbesserung, Fehlzeitenreduktion, Freundlichkeitserhöhung usw.). Zu den Voraussetzungen dieser als sehr effektiv gepriesenen PE-Strategie gehört, daß

- die Lernziele präzis definiert und operationalisiert werden können,
- die Lernsituation weitgehend beherrscht werden kann (Ausschaltung oder Kontrolle externer Einflüsse),
- die individuellen Kontingenzen (Verhaltens-Verstärkungs-Beziehungen) nach Plan kontrolliert werden können,
- attraktive und wirksame Verstärker verfügbar sind,
- in der Lernsituation Bedingungen geschaffen werden, die die schnelle Löschung des neu angeeigneten Situations-Handlungs-Musters verhindern.

Diese Art der PE dürfte vor allem dort realisierbar sein, wo es um relativ umgrenzte und einfache Handlungen geht, bei denen bewußtseinsentlastetes quasi-automatisiertes Re-Agieren im Mittelpunkt steht. Die Charakteristika der Lernsituation legen Assoziationen zu 'Pauken' und 'Dressur' nahe, vor allem dann, wenn es nicht spontanes Anliegen der

Lernpersonen ist, auf diese Weise trainiert zu werden. Daß das Potential dieser Methoden nicht auf simple Reiz-Reaktions-Verkettungen beschränkt ist, belegt die Anwendung in verhaltenstherapeutischen Settings (zum Beispiel bei der Therapie von Ängsten), in denen mit dieser Methode erfolgreich gearbeitet wird.

Wenn es um das *kognitive* Meistern sehr komplexer Sachverhalte geht, werden einsichtsvermittelnde Lernstrategien empfohlen, während *soziale* Handlungsmuster wirksam durch das sog. Imitations- oder Modell-Lernen angeeignet werden können.

Aus einer PE-Perspektive ist wichtig, daß hier zwar eindeutig individualisierte Person-Entwicklung betrieben wird, daß aber auch darauf hingewiesen wird, daß zur Steigerung und Sicherung der Lernerfolge *situative* Veränderungen nötig oder hilfreich sind. In vielen PE-Texten finden sich differenzierte Auseinandersetzungen zu Detailfragen des 'Veränderungs-Managements' (wie optimale Methodengestaltung, didaktisch geschickt aufbereitete Materialien, angemessene Portionierung und Abfolge der Lernsequenzen, günstige Bedingungen der Lernsituation usw. (s. dazu Kap. 4).

Eine derartige personalistische PE ist im Sinne der oben entwickelten Kriterien für PE nicht unproblematisch: Es wird individualisiertes Expertenwissen- oder -können vermittelt, das an Personen gebunden ist und verweigert werden kann; der Lernerfolg ist instabil und ungewiß.

Die pragmatisch-typologisierenden Ansätze der PE sind - wenngleich oft nicht in allen Einzelheiten - diesem Rationalprogramm verpflichtet. Rationale Problemlöse- bzw. Entscheidungsprozesse werden meist in eine geordnete Abfolge von Schritten zerlegt: Situationsanalyse - Zielanalyse - Problemdefinition - Lösungsgeneration - Lösungsbewertung - Entscheidung - Planung - Durchführung - Kontrolle/Evaluation (s. Tab. 1.2 auf S. 59).

Leitbegriffe (wie Ziele, Wirkungen, Maßnahmen usw.) spielen in der Praktiker-Literatur zur PE eine herausragende Rolle. Entscheidend ist, daß die Konzepte einfach "gesetzt" und in keinen übergreifenden Zusammenhang eingebettet werden. PE-*Ziele* z.B. haben eine quasi ontologische Qualität: Es gibt sie und 'man' muß sie irgendwie erreichen, PE-*Methoden* stehen zur Verfügung und weil sie sich bewährt haben, werden sie eingesetzt ...

In Zusammenfassung verbreiteter Vorgehensweisen wird kurz der Einsatz der Leitbegriffe kommentiert:

a) Ziele: Worum geht es "letztlich"?

Es werden bestimmte PE-Ziele formuliert und dann konzentriert man sich im Anschluß auf die Analyse von Problemen und Vorgehensweisen, die mit der Zielverwirklichung zusammenhängen. Beispiele für solche PE-Ziele sind:

- *Qualifizierung.* Meist werden - an fachlichen Aufgaben orientiert - Fragen der Anpassung, des An- und Umlernens, der Umschulung, Fortbildung, Weiterbildung etc. diskutiert.
- *Sozialisierung.* Sie thematisiert die Einordnung in das soziale System (Herrschaft, Normen, Klima, Loyalität) bezogen; typisch sind hier die technizistischen Darstellungen zur "Einführung neuer Mitarbeiter".

- *Individualisierung*. Dabei stehen die Aneignung bzw. Umformung der gegebenen Bedingungen durch die Person im Mittelpunkt. Um den Besonderheiten des Einzelfalls Rechnung zu tragen, darf man PE-Maßnahmen nicht konfektionieren, sondern muß sie so offen gestalten, daß sie auf den Leib geschnitten werden können.
- *Reproduktion* (sowohl individuelle wie betriebliche). Es geht darum, ob PE allein auf Personen und deren Reproduktion oder (auch) auf die Wieder-Herstellung der betrieblichen Verhältnisse zielt. Die Reproduktionsfunktion beschränkt sich auf Bestandserhaltung und Festigung des Status Quo, sagt aber nichts zu Möglichkeiten kreativer Weiterentwicklung und zu Innovationen.

b) Effekte: Was kommt heraus?

PE orientiert sich hier an Wirkungen. Meist werden zwei Gruppen von Wirkungen unterschieden, die an die pädagogische Unterscheidung von intentionalem und funktionalem Lernen erinnern:

- *Unbesonderte* (unsystematische, ungeplante, ungewollte, implizite, latente) PE behandelt die in betrieblichen Alltagssituationen stattfindende Prägung des Personals im und durch den Prozeß des Arbeitens.
- *Besonderte* (systematische, geplante, intendierte, explizite, manifeste) PE konzentriert sich auf das gezielte Herbeiführen gewollter Wirkungen vorwiegend 'off-the-job'.

PE mit ihren Effekten rechtfertigen heißt: Wenn bestimmte Ergebnisse (Höherqualifikation, Commitment*, Motivation ...) erreicht wurden, dann wird das vorausgegangenen PE-Aktivitäten zugeschrieben, die deshalb - zirkulär argumentierend - als bewährt gelten. Will man die Ergebnisse sichern, verbessern oder korrigieren, setzt man an den dafür verantwortlich gemachten Produktionsmechanismen an.

c) Maßnahmen: Was kann man tun?

Hier handelt es sich um eine Art Pendant zu b): Erfolgsmessungen finden nicht systematisch statt, weil man von der Günstigkeit bestimmter *Methoden* überzeugt ist. Maßnahmen werden entweder intern (vom Betrieb eigenmächtig und eigenständig) durchgeführt oder extern eingeleitet (Übernahme gesellschaftlich vorgeprägter Schablonen und Legitimationsmuster).

Bestimmte Maßnahmen definieren PE, die somit erschöpfend beschrieben ist, wenn die verwendeten Methoden aufgezählt sind (Kommunikationstraining, Outward bound training, Metaplan usw.; s. dazu ausführlicher in Kap. 4). PE ist dann die Zusammenstellung der in einem Unternehmen praktizierten PE-Methoden.

Das Hauptproblem pragmatischer plausibilitätsgestützter Vorgehensweisen ist: Weil sie ihre zugrundeliegenden theoretischen Annahmen nicht explizieren, können beliebige Vorgehensweisen ersonnen und diskutiert, aber nicht systematisch kritisiert und bewertet werden. Dazu wäre die Anlehnung an theoretische Rahmenmodelle vonnöten.

Die eben erwähnten rationalen Planungsmodelle sind insofern 'unpersönlich', als sie meist - der Idee nach - nicht von den Entwicklungswünschen einzelner Personen ausgehen, sondern organisationale Bedarfe oder 'Notwendigkeiten' (Ziele, Effekte) im Auge haben. Die Einführung einer neuen Fertigungstechnologie setzt ein Datum (eine bestimmte Anzahl von Personen muß bestimmte Qualifikationen haben) und man muß sehen, wie man vorhandene Personen für diese Aufgabe qualifiziert.

Aber auch dann, wenn man von Potentialen oder Wünschen einzelner Personen ausgeht, kann das Rationalmodell zum Zug kommen. Viele Konzeptionen zur Karriere- (oder Laufbahn-)Planung sind diesem Ansatz verpflichtet: Wenn man ermittelt hat, welche *Po-*

*sitionen* es in einer Organisation gibt, kann man diese Positionen in Anforderungsmerkmalen beschreiben. Für die Stellenbesetzung gilt dann, daß eine Person nur dann eine Stelle besetzen kann, wenn sie (die Person) die kritischen Anforderungen erfüllt. Man muß nun die vorhandenen Personen auf ihre aktuellen Merkmale sowie ihre 'Bildbarkeit' hin erfassen. Gelingt dies, scheint das Weitere ein Leichtes: Es lassen sich Karriere-Pfade zeichnen, die vorgeben, welchen Weg jemand gehen muß, um 'im Laufe der Zeit' in bestimmten Zielpositionen zu landen. Vorausgesetzt wird, daß in den Zwischen-Positionen oder in eingeschalteten Lern-Phasen die nötigen Qualifikationen erworben werden.

Die Organisation läßt sich dabei als eine Landkarte zeichnen (das übliche Organigramm wäre nur eine spezielle Variante), in der nicht nur alle Orte (=Positionen), sondern auch Wege und Schleichwege zu diesen Orten und die Eigenheiten der Wege (Barrieren, Hindernisse, Schwierigkeiten) eingezeichnet sind. PE ist dann im wahrsten Sinn des Wortes Andragogik* (bzw. Gynagogik*): Erwachsene werden durch das Labyrinth der betrieblichen Positionen geführt, weil oder wenn sie jede erreichte Position dafür nutzen, sich für die nächste zu qualifizieren, so daß sie die Herausforderungen der Laufbahn(!) meistern.

Zu welchen modell- und zahlenfetischistischen Auswüchsen dieser Ansatz führt, kann in den Modellen der Personaleinsatzplanung, die Gudrun MOSER (1979) zusammenfassend darstellt, nachgelesen werden. Ein besonders eindrucksvolles Beispiel findet sich auch bei KOSSBIEL (1987).

### 1.5.2. Entwicklung als das Durchlaufen vorbestimmter Phasen

Im oben dargestellten Rational-Ansatz dominierte die Macher-Zuversicht, daß PE ein ingenieursmäßig gestaltbarer Problemlösungs-Prozeß ist: Wenn man weiß, was man will, kann man es auch erreichen.

Anders der nun vorzustellende Ansatz, der Entwicklung als einen autonomen intransitiven Prozeß versteht. Bekannte Metaphern dafür sind Reifen und Wachstum; sie suggerieren, daß die Abfolge von Zuständen eines Systems vorbestimmt ist und durch externen Eingriff nicht grundlegend geändert werden kann.

*Zur Person-Entwicklung*

In der PE-Literatur hat sich diese Vorstellung vor allem im Rahmen des sog. life-styling-Ansatzes durchgesetzt. Damit werden Programme bezeichnet, die Personen für die systematische Analyse und Planung ihres Lebenswegs Strukturierungshilfen anbieten. Zugrundegelegt werden dabei häufig Phasen-Konzepte der Person-Entwicklung (s. als Beispiel die AU 1.3 auf S. 45 - 46, in der eine Schematik von SCHEIN abgedruckt ist; andere Einteilungen stammen von Ch. BÜHLER 1959; LEVINSON u.a. 1979, ERIKSON 1974, SHEEHY 1976). Stufen- oder Phasenmodelle, die früher in der Entwicklungspsychologie des Kindheits- und Jugendalters verbreitet waren, werden hier auf das Erwachsenenalter ausgedehnt. Für jeden Altersabschnitt werden typische Problemlagen, Thematiken und Einschränkungen genannt, mit denen eine Person unausweichlich konfrontiert werden wird und auf die sie antworten muß. Eine junge Erwachsene hat z.B.

andere Lebensentwürfe und Ausgangsbedingungen (finanziell, beruflich, privat, biologisch etc.) als eine Frau mit 50, deren Kinder erwachsen sind, die eine hohe berufliche Position erreicht hat und finanziell gesichert ist. PE-Maßnahmen sollten sich - so die Konsequenz - nicht *gegen* diese Chancen und Restriktionen richten, sondern *mit* ihnen arbeiten, so daß für jede Entwicklungsstufe maßgeschneiderte Konzepte anzubieten wären, die den jeweiligen Möglichkeiten und Grenzen Rechnung tragen.

*Zur Gruppenentwicklung*

Was die Entwicklung von *Gruppen* betrifft, so hält die Gruppen-Dynamik (!) eine Reihe von Modellen bereit, die Gruppenprozesse als eine Abfolge von Phasen oder Stadien interpretieren. Jede Ist-Beschreibung gilt als eine Momentaufnahme, in der sich einer von mehreren möglichen Zuständen manifestiert. Am bekanntesten unter den Phasen-Schemata dürfte wohl TUCKMANs Einteilung (1965) sein, derzufolge man mit einer regelhaften Sequenz der Stadien *Forming - Storming - Norming - Performing* rechnen müsse: Nach dem ersten Zusammenfinden der Mitglieder (Forming) kommt es zu mehr oder weniger turbulenten Auseinandersetzungen, in denen Positionen, Ränge, Ressourcenverteilung etc. ausgekämpft werden (Storming). Dieser Kampf aller gegen alle mündet schließlich in eine Phase der einvernehmlichen oder oktroyierten Ordnung, in der Erwartungen und Pflichten festgelegt sind (Norming). Erst wenn diese Phasen durchlaufen sind, ist die Gruppe zur Leistung fähig, d.h. kann ihre Energien auf die Bewältigung von Sachaufgaben konzentrieren.

Einteilungen wie die von TUCKMAN sind der Tradition der experimentellen (Labor-)-Forschung verbunden; in der gruppendynamischen Literatur spielen daneben psychoanalytisch inspirierte Analysen eine große Rolle:

Bei seiner Arbeit mit Therapie-Gruppen - die er sehr deutlich von 'sophisticated'* *Arbeits*-Gruppen unterschied - fand es der englische Analytiker BION hilfreich davon auszugehen, daß in solchen Gruppen gehandelt wurde *als ob* (!) die Mitglieder bestimmte "basic assumptions" (Grundannahmen) teilten. Sie interessierten sich nicht für Fakten oder Problemlösungen; dies hätte nämlich die Gefahr bedeutet, die innere Harmonie der Gruppe zu stören.

Um das folgende besser einordnen zu können, sind die wichtigsten Merkmale der BIONschen Therapiegruppen zu nennen:

- Die Gruppen hatten keine gemeinsame Aufgabe, die von ihnen eine Leistung verlangt hätte, die für Dritte gedacht war und von diesen bewertet oder abgenommen werden mußte und für die Ressourcen der Umwelt benötigt wurden. Sie beschäftigten sich nur mit sich selbst, waren "geschlossene Systeme".
- Die Gruppen waren ad hoc* zusammengestellt; sie hatten keine gemeinsame Geschichte und auch keine gemeinsame Zukunft; Mitglieder konnten die Gruppe jederzeit verlassen und mußten keine Verantwortung übernehmen.
- In der Gruppe gab es keine etablierte Rollenverteilung außer einer, die allerdings sehr wesentlich ist: dem Therapeuten (als dem "Führer") standen alle anderen gleichrangig gegenüber.

**Arbeitsunterlage 1.3:** **Phasen beruflicher Entwicklung (nach SCHEIN 1978)**

| Stadium | Rollen | Aufgabe |
|---|---|---|
| 1. Wachstum<br>Fantasien<br>Erkundung<br>(0-21 Jahre) | Schüler/<br>Student<br>Auszubildender<br>Anwärter | Eigene Interessen und Bedürfnisse entwickeln und entdecken<br>Fantasien in realistische Berufsvorstellungen verwandeln<br>Wissen, Fähigkeit und Fertigkeiten für die Arbeitswelt erwerben |
| 2. Eintritt in die Arbeitswelt<br>(16-25 Jahre) | Bewerber<br>Berufsanwärter | Betreten des Arbeitsmarktes<br>Schließen eines tragbaren Kompromisses zwischen den eigenen Vorstellungen und denen des Arbeitgebers<br>Die erste Arbeitsstelle auswählen und erhalten |
| 3. Grundausbildung<br>(16-25 Jahre)<br>grundlegende Ausbildung | Trainee<br>Neuling<br>(in Ausbildung Stehender) | Den Realitätsschock überwinden<br>Möglichst schnell ein effektives und akzeptiertes Mitglied der Organisation werden |
| 4. Volle Mitgliedschaft zu Beginn der Laufbahn<br>(17-30 Jahre) | Neues, aber volles Mitglied | Die Verantwortung übernehmen<br>Erste Erfahrungen als Basis für die weitere Laufbahn sammeln<br>Entscheiden, ob dieses Berufsfeld und diese Organisation die eigenen Ansprüche gut genug erfüllt |
| 5. Volle Mitgliedschaft in der Mitte der Laufbahn<br>(über 25 Jahre) | Vollwertiges Mitglied<br>Lebenslanges Mitglied<br>Mitarbeiter<br>Vorgesetzter<br>Manager | Entscheiden zwischen Spezialistentum und Generalistentum und/oder Übernahme von Führungsverantwortung<br>Sich fort- und weiterbilden<br>Eine produktive Person im eigenen Berufsfeld werden<br>Seine beruflichen Laufbahnpläne entwickeln |
| 6. Krise in der Mitte der Laufbahn<br>(35-45 Jahre) | | Mit der Diskrepanz zwischen eigenen Hoffnungen und dem Erreichten umgehen lernen<br>Den Stellenwert der beruflichen Tätigkeit im gesamten eigenen Lebensraum bestimmen<br>Dem beruflichen Leben wieder neuen Sinn geben<br>Mentorfunktionen übernehmen |

| Stadium | Rollen | Aufgabe |
|---|---|---|
| 7a) Ende der Laufbahn - in Tätigkeiten ohne Führungsververantwortung | Stabs- oder Linientätigkeit wertvoller oder wertloser Mitarbeiter | Mentorfunktionen übernehmen<br>Interessen und Fähigkeiten, die auf Erfahrung beruhen, ausweiten<br>Die Fähigkeiten, die zur Realisierung der in Phase 6 getroffenen Entscheidungen nötig sind, erwerben (Spezialist, Führungsverantwortung, Rückzug ins Private) |
| 7b) Ende der Laufbahn in Tätigkeiten mit Führungsverantwortung | Geschäftsleitung<br>Vorstandsmitglied<br>Hauptteilhaber in Unternehmen<br>Mitglied des Führungsstabs | Die eigenen Fähigkeiten und Begabungen für das Wohl der Organisation einsetzen<br>Die Anstrengungen anderer integrieren können<br>Wichtige Mitarbeiter auswählen und entwickeln |
| 8. Nachlassen und Rückzug | | Sich verringernden Einfluß, Verantwortung akzeptieren lernen<br>Neue Rollen, die durch abnehmende Kompetenz und Motivation geprägt sind, für sich finden<br>Ein Leben führen lernen, das weniger durch die berufliche Tätigkeit beherrscht wird |
| 9. Pensionierung Ruhestand | | Drastische Veränderungen in Lebensstil, Rolle, Lebensstandard, akzeptieren<br>Die angesammelten Erfahrungen und das angehäufte Wissen für andere einsetzen lernen, um sich selbst aktiv zu halten |

Die Ungebundenheit und Aufgabenlosigkeit dieser Gruppen ließ erlernte übliche Arbeits- und Beziehungsmuster nicht übertragen, so daß Affekte, Ängste, Konflikte, Fantasien unmittelbarer zum Ausdruck und Ausbruch kamen.

BION beobachtete in diesen Gruppen deshalb Phänomene, die ihn veranlaßten, die Existenz der folgenden *"Grundannahmen"* zu behaupten:

*1. Grundannahme: "Abhängigkeit"*

Die Gruppenmitglieder liefern sich passiv dem "Führer!" aus, von dem sie Fürsorge, Unterstützung und Schutz erwarten, so *als ob* sie unreif, unwissend und unfähig wären. Im blinden Vertrauen auf seine Überlegenheit, seine Allmacht, sein Wissen unterwerfen sie sich ihm [oder einer vergötterten Idee oder einem Objekt, wie z.B. einer 'Heiligen Schrift' (z.B. die Firmengeschichte oder Gründerlegenden), die die Vergangenheit der Gruppe zelebriert]. Eigene Initiativen, Kritik, Zweifel, Rivalität sind undenkbar. Infantilisiert erwarten sie Hilfe, Trost, Bevormundung.

*2. Grundannahme: "Kampf/Flucht"*

Gruppen, in denen diese basale Annahme vorherrscht, sind durch starke innere Polarisierung und Spannungen charakterisiert. Es herrscht ein hohes Maß an Aggression gegen innere und äußere "Gegner" vor, es kommt zu Rebellionen oder zum Rückzug (zur "Flucht") vor Auseinandersetzungen. Die Gruppenatmosphäre scheint geprägt durch das kollektive Einverständnis, daß man auf der Hut sein und sich wehren müsse, daß einem nur die Wahl bleibe zu kämpfen oder zu flüchten. Vom Führer werden entsprechende Befehle erwartet und akzeptiert: Er muß die Gruppen zu beständiger Aktion antreiben und anführen.

*3. Grundannahme: "Paarung"*

In Gruppen dieser Prägung gibt es eine unausgesprochene Phantasie, daß die endgültige Rettung der Gruppe bevorsteht, daß eine Art Messias zu erwarten sei, der aus der Vereinigung von zwei Gruppenmitgliedern entstehen könne. Dieser Heiland (der nie geboren wird!) würde wundertätig und anstrengungslos alle Bürden und Belastungen von der Gruppe nehmen, die dann harmonisch und glücklich leben könnte.

In allen drei "Grundannahmen-Gruppen" werden - wegen der Fixierung auf den Führer und der fehlenden Auseinandersetzung mit realen Aufgaben (die Gruppe bleibt ein geschlossenes System!) - die eigenen Fähigkeiten nicht eingesetzt und entwickelt, es wird auf einem hohen Konkretheitsniveau und bei vorwiegendem Vergangenheitsbezug diskutiert.

Gruppendynamiker teilen meist die Überzeugung, daß es ein unverzichtbares Zwischenstadium der Entwicklung zu autonomen Gruppen ist, daß Autorität erfahren und überwunden wird. Ohne diese Entgegensetzung und Befreiung können Autonomie *und* Partnerschaft nicht entwickelt werden.

Die "ba-Gruppen" (basale Annahmen-Gruppen) thematisieren drei soziale Grundsituationen gegenüber starker Führung:

1. Man kann sich dieser Führung unterwerfen, die eigene Unterlegenheit akzeptieren und auf Schutz und Fürsorge vertrauen:

2. Man kann sich mit der eigenen Unterlegenheit nicht abfinden und

   a) kämpft, rebelliert ("hin zu", ad-gredi: Aggression)

   b) flieht, zieht sich zurück, weicht aus ("weg von")

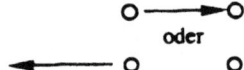

3. Man kann schließlich die Aufhebung der Polarisierung suchen, indem man sich annähert und mit dem Führer vereinigt: Gemeinsam etwas Neues schaffen!

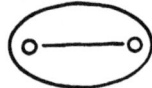

In seiner theoretischen Analyse der Prozesse in Trainingsgruppen benutzt SLATER zwar die ba-Konzeption BIONs, füllt sie aber mit z.T. ganz anderen Inhalten. Er geht von der These aus (1970, S. 275), daß jede Gruppenentwicklung die Rekapitulation eines Teils der kulturellen Entwicklung ist - was ihn auch veranlaßt, zur Stützung seiner Aussagen mythologisches und religionsgeschichtliches Material heranzuziehen. SLATER sieht einen spannungsgeladenen Weg der Entwicklung von unbewußter, undifferenzierter Einheit und Verschmelzung zu bewußter, differenzierter Individuation - und er interpretiert die "Grundannahmen" BIONs nicht nur als unverbindliche Fantasien, sondern als phasenspezifische Bewältigungsmechanismen, die jeweils *"gegen diejenigen Schatten eingesetzt (werden), welche im Augenblick die heftigste Furcht erregen"* (a.a.O., S. 206).

Er kommt zu einer anderen Phasenabfolge als BION oder BENNIS & SHEPARD (s.u.): Ausgehend von einem nicht bewußtseinsfähigen Stadium der Ganzheit, Einheit, Grenzenlosigkeit (das an die objektlose Stufe des Narzißmus oder TURQUETs Erweiterung von BIONs Grundannahmen um die der "Oneness" erinnert), ist das erste Problem, das Gruppenmitglieder zu lösen haben, ist zu verhindern, daß die keimende Differenzierung des Ich durch die drohende Überflutung (S. 255) durch die "undifferenzierte Masse" (also das Aufgesogenwerden durch die Gruppe) hintertrieben wird. Die Ursituation, die dabei aktiviert wird, ist die der "verschlingenden Mutter", die in allen Mythen eine große Rolle spielt. Durch *Kampf und/oder Flucht* kann das Individuum dieser Gefahr begegnen und seine Grenzen schützen, indem es sie (bzw. sich) verteidigt ("Ich bin anders als du!") oder indem es sich distanziert ("Ich bin getrennt von dir!").

Bewußtsein kann sich nur durch Opposition (a.a.O. S. 219) entwickeln, durch die Betonung des Andersseins - und dieses Differenz- oder Grenzbewußtsein vermittelt zugleich eigene Verletzlichkeit und Schwäche (a.a.O., S. 287) und wird gespeist durch die Furcht, von unbewußten Impulsen überwältigt zu werden und die physische und psychische Unversehrtheit zu verlieren (a.a.O., S. 251).

Das Furchterregende der undifferenzierten Masse kann auch durch die Verklärung eines einzelnen zur Gottheit, zum Helden oder Leiter bewältigt werden. Quasi als "Übergangsobjekte" dienen diese Führerfiguren als Mittel der Ablösung und Trennung, als das Andere, an dem sich das Ich messen und entwickeln kann. Wenn das Individuum der Gefahr der Verschmelzung und Auflösung dadurch entkam, daß es sich ein heroisches oder göttliches Gegenüber schuf, dann kommt es - in der *Grundannahme der Abhängigkeit* - in die neue Gefahr des Überwältigtwerdens durch die Autorität, die wiederum Auslöschung der Identität bedeuten kann.

*"Das Ich muß von dem Führer, von der Autorität, abgelöst werden, die mithalf, es aufzubauen, da auch dies zur Individuation gehört. An diesem Punkt hört die Autorität auf, ein Held (also eine Repräsentanz des Ichs) zu sein, und wird zum gleichen übermächtigen Objekt wie die ursprüngliche Repräsentanz des Unbewußten (Welt, Leere, Gruppe, Mutter)" (SLATER a.a.O., S. 283).*

Das Stadium der *Abhängigkeit* ist deshalb durch ein hohes Maß an Ambivalenz (S. 213 f) gekennzeichnet. Mythologische Bilder für diese Situation sind die Kämpfe von Helden gegen weibliche Drachen (verschlingende Mütter) und männliche Drachen (tyrannisch mordende Väter).

*"Wenn wir den furchterregenden Aspekt der Umklammerung durch die Gruppe betonen, sollten wir jedoch nicht vergessen, daß von ihr auch eine starke Anziehungskraft ausgeht. Wäre das nicht der Fall, so wären ja alle Befürchtungen grundlos, denn dann wäre es leicht, dem von niemandem Gewünschten aus dem Weg zu gehen. Die Sehnsucht nach Ichauflösung, nach Einswerden mit der Welt ist ebenso alt wie das Bewußtsein der Individualität und des Gesondertseins" (SLATER 1970, S. 254).*

Die *Grundannahme der Paarbildung* schließlich markiert ein reifes Stadium der Entwicklung (meist vor dem Ende der Gruppensitzungen, wenn Probleme der Sterblichkeit der Gruppe und des Weiterlebens ohne den Führer virulent* werden, sexuelle Spannungen befreiter zum Ausdruck kommen). Hier muß die Gefahr übermäßiger Individuation bekämpft werden durch Zusammenarbeit der Getrennten, in der Phantasie ausgedrückt durch mystisches Einssein und Vereinigung (Paarung), die dann Unsterblichkeit im Er- bzw. Gezeugten verheißt (S. 210).

BENNIS & SHEPARD (1974) haben für Gruppen zwei "Hauptgebiete interner Unsicherheit" diagnostiziert (S. 128), nämlich Fragen der *Dependenz* und der *Interdependenz* (mit anderen Worten läßt sich diese Dichotomie als Spannungsverhältnis zwischen Macht und Liebe, Autorität und Intimität, Bindung zum Führer vs. Bindung zwischen den Geführten bezeichnen).

BENNIS & SHEPARD gehen davon aus, daß diese beiden Hauptphasen *nacheinander* durchlaufen werden müssen (wobei *immer* das Dependenz-Problem zuerst zu lösen ist) und in je drei weitere Subphasen aufgeteilt werden können.

**Phase I (Dependenz)**

Subphase 1 (Unterwerfung)

Subphase 2 (Rebellion)

Subphase 3 (Lösung: Autonomie)

└─────────➤ **Phase II (Interdependenz)**

Subphase 1 (Identifikation miteinander)

Subphase 2 (Persönliche Identität)

Subphase 3 (Lösung: gemeinsame Weltsicht)

BENNIS & SHEPARD betonen, daß Gruppen, die ihre Autoritätsprobleme (Phase I) *nicht* lösen, in Unterwerfung oder Rebellion befangen bleiben und deshalb auch nicht fortschreiten können zur Entwicklung von Gemeinsamkeit, die persönliche Identität wahrt (s. dazu auch die Parallele zu den Auffassungen von SLATER).

Den Status Quo einer Gruppe als eine *Entwicklungs-Phase* zu betrachten trägt dazu bei, eine ahistorische Generalisierung des Jetzt-Zustandes zu überwinden, weil mögliche Alternativen aufgezeigt werden. Man kann sich aus dieser Perspektive dann fragen, warum eine Gruppe in einer bestimmten Verfassung "eingefroren" bleibt (warum sich also *nichts* ändert) und das schließt automatisch die Frage nach den Einflüssen ein, die den Zustand stabilisieren: Was *tun* Gruppenmitglieder und Vorgesetzte, um den Zustand zu erhalten und Veränderungen zu verhindern und warum tun sie das, was haben sie davon?

Wenn z.B. eine Gruppe im Abhängigkeits-Stadium befangen ist, so profitiert der Führer, weil alle Mitglieder auf ihn fixiert sind und ihre Kontakte untereinander und zur Außenwelt unentwickelt bleiben. Sein Wille geschieht, auch wenn er unausgesprochen bleibt. Die Mitglieder fühlen sich versorgt, behütet und geleitet; ihr Führer bedeutet(!) ihnen, was zu tun ist; ohne eigene Denk-Anstrengung und ohne Verantwortung in der Auseinandersetzung mit der Außenwelt führen sie ein entlastetes, wenngleich infantilisiertes Dasein.

Wenn man Entwicklungs-Phasen aus dem Grundannahmen-Blickwinkel (BION) sieht, so kann man Symptome anders einordnen, die als unverständliche Sprengstücke "normales" Arbeitshandeln begleiten (etwa plötzliches Aufbegehren gegen den Vorgesetzten, Trotzreaktionen, Unterwürfigkeit, Vergötterung, unerschütterliche Zuversicht und Erfolgsglaube, Desinteresse, Distanzierung, Rückzug ...). Das Doppelleben, das jede Gruppe führt, wird greifbar: Sachliche Aufgabenbewältigung wird als Fassade oder Oberfläche interpretierbar, unter der sich der größere Rest des Eisbergs (oder besser: des Vulkans) von Emotionen, Spannungen, Wunschphantasien, Aggressionen etc. verbirgt. "Irrationales" Handeln, wie etwa Blödeln, Sabotage, Fehlzeiten, Beschwerden, Leistungsabfall usw. können dann folgerichtig als Eruptionen oder Risse gesehen werden, die die heile (sachliche, objektive, rationale) Oberfläche einer Welt der Aufgabenlösung sprengen und den Blick freigeben auf die Unterwelt der Gefühle, Sehnsüchte, Rivalitäten, Begierden und Ängste. Die Hölle - das sind die anderen (und man selbst).

Die kurzen Anmerkungen zur Entwicklung interpersonaler Beziehungen in Gruppen sollen illustrieren, daß eine Vorgehensweise, die *allein* sachbezogene rationale Aufgabenerfüllung berücksichtigt, zu kurz greift, weil sie die sozio-emotionalen Grundstrukturen außer acht läßt. Die Gruppendynamik postuliert sogar in Umkehrung der üblichen Auffassung, daß Beziehungsprobleme den Vorrang vor Sachproblemen haben: sind jene nicht geklärt, können diese nicht optimal gelöst werden! PE-Maßnahmen, die an dieser 'Phasen-Gesetzlichkeit' vorbeigehen, sind aus dieser Sichtweise uneffektiv, zumindest ineffizient.

*Zur Organisationsentwicklung*

Wie für Personen und Gruppen, so sind auch für Organisationen regelhafte Entwicklungsverläufe postuliert worden. LIEVEGOED (1974), der hier stellvertretend für andere genannt sein soll, hat z.B. nach der 'Gründungsphase', in der ein 'Pionier' der Organisation seinen Stempel aufdrückt, eine 'Differenzierungs-Phase' konstatiert, in der die Expansion der Unternehmung nur bewältigt werden kann, wenn Prozesse der Spezialisierung, Formalisierung, Standardisierung, Normierung etc. erfolgreich eingeleitet werden. Um jedoch eine Erstarrung, Anonymisierung und ein Auseinanderfallen der Organisation zu verhindern, muß auf dieses Stadium wiederum eine 'Integrationsphase' folgen, in der es darum geht, eine gemeinsame Identität und ein 'harmonisches Zusammenspiel' zwischen den differenzierten Subsystemen zu entwickeln.

Ähnlich ist GREINERs Ansatz konzipiert, der in der folgenden Abb. 1.3 visualisiert ist: Auch hier wird konstatiert, daß mit zunehmendem Alter und Größenwachstum der Organisation spezifische Krisen ('*revolutionäre*' Stufen) den Entwicklungsprozeß gefährden. Werden diese Krisenphasen nicht konstruktiv überwunden, so daß sie in neue *Evolutions*stufen einmünden, degeneriert die Organisation und scheidet aus dem Markt aus. GREINER geht ebenfalls von der Gründung durch einen Pionier aus, von dessen Kreativität die Organisation anfangs lebt, bis dann sein Führungsstil zu Störungen und Behinderungen führt, die erst überwunden werden können, wenn Führungsformen entwickelt werden, die sich vom Zuschnitt auf einen einzelnen lösen. Die Abbildung illustriert den weiteren Gang der Dinge selbsterklärend, so daß sie hier nicht weiter kommentiert werden soll.

Wie schon bei der Diskussion der Gruppen-Entwicklung, so kann man auch hier weitere Varianten modellieren:

- lineare Entwicklungen: Ein unumkehrbarer Prozeß der Rationalisierung und Differenzierung, der die Moderne insgesamt charakterisiert, schlägt sich auch in Organisationen nieder;

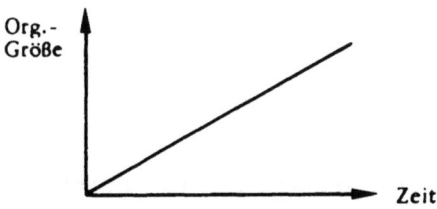

- spiralförmige Prozesse: Ein linearer Trend wiederholt auf immer höherem Niveau basale zyklische Ablaufmuster;

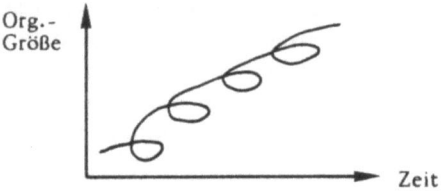

- idiosynkratische Sonderentwicklungen, die sich aus dem allgemeinen Trend abspalten und ein Eigenleben zu führen scheinen, aber letztlich doch nur im Rahmen der generellen Vor-Gaben existieren können.

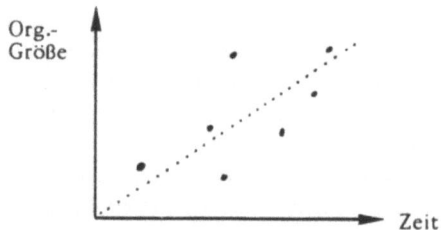

**Abb. 1.3: Wachstumsphasen einer Organisation (nach GREINER 1972, S. 41)**

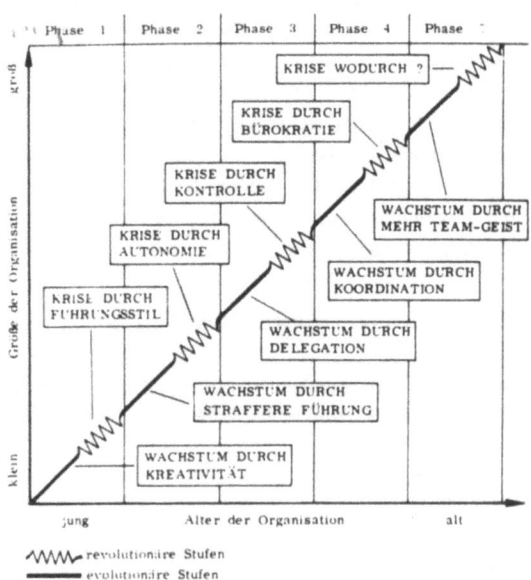

Als Nutzanwendung für eine systematische PE kann abgeleitet werden, daß bestimmte 'Lebensphasen' der Organisation ganz bestimmte PE-Interventionen brauchen und vertragen; wird zur Unzeit oder mit falschen Methoden eingegriffen, sind Veränderungen unverhältnismäßig schwierig, wenn nicht gar kontraproduktiv.

### 1.5.3. Entwicklung als Selbstorganisation

Ein drittes Paradigma von Entwicklung ist als Evolutions-Modell bekannt: Einsichten der biologischen Evolutionstheorie werden auf Organisationen übertragen. Im sog. populationsökologischen Ansatz der Organisationstheorie werden Organisationen als 'Arten' konzipiert, die intern Varietäten produzieren, die dem Selektionsdruck einer feindlichen Umwelt (z.B. Marktkonkurrenz) ausgesetzt sind. Nur angepaßte Mutationen überleben; ihre Konstruktions- und Arbeitsprinzipien werden zum Modell für andere Organisationen, weil die Nachahmung des Erfolgreichen das eigene Überleben sichert.

Ein wichtiger Grundgedanke ist, daß die 'Mutationen' weitgehend blind (oder ungeplant) entstehen, so daß der im Rational-Modell vertretene Anspruch eines wissenschaftlichen Designs der optimalen Organisation verneint wird. Weil kein 'mastermind' vorhersehen kann, wie sich Umwelten entwickeln und weil diese Umwelten so komplex, mehrdeutig und widersprüchlich sind, daß niemand sie konsequent rational abbilden kann, muß man lediglich die 'Vitalität' der Organisation erhalten, ständig neue Varietäten zu produzieren. Im Überleben dieser Innovationen wird sich dann zeigen, ob die neue Spielart (zu ihrer Umwelt) 'paßt': survival of the fit(test)!

PE hätte dann die Aufgabe, Experimentier- und Risikofreude zu fördern und nicht nachzulassen in dem Bemühen, den unterschiedlichsten Ideen Startchancen zu geben. Nicht rationale oder bürokratische Weg-Ziel-Planung sichert den Erfolg der PE, sondern 'Deregulation' im Innenbereich, so daß kreative Talente in experimentellen Projekten Bewährungsfelder finden können, um ihre Überlegenheit unter Beweis zu stellen.

Auch Konzeptionen der sog. 'systemischen' Organisationstheorie können diesem Programm zugerechnet werden. Bei diesem Ansatz wird eine für die 'Zentralperspektive' (der Unternehmensleitung) nicht mehr überschaubare Komplexität der organisationsinternen und -externen Vernetzungen konstatiert, zu der überdies noch zirkuläre Kausalität, positive Rückkopplungsprozesse und unkalkulierte Emergenzen hinzukommen können (s. Abb. 1.9 auf S. 66). Entwicklung ist kein abgestimmter planvoller Prozeß, sondern unvorhersehbare Resultante einer im einzelnen und Ganzen kaum durchschaubaren Dynamik. Statt lokal rationale Eingriffe zu versuchen, wird auf 'Selbstregulation' vertraut: Subsysteme werden durch 'Störungen' ihrer Umweltbeziehungen irritiert und reagieren darauf 'auf ihre Weise' (mit ihren gleichsam eingebauten Verfahrensweisen). Die dezentrale Antwort erlaubt die Berücksichtigung von mehr und aktuelleren Informationen, so daß eine flexiblere, angemessenere und ökonomische Reaktion möglich wird. Auch hier lautet die pragmatische Konsequenz, die Bevormundung durch zentrale Experten und generelle Programme zu unterlassen und die jeweiligen Handlungseinheiten nur noch global zu steuern, d.h. ihnen allgemeine Ziele vorzugeben, aber den Einsatz (und eventuell sogar die Beschaffung) ihrer Ressourcen ihnen selbst zu überlassen.

Für die PE-Praxis leitet sich aus einem solchen Entwicklungs-Verständnis die Folgerung ab, daß PE-Abteilungen oder -Experten nur noch für Beratungs- und Dienstleistungsfunktionen zur Verfügung stehen sollten, die PE-Verantwortung aber den einzelnen Subsystemen (nicht nur den Linien-Vorgesetzten, sondern allen Mitarbeitern) übertragen wird: 'Vor Ort' hat sich jeder selbst darum zu kümmern, Mittel für und Wege der PE zu finden.

Ein solches PE-Verständnis würde durch Widersprüche, Störungen etc. nicht irritiert sein, sondern sie im Gegenteil als notwendige Informationen oder Auslöser für Veränderungsprozesse sehen. Entwicklung gilt dabei als ein diskontinuierlicher Prozeß mit Brüchen und Strukturkrisen, der irreversibel in der Zeit und eng verflochten mit dem relevanten Umfeld abläuft. Es geht um den Aufbau von Ordnung (Neg-Entropie), die sich stets aufs Neue in der umgebenden Unordnung zu bewähren hat und darum nicht statisch und stabil sein darf.

Die drei Auffassungen von "Entwicklung" (rational geplante Veränderung, vorgegebener Phasenverlauf, selbstregulierte Eigendynamik) sollen im Folgenden in der Art einer Reprise* am Beispiel von "Selbst-Entwicklung" noch einmal aufgezeigt werden, weil diese Thematik in der aktuellen PE-Diskussion an Bedeutung zu gewinnen scheint.

### 1.5.4. Selbst-Entwicklung

Im Zusammenhang mit PE wird Selbstentwicklung uneinheitlich gebraucht; drei Auffassungen (s. NEUBERGER 1990c) scheinen für die PE eine besondere Relevanz zu haben. Das erste Verständnis ("ein Selbst entwickeln") kann dabei an rational-aktionistische Vorstellungen der OE oder des 'Kultur-Managements' angeschlossen werden, bei denen es um die Schaffung einer unverwechselbaren Identität ('corporate identity') geht, die planmäßig und plangetreu produziert wird. Stärker auf (durch Zentralsteuerung) unbeeinflußbare autonome Prozesse gehen die beiden anderen Auffassungen ein: ('Sich selbst entwickeln!' und 'Sich von selbst entwickeln').

*a) Ein Selbst entwickeln (Eigen-Art ausbilden)*

Mit "Selbst" ist hier die Eigen-Art eines Systems gemeint, also der Strukturkern, die Einmaligkeit, der Charakter, das Besondere und Spezifische: die Identität.

Das Selbst hat eine Reihe von paradoxen Bestimmungen, die es veränderbar machen, denn wahre Identität bliebe ewig mit sich 'identisch':
- *Kontinuität* (sich im Zeitablauf ändern, aber sich dennoch treu bleiben),
- *Konsistenz* [aus verschiedenen Bestimmungen bestehen und dennoch ein identi(!)fizierbares Ganzes sein],
- *Kausalität* (Ursache von Wirkungen sein, aber selbst verursacht sein),
- *Kontrast* (anders als andere sein und dennoch dazugehören).

Der Begriff Entwicklung wird hier transititiv gebraucht: jemanden oder etwas entwickeln! Das Selbst gilt als ein klar umrissenes Objekt, es ist *Gegenstand* der Entwicklung, es *wird* von einem anderen, das es nicht (selbst) ist, *entwickelt*. Das Selbst profiliert sich:

es hebt sich als Figur von einem diffusen Hintergrund ab. In diesem Sinn spricht man z.B. von der "Persönlichkeit" eines Organisationsmitglieds, der Syntalität* einer Gruppe oder gar der "Unternehmenspersönlichkeit". Dieses Selbst wird wertfrei gesehen: es kann sowohl stark oder souverän, wie verkrüppelt, borniert, verkümmert sein.

*b) Sich selbst entwickeln! (Eigen-Initiative ergreifen!)*

Das Selbst ist hier Subjekt und Objekt zugleich, in einer zirkulären Bestimmung verändert es sich selbst: der Lehrer ist zugleich der Lernende. Im Vordergrund steht hier die Aufkündigung von Entmündigung: Seine Sache selbst in die Hand nehmen, Eigen-Initiative ergreifen, sich emanzipieren von Bevormundung. Das Ziel und der Weg zum Ziel sind dasselbe: Selbst-Ständigkeit. Durch die imperativische Formulierung (s. das Ausrufezeichen) soll hervorgehoben werden, daß dies ein absichtliches und mühevolles Projekt ist, das subjektive Anstrengung und Engagement erfordert - anders als es in der dritten Bedeutung der Fall ist. Wenn jeder sich (abgekoppelt, isoliert) für sich entwikkelt, braucht man eine "unsichtbare Hand", die dafür sorgt, daß alles doch noch zum guten Ende kommt und zusammenstimmt.

Dieses Verständnis liegt allen PE-Aufrufen zugrunde, die eine Eigenbeteiligung der zu entwickelnden Einheiten (Personen, Gruppen, Organisationen) fordern: PE ist keine problemlos beziehbare Konfektionsware, sondern muß *selbst* gefordert, entworfen, erarbeitet und - nicht zuletzt - auch bezahlt werden (Beispiel: 'Freizeitopfer').

*c) Sich von selbst entwickeln (Eigen-Dynamik haben)*

Das "Selbst" als abgegrenzte *Ein*heit wird bei dieser Perspektive nicht thematisiert, weil nicht der *Gegenstand*, sondern der *Prozeß* der Entwicklung im Vordergrund steht: die Eigen-Dynamik wird betont, die buchstäblich erst mit dem Tod beendete "unaufhörliche" Metamorphose (Gestaltwandel). Zugrundeliegt die oben erwähnte evolutionstheoretische Auffassung, derzufolge Entwicklung weder äußeren Anstoßes noch äußerer Betreuung bedarf. Es gehört vielmehr zum Wesen lebender Systeme, ständig "in Entwicklung" zu sein; hört diese Entwicklung auf, hört das Leben auf. Ein lebendes System kann sich nicht vorübergehend abschalten und reparieren oder neu konfigurieren; Veränderungen müssen derart sein, daß sie die laufende Re-Produktion nicht unterbrechen.

Im Grunde wird bei dieser Perspektive nicht der Standpunkt eines eingreifenden Handelnden, sondern eines Beobachters eingenommen, der das immanente strukturbestimmte Geschehen registriert: (All)es entwickelt sich von allein (von selbst); alles fließt; Leben = Entwicklung. Lebende Systeme erzeugen sich selbst (Autopoiese) und diese Selbsterzeugung ist selbstorganisiert. Fremde Eingriffe sind lediglich "Perturbationen"*, Störungen, auf die das System nach seinen eigenen Gesetzmäßigkeiten reagiert. Die Auto-Reproduktion gelingt aber nicht als identische Kopie (sondern erzeugt Variationen) und sie kann zu "Emergenzen" führen, also qualitativ anderen Entwicklungsniveaus, die nicht als Extrapolation des Bestehenden erklärbar sind.

Von besonderer Bedeutung ist, daß die Selbst-Organisation dennoch kein Vorgang ist, der sich autark "im" System abspielt (wie in einer abgekapselten Monade, die nur noch autistisch* sich auf sich bezieht). Vielmehr berühren interne Veränderungen langfristig auch die System-Umwelt-Grenzen und damit die Umwelt selbst. Selbst-Entwicklung wäre dann immer zugleich auch Entwicklung der "passenden" Umwelt und somit Ko-Evolution.

*Zusammenfassung*

Das Objekt der Personal-Entwicklung ist 'Personal', dessen drei Facetten (personal, interpersonal, apersonal) oben beschrieben wurden. Die Aktionsseite der Personal-Entwicklung ist durch die Bestimmung 'Entwicklung!' markiert und auch hier sind drei Auffassungen differenziert worden: a) rational, d.h. konsequent zielbezogen geplante Veränderung, b) Bewältigung unausweichlicher vorgezeichneter Phasen des Gestaltwandels, c) in ihren Ergebnissen kaum vorhersagbare Vernetzung der selbstproduzierten und selbstregulierten Zustandstransformationen.

Im Folgenden sollen einige Beispiele für PE-Konzeptionen vorgestellt werden, mit denen sich zeigen läßt, daß zum Teil sehr einseitige Auffassungen von P oder E als das Ganze der PE ausgegeben werden. Ziel dieser Demonstration ist, den Blick zu schärfen für Nach-Fragen über das Präsentierte hinaus, um auf diese Weise das Übersehene, (wieder) Vergessene oder Verleugnete zur Sprache zu bringen.

**1.5.5. Illustrierende Rahmenmodelle der PE**

Im Folgenden wird versucht, aus verbreiteten Ansätzen das zumeist nicht offengelegte Rationale herauszuarbeiten. Beispiele für solche Grund-Konzepte sind etwa der P-E-Fit-Ansatz, die Job-Man-Zuordnung, kontingenztheoretische Ansätze usw.

1. Kontingenz-Theorie

   Als Beispiel für einen kontingenztheoretischen Ansatz (der in der Psychologie als S-R- (Stimulus-Response-) Ansatz firmieren würde) sei das Modell von THOM (1987) angeführt (s. die Abbildung 1.4 auf der folgenden Seite). Die Kontingenz- oder Situations-Theorie greift ganz allgemein davon aus, daß ein innerorganisatorischer Sachverhalt (z.B. Führungsstil, Klima, Personalentwicklung) von externen situativen Determinanten abhängt (kontingent ist). Wie aus dem Schema von THOM ersichtlich ist, führt er im oberen und den beiden flankierenden Kasten (außerbetriebliche, betriebliche und personelle) "Bedingungsgrößen" an, die einwirken auf die "Aktionsparameter der Unternehmensführung". Hier werden auf rationale Weise die "Qualifizierungsprozesse" entschieden und in stellen- bzw. bildungsbezogenen Maßnahmen umgesetzt.

   Weil die inhaltliche Differenziertheit von THOMs Konzept vom Strukturkern des Ansatzes ablenken kann, habe ich diesen Kern im Abb. 1.5 speziell herausgearbeitet. Diese Vereinfachung zeigt sehr deutlich das kontingenztheoretische Paradigma: *Bedingungen* (betriebliche, außerbetriebliche, personelle) veranlassen Entscheidungsträger zu bestimmten PE-*Maßnahmen*.

   THOMs Ansatz (ähnlich STRUBE 1982) ist eine atheoretische Zusammenstellung von zahlreichen Einflußgrößen, wobei die Vollständigkeit der Variablensammlung nicht prüfbar ist, weil die theoretischen Auswahlprinzipien nicht bekannt gemacht werden und praktisch - das ist schon gesagt worden - wirkt ja im Grunde *alles* auf die PE ein!

**Abb. 1.4: Revidierter Bezugsrahmen zur Erklärung von Personalentwicklungsentscheidungen und -maßnahmen in Unternehmungen (aus THOM 1989, S. 357)**

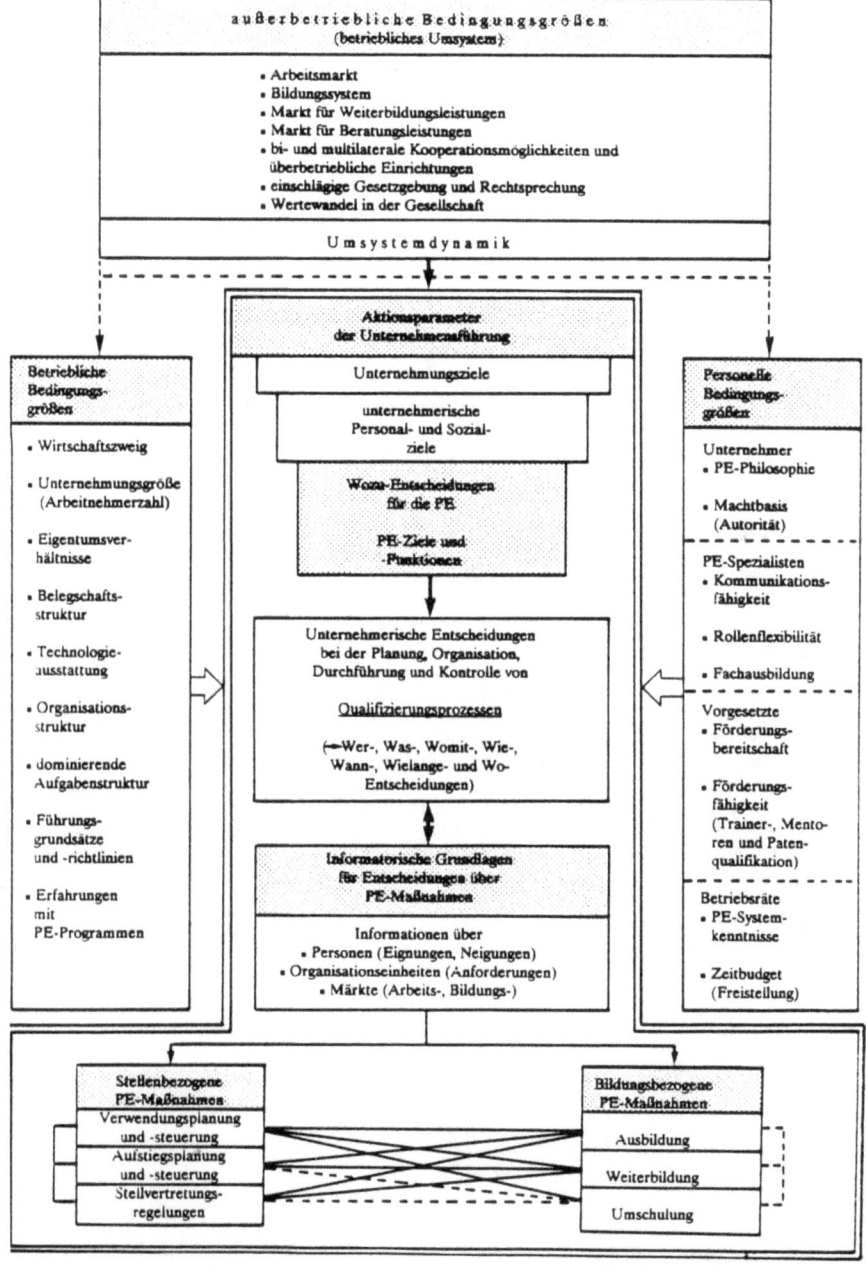

**Abb. 1.5: Vereinfachte Darstellung des Modells von THOM (1987)**

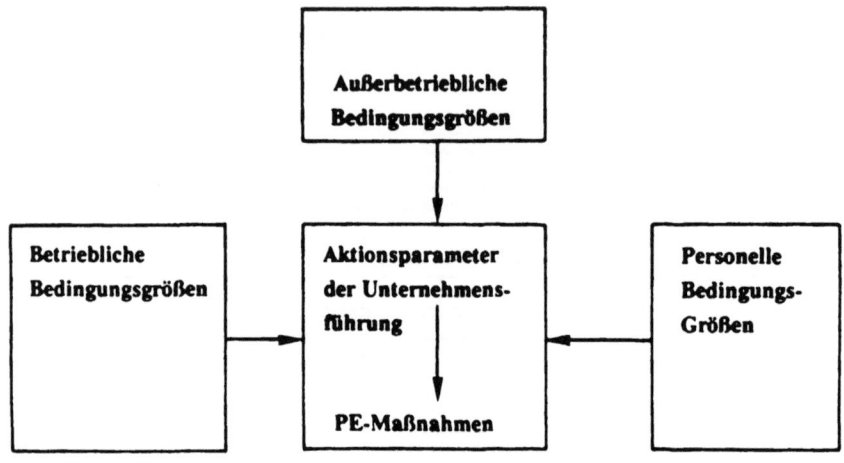

2. PE als rationales Problemlösen

PE wird hier als ein rationaler Problemlöse-Prozeß entworfen. Eine solche Betrachtungsweise hebt sich ganz ausdrücklich von denkbaren Alternativen ab, bei denen z.B. irrationale-persönliche Vorlieben, adhocratisches* Durcheinander sowie traditionale Fixierungen die Inhalte und Prozesse der PE determinieren. In der Tab. 1.2 (S. 59) habe ich die Grundstruktur eines solchen Problemlöse-Prozesses rekonstruiert. Derartige Rationalmodelle sind in PE-Lehrbüchern sehr verbreitet, sie dürften die am häufigsten angebotenen Bezugssysteme für PE-Aktivitäten sein (s. etwa DETTMANN 1979, LEITER u.a. 1982, KOSSBIEL 1987, PATRICK 1989 und viele der Texte in HOPPENSTEDT 1990 oder RIEKHOF 1989). Zum überwiegenden Teil sind sie beschränkt auf das Füllen personaler (Qualifikations-)Lücken: Aus Stellenbeschreibungen werden Soll-Anforderungen destilliert, die mit den Qualifikationen vorhandener Mitarbeiter in Beziehung gesetzt werden. Den Weg von diesem Ist zum Soll hat PE zu überbrücken (kritisch dazu: STAUDT 1990). Eine Variante dieses Ansatzes ist die Job-Man-Fit-Konzeption (s. den folgenden Pkt. 3).

Als ein konkretes Praxisbeispiel (IBM) ist in Abb. 1.6 (S. 60) ein Entwurf von STULLE (1990) abgedruckt.

Tab. 1.2: **Reformulierung der Personalentwicklung als Problemlösungsprozeß**

| Perspektive: "personal" | Perspektive: "interpersonal" | Perspektive: "apersonal" |
|---|---|---|
| ⇩ | ⇩ | ⇩ |

1. **Laufende Selbstbeobachtung**
   Fokus: die Person              Fokus: die unmitt. Arb.einheit     Fokus: die Organisation
   Paradigma: Subjektivität       Paradigma: Intersubjektivität      Paradigma: Objektivität

2. **Registrierung von Zusammenhängen/Abhängigkeiten (Chancen u. Störungen)**
   Sensibilisierung und Energetisierung in allen drei Perspektiven

3. **Situationsanalyse und Problemdefinition (jeweils: Material-, Ursachen-, Konflikt-, Ziel-Analyse)**
   Einschätzung              Einschätzung                    Einschätzung
   von Fähigkeiten, Bedürf-  von Beziehungen                 von Rollen,
   nissen, Identität der     und Identität der unmittel-     Strukturen, Identität
   Person                    baren Sozialbeziehungen         der Organisation

4. **Finden/Festlegen/Vereinbaren/Durchsetzen von Zielen und Erfolgskriterien**
   Gestaltungsziele (kogn., Gestaltungsziele               Gestaltungsziele
   affekt., pragmat., identi- (Beziehungen,                (Strukturen, Bedin-
   tätsbezog., moral.)        Klima, etc.)                 gungen, etc.)

5. (Strategische) Entscheidung für die **Modifikation** personaler, interpersonaler und apersonaler Bedingungen (statt z.B. Selektion, Allokation)

6. **Maßnahmen- und Organisationsplanung (on, near, off the job)**
   Curricula, Methoden, Verantwortlichkeiten, Dokumentation, Konsequenzenmanagement

7. **Durchführung**
   Auswahl von Teilnehmern u. Trainern, Logistik (Orte, Zeiten, Einladung, Begrüßung, Apparate, Unterlagen), Dramaturgie, Handling von Krisen, Abschluß ...

8. **Transfer (Übertragung vom "Lernfeld" ins "Funktionsfeld")**
   Bedingungen, Widerstände, Blockaden, Promotoren ...
   z.B. Selbstverpflichtung     z.B. Verträge, Rollenspiele     z.B. Anreize, Sanktionen

9. **Evaluation, Controlling** als Querschnittsfunktion, die **alle** Phasen (1.-8.) des Problemlösungsprozesses erfaßt, abbildet und bewertet.

**Abb. 1.6: Ermittlung des Qualifikationsbedarfs (aus STULLE 1990)**

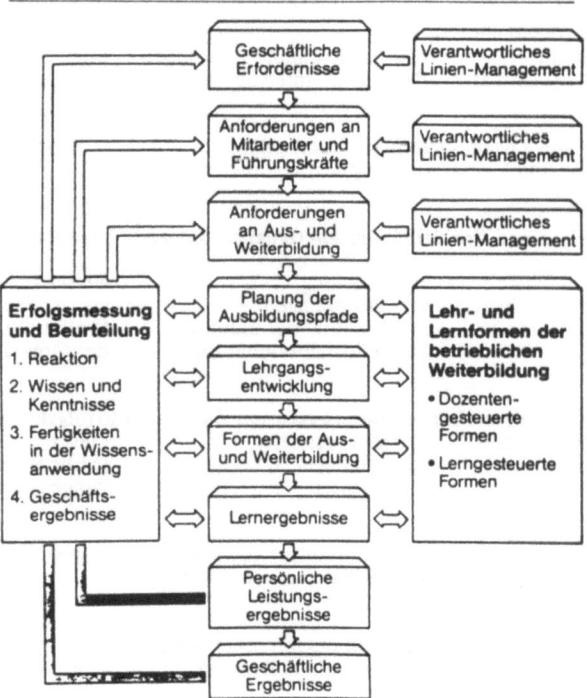

**Abb. 1.7:** aus: CONRADI (1983). Personalentwicklung. Stuttgart (Enke), S. 22 u. 25

(1) PE - into - the - job umgreift Maßnahmen, die in zeitlicher, z.T. auch räumlicher Entfernung, aber weitgehender inhaltlicher Nähe auf die Übernahme einer Position vorbereiten. z.B. Programme zur Einführung neuer Mitarbeiter in den Betrieb, Maßnahmen der Berufsausbildung sowie die Einweisung an dem neuen Arbeitsplatz (Unterweisung).

(2) Als PE - on - the - job bezeichnen wir Maßnahmen, die unmittelbar am Arbeitsplatz im Vollzug der Arbeit stattfinden, also z.B. training-on-the-job. Unser Hauptaugenmerk wollen wir auf Maßnahmen richten, die durch schrittweise Veränderung der Arbeitsaufgaben eine Veränderung der Qualifikation nach sich ziehen.

(3) PE - near - the - job sind Maßnahmen, die in enger räumlicher, zeitlicher und inhaltlicher Nähe zur Position stattfinden wie Lernstatt und Entwicklungsarbeitsplatz.

(4) Unter PE - off - the - job wollen wir die traditionelle Weiterbildung behandeln, die üblicherweise in räumlicher, zeitlicher und inhaltlicher Distanz zur Position stattfindet und das Problem des Transfers der erworbenen Qualifikationen aufwirft.

(5) Laufbahnbezogene PE befaßt sich mit dem systematischen Wechsel von Arbeitsplätzen im Laufe der Zugehörigkeit eines Mitarbeiters zum Unternehmen (Karriereprogramme) und beinhaltet oft eine Verknüpfung der vorhergenannten PE-Maßnahmen.

(6) PE - out - of - the - job meint Maßnahmen, die den Übergang vom Erwerbsleben in den beruflichen Ruhestand erleichtern sollen (Ruhestandsvorbereitungsprogramme).

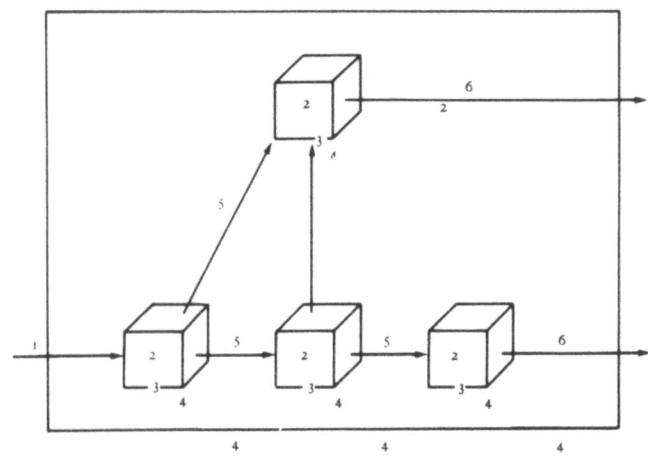

1 = PE-into-the-job
2 = PE-on-the-job
3 = PE-near-the-job
4 = PE-off-the-job
5 = laufbahnbezogene PE
6 = PE-out-of-the-job

**Abb. 1.8: Personalentwicklung als Grenzüberschreitungsprozeß**

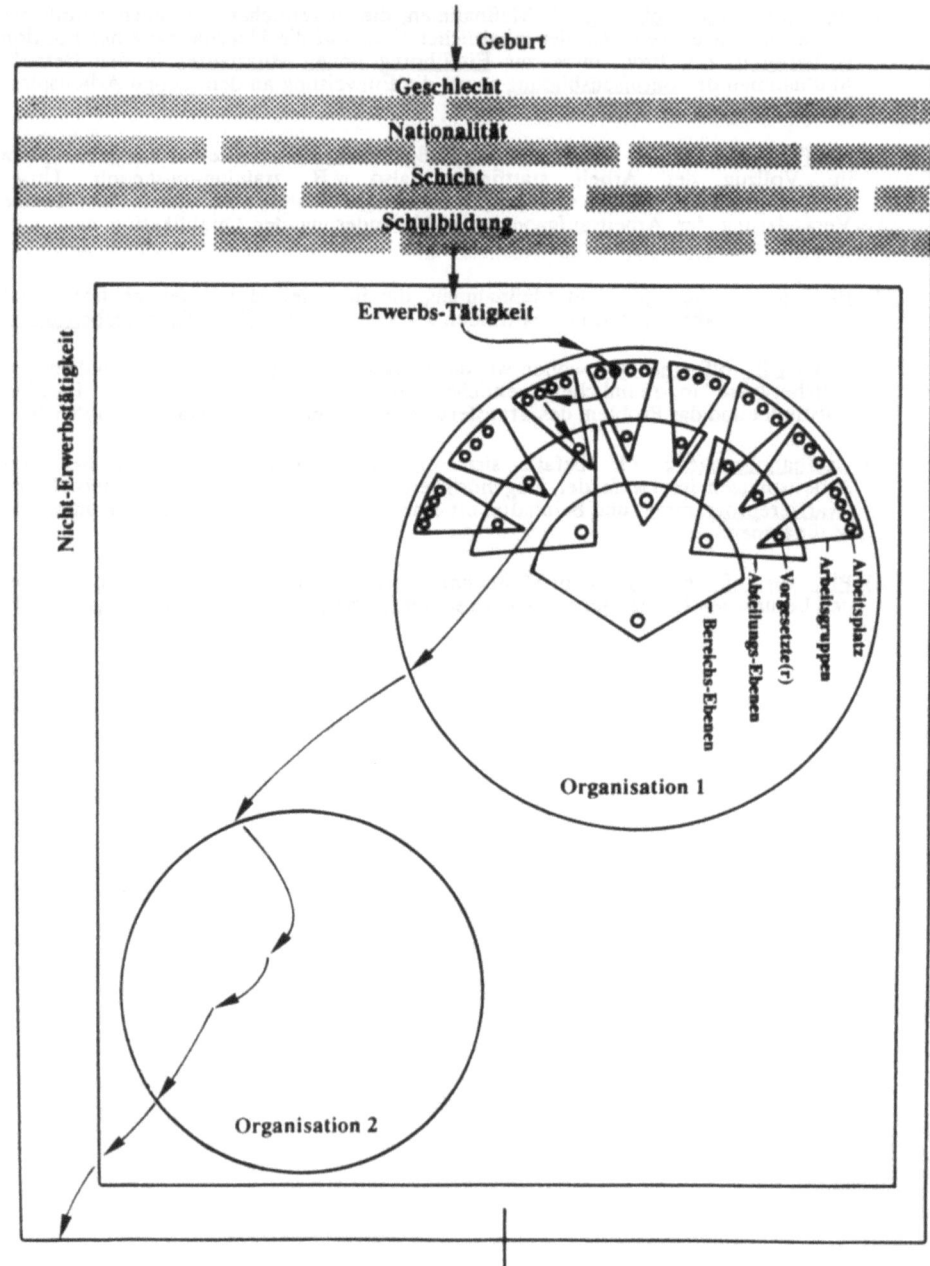

3. Job-Man-Fit-Ansatz

CONRADI (1983) ist ein dezidierter* Vertreter des Job-Man-Fit-Ansatzes. In seinem Konzept geht er von zwei Zentralbegriffen aus: Qualifikation und Position. PE ist für ihn die systematische positions- und laufbahnorientierte "Verbesserung der Qualifikation der Mitarbeiter" (1983, S. 3) - und damit klammert er vom Ansatz her inter- und apersonale Veränderungen aus. CONRADIs Modell führt aber noch eine zusätzliche Komponente ein, weil es längsschnittlich konzipiert ist: es bildet hypothetische Stationen der Zuordnung von Mensch und Stelle ab (s. Abb. 1.7 auf Seite 61): zuerst muß "der Mensch" auf den Arbeitsplatz vorbereitet werden (PE-into-the-job; darunter subsumiert CONRADI Berufsausbildung, Einführung neuer Mitarbeiter, Einweisung in neue Aufgaben), dann wird er unmittelbar an seinem Arbeitsplatz durch die Arbeitsaufgaben geformt (PE-on-the-job) bzw. durch Maßnahmen im Umfeld der eigentlichen Arbeitsstelle beeinflußt (PE-near-the-job, gemeint sind vor allem Lernstatt und Entwicklungsarbeitsplatz). Schließlich gibt es noch die große Gruppe der PE-Maßnahmen 'off-the-job', also im wesentlichen die traditionellen Weiterbildungsveranstaltungen abseits vom Tätigkeitsfeld (in Seminar- oder Übungsräumen, Tagungshotels etc.). Schließlich berücksichtigt CONRADI "laufbahnbezogene PE" (Karriereprogramme, auf die er aber in seinem Buch kaum eingeht) und die "PE-out-of-the-job", bei der er sich auf die Ruhestandsvorbereitung konzentriert. Charakteristisch für CONRADIs Modell ist, daß es von der Existenz definierter Arbeitsaufgaben ('job') ausgeht und PE einseitig als Anpassungs-Maßnahme begreift.

4. PE als Grenz-Überschreitungsprozeß

Dabei wird PE als ein multipler Schwellenüberschreitungs-Prozeß (boundary passage) konzipiert (s. die Abbildung 1.8 auf Seite 62) [ein Beispiel für diesen Ansatz wird in Kap. 3 (S. 134 f) anhand der Kegel-Darstellung von SCHEIN erörtert].

Die Abb. 1.8 sei kurz erläutert: Nach der Geburt (dem Urbild aller "Schwellen-Überschreitungen") wird eine Person in der Gesellschaft sozialisiert und durchläuft den labyrinthischen Prozeß der Zuordnung zu Geschlechtsrollen, Sozial- und Schichtcharakteren, Bildungsgängen etc., mit dem zahlreiche Schleusungen, Filterungen und Prägungen verbunden sind. Der 'Eintritt in die Erwerbstätigkeit' markiert eine weitere Lebensphase, die ihre konkrete Färbung durch den 'Eintritt in eine Organisation' erfährt (s. die unten noch zu besprechenden 'Einführungsprogramme für neue Mitarbeiter'). Meist ist damit auch der 'Eintritt in einer Arbeitsgruppe' und die 'Besetzung eines Arbeitsplatzes' verbunden - weitere Grenz-Passagen, die Umformungen bedeuten/bewirken. Innerhalb der Arbeitsgruppe kann es zu weiteren 'Versetzungen' kommen (z.B. der Übernahme neuer Aufgaben und Verantwortungen), es kann zum Wechsel in andere Arbeitsgruppen oder Bereichen etc. kommen oder/und zum Wechsel in andere Hierarchiestufen. Im Laufe einer Berufsbiographie ist der Wechsel in eine andere Organisation (und andere Arbeitsgebiete, Hierarchieebenen, Branchen etc.) möglich. Es kann auch zum Ausscheiden aus der 'Erwerbstätigkeit' kommen (Grenzüberschreitung zur Arbeitslosigkeit, zur Hausfrauenrolle, in den Ruhestand etc.). Der Tod ist dann die ultimative Passage.

Den Grenzüberschreitungsmodellen geht es um den einzelnen Mitarbeiter, aber es steht nicht mehr sein "fit" im Mittelpunkt, sondern ganz im Gegenteil die Art und Konstellation der Belastungen, die jede Grenzüberschreitung mit sich bringt, so daß sie sich nicht auf einen technischen Lernprozeß reduzieren läßt (Kompetenzerweiterung), sondern identitätsbestimmend ist. Die Person *wird* nicht verändert, sie verändert *sich* in der Auseinandersetzung mit den tiefgreifenden Umstellungen, die ihr abverlangt werden. Die Passage dieser Grenzen bleibt kein äußerlicher Vorgang (etwa der quantitativen Anlagerung zusätzlicher Fertigkeiten), sie formt vielmehr die Person zum Personal, weil sie nicht nur "job"-spezifische Kenntnisse und Haltungen ausbildet, sondern auch inter- und apersonale Integrations- und Distanzierungsleistungen abverlangt. Dabei sind diese "Leistungen" nicht beschränkt auf die Person: mit deren Veränderung entwickeln sich die inter- und apersonalen Bedingungen ebenso wie es in umgekehrter Richtung der Fall ist. Der Grenz-Passage-Ansatz hat sich noch kaum mit Problemen der Teamentwicklung beschäftigt (wenn z.B. Task forces oder Projektgruppen ihre Aufgaben erfüllt haben und in neue 'Zustände' übergeleitet werden) oder wenn Unternehmungen z.b. gekauft und fusioniert werden und so in neuen Konstruktionen 'akkulturiert' werden (s. REINEKE 1990).

Wenn die Grenzüberschreitungs-Modelle den (Berufslebens-)Weg einer Person nachzeichnen, müssen sie nicht notwendig - wie oben skizziert - an äußeren Gegebenheiten orientiert sein und quasi den Transport einer Person von Organisations-Ort zu -Ort beschreiben. Es geht auch um imaginäre Grenzen (wie Zugehörigkeit zu sozialen Netzen, formalen Klassifikationen wie etwa Lohngruppen etc.) und um Selbst-Bewegungen der Person (Selbstwirklichung kann auch als mehrfache Grenzüberschreitung verstanden werden).

Will man Schwellenüberschreitungsprozesse auch für inter- und apersonale Betrachtungsweisen in Anspruch nehmen, wird man vom "physischen Transport-Modell" (ein Objekt wird über Barrieren bewegt) abgehen und zu einem Transformations-Modell übergehen müssen, bei dem das Erreichen nachfolgender Zustände Metamorphosen voraussetzt bzw. bedeutet. Bei gruppendynamischen Trainingsformen ist wiederholt darauf hingewiesen worden, daß sie sich in einem dialektischen Prozeß zwischen De- und Restabilisierung von Gleichgewichten entwickeln (s. LEWINs berühmte Phasen des Auftauens, Bewegens und Wieder-Einfrierens oder die obigen Ausführungen zu BION, SLATER etc.). Ähnlich wären OE-Prozesse als Identitätsveränderungen zu betrachten, durch die bestehende Definitionen(!) modifiziert werden.

5. Evolutionsmodelle

PE kann als ein Evolutions-Prozeß modelliert werden, für den typisch ist, daß fortwährend (aus inneren Widersprüchen etc.) heraus *Varietäten* erzeugt werden. Damit wird eine Gegenposition zu den oben erörterten rationalistischen Modellen bezogen, bei denen alle Aktivitäten zielbezogen und systematisch geplant sind. Viele der im laufenden Geschehen erzeugten Mutationen halten nur kurze Zeit dem *Selektions*druck stand. Die "robusteren" aber werden *gespeichert* und wiederangewandt.

PE-Prozesse sind in bezug auf alle drei Parameter des Evolutionsmodells zu analysieren: Wie entstehen Mutationen des Bestehenden? Welchem Selektions- und Bewährungsdruck werden sie ausgesetzt? In welcher Form und wo werden sie gespeichert? Es wäre fruchtbar, an konkreten Beispielen (etwa Coaching, Outwardbound Training, Sensitivity Training) zu verfolgen, welche Vorgänge das Auftauchen, Verbreiten, Anwenden und Untergehen dieser Ansätze begleitet oder verursacht haben.

Von besonderem Interesse - gerade auch für die unbesondere tagtägliche PE-on-the-job - sind die *Retentions*mechanismen\* und -instanzen, denn sie sind es, die festlegen, was geschieht und dauert. Die gespeicherten basalen Muster sichern hohe Überlebensraten, siehe z.B. die gesetzlich, vertraglich und traditionell abgesicherte Berufs-Ausbildung im "dualen System" oder die "Sozialisation des Lohnabhängigen", die "geschlechtliche Sozialisation" usw. (ausführlicher dazu Kap. 2). Andere Varianten sind betrieblich erzeugt und dementsprechend leichter änderbar, weil nicht kodifiziert, rechtlich abgestützt etc. (zum Beispiel Trainee-Programme). Wiederum andere Varietäten erscheinen als Moden oder persönliche Vorlieben, die - abhängig von der innerbetrieblichen Machtverteilung, von Slack (Ressourcenüberschuß), Konjunkturlage etc. - entstehen, bestehen und verschwinden.

Im Prinzip gilt somit zunächst "Anything goes" - dies wird aber im nächsten Schritt schon eingeengt: Nur das hat *Bestand* (wird bewahrt und angewandt), was Interessen bedient und dem Selektionsdruck standhält.

6. Symbolisierung und PE

   PE-Modelle können sich darauf konzentrieren, nicht die *sachlichen* Veränderungsleistungen in den Mittelpunkt zu stellen, sondern die *symbolische* Herstellung von Legitimation, denn die Abstützung auf gesellschaftliche Werte, Normen etc. muß erzeugt und aufrechterhalten werden. Was immer geschieht, es muß gerechtfertigt werden durch Berufung auf allgemein akzeptierte Grundwerte (Fairness, Effizienz, Kostengünstigkeit, Effektivität, Akzeptanz ...). Legitimation ist nicht "da", sie wird angerufen oder konstruiert; das gilt für so unterschiedliche PE-Projekte wie etwa "Ranger-" oder "Samurai-Training" für Führungskräfte, Theaterspielen in gruppendynamischen Trainings, Frauenförder-Programme usw. Insofern hat PE immer eine sozioökonomische Dimension. Also: Es ist nicht entscheidend, was objektiv oder real passiert, sondern wie es etikettiert, 'verkauft', gerahmt wird: der Sinn muß gestiftet werden, weil ansonsten alleingelassene individuelle Sinnproduktion den dominierenden Steuerungsinteressen (den Steuerungsinteressen der Dominierenden) zuwiderlaufen kann. Das wiedererwachte Interesse an Symbolen, Mythen, Ritualen etc. in der Team- und Organisationsentwicklung ('Kultur-Management') belegt, daß es nicht mit personaler Sinnfindung sein Bewenden hat, sondern daß die Indienstnahme inter- und apersonaler Prozesse versucht wird (s. das auf S. 37 abgedruckte Beispiel aus SATTELBERGER).

7. Systemische PE

   In einer weiteren Kontrastbildung zu Rationalmodellen der systematischen und individualistischen Job-Man-Anpassung können systemische Konzeptionen herangezogen werden. In Abb. 1.9 (S. 66) ist ein hypothetisches Netzwerk von Einflußgrößen für Entscheidungen in Unternehmen entworfen, in dem auch PE-Maßnahmen enthalten sind. PE-relevante Interventionen sind eingebettet in einen letztlich unüberschaubar komplexen Zusammenhang weiterer Variablen, der es verwegen erscheinen läßt, einzelne PE-Projekte bedarfs- und zielgerecht zu konzipieren und zu realisieren: ein solches Unterfangen ist fortwährend mit einer Fülle weiterer Einflüsse konfrontiert, die sich "hinter dem Rücken der Subjekte", also gegen jede gute planerische Absicht durchsetzen können. Das Schaubild soll illustrieren, daß eine rational konzipierte Maßnahme in einem Teilbereich (z.B. Entwurf und Realisierung einer PE-Konzeption) beeinflußt wird durch die Restriktionen und Möglichkeiten existierender personalpolitischer Systeme und dem (geplanten/verfügbaren) Personalaufwand. Dieser wiederum ist z.B. von der Ertragslage abhängig, so daß unter Umständen gebilligte PE-Konzeptionen, sofern sie nicht aufwandsneutral sind, plötzlich vielleicht sogar drastische Veränderungen hinnehmen müssen, wenn sich die Ertragslage verschlechtert (s. die leitmotivische Praktiker-Erfahrung: "Zuerst wird immer an den Bildungsausgaben gekürzt!"). Dann muß man sich der neuen Lage dadurch anpassen, daß man die Qualität und Inhalte der PE-Arbeit modifiziert, was sich wiederum auf die Größe und Ausstattung der PE-Abteilung auswirken kann usw. Mit diesen nur oberflächlich skizzierten Überlegungen soll angedeutet werden, daß scheinbar marginale Einflüsse an dritter Stelle (Beispiel: Entwicklung neuer Technologien, Auftauchen neuer Konkurrenten) durchschlagen können bis in Einzelheiten der PE-Arbeit, ohne daß sich dies langfristig vorausplanen ließe. Natürlich kennt die Organisationspraxis (und -theorie) Strategien und Systeme, sich gegen unerwartete oder eskalierende Einflüsse vorzusehen, um Planungssicherheit und Handlungsfähigkeit zu verbessern. Das darf aber nicht zur Abschottung und Rigidisierung" von Teilbereichen führen; ein elastisches Eingehen auf neue unerwartete Herausforderungen ist unverzichtbar. Damit aber müssen Visionen einer langfristig konzipierten, zentralistisch gesteuerten und im einzelnen beherrschten PE aufgegeben werden. PE-Aktivitäten sind eingespannt in den politischen Prozeß der Problemdefinition, Ressourcenbeschaffung und

**Abb. 1.9: Netzwerk von Einflußgrößen für eine PE-Bedarfsanalyse**

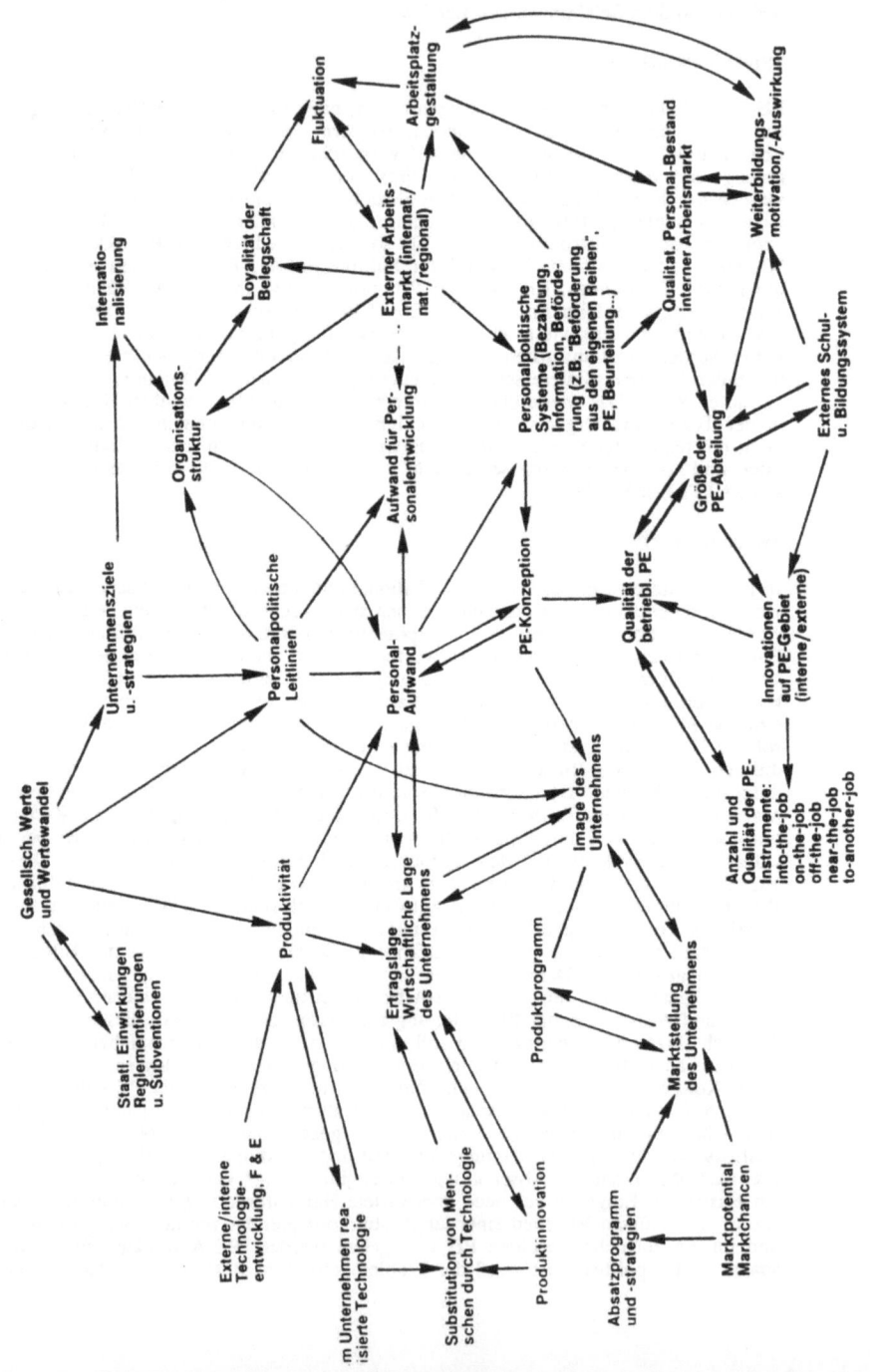

Interessendurchsetzung, der nicht an Grenzen haltmacht, die in Organigrammen gezeichnet oder in Budget-Entwürfen festgeschrieben sind.

Dies ist kein Plädoyer für anarchische PE, sondern ein Hinweis auf die Möglichkeit zu einer pragmatischen, überraschende Chancen nutzenden Stückwerks-Technologie, die weniger auf den "Meisterplan" setzt, als daß sie sich offenhält für schnelles Reagieren auf unvorhergesehene Konstellationen.

Die vorangegangenen Skizzen sollten dazu anregen, angebotene PE-Konzepte nicht in ihrer Augenschein-Gültigkeit zu akzeptieren, sondern auf zugrundeliegende Strukturkerne zu untersuchen, um auf diese Weise ihre Besonderheiten, Vorannahmen, Stärken und Schwächen, Defizite und Ausbaumöglichkeiten klarer zu erkennen. Es gibt zu allen Modellen Alternativen. Das Beharren auf bestimmten Ansätzen, das für praktische PE-Arbeit unverzichtbar ist, sollte nicht dazu (ver-)führen, blind zu werden für sowohl Probleme wie auch Chancen des gewählten Ansatzes - und seiner Alternativen.

### 1.6. Schlußbemerkung: Ein Beispiel

Die vorgeschlagene Differenzierung in personale, interpersonale und apersonale Perspektiven mag auf den ersten Blick wie eine müßige akademische Übung erscheinen. Deshalb soll abschließend nach der theoretischen Begründung noch ein illustrierendes Beispiel diskutiert werden. Nehmen wir an, es ginge um die Frage, wie ein Führungsseminar zum Training in "Mitarbeitergespräch" als PE-Maßnahme zu bewerten ist. Man müßte sich unächst darüber klar werden, warum diese Weiterbildungsveranstaltung überhaupt stattfindet.

Wie im Kapitel über Evaluation und Transfer noch ausführlicher dargestellt werden wird, geht es nicht so sehr um irgendwelche Einsichten oder Erlebnisse der teilnehmenden Vorgesetzten in der Trainingssituation. Sie sollen vielmehr 'zurück am Arbeitsplatz' bessere Gespräche führen, damit sie und ihre Mitarbeiter zufriedener sind und mehr leisten und das Unternehmen Erfolg hat. Grafisch skizziert:

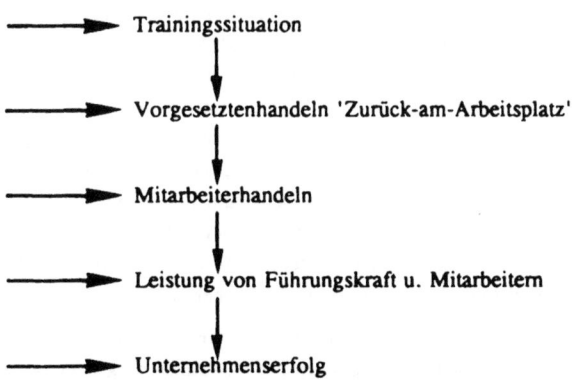

Jede der hier berücksichtigten Variablen ist gleichzeitig von anderen Größen abhängig, so daß nicht nur die vertikale Abfolge von Pfeilen zu berücksichtigen ist, sondern auch noch die Unzahl der Bedingungen, die vereinfachend mit den von der Seite her gezeichneten Pfeilen markiert sind.

Die *Trainingssituation* z.B. ist eine höchst künstliche Situation: Es handelt sich um eine reine Vorgesetzten-Gruppe, fern vom Arbeitsplatz, mit Trainer(inne)n als Expert(inn)en, künstlichen, abstrakten, hypothetischen Übungen [es ist kein wirklicher Mitarbeiter als Gegenspieler(!) oder Betroffener da] usw. Vorgesetzte lernen nicht nur besseres Gesprächsverhalten, sondern auch, sich vor anderen zu präsentieren, Kritik wegzustecken, höflich (oder aggressiv) uninteressantere Passagen zu überbrücken ...

Die Veranstaltung hat - in der oben entwickelten Begrifflichkeit - eine überwiegend *personale* Akzentsetzung: Individuelle Qualifikationen werden verbessert.

*Zurück am Arbeitsplatz* findet die Führungskraft eine ganz bestimmte *interpersonale* Situation vor: Mitarbeiter mit individuellen Fähigkeiten, Eigenarten, Erfahrungen, Erwartungen und Verhältnissen zur Führungskraft, ein mehr oder weniger ausgefülltes Zeitbudget, eine mehr oder weniger erfolgreiche Leistungsgeschichte usw. und nicht zuletzt mit einer entwickelten ausbalancierten Rollenstruktur. In dieser konkreten *sozialen* Situation werden viele Bedingungen aktualisiert, die in individuellen Qualifikations-Termini nicht abzubilden sind.

Wenn Führen heißt, das *Handeln der Mitarbeiter* zu steuern, dann steht zur Debatte, inwieweit das Vorgesetztenhandeln, das im Training verändert wurde, tatsächlich bedeutsam ist für das Mitarbeiterhandeln. Dieses ist ja durch so viele 'Führungssubstitute' determiniert, daß möglicherweise die Bedeutung des Führungsstils stark relativiert ist.

Sind Vorgesetzte nicht darauf vorbereitet, mit diesen interpersonalen Bedingungen umzugehen, dann wird das im Seminar Angeeignete binnen kurzem vergessen sein.

Aber selbst wenn es der Führungskraft gelänge, im engen Kontakt mit den Mitarbeitern einen neuen Kommunikationsstil einzuführen, können übersehene *apersonale* Bedingungen den Nah-Erfolg (*Leistungen* von Vorgesetzten und Mitarbeitern) in Frage stellen. Beispiele für solche Einflüsse sind: schlechte Arbeitsorganisation, die zu Zeitdruck führt; Kontrollpflichten, die der Führungskraft 'von oben' auferlegt werden; leistungsfeindliches Lohnsystem; fragliche Arbeitsplatzsicherheit; organisationstypisch kurze Verweildauer von Vorgesetzten aufgrund eines allgemein praktizierten Rotationsschemas... Schließlich ist auch denkbar, daß zwar vom Arbeitsteam hervorragende Leistungen erbracht werden, diese aber den *Unternehmenserfolg* nicht steigern, weil z.B. für ein qualitativ hochwertiges Produkt kein Markt besteht, andere betriebliche Funktionen oder Entscheidungen die Vorleistung des Teams zunichte machen usw.

So gesehen müßte die Zielrichtung der PE nicht die Optimierung der Trainingssituation (im Schulungszentrum oder Hotel) sein, sondern die Neutralisierung oder Besserung der hemmenden Bedingungen und die Sorge für günstigere Voraussetzungen, damit das "Arbeitsvermögen", für das eine Führungskraft verantwortlich ist, ihren Interessen entsprechend verändert wird.

Dieses kleine konstruierte Beispiel zeigt, daß PE - soll sie als personal*wirtschaftliche* Funktion ernst genommen werden - nicht beschränkt werden darf auf individuell qualifizierende Weiterbildung. Gerade wenn man inter- und apersonale Aspekte mit in die Überlegungen einbezieht, werden andere bzw. zusätzliche Möglichkeiten sichtbar, die den Zweck von PE ("Veränderung von Arbeitsvermögen") besser erreichen helfen.

Daß damit noch nicht gesagt ist, daß diese Vermögens-Änderung zu mehr Leistung und gar zu mehr Erfolg führt, liegt auf der Hand, weil Leistung und Erfolg globale Größen sind, die nicht nur vom Arbeitsvermögen abhängen, sondern z.B. von der maschinellen Ausstattung, der Kapitalausstattung, der Marktlage usw. PE ist eine bestenfalls notwendige, keinesfalls aber hinreichende Bedingung für Erfolg.

## 2. Sozialisation für den Beruf

### 2.1. PE als gesellschaftliches und betriebliches Anliegen

Bevor auf theoretische und technische Fragen der PE *im* Unternehmen eingegangen wird, soll in Erinnerung gerufen werden, daß PE nicht mit der Neuschöpfung des Betriebsmenschen beginnt, sondern aufbaut auf Vor-Formungen, die eine Person von Geburt an als gesellschaftliches Wesen erfährt. Auch die strukturellen Organisationsformen des *"Faktors Personal"* sind zum überwiegenden Teil keine kreativen Eigenleistungen des jeweiligen Unternehmens, sondern folgen vorgeprägten gesellschaftlichen Mustern.

Zielbestimmung der PE - die sie mit anderen personalwirtschaftlichen Funktionen teilt - ist es, für bestimmte Klassen von Arbeiten ein Reservoir geeigneter Personen verfügbar zu machen und die Formbestimmungen dieses kollektiven Arbeitsvermögens zielbezogen zu gestalten. Technisch (und das heißt hier: unmenschlich) gesprochen bedeutet das, daß - in Ergänzung z.B. von Personalbeschaffung, Personalauslese und Personaleinsatz - *auch* eine Art Vor-Fertigung betrieben werden muß, so daß für (zum Teil nur diffus) absehbare Verwendungen das geeignete Potential vorhanden ist; Zulieferer stellen es just-in-time quasi in der Form von "Rohlingen" bereit, die dann für die jeweilige Spezialaufgabe in relativ kurzer Zeit "fertiggemacht" werden können. Diese Vor-Prägung wird nicht nur in betrieblicher Sozialisation und Bildungsarbeit geleistet, sondern erfolgt schon außerbetrieblich, etwa in der Vermittlung von tragenden Werthaltungen im Laufe des Hineinwachsens in die Gesellschaft.

Klassische Formen der Organisation oder der Arbeitsgestaltung (Bürokratie, Scientific Management) haben versucht, das 'Restrisiko' auszuschalten, das in der Individualität von Personen liegt, indem sie den Bereich zulässigen Handelns eng definiert und von allen Menschen einer Gruppe gleichartiges typisiertes Verhalten erzwungen haben. Bei dieser erklärten Dominanz apersonaler Strukturen interessierte nur das Gemeinsame-Allgemeine, nicht das Besondere. Moderne Konzeptionen der Organisation sind hier flexibler und nutzen zugleich interpersonale und personale Potentiale: sie wollen nicht gleichschalten, sondern suchen nach organisatorischen Nischen, in denen vorhandene oder entstehende Potenzen gewinnbringend(!) eingesetzt werden können. Es handelt sich dann um scheinbar "individualisierte" Personal-Entwicklung, die verständlicherweise in hohem Umfang auf Eigeninitiative der Betroffenen ("Selbstentwicklung") zurückgreifen muß. Dies ist eine der organisatorischen Rest- und Feinarbeiten, die oben angedeutet wurden.

In der Praxis dürfte die Vorfertigung von "Rohlingen" mit typisierten Eigenschaften (noch) vorherrschend sein: ein größerer Personenkreis wird durch gezielte Einflußnahme so präpariert(!), daß er für eine definierte Klasse von Verwendungen in Frage kommt. Mit dieser "klassischen" Aufgabe der Personalentwicklung befassen sich die berufliche/betriebliche Aus-, Fort- und Weiterbildung. Vernachlässigt wird damit der Bereich intersubjektiver Einflüsse (politics, Netzwerke), in dem *konkrete* Personen *aushandeln*, wie sie miteinander umgehen (wollen). Im Folgenden sollen zunächst die Vorstufen der

Sozialisation *für* Organisationen behandelt werden, bevor dann in einem weiteren Kapitel auf die Sozialisation *in* Organisationen eingegangen wird.

Die Ausführungen zu diesen "Vorstufen" sind in zwei große Abschnitte unterteilt: Zuerst wird die allgemeine Herstellung von *Beruflichkeit* erörtert und dann wird im engeren Sinn auf *Berufsausbildung* eingegangen und das sogenannte *duale System* der Bundesrepublik dargestellt, das eine Übergangsform zwischen betrieblicher und allgemeiner Ausbildung ist.

## 2.2. Die Herstellung von Beruflichkeit

PE beginnt lange Zeit vor dem Eintritt in eine bestimmte Organisation und/oder dem Ergreifen eines bestimmten Berufs. Man kann in der oben schon eingeführten drastischen Ding-Metaphorik feststellen: Die PE im Betrieb ist "nur" noch der Feinschliff eines Vor-Produkts, das schon zahlreiche Bearbeitungsgänge *vor* dem Eintritt in den Betrieb durchgemacht hat.

Die zugrundegelegte Grobunterteilung folgt dem Ordnungsprinzip, nach dem BAMME, HOLLING & LEMPERT (1983) ihren Einführungstext gegliedert haben:
- Sozialisation *in den* Beruf (mit den Untergliederungen der allgemeinen gesellschaftlichen Sozialisation und der "Sozialisation für einen Beruf") und
- Sozialisation *im* Beruf. Hier läßt sich unterscheiden zwischen der "Einführung in einen Betrieb und/oder Beruf" und der "Sozialisation durch die Arbeit (in diesem Unternehmen bzw. Beruf). Diese Thematik wird im nächsten Kapitel aufgegriffen werden.

Im Zusammenhang mit der (gesellschaftlichen) Herstellung von "Berufstauglichkeit" spielen so unterschiedliche Inhalte wie die Segmentierung der inner- und außerbetrieblichen Arbeitsmärkte, der Sozialcharakter des Lohnabhängigen, gesellschaftsweit verbreitete Werthaltungen und ihr Wandel, Erziehungsstile und Berufsrollen-Modelle, die Vorbereitung und Einstellung auf zu erwartende Personalauswahl-Prozeduren, die selektive erwartungsbildende Information (durch Medien, Bezugspersonen und Methoden) über den späteren Berufsweg usw. eine Rolle.

Das Wirtschaftssystem verlangt und prägt bestimmte Haltungen. Zu "*Sozialcharakteren*" verdichtet sind sie die personübergreifenden (gesellschaftstypischen) Formbestimmungen der Persönlichkeit, die als Grundmuster des Funktionierens vermittelt werden (s. zum Sozialcharakter S. 93 f).

Wichtige Agenten der Herstellung des Sozialcharakters sind *Schicht, Familie und Bildungssystem*, wobei diese "Produktionsstätten" nicht selbständig und isoliert voneinander wirken, sondern miteinander verschränkt sind.
a) Schicht und Familie: Schichttypische Werthaltungen und familiale Erziehungsmuster oder -stile begründen Orientierungen und Handlungsbereitschaften, die für die spätere berufliche Nutzung funktional sind.
b) Geschlecht: Differentielle Zumutungen und Erfahrungen (konkretisiert z.B. in Spielen, Kleidung, Verhaltensstilen, Erwartungen etc.) prägen Lebensentwürfe und Verhaltensmuster, die berufliche Laufbahnen vorstrukturieren.

c) **Bildungssystem:** Der Zugang zu bestimmten Bildungslaufbahnen ist gesellschaftlich (schichtspezifisch, geschlechtsspezifisch) geprägt: Mädchen etwa werden auf andere Berufe vorbereitet als Jungen, Unterschichtangehörigen wird frühzeitig ein Platz im beruflichen Spektrum und der beruflichen Hierarchie zugewiesen. Das Bildungssystem ist nicht nur ein Kanalsystem (in dem Lebensströme gelenkt, Verbindungen hergestellt, Inhalte und Werte transportiert werden), es ist auch ein Produktionssystem für eben diese Leistungen.

Bevor auf geschlechts- und schicht*spezifische* Prägungen näher eingegangen wird, sollen in Exkursen die sog. Wertwandel-Forschung und der historische Prozeß der Veränderung von Arbeitstugenden resümiert werden, weil damit *allgemeine* Probleme der Herstellung von Berufs-Tauglichkeit illustriert werden können.

### 2.2.1. Exkurs 1: Wertewandel

Die von Ronald INGLEHART 1977 unter dem Titel "Die stille Revolution" veröffentlichten Ergebnisse seiner empirischen Studien zum sogenannten Wertwandel haben großes Interesse gefunden und eine breite Diskussion sowie zahlreiche Folgeuntersuchungen ausgelöst. INGLEHART hatte in seinen Fragebogen-Untersuchungen (in der EG und den USA) gefunden, daß die jüngeren Befragten eine höhere Tendenz zeigten, "postmaterialistische" Haltungen zu vertreten, während die älteren eher "materialistische" Werte für wichtig hielten. Die Befragten hatten eine Liste von Feststellungen vorgelegt bekommen und sollten sie gemäß der "Wichtigkeit", die sie ihnen persönlich zumaßen, in eine Rangordnung bringen.

Die Instruktion lautete:

> "Es wird zur Zeit viel darüber geredet, was die Ziele unseres Landes in den nächsten 10 Jahren sein sollten (Karte überreichen). Auf dieser Karte sind einige der Ziele genannt, denen verschiedene Leute höchste Priorität einräumen. Können Sie mir bitte sagen, welches für Sie das wichtigste ist? Um welches das nächstwichtige ...?" (INGLEHART, 1977, S. 40).

Die Ziele, die zu bewerten waren, sind in Abb. 2.1 abgedruckt und zwar in der Ordnung, die INGLEHART ihnen gegeben hat. Er hat diese Ziele einer modifizierten Form der MASLOWschen Bedürfnispyramide zugeordnet und in die beiden Klassen der *materialistischen* und *postmaterialistischen* Werte aufgeteilt.

Schon an dieser Stelle soll auf einige methodische Eigenheiten hingewiesen werden, die vermutlich von Bedeutung für die Ergebnisse sind:

INGLEHART hat keine freien Schilderungen zugelassen, sondern Reaktionen auf vorformulierte Themen erbeten, die noch dazu nicht jeweils für sich einzustufen waren, sondern in eine *Rangordnung* gebracht werden mußten. Die Auswahl der Themen wird nicht überzeugend begründet; die alleinige Berücksichtigung wirtschafts- und gesellschaftspolitischer Fragen klammert andere Bereiche (wie z.B. Familie, Religion, Sexualität usw) aus. Es stellt sich beim Lesen der Fragen die Frage, ob überhaupt nach *Werten* und nicht vielmehr nach *Einstellungen* gefragt wurde (zur Differenzierung der Konzepte siehe KLEIN 1991 S. 47). Was die Art der Befragten-Stichprobe anbelangt, so wird die Richtung der Kritik im Titel eines Aufsatzes von BÖLTKEN & GEHRING

(1984) plastisch formuliert: "Zur Empirie des Postmaterialismus. Quota und Random, Äpfel und Birnen, Kraut und Rüben".

**Abb. 2.1.: Materialistische und postmaterialistische Werte
(nach INGLEHART 1979, S. 286)**

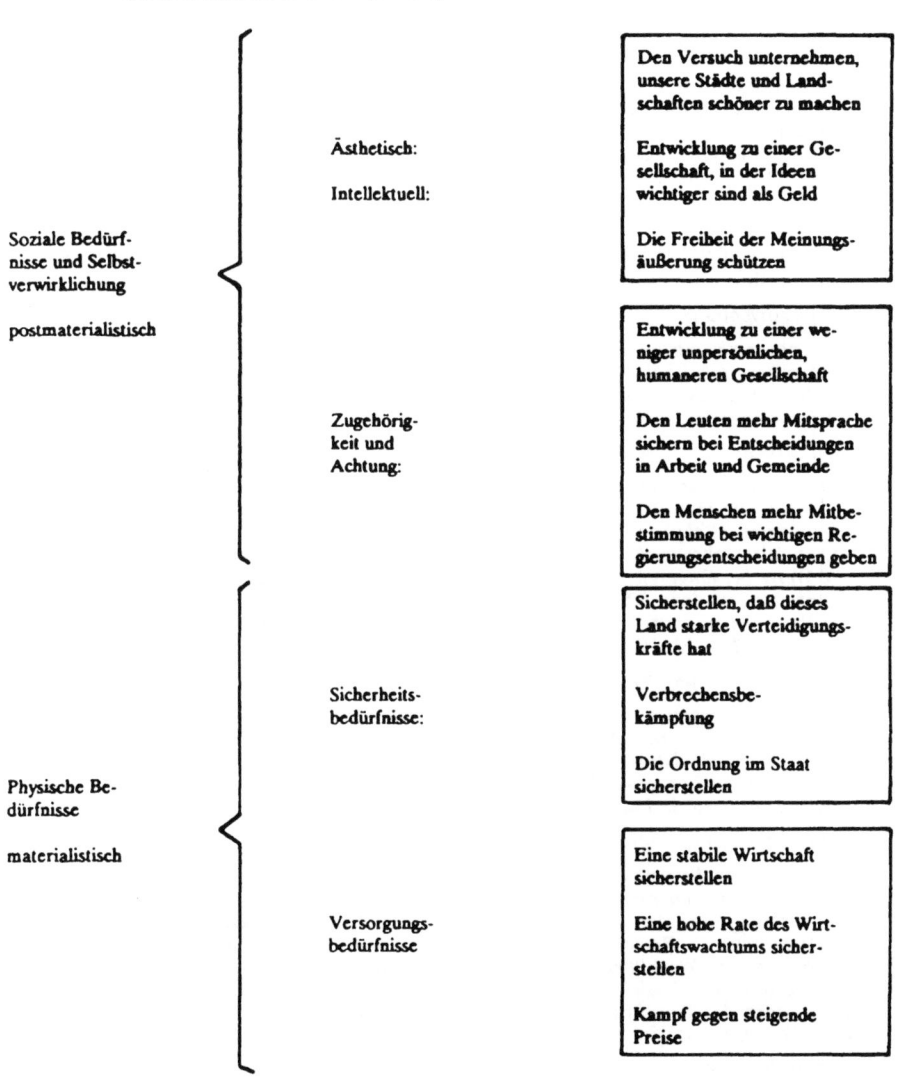

Als Gründe für die von ihm gefundenen altersabhängigen Unterschiede der Wert-Rangordnungen nannte INGLEHART:

a) Die *Sozialisationshypothese*: Werthaltungen werden für ein ganzes Leben in der formativen Zeit der Kindheit und Jugend geprägt. Wer unter Bedingungen materiellen Wohlstands aufgewachsen ist, kümmert sich nicht weiter um diese "Selbstverständlichkeit", weil die Interessen auf andere Themen gelenkt werden.

b) Die *Mangelhypothese*: Während die Kriegs- und Nachkriegsgeneration unter materieller Not litt, konnte sich die darauffolgende "Wohlstandsgeneration" von Anfang an mit anderen Lebensthemen befassen. Entsprechend dem Grenznutzen-Ansatz führt in einer Mangelsituation schon eine geringe Verbesserung in der Versorgung mit einem Gut zu einer deutlichen Nutzensteigerung, während bei allgemein guter Versorgungslage (im 'reichen Westen') eine bessere materielle Ausstattung wenig Eindruck macht, dafür aber Veränderungen auf noch defizitären Gebieten (z.B. Selbstentfaltung) eine sehr starke Würdigung erfahren.

VON ROSENSTIEL, NERDINGER, SPIESS & STENGEL (1989, S. 9 ff) haben - in Zusammenfassung der zwischenzeitlichen Diskussion - weitere Erklärungshypothesen zusammengestellt:

- *Bildungshypothese*

    *Eher postmaterialistische, die eigene Autonomie betonende Werthaltungen sind besonders häufig bei höher Gebildeten zu beobachten. Wenn mehr Personen in den Genuß höherer Bildung gelangen, so ist damit zu rechnen, daß auch die entsprechenden Werthaltungen in der Bevölkerung relativ steigen.*

- *Altersstrukturhypothese*

    *Die Altersstruktur der Bevölkerung in der Bundesrepublik zeigt einige Besonderheiten, die teilweise kriegs- und krisenbedingt sind, teilweise aber auch auf den sogenannten 'Babyboom' der frühen 60er und den sogenannten 'Pillenknick' der späten 60er Jahre zurückgeführt werden ... Da im Inglehartschen Sinne postmaterielle Werte bei jüngeren Personen wahrscheinlicher anzutreffen sind als in der älteren Generation, ist dann für eine Bevölkerungsstruktur, die sich aus überwiegend jüngeren Personen zusammensetzt, eine 'postmaterialistische Wertdominanz' (von ROSENSTIEL & STENGEL 1987) eher wahrscheinlich.*

- *Defizitwahrnehmungshypothese*

    *Erreicht man gesetzte Ziele, so erkennt man häufig, daß man dadurch nicht glücklicher wird, sondern neue Defizite entdeckt. So erkennt z.B. derjenige, der lange nach individuellem Wohlstand strebte, daß er durch das Erreichen dieses Zieles nicht wesentlich glücklicher geworden ist, sondern daß ihm anderes fehlt (z.B. Muße, Gesundheit, unzerstörte Natur). Diese Defizite werden zu seinen leitenden Werten.*

- *Nebenwirkungshypothese*

    *Das Anstreben bestimmter hochgeschätzter Werte führt gelegentlich zu zuvor nicht bedachten, aber unerwünschten Nebenwirkungen. So gehören zu den nichtintendierten Begleiteffekten der Industrialisierung die Zerstörung der Natur oder Streß und psychosomatische Beschwerden in der Bevölkerung. Wenn diese Nebenwirkungen einen kritischen Wert überschreiten und ins Bewußtsein der Bevölkerung treten, kann sich daraus ein Wandel der Wertorientierungen ergeben, der jetzt dem Schutz der Natur oder der Bewahrung eigener Gesundheit einen höheren Stellenwert als z.B. dem Wohlstand zumißt.*

- *Strukturhypothese*

    *Das Bewußtsein orientiert sich an vorherrschenden Strukturen. Wenn auf dem Gebiete des 'Objektiven' die Arbeit sich durch neue Produktionstechniken, das Famili-*

*enleben durch neue Medien, die Freizeit sich durch kürzere Arbeitszeit nachhaltig modifiziert, so hat dies auch einen Wandel der Wertorientierungen zur Folge.*

- *Multiplikatorenhypothese*
  *Wenn Personen, die bevorzugt Träger des Wertewandels waren, in Positionen rücken, in denen sie ihre Auffassung mit überdurchschnittlicher Wahrscheinlichkeit weitergeben können, so werden sie zum Motor eines Wandels von Wertorientierungen. In diesem Sinne hat man z.B. den 'Marsch der 68er Generation durch die Institutionen', insbesondere durch die Schulen und Medien, interpretiert."*

Die Beliebigkeit und Adhoc-Natur der 'Erklärungen' (oder der Facettenreichtum des Problems oder die Intensivierung der Forschung?) zeigen sich auch daran, daß VON ROSENSTIEL, NERDINGER und SPIESS zwei Jahre später (1991) zwei weitere Hypothesen hinzufügten (die Berufseintritts- und die Vergangenheitsbewältigungs-Hypothese).

INGLEHARTs Vorgehensweise, Ergebnisse und Interpretationen sind von verschiedener Seite heftig kritisiert worden (s. z.B. HERTZ 1979 und BÖLTKEN & JAGODZINSKI 1984); dennoch kommt ihnen erhebliche Bedeutung zu, weil sie eine Vielzahl von Untersuchungen angeregt haben.

KMIECIAK z.B. hat 1976 eine umfangreiche sekundärstatistische Re-Analyse vorliegender Umfragen durchgeführt und sich dabei an den OECD-Sozialindikatoren orientiert:

- Gesundheit
- Individuelle Entwicklung durch Lernen
- Arbeit und Qualität des Arbeitslebens
- Arbeits- und Freizeit
- Verfügbarkeit von Gütern und Leistungen
- Natürliche Umwelt
- Persönliche Sicherheit und Rechtsanwendung
- Soziale Umwelt
- Soziale Chancen und Mitbestimmung
- Stress und Angst.

Für den Bereich der Arbeitswelt spricht KMIECIAK (1976, S. 337) von der

*"... Umschichtung des 'klassischen', arbeitsidealisierenden bürgerlichen Wertsystems seitens der jüngeren Bevölkerungskreise sowie der breiten Mittelschichten".*

Die (bürgerliche) Orientierung an Beruf und Aufstieg und finanzieller Besserstellung würde zugunsten der Dominanz einer *"privatistisch-hedonistischen" Haltung"* zurückgehen, bei der unmittelbarer Genuß, Freizeit, soziale Kontakte und Privatsphäre eine immer größere Bedeutung gewännen. Allerdings geht KMIECIAK (1976 !) davon aus, daß zwar der bürgerlich-materialistische Wertekonsens sich aufzulösen beginne, eine neue tragende Wertordnung jedoch noch nicht in Sicht sei.

Diese Überlegungen sind von NOELLE-NEUMANN aufgegriffen und fortgeführt worden. Sie spricht ausdrücklich vom *"Verfall der bürgerlichen Werte"*. 'Bürgerlich' ist für sie (1978, S. 15):

*"- ... der hohe Wert von Arbeit, von Leistung;*
- *Überzeugung, daß sich Anstrengung lohnt, Glaube an Aufstieg und Gerechtigkeit des Aufstiegs;*

- *Bejahung von Unterschieden zwischen den Menschen und ihrer Lage;*
- *Bejahung des Wettbewerbs, Sparsamkeit als Fähigkeit, kurzfristige Befriedigung zugunsten langfristiger zurückzustellen;*
- *Respekt vor Besitz;*
- *Streben nach gesellschaftlicher Anerkennung, Prestige, damit verbunden Anerkennung der geltenden Normen von Sitte und Anstand;*
- *Konservativismus, um das Erworbene zu behalten;*
- *in gemäßigter Weise auch Bildungsstreben."*

NOELLE-NEUMANN konstatiert, daß sich eine Anpassung an die Unterschichtenmentalität feststellen lasse und den bürgerlichen Werten entgegengesetzte Haltungen im Vormarsch seien: *"... Arbeitsunlust, Ausweichen vor Anstrengung, ... statt langfristiger Zielspannung unmittelbare Befriedigung, Egalitätsstreben, Zweifel an der Gerechtigkeit der Belohnung, Statusfatalismus..." (1978, S. 21).*

Im wesentlichen stützt sich die Zentralaussage NOELLE-NEUMANNs auf eine in den Allensbacher Erhebungen regelmäßig wiederholte Standardfrage:

> *"Es unterhalten sich zwei Leute über das Leben:*
> *Der erste sagt:*
> *'Ich betrachte mein Leben als eine Aufgabe, für die ich da bin und für die ich alle Kräfte einsetze. Ich möchte in meinem Leben etwas leisten, auch wenn das oft schwer und mühsam ist.'*
> *Der zweite sagt:*
> *'Ich möchte mein Leben genießen und mich nicht mehr abmühen als nötig. Man lebt schließlich nur einmal, und die Hauptsache ist doch, daß man etwas von seinem Leben hat.'*
> *Welcher von beiden sagt eher das, was auch Sie denken?"*

1990 hat NOELLE-NEUMANN dazu folgende Einsicht gewonnen:

*"Schon die Frage mit den zwei Menschen, die sich über das Leben unterhalten, ist eigentlich falsch gestellt ... die Frage enthält eine falsche Alternative. Sein Leben als Aufgabe zu betrachten und sein Leben zu genießen, sind gar keine Gegensätze (1990, S. 311).*

Damit ist auf eine deutliche Weise wiederholt, was oben schon bei INGLEHARTs Methodik angemerkt worden war und was Grundproblem jeder hochstrukturierten Befragungsmethode ist: Interviewte werden gezwungen, ihre eigenen Erfahrungen und Ansichten in einer vorformulierten Antwort wiederzuerkennen und erhalten keine Möglichkeit, die Nuancierungen und Kontextualisierungen, die für sie wichtig sind, zum Ausdruck zu bringen. Durch die Wahl der Vorgaben (und das nicht offengelegte Ausblenden weiterer Alternativen) kann so in erheblichem Umfang das Ergebnis vorherbestimmt werden. Was als bedenklicher Trend des Werteverfalls diagnostiziert wurde, ist möglicherweise Artefakt der Erhebungsmethode.

Der Werte-Verfallsthese von NOELLE-NEUMANN wurde von STRÜMPEL und seinen Mitarbeitern, die zum Teil die gleichen Untersuchungen wie Noelle-Neumann auswerteten, heftig widersprochen. Die Ergebnisse wurden nicht im Sinne "laxer Arbeitsmoral" interpretiert, sondern als eine überfällige Anpassung an geänderte gesellschaftliche

Bedingungen, die eine *"ökonomische Abrüstung"* nahelegten. Statt der bisher unbestrittenen Dominanz der *"Arbeits- oder Opferethik"* (Arbeit ist zentrales Lebensinteresse, der Arbeit hat man alle anderen Belange unterzuordnungen), trete eine *"Gleichgewichtsethik"*, für die neben der Arbeit auch noch die anderen Lebensinteressen gleichen Rang hätten. Diese Ethik sei gekennzeichnet durch

*"... Leisten und Loslassen, Zielspannung und Entspannung, zwischen aktiver Zukunftsorientierung oder auch genuß- und lustorientiertem Hier und Jetzt, zwischen Arbeit und Liebe ..., zwischen Fleiß und Gemütlichkeit"* (VON KLIPSTEIN & STRÜMPEL 1984, S. 151 f).

Die von SCHMIDTCHEN (1984) im Auftrag des Metall-Arbeitgeberverbandes durchgeführte Studie bestätigt in gewisser Weise die Interpretationen Strümpels. SCHMIDTCHEN entdeckt in seiner Befragung von Metall-Arbeitnehmern eine *"Zweikomponenten-Struktur der Arbeitsmoral"* (siehe Abb. 2.2.).

Zum einen findet er nämlich weiterhin die *"puritanische Arbeitsmoral"* vertreten; als "sehr wichtig" wurden z.B. die folgenden Aspekte eingestuft:

**Abb. 2.2:** Die zwei Komponenten der Arbeitsmoral (Die %-Zahlen sind die Anzahl der Bejahungen in einer Metallarbeiter-Stichprobe)

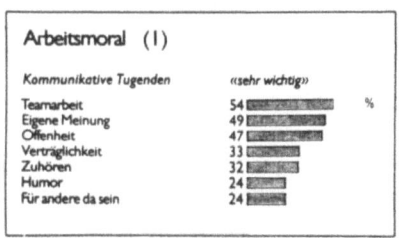
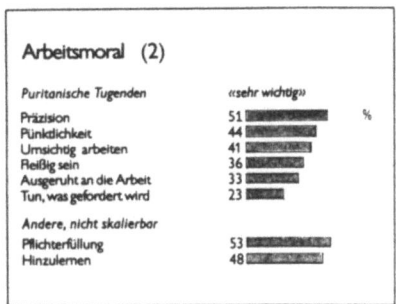

SCHMIDTCHEN fand, daß 43% seiner Befragten eine ausgeprägte kommunikative Orientierung mit konservativen Arbeitstugenden verbanden, während bei jeweils ca. einem Fünftel eine der beiden Orientierungen überwog. Bei den restlichen 15% war keine ausgeprägte Einstellung auszumachen (1984, S. 63).

Mit STRÜMPEL und SCHMIDTCHEN wird eine differenziertere Betrachtung des Wertwandels eingeleitet. Es geht nicht mehr um ein eindimensionales Geschehen ("Werteverfall"), sondern um verschiedene Sonderbewegungen. Dies wird auch durch die Ergebnisse von KLAGES (1984, 1987) und VON ROSENSTIEL (1987) und VON ROSENSTIEL & STENGEL (1987) bestätigt.

KLAGES unterscheidet in gewohnter Weise zwischen zwei Werte-Bereichen, die er *"Selbstzwang und Selbstkontrolle"* *(Pflicht- und Akzeptanzwerte)* und *"Selbstentfaltung"* nennt (siehe Abb. 2.3).

Den beiden Orientierungen lassen sich folgende Inhalte zuordnen:

**Abb. 2.3: Am Wertwandel beteiligte Wertegruppen (nach KLAGES 1984, S. 18)**

| | Selbstzwang und -kontrolle (Pflicht und Akzeptanz) | Selbstentfaltung | |
|---|---|---|---|
| Bezug auf die Gesellschaft | »Disziplin« »Gehorsam« »Leistung« »Ordnung« »Pflichterfüllung« »Treue« »Unterordnung« »Fleiß« »Bescheidenheit« | »Emanzipation« (von Autoritäten) »Gleichbehandlung« »Gleichheit« »Demokratie« »Partizipation« »Autonomie« (des einzelnen) | idealistische Gesellschaftskritik |
| Bezug auf das individuelle Selbst | »Selbstbeherrschung« »Pünktlichkeit« »Anpassungsbereitschaft« | »Genuß« »Abenteuer« »Spannung« »Abwechslung« »Ausleben emotionaler Bedürfnisse« | Hedonismus |
| | »Fügsamkeit« »Enthaltsamkeit« | »Kreativität« »Spontaneität« »Selbstverwirklichung« »Ungebundenheit« »Eigenständigkeit« | Individualismus |

KLAGES und seine Mitarbeiter haben keine einfache Polarisierung festgestellt, sondern verschiedene Kombinationen dieser Grundorientierungen. In Tab. 2.1 sind ihre Ergebnisse wiedergegeben:

**Tab. 2.1: Wertetypen (nach KLAGES 1987, S. 12)**

| Pflicht- und Akzeptanzwerte | | Selbstentfaltungswerte | |
|---|---|---|---|
| | | hoch | niedrig |
| | hoch | Aktive Realisten (27,4 %) | Ordnungsliebende Konventionalisten (19,6 %) |
| | niedrig | Nonkonforme Idealisten (21,5 %) | Perspektivenlose Resignierte (31,5 %) |

Für KLAGES ist es erwiesen, daß man nicht von einem Werteverfall reden kann, sondern von einem "Wertwandelsschub", der von ca. 1960 bis 1975 zu beobachten gewesen sei, inzwischen aber zum Stillstand gekommen sei. Heute hätten wir es mit einem erratischen" "Schwanken der Werte" zu tun (KLAGES 1984, S. 123).

Auch VON ROSENSTIEL & STENGEL haben in mehreren empirischen Studien eine Differenzierung in drei "Berufsorientierungen" vorgenommen:

"- *Karriereorientierung*, *d.h. der berufliche Aufstieg ist ein zentrales Lebensinteresse;*
- *freizeitorientierte Schonhaltung*[1], *d.h. berufliche Arbeit wird als ein Mittel zu dem Zweck wahrgenommen, eine erfüllte Freizeit zu erleben, auf die sich die zentralen Lebensinteressen konzentrieren;*
- *alternatives Engagement*, *d.h. die Bereitschaft, sich - auch im Beruf - zu engagieren, ist groß, jedoch mit dem Ziel, bestehende Verhältnisse grundlegend zu verändern"
(1987, S. 107).*

---

1 Den entlarvend voreingenommenen Begriff haben VON ROSENSTIEL, NERDINGER & SPIESS (1991, S. 12) nicht mehr verwandt; sie sprechen nur noch von 'Freizeitorientierung'.

Zur Erfassung der Berufsorientierung entwickelten sie eine komplexe Frage (1987, Seite 79):

> "Es unterhalten sich drei Studenten über ihre berufliche Zukunft. Der erste sagt: 'Ich möchte später einmal in einer großen Organisation der Wirtschaft oder Verwaltung in verantwortlicher Position tätig sein. Dort habe ich die Möglichkeit, Einfluß auf wichtige Geschehnisse zu nehmen und werde außerdem noch gut bezahlt. Dafür bin ich gerne bereit, mehr Zeit als vierzig Stunden in der Woche zu investieren und auf Freizeit zu verzichten.'
> Der zweite sagt: 'Ich bin nicht so ehrgeizig. Wenn ich eine sichere Position mit geregelter Arbeitszeit habe und mit netten Kollegen zusammenarbeiten kann, bin ich zufrieden. Die mir wichtigen Dinge liegen nicht in der Arbeitszeit, sondern in der Freizeit - und dafür brauche ich auch nicht sehr viel Geld.'
> Der dritte sagt: 'Ich bin durchaus bereit, viel Arbeitskraft zu investieren, aber nicht in einer der großen Organisationen der Wirtschaft oder Verwaltung, durch die unsere Gesellschaft immer unmenschlicher wird. Ich möchte einmal in einer anderen, konkreteren Arbeitswelt tätig sein, in der menschenwürdige Lebensformen erprobt werden. Dafür bin ich auch bereit, auf hohe Bezahlung oder auf Geltung und Ansehen außerhalb meines Freundeskreises zu verzichten.'
> Was würden Sie persönlich sagen - welcher Auffassung stehen Sie am nächsten?" (a.a.O., S. 79).

Es fällt auf, daß die Autoren kein dimensionales, sondern ein typologisierendes Vorgehen wählen: Die drei Studenten nehmen nicht verschiedene Positionen im *selben* Merkmalsraum ein, sondern sind in verschiedenen Merkmals-Konfigurationen verortet (der erste Student wird z.B. nicht wie der zweite gefragt, welchen Wert soziale Kontakte zu Vorgesetzten und Kollegen für ihn haben, dem dritten wird der Wunsch nach 'konkreteren' und menschenwürdigen Lebensformen zugeschrieben, auf den die beiden ersten nicht zu reagieren haben usw.). Im Grunde kann gegen diese Art der Frageformulierung die Kritik wiederholt werden, die NOELLE-NEUMANN an ihrer Zwei-Leute-Frage (s.o.) geübt hat. Und wie oben schon bemerkt: Hätte sich die öffentliche Resonanz verändert, wenn statt 'freizeitorientierter Schonhaltung' die Bezeichnung 'Lebensorientierung' gewählt worden wäre? Auf die o.a. Frage erhielt v. ROSENSTIEL folgende Ergebnisse (s. Tab. 2.2).

Tab. 2.2: Verteilung der Wertetypen bei Führungs- und Führungsnachwuchskräften und im Bevölkerungsdurchschnitt (nach v. ROSENSTIEL 1987, S.45)

| Typ \ Gruppe | Nachwuchs | Führungskräfte | Bevölkerungsquerschnitt |
|---|---|---|---|
| Karriereorientierung | 21 | 75 | 24 |
| freizeitorientierte Schonhaltung | 31 | 7 | 50 |
| alternatives Engagement | 46 | 17 | 24 |

Interessant bei den Studien VON ROSENSTIELs und VON ROSENSTIEL & STENGELs (1987) ist, daß sie verschiedene Populationen (Studenten der Wirtschaftswissenschaften, mittlere und höhere Führungskräfte, "allgemeine Bevölkerung" usw.) untersucht haben und feststellen konnten, daß sich die Nachwuchskräfte in ihren Orientierungen von den etablierten Führungskräften deutlich unterscheiden. Ob allerdings diese Unterschiede nach mehrjähriger beruflicher Tätigkeit noch bestehen bleiben, wird in Längsschnittstudien geprüft (s. dazu das folgende Zitat aus VON ROSENSTIEL u.a. 1989, S. 104):

*"Was geschieht nun im zweiten Berufsjahr, in einer Zeit, in der die erste Anpassung an die Organisation bereits zurückliegt, der Praxisschock für die meisten bereits überwunden sein dürfte und erste Weichenstellungen bezüglich einer künftigen Karriere zu erwarten sind? Wir prüften dies an der ersten Stichprobe für die Veränderungen von der zweiten zur dritten Befragung bei denjenigen, die unverändert in derselben Organisation beschäftigt waren"* "(vgl. Tab. 2.3).

**Tab. 2.3: Veränderungen der Berufsorientierung durch die Berufstätigkeit (in Prozent)**

| Berufs-orientierung 1985 | Berufsorientierung 1986 | | |
|---|---|---|---|
|  | Karriere-orientierung | Freizeit-orientierung | alternatives Engagement |
| Karriere-orientierung (n = 50) | 82 | 8 | 10 |
| Freizeit-orientierung (n = 44) | 21 | 77 | 2 |
| alternatives Engagement (n = 40) | 15 | 32 | 53 |

Diese Tabelle zeigt, daß sich schon innerhalb des kurzen Zeitraums von nur einem Jahr bemerkenswerte Verschiebungen in der Wertorientierung ergeben - vor allem bei den "Freizeitorientierten" und den "Alternativen", die vermutlich auf für sie konträre Bedingungen stoßen und einem wesentlich höheren Anpassungsdruck unterliegen als die "Karriereorientierten", die weniger Abwanderungstendenzen zeigen, weil sie sich in ihren Werten bestätigt fühlen (können). Oder sollte es sich gar nicht um 'Werte' gehandelt haben, sondern nur um 'Einstellungen', die weniger zentral, weniger änderungsresistent und stärker objektbezogen sind?

*Schlußbemerkungen zum Wertwandel-Exkurs*

Innerhalb eines relativ kurzen Zeitraums von ca. 10-15 Jahren hat die Thematik des Wertewandels eine intensive publizistische und wissenschaftliche Resonanz gefunden. Denkt man an die seit Hammurabi und Sokrates beständig erneuerten Klagen über den Sitten- und Werteverfall der jeweils nachfolgenden Generation, dann muß einen die Besorgnis der Älteren über den Hedonismus der Jüngeren nicht irritieren. Beckmesserisch gesehen haben sich ohnehin nicht die Werte gewandelt (Pflichtgefühl ist nach wie vor Pflichtgefühl), sondern die Wert-Schätzung der Werte.

Interessant ist jedoch, daß aus dem Spektrum der Ethik-Ansätze, in die die Wertewandel-Diskussion eingeordnet werden muß, nur ein Teilbereich herausgegriffen und stellvertretend fürs Ganze erörtert wurde: Moralbegründungen, die auf Werte zurückgreifen, stehen in der Tradition der *materialen* Ethik, die jene allgemeinen Werte-Kategorien zu benennen sucht, die ein glückliches (oder gelungenes, wertvolles, sinnvolles) Leben zu orientieren haben. Nicht selten wird hier konservativ-dogmatisch argumentiert; oft genügt die Berufung auf die 'guten alten Werte', um das Neue suspekt erscheinen zu lassen. *Formale* Ethiken, wie z.B. der Utilitarismus (mit seiner Verpflichtung, folgenorientiert das größte Glück der größten Zahl zu wollen) oder deontologische* Ethiken (subjektbegründet im Sinne KANTs oder dialogisch fundiert im Sinne APELs) sind aus der Wertwandelsdiskussion völlig ausgeblendet, so daß deren Einseitigkeit und Instrumentalisierungsinteresse offen zutage liegen.

Die große öffentliche Aufmerksamkeit der Wertewandel-Forschung erklärt sich wohl auch aus Befürchtungen über Steuerungsdefizite (post)moderner Gesellschaften, deren funktional differenzierte Sphären sich unabhängig voneinander und unübersichtlich verändern. Komplexe wirtschaftliche, rechtliche, wissenschaftliche, gesellschaftliche Veränderungen werden aus einem Punkte erklärt, indem sie personalisierend auf Wertwandel bezogen werden. Für die Personalarbeit scheinen sich daraus zwei einfache Strategien abzuleiten:

- Beschaffung von Personal mit geeigneten Werthaltungen (bzw. Abbau von Mitarbeitern mit unangemessenen Werten) oder
- Entwicklung der 'richtigen' Werthaltungen durch PE-Maßnahmen. Dabei wird Werten als verinnerlichten Orientierungs- und Handlungsprogrammen eine allgemeine Steuerungspotenz zugeschrieben, die gerade in Zeiten verringerter Geschlossenheit, Transparenz und Stabilität gesellschaftlicher (Sub-)Systeme attraktiv wird. Diese Akzentsetzung soll im folgenden Abschnitt aus einer historischen Perspektive entfaltet werden.

### 2.2.2. Exkurs 2: Die historische Entwicklung der Arbeitstugenden.

Die Wertewandel-These hat den fruchtbaren Effekt gehabt, daß man sich verstärkt mit Einstellungen und Grundhaltungen von Mitarbeitern auseinandergesetzt hat. Allerdings wurde die Diskussion (zumindest anfangs) verengt auf die Konstatierung von "Verfall". Bettet man die Phänomene, die beobachtet wurden, in größere historische Zusammenhänge ein, dann ergibt sich eine neue Sichtweise, die auch Begründungen für die Differenziertheit zu liefern vermag, die in den jüngsten Studien berichtet wird.

Üblicherweise wird - ganz global - von drei Phasen der Entwicklung von Arbeitstugenden geredet (s. zum Beispiel MAIER 1987, 1988). Der Begriff 'Arbeitstugend' bezeichnet eine Fokussierung der Diskussion: Es wird nicht mehr allgemeiner gesellschaftlicher Wertewandel thematisiert, sondern jener Tugend- oder Wertekatalog untersucht, der für eine bestimmte historische Phase leitmotivisch vorherrschte.

*Phase 1:*

Vor Beginn der Industrialisierung und des entwickelten Kapitalismus, waren die alten ständisch geprägten Werthaltungen vorherrschend, die auch mit den damaligen Methoden von Bestrafung, Zwang und Repression durchgesetzt wurden.

Wirtschaftsgeschichtliche Texte (z.B. POLLARD 1967) zeigen immer wieder, daß es erheblicher Anstrengungen bedurfte, aus den agrarisch und handwerklich geprägten Arbeitnehmern "indüstrielle" Arbeitskräfte zu formen (d.h. sie zu ausdauernd fleißigem und systematisch-methodischem Arbeiten anzuhalten). Dies wurde, wie gesagt, vorwiegend durch äußere Herrschaft erreicht.

MAIER (1988, S. 186) zitiert die Ergebnisse einer Fragebogenaktion in englischen Fabriken 1833, in der nach den Disziplinierungstechniken von "Fabrikkindern" gefragt worden war. Bei 575 erfaßten Betrieben wurde für die "negativen" Techniken folgende Verbreitung berichtet (Mehrfachnennungen waren möglich):

- Entlassung 353
- Drohung mit Entlassung 48
- Geldstrafen, Abzüge 101
- Körperliche Züchtigung 55
- Beschwerde bei den Eltern 13
- Einsperren in die Fabrik 2
- Degradierende Kleidung, Abzeichen 3

Bei den "positiven" Techniken fanden sich folgende Ergebnisse:

- Güte 2
- Beförderung oder höhere Löhne 9
- Belohnung oder Prämie 23

Die unmittelbare personelle Überwachung (durch Aufsichtspersonal) erwies sich als zu unsicher und aufwendig; sie wurde deshalb im Prozeß der allgemeinen 'Sozialdisziplinierung' (SCHULZE 1987) - im fließenden Übergang zur Phase 2 - objektiviert, generalisiert und internalisiert. Dem auch ökonomisch erfolgreichen Vorbild des Klosters entsprechend kam es zur "Fabrikation des zuverlässigen Menschen" (so der Titel des Buchs von TREIBER & STEINERT 1980). Hauptrichtung der Objektivierung war die Regulierung von Raum und Zeit. Arbeitsräume wurden zu Fabriksälen vergrößert (um gleichzeitig viele Personen 'unter Kontrolle' zu halten), von den privaten Wohn-Räumen abgetrennt und zu öffentlichen Territorien gemacht, die buchstäblich von allen Seiten einsehbar waren [siehe FOUCAULTs (1977) Ausführungen zum BENTHAMschen 'Panopticon', einem Vorschlag zur architektonischen Gestaltung von Gefängnissen: Um einen zentralen Turm, in dem die Aufseher saßen, war ringförmig der Gefängnisbau angeordnet, in dem jede Zelle zum Turm und zur Außenseite hin offen und damit stets 'durchleuchtet' war, so daß der Häftling immer einsehbar war und mit ununterbrochener Beobachtung rechnen mußte. Eine ähnliche Überwachungarchitektur beschreibt FOUCAULT auch für Kasernen, Spitäler, Schulen, Internate etc.]. Auch durch die Auferlegung eines künstlichen Zeit-Regimes zur Untergliederung des Tages, die Durchsetzung einer großen Zahl von Regeln und Vorschriften und vor allem durch die Unterwerfung unter den 'Sachzwang' der Maschine (Schnelligkeit, Takt, Präzision) wurde 'äußerlich' disziplinierend eingegriffen (s. dazu ORTMANN 1984).

*Phase 2:*

Mit der Entwicklung und Differenzierung der Betriebe wurde es immer unökonomischer, sich auf die Techniken der umfassenden Überwachung und konsequenten Sanktionierung zu verlassen. Stattdessen wurde nun erfolgreich versucht, die früher "extern" aufgezwungenen Haltungen zu verinnerlichen; die Fremdkontrolle (sei es durch Aufsichtspersonal, sei es durch materialisierte Herrschaft - siehe das Beispiel Architektur) wurde zur Selbstkontrolle umfunktioniert. Dies ist ganz allgemein der psychische Prozeß, der mit Kultivierung (FREUD) oder Zivilisation (ELIAS) verbunden ist.

Es gab aber auch schon sehr ausgeprägte Versuche der "Herrschaft dritten Grades". Der langsame Übergang von Druck- und Zwangs- zu Belohnungs- und Einbindungsstrategien wird in verschiedenen Arbeitsordnungen sichtbar, die damals entwickelt wurden.

Die folgenden Auszüge aus einer Arbeitsordnung der Augsburger Kammgarn Spinnerei (1846) (AU 2.1) und aus dem Generalregulativ der Firma Krupp (1872) (AU 2.2) sind einer Veröffentlichung von FLOHR (1981, S. 92-101) entnommen). Es soll mit ihnen auf einen Wandel in der Disziplinierungsstrategie (von Zwang und Strafe zu Belohnung und Identifikationsappell) hingewiesen werden; außerdem ist es möglich Unternehmensleitbilder, Führungsgrundsätze und Arbeitsordnungen der Jetztzeit mit diesen Dokumenten zu kontrastieren.

**AU 2.1:** **Fabrik-Ordnung der Augsburger Kammgarn Spinnerei (1846)**

1. Jeder Arbeiter, welcher in der Fabrik aufgenommen wird, ist nach einer Probezeit von 14 Tagen, binnen welcher ihm der Austritt frei steht, verpflichtet, sechs Monate, vom Tage seiner Ankunft an gerechnet, in der Fabrik zu arbeiten.

   Diese Verpflichtung erneuert sich von selbst auf weitere 6 Monate, wenn der Arbeiter nicht einen Monat vorher auf der Schreibstube aufgekündigt hat.

   Dagegen bleibt es den Fabrikherrn unbenommen, den Arbeiter wegen schlechter Aufführung, oder wegen jeder sonstigen Ursache jederzeit zu verabschieden.

   Beim Austritt, ohne vorhergegangene vorschriftsmäßige Aufkündigung, verliert der Arbeiter den Lohn, welchen er allenfalls gut hat.

   .....

3. Die Arbeitsstunden sind im Sommer von 5 Uhr Morgens bis Abends 7 Uhr, im Winter von 6 Uhr bis Abends 8 Uhr.

   Sollte aber Störung am Getrieb oder jede andere Ursache es nöthig machen, die Nacht durch zu arbeiten, so unterwirft sich diesem jeder Arbeiter, mit der Bedingung, daß er, ohne seine Einwilligung nicht mehr als eine Nacht in der Woche zur Arbeit genöthiget werden kann.

4. Eine Glocke wird des Morgens, eine halbe Stunde vor dem Anfange der Arbeit, die Oeffnung der Fabrik ankündigen, das zweite eine halbe Stunde später erfolgende Läuten der Glocke verkündet das Beginnen der Geschäfte.

   Eine viertel Stunde später wird der Pförtner das Thor verschließen. Von diesem Augenblicke an, sollen alle Arbeiter sich an ihrer Arbeit befinden.

   Diejenigen, welche später kommen, werden nicht mehr eingelassen, und die Geldstrafe der Abwesenheit, welche im § 2 festgesetzt ist, wird ihnen auferlegt.

5. Zehn Minuten vor dem Ausgang aus den Arbeitssälen wird mit der Glocke ein Zeichen gegeben; während dieser Zeit soll kein Arbeiter seinen Platz verlassen.

   Er ist gehalten, solchen so wie auch seine Maschine zu reinigen und darüber zu wachen, daß sich alles in guter Ordnung befinde, bei Strafe einer Geldbuße von wenigstens dem Drittheil eines Taglohnes.

   .....

8. Kein Arbeiter soll eine in Unordnung gerathene Maschine berühren, wenn auch nur die kleinste Ausbesserung daran zu machen wäre, sondern den Werkmeister herbeirufen.

   Dawiderhandelnde werden mit einer Geldbuße von 2 Taglöhnen bestraft.

9. Jeder Arbeiter ist für die ihm anvertrauten Gegenstände verantwortlich; wenn er dieselben bei Nachfrage nicht gleich vorweisen kann, werden sie auf seine Kosten durch neue ersetzt.

10. Wenn in einem Arbeitssaale ein Gegenstand beschädigt wird, und der Thäter nicht auszumitteln ist, so sind die Arbeiter des ganzen Saales bis zur Nachweisung des Thäters haftend.

11. Der Arbeiter, welcher schlechte Arbeit liefert, verfällt in eine dem Fehler angemessene Strafe.

12. Jede Woche wird eine allgemeine Reinigung vorgenommen, nach welcher eine Untersuchung gemacht, und denjenigen, deren Maschinen nicht rein befunden worden, ein oder mehrere Taglöhne Strafe auferlegt werden wird.
13. Der Arbeitspreis und die Vergütungen für diejenigen Arbeiter, welche nach dem Gewicht, oder nach dem Stück arbeiten, werden je nach den Umständen bestimmt, und in den Arbeitssälen angeschlagen werden; jeder ist verpflichtet sich denselben zu unterwerfen.
14. Die Arbeiter werden alle 14 Tage bezahlt, der vierzehntätige Verdienst wird jedoch erst dann ausbezahlt, wenn ein neuer Wochenlohn bereits verdient ist.
15. Es ist bei Strafe von zwei Taglöhnen verboten, im Umfeld der Fabrik zu rauchen. Im Wiederholungsfalle wird der Dawiderhandelnde entlassen.
16. Arbeiter, welche sich betrunken einstellen, werden abgewiesen, und es wird ihnen ein Abzug wie für die Abwesenheit, § 2 gemacht.
17. Es ist verboten, den Hof und die Treppen auf irgend eine Weise zu verunreinigen. Die Abtritte müssen stets rein gehalten werden. Derjenige, welcher überwiesen wird, dieselben verunreinigt zu haben, hat eine Strafe von 15 Kreuzer zu Gunsten desjenigen zu bezahlen, welcher mit deren Reinigung beauftragt ist.

.....

20. Die Werkmeister und der Pförtner sind befugt, alle Arbeiter beim Ausgange aus der Fabrik zu untersuchen, und zwar so oft sie es für gut finden; jeder muß sich diesem unterwerfen, sowohl im Interesse der Herren, als auch in dem der ehrlichen Arbeiter, auf die man falschen Verdacht haben könnte.
21. Derjenige Arbeiter, welcher ertappt wird, Wolle oder Abgang in den Abtritt oder sonst irgendwohin geworfen zu haben, verfällt in eine Strafe von zwei Taglöhnen zu Gunsten dessen, der ihn auf der Schreibstube angibt. Ueberhaupt erhält derjenige, welcher eine durch einen Andern begangene Untreue entdeckt, und auf der Schreibstube angibt, wenn der Thäter überführt wird, eine der Wichtigkeit des Falles angemessene Belohnung, und sein Name soll verschwiegen bleiben.

Der Arbeiter, welcher des Diebstahls überführt wird, sei es von Garn, Wolle oder irgend einem andern dem Etablissement gehörigen Gegenstande, wenn auch von geringem Werthe, wird augenblicklich entlassen, ohne daß er auf den allenfalls guthabenden Lohn irgend einen Anspruch machen kann. Sein Name, so wie die Thatsache werden in einem Anschlagezettel, welcher während 14 Tagen in allen Werkstätten angeheftet wird, bekannt gemacht. Bei Diebstählen von größerem Werthe wird überdieß der Thäter sogleich den Gerichten übergeben.

.....

24. Jeder Ungehorsam von Seiten der Arbeiter gegen ihre Vorgesetzte, oder gegen die von Letztern dazu verordnete Personen, soll, nach Verhältniß des Fehlers, mit einer Strafe von einem bis fünf Taglöhnen belegt werden.
25. Für den Schutz und die väterliche Sorgfalt, welche alle Arbeiter von ihren Vorgesetzten zu erwarten haben, versprechen sie ihnen Anhänglichkeit und Treue, so wie auch Anzeige dessen, was sie dem Nutzen ihrer Herren Schädliches entdecken könnten.

**AU 2.2: General-Regulativ für die Firma Fried. Krupp (1872)**

Die wachsende Ausdehnung der Werke und Geschäfte der Firma Fried. Krupp läßt es wünschenswerth, ja nothwendig erscheinen, diejenigen Grundsätze und Rechte zusammenzufassen und zu vervollständigen, unter deren Anwendung der jetzige blühende Stand der Firma erreicht wurde, dabei zugleich die Rechte und Pflichten jedes Amtes und jeder Stellung im Betrieb und in der Verwaltung in sich fest zu stellen und gegen einander abzugrenzen, um auf diesem Wege, so weit dies thunlich, für gegenwärtige und kommende Zeiten eine gesicherte Ordnung und ein harmonisches Zusammenwirken zu verbürgen, und damit das Gedeihen des Ganzen, wie die Wohlfahrt jedes Einzelnen zu sichern. Zu dem Ende ist nachstehendes General-Regulativ für den Betrieb und die Verwaltung aller Etablissements, Bergwerke, sonstigen Anlagen, Besitzungen und Geschäfte der Firma Fried. Krupp erlassen worden, und wird hiermit zur Nachahmung Aller, die es angeht, zur öffentlichen Kenntnis gebracht.

1. Es ist bei allen Anlagen wie im Betriebe der Werke im Großen wie im Einzelnen als das oberste Grundgesetz das Ziel im Auge zu behalten: daß die Firma in der Fabrikation stets das Ausgezeichnetste und möglichst Vollkommene zu leisten habe.

2. Um dieses Ziel zu erreichen sind Rohstoffe und Hilfsmaterialien nie in anderer als der besten Qualität anzuschaffen, und es ist ferner stets darauf sorgfältig bedacht zu nehmen, daß die zweckmäßigsten Maschinen hergestellt, die möglichst vollkommene Fabrikationsmethode angewandt werde.

   Bei derselben muß in Verwendung der Materialien und Abfälle jedwede Verschwendung vermieden werden, keine Maschine und keine Kraft darf jemals unbeschäftigt sein, und nach beiden Seiten hin muß auch hierin erfinderische Oekonomie zur Erscheinung kommen.

3. Es ist ferner mit sorgsamer Aufmerksamkeit wie in der Voraussicht so in der Ausführung und Kontrolle darauf zu achten, daß keine Stockungen eintreten und keinerlei Ueberraschungen vorkommen, daß jedes entstehende Bedürfniß die Befriedigung vorbereitet finde.

   Namentlich ist, um stets freie Hand zu haben, darauf zu halten, daß alle Geschäfte, auch die nicht eiligen, sofort erledigt werden.

4. Von jeder Person, welche dem Verbande der Firma angehört, in welcher Stellung darin sie sich auch befinde, ist zu fordern, daß sie in Treue und Hingebung das Beste der Firma allzeit fördere und Nachtheil von ihr abwende, ist insbesondere Ordnung, Pünktlichkeit und unausgesetzter Fleiß zu verlangen.

   Darum hat ein Jeder sich ganz und ausschließlich seinem Berufe zu widmen, und wo das laufende Geschäft einmal seine Zeit und Kräfte nicht voll in Anspruch nimmt, diese in anderer Weise der Firma nutzbar zu machen.

   Jeder, von dem Ersten bis zum Letzten, wird hierzu immer die geeignete Gelegenheit finden, und wie selbst Portiers, Büreaudiener, Laufburschen nie ohne Beschäftigung sein dürfen, so werden die höher Gestellten ihre von der unmittelbaren Berufsthätigkeit augenblicklich nicht in Anspruch genommene Zeit durch Ordnen, Revidiren, Erwägen geschäftlicher Interessen, Aufstellung von Vorschlägen, dem Ganzen immer dienst- und nutzbar machen können.

......

7. Um Überbürdung des Einzelnen zu verhüten, und damit insbesondere die alt und schwach Gewordenen geschont werden, ist sorgfältig darauf Bedacht zu nehmen, daß in den dazu angethanen Fällen durch Zuordnung eines Assistenten den einer Erleichterung in ihrer Arbeit Bedürftigen und Würdigen eine solche auch gewährt werde.

Auch Dispensationen von einem Theile der Arbeit werden in den bezeichneten Fällen zu ertheilen sein.

.....

10. Insbesonderheit ist jedweder Handel und Speculationsverkehr, betreffe derselbe Grundstücke, Bergwerke, Bauten, Papiere, oder welchen anderen Geschäftszweig, zu unterlassen.

    Abgesehen von der aus einem solchen Geschäftsverkehr der Firma drohenden Einbuße an der vollen und ungetheilten Kraft des Einzelnen, können aus einem solchen Geschäfts-Verkehr von Personen, die dem Verbande der Firma angehören, leicht Irrungen und Verwickelungen entstehn, welche die Ehre der Firma selbst berühren, und da die makellose Reinheit dieser das höchste Ziel Aller sein muß, so ist schon aus diesem Grunde ein derartiger Verkehr absolut unzulässig.

11. Kräfte und Materialien der Firma dürfen selbstredend zu Privatzwecken nicht verwendet werden.

    Ebenso darf auch von Niemandem eine Vergütung, ein Geschenk oder irgend eine Aufmerksamkeit von Werth angenommen werden, sobald eine solche unmittelbar oder auch nur mittelbar von Personen ausgeht, die mit der Firma in irgend einer Geschäftsverbindung stehen.

    Niemand, der nach Außen disponirt, darf mit Geschäftsfreunden der Firma zu Privatzwecken geschäftliche Verbindungen pflegen.

.....

19. Wie die Firma von Allen, die dem Verbande angehören, nicht blos Tüchtigkeit im Berufe und in der Ausübung ihrer Berufspflichten, sondern überdies verlangen muß, daß ein Jeder sich auch außerhalb seiner Berufsthätigkeit nur von Ehre, Rechtsgefühl und Wahrhaftigkeit leiten lasse, und daß vorgekommene Fehler und Versäumnisse nicht verheimlicht, vielmehr sofort zur Kenntniß gebracht werden, um wo noch Abhülfe möglich diese herbeizuführen, wie sie von Allen die Heilighaltung der Vertragstreue voraussetzt, so wird sie ihrerseits die ihr obliegende Pflicht der Vertragstreue nicht damit für erfüllt und erschöpft ansehen, daß sie die durch die Verträge übernommenen Rechtsverbindlichkeiten erfüllt, vielmehr wird sie, nach wie vor, bestrebt sein, treue Dienste und hervorragende Leistungen außergewöhnlich zu belohnen, und wird auch ihrerseits stets treu in Ehren halten, wer in aufrichtiger Hingebung ihr seine Kräfte gewidmet hat.

    Angemessene Erhöhungen der Löhne und Gehälter, außerordentliche Honorare und in den hervorragenderen Fällen Dotationen werden die Mittel der Firma sein, ihrer Anerkennung Ausdruck zu geben.

20. Um den Arbeitern und Beamten des Verbandes thunlichst Erleichterung zu gewähren, wird die Firma fortfahren, Familien-Wohnungen zu bauen und ihnen dieselben gegen möglichst billiges Entgelt vermiethen oder auch überlassen, desgleichen Consum-Anstalten für Nahrungsmittel und Kleidungsstücke, Menagen, Sparkassen und andere derartige Einrichtungen halten.

21. Ein besonderer Gegenstand der Sorge für die Firma wird es sein, Anstalten für die Erziehung und den Unterricht der Kinder zu errichten und den Erwachsenen die Gelegenheit zur Belehrung, Fortbildung und Unterhaltung zu bieten.

.....

25. Wer sich in seinen Rechten oder sonst in seiner Persönlichkeit beeinträchtigt oder gekränkt glaubt, hat, wenn eine Verständigung nicht gelungen, seine Beschwerde bei dem nächsten Vorgesetzten dessen, durch den er sich beeinträchtigt glaubt, anzubringen. Findet sich der Beschwerdeführer durch die getroffene Entscheidung nicht zufrieden gestellt, so kann er die Beschwerde weiter verfolgen. Es muß dies jedoch im geordneten Instanzenzuge geschehen, welcher sich wie folgt abstuft:

> Aufseher oder Meister, Betriebsführer oder die diesem entsprechende Stelle, der Ressortchef, beziehungsweise die Conferenz, die Procura, und in letzter Instanz der Inhaber der Firma selbst.
>
> ........

Mit einem konsequenten 'Wertedrill' sollten in der zweiten Entwicklungsphase geeignete Haltungen zur *zweiten Natur* werden, damit Arbeitnehmer von sich aus tun, was von ihnen erwartet wird, ohne daß sie fortwährend kontrolliert und belohnt bzw. bestraft werden müssen. Sie sollen ein entsprechendes "Über-Ich" ausbilden, das als beständig wachsamer und wirksamer Agent dafür sorgt, daß geschieht, was geschehen soll. Wer die innerlich akzeptierten Ansprüche verfehlte, reagierte darauf mit Scham und Peinlichkeit, auch wenn die unmittelbare soziale Mißbilligung, die zur Andressur dieser Gefühle führte, nicht oder nicht im befürchteten Ausmaß erfolgte. Die "protestantische (Arbeits-) Ethik" und die "bürgerlichen Arbeitstugenden" sind Ergebnis derartiger gesellschaftlichen Gestaltungsprozesse.

Benjamin FRANKLINs (1706-1790) Liste der bürgerlichen Tugenden und ihrer Gebote wird immer wieder als Beispiel für die inhaltliche Ausfüllung dieser Haltungen zitiert:

1. *Enthaltsamkeit. Iß nicht aus Langeweile. Trinke nicht, um dich in Stimmung zu bringen.*
2. *Ruhe. Spreche nicht, außer es gereicht dir oder anderen zum Vorteil. Vermeide unnötige Gespräche.*
3. *Ordnung. Räume allen Gegenständen ihren festen Platz ein. Räume all deinen Tätigkeiten eine bestimmte Zeit ein.*
4. *Entschlossenheit. Sei entschlossen bei dem was du tun sollst. Führe das, wozu du dich entschlossen hast, auch aus.*
5. *Sparsamkeit. Mache keine Ausgaben außer um dir selbst oder anderen zu nutzen; z.B. verschwende nichts.*
6. *Fleiß. Vergeude keine Zeit. Sei immer mit etwas Nützlichem beschäftigt. Unterlasse alle unnötigen Handlungen.*
7. *Offenheit/Echtheit. Verletze niemand durch Betrug. Denke arglos und aufrichtig und wenn du redest, rede danach.*
8. *Gerechtigkeit. Schade niemand durch Ungerechtigkeit oder durch Unterlassung von Leistungen, die du ihm schuldest.*
9. *Mäßigkeit/Maß. Vermeide Extreme. Unterlasse verletzende Zurechtweisungen, so sehr du auch davon überzeugt sein magst, daß sie verdient wären.*
10. *Sauberkeit. Dulde keine Unreinlichkeit am Körper, an der Kleidung oder in der Wohnung.*
11. *Gelassenheit. Lasse dich nicht durch Kleinigkeiten oder Zufälligkeiten aus der Ruhe bringen, seien sie alltäglich oder unvermeidbar.*
12. *Keuschheit. Praktiziere selten Geschlechtsverkehr, außer für die Gesundheit oder die Zeugung von Nachkommen - nie aus Langeweile, Schwäche oder zum Schaden deines eigenen oder des anderen Friedens oder Rufs.*
13. *Demut. Imitiere Jesus oder Sokrates. "I cannot boast of much success in acquiring the reality of this virtue", schrieb FRANKLIN hierzu.*

(zitiert nach MACCOBY & TERZI 1981, S. 22 f.).

Daß dieser Katalog keineswegs eine zu belächelnde historische Reminiszenz ist, zeigen die Ergebnisse einer Befragung in 486 westdeutschen IHK-Ausbildungsbetrieben zu den 'idealen Eigenschaften' eines Auszubildenden (s. WEISS, 1990, S. 229). Die folgende Abbildung 2.4 veranschaulicht die Resultate:

**Abb. 2.4: Der ideale Auszubildende (Ergebnisse von Umfragen bei 486 IHK-Ausbildungsbetrieben)**

Werte wie Verläßlichkeit, Pflichterfüllung, Gehorsam, Ausdauer, Treue usw. sind solange funktional, als die wirtschaftlichen Prozesse überschaubar, steuerbar und rational gestaltet werden können (etwa im Falle von Großserienproduktion, stabilen Märkten usw.) und die innere Ordnung der Gesellschaft überschaubar und nach wenigen Prinzipien - z.B. hierarchisch-ständisch - geordnet ist.

*Phase 3:*

Dieser Zustand hat jedoch in der Moderne eine grundlegende Änderung erfahren: Sie ist durch eine zunehmende Ausdifferenzierung der Welt-Sphären gekennzeichnet (Recht, Wissenschaft, Wirtschaft, Politik, Kunst, Staat, Religion, Bildung...), die immer weniger aufeinander abgestimmt sind und sich eigengesetzlich weiterentwickeln. Unter den Bedingungen einer solchen "neuen Unübersichtlichkeit" ist es nicht länger funktional, in allen Gesellschaftsmitgliedern eine einheitliche Orientierung zu verankern. Stattdessen werden Bedingungen dafür geschaffen, daß der zunehmenden Differenzierung und Veränderungsgeschwindigkeit Rechnung getragen wird durch eine "passende" innere Haltung der Betroffenen. Wenn man von Arbeitskräften - weil ökonomische Erfordernisse es erzwingen oder nahelegen - Flexibilität, Mobilität, Elastizität, Plastizität, Anpassungsfähigkeit, Innovation, Kreativität etc. verlangt, dann kann man wohl kaum gleichzeitig bei denselben Arbeitskräften Konservativismus, Treue, Unterordnungsbereitschaft und blinden unbedingten Gehorsam usw. erwarten.

Für ein funktional differenziertes Sozialsystem resultieren erheblich mehr Steuerungsmöglichkeiten, wenn die Kontrolle von Disziplinierung auf Selbstdisziplinierung umgestellt und diese dann 'ent-moralisiert' wird. Weil oder wenn es keine durchgängige und einheitliche Orientierung mehr gibt, die als ein verbindliches Muster allen vorgegeben werden könnte, ist die zeittypisch adäquate Haltung die der *"Informalisierung"\**: Jedem Gesellschaftsmitglied bieten sich in den verschiedenen Welt-Sphären (Wirklichkeiten), in denen es lebt, verschiedene - meist unklar konturierte - Orientierungs- und Wertmuster an. Die Auswahl zwischen ihnen ist nicht mehr durch die Zugehörigkeit zu einem bestimmten Stand eindeutig festgelegt ("Ein Arbeiter hat die Unterschichts-Werte verinnerlicht"), sondern kann fluktuieren und variieren. Diese Haltung der Gleich-Gültigkeit verschiedener Orientierungen in unterschiedlichen Lebensbereichen (Konsum, Arbeit, Freizeit, Partnerschaft...) erschwert die homogenisierende Werte-Programmierung. Insofern könnte man mit LUHMANN (s. BREUER 1986) auch von einer *Kognitivierung* sprechen: die früher übliche, aber lernunfähige normative Moralisierung wird abgelöst durch anpassungsfähige Wissensstrukturen, die eine höhere strukturelle Komplexität erlauben, sie aber erkaufen mit Gleich-Gültigkeit. Einzelne gesellschaftliche Sektoren verlieren ihr Monopol auf fundierende Ausrichtung, es setzt sich eine eher "situative Orientierung" oder "okkasionelle Rationalität" durch (ein beschönigender Ausdruck für Opportunismus und Konformismus?) und damit eine funktionale karriereförderliche Haltung.

Statt also zu personalisieren und den Arbeitnehmern die Schuld an ihrer laxen Moral, ihrer Genuß- und Verweigerungshaltung zu geben (Werte-*Verfall!*), müßte danach gefragt werden, warum auf breiter Front sich solche Haltungen herausbilden konnten und welche gesellschaftlichen Entwicklungen sie nützlich, erforderlich oder unverzichtbar haben werden lassen.

MAIER (1987, S. 317) stellt dazu fest:

*"Arbeitstugenden sind gleichsam Spiegelbilder von gesellschaftlichen Erwartungen, Reflexe äußerer Bedingungen in der modalen Persönlichkeit."*

Und - so kann man hinzufügen - mit der Verinnerlichung der herrschenden Arbeitstugenden werden die 'äußeren Bedingungen' zugleich re-produziert.

Trifft diese Diagnose zu und besteht nach wie vor erheblicher Steuerungsbedarf in Gesellschaft, Wirtschaft und Unternehmen, dann muß versucht werden, durch neue Methoden den veränderten Gegebenheiten Rechnung zu tragen, weil ja vormals bewährte Mechanismen und Institutionen der Koordination/Herrschaft nicht mehr (allein, unbestritten) wirken.

Aus dieser Perspektive betrachtet wird deutlich, warum das Wiederaufleben der "Great Men"- Theorie oder das instrumentalisierende Management von Unternehmenskultur zu beobachten sind: Kann die Vorab-Ausrichtung an verbindlichen Werten nicht mehr geleistet werden (weil von Fall zu Fall neue oder andere Tugenden funktional sind), dann ist es eine angemessene Steuerungsform, die Unterstellten nach "cultural heroes" auszurichten, die ihnen - bezogen auf den jeweiligen Einzelfall! - die in dieser Situation und/oder Unternehmung wichtigsten Haltungen oder Einstellungen vorbildartig vorleben. Mit dem Wechsel der Great Men glaubt man, auch den Satz erforderlicher Tugenden leicht auswechseln zu können. Wenn nicht mehr gesellschaftsweit verbindliche Werthaltungen geteilt werden, dann kann das einzelne Unternehmen versucht sein, sich seine eigene nützliche Kultur (Werte-Orientierung!) maßzuschneidern.

Braucht man Mitarbeiter, die für derzeit noch nicht vorhersehbare und mehrdeutige oder gar widersprüchliche Anforderungen geeignet sein sollen, dann lohnt es sich, in ihnen eine allgemeine Lockerheit der Haltungen und eine beständige Wandelfähigkeit zu "installieren". Bei unklaren und unsicheren Zukunftsperspektiven wäre womöglich unbeirrbare Grundsatztreue hinderlich; flexibles Re-Agieren scheint eine passendere Technik im Rahmen der aufgezwungenen Strategie des 'Durchwurstelns' (LINDBLOM) zu sein. Anders als eine auf unverrückbare allgemeine Prinzipien festgelegte weltbürgerliche (kosmopolitische, universalistische) Haltung ist eine begrenzte und elastische Orientierung wechselnden lokalen Zielen dienlicher. Die dominante *Fachbezogenheit* der Aus- und Weiterbildung sollte einen nicht davon abhalten, die Bedeutung der scheinbar *extrafunktionalen* Qualifikationen zu würdigen, die zutreffender *extrem funktional* heißen müßten, weil sie den Boden für Aufbau und Einsatz der funktionalen Qualifikationen bereiten. PE ist deshalb weit mehr als Vermittlung von Kenntnissen und Fertigkeiten; sie bildet nützliche Orientierungen und Haltungen aus.

## 2.3. Sozialisation für den Beruf - einige exemplarische Themen

Nach den Exkursen über Wertwandel und die Vermittlung von Arbeitstugenden soll im Folgenden die angekündigte Diskussion der "Sozialcharaktere" aufgenommen werden. Es soll an drei Beispielen (Lohnabhängigen-, Frauen- und Professions-Sozialisation) illustriert werden, wie unter den derzeitigen wirtschaftlichen und gesellschaftlichen Bedingungen Sozialcharaktere geformt werden.

Sozialisation kann ein Dreifaches meinen:

a) In einer ersten Bedeutung geht es um Sozialmachung oder Sozialwerdung, d.h. um eine Ergänzung einer rein materialistischen und individualistischen Betrachtungsweise des Menschen. Man könnte dies auch Ent-Individualisierung nennen, weil es um die Wesensbestimmung des Menschen geht, "zu zweit" zu sein, d.h. Beziehung zu einem (bzw. zu allen) anderen als Existenzvoraussetzung zu würdigen. Individualisierung ist eine Abspaltung aus der symbiotischen" dyadischen Einheit und damit eine spätere Leistung. Das Wieder-in-Erinnerung-rufen der Mit-Menschlichkeit als Inhalt dieses Aspekts von "Sozialisation" muß somit im Unterschied gesehen werden zur Dinghaftigkeit der Ware(!) Arbeitskraft.

b) Vergesellschaftung: Hier handelt es sich um das Erlernen der gesellschaftlichen Verhaltenserwartungen und -regeln: Jedes Gesellschaftsmitglied muß, um respektiert mitmachen zu können, die Erwartungen der anderen Mitglieder kennen und erfüllen können. Beispielsweise muß erlernt werden, wie man sich in den vorgegebenen Geschlechter-Rollen zu verhalten hat. Der Begriff 'Vergesellschaftung' wird hier anders als bei LEITHÄUSER gebraucht, der darunter "den Prozeß der Veränderungen der *ökonomischen* Verhältnisse" versteht (LEITHÄUSER & VOLMERG 1988, S. 54), also Veränderungen der Grundstrukturen, des 'Knochengerüsts' der Gesellschaft durch Evolution, Revolution, Involution (Rückbildung) und Konterrevolution (a.a.O., S. 61).

c) Enkulturation: In einem noch umfassenderen Sinn als bei b) geht es hier um die Gesamtheit aller kulturellen Leistungen (Werkzeuge, Sitten, Kleidung, Sprache, Kulturtechniken, Werte, Praktiken etc.), mit denen jemand kompetent umgehen können muß, wenn er Vollmitglied dieser Gesellschaft sein will.

In diesem letzteren, umfassenden Sinn ist Sozialisation zu verstehen als die "Durchtränkung" des Individuums mit der Kultur, in der es lebt und die es durch sein eigenes Handeln (re-)produziert. Dabei geschieht diese Imprägnierung nicht als ein fremdbestimmtes Überwältigtwerden, sondern als An-Eignung, die aktive Teilnahme voraussetzt.

### 2.3.1. Zum Sozialcharakter des Lohnabhängigen

Der *Sozial-Charakter* - ein Begriff, den E. FROMM geprägt hat - ist die *gesellschaftstypische* Persönlichkeits-Ausformung, die vorhanden sein muß, um in eben dieser Gesellschaft funktionieren zu können [s.a. das Konzept des 'ethnischen Unbewußten' bei DEVEREUX (LEITHÄUSER & VOLMERG, 1988, S. 90)]. Landarbeiter in Mexiko, Tuaregs in der Sahara und Universitätsassistenten in Augsburg müssen - neben den allgemeinen menschlichen Attributen, die sie teilen - jeweils auch spezifische Haltungen, Orientierungen, Fähigkeiten und Leidenschaften entwickeln, um unter ihren jeweiligen gesellschaftlichen Bedingungen produktiv und akzeptiert leben zu können.

Der Begriff Sozial-Charakter ist mißverständlich, weil er verschiedene Alltagsbedeutungen von 'sozial' zuläßt: die mitmenschlich-altruistische-fürsorgerische, die interpersonell-kooperative oder die gesellschaftliche. Im vorliegenden Zusammenhang ist nur die letztere gemeint.

Eine Jäger-Kultur prägt andere Sozialcharaktere aus als eine feudale Ordnung und diese wiederum andere als eine marktwirtschaftlich-kapitalistische. Für letztere ist der "Sozialcharakter des Lohnabhängigen" typisch.

Lohnabhängiger ist, wer unter den Bedingungen des herrschenden Systems seine Arbeitskraft verkaufen muß, um die nötigen finanziellen Ressourcen zur Lebenshaltung zu gewinnen. Diese ist heutzutage bei uns nicht (mehr) auf Versorgung (Alimentation) durch einen Herrn oder Verband gestellt, sondern erfolgt auf der Basis freier Verträge. Wer in einer Marktwirtschaft die Lebens-Mittel erwerben will, braucht Zahlungsfähigkeit und diese wiederum setzt den Erwerb von Geld durch (Erwerbs-)Arbeit voraus. Die Gestaltung der Bedingungen, unter denen gearbeitet und verdient wird, ist dem einzelnen entzogen; sie sind *typisch*, *allgemein* und *verbindlich* für ein Gesellschaftssystem.

Das kapitalistische System gründet sich auf Privateigentum, über das im Rahmen der bestehenden Rechtsordnung verfügt werden kann. Motor des Geschehens ist das Bestreben, Kapital "arbeiten" zu lassen, d.h. zu vermehren. Der Wert der Güter oder Leistungen, die jemand auf dem Markt anbietet, bestimmt sich nach ihrem Tauschwert und dieser wird in Geldeinheiten ausgedrückt. Dies führt tendenziell zur "Durchkapitalisierung" aller Lebensbereiche, die dem Diktat der Ver-wert-barkeit (als Ware) unterworfen werden.

Im vorliegenden Fall interessiert vor allem die Auswirkung auf die "Ware Arbeitskraft". BAMME u.a. (1983, S. 37) bemerken dazu:

*"Wir ... haben im Laufe unseres Lebens gelernt, uns den Anforderungen der Spezialisierung auf eine stark begrenzte Tätigkeit zu unterwerfen und sie dauernd auszuhalten. Andere solche allgemeinen Bestandteile der Arbeitsfähigkeit in unserer Gesellschaft sind:*

- *Gleichgültigkeit gegenüber der konkreten Arbeitsaufgabe, d.h. Interesse vor allem an möglichst hohem Einkommen und Konsum, weniger an einer in sich sinnvollen Tätigkeit; Bereitschaft zur Anpassung an wechselnde Bedingungen des Arbeitsmarkts und des wirtschaftlichen Erfolgs; Sich-Verkaufen-Können;*
- *Beschränkung der Verantwortlichkeit auf die Erfüllung vorgegebener Aufträge ohne Rücksicht auf mögliche soziale Folgen; sowie*
- *Konkurrenzorientierung; Egoismus und Unsolidarität ...*

*Es handelt sich also nicht um ein loses Merkmalsbündel, sondern um eine festgefügte Struktur. Weil diese Struktur im wesentlichen gesellschaftlich bedingt ist, können wir auch von einem Sozialcharakter sprechen; und weil die meisten Beschäftigten in unserer Gesellschaft lohnabhängig sind, können wir diese Struktur genauer als 'Sozialcharakter des Lohnarbeiters' bezeichnen."*

Diese Thesen greifen implizit Aussagen des frühen MARX (1844 bzw. 1983, S. 510-522) auf, der verschiedene Formen der "Entfremdung" diskutiert, nämlich vom Produkt, von der Tätigkeit, vom menschlichen (Gattungs-)Wesen und damit auch vom Mit-Menschen. Anders ausgedrückt: Es wird durch die Lohnabhängigkeit und den Primat der Kapitalverwertung notwendigerweise und strukturell (also nicht aus Unachtsamkeit oder Sadismus von konkreten Unternehmern) mehrfache Gleichgültigkeit und Bindungslosigkeit erzeugt:

Es muß den einzelnen egal sein/werden, *was sie produzieren* (Autos, Rüstungsgüter, Haushaltsmaschinen, Straßen, Fernseher, Dienstleistungen ...); sie sind abgeschnitten von der Mitsprache über den Inhalt ihrer Tätigkeit. Nicht der Produktstolz ist wichtig, sondern die Vermarktbarkeit. In jüngster Zeit wird unter dem Stichwort "Produktethik" über die persönlichen und gesellschaftlichen Reaktionen auf die Vernachlässigung dieses Anspruchs diskutiert (s. Alkohol-, Zigaretten-, Rüstungs-, Kernkraft-, Chemie-Industrie).

Zum anderen müssen sich die Lohnabhängigen fremdbestimmten, "schöpferisch zerstörenden" Änderungen der *Produktionsverfahren* unterwerfen: Nicht die Arbeitenden selbst, sondern Spezialisten legen in der Techno-Bürokratie die optimale Arbeitsform fest; es darf sich keine Vorliebe für bestimmte Verfahren, Maschinen oder Arbeitsorte herausbilden. Arbeitnehmer müssen *deshalb* lernbereit, flexibel und mobil sein!

Des weiteren wird Entfremdung vom *menschlichen Wesen* produziert. Damit ist ein emphatisches Menschenbild vorausgesetzt, das u.a. davon ausgeht, daß es zu den unveräußerlichen Rechten oder Ansprüchen des einzelnen gehört, in seiner Arbeit wirklich und ganz zu werden (z.B. durch abwechslungsreiche, herausfordernde, verantwortungsvolle, qualifizierende, kontaktfördernde Tätigkeiten). Wird dieser Anspruch verweigert, kommt es zur Selbst-Entfremdung; der laute Ruf nach "Selbst-Verwirklichung" ist ein Indiz für das Verlorene und Vermißte.

Aus der Entfremdung vom Gattungswesen folgt, daß auch der *Mitmensch* nicht solidarisch als Partner, sondern vorwiegend als Konkurrent um Vorteile (Bezahlung, günstige Arbeitsbedingungen, Aufstieg usw.) gesehen und behandelt wird. Es ist dann die 'Pathologie der Normalität', den anderen zu instrumentalisieren, ihn also rücksichtslos lediglich als Mittel zum eigenen Zweck zu gebrauchen.

Die beim frühen MARX noch anthropologisch fundierten, aber konsequent aus den gesellschaftlichen (Produktions-)Verhältnissen hergeleiteten Überlegungen sind von SEEMAN (1959) psychologisiert worden; er unterscheidet folgende Entfremdungserscheinungen oder -erfahrungen:

- Normlosigkeit (Anomie),
- Wert-Isolierung (Unverbundenheit der einzelnen normativen Ansprüche in einer Gesellschaft),
- Soziale Isolierung,
- Machtlosigkeit,
- Sinnlosigkeit.

SEEMAN beschränkt sich auf (Oberflächen-)Beschreibung und (Einstellungs-)Messung, während MARX Ursachenanalyse betreibt. SEEMAN kann deshalb auch leicht integriert werden in Anpassungsstrategien, die die grundlegende Situation unverändert lassen. Viele Interventionen im Rahmen von Humanisierungsprojekten können auf SEEMANs Kategorien bezogen werden (auch solche Gestaltungsmaßnahmen sind oder bewirken PE!).

Entscheidend für den vorliegenden Zusammenhang ist, daß die von MARX analysierten Ursachen und die von SEEMAN beschriebenen Folgen untrennbar verbunden sind mit den vorherrschenden Produktionsverhältnissen, die den "Sozialcharakter" determinieren.

Für MARX war die "Umerziehung" von handwerklich und agrarisch geprägten Arbeitskräften zu "indüstriellen" Arbeitnehmern unmittelbar erlebbar. Aus nächster Nähe konnte er (s. auch ENGELS' Bericht über die Lage der arbeitenden Klasse in England) mitverfolgen, mit welcher Brutalität dieser Umformungsprozeß in der Frühphase des Kapitalismus vollzogen wurde (s. Kinderarbeit, überlange Arbeitszeiten, Rechtlosigkeit der Arbeitnehmer etc.; s.a. die oben - S. 83 - abgedruckte Liste von Disziplinierungstechniken aus dieser Zeit). Die Umformung zum Lohnabhängigen war darum kein rein äußeres technisches Geschehen wie etwa die Aneignung von technischen Fertigkeiten zur Maschinenbedienung, sondern erstreckte sich auf die soziale Kodierung des Körpers, der Gefühle, Bedürfnisse, Phantasien und Lebensentwürfe.

Lohnabhängig sein heißt sich bestmöglich verkaufen. Wenn es im Entgelt beruflicher (gesellschaftlicher) Leistungen erhebliches Gefälle gibt (z.B. zwischen einem Arzt und einem Müllwerker), dann müssen diese Unterschiede legitimiert werden. Zentrale Legitimationsprinzipien des Kapitalismus sind Verfügbarkeit (Knappheit), Substituierbarkeit, Leistungsgerechtigkeit: Ein Arzt erhält mehr, nicht etwa deshalb, weil seine Leistung für die Gesellschaft wichtiger wäre, sondern weil sie - wegen der langen Ausbildungszeit -

von weniger Personen erbracht und durch andere Produktionsfaktoren schlechter ersetzt werden kann, weil sie mehr Leistungseinsatz erfordert und/oder mit höherem Risiko, Gesundheitsverschleiß etc. verbunden ist. Kann die Legitimität der Verteilungsprinzipien allgemein durchgesetzt werden, dann lassen sie sich als Motivationsinstrumente einsetzen, indem die Vorteile, die zu vergeben sind, an bestimmte Voraussetzungen gekoppelt werden: Aufstieg, Macht, Einkommen, Status, Sicherheit etc. erhält nur, wer viel kann, viel leistet, große Gefahren auf sich nimmt usw.

Qualitative Überlegungen zur inhaltlichen Gestaltung des Arbeitslebens werden zweitrangig, solange das *objektive* Interesse des Arbeitnehmers darauf gerichtet ist, sein Einkommen zu steigern (bei allgemeiner Teuerung der Lebenshaltung kann in der BRD kaum jemand beschließen, es bei 300 Mark Monatseinkommen zu belassen und gleichzeitig ein menschenwürdiges Leben führen wollen). Damit wird der konservative Charakter der bestehenden Ordnung erklärbar. Diejenigen, die von ihr profitieren, haben kein Interesse daran, sie grundlegend zu verändern, auch wenn Un-Gleichheiten und Un-Gerechtigkeiten offenkundig sind. Solche Meta-Maßstäbe* (Gleichheit, Gerechtigkeit) setzen wiederum ihre Verbindlichkeit voraus und orientieren sich an einer Vision vom "guten Leben", die allzu leicht an den "konkreten Verhältnissen" scheitert - und dies muß latent gehalten werden. Wenn deshalb solche Meta-Kriterien angerufen werden, um überkommene Privilegien abzubauen, dann werden von den so Bedrohten andere Meta-Kriterien geltend gemacht werden (Naturordnung, geheiligte Tradition, Sicherheit, Gemeinwohl, Vermeidung von Unruhen und Blutvergießen, Gewaltlosigkeit, Schutz menschlichen Lebens etc.); diese Bewertungsmaßstäbe konkurrieren dann mit den zunächst oder von anderen absolut gesetzten Kriterien (z.B. Gleichheit, Gerechtigkeit).

Diese abstrakten Überlegungen können konkretisiert werden am Beispiel der *Diskriminierung von Frauen*.

### 2.3.2. Sozialisation von Frauen

Es läßt sich an einer Reihe von Indizien zeigen, daß Frauen als Gruppe benachteiligt sind (z.B. Einkommen, Berufsverteilung, hierarchische Position, siehe dazu die Abb. 2.5 und 2.6).

Wenn Frauen Gleichheit und Gerechtigkeit einklagen, dann wird von denen, deren Privilegien angetastet werden, auf bezeichnende Art reagiert: Es werden die natürliche Bestimmung der Frau zur Mutterschaft oder zu sorgenden, reinigenden, pflegenden, emotionalen Tätigkeiten ins Feld geführt, die relativen Vorteile eines Hausfrauendaseins ausgemalt (Selbständigkeit, Zeitsouveränität, Abwechslungsreichtum), die prinzipielle Chancengleichheit betont (Frauen sind weniger gute "Investitionen", weil sie kürzere und/oder öfter unterbrochene "Nutzungszeiten" haben; Frauen unterliegen im offenen Konkurrenzkampf, weil oder solange sie sich nicht die erforderlichen "männlichen" Qualifikationen angeeignet haben), die Eingespieltheit und Berechenbarkeit der derzeitigen Ordnung hervorgehoben, die nicht für eine ungewisse Alternative aufs Spiel gesetzt werden sollte usw.

- 97 -

**Abb. 2.5:** (aus: Grund- und Strukturdaten 1990/91. Der Bundesminister für Bildung und Wissenschaft, Bonn)

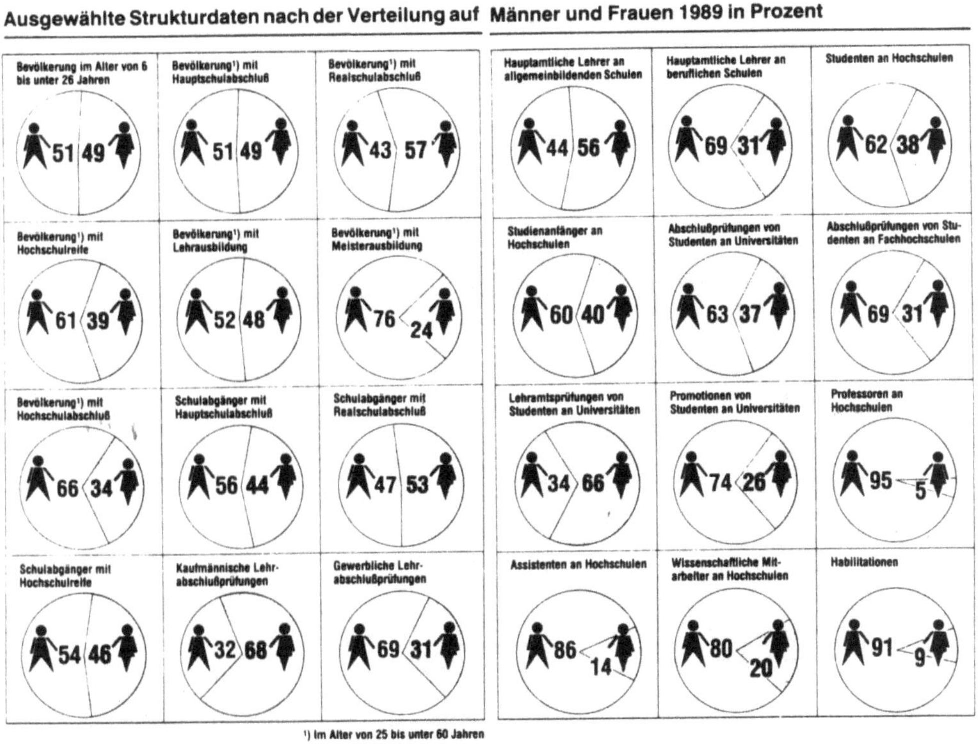

## Ausgewählte Strukturdaten nach der Verteilung auf Männer und Frauen 1989 in Prozent

| Kategorie | M | F |
|---|---|---|
| Bevölkerung im Alter von 6 bis unter 26 Jahren | 51 | 49 |
| Bevölkerung[1] mit Hauptschulabschluß | 51 | 49 |
| Bevölkerung[1] mit Realschulabschluß | 43 | 57 |
| Hauptamtliche Lehrer an allgemeinbildenden Schulen | 44 | 56 |
| Hauptamtliche Lehrer an beruflichen Schulen | 69 | 31 |
| Studenten an Hochschulen | 62 | 38 |
| Bevölkerung[1] mit Hochschulreife | 61 | 39 |
| Bevölkerung[1] mit Lehrausbildung | 52 | 48 |
| Bevölkerung[1] mit Meisterausbildung | 76 | 24 |
| Studienanfänger an Hochschulen | 60 | 40 |
| Abschlußprüfungen von Studenten an Universitäten | 63 | 37 |
| Abschlußprüfungen von Studenten an Fachhochschulen | 69 | 31 |
| Bevölkerung[1] mit Hochschulabschluß | 66 | 34 |
| Schulabgänger mit Hauptschulabschluß | 56 | 44 |
| Schulabgänger mit Realschulabschluß | 47 | 53 |
| Lehramtsprüfungen von Studenten an Universitäten | 34 | 66 |
| Promotionen von Studenten an Universitäten | 74 | 26 |
| Professoren an Hochschulen | 95 | 5 |
| Schulabgänger mit Hochschulreife | 54 | 46 |
| Kaufmännische Lehrabschlußprüfungen | 32 | 68 |
| Gewerbliche Lehrabschlußprüfungen | 69 | 31 |
| Assistenten an Hochschulen | 86 | 14 |
| Wissenschaftliche Mitarbeiter an Hochschulen | 80 | 20 |
| Habilitationen | 91 | 9 |

[1] Im Alter von 25 bis unter 60 Jahren

**Abb. 2.6:** Die 10 häufigsten Ausbildungsberufe für Männer und Frauen
(nach: Berufsbildungsbericht 1989, Übersicht 33, S. 49)

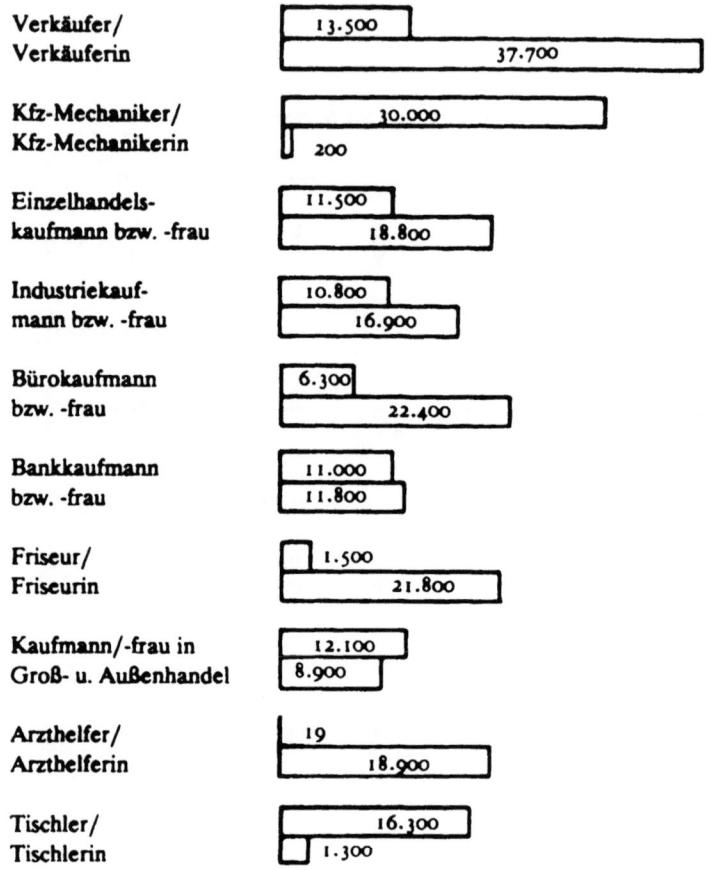

Anstelle der *prinzipiellen* Argumentation, die sich auf Meta-Kriterien bezieht (siehe oben: Gleichheit, Gerechtigkeit) erweist sich eine *instrumentelle* als praktisch vorherrschend. Sie bleibt in den Koordinaten des herrschenden Systems: Wenn gezeigt werden kann, daß männliche Bewerber für bestimmte Arbeitsplätze nicht mehr in ausreichenden Zahlen, mit den erforderlichen Qualifikationen oder zu günstigen Kosten zur Verfügung stehen, dann und erst dann entdeckt *mann* die "Reserve-Armee" der Frauen und erkennt, daß sie "prinzipiell" genauso gut geeignet sind (in Bergwerken untertage, als Weberinnen, als Soldatinnen, Ärztinnen oder Hilfskräfte in Munitionsfabriken während des Kriegs, als Straßenbahnfahrerinnen, als Fachkräfte in gewerblich-technischen Berufen, als Ingenieurinnen ...). Es geht hier nicht darum, zu beweisen, daß z.B. ein Leben für "Kinder und Küche" weniger erfüllend ist als das einer Verkäuferin oder Managerin; es soll vielmehr darauf hingewiesen werden, daß die Wahlmöglichkeiten *systematisch* eingeschränkt werden, so daß es zu einer *strukturellen* Asymmetrie der Chancen kommt (die nicht den Qualifikationen oder Vorlieben einer konkreten Frau geschuldet ist).

Soll es nicht zur offenen Rebellion der Benachteiligten oder Bevormundeten kommen, müssen im Sozialisationsprozeß die geeigneten Haltungen, Eigenschaften und Erwartungen anerzogen werden. Und zwar so sehr, daß sie als selbstverständlich (z.B. gottgewollt, natürlich) oder vorzugswürdig erlebt werden.

Hier taucht die (ontologische, anthropologische) Frage auf, ob es "natürliche" Geschlechtsunterschiede gibt, die für bestimmte berufliche Verwendungen besonders (de-)qualifizieren. Es läßt sich zwar nicht leugnen, daß Frauen im Durchschnitt z.B. kleiner oder schwächer als Männer sind, genauso wenig aber läßt sich leugnen, daß es Frauen gibt, die größer, kräftiger, ausdauernder, trainierter etc. als Männer sind! Die Binnenvarianz innerhalb der Geschlechter dürfte in vielen Fällen größer sein als die Zwischenvarianz zwischen den Geschlechtern. Durchschnitte können zur universalisierenden Argumentation nicht herangezogen werden, weil bei der Auswahl von Männern selbstredend differentielle Kriterien angelegt werden: Auch Männer werden nicht zufällig auf Berufe verteilt; in bestimmten Berufen finden sich gehäuft Männer mit besonderen physischen Voraussetzungen (etwa bei Bauarbeitern, Feuerwehrleuten, LKW-Fahrern ...).

Erzeugt man schon von früher Kindheit an spezifisch weibliche Verhaltenssicherheiten, Lebensentwürfe und Deutungsmuster, dann ist es später einfach(er), berufliche Anforderungen so zu definieren oder einzurichten, daß sie auf diese Vor-Bestimmungen zugeschnitten sind. Mädchen, die gern Puppenspielen, eignen sich für Pflegeberufe und "verwirklichen sich" darin; die Dressur zur Sauberkeit setzt sich in Reinigungsberufen "natürlich" fort; wenn früh mit Stricken und Töpfern die Fingerfertigkeit trainiert wird, dann bewähren sich Frauen später besonders gut in Montage- oder Texterfassungsarbeiten ...

Wenn Frauen "emotional" erzogen werden (so daß sie freundlich, fröhlich, lieb, unaggressiv, sensibel, empfindsam etc. sein dürfen oder müssen), dann können sie später auch ihre so anerzogene Stärke (oder Schwäche?) beruflich verwerten als Stewardeß,

Verkäuferin, Bedienung, Arzthelferin, Krankenschwester, Hosteß (s. HOCHSCHILD 1990). Frauen sind entsprechend dem Weiblichkeitsstereotyp vor-bestimmt für Tätigkeiten der Fürsorge und des Erziehens, des Pflegens und Heilens, des Assistierens und Dienens, des Reinigens und Versorgens ... Sind für diese meist schlechtbezahlten und anstrengenden Tätigkeiten Männer weniger geeignet? Das spezifische 'weibliche Arbeitsvermögen' ist eine gesellschaftliche Konstruktion in legitimatorischer Absicht: mit ihrer Hilfe soll verschleiert werden, daß das Begrenzen oder 'Übersehen' von Ansprüchen und Potenzen der Frauen männliche Vor(ur)teile stabilisiert.

In scheinbar karikierender Form geben KRESBACH-GNATH & SCHMID-JÖRG (1988, S. 186) eine Zusammenstellung stereotypisierender Deutungen von JOSEFOWITZ wieder:

Tab. 2.4: Geschlechtsspezifische Interpretation von Verhalten und Ereignissen

Ein Familienfoto auf SEINEM Schreibtisch:
Ein solider, treusorgender Mann.

*Ein Familienfoto auf IHREM Schreibtisch:*
*Ihre Familie kommt vor dem Beruf.*

SEIN Schreibtisch ist überladen:
Er ist sehr belastbar und fleißig.

*IHR Schreibtisch ist überladen:*
*Sie ist unordentlich und zerfahren.*

ER spricht mit Kollegen:
Er wälzt geschäftliche Probleme.

*SIE spricht mit Kollegen:*
*Sie klatscht.*

ER ist nicht an seinem Schreibtisch:
Er wird in einer Konferenz sein.

*SIE ist nicht an ihrem Schreibtisch:*
*Sie ist wohl auf der Toilette.*

ER ist nicht im Büro:
Er trifft sich mit Kunden.

*SIE ist nicht im Büro:*
*Sie wird beim Einkaufen sein.*

ER ist mit dem Chef zum Essen:
Er macht Karriere.

*SIE ist mit dem Chef zum Essen:*
*Die haben was miteinander.*

Der Chef hat IHN kritisiert:
Er wird sich zusammennehmen.

*Der Chef hat SIE kritisiert.*
*Das wird ihr zugesetzt haben.*

IHM ist Unrecht geschehen:
Ist er wütend geworden?

*IHR ist Unrecht geschehen:*
*Hat sie geweint?*

ER heiratet:
Das gibt ihm mehr Beständigkeit.

*SIE heiratet:*
*Dann kommt ein Kind, und sie geht.*

Bei IHM gibt es Nachwuchs:
Grund für eine Lohnerhöhung.

*Bei IHR gibt es Nachwuchs:*
*Sie fällt aus - die Firma zahlt.*

ER geht auf Geschäftsreise:
Das ist gut für seine Laufbahn.

*SIE geht auf Geschäftsreise:*
*Was sagt ihr Mann dazu?*

ER kündigt und verbessert sich:
Er weiß eine Chance zu nutzen.

*SIE kündigt und verbessert sich:*
*Frauen sind unzuverlässig.*

Auch wenn Männer Ausfallzeiten haben (Wehr- und Ersatzdienst) und Unternehmen verlassen (aus Mobilitäts- oder Karriere-Gründen) sehen sie sich seltener mit 'unausweichlichen' pseudobiologistischen Argumenten konfrontiert wie Frauen. Eine typische Argumentationssequenz ist (siehe auch REISKY, 1991, S. 8 f):
- Sind Frauen jung, besteht stets das 'Gebärrisiko'(!);
- gibt es dieses 'Risiko' nicht mehr, sind sie zu alt für das dynamische Wirtschaftsgeschehen;
- haben sie Erfolg und steigen sie auf, verlieren sie das "typisch Weibliche",
- verzichten sie auf Kinder, sind sie keine 'wirklichen' Frauen,
- haben sie Kinder, steigt das Fehlzeiten-Risiko ...

REISKY (S. 61) resümiert: Eine Frau muß also so gut bzw. noch besser als ein Mann sein und dennoch eine Frau bleiben. Dies erfordert von Frauen schwierige Balanceakte:
1. Abgrenzung vom Ruf der Karrierefrau und von der traditionellen Frauenrolle.
2. Verleugnung von Diskriminierungserfahrungen und Antizipation des Umgangs mit ihnen.
3. Erfüllung männlicher Berufsstandards und Beibehaltung weiblicher Verhaltensanteile.
4. Angestrengte Selbstdisziplin und entspannte Gelassenheit.

Eine Alternative zur *An- oder Einpassung* von Frauen in eine prästabilierte* (Männer-Berufs-)Welt wäre die *Änderung* dieser Welt. Frauen müssen nicht ebenso wie Männer hart, clever, cool, aggressiv, dominant etc. werden, sondern jene Bedingungen, die scheinbar Härte, Coolness, Aggressivität etc. erfordern, müssen auf ihre Folgen und Nebenfolgen untersucht werden - vielleicht zeigte es sich dann, daß es auch für Männer langfristig sinnvoll, gesund und erfüllend ist, emotional zu sein, Angst, Hilfsbedürftigkeit und Schwäche zuzugeben, anstatt immer den Starken, Perfekten und Souveränen markieren zu müssen? Die Anpreisung solcher Tugenden bleibt jedoch wirkungsloser Appell, solange die Strukturregeln, nach denen das marktwirtschaftliche System funktioniert, nicht geändert werden. Sie ändern sich nicht aufgrund märtyrerhaften individuellen Protests, sondern nur wenn sie unter *politischen* Druck gesetzt werden, so daß sich - der immanenten Logik entsprechend - "Kosten und Erträge" ändern, weil andere Bewertungskriterien durchgesetzt werden.

### 2.3.3. Beruflichkeit (Professionalität)

Was eben in Grundzügen für die (vororganisatorische) Sozialisation von Frauen formuliert wurde, läßt sich analog übertragen auf die Herstellung jeder "Beruflichkeit". Bevor grundsätzlicher auf Beruflichkeit eingegangen wird, soll noch an zwei Beispielen die Bedeutung dieses Konzepts veranschaulicht werden. Zunächst soll an Impressionen über die ärztliche Sozialisation das Konzept der 'Professionalisierung' eingeführt werden: Man spricht von einer 'Profession', wenn eine bestimmte Aufgabenbündelung in überbetrieblich gültigen Ordnungen fixiert ist, spezielle Ausbildungs-Einrichtungen und -Wege verbindlich vorgeschrieben sind und der Zugang zum Beruf durch (Standes-)Organisationen kontrolliert wird (Beispiele sind viele "freie Berufe" wie Arzt, Rechtsanwalt, Steuerberater). Bevor jemand als vollwertige Kraft einen solchen Beruf

(Profession) ausüben kann, wird er/sie - meist außerhalb jener Organisationen, in denen er/sie später tätig wird - auf diesen Beruf vorbereitet (Hochschulstudium, Praktika, Volontariate, Facharztausbildung usw.). Wer z.B. Ärztin oder Arzt wird, erlernt nicht nur spezifisches Wissen und bestimmte technische Fertigkeiten, sondern Haltungen, Sprache, Abwehrmechanismen, Selbstverständnis ... - kurz: einen speziellen beruflichen *Habitus*.

*"Habitus als das Prinzip, das Sequenzen regelhafter und objektiv sinnhafter, d.h. das subjektive Wollen und Meinen übersteigender Handlungen hervorbringt, wird definiert als ein systematischer Zusammenhang von Dispositionen des Individuums, die von dessen objektiver Struktur geprägt sind. Dieser Begriff zielt auf die gesamten Lebensäußerungen der Menschen: Die soziale Lage der Individuen, die sich in ihrem Habitus ausprägt, objektiviert sich nicht nur in ihren Strategien der materiellen Reproduktion, in ihren Zeithorizonten und Lebensgewohnheiten, sie äußert sich auch in der äußeren Erscheinung, in den Moralvorstellungen, im ästhetischen Empfinden und im Umgang mit Produkten der Kulturindustrie ... Mit der Kategorie des Habitus werden die äußeren Verhältnisse gewissermaßen in das Subjekt hineingenommen" (BOURDIEU 1982, S. 14).*

Um zu veranschaulichen, daß zur beruflichen Sozialisation weit mehr als die Aneignung theoretischen Wissens oder technischer Fertigkeiten gehört, seien zwei Zitate von SCHNEIDER über die ärztliche Sozialisation [aus BAMME et al. (1983, S. 138 und 139)] angeführt:

*"Sie schneiden, stechen und bohren, sie stecken Geräte verschiedenster Art in allerlei Körperöffnungen, sie fügen Schmerzen zu, sie sehen Blut, Urin, Ausflüsse, Eiterungen und Deformierungen, sie betrachten, riechen und berühren stinkende Wunden und Geschwüre - und sie verrichten all diese Tätigkeiten, ohne mit der Wimper zu zucken ..."*

*"Wenn in der Pathologie die Körperflüssigkeit mit einem Schöpflöffel herausgelöffelt wird, denkst du natürlich an die Küche. Widerlich, weg damit! Wenn dir Eingeweide auf einem Blech, das aussieht wie eine Art Backblech, mit den einleitenden Worten "Es handelt sich hier um eine siebzigjährige alte Dame, die gestern verstorben ist" zur forschenden Betrachtung dargeboten werden, verspürst du dieselbe Regung: Widerwärtig, weg damit! Doch womit? Mit dem Blech oder der alten Dame? Mit der alten Dame natürlich! Alter und Geschlecht ausgenommen, die können wichtig sein für die pathologische Diagnose. Und in der Gerichtsmedizin, wenn du einen alten, toten Mann nackt auf diesem kalten Metalltisch aufgebahrt siehst, den Mund wie zu einem riesigen Schrei aufgesperrt, vom Hals bis zum Schambein eine dicke Naht, zwischen den Schenkeln seine eigenen Eingeweide, dann denkst du vielleicht daran, was die alte Frau mit der er nachmittags immer auf der Parkbank saß und die Tauben fütterte, was die wohl sagen würde, wenn sie ihn so sähe. Aber spätestens, wenn das Dozieren beginnt: Weg! Mit wem eigentlich, mit dem Toten oder mit dir? (G. Schneider, 1979, S. 135 f.)".*

Hier wird deutlich, daß auch eine bestimmte Einstellung zum Menschen erlernt werden muß, die es erlaubt oder erzwingt, ihn als 'Ding' emotionsentlastet, nüchtern und sachlich zu 'verarzten'.

Was für den speziellen Fall ärztlicher Situation hier angedeutet wurde, gilt ganz generell für die Einübung von Berufstauglichkeit durch das Schulsystem in unserer Gesellschaft. Man kann sich die spezifischen Eigenarten dieses Systems vor Augen führen, indem man es mit radikalen Alternativen kontrastiert, die es zu früheren Zeiten oder in anderen Kulturen gab. Wie etwa werden jungen Menschen in einem Bergstamm in Kambodscha die für das Überleben und Funktionieren in ihrer Gesellschaft nötigen Kenntnisse, Fertigkeiten und Haltungen beigebracht?

In unserem Schulsystem gilt unter anderem:

- Der 'Lehr-Stoff' ist von vorgesetzten Stellen reglementiert und formalisiert: die Lehrperson hat sich an vorgeschriebene Inhalte und Abläufe zu halten. Es liegen exakte 'Stundenpläne' vor.
- Die einzelnen Inhalte werden voneinander getrennt und in speziellen Veranstaltungen unterrichtet (oft von verschiedenen spezialisierten Lehrpersonen).
- Der Unterricht findet an speziellen Plätzen (Schulen) statt, die vom üblichen Lebenskreis abgetrennt sind.
- Es gibt fixe Tages- und Wochenzeiten für die Unterrichtung, geregelte Frei- und Ferienzeiten.
- Meist werden viele Kinder gleichzeitig und am gleichen Ort von einer Person unterrichtet.
- Dabei wird auf Einheitlichkeit, Gehorsam, Disziplin und Ordnung geachtet; der natürliche Bewegungs- und Abwechslungsdrang muß unterdrückt werden. Regelmäßige und pünktliche Anwesenheit wird erzwungen.
- Es besteht eine Tendenz zur Verallgemeinerung, Theoretisierung, Formalisierung, Abstraktifizierung: Es wird nicht an konkreten (praktischen) Fällen gelernt, es geht vielmehr um Prinzipien, Generalisierungen, Grundsätze. Der Ausdruck in Hoch- und Formalsprachen ersetzt über weite Strecken praktisches Handeln.
- Der angeeignete Lernstoff wird geprüft und zensiert; die Noten haben nicht nur Beschreibungs-, sondern auch Bewertungscharakter und gewinnen Bedeutung für die spätere Plazierung in der Gesellschaft.
- Das Lernen erfolgt (auch im Hinblick auf die Bewertung) leistungs- und konkurrenzorientiert.

Die Bedeutung all dieser formalen Besonderheiten der schulischen Situation wird offenkundig, wenn man sie in Bezug setzt zu den späteren beruflichen Anforderungen, auf die sie vorbereiten: Leistungs- und Konkurrenzorientierung, Disziplin, Zerstückelung der Arbeit, Formalisierung, Trennung von Arbeit und Leben usw. Schule und Beruflichkeit unterliegen denselben Formzwängen und deshalb sind sie so nahtlos aufeinander ausgerichtet. Es wäre für Betriebe eine außerordentlich zeitaufreibende, kostenintensive und unsichere Aufgabe, die Herstellung der Beruflichkeit in eigene Regie zu nehmen. In diesem Zusammenhang werden erhellende Erfahrungen von Führungskräften deutscher Unternehmen berichtet, die Projekte in Entwicklungsländern zu betreuen hatten und dort mit Einheimischen zusammenarbeiten mußten, die in anderen Mechanismen der Vergesellschaftung aufgewachsen sind (und zum Beispiel der Arbeit fernbleiben, wenn sie genug verdient haben; während der Arbeit stundenlange selbstbestimmte Pausen oder private Unterhaltungen einlegen; öffentliche Kritik als Ehrverletzung und Gesichtsverlust erleben usw.).

Nach diesen *Beispielen* für allgemeine berufsvorbereitende sozialisatorische Einwirkungen soll nun der Gegenstand der Berufs-Ausbildung *systematisch* behandelt werden.

## 2.4. Beruf und Berufsausbildung.

Die Behandlung dieser Thematik ist in zwei Abschnitte gegliedert: Zunächst wird aus allgemeiner berufssoziologischer Sicht die Besonderheit der Organisation von Erwerbsarbeit in *Berufen* erörtert; danach folgt die Darstellung des sog. *dualen Systems der Berufsausbildung* in der Bundesrepublik.

### 2.4.1. Zur Charakteristik von 'Beruf'

In der Berufs-Ausbildung geht es - im Unterschied etwa zu Fort- und Weiterbildung - um die erstmalige systematische Vermittlung jener Qualifikationen (Fähigkeiten, Fertigkeiten, Haltungen, Werte usw.), die für die Bewährung in einem Beruf benötigt werden. Mit der Betonung der Beruflichkeit ist zugleich der Unterschied zu Anlernverhältnissen markiert, bei denen es um die (meist kurzfristige) Einübung von Fertigkeiten zur Erfüllung umgrenzter betriebsspezifischer Aufgabenstellungen geht.

Es ist allerdings nicht einfach, das Kriterium der Beruflichkeit zu definieren. Das amerikanische "Dictionary of Occupational Titles" enthält z.B. über 20 000 Eintragungen, aber es ist nicht klar, ob dem 20 000 verschiedene Berufsbilder entsprechen. Auch bei uns werden immer wieder Versuche unternommen, aus der Vielzahl traditioneller oder modischer "Berufs"-Bezeichnungen zu jenen inhaltlichen Bündelungen von Aufgabenkombinationen vorzudringen, die Aufgabenfelder klar und einsichtig voneinander trennen.

Wie ein Blick in Stellenanzeigen lehrt, gibt es sehr verschiedene Möglichkeiten bestimmte Arbeitsplätze zu bezeichnen. Der Name allein verrät wenig über die jeweilige Anforderungsstruktur: Beispiel: Was sind die Unterschiede zwischen Vertreter, Vertriebsbeauftragter, Regional Sales Manager, Kundenbetreuer, Akquisiteur ...?
Im Folgenden sind einige Bezeichnungen für weibliche Bürokräfte genannt, die bei der Auswertung von Stellenanzeigen in *einer* Samstagsausgabe einer überregionalen Tageszeitung Ende 1990 gefunden wurden. Damit soll illustriert werden, daß aus den Bezeichnungen das spezifische Anforderungs- und Tätigkeitsprofil der jeweilige Stelle kaum exakt erschlossen werden kann: Innendienstsachbearbeiterin, Rechte Hand, Assistentin, Teamassistentin, Mitarbeiterin, Kollegin im Büro, Stelle im Büro- und Schreibdienst, Erste Ansprechpartnerin für unsere Kunden, Sachbearbeiterin, Schreibkraft, Bürokraft, Bürohilfskraft, Datentypistin, Phonotypistin, quicklebendige Allroundfrau, Allrounderin, weibliche Allroundkraft, Kontoristin, Projektassistentin (Sekretariat), Sekretärin, Top-, Chef-, Direktions-, Vorstands-, Anfangs-, Nachwuchs-, Zweit-, Anzeigen-, Team-, Empfangs-Sekretärin, Anwaltsgehilfin, Telefonistin, Registraturkraft, büroerfahrene Dame, Berufsanfängerin im kaufmännischen Bereich, Chef-Lady ....

Bei den Bemühungen um die Entschlüsselung von Berufsbezeichnungen stößt man unausweichlich auf die Erkenntnis, daß der bisherige Zuschnitt der Berufe keiner rationalen Systematik folgt. Berufe sind vielmehr oft nur historisch erklärbare Aufgabenbündelungen, zu denen man sich eine Vielzahl gleich sinnvoller Alternativen vorstellen könnte.

Für ZELLER & BECK (1980) sind Berufe *"institutionalisierte Muster marktrelevanter Arbeitsfähigkeiten von Personen"* (S. 80). BECK, BRATER & TRAMSEN (1976) verstehen unter Beruf *"die strukturierte Gesamtheit eines sozial definierten komplexen*

*Arbeitsvermögens von Personen, die als institutionalisierte Vorgabe der Organisation von Bildungsgängen zugrundeliegt" (1976, I, S. 13).*

Sie vertreten die These von der *"Gleichgültigkeit"* des inhaltlichen Aufbaus von Berufen: es gibt keinen inneren, sachlogischen Zusammenhang der jeweils zusammengefaßten Elemente. Insofern bestehen Berufe aus *"real teilbaren Größen"*, die *"beliebig resynthetisierbar sind"*. Berufe sind *"individuumsneutrale, personenbezogene, vielseitig verwendbare (polyvalente)* Fähigkeitsschablonen oder Arbeitskräftemuster" (1976, I, S. 20).*

Die Einengung einer Person auf das schmale Spektrum eines Berufs ist aus kapitalorientierter Perspektive funktional:

1. Die *dauerhafte Spezialisierung* erspart Ausbildungszeit und läßt das Verhältnis von Ausbildungszeit zu Nutzungszeit günstiger werden [Man stelle sich vor, jede(r) im Gesundheitswesen Tätige erhielte eine volle ärztliche Ausbildung].
2. Die *wechselseitige Ausschließung (Inkompetenzerklärung)* schafft und erhält die Bedingungen des Funktionierens des Systems (Partikularisierung, Abgrenzung, Kontrollierbarkeit).

Längere Ausbildungszeiten sind verbunden mit abstrakteren Inhalten und damit ganz anderen gesellschaftlichen Zugangs- und Verwertungsbedingungen. Mit den verschiedenen Berufen sind nach BECK u.a. jeweils unterschiedliche *"soziale Komplemente"* verknüpft (soziale Stellung, Anrechte, inhaltliche Arbeits- und Einflußmöglichkeiten, Privilegierungen: weniger Belastung, größere Sauberkeit, weniger Gesundheitsrisiken usw.) - es geht also nicht nur um sachlich-technische Aspekte der Ausbildung.

Über Berufe kann man also nicht "übergesellschaftlich" reden, weil ihre Gliederung keiner ahistorischen und weltweit gleichen rationalen Funktionslogik folgt, sondern Ergebnis und Mittel der Sicherung von (tradierten) Vorrechten und Machtpositionen ist. In der Berufs-Ausbildung werden Personen in mehrwertige "Funktionsschablonen" eingewiesen, die sie für einen vage umrissenen Kreis von Verwendungen geeignet machen (s. die oben genannten "sozialen Komplemente" von Berufen).

BECK u.a. betonen deshalb, daß man neben sach-inhaltlichen Zuweisungskriterien auch berücksichtigen müsse, daß Berufe in einer sich ausdifferenzierenden Gesellschaft die wichtige Funktion der "Inkompetenz-Zuweisung" hätten: Es werden in einer arbeitsteiligen Gesellschaft Fähigkeits- und Verantwortungskombinationen zusammengestellt, die relativ eng umgrenzte "Zuständigkeiten" (Kompetenzen) erzeugen, so daß - im Sinne und in Fortzeugung des hierarchischen Aufbaus der Gesellschaft - Koordinationsbedarf entsteht, der durch die dann unentbehrlichen Hierarchie-Stellen befriedigt wird. Jeder Berufszuschnitt stellt gerade wegen der Kompetenzbündelung auch eine Inkompetenzzuweisung in anderen Feldern dar. Inkompetenz (Unzuständigkeit und Unfähigkeit) zwingt jeden Berufsinhaber zu einer selektiven Sicht, zu Partiallösungen. Um die unintendierten Konsequenzen dieser Einschränkung zu bewältigen, müssen wiederum eigene Integrations-Spezialisten(!) ausgebildet und eingesetzt werden.

Als Beispiel für die Zersplitterung von Zuständigkeiten und gegenseitigen Inkompetenzzuweisungen kann das Entwerfen und Einführen neuer Arbeitssysteme gelten; die beteiligten Spezialisten verfolgen jeweils andere Absichten:

| | |
|---|---|
| Kaufleute: | Kosten, Lieferzeiten, Leistungswerte, Abschreibungsmöglichkeiten ... |
| Ingenieure: | technische Aspekte des Maschinensystems; |
| Ärzte: | medizinisch-psychologische Aspekte der an der Maschine arbeitenden Menschen; |
| Organisatoren: | zuständig für die organisatorische Gestaltung des Arbeitsablaufs; |
| Arbeitswissenschaftler: | Humanisator? Nachbesserer? Lückenbüßer? Kosmetiker? |

Im Kleinen wiederholt sich hier, was im gesellschaftlichen Maßstab charakteristisch ist für die Moderne: die zunehmende funktionale Differenzierung einzelner gesellschaftlicher Segmente, deren Zusammenwirken chaotisch-planlos wirkt bzw. der "Selbstorganisation" überlassen bleibt; meistdiskutiertes Beispiel ist die Zerstörung der Umwelt durch Verfolgung von Einzelinteressen.

BECK, BRATER & TRAMSEN (1976, I, S. 44) führen dazu aus:

*"Persönliche Interessen und vitale Ansprüche, deren Verwirklichung sich in gesellschaftlichen Aktivitäten der Person äußern muß - wie z.B. der Wunsch, schöpferisch zu sein; das Bedürfnis, von anderen gebraucht zu werden; die Hoffnung, das eigene Leben nicht sinnlos, sondern für wichtige Aufgaben zu verausgaben; vielleicht auch die Vorstellung, nicht zum Treibsand der Geschichte gehören zu wollen etc. -, sind, unabhängig davon, ob sie nun als 'universelle' oder bloß ideologische Interessen und Bedürfnisse anzusehen sind, nur durch den Engpaß des Berufs hindurch zu realisieren, werden dabei gefiltert, gezähmt, umgelenkt, verformt und für gegebene gesellschaftliche Bestimmungen und Zwecke angepaßt und fruchtbar gemacht: Das persönliche Engagement für Gerechtigkeit, dem jemand nicht anders aktiv und öffentlich dienen kann als dadurch, daß er einen entsprechenden Beruf - z.B. den des Richters oder Rechtsanwalts - ergreift, wird u.U. in diesen Berufen weniger zur Aufrichtung gerechter Verhältnisse als zur Stabilisierung bestehender gesellschaftlicher Normensysteme bzw. zur Legalisierung der Durchsetzung partikularer Interessen benutzt.*

*Gleichzeitig bleibt jeder, der bereits einen Beruf erlernt hat, von zahlreichen anderen 'ernstzunehmenden' Äußerungs- und Aktivitätsmöglichkeiten ausgeschlossen: So wichtig und sinnvoll er auch Beschäftigungen außerhalb seines eigenen Berufs finden mag - er kann ihnen erst dann nachgehen, wenn er die ihnen entsprechende Kompetenz erwirbt, d.h. seinen Beruf wechselt. Versucht er, 'außerberuflich' solchen subjektiven Sinn zu realisieren, wird diese Tätigkeit zur 'Freizeitbeschäftigung' und zum Hobby, wodurch sie aber privatisiert wird und nicht auf gesellschaftlichen Bedarf und fremde Bedürfnisse, sondern auf ihn selbst bzw. seine Primärgruppe zurückgerichtet und im Eigeninteresse befangen bleibt.*

*Daher kanalisieren, beschränken und beschneiden berufliche Kompetenzen alles das, was Personen aus einem möglichen Anspruch auf sinnvolle und konkretnützliche Tätigkeit heraus an Problemlösungspotentialen, aktiver Teilnahme, Wissen und Können, Orientierung am anderen und an gesellschaftlichen Problemen etc. hervorzubringen imstande sind. So kann u.U. die persönliche Aneignung bestimmter Berufe zugleich auch als ein 'Dressurakt' der Person zur Unterdrückung von Eigenaktivität und Sinnorientierung und zur Verfestigung von Gleichgültigkeit und Indifferenz gelten. Jenseits des Berufs bleibt nur die Spielwiese der Freizeitbeschäftigungen, auf der sich zwar beruflich ungenutzte Möglichkeiten, Aktivitäten und Interessen 'austoben' können, die aber von vornherein unverbindlich den Makel gesellschaftlicher Privatheit tragen."*

Berufliche Kompetenzen haben Doppelcharakter (BECK u.a. 1976, I, S. 35): Sie sind zugleich *inhaltliche Spezialisierung* und *soziale Differenzierung*: Es gibt deshalb Bewertungs-, Nützlichkeits- und Wichtigkeitsunterschiede der Berufe. Das führt zu solch fragwürdigen Urteilen wie: Eine Krankenschwester verdient(!) weniger (ist weniger angesehen? weniger nützlich? weniger wichtig?) als ein Ingenieur! Derartige Reputationen haben nicht nur soziale, sondern auch subjektive Rückwirkungen:

*"Berufliche Kompetenzen bilden das gesellschaftlich lizensierte Nadelöhr der Selbstobjektivierung und Eigen-Realisation" (BECK u.a., 1976, 1, 43).*

Dazu führen BECK, BRATER & DAHEIM (1980) näher aus:

*"Die in Berufen eingelassene Persönlichkeitsentwicklung ist ... hochgradig selektiv, und zwar*
- *nach Gesichtspunkten der beruflichen Spezialisierung,*
- *nach Herkunftsgesichtspunkten und*
- *nach Kriterien der Verkaufbarkeit.*

*a) Spezialisierung*

*Arbeitsfähigkeiten zu verberuflichen heißt ja gerade, sie aus dem Gesamtkreis von Arbeitsvermögen herauszu'schneiden' und als spezialisiertes Bündel dauerhaft gegen andere 'Arbeitskräftemuster' abzugrenzen. Da Berufe grundsätzlich nur solche Fähigkeiten einschließen können, die zumindest ihrer Anlage nach im Bereich der persönlichen Möglichkeiten jedes Menschen liegen (im Unterschied zu magisch-charismatischen Fähigkeiten, ...), bedeutet dies, daß jeder Beruf als 'Entwicklungsschablone' nur einen sehr kleinen Ausschnitt dessen überhaupt aufgreift und entfaltet, wozu der einzelne im Prinzip fähig wäre. Berufe sind also, in pädagogischer Hinsicht, Medien der Vereinseitigung, die mehr latente Fähigkeiten unterdrücken bzw. nicht entwickeln, als sie wirklich zu einer besonderen Ausprägung führen. Hier wird das Doppelgesicht der beruflichen Persönlichkeitsschablonen wieder unmittelbar sichtbar, einerseits Entwicklung überhaupt zu ermöglichen und z.T. sogar zu einer ganz außerordentlichen Verfeinerung und Differenziertheit zu führen, andererseits aber genauso die Entwicklung sehr vieler Fähigkeitsbereiche gerade zu verhindern ...*

*b) Herkunft*

*Die Dominanz ökonomischer Prinzipien in der beruflichen Entwicklung der Fähigkeiten äußert sich, wie mehrfach erwähnt (...), u.a. darin, daß die Ausbildung insgesamt unter dem Druck der Verbilligung, Rationalisierung und Rentabilität steht. Das heißt z.B., daß jeder Lernprozeß, der zu einem Wissen und Können führt, das nicht verwertbar ist, als 'Fehlinvestition' betrachtet werden muß.*

*Dieser ausbildungsökonomische Zusammenhang hat aber für den einzelnen auch den Effekt, daß er in seiner Berufsausbildung keine großen Sprünge machen kann, sondern möglichst eng an das anknüpft, was er schon in vorangegangenen Lernprozessen erlernt hat. Nur wenn er seine jeweiligen Ausbildungsmittel und -voraussetzungen möglichst konsequent zu nutzen weiß, kann er mit relativ kurzen und billigen Ausbildungszeiten auskommen. Das aber heißt: Die 'wirtschaftlichste' Ausbildung ist diejenige, die keine grundlegend neuen Fähigkeiten vermittelt, sondern vorhandene einfach verlängert oder intensiviert.*

*Wenn es nämlich richtig ist, daß unterschiedliche soziale Schichten bzw. Herkunftsmilieus unterschiedlich sozialisieren und also dem einzelnen unterschiedliche Grundfähigkeiten vermitteln, dann reproduziert die ökonomisch günstigste Berufsausbildung genau diese herkunftsmilieuspezifischen Grundqualifikationsmuster. Mit anderen Worten: Im Beruf werden diejenigen Fähigkeiten aufgegriffen und zu besonderer Perfektion gebracht, die dem Herkunftsmilieu des einzelnen entsprechen bzw. hier besonders gut angelegt wurden. Berufliche Sozialisation wirkt damit ungleichheitsstabilisierend, nicht 'kompensatorisch'. Sie vertieft und verlängert milieuspezifische Erziehungs- und Lerndefizite bzw. Verzerrungen und gleicht sie nicht aus.*

*c) Verkaufbarkeit*

*Eine dritte Dimension der Selektivität beruflicher Fähigkeitsentwicklung liegt schließlich in dem ebenfalls aus den Konstitutionsbedingungen der Berufe erklärbaren Sachverhalt, daß in Berufsbildern grundsätzlich nur solche Qualifikationen und Fähigkeiten enthalten sein können, die am Arbeitsmarkt einen Käufer finden bzw. dem Berufstätigen ausreichende Tausch- und damit Einkommenschancen verschaffen ...*

*Hier wird der oben genannte Grundsachverhalt besonders deutlich, daß im Beruf als 'Persönlichkeitsmodell' ökonomische alle anderen Maßstäbe und Zielpunkte der persönlichen Entwicklung - etwa pädagogische, philosophische, religiöse usw. - überlagern: Indem nur solche Fähigkeiten Bestandteil eines Berufs werden können, die 'verkaufbar' sind, bleiben weitere und unter anderen Gesichtspunkten zweifellos wichtige Fähigkeitsbereiche aus den Berufsbildern und damit aus dem Entwicklungsmodell der 'Berufspersönlichkeit' grundsätzlich ausgeklammert. Dazu gehören mindestens alle musischen Fähigkeiten (sofern sie nicht in einer Sonderform selbst verberuflicht werden können), bestimmte soziale und kommunikative Fähigkeiten wie Empathie, Mitleid, soziale Sensibilität, ferner emotionale Qualitäten, Spontaneität und Kreativität, philosophische oder religiöse Erkenntniskräfte, überhaupt alle Fähigkeiten, die mit einer Vertiefung des menschlichen Seinsverständnisses, mit der Beantwortung existentieller Fragen zu tun haben. ...*

*'Verkäuflich' sind sie [die Fähigkeiten O.N.] immer erst dann, wenn sie gerade nicht mehr dem Selbstausdruck, der Lebensbewältigung oder Selbstklärung des einzelnen dienen, sondern in irgendeiner Weise von anderen nutzbar sind (bzw. anderen als für sie nützlich angepriesen werden können).*

### 2.4.2. Das duale System der Berufsausbildung in der Bundesrepublik

#### 2.4.2.1. Historische und rechtliche Hintergründe der Berufsausbildung

Eine abgeschlossene(!) Berufs-Ausbildung ist die Eingangsvoraussetzung für den Erwerb des Status eines "Fach-Arbeiters" im Unterschied zum un- und angelernten (Hilfs-)Arbeiter. Facharbeiter haben eine wesentlich geringere Arbeitslosenquote, sind schneller vermittelbar; Facharbeiter haben auch das qualifizierte Fundament für bestimmte aufbauende Bildungsgänge, weil und sofern in ihrer Ausbildung nicht nur die Beherrschung spezifischer Fertigkeiten trainiert, sondern generalisierbares Wissen vermittelt wurde, das zudem formal zertifiziert ist. Außerdem - und hier zeigt sich einmal mehr das Verkürzende einer Beschränkung auf eine nur tätigkeits- oder gegenstandsbezogene Betrachtung - werden durch eine 2 - 3 $^{1}/_{2}$-jährige Ausbildung nicht nur dienliche *technische* Fähigkeiten, Fertigkeiten und Kompetenzen vermittelt, sondern auch nützliche normative und emotionale Standards (Ansprüche an Wertschätzung, Status, Einkommen, Behandlung; Gruppenbewußtsein, Werkstolz; staatsbürgerliches Wissen, Ausdrucksfähigkeit usw.).

Die rein quantitative Bedeutung der Berufs-Ausbildung erhellt dadurch, daß 1988 55,9% aller Schulabgänger von Allgemeinbildenden Schulen (Hauptschulen, Realschulen, Gymnasien, Sonderschulen) eine Berufsausbildung im dualen System anstrebten (der Rest besuchte weiterführende Schulen, wurde erwerbslos, begann als ungelernte Kraft usw.) (Bundesminister für Bildung und Wissenschaft, 1989, S. 52).

Diese Statistik macht auch deutlich, daß man Berufs-Ausbildung nicht losgelöst sehen darf von der Organisation des Schulsystems (für die Bundesrepublik siehe dazu Abb. 2.7), weil Fortsetzung oder Abschluß von schulischer Ausbildung ebenfalls als Berufs-Vorbereitung oder -Qualifikation zu werten sind. Schulen sind "Lebenschancenzuteilungsämter" (SCHELSKY), sie erfüllen eine wichtige Schleusungsfunktion, weil sie in bestimmte Be-rufe einweisen bzw. vor bestimmten Berufen zu überwindende Hürden sind. Damit konkurrieren und/oder korrelieren sie mit dem zweiten Selektionsmechanis

## Abb. 2.7: Das Schulsystem der BRD aus der Broschüre des Bundesbildungsminister 1990

### Grundstruktur des Bildungswesens in der Bundesrepublik Deutschland 1990

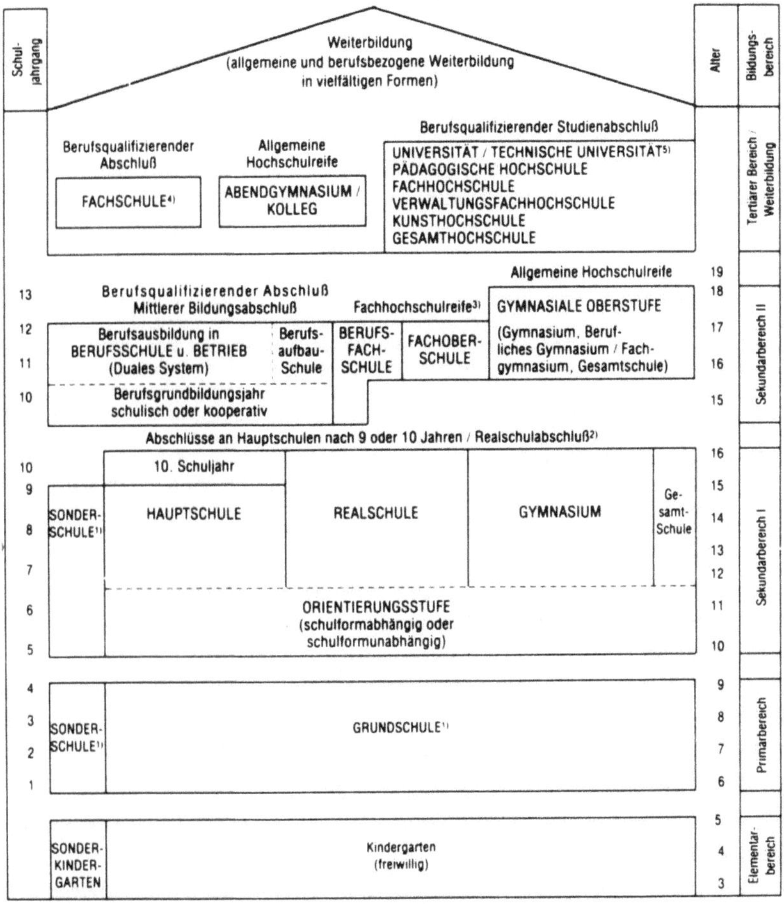

**Weiterbildung** (allgemeine und berufsbezogene Weiterbildung in vielfältigen Formen)

**Tertiärer Bereich / Weiterbildung:**
- Berufsqualifizierender Abschluß: FACHSCHULE[4]
- Allgemeine Hochschulreife: ABENDGYMNASIUM / KOLLEG
- Berufsqualifizierender Studienabschluß: UNIVERSITÄT / TECHNISCHE UNIVERSITÄT[5], PÄDAGOGISCHE HOCHSCHULE, FACHHOCHSCHULE, VERWALTUNGSFACHHOCHSCHULE, KUNSTHOCHSCHULE, GESAMTHOCHSCHULE

**Sekundarbereich II** (Schuljahrgang 10–13, Alter 15–19):
- Berufsqualifizierender Abschluß / Mittlerer Bildungsabschluß
- Berufsausbildung in BERUFSSCHULE u. BETRIEB (Duales System)
- Berufsaufbauschule
- BERUFSFACHSCHULE
- Fachhochschulreife[3] / FACHOBERSCHULE
- Allgemeine Hochschulreife / GYMNASIALE OBERSTUFE (Gymnasium, Berufliches Gymnasium / Fachgymnasium, Gesamtschule)
- Berufsgrundbildungsjahr schulisch oder kooperativ

**Sekundarbereich I** (Schuljahrgang 5–10, Alter 10–16):
Abschlüsse an Hauptschulen nach 9 oder 10 Jahren / Realschulabschluß[2]
- 10. Schuljahr
- SONDERSCHULE[1]
- HAUPTSCHULE
- REALSCHULE
- GYMNASIUM
- Gesamtschule
- ORIENTIERUNGSSTUFE (schulformabhängig oder schulformunabhängig)

**Primarbereich** (Schuljahrgang 1–4, Alter 6–9):
- SONDERSCHULE[1]
- GRUNDSCHULE[1]

**Elementarbereich** (Alter 3–5):
- SONDERKINDERGARTEN
- Kindergarten (freiwillig)

Schematisierte Darstellung. In einzelnen Ländern bestehen Abweichungen. Durchlässigkeit zwischen den Schulformen ist bei Erfüllung bestimmter Voraussetzungen grundsätzlich gewährleistet. Vollzeitschulpflicht 9 Jahre (in BE und NW 10 Jahre), Teilzeitschulpflicht 3 Jahre.

[1] Sonderschulen mit verschiedenen Sparten entsprechend den Behinderungsarten im Bereich der allgemeinbildenden und beruflichen Schulen.
[2] Nachträglicher Erwerb dieser Abschlüsse für Erwachsene an Abendhauptschulen und Abendrealschulen möglich.
[3] Die Fachhochschulreife kann auch z. B. an Berufsfachschulen und Fachschulen erworben werden.
[4] Dauer 1–3 Jahre; einschließlich Schulen des Gesundheitswesens die für Berufe des Gesundheits- und Pflegedienstes eine berufliche Erstausbildung vermitteln.
[5] Einschließlich Hochschulen mit einzelnen universitären Studiengängen (z. B. Theologie, Philosophie, Medizin, Verwaltungswissenschaften, Sport).

mus, der für die Ausfüllung von Berufs-Angeboten sorgt: der Sog- oder Zug-Wirkung, die von den Berufen ausgeht (Sozialprestige, Einkommensniveau, Arbeitsplatzsicherheit ...).

Ziel der Berufsausbildung ist es, Jugendliche mit den Kenntnissen, Fertigkeiten, Haltungen und Werten auszustatten, die sie zur Bewältigung aktueller fachlicher und betrieblicher Berufsanforderungen brauchen; gleichzeitig sollten sie auf künftige Veränderungen der Arbeitswelt vorbereitet werden und lernen, die sozialen Anforderungen am Arbeitsplatz und im Berufsleben zu bewältigen (siehe Berufsbildungsbericht 1981, S. 46).

Ein Zitat über die Ziele der Lehrlingsausbildung aus einer Broschüre der M.A.N. aus dem Jahr 1923 (nach VON BEHR 1981, S. 108) zeigt, daß die enge Koppelung von fachlicher und 'charakterlicher' Bildung seit langem ein erklärtes Anliegen ist:

"Die Ausbildung soll tüchtige Facharbeiter für die Industrie erziehen, welche Denkfähigkeit und Selbständigkeit besitzen, nicht einseitiger sind, als bei einer Sonderausbildung unvermeidlich wird, die für den Zusammenhang ihrer Arbeiten mit denen anderer Verständnis haben, die mit den technischen und wirtschaftlichen Seiten ihres Berufes voll vertraut sind, deren Verantwortlichkeitsgefühl für die Folgen ihrer Tätigkeit entwickelt ist, die Umsicht besitzen und Genauigkeit und Güte der Arbeit mit wirtschaftlicher Schnelligkeit zu vereinigen wissen. Die Erziehung soll aber auch den Menschen bilden zu einem ruhigen, zuverlässigen, in gutem Sinne selbstbewußten Charakter, der strebsam ist, Ordnung und Sauberkeit liebt, der Freude und Stolz an seinem Berufe hat; zu einem verträglichen Kameraden in der Werkstatt, der auch mit seinem Arbeitgeber in gutem Verhältnis steht; zu einer urteilsfähigen Persönlichkeit, die am Gelingen ihrer Arbeit, am Gedeihen ihres Werkes Interesse und Achtung vor den Überzeugungen und dem Eigentum anderer hat; zu einem tüchtigen Staatsbürger, dem auch die Wohlfahrt seines Landes am Herzen liegt".

In Deutschland wurde eine systematische 'besonderte' Berufsausbildung erst um die Jahrhundertwende eingeführt (erste Lehrwerkstätten, die diesen Namen verdienen, gab es seit ca. 1890 bei Schuckert in Nürnberg und bei der M.A.N. in Augsburg (s. VON BEHR 1981, S. 41). Die Ab-Sonderung der Berufsausbildung aus dem Produktionsprozeß wurde erforderlich, weil sich bei zunehmender Expansion der Betriebe und steigenden fachlichen Anforderungen mit der herkömmlichen Methode des 'Lernens durch Tun' der Bedarf an qualifizierten Kräften nicht mehr decken ließ.

Die Geschichte der Rechtsgrundlagen der beruflichen Bildung folgt den in der Praxis entwickelten Innovationen:

*"Mit der Gewerbeordnung von 1869, die auf dem Grundsatz der Gewerbefreiheit beruht, beginnt die Entwicklung der Rechtsgrundlagen für ein Berufsbildungssystem. Wesentliche Bestimmungen für die Lehrlingsausbildung enthielten erstmals die Novellen der Gewerbeordnung von 1897 und 1908, in denen 'allgemeine' Bestimmungen für die Einstellung von Lehrlingen in Industrie und Handel und 'besondere' Bestimmungen für die Einstellung von Lehrlingen im Handwerk getroffen und für Ausbildungsbetriebe im Handwerk ein Befähigungsnachweis (Meisterbrief des Betriebsinhabers) vorgeschrieben wurden. Erst im auslaufenden 19. Jahrhundert begannen Regelungen der industriellen Ausbildungsberufe mit dem Ziel, zu einer klaren Kennzeichnung der einzelnen Berufe und zu einheitlichen Ausbildungsunterlagen zu kommen. Seit 1925 wurden 'Ordnungsmittel' für die Ausbildung von einzelnen Berufen vom 'Deutschen Ausschuß für Technisches Schulwesen' (DATSCH), einer Einrichtung der Arbeitgeber, entwickelt. Danach wurden erstmals im Jahre 1930 von den Kammern Facharbeiterprüfungen abgenommen. Seit 1939 bedurften die Ausbildungsberufe und die Ausbildungsordnungen der Anerkennung*

*durch den Reichswirtschaftsminister. Im Jahre 1939 wurde der DATSCH in ein staatliches 'Reichsinstitut für Berufsbildung in Handel und Gewerbe' umgewandelt. Insgesamt wurden dort bis Kriegsende die Ordnungsmittel für annähernd 1000 anerkannte Lehr- und Anlernberufe erarbeitet.*

*Nach dem Zweiten Weltkrieg wurde diese Aufgabe teilweise fortgesetzt; der Bundesminister für Wirtschaft erkannte Ausbildungsberufe und Ausbildungsordnungen an, die jedoch nicht den Rechtsverordnungscharakter der heute nach dem BBiG (Berufsbildungsgesetz) erlassenen Ausbildungsordnungen hatten.*

*Die Vorarbeiten hierzu wurden für Industrie und Handel von der 'Arbeitsstelle für betriebliche Berufsausbildung' (AAB), einer Einrichtung der Spitzenverbände der Arbeitgeber, geleistet. Im Rahmen der Arbeit der AAB wurden Sachverständige der Gewerkschaften zunehmend an den Vorarbeiten zu den einzelnen Ausbildungsordnungen beteiligt. In der Endphase (etwa 1969) verließ keine Ausbildungsordnung die AAB, welche nicht die Zustimmung beider Sozialpartner gefunden hatte.*

*Für das Handwerk bestanden andere Regelungen. Hier wurden die Vorarbeiten für den Erlaß von Ausbildungsordnungen von den Fachverbänden geleistet. Durch das Berufsbildungsgesetz von 1969 sind die Aufgaben der AAB auf das Bundesinstitut für Berufsbildungsforschung (jetzt: Bundesinstitut für Berufsbildung) übergegangen. Seit die auf verschiedene Ministerien verteilten Zuständigkeiten für die außerschulische berufliche Bildung Anfang 1973 beim Bundesminister für Bildung und Wissenschaft (BMBW) zusammengefaßt wurden, erfolgt der Erlaß von Ausbildungsverordnungen durch den jeweiligen Fachminister im Einvernehmen mit dem BMBW" (WITTWER, 1985, S. 258 f).*

Allein die Aufzählung der Rechtsvorschriften, die heute für die Berufsausbildung unmittelbar von Belang sind, würde eine volle Seite füllen. Von fundamentaler Bedeutung ist das Grundgesetz, das in Artikel 2, Absatz 1 feststellt:

*"Jeder hat das Recht auf freie Entfaltung der Persönlichkeit, soweit er nicht Rechte anderer verletzt und nicht gegen die verfassungsmäßige Ordnung oder das Sittengesetz verstößt."*

Und im Artikel 12, Absatz 1 heißt es:

*"Jeder hat das Recht, Beruf, Arbeitsplatz und Ausbildungsstätte frei zu wählen."*

Diese grundsätzlichen Bestimmungen garantieren aber weder das Vorhandensein von Ausbildungsplätzen, noch zwingen sie die Anbieter von Ausbildungsplätzen, sie jedem Interessenten auf seinen Wunsch hin zugänglich zu machen. Außerdem legen sie die inhaltliche Gestaltung von Ausbildungsverhältnissen nicht fest. Dies ist - wie oben schon gesagt - erst relativ spät (1969) in einem speziellen 'Berufsbildungsgesetz' (BBiG) geregelt worden. Dieses Gesetz schreibt das sogenannte *'duale System'* der Berufsausbildung fest.

### 2.4.2.2. Das duale System: Rahmenbedingungen und Bewertung

Obwohl die Tatsache selbst schon etwa hundert Jahre alt ist (s. die obigen Ausführungen zur 'Geschichte der Berufsausbildung'), wird der Begriff 'dual' erst seit der Mitte der 60er Jahre gebraucht und zwar in 'Empfehlungen und Gutachten des Deutschen Ausschusses für das Erziehungs- und Bildungswesen' (1953-1965, Stuttgart 1966, S. 484).

Der Begriff 'dual' bezieht sich auf mehrere Sachverhalte:

- *Ort der Ausbildung*: Die Berufsausbildung ist zwischen Betrieb und Schule aufgeteilt, so daß die einen für Praxis und Fachbildung, die anderen für Theorie und Allgemeinbildung zuständig sind.

- *Rechtliche Zuständigkeit*: Die Verantwortung für die Regelung und Überwachung der Berufsausbildung wird einerseits vom Bund (wegen seiner Gesetzgebungskompetenz in bestimmten Fragen des Arbeits- und Wirtschaftsrechts), andererseits von den Ländern (wegen ihrer Kultushoheit) wahrgenommen.
- *Durchführung, Regelung, Finanzierung*: Der betriebliche Teil der Ausbildung ist privatrechtlich, der schulische Teil öffentlich-rechtlich geregelt. Im einen Fall sind die 'zuständigen Stellen' (Kammern etc.) verantwortlich für Organisation, Überwachung, Prüfung, im anderen die Schulbehörden. Der betriebliche Teil der Ausbildung wird von den Betrieben, der schulische von der Öffentlichen Hand finanziert.
- *Personen*: Auf betrieblicher Seite (a): Betrieblicher Ausbildender, Ausbilder, Ausbildungsbeauftragte; auf schulischer Seite (b): Berufsschullehrer. Die Eignung von (a) wird durch die Ausbildereignungsverordnung von den Kammern etc. festgestellt, von (b) durch Staatsprüfung.

Neben dem BBiG sind für Ausbildungs-Verhältnisse noch die Schulgesetze der Länder und z.B. Ländergesetze zum Bildungsurlaub, das Jugendarbeitsschutzgesetz und vor allem das Betriebsverfassungsgesetz (BetrVG) von Bedeutung (das letztere insbesondere wegen der in den §§ 92, 96, 97 und 98 festgelegten Mitwirkungsrechte des Betriebsrats in personellen Angelegenheiten).

Das *'duale System'* ist mit einer differenzierten Balancierung der Verantwortlichkeiten verbunden. Die komplexe Aufteilung der Zuständigkeiten und die Vielzahl befaßter Institutionen sind aus Abb. 2.8 ersichtlich. Dieses Schema ist zweigeteilt: links (im 'betrieblichen Teil') sind die durch Bundesgesetz geschaffenen Einrichtungen aufgeführt, rechts (im 'schulischen Teil') die Organe, die der Verantwortung der Länder unterstehen.

Die Abbildung zeigt, daß Rechtsverordnungen, Ausbildungsordnungen, Richtlinien für Prüfungsordnungen, Ausbildereignungsverordnungen usw. von der Bundesregierung erlassen werden, die in diesen Angelegenheiten vom 'Bundesinstitut für Berufsbildung' (BIBB) beraten wird. Das BIBB ist auch zuständig für die Beratung von überbetrieblichen Lehrwerkstätten und Fernlehrgängen, die Förderung von Forschung und Modellversuchen, die Erhebung von Statistiken und den Entwurf des jährlichen 'Berufsbildungsberichts' der Bundesregierung.

Die Gesamtverantwortung für die Ausbildung in ihrer Region hat der Bund aber den sogenannten 'zuständigen Stellen' übertragen (das sind in erster Linie die Handwerks- sowie Industrie- und Handelskammern). Die 'zuständigen Stellen' führen ein Verzeichnis aller Ausbildungsverhältnisse in ihrer Region, überwachen und beraten (z.B. durch die bei ihnen beschäftigten 'Ausbildungsberater') die ausbildenden Betriebe und stellen die fachliche und persönliche Eignung der Ausbilder fest, haben Mitbestimmungsrechte bei der Gestaltung der Prüfungsordnung, den Prüfungsaufgaben und der Zulassung zur Prüfung.

Die Wirksamkeit der 'zuständigen Stellen' als Kontroll- und Aufsichtsorgane ist jedoch umstritten, weil zum einen die Kammern Organe der in ihnen zusammengefaßten Betriebe sind (und somit Selbst-Kontrolle praktiziert wird) und zum anderen die fachlich zuständigen *Ausbildungsberater* (AB) überfordert sind. Die Tabelle 2.5 (zusammengestellt aus Angaben des Berufsbildungsberichts 1989, S. 39 und S. 159) zeigt, daß es 1987 für die einzelnen Branchen sehr unterschiedliche Relationen zwischen Azubis und

**Abb. 2.8:** Das duale System der Berufsausbildung in der BRD

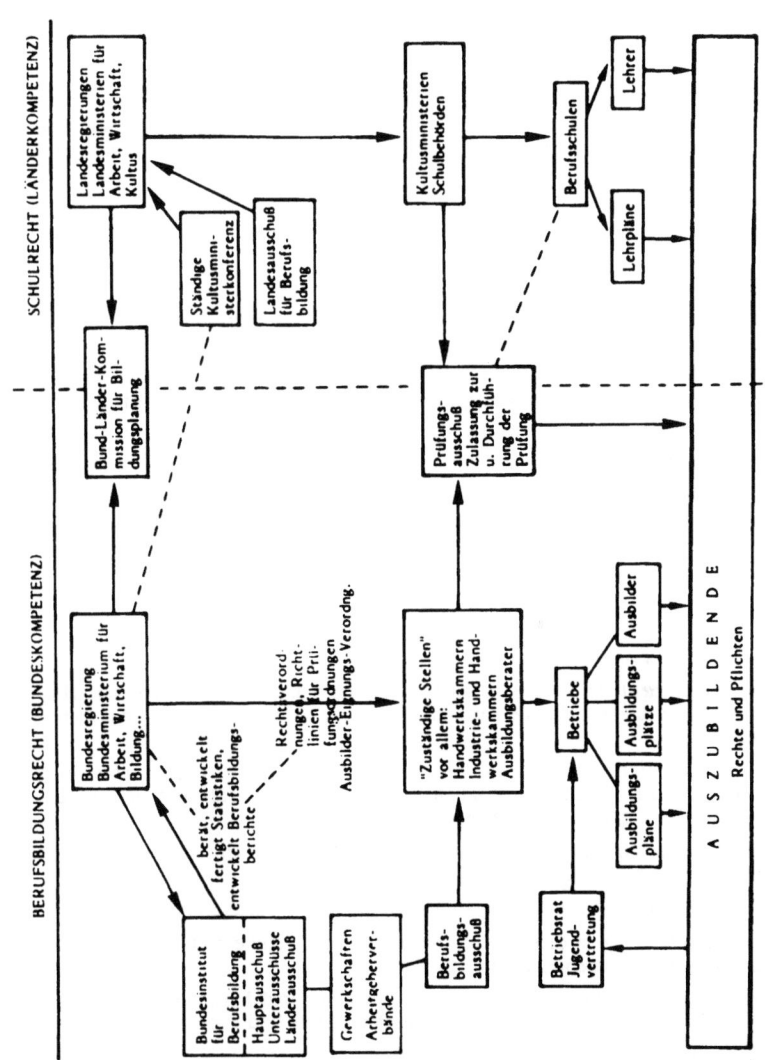

Ausbildungsberatern (AB) und auch sehr verschiedene Strukturen (Verhältnis der haupt- zu den ehrenamtlichen AB) gab. Die Gesamtzahl der AB ist aber viel zu niedrig, als daß die Beratungen für Betriebe und Auszubildende mit wünschenswerter Intensität hätten durchgeführt werden können.

**Tab. 2.5: Haupt- und ehrenamtliche Ausbildungsberater in Relation zur Zahl der Auszubildenden in verschiedenen Arbeitsfeldern**

| Branche | Gesamtzahl der Auszubildenden | hauptamtliche Ausbildungsberater | ehrenamtliche Ausbildungsberater |
|---|---|---|---|
| Industrie u. Handel | 865 963 | 333 | 18 |
| Handwerk | 617 823 | 134 | 5 735 |
| Freie Berufe | 125 055 | 5 | 735 |
| Öffentlicher Dienst | 71 675 | 222 | 174 |
| Landwirtschaft | 44 553 | 519 | 5 |

Das dichte Netz formaler Regelungen für die Berufsausbildung läßt darauf schließen, daß es hier um einen Gegenstand von großer (gesellschafts-)politischer Bedeutung geht. Es ist verständlich, daß die Betriebe die Ausbildungsgestaltung soweit wie möglich in eigene Verantwortung übernehmen und der staatlichen Administration entziehen möchten. Eine dezentralisierte und flexible Organisation schafft zwar einerseits die Voraussetzung für das rasche Eingehen auf Besonderheiten und Möglichkeiten, gefährdet aber andererseits die Chancen-Gleichheit für alle Betriebe und Auszubildenden.

**Vorteile und Nachteile des 'dualen Systems'**

*Die Vorteile des dualen Systems:*
- Die überbetriebliche schulische Ausbildung kann allgemeine Bildungsaufgaben wahrnehmen, für die betriebliche Ausbilder nicht zur Verfügung stehen oder nicht kompetent sind.
- Die hypothetischen, abstrakten, theoretischen Situationen der schulischen Ausbildung werden ergänzt durch die Möglichkeit zur konkreten Tätigkeit und zu Erfolgserlebnissen bei eigenverantwortlichen Projekten.
- Gerade wenn Azubis *eigene* Projekte durchführen können, machen sie Erfahrungen in Planung, Organisation, Koordination.
- Sozialverhalten kann mit 'Normalmitgliedern' des Betriebs trainiert werden.
- Die Eingliederung in den Betrieb, die sich in der Schule nicht simulieren läßt, wird konkret vorgenommen/erfahren.
- (Viele) Betriebe sind - im Hinblick auf Verfahren und Maschinen - besser ausgestattet als Schulen, die nicht immer die neuesten Geräte und Programme besitzen.

International genießt das duale System der BRD Anerkennung [s. Weiß, R., 1985; auch von Gewerkschaftsseite wird festgestellt: *'Duales System ist Spitze'* (s. Gewerkschaftsreport, Heft 2, S. 4-8)]. Das duale System ist relativ flexibel und kann sich neuen aus der Praxis kommenden Anforderungen relativ schnell anpassen. Dafür spricht zum Beispiel die Neuordnung der Ausbildungsberufe - früher an die 1000, jetzt unter 350:

Am Beispiel der Neuordnung der *industriellen* und der *handwerklichen* Metall-Berufe sollen kurz die Grundideen dieser Revision illustriert werden. Wie aus den Abbildungen 2.9 und 2.10 hervorgeht, ist der Versuch unternommen worden, nach inhaltlichen Überlegungen Ausbildungsgänge zusammenzufassen und zu stufen: Nach einer für alle Spezialisierungen einheitlichen einjährigen beruflichen *Grundbildung* ist für das nächste Jahr eine erste Differenzierung in wenige breite berufliche *Fachausbildungen* vorgesehen, die die Basis legen für weitere Verästelungen, die dann in den nächsten eineinhalb Jahren vorgesehen sind. Auf diese Weise kommt es in der Endstufe zu deutlich weniger Ausbildungsberufen, als es sie früher gab und dennoch ist - in der Konzeption - die innere Struktur und Verwandschaft der verschiedenen Richtungen transparenter. Die Neuordnung ist eine kooperative Leistung der beteiligten Repräsentanten der betrieblichen und staatlichen Stellen und stellt einen Kompromiß dar, der durchaus Innovationen und Weiterentwicklungen zuläßt.

**Abb. 2.9: (aus: Bundesminister für Bildung und Wissenschaft, Bonn: Berufsbildungsbericht 1987, S. 90)**

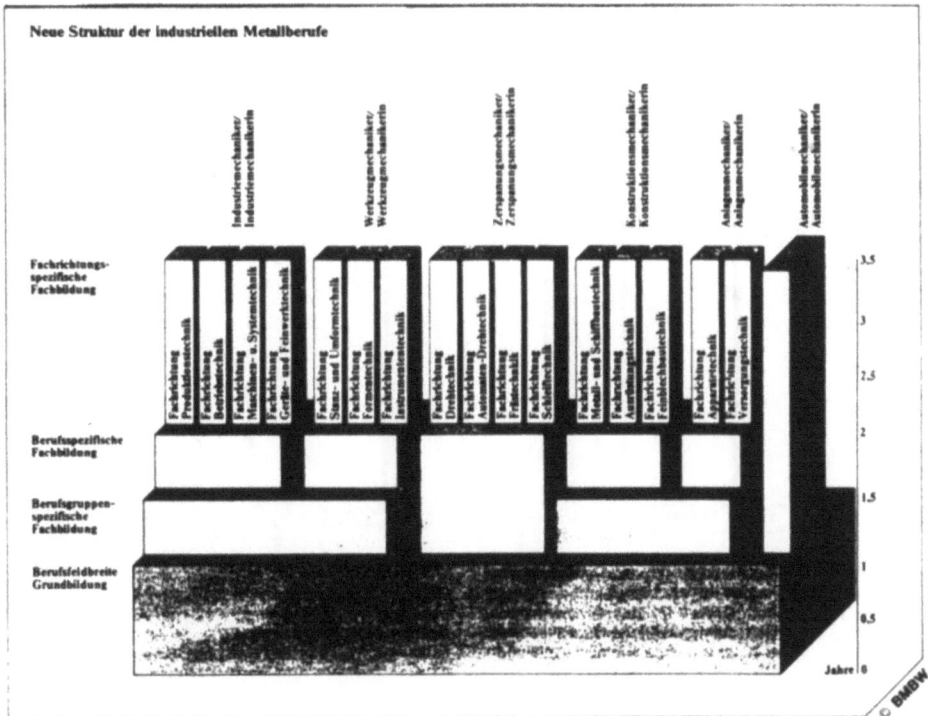

**Abb. 2.10:** (aus: Bundesminister für Bildung und Wissenschaft, Bonn: Berufsbildungsbericht 1987, S. 93)

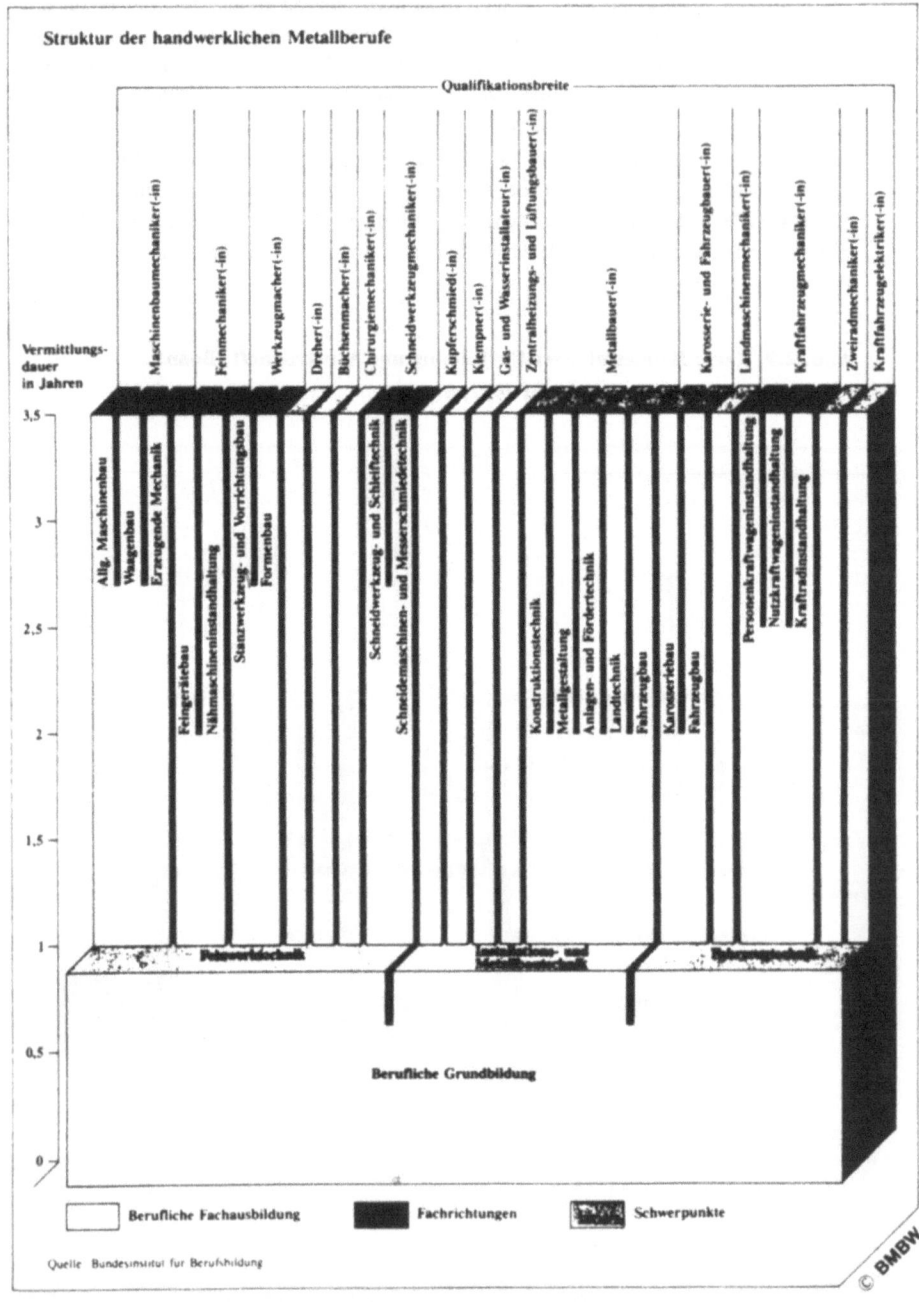

Nicht nur in der strukturellen Ordnung finden sich Bemühungen um Weiterentwicklung, auch in der Methodik der Ausbildung wird experimentiert. Dies ist deshalb erforderlich, weil sich (siehe PAMPUS 1987, S. 44 f).

- die Qualifikationsanforderungen fortwährend ändern: sie sind - nicht zuletzt wegen der neuen Technologien - abstrakter, anspruchsvoller und komplexer geworden und der Anteil von Planungs-, Steuerungs-, Kontroll-, Diagnose-, Wartungs- und Reparaturtätigkeiten hat sich zu Lasten der routinehaften Ausführungsarbeit erhöht;
- die Lernorte ändern: zu den klassischen Lernorten des dualen Systems (Berufsschule und Betrieb) treten zunehmend überbetriebliche Ausbildungsstätten und/oder betriebliche Lehrwerkstätten, Lehrbüros, Labors etc. Um der Gefahr der Unübersichtlichkeit und Zersplitterung der Lernerfahrungen zu begegnen, müssen verstärkt integrative Funktionen wahrgenommen werden.
- die Auszubildenden zunehmend hinsichtlich Lern- und Eingangsvoraussetzungen differenzieren (Lernbeeinträchtigte, Abiturienten, Ausländer, Hauptschüler usw.). Deshalb müssen z.B. unterschiedliche Lernzeiten, variable Durchlaufgeschwindigkeiten, unterschiedliche Lernmedien etc. vorgesehen werden.

In einer Veröffentlichung des Bundesinstituts für Berufsbildung (BIBB, 1990) wird über Ergebnisse von Modellversuchen berichtet, in denen - in Kooperation zwischen Betrieben und BIBB - drei Gruppen von Methoden erprobt wurden (s.a. PAMPUS 1987):

1. *Projektausbildung*.

    Hier geht es darum, den Jugendlichen an ganzheitlichen und abgeschlossenen Aufgaben (z.B. eine Dampfmaschine oder ein Solarmobil bauen) Lernerfahrungen zu vermitteln, die die Nachteile fremdbestimmter, zerstückelt-isolierter Ausbildungs-Schritte überwinden (s. FREY 1982).

2. *Leittextausbildung*.

    Dabei wird der Ausbildung ein schriftlicher Rahmentext zugrundegelegt, der alle notwendigen Informationen enthält, von den Auszubildenden im Selbststudium angeeignet und zusammen mit den Ausbildern in selbstgestalteten Arbeitseinheiten umgesetzt wird (s. ausführlich dazu KOCH, J. (1986 a, b; MEIER & SIEBECK 1990)

3. *Teamausbildung*.

    Im Mittelpunkt steht die praktische Einübung kooperativen Verhaltens, die schon in der Ausbildung die für die spätere betriebliche Zusammenarbeit grundlegenden Methoden und Erfahrungen der Gruppenarbeit trainieren soll (s. dazu auch das Kapitel 5 "Die Entwicklung der interpersonalen Beziehungen", S. 200 ff.)

Insgesamt geht es um die Entfaltung von Eigeninitiative und Selbststeuerung (siehe dazu auch die Beispiele bei GREIF & KURTZ 1989), die Anregung zu verantwortlichem, zielbewußtem und reflektiertem Handeln, die Ermöglichung von Individualisierung und Differenzierung in der Ausbildung und die Einübung interaktiver und kooperativer Arbeitsformen. Dabei sollen möglichst viele und unterschiedliche Medien eingesetzt werden, und die Rolle des Ausbilders vom Instrukteur und Kontrolleur zu der des Coachs, Beraters und Motivators gewandelt werden.

*Probleme und Nachteile des dualen Systems*

Den Vorteilen des dualen Systems der Berufsausbildung stehen jedoch auch Probleme und Nachteile gegenüber.

1. Statusunsicherheit der Azubis: Sind sie Schüler, Berufstätige, vollwertige Arbeitskräfte, Kostgänger, Ausgehaltene? Sie dürfen oder können meist nichts Wertvolles selber machen, nicht eigenständig arbeiten, werden ständig zensiert und belehrt, haben Autoritätsprobleme (Elternprojektionen); leben noch als "die Kinder" im Elternhaus, gelten im Betrieb aber als Erwachsene ...

   Zur Statusunsicherheit kommen noch spezifische Rollenkonflikte hinzu. In der Abb. 2.11 sind in der Art eines Struktogramms die verschiedenen 'Anspruchspartner' (aus dem betrieblichen, schulischen und privaten Bereich) aufgeführt, die an einen Azubi Erwartungen haben - Erwartungen, die selten untereinander ausbalanciert, aufeinander abgestimmt und eindeutig formuliert sind.

   Diese schwierige *strukturelle* Situation ist - intensiviert durch die *aktuellen* Schwierigkeiten mit konkreten Vorgesetzten, Kollegen, Lehrern usw. - mitbeteiligt an der Häufigkeit von Ausbildungs-Abbrüchen. EBNER (1985, Tab. 6) berichtet folgende Gründe aus einer Befragung von 426 Ausbildungsabbrechern:

   - Habe keine Lust mehr gehabt             (88 %)
   - Gesundheitliche Gründe                  (59 %)
   - Wurde gekündigt                         (48 %)
   - Schlechte Ausbildungsbedingungen        (37 %)
   - Schaffte Schule nicht                   (36 %)
   - Streit mit Arbeitgeber                  (23 %)
   - Schlechtes Arbeitsklima (Kollegen)      (22 %)
   - Firma wurde geschlossen                 (22 %)
   - Für die Ausbildung nicht geeignet       (18 %)
   - Zu wenig Geld verdient                  (8 %)
   - Wegen Umzugs in eine andere Stadt       (6 %)
   - Sonstiges                               (19 %)
   - Keine Angaben                           (38 %)

   Im Berufsbildungsbericht 1989 des Bundesministers für Bildung und Wissenschaft sind Ergebnisse einer Befragung aus dem Jahr 1985 von 1000 Auszubildenden und 300 Jugendlichen mit Ausbildungsabschluß wiedergegeben (S. 66 f). Es zeigt sich, daß die Ausbildung (als Ganzes) deutlich positiver gewertet wird als der "Besuch der Berufsschule":

   |  | Wie empfinden sie Ihre jetzige Ausbildung | Wie empfinden Sie den Besuch der Berufsschule | |
   | --- | --- | --- | --- |
   |  | Azubis | Azubis | Absolventen |
   | Möchte lieber heute als morgen aufhören | 4 | 5 | 2 |
   | Fällt mir recht schwer | 3 | 5 | 5 |
   | Es geht, ist für mich ein notwendiges Übel | 13 | 32 | 36 |
   | Es ist ganz gut | 47 | 46 | 42 |
   | Es macht mir richtig Spaß | 33 | 12 | 15 |
   | Zusammen | 100 | 100 | 100 |

2. Die Geräte- und Lehrmittelausstattung der Berufsschulen ist häufig veraltet, weil sie sich moderne computergesteuerte Systeme nicht leisten können und z.T. Entwicklungs-Generationen hinter dem aktuellen Stand der Technik sind. Zu viele Unterrichtsstunden fallen aus (10 - 25%), und es wird für die kommenden Jahre ein weiter steigender, zum Teil besorgniserregender Fehlbestand an qualifizierten Lehrkräften prognostiziert. Hinzu kommt, daß die Berufsschule im dualen System keine eigenständige Prüfungsberechtigung hat.

3. Es gibt eine extreme Bandbreite in der Qualität der Ausbildung. Man kann kaum die handwerkliche Ausbildung in einem 4-Personen-Betrieb vergleichen mit der Situation in einem Großbetrieb - wie z.B. Mercedes-Gaggenau - der mit vielen hauptberuflichen Ausbildern und eigenen Lehrwerkstätten bzw. Schulen pro Jahr 627 Azubis betreut (s. Informationsdienst zur Zeitschrift TIBB - *Technische Innovation und Berufliche Bildung*, 1988, Heft 4, S. 3).

- Die Ausbildung ist - insbesondere in kleineren Unternehmen - oft unvollständig und unsystematisch, zuweilen werden die in Verträgen und Ausbildungsplänen festgehaltenen Inhalte und Abfolgen nicht eingehalten; zum Teil werden ausbildungsfremde Tätigkeiten verlangt; in kleineren Betrieben gibt es zudem bei interpersonalen Unverträglichkeiten weniger Ausweichmöglichkeiten als in Großunternehmen, so daß derartige Probleme häufiger zum Ausbildungsabbruch führen;

- nicht alle Ausbilder sind - trotz der seit Jahren verlangten 'Ausbildereignungsprüfung' - pädagogisch gut geeignet;

- Lehrpläne der Schulen und aktuelle Ausbildungsinhalte sind oft nicht besonders gut aufeinander abgestimmt, deshalb besteht die Gefahr, daß das in der Schule Gelernte wieder vergessen ist, wenn es im Betrieb gebraucht würde.

In einem meinungsfreudigen Beitrag vertritt GEISSLER (1991) die Auffassung, daß wir uns dem *"Verfallsdatum des Dualen Systems der Berufsausbildung nähern"* (S. 68), es habe seine Zukunft hinter sich, denn es sei *"ein Qualifizierungssystem, das nicht nur nicht von heute, sondern von gestern und vorgestern ist"* (S. 69). Orientiert an Hannah ARENDTs (1981) Differenzierung des Arbeitsbegriffs (in Arbeiten, Herstellen und Handeln) diagnostiziert GEISSLER, daß das duale System auf den Modus des 'Herstellens' fixiert sei und deshalb die Azubis auf die Normen und Orientierungen des blindwütig produzierenden homo faber programmiere. Die Neuen Technologien verlangten jedoch keinen 'Werker' mehr, charakteristisch sei vielmehr die Enttraditionalisierung und Entstandardisierung der Arbeitswelt. Das entwickelte Industriesystem und die Menschen in ihm fragten nicht mehr nach (Berufs-)Bildung, *"um die Welt und sich in dieser Welt einzurichten, sie fragen nach rasch erneuerbaren Spezialqualifikationen und nach Fähigkeiten, sich auf die immer neuen Veränderungen immer wieder neu einzustellen, um die Welt immer schneller zu erneuern, ohne Ziel, ohne Zweck, ohne Ende, aber mit immer rascherer Zerlegung und Verdichtung von Raum und Zeit"* (S. 72).

Somit kann das Berufskonzept die Ausbildung nicht mehr fundieren:

*"Die 'Qualifikations-Collage' braucht den Beruf, wenn überhaupt, nur noch als Illusion. In einer Welt der Job-holders ist der Beruf und die Ausbildung dafür weitgehend nurmehr als Legitimation zur Status- und Einkommensdifferenzierung, als individuelle Strategie zur Pflege der 'feinen Unterschiede' vonnöten"* (S. 72).

GEISSLER erkennt auch folgende Legitimationsprobleme des Dualen Systems:

- Weil die Erwerbsarbeit aufhöre organisierendes Zentrum der Lebenstätigkeit zu sein, verliere auch die Ausbildung dafür an Wichtigkeit und das Duales System an gesellschaftlichem Ansehen.

- Es zeichne sich eine Tendenz zu höheren Bildungsabschlüssen (exemplarisch: statt Facharbeiter Ingenieur) ab, die zu einem Attraktivitätsverlust des Dualen Systems führen werde.

- Der Lehrabschluß wird immer weniger zu einem *Abschluß*, sondern sei Entlassung ins lebenslängliche Lernen: *"Durch eine Berufsausbildung ist man heutzutage nichts mehr - im Gegensatz zu früher -, man kann damit nur etwas werden"* (S. 75).
- Im Zuge der europäischen Einigung wird der übers duale System vermittelte Facharbeiterstatus relativiert und zurückgedrängt werden.
- *"Wenn die Regeln, nach denen zu leben ist, für uns immer ungewisser werden, dann wird dies auch das System der Dualen Berufsausbildung tangieren ..."* (S. 75)".

GEISSLER erwartet zwar keinen revolutionären Bruch, sondern eher *"Ausfransungen, Verschwimmen der Ränder und Abgrenzungen bis hin zur Unkenntlichkeit ..."* und irgendwann *"fällt dann vielleicht auch die Wortfestung 'Duales System'* (S. 76). GEISSLERs Perspektive ist eine *"sozialgeschützte berufspädagogisch produktive Vielfalt mit schöpferischen Instabilitäten"* (S. 76).

Abb. 2.11: **Struktogramm der Bezugsgruppen eines Azubis**

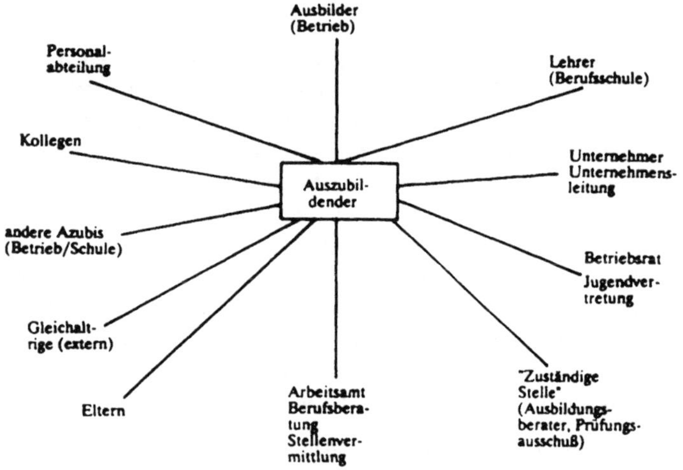

## 2.5. Abschließende Bemerkungen

Warum 'machen sich die Betriebe die Arbeit' einer aufwendigen Berufsausbildung, anstatt sie dem Staat zu überlassen (wie im sonstigen Schulsystem)?
- Es geht nicht nur um das Training von Fachwissen und technischen Fertigkeiten, sondern auch um die Vermittlung extrafunktionaler Qualifikationen (Mitdenken, Kooperation, technische Sensibilität, Belastbarkeit, Ausdauer, etc.) - und diese können am praxisnächsten unter den konkreten Anwendungsbedingungen (im Rahmen der betrieblichen Hierarchie, im Kontakt mit Personen unterschiedlichen Alters und verschiedener Interessensrichtungen, unter den Bedingungen von Zeit- und Kostendruck etc.) erlernt werden.
- Vor allem in kleineren Unternehmen werden Auszubildende als billige Arbeitskräfte angesehen, die schon früh in vollwertige Tätigkeit integriert, aber keineswegs

entsprechend honoriert werden. Die erforderliche Breite der Ausbildung bleibt zugunsten frühzeitiger Spezialisierung auf der Strecke. Ein Indiz dafür ist das Verhältnis der Ausbildungs- u. Übernahmequoten in Handwerks- und Industriebetrieben, denn Handwerksbetriebe bilden weit mehr Azubis aus, als sie später übernehmen. Eine Rolle spielt dabei auch die Lohnkonkurrenz: Kleinere Betriebe können oft mit den Entgelten und Sozialleistungen von Großbetrieben nicht konkurrieren, so daß qualifizierte Ausgebildete abwandern.

- Ein Ausbildungsverhältnis ist auch Mittel der Personalselektion. Die Ausbildungszeit vermittelt eingehende Informationen über die (künftigen) Mitarbeiter, die in einer Vielzahl von Bewährungssituationen getestet und in ihrem Entwicklungspotential eingeschätzt werden können. Da im Ausbildungsvertrag keine Übernahmegarantie gegeben wird, ist problemlos eine Trennung möglich; diese Aussicht kann auch im Sinne der Disziplinierung genutzt werden.

Versuche, für alle Berufsanfänger ein einheitliches *schulisches Berufsgrundbildungsjahr* durchzusetzen, können als praktisch gescheitert gelten (1987/88 besuchten nur noch 57 900 Jugendliche das BGJ, im Vergleich zum Vorjahr wiederum ein Rückgang um 14,5% - s. Berufsbildungsbericht 1989, S. 51). Dies liegt zum einen an den oben skizzierten Mängeln der berufsschulischen Ausbildung (keine ausreichende Zahl qualifizierter Lehrkräfte, mangelnde Modernität der Lehrmittel), zum anderen an der Tendenz der Betriebe, Jugendliche möglichst früh und umfassend in das Arbeitsleben einzugliedern und in einer formativen Lebensperiode die Entwicklung nützlicher extrafunktionaler Qualifikationen zu bestimmen. BGJ-Schüler stellen möglicherweise auch eine negative Selektion dar (sie haben keine Ausbildungsstelle bekommen) und ihre anschließende Übernahme ist ungesichert. Trotz der Forderung nach "lebenslangem Lernen" wird von seiten der Betriebe betont, daß dieses Lernen kein schulisches sein sollte, das dem Reglement unflexibler staatlicher Lehrpläne unterliegen soll. Weil sich die Betriebe an vorderster Front der wirtschaftlichen (und technischen) Entwicklung befänden, seien sie am besten in der Lage, die (für sie!) erforderlichen Umstellungen zu leisten.

## 3. Betriebliche Sozialisation

### 3.1. Die Bedeutung der Einführung neuer Mitarbeiter

Nach den Ausführungen über "Sozialisation *für den Beruf/Betrieb*" geht es im Folgenden um "Sozialisation *im Betrieb*", die aus Neulingen und Fremden "Vollmitglieder" macht. Die Beschäftigung damit ist wichtig, weil mehrere Personengruppen in Betrieb und Arbeitsplatz integriert werden müssen:

- Berufsanfänger (siehe dazu das vorangegangene Kapitel);
- Berufswechsler (mehr als die Hälfte aller Arbeitnehmer arbeiten in anderen Berufen als denen, für die sie ausgebildet wurden oder in denen sie angefangen haben);
- Firmenwechsler (in der Bundesrepublik wechseln jedes Jahr mehrere Millionen Arbeitnehmer ihren Arbeitgeber; s. WIMMER 1985);
- innerorganisatorische Stellenwechsler (bei Versetzungen in andere Unternehmensteile, Töchter, Mutter und Fusionen von Unternehmungen, die zum Teil mit Umstrukturierungen verbunden sind).

Die Thematik der Sozialisation in eine Organisation (PE-into-the-job) wird in getrennten Kapiteln weiterverfolgt: Im vorliegenden Kapitel geht es um die Einführung neuer Mitarbeiter und die ersten Erfahrungen in der neuen Stelle bzw. Organisation. In nachfolgenden Kapiteln wird dann auf jene organisierten Prozesse Bezug genommen, die PE als

a) systematische, oft formalisierte und hochstrukturierte Weiterbildung von *Personen* "off-the-job" (z.B. in Seminaren),

b) Entwicklung der *interpersonellen* Beziehungen und Konstellationen und schließlich als

c) Veränderung *apersonaler* Strukturen und Regeln (z.B. 'Organisationsentwicklung)

behandeln.

Die Darstellung von PE-in-den-Arbeitsplatz wird eröffnet mit allgemeinen Überlegungen zur innerbetrieblichen Sozialisation.

### 3.2. Phasen-Modelle der betrieblichen Sozialisation

Die betriebliche Sozialisation wird häufig als ein in Stufen oder Phasen unterteilter Prozeß vorgestellt. In der überwiegenden Mehrzahl der Untersuchungen wird aus der Perspektive des Neulings argumentiert: Welche Prozesse durchläuft er, bis er Vollmitglied ist? Man könnte die Entwicklung natürlich auch aus der Perspektive der aufnehmenden Organisation (oder Abteilung bzw. Gruppe) betrachten: Welche Veränderungen macht sie durch, wenn sie neue Mitglieder aufnimmt? Diese zweite Sichtweise ist jedoch unüblich, vermutlich auch deshalb, weil meist die Bedingungen in Großorganisationen reflektiert werden, die durch das Hinzukommen einzelner Personen in nur vernachlässigenswerter Weise berührt zu werden scheinen.

Eine weitere Vorbemerkung ist zum Terminus *Sozialisation* zu machen: er suggeriert, daß es allein um die "Vergesellschaftung" (oder "Verorganisierung") der Person geht. SCHEIN hat jedoch schon 1971 darauf aufmerksam gemacht, daß der "Sozialisation" die

"Individuation" entgegengesetzt werden muß: Die Person ist nicht (nur) fügsames Dressur-Objekt, das den fremden Ansprüchen unterworfen wird, sondern versucht (auch), ihre eigenen Vorstellungen durchzusetzen und die Bedingungen in ihrem Sinne zu gestalten. Man wird sicher nicht so weit gehen können, hier von einem ausgeglichenen Verhältnis zu sprechen, bei dem sich Fügsamkeit und Eigengestaltung die Waage halten. Obwohl STIEFEL (1979, S. 15-19) die Gegenläufigkeit der Prozesse konstatiert und ihre Gleichwertigkeit betont [weil die innovatorischen Potentiale der Person *für die Organisation (!)* ausgeschöpft werden sollen], kommt er in den 15 Thesen seines Aufsatzes über die Bedeutung bestimmter Einflüsse der Realität wohl näher: In 12 dieser Thesen behandelt er die "Identifizierung" mit der Organisation, in nur einer aber die Förderung des Innovationspotentials (die zwei restlichen Thesen sind Aussagen zum Veränderungsverlauf)!

JABLIN (1982, S. 256) spricht statt von "Sozialisation" von "Assimilation"* und meint damit den Prozeß, *"... durch den Organisationsmitglieder Teil der Kultur einer Organisation werden oder in ihr absorbiert werden"* - wodurch Assoziationen zum Verschlungen- und Aufgesogenwerden erweckt werden, was den Bedeutungsgehalt von "Vergesellschaftung" plastisch demonstriert. Die andere Komponente des Geschehens, die "Individuation" gerät damit fast völlig aus dem Blickfeld. Die Aufnahme eines neuen Mitglieds in eine Organisation verändert aber nicht nur jenes, sondern auch diese - es handelt sich um einen Prozeß wechselseitiger Anpassung. Im amerikanischen Begriffpaar "role taking" und "role making" wird - aus individueller Perspektive - diese Thematik angesprochen: Rollenübernahme (taking) bezeichnet das Sich-Einpassen des Individuums in die bereitgehaltene Rollenschablone; Rollengestaltung (making) meint im Unterschied dazu den kreativen Beitrag des einzelnen zur inhaltlichen Ausfüllung der Rolle in einem aktiven Aushandlungsprozeß (role negotiation; zu der von HARRISON vorgeschlagenen Formalisierung dieses Prozesses siehe den Beleg auf S. 216). Die Person *verändert sich*, um zur Gruppe oder Organisation zu passen (Assimilation), gleichzeitig aber ändert sie *diese*, damit sie zu ihr passen (Akkomodation).

In der folgenden Darstellung steht der personorientierte *sozialisatorische* Zugang im Mittelpunkt; dabei werden meist (s. VAN MAANEN 1975, FISHER 1986, JABLIN 1987, REHN 1990) drei Stadien unterschieden. Diese Prozesse wiederholen sich im Laufe eines Berufslebens, wenn Organisation oder Stelle gewechselt werden.

Die drei Phasen sollen zunächst kurz vorgestellt werden; im weiteren Verlauf dieses Kapitels wird ausführlich auf die beiden ersten Phasen eingegangen; die dritte wird Gegenstand der nächsten drei Kapitel sein.

*1. Vor-Eintritts-Phase:*
> Bei dieser "antizipatorischen Sozialisation" (s. VAN MAANEN 1975) geht es u.a. um die Formung der Erwartungen und "Bilder" des kommenden Lebensabschnitts. Es ist eine Phase des Suchens und der Vorbereitung; die Person verändert sich so, daß sie Fähigkeiten, Erwartungen, Lebenspläne und Anspruchsniveaus auf die prospektive Tätigkeit einrichtet, sich also informiert über die vermuteten Herausforderungen, sich mit ihnen anfreundet und sich ansatzweise für sie befähigt. Aber schon hier zeigt sich, daß sich auch Organisationen auf künftige Mitglieder einstellen müssen:

Organisationen müssen sich so entwickeln (oder zumindest so präsentieren), daß sie für interessante Bewerber attraktiv sind. Wenn (nach SUPER 1976, s.a. SEIFERT 1989) die Berufs-/Organisations-Wahl Stimmigkeit zwischen Berufs-, Organisations- und Selbst-Bild impliziert/konstituiert, dann muß dies prinzipiell in beiden Richtungen gelten: Personen suchen sich 'passende' Organisationen, passen sich ihnen an und passen sie sich an - und das Analoge tun auch Organisationen (s. dazu auch die Arbeitsunterlage 3.1 von SCHEIN, in der Ansichten von Bewerber und Firma gegenübergestellt werden).

Zum "pre-entry" gehören auch schon all die Erfahrungen, die Personen bei Bewerbungen, Tests, Vorstellungsgesprächen, Absagen ... machen; andererseits aber auch die Erfahrungen von Organisationen mit Mehrfachbewerbungen, vorgetäuschtem Interesse, fadenscheinigen Absagen!

2. *Eintritts-Phase*:

Aus der Perspektive des neuen Mitglieds werden hier meist destabilisierende Erfahrungen berichtet: Angst, Unsicherheit, Erschütterung von gewohnten Selbstverständlichkeiten, Realitätsschock ... Der Eintritt ist häufig kein allmählicher gleitender Übergang, sondern eine schlagartige Verpflanzung in eine neue Umwelt. Weil diese Situation sehr ängstigend ist, wird sie in Ritualen gebunden (Einführungsprogramme, Patensysteme, Gesprächsrunden usw.), die für *alle* Beteiligten eine Entlastung bedeuten.

3. *Metamorphose-Phase*:

Dies ist der Prozeß, in dem ein(e) Anfänger(in) zum Vollmitglied wird, das Spielregeln, Sprache, Machtverhältnisse, Aufgaben, Normen etc. so gut kennt, daß es ohne aufzufallen mitmachen kann. Die Person hat sich neu 'geeicht': sie ist nun in der Lage, mit den allfälligen kognitiven, affektiven, moralischen und sozialen Dissonanzen auf eine entlastete Art umzugehen. Auch die Organisation (oder Gruppe) hat die Destabilisierung durch den Neuling bewältigt und das 'Transplantat' integriert.

Auf dieser Stufe ist von außen schwer erkennbar, ob das neue Mitglied sich den üblichen Anforderungen nur fügt, sie aus affektiver Bindung an bestimmte Personen (Kollegen, Vorgesetzte) erfüllt oder aber als eine Art steuerndes Über-Ich (bzw. Ich-Ideal) verinnerlicht hat.

Auf die ersten zwei Sozialisationsphasen soll nun näher eingegangen werden:

### 3.2.1. Vor-Eintritts-Phase

Hier geht es um all jene Veränderungen, die jemand erfährt oder produziert, der sich um die Mitgliedschaft in einer bestimmten Organisation bewirbt. Man muß z.B. seine Bewerbung in einer bestimmten Form und Sprache abgeben (fehlerfrei, unzerknittert, ohne Flecken, in Klarsichthüllen, wohlgegliedert und -geordnet etc.), denn solche Äußerlichkeiten verraten den bearbeitenden Personen etwas über das Vorhandensein wichtiger extrafunktionaler Qualifikationen.

Wer in eine bestimmte Organisation (z.B. die Deutsche Bank oder einen kleinen Handwerksbetrieb) eintreten will, muß zum einen entsprechend vor-sozialisiert sein - etwa im Hinblick auf Kleidung, Sprache, Umgangsformen etc. - , zum anderen aber muß er auch in der Lage zu angemessener Selbstdarstellung sein.

**AU 3.1:** **Die unterschiedlichen Ansichten des Absolventen und der Firma**
(aus: SCHEIN, E. (1964): How to break in the college graduate. Harvard Business Review, 42 (6), S. 69 f.)

*Prüfen Sie bitte die folgenden Ansichten, die SCHEIN 1964 in den USA geäußert hat. Welches Bild vom Absolventen wird zugrundegelegt? Trifft es heute / bei uns zu (zu einer anderen Zeit / in einer anderen Kultur)? Was ist der Stellenwert von Arbeit? Welche Erwartungen fehlen?*

| Absolvent | Firma |
|---|---|
| 1. Wird mir die Stelle eine Möglichkeit geben, *mich selbst zu testen*, herauszufinden, ob ich wirklich eine Arbeit schaffe? Werde ich in der Lage sein, die Belastungen auszuhalten, die das Arbeiten an wirklich wichtigen Aufgaben mit sich bringt? Wie werde ich mit meinen eigenen Ängsten und Spannungen fertig, die die Arbeit erzeugt? Werde ich sie mögen und wie gut werde ich sein? | Der College-Absolvent ist *überehrgeizig* und *unrealistisch* in seinen Erwartungen hinsichtlich Beförderungsmöglichkeiten und höherer Verantwortung; er glaubt, daß ihm seine Ausbildung eine Art spezielles Privileg gegeben hat, in der Organisation schnell aufzusteigen. |
| 2. Wird man mich für *nützlich* halten? Wird mein Beitrag gewürdigt werden? Wird man mir eine Chance geben zu zeigen, was ich kann? Wird man mir wirkliche Verantwortung übertragen? | Der College-Absolvent ist zu *theoretisch*, *idealistisch* und *naiv*, als daß man ihm eine wichtige Anfangsaufgabe geben könnte; er muß zuerst "eingefahren" werden, für die praktischen Probleme ausgebildet werden und es muß ihm gezeigt werden, wie die Theorien, die er im College gelernt hat, scheitern können, wenn sie auf die tatsächliche Praxis der Industrie angewandt werden. |
| 3. Werde ich in der Lage sein, *meine Integrität* und *Individualität zu bewahren*? Werde ich fähig sein, ein ausgeglichenes Leben zu führen, eine Familie zu haben und meinen privaten Interessen nachzugehen? | Der College-Absolvent ist zu *unreif* und *unerfahren*, als daß man ihm viel Verantwortung übertragen könnte; er würde mit den Realitäten der Arbeitssituation nicht fertig werden und wahrscheinlich scheitern. |
| 4. Werde ich *lernen und wachsen*? Wird mir die Stelle nicht nur Gelegenheit geben, meine jetzigen Talente und Erfahrungen zu nutzen, sondern auch neue Sachen zu lernen und neue Talente zu entwickeln? | Der College-Absolvent ist zu *sicherheitsorientiert* und nicht bereit, Risiken zu übernehmen. |
| 5. Wird die Organisation, in der ich arbeite, meinen *Idealen einer rationalen Unternehmensorganisation* entsprechen, wie ich sie in volks- und betriebswirtschaftlichen Kursen gelernt habe? Wird die Organisation neue Techniken der Fertigung, des Marketing, des Management usw. nutzen oder zumindest aufgeschlossen sein dafür? Wird sie dynamisch und aufregend sein? Wird es mein Selbstgefühl steigern, ein Mitglied dieser Organisation zu sein? | Der College-Absolvent ist *nicht bereit*, den Unterschied einzusehen zwischen dem Haben einer guten Idee und dem Prozeß, die Umsetzung dieser neuen Idee zu verkaufen; er ist unerfahren im Kommunizieren und will nicht hart dafür arbeiten, daß er seine Ideen durchsetzt. |
| 6. | Der College-Absolvent ist *möglicherweise eine äußerst nützliche Ressource* für neue Ideen, neue Ansätze und besseres Management, aber er muß zuerst eingearbeitet werden, damit seine Ressource für die Organisation verfügbar wird. |

So kann man sich auch erklären, warum in jüngster Zeit plötzlich wieder "Etikette", "Benimm", "Kleidung" einen so hohen Stellenwert bei der Auswahl von *Führungskräften* bekommen haben. Es geht nicht darum, daß die Fähigkeit Kartoffeln richtig zu essen etwas zu tun hätte mit Führungserfolg. Sichtbar wird hier eine Kooptationsstrategie (die Zuwahl neuer Mitglieder durch die bereits vorhandenen), die dem Grundsatz folgt, überraschungsarme Reproduktion zu sichern. Wer sich zu benehmen und zu kleiden weiß, hat Mittelschicht-Standards verinnerlicht und ist deshalb "kultiviert", berechenbar und beherrschbar: Wer sich solchen Konventionen brav unterordnet, wird auch in anderen Dingen nicht rebellieren, er wird bei Seinesgleichen oder bei denen, auf die es ankommt, keine Irritationen hervorrufen.

In der Voreintritts-Phase bilden sich Erwartungen an den künftigen Arbeitsplatz. Sind diese unrealistisch hoch, dann besteht die große Gefahr ihrer raschen Enttäuschung - und des schnellen Arbeitsplatz-Wechsels. In diesem Zusammenhang wird vielfach über die Bedeutung "realistischer Einstellungs-Gespräche" diskutiert. Grundannahme ist, daß Bewerber dann eine höhere Bleibewahrscheinlichkeit haben, wenn sie keine schöngefärbten Informationen über ihre künftigen Arbeitsbedingungen erhalten, sondern wirklichkeitsgetreu über die realen Verhältnisse informiert werden.

Die empirischen Befunde zum "realistic job preview" sind recht uneinheitlich (s. z.B. JABLIN 1987), vor allem was die Verbleibewahrscheinlichkeit in der Organisation betrifft. Dies liegt vermutlich auch daran, daß nicht klar ist, was eigentlich "realistisch" heißt. Oft wird damit der Unterschied zu den Beschönigungstendenzen bezeichnet, die in der Anwerbungsphase eine große Rolle spielen. Werden jedoch eher negative Details bekanntgegeben, dann werden Erwartungen reduziert und/oder solche Mitarbeiter gewonnen, die woanders keine Angebote erhalten und *deshalb* (länger) bleiben: langfristig kann es so zur negativen Auslese kommen!

### 3.2.2. Eintritts-Phase: Mitglied einer speziellen Organisation werden

Wenn die Doppelwahl stattgefunden hat [jemand wurde als Bewerber(in) akzeptiert und hat als Bewerber(in) die Organisation akzeptiert], dann beginnt jene ereignisreiche Phase, in der der oder die "Neue" auf die gültigen Werte, Normen und Praktiken eingeschworen wird.

*"In dieser Phase beginnt der Neuling die Aufgaben der neuen Tätigkeit zu beherrschen und interpersonale Beziehungen zu Kollegen und Vorgesetzten zu entwickeln. Ebenfalls in dieser Phase werden Erwartungen bestätigt oder verworfen, Mehrdeutigkeit und Konflikt werden erfahren, Verstärkungszusammenhänge werden entdeckt und die Leistungseinschätzungen von einem selbst und der Organisation werden miteinander verglichen ... In dieser Phase können Neulinge als vorläufige Mitglieder dadurch klar erkannt werden, daß sie einheitliche Kleidung tragen, auf besondere Bereiche oder Tätigkeiten beschränkt sind und von älteren Mitgliedern angeleitet oder geprüft werden" (FISHER, 1986, S. 113).*

STIEFEL (1979, S. 31 f) hat SCHEINs (1964, S. 71 f) Einteilung verschiedener Induktionsstrategien übernommen:

- *"Ins Wasser werfen"*: Die Neue muß wie ein Normalmitglied von Anfang an arbeiten und sich irgendwie über Wasser halten.

- *"Grenzen aufzeigen"*: Dem neuen Mitglied werden zu Beginn so schwere Aufgaben zugemutet, daß es scheitern muß; auf diese Weise "klein" gemacht, soll es dann für Einflußnahmen aufgeschlossener sein.
- *"Arbeitsbegleitendes Training"*: Der neue Mitarbeiter wird zwar schon in den normalen Arbeitsprozeß integriert, aber es ist immer jemand zur Stelle (Vorgesetzter, Kollegen, Pate), der bei Schwierigkeiten hilft, erklärt, trainiert.
- *"Trainingsbegleitende Aufgabenübernahme"*: Spiegelbildlich zur vorgenannten Strategie wird die Neue ab und zu aus dem Trainingsprozeß herausgelöst, um praktische Erfahrungen zu machen und sich langsam an die konkrete Arbeitswirklichkeit zu gewöhnen.
- *"Vollzeitliches Einführungstraining"*: Während einer bestimmten Einführungszeit wird das neue Mitglied ausschließlich geschult und nicht mit irgendwelchen Praxistätigkeiten betraut.

### 3.2.2.1. Beispiele

Je unvermittelter die Konfrontation mit dem "rauhen Alltag" ist, desto größer sind die Anpassungsprobleme. Beispiele für die ernüchternden Erfahrungen der ersten Tage berichtet Sabine ZIMMERMANN (1987), die Interviews über die Erfahrungen der ersten Tage von Bank-Trainees durchgeführt hat:

*"'An dem Tag, wo ich das erste Mal dann erschien, am X.X., fühlte sich also niemand zuständig. Mein Name war nirgends notiert, der entsprechende Herr war nicht da, sein Stellvertreter wußte von nichts, und man hat also dann irgendwie improvisiert. Irgendwann im Verlaufe des Vormittags ist dann der Name mal aufgetaucht, und dann hat man mich in eine Abteilung gesteckt, so nach dem Motto, na ja, stecken wir ihn mal da hin, da ist er mal für 'ne Zeit lang weg vom Tisch und aufgehoben' (8/3, 4).*

*Da auch Vorgesetzte nicht immer genau wissen, wie sie sich selbst richtig zu verhalten haben, kann eine Ankündigung eines Trainees auch folgendermaßen aussehen:*

*'Ich war der erste Trainee dort, das war wahrscheinlich eh so'n Novum, das kannten die also nicht. Und da wurde man so vorbereitet von dem Filialleiter, der hat sich die Leute zusammengerufen, hat gesagt, hört mal, da kommt jetzt demnächst 'n Neuer, das ist einer, der kommt aus K., der hat studiert, den müßt ihr erstmal vorsichtig anpacken, der könnte empfindlich reagieren. Wir wissen nicht, wie die überhaupt reagieren, wie die sind, wir kennen nur 'n paar, die packen nicht an, müssen wir 'n bißchen sondieren. So ist das vorbereitet worden' (9/24)."*

Entwurzelung, Erniedrigung, Verunsicherung, Destabilisierung sind häufige Erfahrungen in diesem ersten Abschnitt der Eingliederung. Des öfteren werden Sub-Stadien innerhalb dieser Übergangs-Phase beschrieben (z.B. Konfrontation, Praxis-Schock, die "alte" Identität oder frühere Haltungen verlernen). Besonders drastische Beispiele liefert die Sozialisation in "totalen Organisationen" wie Militär oder Kloster, in denen alte Namen, Kleider, Haartracht, Lebensgewohnheiten (Sprechen, Gehen, Essen, Schlafen usw.), Beziehungen etc. abrupt ab- oder aufgegeben werden und man zu einem "neuen Menschen" gemacht wird.

LOUIS (1980) betont Sinngebungs-Leistungen des Neulings, der sich einer dreifachen Verunsicherung gegenübersieht:
- *Veränderung* (change) als der objektiven Differenz zwischen den 'alten' und den 'neuen' organisatorischen Bedingungen;

- *Kontrast* (contrast) als den subjektiven Orientierungs- und Konturierungsleistungen*, die erforderlich sind, um aus dem allgemeinen 'Hintergrund' des organisatorischen Geschehens 'Figuren' herauszuheben und
- *Überraschung* (surprise) als dem Unterschied zwischen den Erwartungen für die neue Situation und den tatsächlichen Erfahrungen, die dann gemacht werden. Diese Enttäuschungen können sich beziehen auf bewußte oder unbewußte Erwartungen im Hinblick auf den Arbeitsplatz, die eigenen Fähigkeiten, Bedürfnisse und Reaktionen, kulturelle Unterschiede usw.

Auch KIESER u.a. (1985) haben in ihrer Studie zu Einführungsproblemen die Konflikthaftigkeit der Situation analysiert. Sie bieten folgende Einteilung an, die keiner erkennbaren Systematik folgt, sondern sich an Problemkreisen orientiert, die in der Literatur immer wieder diskutiert werden:

*"Im einzelnen wurden zehn Arten von Konflikten thematisiert, die wir im folgenden kurz skizzieren wollen:*

*(1) Einarbeitungskonflikt: Es zeichnen sich Probleme ab, die speziell in der Art der Einarbeitung begründet sind, wenn etwa der neue Mitarbeiter zu sehr auf sich selbst gestellt ist oder die Einarbeitung zu wenig an seiner tatsächlichen Tätigkeit orientiert ist bzw. war.*

*(2) Quantitative Rollenübertragung: Der Mitarbeiter wird übermäßig mit Routinetätigkeiten belastet, bekommt zuviel Arbeit aufgebürdet, hat zu wenig Zeit zur Bewältigung der Aufgaben zur Verfügung, muß zu viele verschiedene Tätigkeiten gleichzeitig ausführen etc.*

*(3) Professionskonflikt: Unter dieser Kategorie wurden alle Konflikte zusammengefaßt, die mit mangelnder qualitativer Auslastung zusammenhängen. Der Mitarbeiter hat Dinge zu tun, die seines Erachtens überflüssig sind, oder er kann seine Fähigkeiten und Kenntnisse nur ungenügend anwenden.*

*(4) Rollenambiguität: Der neue Mitarbeiter ist sich über seine Rolle nicht im klaren. Er weiß nicht genau, was von ihm erwartet wird, hat nur eine vage Vorstellung von Pflichten, Regeln und Arbeitsanweisungen.*

*(5) Feedback-Defizit: Es mangelt an einer ausreichenden Rückkopplung. Der "Neue" weiß nicht, ob sein Vorgesetzter mit seinen Leistungen zufrieden ist, ob er von seinen Kollegen akzeptiert wird usw.*

*(6) Konflikt in der Tätigkeitsdefinition: Kern dieser Konfliktdimension sind die formalen Aspekte der Tätigkeit. Der einzelne fühlt sich z.B. durch bürokratische Regeln eingeengt, muß mit unvereinbaren Richtlinien umgehen und hat nur begrenzten Handlungsspielraum.*

*(7) Kompetenzkonflikt: Die Kompetenzen des neuen Mitarbeiters sind nicht klar geregelt. Es kann zu Überschneidungen mit Kompetenzen anderer kommen, bzw. bekommt er Aufgaben zugeteilt, zu deren Erledigung er nicht befugt ist.*

*(8) Senderkonflikt: Beziehen sich die beiden eben vorgestellten Konfliktarten vor allem auf formale Komponenten, so sind unter "Senderkonflikt" personale Aspekte der Rolle zusammengefaßt. Der Vorgesetzte redet beispielsweise in die Arbeit hinein, gibt unklare Anweisungen, schiebt Probleme vor sich her etc.*

*(9) Intra-Gruppenkonflikt: Diese Dimension thematisiert soziale Konflikte innerhalb der Arbeitsgruppe.*

*(10) Entfremdung: Gemeint ist hier das Problem, daß der einzelne sich innerlich von seiner Abteilung distanziert, weil er z.B. für seine Ideen kein Verständnis findet."*

Die Einführungszeit wird so als ein außerordentlich problematischer und störbarer Zeitraum dargestellt. Die Auseinandersetzung bzw. die Identifikation mit neuer Aufgabe,

Rolle und Identität - und alle drei Inhalte stehen zur Disposition - wird zuweilen dadurch gefördert, daß die Unternehmen besonders hohe Investitionen verlangen (z.B. Aushalten erniedrigender Behandlung, Arbeitsüberlastung). Wer dies "durchgestanden" hat, dem fällt es nach all den Vorleistungen schwerer, abzuspringen und wieder auszuscheiden - nur um woanders das Gleiche von vorne zu beginnen.

Die Eingliederung in eine neue Organisation ist kein sachlicher Prozeß wie etwa der Einbau eines Ersatzteils in eine Maschine. Etablierte Gleichgewichte oder Beziehungsstrukturen sowohl in der einzugliedernden Person wie in der aufnehmenden Organisation werden gestört und müssen re-etabliert werden.

Oft wird hier eine Parallele zu Initiationsriten in sog. primitiven Gesellschaften oder Taufriten in religiösen Gemeinschaften gezogen. Auch hier wird zunächst der "alte Mensch" abgetötet, damit ein "neuer Mensch" entstehen kann. In Anlehnung an GOFFMAN sprechen BOSETZKY & HEINRICH (1985, S.120) in diesem Zusammenhang buchstäblich von "Mortifikation" (Abtötung).

Beispiele dazu liefert auch TREIBER (1973) in seinem aufschlußreichen Text "Wie man Soldaten macht", der auf eine mehrwöchige teilnehmende Beobachtung in der Grundausbildungszeit bei der Bundeswehr zurückgeht. TREIBER schildert mehr als 50 Episoden im Leben eines Rekruten und analysiert sie im Hinblick auf die Vermittlung von Verhaltensweisen, Haltungen und Werten. Er stellt unter anderem fest, daß Rekruten fortwährend in "Normenfallen" geführt und damit in einem Zustand ständiger Kritisierbarkeit gehalten werden, der sie verunsichert, scheinbar willkürlichen Sanktionen aussetzt und sie letztlich dazu führt, blind alle Befehle von Vorgesetzten auszuführen.

Aus TREIBERs Beobachtung der Rekrutensozialisation (1973, S. 35f und S. 50-52) seien dazu Beispiele zitiert:

*"In einer anderen Stube zeigt der Leutnant auf den Fußboden und sagt zum Stubendienst: 'Sie haben ja vorher eine Falschmeldung gemacht. Von sauber kann wirklich keine Rede sein. Wer fährt denn in der Stube hier Schlittschuhe?' Der Rekrut: 'Niemand.' Der Leutnant:' Aber die schwarzen Striche müssen Sie wegmachen, deshalb haben Sie nämlich Stubendienst.' Woanders bemängelt der Leutnant, daß das Privatfach nicht verschlossen ist. Er läßt den Rekruten, dem das offenstehende Fach gehört, wecken und zu sich kommen. Der Leutnant: 'Wissen Sie nicht, daß Sie Ihr Privatfach verschließen müssen? Wenn Ihnen etwas fehlt, dann gucken Sie halt dumm. Eigentlich gehören Sie ja bestraft. Das ist nämlich Verleitung zum Kameradendiebstahl.' Der Rekrut ist schlaftrunken und reagiert kaum. Der Leutnant (lauter als vorher): 'Nehmen Sie gefälligst Grundstellung ein. Ich befehle Ihnen, morgen mittag sich ein Schloß besorgt und Ihr Privatfach abgeschlossen! Sie melden den Vollzug Ihrem Gruppenführer und mir!' In einer anderen Stube entdeckt der UvD\* in einem Aschenbecher eine Kippe. Zum Stubendienst sagt er darauf: 'Nach dem Stubendurchgang zeigen Sie den Aschenbecher gereinigt vor.' Der Rekrut reinigt schnell den Aschenbecher und will ihn dem UvD vorzeigen. Der UvD: 'Nicht wann Sie wollen, sondern wann ich will, haben Sie den Aschenbecher vorzuzeigen. Und das geschieht ganz zuletzt. Denn das wäre doch ungerecht für die anderen Stubendienste des 2. und 3. Zuges, die ihre Sachen ordentlich geputzt haben.'"*

Für einen der zahlreichen normierten Bereiche, den der 'Sauberkeit', seien im folgenden Beispiele zitiert, die TREIBER aus konkreten Beobachtungen 'kritischer Ereignisse' zusammengestellt hat:

*"Ein Rekrut darf am Trainingsanzug keine Flecken haben.
Ein Rekrut hat frisch gewaschen zum Mittagessen herauszutreten.
Ein Rekrut muß saubere Fingernägel haben.
Ein Rekrut hat sich vor dem Zubettgehen die Füße zu waschen.
Ein Rekrut muß ein sauberes Eßbesteck haben.
Ein Rekrut hat das ihm zugewiesene Revier sauber zu reinigen.
Die Abfall- und Putzeimer des Putzspindes müssen geleert und gereinigt werden.
Besen müssen von Fusseln gereinigt werden.
Der Fußboden einer Rekrutenstube darf keine schwarzen Striche haben.
Die Hocker auf den Stuben dürfen an den Beinen keine schwarzen Striche haben.
Aschenbecher müssen geleert und gereinigt werden.
Die Gardinenstange einer Rekrutenstube muß vom Staub gereinigt werden.
Ein Rekrut muß sauber geputzte Schuhe haben, deren Stege geschwärzt sind.
In die Toilettenbecken dürfen keine Kippen geworfen werden"* (TREIBER, 1973, S. 39).

TREIBER zieht folgende Schlußfolgerung:

*"Der Alltag des Rekruten besteht in der Einhaltung einer sehr großen Zahl von Vorschriften und Regeln. Beinahe jede Situation, in die der Rekrut geraten kann, ist normiert bzw. normierbar. Dabei fällt auf, daß bei den meisten Normen der Norminhalt (das verbindlich Geforderte) weniger von Bedeutung ist und der Leistungsanspruch der einzelnen Norm in diesen Fällen demnach nicht sehr groß ist. Allein die Vielzahl der einzuhaltenden Normen bringt den Rekruten in einen Zustand der ständigen Kritisierbarkeit. Wie harmlos viele Normbrüche sind, zeigt sich daran, daß Vorgesetzte in vielen Fällen Normbrüche 'aufbauschen' müssen, um sanktionieren zu können.*

*Der Rekrut kann unmöglich alle Normen, die an ihn herangetragen werden, befolgen. Dieser Tatbestand eröffnet dem Vorgesetzten die Möglichkeit zur Anwendung der 'Normenfalle'. Die Furcht vor der 'Normenfalle' (in Verbindung mit fehlenden Sanktionsmöglichkeiten) ist einer der Gründe für die dem Militär eigene Haltung des 'Nur-Nicht-Auffallens'. Die Ungewißheit, ob bzw. wann die 'Normenfalle' zuschnappt, verunsichert den Rekruten zusätzlich.*

*Indem der Rekrut in ein und derselben Situation bewußt mit einander widersprechenden normativen Forderungen konfrontiert wird, geschieht die planmäßige Einübung des schematischen und automatischen Gehorsams. Dabei ist von Bedeutung, daß an der Einübung bereits konforme Rekruten beteiligt werden."*

Andere Episoden berichten MAIER, KAHLERT & LÖFFLER (1989) auf der Basis von Interviews mit Bank-Trainees. Sie gliedern ihre Auswertung in zwei Abschnitte:

1. Zum einen diskutieren sie allgemeine Probleme, die mit dem Übergang ins Berufsleben zu tun haben. Im einzelnen erörtern sie drei Bereiche:

- *Übergang vom Studium ins Arbeitsleben* (die freie Disposition über die Zeit wird aufgehoben, man muß sich an einen gleichförmigen Tagesablauf gewöhnen, man bleibt abends nicht mehr so lange auf, ist auf einen bestimmten Arbeitsort fixiert, der gesamte Tagesablauf ist überwiegend fremdbestimmt, Besorgungen müssen noch schnell nach Arbeitsende erledigt werden, es ändert sich die gesamte Zeitwahrnehmung);
- *Der Umgang mit Menschen* wird im und durch den Beruf formeller (Anrede mit "Sie"; Zurückhaltung in Gesprächen, die die Privatsphäre betreffen; keine Wahlmöglichkeit hinsichtlich der personellen Umgebung; Tragen von Berufskleidung; optische Integration mit dem Stil der anderen Kollegen);
- Der sog. *"Praxisschock"*, der mit der Unklarheit und Unsicherheit der neuen Anforderungen zusammenhängt, wird sehr unterschiedlich erlebt: Während die einen den Übergang von Hochschule zu Berufsarbeit als radikale Umstellung erleben, ermöglicht für andere ein Trainee-Programm - in dem man ja immer noch im Status des Lernenden ist - *"streßfreies Probehandeln ohne den Erfolgsdruck, den ein*

*'normaler' Stelleninhaber hat" (S. 12)*. Zudem erlaubt ein Traineeprogramm einen Entscheidungsaufschub im Hinblick auf die Wahl des künftigen Arbeitsplatzes; man kann sogar relativ unverbindlich verschiedene Alternativen testen.

2. Zum zweiten haben die Autoren in den Berichten der Trainees 4 *"kritische Situationen"* identifiziert:
- Umgang mit unterfordernden Tätigkeiten (z.B. Kopieren),
- ständiger Arbeitsplatzwechsel (Rotation),
- laufendes Beurteiltwerden,
- unklare Zukunftsperspektiven (bezüglich Verwendung und Laufbahn nach Abschluß des Trainee-Programms).

Als ein Beispiel seien Ausführungen der Autoren zum ersten Themenbereich (Umgang mit unterfordernden Tätigkeiten) zitiert:

*"Es kommt immer wieder vor, daß Trainees aufgefordert werden, 'ausbildungsfremde', 'minderwertige' und sie unterfordernde Tätigkeiten auszuführen, wie z.B. Botengänge, oder Kontoauszüge einsortieren. Diese Situationen sind vor allem aus der Lehrlingsausbildung bekannt. Für den Trainee stellt sich das Problem in verschärfter Form: Wie kann er es mit seinem höheren Status als Hochschulabgänger und Führungsnachwuchs vereinbaren, für einen Bankmitarbeiter zu kopieren?*

*Hier gibt es nun verschiedene Reaktionsmöglichkeiten:*

*'Ja, das mach ich schon mal, wenn sich's ergibt, mach ich des, weil ich find's einfach ganz normal, daß man das mal macht ná ... aber es ist also so, daß da ... Lehrlinge da schon ... massiv zu solchen Dingen herangezogen werden' (I-15)*

*'ich mach nicht jeden Kram ... das ist schon klar (...), daß man da (...) 'n festen Mittelweg finden muß' (IV-2).*

*'... wenn man denen nicht hilft, dann haben die hinterher auch keine Zeit, einem selber was zu erzählen' (II-4).*

*'weil ansonsten sind die Leute auch nicht bereit, einem selber was zu sagen' (II-4).*

*Manchmal glauben aber auch die Mitarbeiter, daß 'es Arbeiten gibt, die nichts für Hochschulabsolventen sind' (II-5).*

Der Trainee muß nun die Situation so lösen, daß er es sich mit den Mitarbeitern nicht verdirbt, er braucht sie ja und steht mit ihnen in einer Austauschbeziehung (do, ut des), gleichzeitig aber seinen Status nicht zu sehr reduziert ('... sich nicht mißbrauchen lassen'; IV-25). Zur Disziplinierung werden z.B. von den Mitarbeitern auch Geschichten von Trainees erzählt, die 'trivialere Tätigkeiten' nicht ausgeführt haben, die dann 'natürlich nicht besonders gut angekommen' sind 'bei den länger dienenden Mitarbeitern' und zu 'gewissen Konflikten' geführt haben (I-10). Hier ist es wichtig, die Lage in jeder Abteilung richtig einzuschätzen und sich das nötige Maß anzueignen, auch einmal nein zu sagen. Für den Chef werden natürlich auch niedrige Arbeiten gern erledigt.

*So können drei Verhaltensmöglichkeiten unterschieden werden:*
- *Unterordnung: der Trainee führt klaglos aus, was ihm aufgetragen wird und nützt die Bandbreite möglichen Verhaltens nicht aus;*
- *Austauschverhalten: Tätigkeiten werden nur übernommen, wenn von der jeweiligen Person (eventuell) eine Gegenleistung zu erwarten ist;*
- *Differenzierung: je nach Auftraggeber wird entschieden, ob eine Aufgabe ausgeführt wird.*

*Latent wird so die Hierarchie der Bank erlernt und die eigene Position in der Auseinandersetzung mit den Kollegen gefunden; 'daß man eben die Sache mehr von unten anschauen muß und net von oben, also daß man sich im Grunde genommen einfügen muß' (VI-12). Beziehungen zu Kollegen sind vor allem von Kosten-Nutzen-Überlegungen geprägt. Die Regel lautet, hilf anderen, wenn du die Kollegen einmal für eine andere Sache gebrauchen kannst. Zudem bestehen Abhängigkeiten 'auch wenn's bloß die Sekretärin... oder so ist' (VI/12), deren Geflecht der Trainee (noch) nicht durchschauen kann. Deshalb geht es auch darum, 'Einfühlungsvermögen in die jeweilige Mitarbeitersituation (zu) gewinnen) (X-7), 'durchfinden durch Situationen, wo man eigentlich sehr stark schwimmt', 'eine vernünftige Art finden' (V-17).*

*Insofern handelt es sich bei diesen unterfordernden Tätigkeiten um einen sozialisatorischen Effekt, der dazu beiträgt, den Trainee in die Lebenswelt der Bank zu integrieren, sie in die 'gesamte Bank 'reinzukriegen' (V-5)" (MAIER, KAHLERT & LÖFFLER, 1989, S. 15-16).*

Als Fazit ihrer Studie schlagen die Autoren für den Bereich der sog. extrafunktionalen Qualifikationen bzw. normativen Orientierungen eine Differenzierung vor (MAIER u.a. 1989, S. 28 f):

*"Im Folgenden wollen wir diese normativen Orientierungen getrennt nach*

*1. <u>Regeln (strategisches Wissen)</u> sowie*

*2. <u>Werte und Normen</u> zusammenfassend darstellen.*

*Bei den <u>Regeln</u> kann als Grundqualifikation die Fähigkeit zur Kontaktaufnahme betrachtet werden, die formelle Umgangsformen und sicheres Auftreten voraussetzt. Im einzelnen geht es darum*

- *die Sprache zu lernen;*
- *Einfühlungsvermögen zu beweisen; ein Gespür für Menschen zu entwickeln;*
- *sich auf neue unbekannte Situationen einstellen zu können; schwimmen lernen, sich durchbeißen, durchwursteln, durchwühlen;*
- *sich in Strukturen bewegen zu lernen;*
- *mit Inkompetenzen leben;*
- *sich arrangieren/eingliedern;*
- *Beziehungsgeflechte zu durchschauen, Verbindungen schaffen, Beziehungen aufbauen und pflegen,*
- *keine zu engen emotionalen bzw. Vertrauensbindungen einzugehen;*
- *Beziehungen instrumentalisieren, Gegenleistungen erbringen, Kosten-Nutzen-Überlegungen anstellen;*
- *"Impression Management" betreiben, beeindrucken, sich verkaufen lernen;*
- *sich beobachten und beurteilen lassen, unter Kontrolle stehen.*

*Der Erwerb dieses 'strategischen' Wissens ist gleichzeitig mit der Aneignung einer "realistischen" Perspektive verbunden und der Trennung von allzu hohen Erwartungen, die den eventuell anfänglichen "Praxisschock" korrigieren helfen. Hierzu zählt die Einsicht, das im Studium erworbene Wissen nicht einbringen und anwenden zu können und die Erkenntnis, geringe Möglichkeiten zu haben, in die Organisation verändernd einzugreifen, denn die eingefahrene Struktur erweist sich gegenüber individuellen Veränderungsbemühungen als resistent: 'Da sind viele Sachen härter, als man sich's zunächst mal vorstellt' (V-8). Zudem kommen frustrierende Erfahrungen mit unterfordernden Tätigkeiten, relativ wenige Erfolgserlebnisse und Status- und Akzeptanzprobleme, so daß es zu einer Verschiebung von Erwartungen auf die Zeit nach dem Traineeprogramm kommt.*

*Verinnerlicht werden dadurch Qualifikationen, die es erlauben, Handlungssituationen zu bewältigen, die komplex und unübersichtlich und zeitlich variabel sind, in denen sich das Handeln nur schwer standardisieren und kontrollieren läßt. Dies bedeutet gleichzeitig, daß sich Trainees freiwillig in die Organisation einordnen und sich mit ihr identifizieren müssen. Zur Rechtfertigung und Legitimation ihres Handelns sind sie deshalb auf organisationsbezogene Ideologien angewiesen, die ihnen Orientierungsmaßstäbe, Berufsperspektiven im Unternehmen und auch Lebensperspektiven geben (vgl. Hohn & Windolf 1982; Bammé u.a. 1983).*

*In unserer Untersuchung wird dies in Annäherung an* <u>Werte und Normen</u> *"der Bank" deutlich, die zunächst für die Trainees etwas Abstraktes und Imaginäres darstellt und sich erst durch Kontakt vermittelt.*

*Derartige normative Orientierungen sind:*

- *Flexibilität (sich neuen Situationen, Aufgaben, Personen stellen);*
- *Mobilität (geistige und räumliche Beweglichkeit erhalten);*
- *Leistungs- bzw. Einsatzbereitschaft (auf jeder Position) zeigen;*
- *Hierarchie/Unterordnung beachten (von unten nach oben blicken);*
- *Überblick und Durchblick erhalten (das Unternehmen kennen, durchschauen, sich durchfinden);*
- *aus der Bankperspektive sehen, einen "organisationalen Blick" entwickeln;*
- *organisationsbezogene Zukunftsperspektive entwickeln (die Lebensperspektive auf die Bank abstellen)"* (MAIER, KAHLERT & LÖFFLER, 1989, S. 28-29).

### 3.2.2.2. Inhalte der Eingliederung

Die eben schon eröffnete Diskussion über Inhalte der Sozialisation (s. die Differenzierung bei MAIER u.a. zwischen Regeln bzw. strategischem Wissen und Normen und Werten) soll im folgenden fortgeführt werden.

Der Neuling in einer Firma oder Behörde soll anders als der soldatische Rekrut in einer nicht-totalen Institution nicht zu konformistisch werden. Sozialisation soll in wirtschaftlichen Organisationen nicht Regeln "einbläuen", sondern letztlich einen sensiblen, situations- und zielgerechten Umgang mit Regeln, ("ein Spielen mit Regeln") eintrainieren. KIESER u.a. (1985) sprechen in diesem Zusammenhang von "kreativen Individualisten". Erfolgreich Sozialisierte sollen auch in neuartigen Situationen handlungsfähig sein (s.u.)!

Man muß auch - s. VAN MAANEN (1976, S. 114/115) - zwischen dem Erfüllen von *Gruppen-* und von *Organisations*erwartungen unterscheiden. Wer Gruppenstandards genügt, nicht aber solchen der Organisation, avanciert beispielsweise zum "Kämpfer" (Krieger, Rebell), der von seinen Kollegen hochgeschätzt wird (weil sein Sieg auch ihnen nützt), der aber den anderen Stellen der Organisation das Leben schwer macht. In ähnlicher Weise lassen sich die anderen Felder der Matrix deuten. Generell gilt für VAN MAANEN, daß die Organisation eine *"ecology of games"* (S. 117) ist:

| erfüllt Org. Erwartungen | erfüllt Gruppenerwartungen | |
|---|---|---|
| | ja | nein |
| ja | teamplayer (Mitspieler) | isolate (Isolierter) |
| nein | warrior (Krieger) | outsider (Außenseiter) |

Derartige Skizzen lassen erkennen, daß es nicht um ein sachliches und nüchternes Aneignen von Handlungsfertigkeiten oder kognitiven Orientierungen geht, sondern daß bedeutsame Motivationen oder Emotionen angesprochen werden, z.B. soziale Isolation, Erschütterung des (bisherigen) Selbstbildes, Versagens-Angst, Ausgeliefertsein, Unwert oder Unfähigkeit.

Der Weg (die 'Laufbahn'!) eines Organisationsmitglieds wird von SCHEIN (1971) mit Hilfe eines Kegel-Modells dargestellt, in dem es drei Hauptrichtungen der innerorganisatorischen Bewegung gibt [siehe die aus STAEHLE (1989, S. 821) übernommene Abb. 3.1]. Mit den drei Richtungen im Kegel (aufwärts - abwärts, zentripetal* - zentrifugal* und peripher* von Segment zu Segment) symbolisiert SCHEIN drei Hauptdimensionen innerorganisatorischer Dynamik: "Aufwärts" als Aufstieg zur hierarchischen Spitze, "ins Zentrum" (der Macht) und "funktions- oder bereichsüberschreitend" (Alleskönner, Generalist). SCHEIN ergänzt das Bild, indem er nicht nur *Bewegungsrichtungen*, sondern auch korrespondierende *Grenzen* berücksichtigt, die überschritten werden können oder müssen: hierarchische Grenzen, Zugehörigkeits-Grenzen (etwa zwischen Stamm- und Randbelegschaft) und Funktions- oder Abteilungsgrenzen. Diese Grenzen können variieren in a) ihrer *Zahl*, b) dem Grad ihrer *Durchlässigkeit* und c) ihren *Filtereigenschaften* [durch die festgelegt wird, was man tun oder lassen muß, um in einen anderen "Bereich" zu kommen (z.B. Leistung, Seniorität, Einstellungen, Sponsorbeziehungen, politische Spiele etc.)].

SCHEIN reflektiert auch die variable Gestalt des Kegels: er kann oben stumpf sein, aus zwei aufeinandergesetzten Teil-Kegeln bestehen, zum Zylinder werden, an einer bestimmten Stelle eine Ausbuchtung oder Delle haben (besonders einflußreiche bzw. -arme Zonen) usw. Mit diesen Versuchen, die zugrundegelegte Pyramiden- oder Gebäude-Metapher Praxisproblemen anzupassen, stößt er aber an die Grenzen seines metaphorischen Ansatzes - was deutlich wird, wenn man seine Überlegungen in eine ganz andere Metaphorik ("Persönlichkeit", "Kultur", "politische Arena" o.ä. - s. unten, Kap. 6) übersetzen würde.

**Abb. 3.1:** Laufbahnrichtungen nach SCHEIN 1971
(aus: STAEHLE 1989, S. 821)

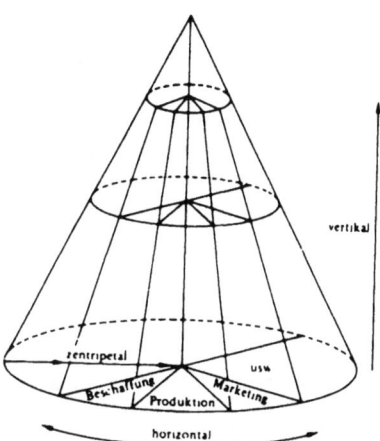

Das suggestive Bild des Kegels überdeckt, daß in vielen Fällen die realen Verhältnisse
a) nicht statisch und konstant sind, sondern expandierend und pulsierend;
b) nicht wohlgeordnet und transparent sind, sondern konfliktreich, mehrdeutig und undurchschaubar;
c) nicht plan- und berechenbar sind, sondern chaotisch und überraschend;
d) nicht individualistisch sind ("der Weg des einzelnen durch die Organisation"), sondern vernetzt-interpersonal;
e) nicht *eine* klare "Spitze", *ein* Zentrum und klar *abgegrenzte* Segmente zeigen, sondern mehrere, oft sogar konkurrierende Spitzen, Zentren, Bereiche ...

In SCHEINs Ansatz geht es um die Unterscheidung von Bewegungsrichtungen und -grenzen bei der innerbetrieblichen 'Karriere' (wobei der Begriff hier nicht beschränkt ist auf Beförderung oder Aufstieg).

Eine andere Möglichkeit der Charakterisierung unterschiedlicher Inhalte von Eingliederungsstrategien konzentriert sich auf die Differenz zwischen *offiziell proklamierten instrumentellen* Inhalten (die unmittelbar für die Erledigung der übertragenen Arbeitsaufgaben relevant sind) und weiteren *unausgesprochenen* Inhalten, die sich - oftmals unbeabsichtigt und ungeplant - um den Kernbereich der instrumentellen Funktionen herumlagern, zum Teil störend wirken, zum Teil aber auch für das Funktionieren (in) der Organisation sehr nützlich sind.

Mit dieser Einteilung, die sich auf nur zwei Hauptarten von Qualifikationen beschränkt, ist eine erhebliche Informationsreduktion verbunden. Die Unterscheidung zwischen "funktionalen" und "extrafunktionalen" Qualifikationen geht auf DAHRENDORF (1956) zurück; andere Benennungen dieser weitverbreiteten Polarisierung sind (nach MAIER, KAHLERT & LÖFFLER 1989, S. 7 zitiert):

Prozeßgebundene vs. prozeßunabhängige Qualifikationen (KERN & SCHUMANN 1970), kognitive vs. arbeitsmotivationale Anforderungen (MICKLER u.a. 1975), technische Umgangs- und Verfahrensregeln vs. normative Orientierungen (OFFE 1972), zentrale vs. periphere Rollenelemente (WEINSTOCK 1963).

Weder Neulinge noch "alte Hasen" können allen Ansprüchen genügen, die die verschiedenen Qualifikationsdimensionen stellen. Über die *inhaltliche* Vielfalt funktionaler und extrafunktionaler Qualifikationen hinaus entstehen noch weitere Schwierigkeiten dadurch, daß die (An-)Forderungen oder Erwartungen (zu) hoch, undeutlich oder mehrdeutig, widersprüchlich oder miteinander unvereinbar und schließlich auch instabil sein können.

Im Prozeß ihrer Integration in die Organisation werden Neulingen *inhaltlich* sehr unterschiedliche Leistungen abverlangt:

a) Kognitive Orientierung erarbeiten. Neulinge müssen Landkarten der Organisation bilden, denn sie wissen anfangs nur unscharf, lückenhaft, punktuell, was das Unternehmen eigentlich ist und fordert. Um Durchblick zu bekommen, braucht man "causal maps", (Attributions-)Schemata, Skripts; man muß wissen, wie "man" auftritt/auftreten darf, gekleidet sein kann, grüßen und reden soll (siehe zum Beispiel "Insider-Jargon", Firmensprache).

b) Skills, Tricks, Routinen, also *konkrete* Fertigkeiten aneignen, die im alltäglichen Umgang benötigt werden, um die Regeln des Spiels nicht nur zu kennen, sondern es auch erfolgreich mitspielen zu können.

c) Ein soziales "Standing" bekommen (das gilt sowohl für den "Namen" oder die Reputation* wie auch für die Verortung bzw. Integration). Man muß die Rollen - und vor allem seine eigene Rolle - kennen(lernen) und speziell die eigene Rolle erfährt man am besten dadurch, daß man sie im Spiegel der anderen sieht. Das Dazugehören, Gemochtwerden, eine (wichtige) Rolle Spielen, nicht Isoliertsein, die "Benimm-Regeln" Kennen - all das sind Ziele des sozialen Lernens, die oft genug verfehlt werden.

d) Affektive Sicherheit gewinnen. Hierzu gehört: Angst abbauen; sachliche Fehler machen können oder (ungeschriebene) Normen verletzen können, ohne sich wertlos und verachtet zu fühlen; Stolz, Sicherheit, Selbstbewußtsein und Vertrauen in eigene Fähigkeiten erlangen.

e) Ein konturiertes Selbstbild, eine klare Identität entwickeln, weil beim Neuling üblicherweise Wissen und Gefühle in bezug auf Könnerschaft, soziale Stellung und Akzeptanz, Entwicklungsmöglichkeiten und Besitzstände diffus und labil sind.

f) Die "richtigen", "passenden" Motive, Bedürfnisse, Interessen, Intentionen haben/lernen.

g) Moralische normative Standards kennen und verinnerlichen (Firmenethik). Wissen, was man (gerade noch) tun oder wie weit man gehen darf - oder muß:
BOSETZKY & HEINRICH, 1985, S. 120 zitieren in diesem Zusammenhang SCHMIDTCHEN: *"Jemand übers Ohr hauen ist schick. Moralität wird mehr und mehr als eine Form von Dummheit empfunden. Viele Menschen sind aggressiv bereit, anderen wegen kleiner Vorteile große Nachteile zuzufügen. Moralische Handlungskriterien werden weitgehend durch Effektivitätskriterien ersetzt. Die Verstärkungssysteme für ethisch wertvolles Verhalten scheinen sich abzuschwächen".*

Diese Überlegungen demonstrieren ein weiteres Mal, daß die Eingliederung in ein Unternehmen kein technisch-fachlicher Vorgang ist, sondern die gesamte psycho-soziale Existenz eines Menschen berührt bzw. verändert. Gerade weil die 'Einverleibung' mit hohen psychischen und sozialen Kosten für den einzelnen verbunden ist, wird von den Unternehmen oftmals versucht, die 'Teilnahme-Entscheidung' neuer Mitarbeiter unwiderruflich zu machen. Damit sind nicht so sehr arbeitsvertragliche Verpflichtungen gemeint, als vielmehr 'psychologische Verträge': Je mehr jemand dazu gebracht werden kann, sich in der neuen Aufgabe zeitlich und einsatzmäßig zu engagieren ("investments") und je enger die neuen sozialen Kontakte sind ("involvements"), desto seltener wird er die getroffene Eintrittsentscheidung rückgängig machen (SHELDON 1971, in FISHER 1986).

### 3.2.2.3. Einführungsprogramme

Weil diese Phase des Eintritts allgemein als besonders wichtig für Verbleiben und Einsatz in der Organisation gewertet wird, unternehmen manche Organisationen große Anstrengungen, sie günstig zu gestalten (s. BREISIG 1990, S. 203-214; KIESER u.a. 1985, STIEFEL 1979).

Es gibt zahlreiche Empfehlungen, wie der oder die "Neue" zu empfangen, einzuweisen, zu begleiten, zu beraten etc. sei. Im folgenden ist als Beleg 3.1 eine Prüfliste abgedruckt, die 1989 bei SIEMENS verwendet wurde (zu Checklisten bei der Einführung neuer Mitarbeiter s. a. SABEL 1979); sie gibt einen Eindruck von der *programmatischen*\* Differenziertheit, mit der die Einarbeitung neuer Mitarbeiter betrieben wird (über die Realisierung der einzelnen Schritte liegen keine systematischen Informationen vor). Aus den Positionen der Prüfliste (sowohl in den Spalten wie in den Zeilen) geht hervor, daß "Einführung" sich keineswegs auf instrumentelle Aspekte beschränkt (Einweisung neuer Mitarbeiter in die fachlichen Besonderheiten ihrer Arbeitsaufgabe), sondern auf vielfältige Weise auch der Tatsache Rechnung trägt, daß die Integration sich auch auf arbeitsplatzübergreifende strukturelle und institutionelle Ordnungen, soziale Netze und Organisationskultur und -tradition erstreckt.

Viele Firmen versuchen den Einführungsprozeß auch dadurch zu rationalisieren, daß sie Einführungsschriften (s.a. HABERKORN 1972) entwickeln, die durchaus nicht nur reine Informationsfunktion haben:

*"Die Bergedorfer Hauni-Werke und die Hamburgischen Electricitäts-Werke verteilen dicke Mappen mit Tarifvertrag, Arbeitsordnung, Reisekostenbestimmung, Lehrgangsprogramm und einer 'Charta der Sozialleistungen'. Andere Unternehmen bereiten die Informationen wie ein Lexikon auf. Bei der Bremer Haake-Beck Brauerei reicht der Stichwortkatalog ('A - Z für unsere Mitarbeiter') von 'Abfindung' bis 'Zentralmagazin', bei Rheinmetall ('Der neue Arbeitsplatz') von 'Arbeitnehmer' bis 'Wohnungen'.*
*Einige Firmen versuchen bereits auf diesem Wege Respekt zu erheischen. So stellt die Braun AG in ihrem 'Kursbuch für neue Mitarbeiter' klar, daß Disziplin verlangt wird. Unter dem Rubrum 'Parkplätze' heißt es: 'Wer sich als Verkehrshindernis betätigt, wird von zuständigen Mitarbeitern recht drastisch auf seine Unverfrorenheit hingewiesen.'*

**Beleg 3.1:** Checkliste zur Einführung neuer Mitarbeiter (SIEMENS 1986)

| Was | Wer | | | | Wie | | | | | | | | |
|---|---|---|---|---|---|---|---|---|---|---|---|---|---|
| | | | | | mündlich | | | schriftlich | | | | audio-visuell | |
| Einführung in | Vorge-setzte | "Pate" | Kolle-gen | PA | Einzel-ge-spräch | Grup-penge-spräch | Info-veran-staltg. | Bro-schür. Merkz. | Orga-nisat. pläne | Richt-linien, Rund. | Betriebs-ordnung, Tarifvertr. | Fil-me | Video-bänder |
| **1. Arbeitsgruppe** Kollegen, "Pate" | 1 | | | | 1 | | | | | | | | |
| nächsthöhere Vorgesetzte | 2 | | | | 2 | | | | | | | | |
| sonstige Mitarbeiter, mit denen er Kontakt haben wird | 2 | | | | 2 | | | | 2 | | | | |
| Gruppennormen, Umgangsformen | 1 | 1 | | | 1 | | | | | | | | |
| **2. Arbeitsaufgabe** Arbeitsplatz Arbeitsmittel | 1 | 1 | | | 1 | | | | | | | | |
| Inhalt der Aufgabe | 1 | | | | 1 | | | | | | | | |
| Sinn und Zweck der Aufgabe | 1 | | | | 1 | | | | | | | | |
| Einarbeitungsplan | 1 | | | | 1 | | | | | | | | |
| Kompetenzen | 2 | | | | 2 | | | | | | | | |
| aufgabenbedingte Kommunikationswege und -mittel | 2 | 2 | | | 2 | | | | | | | | |
| Schweigepflicht | 1 | | | 1 | 1 | | | 1 | | | | | |
| Unfallverhütung | 1 | | | 1 | 1 | 1 | | | | 1 | 1 | 1 | 1 |
| **3. Betriebs-, Sozial- und Bildungseinrichtungen und Betriebsordnung** Personalabteilung (zust. Mitarbeiter) | | | | | 1 | 1 | | 1 | | | | | |
| Verkehrsverbindungen, Parkplätze | 1 | | 1 | | | | | 1 | | | | | |
| Betriebsgelände, Gebäude | 2 | | | | | | | 2 | | | | | |
| Garderoben, Waschräume, Toiletten | 1 | | | | 1 | | | | | | | | |
| Kantine | 1 | | | | 1 | 1 | | 1 | | | | | |
| Betriebsarzt | 1 | | 1 | | 1 | 1 | | 1 | | 1 | | | |
| Betriebskrankenkasse | | | 2 | 2 | 2 | | 2 | | | | | | |
| Betriebsrat | | | 2 | 2 | | | 2 | | | | | | |
| Sozialberatung | 2 | | 2 | 2 | 2 | | 2 | | | | | | |
| Weiterbildungsveranstaltungen | 3 | | | 3 | 3 | 3 | 3 | 3 | | 3 | | | |
| Werkbücherei, Fachbibliotheken | | 3 | | | 3 | 3 | 3 | 3 | | 3 | | | |
| Verbesserungsvorschlagswesen | | | | 2 | | | | 2 | | | | | |
| Arbeitszeit, Pausen, Urlaub | 1 | 1 | | 1 | 1 | | | | | | 1 | | |
| Arbeitsentgelt | 1 | | | 1 | 1 | | | | | | 1 | | |
| Bezug von Firmenerzeugnissen | | | 3 | 3 | 3 | | | | | | | | |
| **4. Unternehmen** Organisation | | | | | 3 | | 3 | 3 | | 3 | | 3 | 3 |
| Produkt-, Funktionsspektrum | | | | | 3 | | | 3 | 3 | | | 3 | 3 |
| Markt- Kundenstruktur | | | | | 3 | | | 3 | | | | 3 | 3 |
| Unternehmensziele, Grundsätze | | | | | 3 | | | 3 | | | | 3 | 3 |
| Personalpl. Grundsätze, Instrumente | | | | | 3 | | | | | 3 | | | |

**Wann:** 1: In der ersten Woche (nach der Einstellung), 2: In den ersten 2 Monaten (nach der Einstellung),
3: In den ersten 6 Monaten (nach der Einstellung)

*Meist sind die Betriebe aber zurückhaltend. Thyssen verspricht, 'die Maloche so menschenfreundlich wie nur irgend möglich zu machen', denn 'Arbeit ist das halbe Leben'. Die Zanders Feinpapiere AG in Bergisch Gladbach fragt in vier Sprachen: 'Gestatten Sie, daß wir uns Ihnen vorstellen?' und versichert, daß 'Ihre Lohn- und Gehaltszahlungen selbstverständlich ebenso korrekt wie pünktlich erfüllt werden'.*

*Auch die KKB Bank in Düsseldorf gibt sich verbindlich: 'Fast alles ist Ihnen zunächst fremd und in seinen Zusammenhängen nicht sofort erklärlich, sogar die tägliche Umgangssprache ist mit neuen Worten, Abkürzungen und Sprachkürzeln anders. Das soll Sie nicht irritieren.'*

*Die Optischen Werke G. Rodenstock machen Mut mit der Behauptung 'Aller Anfang ist leicht' und trösten: 'Wer hat vor einem Neubeginn nicht ein bißchen Herzklopfen?'*

*Da die Unternehmen wissen, daß der Neue die Broschüre im Bekanntenkreis herumzeigen wird, nutzen sie gern die Gelegenheit, ihren Geltungsanspruch ein wenig herauszuputzen. 'Überall in der Welt vertrauen Ärzte auf den Namen Boehringer Mannheim', teilt der Pharma-Konzern mit. 'Ein Name, der Geschichte machte', behauptet der Nahrungsmittelhersteller Milupa von sich." (GOTTSCHALL 1983, S. 89)*

Als ein Beispiel für eine *nicht* arbeitsplatzbezogene Einführungsmaßnahme ist in Arbeitsunterlage 3.2 [am Schluß des Kapitels] eine journalistische Schilderung einer Einführungsveranstaltung der damaligen Nixdorf AG abgedruckt. Methoden und Inhalte dieser Veranstaltung geben einen Eindruck von Reichweite und Intensität der Bemühungen um "die Seele des (neuen) Mitarbeiters".

Über die *Wirksamkeit* der einzelnen Verfahren und Instrumente zur Einführung neuer Mitarbeiter liegen jedoch wenig empirische Untersuchungsergebnisse vor (s. die Darstellungen von KIESER et al. 1985 und REHN 1990). Aus einer Befragung von 217 Neulingen wird in der folgenden Tabelle (die aus LOUIS, POSNER & POWELL 1983 stammt) berichtet. Dabei zeigt sich - was von vielen anderen Autoren bestätigt wird - daß den sozialen Agenten im Einarbeitungsprozeß (gleichgestellten Kollegen, Vorgesetzten, älteren erfahrenen Kollegen) die größte Bedeutung zukommt und daß formale Einarbeitungsprogramme (schriftliches Material, Massenveranstaltungen) deutlich ungünstiger beurteilt werden.

**Tab. 3.1: Wie verfügbar und hilfreich sind Sozialisationspraktiken? (modifiziert aus Louis u.a. 1983, S. 861)**

| Sozialisationspraktiken<br>Gesamt-N = 217 Befragte | verfügbar<br>Fälle N | % | hilfreich<br>Mittelwerte *) | Standardabweichung |
|---|---|---|---|---|
| Alltagsarbeit mit Kollegen | 193 | 89 | 3.96 | 1.12 |
| Unmittelbare(r) Vorgesetzte(r) | 183 | 87 | 3.52 | 1.36 |
| Paten (ältere erfahrene Kollegen) | 157 | 75 | 3.79 | 1.27 |
| Soziale und Freizeitaktivitäten | 139 | 66 | 2.87 | 1.28 |
| formale Orientierungsveranstaltung im Unternehmen | 135 | 64 | 3.18 | 1.41 |
| Andere neu rekrutierte Mitarbeiter | 131 | 62 | 3.20 | 1.35 |
| Sekretär(in) oder Stab | 131 | 62 | 2.78 | 1.39 |
| Schulung außer Haus | 74 | 35 | 3.08 | 1.48 |
| Mentoren/Sponsoren | 48 | 45 | 3.23 | 1.47 |
| Geschäftsreisen | 80 | 38 | 2.86 | 1.35 |

*) 1 = sehr wenig, 5 = sehr stark

Wie in der Tabelle, so wird auch generell in der Literatur betont, daß *sozial* vermittelte Informationen und Beziehungen wichtiger sind als kognitiv akzentuierte Medien und Veranstaltungen. STIEFEL schlägt aus diesem Grund in einem originellen Wortgebrauch vier "Kümmerer" vor (1979, S. 59 f):

- *Kümmerer für persönliche Fragen* (Vertrauensperson, die bei persönlichen emotionalen Problemen helfen kann);
- *Kümmerer für fachliche Fragen* (der jeweils kompetenteste),
- *Kümmerer für Probleme, die sich aus der Arbeitgeber-Arbeitnehmer-Beziehung ergeben* (Betriebsrat, Personalfürsorge) und schließlich sogar noch einen
- *zentralen Kümmerer*, der Auskunft darüber geben kann, wer für bestimmte Fragen zuständig ist und wie diese Person zu erreichen ist.

### 3.2.2.4. Zur Analyse der Eingliederungsstrategien

Die Eingliederungsphase kann unterschiedlich lange dauern und in verschiedener Weise strukturiert sein. VAN MAANEN & SCHEIN (1979) haben versucht, die außerordentlich große Unterschiedlichkeit der Einführungsprogramme zu ordnen, indem sie zugrundeliegende Dimensionen herausgearbeitet haben. Im folgenden Überblick sind die sechs Polaritäten genannt, in die sich nach Meinung der Autoren jedes Programm einordnen läßt. Die Verankerung im Raster dieser Dimensionen erlaubt eine profilartige Charakterisierung jedes spezifischen Programms:

*1. individuell - kollektiv*

Jeder Sozialisand wird als Besonderheit betrachtet und macht ganz spezielle Erfahrungen vs. Sozialisanden werden in Gruppen zusammengefaßt und machen gemeinsam die gleichen Erfahrungen.

*2. formell - informell*

Sozialisanden werden von den "Normalmitgliedern" der Organisation getrennt und durchlaufen ein Programm, das für sie als Neulinge spezifisch entworfen ist vs. Sozialisanden, für die kein besonderes Programm entwickelt wurde und deren Rollen nicht klar definiert sind, arbeiten mit den anderen Mitgliedern unmittelbar zusammen.

*3. systematisch geordnet - unsystematisch*

Im einen Fall geht es um sequentiell geordnetes Vorgehen; inhaltlich genau festgelegte und aufeinander bezogene Abschnitte müssen durchlaufen werden vs. die Abschnitte der Sozialisation sind nicht klar differenziert, unbekannt oder instabil (ändern sich fortwährend).

*4. fixiert - variabel*

Jeder Sozialisand hat und kennt einen differenzierten Zeitplan, in dem festgelegt ist, wann welche Abschnitte durchlaufen und abgeschlossen werden vs. die Sozialisanden wissen nur vage, wann Abschnitte beginnen oder abschließen.

*5. seriell - disjunktiv\**

Eine fortsetzende, an traditionellen Modellen orientierte Sozialisation vermittelt von Anfang an den Überblick auf das berechenbar Kommende; dem steht eine diskontinuierliche Sozialisation gegenüber, die mit der Vergangenheit bricht und neuartige, unvorhergesehene Abschnitte und Elemente enthält.

6. *aufbauend - zerstörend*
Bei bestärkender Sozialisation bauen die neuen Erfahrungen konsequent auf früheren auf, nutzen sie und führen sie behutsam fort; bei zerstörendem Vorgehen kommt es zum radikalen Bruch: das Alte wird entwertet und abrupt durch völlig neue Orientierungen und Handlungsweisen ersetzt.

Diese Liste ist nicht vollständig und es ist auch nicht klar, nach welchem Rationale sie entworfen wurde (z.B. nennt VAN MAANEN 1978, S. 29 f, noch eine 7. Dimension: *"Turnier- oder Wettbewerbs-Situation"*. Die Turniersituation läuft auf eine Selektion hinaus: Wer bei bestimmten Zwischen-Prüfungen versagt, muß ausscheiden; die Wettbewerbssituation weist lediglich Rangordnungen bzw. verbesserte/verschlechterte Chancen zu, läßt den Teilnehmer aber "im Spiel"). Vor allem - das machen Kritiker deutlich (s. FISHER 1986, JABLIN 1987) - ist die Dimensionen-Aufzählung spekulativ; empirische Untersuchungen fehlen weitgehend. Eine der wenigen Ausnahmen ist die Studie von JONES (1986), der 127 Neulinge ca. 5 Monate nach Dienstantritt befragte (der Fragebogen, in dem er die oben zitierten 6 Dimensionen operationalisierte, ist in seiner Veröffentlichung abgedruckt). JONES fand, daß die 6 Dimensionen stark miteinander korrelierten; ihre Unabhängigkeit (mit Ausnahme von "aufbauend - zerstörend") wurde also nicht bestätigt. Als Hauptergebnis berichtet JONES, daß *"institutionalisierte"* Sozialisationsmuster (aufbauend, seriell, fixiert, sequentiell, kollektiv, formal) konservativ-konformistische ('custodial') Haltungen produzierten, während die *"individualisierten"* Sozialisationsweisen, in denen jeweils die anderen Pole ausgeprägt sind (zerstörend, disjunktiv, variabel, unsystematisch, individuell, informell), mehr selbständige Aktivität, Kreativität, Innovation, aber auch Konflikt und Mehrdeutigkeit produzierten (s.a. die Replikation der JONES-Studie durch ALLEN & MEYER 1990).

Weitere Möglichkeiten zur Analyse von Sozialisationsprozessen über die 6 Dimensionen hinaus können z.B. an folgenden Unterscheidungen ansetzen:

1. Wie deutlich abgehoben sind Schulungs-Situationen von sonstigen Situationen ("markers", Ambiente; symbol. Übergänge; Rituale, Zeremonien, Prüfungen, Abschluß-Feiern, Titel, Abzeichen ...)?

2. Dauer des Programms oder Prozesses (in den Extremfällen: Null bis lebenslang).

3. Wie explizit ist die *"Kern-Ideologie"* der Unternehmung? Ist sie konsistent? Gibt es widersprüchliche Loyalitäten, wie sie etwa im Begriffspaar "locals - cosmopolitans" bezeichnet werden (also Personen, die entweder an den speziellen Gegebenheiten der jeweiligen Organisation orientiert sind oder sich organisationsübergreifenden 'weltweit' gültigen professionellen Standards verpflichtet fühlen)?

4. Wieviel Mitsprache- oder gar Veränderungsmöglichkeiten hat ein Neuling? Wie ist seine "Verhandlungsposition"?

5. Gibt es eindeutige Referenzgruppen oder -personen? Sind sie real oder imaginiert (z.B. Helden, Gründer, Vorbilder, Mentoren, Paten, Coachs)?

6. Wie klar sind die wichtigsten Rollen, Erfolgskriterien, Meßoperationen usw. definiert?

LUKIE (1987) untersuchte bei 22 neu eingetretenen Mitarbeitern im Rahmen einer 'begleitenden Evaluation' Erfahrungen während der Einarbeitungsphase. Auf der Basis von Workshops mit allen Beteiligten wurde ein Evaluationsfragebogen konstruiert, der dann den Neulingen und ihren Vorgesetzten vorgelegt wurde. In schriftlichen Befragungen wurden 15 Problembereiche angesprochen, die im Folgenden aufgeführt werden, weil sie zugleich einen Eindruck geben von der Vielzahl der Schwierigkeiten, mit denen "Neue" konfrontiert sind: Rollenklarheit; Verhalten des Rollensenders "Kollege"; Realitätsdifferenz (offizielle Äußerungen über die Arbeit vor der Einstellung und später vorgefundene Bedingungen); Enttäuschungsgrad (über die Realitätsdifferenz); Interessantheit der zugewiesenen Tätigkeit; Integrationsdruck; Verhalten des Rollensenders "Vorgesetzter"; Akzeptanz durch Kollegen, Vorgesetzte und "die Organisation"; systematische Einarbeitung; quantitative Rollenauslastung; Professionskonflikt (das Erlernte zu wenig einsetzen können); Feedback-Defizite (in bezug auf die Vorgesetzten); Handlungsspielraum; Klarheit der Kompetenzabgrenzung zu Kollegen; Konflikte mit Vorgesetzten.

LUKIE berichtet einige Ergebnisse, die auch in anderen Studien (s. etwa REHN 1990) immer wieder gefunden wurden, wenn eine große Zahl von Fragebogen(skalen) ausgewertet und interkorreliert werden (z.B.: *"Je höher die Realitätsdifferenz, desto unzufriedener sind die Mitarbeiter mit den Vorgesetzten"* oder *"Je mehr Konflikte mit den Vorgesetzten bestehen, desto geringer ist die Arbeitszufriedenheit mit den Kollegen"*).

Interessant erscheinen folgende Befunde LUKIEs über 'Meinungsverschiedenheiten':

"- *Vorgesetzte sehen ihr (Führungs-)Verhalten zu positiv, wenn sie annehmen, daß sie den neuen Mitarbeitern ausreichend Gelegenheit zu Feedback-Gesprächen bieten und ihnen 'Wertschätzung' zukommen lassen, während sich die befragten Mitarbeiter eher über das Gegenteil beklagen;*

- *Vorgesetzte gehen durchweg davon aus, daß sich das, was den Neuen an Perspektiven, Möglichkeiten und Erwartungen zu Beginn der Arbeitstätigkeit aufgezeigt worden war, auch am Arbeitsplatz realisiert habe, während die neuen Mitarbeiter dies verneinen;*

- *Vorgesetzte nehmen an, daß sich die Erwartung ihrer neuen Mitarbeiter mit dem, was sie in der Realität vorfinden, deckt; demgegenüber äußern die Befragten tendenziell eher Enttäuschung."* (LUKIE 1987, S. 178 f).

REHN (1990) untersuchte in einem 'mittelfränkischen Unternehmen der EDV-Dienstleistung' 84 neue Mitarbeiter in einem Längsschnittdesign (für nur 13,8% war es der erste Arbeitsplatz, 24,1% machten keine Angaben darüber, ob sie schon andere Arbeitsstellen innegehabt hatten). Mit neu entwickelten Fragebogen (zu Erwartungen, üblichen Verhaltensweisen, Normen, Beförderungskriterien, Zufriedenheit usw.) und zum Teil sehr originellen projektiven* Instrumenten (Sprichwörter-Zuordnung, unvollendete Sätze, Ländervergleichen usw.) untersuchte sie die "Neuen" 1 Woche vor Arbeitsantritt, sowie 1 Monat und 3 Monate danach; beim dritten Untersuchungszeitpunkt wurden auch 165 Kollegen der Neulinge schriftlich befragt.

Im ersten Teil ihrer Auswertung beschreibt die Autorin die Antwortverteilungen, im zweiten die korrelativen Beziehungen zwischen den Konstrukten, die sie gebildet hat

(Erwartungen, Informationsmängel, Zufriedenheit usw.). Im Wesentlichen bestätigt sie die Befunde, die aus anderen Einführungsstudien bekannt sind (viele Erwartungen werden enttäuscht, aber im Großen und Ganzen fühlen sich die Neulinge akzeptiert).

Zu den nicht erfüllten Erwartungen für den *ersten Arbeitstag* gehören (s. S. 163), daß

- man von einem Kollegen im Betrieb herumgeführt wird,
- einem der Vorgesetzte klare Arbeitsaufgaben gibt,
- die Kollegen etwas über den Arbeitsbereich erzählen,
- der eigene Name bereits auf den üblichen Hinweisschildern enthalten ist usw.

Die Erwartungsenttäuschung ist natürlich abhängig von den ursprünglichen Erwartungen: Weil kaum ein(e) Neue(r) erwartet, daß "Blumen auf dem Schreibtisch stehen", wird das Fehlen von Blumen nicht mit großer Enttäuschung registriert!

Auch nach der *ersten Woche* waren einige Erwartungen nicht erfüllt (REHN 1990, S. 164), so z.B. daß

- man mit den Kollegen den Einstand gefeiert hat,
- der/die Vorgesetzte deutlich sagt, was man richtig und falsch macht,
- von den Kollegen Tips bekommt über die in der Firma üblichen Umgangsformen,
- einem genau gesagt wird, was man zu tun hat usw.

Was die Hypothesen anbelangt, so werden die meisten Erwartungen REHNs bestätigt, allerdings auf keinem besonders eindrucksvollen Niveau (die signifikanten Korrelationskoeffizienten liegen in der Größenordnung zwischen .20 - .30 und erklären damit jeweils nicht einmal 10% der Varianz).

REHN formuliert 13 z.T. recht komplexe Untersuchungshypothesen; ein Beispiel sei nachstehend abgedruckt (1990, S. 194):

> *"Je weniger neue Mitarbeiter vorinformiert sind,*
>
> 1. *desto weniger angenehme Gefühle empfinden sie beim vorausschauenden Denken an den ersten Arbeitstag,*
> 2. *desto mehr Erwartungen stellen sie an ihren ersten Arbeitstag und an die ersten Wochen im Unternehmen,*
> 3. *desto unsicherer sind sie sich später beim Beschreiben ihrer Arbeitsgruppe,*
> 4. *desto häufiger nennen sie nach einem und nach drei Monaten im Unternehmen Erwartungsenttäuschungen,*
> 5. *desto mehr Mängel wie unangenehme Überraschungen erleben sie während der Einarbeitungszeit,*
> 6. *desto weniger zufrieden fühlen sie sich nach einem und nach drei Monaten im Unternehmen,*
> 7. *desto häufiger denken sie schon nach drei Monaten an eine Kündigung."*

Darin offenbaren sich auch spezifische Probleme des gewählten methodischen Ansatzes einer strukturierten Befragung mit vorgegebenen allgemeinen Fragen. Im Bestreben, möglichst viele aggregierte Daten zu verarbeiten und "allgemeine Tendenzen" oder "gesicherte Zusammenhänge" zu identifizieren, kommt zum einen das Eingehen auf die besondere Situation des Einzelfalls zu kurz und darüber hinaus wird auch die inhaltliche Reichhaltigkeit der Erfahrungen und ihrer Deutungen der Abstraktifizierung geopfert - so daß letztlich relativ banale Aussagen resultieren.

REHN hat als weitere Informationsquelle - neben ihren eigenen Beobachtungen und Erfahrungen - auch noch freie Interviews mit Neulingen genutzt. Diese Gesamtinformation (schriftliche Datenerhebung, Erfahrungen und Interviews) hat sie zu zum Teil sehr sensiblen Interpretationen angeregt, die einmal mehr bestätigen, daß die Einführung neuer Mitarbeiter ein überraschungsreicher Prozeß ist, in dem unerwartete Erfahrungen gemacht und integriert werden müssen.

Ein anschaulicher Beleg dafür sei in Form einer Anekdote W. BROWNs geliefert, die SCHETTGEN (1991. S. 251 f) zitiert:

*"Viele Führungskräfte glauben, daß in der Art von Situation 'Freiheit' liegt, in denen ein Vorgesetzter zu ihnen sagt: 'Bei uns gibt es kaum Vorschriften. Sie werden in ein oder zwei Monaten verstehen, worum es bei ihrem Job geht, und Sie werden ihre eigenen Entscheidungen treffen. Kein Papierkrieg - von Ihnen wird erwartet, daß Sie das Kommando übernehmen. Wenn Entscheidungen erforderlich sind, dann treffen Sie sie auf eigene Faust.' [...] Nach meiner Erfahrung hat ein Manager in einer solchen Situation praktisch überhaupt keine 'Handlungsfreiheit'. Er fängt an, Entscheidungen zu fällen, und sein Boss bestellt ihn zu sich, um ihm zu sagen: 'Schauen Sie, Jones, es tut mir leid, Ihnen mitteilen zu müssen, daß sie im Verlauf der Reorganisation Ihrer Arbeit zwei ziemlich schwerwiegende Fehler gemacht haben. Sie haben einen Mann in eine verantwortliche Führungsposition befördert, der in der betrieblichen Beförderungsrangfolge nicht der Nächste war, und Sie haben fünf zusätzliche Maschinisten eingestellt - eine Entscheidung, die Sie mir hätten übergeben müssen, weil wir einige überzählige Männer dieser Kategorie in einem nahegelegenen Betrieb haben.' [...] Jones ist also in einer Situation, in der er nicht weiß, welche Entscheidungen er fällen und welche er nicht fällen kann, und wenn er darüber zweifelt, wird er wahrscheinlich der Vorgehensweise folgen, gar nichts zu tun. In drei Jahren ... wird er wissen, wann er handeln kann und wann nicht, weil er durch Ausprobieren gelernt hat, was sein Boss ihm schriftlich nicht geben konnte:* **die vorgeschriebene Komponente seines Jobs.** *Danach wird auch Jones ein ergebener Anhänger des 'Kein-Papierkrieg'-Prinzips sein, und so wird die Situation fortdauern."*
(Hervorhebung im Original).

### 3.2.2.5. Exkurs: Trainee-Programme

Trainee-Programme sind eine spezielle Einarbeitungsvariante, die Hochschul-Absolventen angeboten wird. Der Begriff "Trainee-Programm" steht für eine Mehrzahl recht unterschiedlich organisierter Erfahrungen. Drei typische Muster haben z.B. FERRING & THOM differenziert (s. Abb. 3.2, s. auch die Einteilung bei STAUDE 1978).

Das Institut der deutschen Wirtschaft (IW) hat 1988 700 Unternehmen zur Trainee-Ausbildung befragt; Ch. KONEGEN-GRENIER hat für die von ihr unterschiedenen 5 Grundtypen von Programmen, die eine kleine Abwandlung der von FERRING & THOM vorgelegten Einteilung darstellen, folgende Häufigkeitsverteilung gefunden:

- standardisiertes, ressortübergreifendes Programm mit festgelegter Abfolge der Ausbildungsstationen (36 Prozent der Nennungen)
- standardisiertes, ressortübergreifendes Programm mit variabler Abfolge der Ausbildungsstationen (17 Prozent der Nennungen)

## Abb. 3.2: Traineeprogramme (nach FERRING/THOM 1981, S. 7)

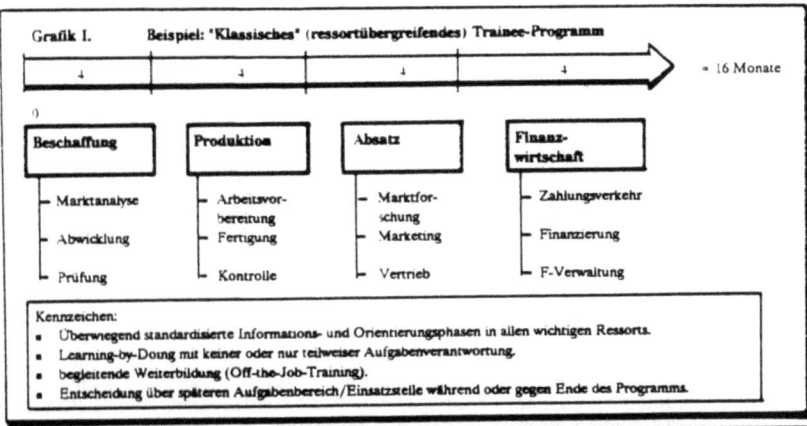

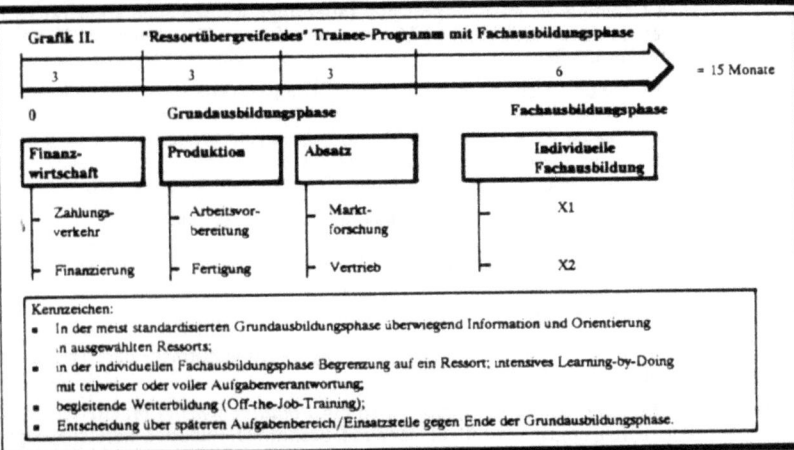

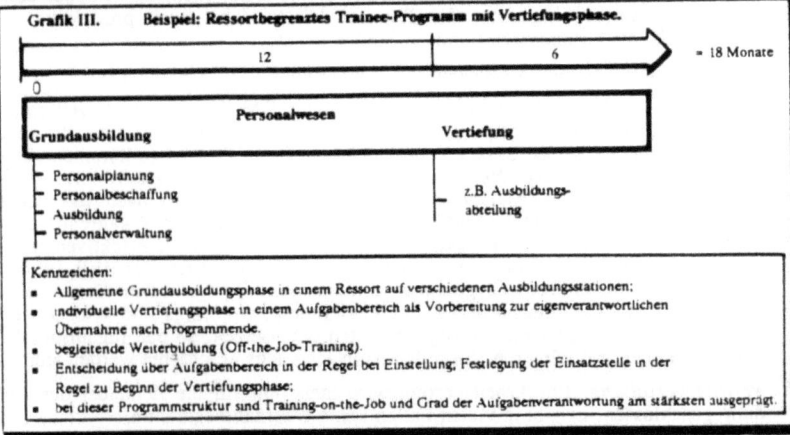

- standardisierte, ressortübergreifende Grundausbildung mit anschließender, spezialisierender Fachausbildung (14 Prozent der Nennungen)
- ressortbezogene Grundausbildung mit anschließender weitergehender Spezialisierung (16 Prozent der Nennungen)
- flexible Gestaltung des Programms je nach Fähigkeiten und Interesse des Trainees (17 Prozent der Nennungen).

Ebenso variabel wie die Organisationsform ist die Dauer der Traineeprogramme: 20 Prozent der Programme dauern bis zu einem Jahr, weitere 40 Prozent schließen nach etwa anderthalb Jahren ab. Die restlichen 40 Prozent haben eine Laufzeit von zwei Jahren und mehr. (o.V., 1991, S. 50)

### a) Merkmale von Trainee-Programmen

1. *Teilnehmer* sind Hochschulabsolventen (verschiedener Fachrichtungen), die meist in einem speziellen Verfahren ausgewählt wurden (häufig: Assessment Centers); weil mehrere Kandidaten zu einem Zeitpunkt eingestellt werden, sind Trainee-Programme meist nur in Großunternehmen eingerichtet (allerdings werden auch kooperative Formen berichtet, in denen sich kleinere Unternehmen für die Gestaltung des "Seminar"-Teils zusammenschließen).

2. *Methoden*: Es handelt sich um ein mehr oder weniger systematisches und geplantes Programm, dessen notwendige Bestandteile "Lernen durch Tun" (praktische Erfahrungen in realen Arbeitssituationen) und begleitende Weiterbildung in speziellen Seminaren sind (für diese Weiterbildungsteile werden - nach THOM 1987 - in den meisten Fällen zwischen 6 -20% der gesamten Trainee-Zeit aufgewendet).

   Bemerkenswert ist in diesem Zusammenhang, daß Aufbau und Inhalte von Trainee-Programmen nicht überbetrieblich, tarifvertraglich oder gar gesetzlich geregelt sind; die Unternehmen haben deshalb einen großen Gestaltungs- und Experimentier-Spielraum.

   Es gibt keine (zertifizierte, extern verwertbare) Abschlußprüfung.

3. *Organisationsformen*: Die drei häufigsten Organisationsformen der Trainee-Ausbildung sind in Abb. 3.2 wiedergegeben.

4. Bei der Ausbildung "am Arbeitsplatz" wird ein *Rotationsschema* praktiziert; es kann firmenweite Erfahrungen vermitteln oder auf bestimmte Funktionsbereiche begrenzt sein; in der praktischen Ausbildung werden die Trainees nicht als Gruppe, sondern als Einzelpersonen eingesetzt; die Trainees leisten dabei auch produktive Arbeit (Einsatz z.B. als Urlaubsvertretung, in Stoßzeiten etc.);

5. *Dauer*: zwischen 6 und 24 Monaten (zu einem kleinen Teil noch länger);

6. *Kosten*: Bei einem durchschnittlichen Gehalt von DM 55.000.- und weiteren 85 - 100% an Personalzusatzkosten (im Jahr 1991) sind die jährlichen Gehalts-Aufwendungen für einen Trainee etwa 100.000.- bis 110.000.- DM; dazu kommen jährliche Kosten für Seminare und Weiterbildungsveranstaltungen in Höhe von ca. 10.000.- DM. Bei einer Laufzeit des Traineeprogramms von 1 1/2 Jahren macht das insgesamt etwa 160.000.- bis 180.000.- DM pro Trainee aus; da ein Trainee während der praktischen Einsatzzeiten z.T. produktive Arbeit leistet, dürften die effektiven Aufwendungen etwa bei ca. 100.000.- DM liegen (s. auch FÖRDERREUTHER 1988 b, S. 885). Dies ist gegenüber den gesamten direkten Ausbildungskosten für einen Azubi (ca. 80.000.- DM in drei Jahren) ein höherer Betrag; allerdings sind Trainees in kürzerer Zeit für qualitativ hochwertige Arbeiten einzusetzen, so daß für anspruchsvollere Tätigkeiten mit kürzeren Vorlaufzeiten Nachwuchs geschaffen werden kann.

7. *Vertragsgestaltung*: Ein Arbeitsvertrag wird meist nur für die Zeitdauer der Ausbildung geschlossen; es gibt in vielen Fällen keine Übernahmegarantie.

b) **Funktionen von Trainee-Programmen (aus Unternehmensperspektive)**

1. *Über das Gesamtunternehmen informieren*

   Einen Überblick über das Unternehmen "als Ganzes" geben: Aufbau, Funktionszusammenhänge, Produkte, Technologien, Personen, Kunden, Partner etc. kennenlernen. Weil die Ausbildung in den meisten Fällen für ein breiteres Einsatz-Spektrum qualifizieren soll, steht nicht so sehr die berufliche, sondern die betriebliche Sozialisation im Vordergrund: Vertrautwerden mit den verschiedensten Funktionsbereichen des Unternehmens; keine spezielle Professionalisierung; keine spezielle Loyalität zu bestimmten (Aufgaben-)Bereichen.

   Die "Rotation" durch das Unternehmen ermöglicht auch das (Kennen-)Lernen der Unternehmenskultur, speziell der möglicherweise in verschiedenen Bereichen unterschiedlichen Grundannahmen, Schemata und "Spielregeln". Trainees erhalten - auch weil sie noch relativ "ungefährlich" sind - Einblick in Stereotype und Konfliktfelder (speziell: attraktive, im Unternehmen hoch bewertete Aufgabengebiete mit Karriere-Chancen). Allerdings ist der erreichte Einblick oft nicht tief, weil die für eine umfassende Sozialisation nötige Zeit (Aufbau von Vertrauen, Dazugehörigkeit) nicht zur Verfügung steht.

2. *Selektion*

   Dies ist in zwei Hinsichten zu verstehen: Einmal gewinnt das Unternehmen durch die verschiedenen Beurteiler, die während der langen "Probe-Zeit" und in den verschiedensten Bewährungs-Situationen Informationen zusammentragen, einen umfassenden Eindruck von den Qualifikationen des Trainees. An die Stelle einer zeitpunkt-bezogenen Festlegung auf einen Kandidaten (Assessment Center!) tritt eine zeitraum-bezogene Urteilsbildung.

   Zum anderen bekommen Trainees selbst die Möglichkeit, im Durchlauf durch die verschiedenen Unternehmensbereiche ihre eigenen Interessens- und Fähigkeitsschwerpunkte kennenzulernen und eine Laufbahnwahl vorzubereiten.

   Die Auswahlfunktion von Trainee-Programmen hängt jedoch in einem hohen Umfang von der Vorselektion ab. Diese ist zu einem Teil Selbst-Selektion der Bewerber/innen um eine Trainee-Stelle und zum anderen Teil abhängig von den gewählten Auslese-Verfahren und Kriterien. Es kann z.B. eine einmalige Auslese-Prozedur eingerichtet (Assessment Center, Bewerber-Interviews) - oder auf längerfristige Erfahrungen (Beurteilungen) zurückgegriffen werden (wenn Kandidaten ihre Berufsausbildung im Hause absolviert haben oder als Praktikanten oder Diplomanden beobachtet werden konnten).

3. *Ausbildungsinhalte*

   Weil es keine überbetrieblichen Festlegungen gibt, können die Unternehmen Organisation, Dauer und Inhalt der Trainee-Ausbildung auf ihre Bedürfnisse ausrichten und nicht zertifizierte, auf dem freien Arbeitsmarkt direkt nicht verwertbare Spezialisierungen anbieten (und dadurch die Mobilität der Trainees in gewissem Umfange einschränken). Eine Trainee-Ausbildung ist eine Art Zwischenform zwischen Fortsetzung des Studiums (in den Seminar-Einheiten), Berufsausbildung (karikiert im Begriff des "Edelstifts") und praktischer Anlerntätigkeit.

   Hier spielen auch Elemente des "Lernens am Modell" (Nachahmung, Vorbild) eine wichtige Rolle: Es ist Aufgabe der Trainees, sich in eigener Initiative von den Vorgesetzten und Kollegen, denen sie "zugeteilt" werden, möglichst viel an verwertbarem Wissen und Fertigkeiten anzueignen. Die Qualifikation und Motivation der "Ausbilder" (vor allem in den praktischen Ausbildungsabschnitten) ist sehr unterschiedlich und wird meist nicht systematisch kontrolliert.

### 4. Kontakte

Während des Durchlaufs durch die verschiedenen Unternehmensteile haben die Trainees trotz der Kürze ihrer Verbleibzeiten die Chance, eine Vielzahl von (formellen und vor allem: informellen) Kontakten zu knüpfen, die für ihre spätere Tätigkeit von großem Nutzen sein können. Nicht zuletzt gehört dazu auch die Möglichkeit, bei besonderer Bewährung einen Sponsor zu finden, der die weitere Karriere aufmerksam begleitet und fördert.

### 5. Verwendungsbreite

Mit Trainee-Ausbildung schafft sich das Unternehmen ein Reservoir, aus dem innerhalb relativ kurzer Zeit für sehr unterschiedliche Einsatzgebiete oder Aufgabenstellungen vor-gebildete Kräfte "entnommen" werden können. Dies erleichtert bei ungewissen Organisationsänderungen die Personalplanung.

### 6. Image

Trainee-Programme gelten allgemein als Ausweis besonderer Anstrengungen in der Nachwuchsförderung. Sie erfüllen damit eine Werbe- und Akquisitionsfunktion und tragen dazu bei, dem Unternehmen qualitativ höherwertige Bewerber zuzuführen. In vielen Bereichen (z.B. Bank- und Versicherungsgewerbe) sind Trainee-Programme branchenüblich, so daß das Fehlen einer solchen Aktivität imagebeeinträchtigend wirken könnte.

### c) Probleme von Trainee-Programmen

#### 1. Trainees als eigene Kaste

Trainees werden von den anderen Mitarbeitern häufig als eine eigene "Kaste" erlebt, die durch Vorbildung, Auswahl und vermutete Karriere-Perspektiven von der "übrigen" Belegschaft unterschieden ist. Dies kann auf beiden Seiten zu Fehlwahrnehmungen führen: Von der Belegschaft werden die Trainees als Akademiker überfordert/überschätzt, als "Überflieger" abgewertet und als überheblich abgetan; die Trainees fühlen sich oft "unter Wert" eingesetzt (wenn sie während der praktischen Ausbildungsteile über längere Zeit Routine-Tätigkeiten ausführen müssen).

Trainee-Programme können bei fachlich qualifizierten Mitarbeitern, die "von der Pike auf gelernt" haben, als diskriminierende Einrichtungen erlebt werden, wenn sich das Unternehmen in seiner Karriere-Politik nur noch aus dem Reservoir der Trainees bedient. Entsteht ein solcher Eindruck, so kann sich dieser sehr negativ auf Leistungs- und Teilnahme-Motivation dieser (anscheinend oder scheinbar) benachteiligten Mitarbeitergruppe auswirken (Verletzung des Prinzips der "Beförderung aus den eigenen Reihen"). Oft genug wird auch die in Bewerbungsgesprächen geweckte Erwartung einer schnellen Karriere nach der Absolvierung des Programms enttäuscht, weil Rücksichten auf andere Mitarbeiter und der Mangel an verfügbaren Stellen das Verbleiben in Sachbearbeiter-Funktionen erzwingen.

#### 2. Rotation erschwert Beziehungsaufbau

Weil die Trainees "durchrotiert" werden, erfordert es besondere Anstrengungen und Fähigkeiten, stabile Beziehungen zu Personen (Vorgesetzten und Kollegen) wie auch zu Aufgabenbereichen aufzubauen.

Trainees haben andererseits den Vorteil, daß sie nicht von einer einzigen Führungskraft abhängig sind und verschiedenartige Einsatzfelder überblicken, in die sie später einmünden können.

3. *Unterschiedliche Ausbildungsinhalte und -verläufe*

Die Zugehörigkeit zu einer Trainee-Gruppe sichert noch nicht "Gleichbehandlung": Je nach den Funktionen und Abteilungen, die durchlaufen werden müssen, können verschiedene Mitglieder einer Ausbildungs-Kohorte sehr unterschiedliche Erfahrungen machen.

4. *Mobilität und ihre Auswirkungen*

Das außerordentlich reiche Ausbildungs-Angebot mit immer neuen Tätigkeitsfeldern und ständig wechselnden Bezugspersonen kann zu Überforderungen und Orientierungsverlust führen. Bei größeren Unternehmen ist damit oft auch erhebliche räumliche Mobilität verbunden, die sich auf die privaten Beziehungs-Netze der Trainees auswirken kann. In diesem Zusammenhang ist die in einigen Trainee-Programmen betonte Entscheidungsfreiheit der Trainees (im Hinblick auf die Wahl von Schwerpunkten und Ausbildungsfeldern) eingeschränkt, weil aus personalplanerischen und kapazitätsbedingten Gründen bestimmte Kanalisierungen vorgenommen werden müssen.

5. *Permanenter Dilettantismus*

Wegen des "permanenten Dilettantismus", zu dem Trainees wegen der fortwährenden Einarbeitung in neue Aufgaben gezwungen sind, fehlen häufig Erfolgserlebnisse, die auf der selbständigen Bearbeitung herausfordernder Projekte beruhen.

6. *Informelles Lernen*

Demotivation kann noch verstärkt werden durch "ansteckende" Erfahrungen, die Trainees im Kontakt mit langjährigen Mitarbeitern in besonders breiter Form machen können, wenn sie deren ernüchterte oder sogar defaitistische* Sicht der Situation übernehmen, z.B. im Hinblick auf die Gültigkeit des Leistungsprinzips, die Sachlichkeit und Rationalität der (Personal-)Entscheidungen, die Geschlossenheit des Gesamt-Unternehmens ("Eine Familie"), die Vorbildlichkeit der (höheren) Führungskräfte usw.

7. *Rollenunklarheit*

Die Trainee-Rolle ist relativ unklar: eine Art Zwitter-Position sowohl zwischen Lehrling und künftiger Führungskraft wie auch zwischen fachlichem Spezialisten und Generalisten. Zum Teil kann dies dazu führen, daß Trainees von den "Interna" eines Arbeitsbereichs abgeblockt werden, weil man nicht sicher ist, ob sie das für die "Einweihung" nötige Vertrauen auch verdienen.

8. *Belastungen für die aufnehmenden Abteilungen*

Zuweilen wird in den praktischen Ausbildungs-Abschnitten der Aufwand, der für die Einweisung der inkompetenten Neulinge getrieben wird, möglichst klein gehalten. Denn die Trainees werden die Abteilung in kurzer Zeit wieder verlassen, so daß man nicht (sichtbar) ernten kann, was man gesät hat - noch dazu wo zum Teil relativ bald klar ist, daß ein Trainee in einem bestimmten Bereich später nicht arbeiten wird.

So ist ein Trainee für eine aufnehmende Abteilung meist eine Belastung (für die sozialen Beziehungen und die Aufgabenerledigung). Es bedarf deshalb einer aktiven Unterstützung der Trainee-Programme durch die Unternehmensleitung und die Personal(entwicklungs)abteilung. Dies wird erreicht durch öffentliche Bekenntnisse wichtiger Persönlichkeiten, Verankerung des Gedankens in Führungsgrundsätzen etc., Errichtung spezieller Trainee-Betreuungsstellen (die für Programmplanung, Rückmeldungen, Beratung zuständig sind) und Erfahrungs-Austausch-Gruppen der Trainees, die damit systematisch Gelegenheit erhalten, sich als eigene Gruppe zu erleben, Frustrationen und Spannungen abzubauen, gemeinsame Probleme zu artikulieren und Lösungen vorzuschlagen. Damit werden kathartische* und konstruktive Funktionen gleichermaßen erfüllt.

d) **Evaluationskriterien von Traineeprogrammen**

Als relativ aufwendige Maßnahmen müssen Trainee-Programme einer Erfolgskontrolle unterzogen werden. Meist werden folgende Kriterien herangezogen (s. FÖRDERREUTHER, 1988 b, S. 886 f; s.a. die sehr differenzierte Darstellung bei STAUDE 1978, der aus den Positionen verschiedener 'stakeholders' argumentiert):

- *Verbleibewahrscheinlichkeit* der Trainees im Unternehmen (während und nach Abschluß der Trainee-Zeit). Damit wird aber nicht nur die Qualität des Programms, sondern auch die Situation auf dem Arbeitsmarkt und die Einschätzung der innerbetrieblichen Karriere-Chancen bewertet.
- *Spontane Nachfrage von Vorgesetzten* nach (neuen) Trainees. Dieses Kriterium ist z.T. verunreinigt durch den Vergütungs-Modus: Wenn Trainees als Arbeitskräfte genutzt werden können, aber von der Zentrale aus bezahlt werden, belasten sie die lokalen Personalkosten nicht und sind deshalb willkommene 'Aushilfskräfte'.
- Menge und Qualität der *Bewerbungen*, die ein Unternehmen erhält; Werte in Image-Studien an Hochschulen.
- *Beförderungsquote und -geschwindigkeit* von Trainees nach Abschluß des Programms. Dies gilt als Maß der innerbetrieblichen Reputation der Ausbildung.

Die große Verbreitung, die Trainee-Programme inzwischen in der Wirtschaft gefunden haben, erlaubt die Schlußfolgerung, daß ihre Bedeutung weit über die systematische Einführung einer bestimmten Gruppe von neuen Mitarbeitern hinausgeht: Sie sind zugleich Akquisitions- und Allokationsinstrument, PE-Maßnahme, Erprobungsverfahren und teilsystematisierte Weiterbildung 'on-the-job'. Gerade in dieser letzten Funktion leisten sie einen Beitrag zur dritten Phase der 'Sozialisation im Betrieb', die - nach Vorbereitung und Einführung - als Metamorphose-Phase (Vollmitglied werden) oben schon angekündigt wurde und Gegenstand der folgenden drei Kapitel sein wird.

Diese Einzeldarstellungen sollen im Folgenden kurz eingeordnet werden:

### 3.2.3. Vollmitglied werden (Metamorphose)

Nach der Eingliederungsphase, die manchmal formell abgeschlossen wird (definiertes Probezeit-Ende, das ausdrücklich mit Feiern und Ritualen markiert wird) beginnt der zuweilen jahrelange Prozeß des Erwerbs von Fachkenntnissen, Fertigkeiten, ungeschriebenen "Spielregeln", Normen, Werten und sozialer Reputation, in dem Neulinge zu Vollmitgliedern (gemacht) werden.

Man lernt, wie man mit Widersprüchen und Unklarheiten umgehen kann, wieviel man leisten muß, wie man an "Insider-Informationen" herankommt, wie man sich verhalten muß/kann, ohne unangenehm aufzufallen, wie und an wem man sich laufbahnmäßig orientieren kann ... Es werden "soziale Netze" aufgebaut mit Kollegen, Vorgesetzten, Unterstellten (oft als "Führung von unten" bezeichnet), inner- und außerorganisatorischen Stellen (Stäbe, Betriebsrat, Vertrauensleute, Personalabteilung, Behörden, Kunden, Lieferanten).

Im folgenden Kasten ist ein humoristischer Beleg abgedruckt, der den Widerspruch zwischen geltenden Richtlinien und Alltagspraxis karikiert. Wie an anderer Stelle ausführlich belegt (NEUBERGER 1990 d), gibt es in Unternehmen ein reichhaltiges 'subkulturelles' Schrifttum, das sich mit der Kluft zwischen Anspruch und Wirklichkeit auseinandersetzt und die Fassaden- oder gar Lügenhaftigkeit der offiziellen (Selbst-) Darstellungen bloßstellt. Die auf diese Weise bewirkte Ent-Täuschung gibt den Blick frei auf die Unzahl der 'Regeln', die in keinem Einführungsprogramm erwähnt werden und dennoch in einem oft schmerzlichen Lernprozeß angeeignet werden müssen, wenn man "für voll" genommen werden will und seine Möglichkeiten voll wahrnehmen möchte.

---

**"Kompendium der Grundregeln für Laborangestellte**

1. *Wenn Sie nicht wissen, was Sie tun, tun Sie's ordentlich.*
2. *Zeichnen Sie zuerst Ihre Kurven, dann tragen Sie die Daten ein.*
3. *Erfahrung ist direkt proportional mit der ruinierten Ausstattung.*
4. *Experimente müssen wiederholbar sein. Sie müssen alle auf gleiche Weise fehlschlagen.*
5. *Die Datenaufzeichnung ist unabdingbar. Sie belegt, daß Sie gearbeitet haben.*
6. *Wenn Zweifel bestehen: sorgen Sie dafür, daß es positiv und überzeugend klingt.*
7. *Glauben Sie nicht an Wunder, verlassen Sie sich auf sie.*
8. *Teamwork ist im Labor unverzichtbar. Es ermöglicht Ihnen, die Schuld jemand anderem zuzuschieben.*"

Diese Auflistung stammt aus dem Buch "When you up to your ass in alligators ..." von Alan DUNDES & Carl PAGTER (1987), in dem Graffiti, Poster, Kopien, Pseudoformulare usw. zusammengestellt sind, die die Autoren in US-Unternehmen gefunden haben. Der Titel des Buchs leitet sich von folgender 'Bekanntmachung' (a.a.O., S. 91) ab:

*"Das Ziel aller engagierten Firmenangehörigen sollte sein, alle Situationen gründlich zu analysieren, alle Probleme vor ihrem Auftreten zu antizipieren, auf diese Probleme Antworten zu haben und ohne Verzug die Lösung der Probleme zu verwirklichen, wenn sie auftreten...*
*Aber...*
*wenn man bis zum Arsch in Alligatoren steckt, dann fällt es schwer, sich daran zu erinnern, daß es ursprünglich das Ziel war, den Sumpf trockenzulegen".*

---

Die Diskussion der Phase 'Vollmitglied werden' ist in den nächsten Kapiteln entsprechend den oben entwickelten drei Perspektiven (personal, interpersonal, apersonal) gegliedert:
- Mit der Akzentsetzung auf *personale* Aspekte wird zunächst auf Fragen der Bedarfsermittlung und -deckung im Rahmen der 'Weiterbildung' (im weiteren Sinne) eingegangen, jenem Teilbereich, der in der PE-Literatur die meiste Aufmerksamkeit findet.

- Unter *interpersonalem* Blickwinkel geht es um Verfahren und Erfahrungen im Zusammenhang mit der Gestaltung der konkreten zwischenmenschlichen Beziehungen und Handlungen.
- Bei der *apersonalen* Struktur- und Regeländerung steht die Thematik der 'Organisationsentwicklung' im Mittelpunkt.

Damit wird auch deutlich, daß die Phrase 'Vollmitglied werden' im Grunde zu kurz greift (sie müßte 'Personal werden' lauten), weil nicht nur personzentrierte Interventionen untersucht werden, sondern auch Wandlungen von inter- und apersonalen Mustern, so daß die oben erwähnte Verschränkung von 'Verändern' und 'Verändert werden' ernstgenommen wird.

Bei der gewählten Zugangsweise können nicht alle Probleme der dritten Sozialisationsphase mit gleicher Intensität erörtert werden; einige Themen werden nur implizit oder am Rande behandelt. Fragen der *Karriere* werden z.B. nicht gesondert untersucht, weil sie auch aufgefaßt werden können als Muster aufeinanderfolgender individueller Qualifizierungen, das (un)systematisch, (un)geplant und selbst- oder fremdbestimmt organisiert ist (s. die Monografie von BERTHEL & KOCH 1985).

Auch die Stützung oder Ausformung der Sozialisation durch das physische Ambiente soll nicht systematisch untersucht werden. Die von Vorgesetzten, Kollegen etc. vermittelten *sozialen* Vor-Prägungen können durch die Gestaltung der konkreten Arbeitsbedingungen fundiert, bestätigt oder überlagert werden, so daß in manchen Fällen die Passung lückenlos wird und bestimmte Handlungsweisen und Erwartungen subjektiv alternativenlos erscheinen. Dies soll anhand einer Vignette* über den Arbeitsplatz einer Verkäuferin im Einzelhandel (aus BAMME et al. 1983, S. 73) illustriert werden:

*"Es handelt sich um einen boutique-ähnlichen Laden, in dem Marlies M. Lederwaren (kleine Taschen, Portemonnaies), Parfums etc. verkauft:*

*Auf kleiner, sehr beengter Fläche ein Verkaufstisch, dahinter Warenregale, vorn Ständer und Boxen mit Sonderangeboten; die übliche Ausstattung eines solchen Geschäftes. Die Verkäuferin steht, wenn Kunden im Raum sind, freundlich lächelnd hinter dem Ladentisch. Um zu zeigen, daß sie im Dienst ist, und um den Unterschied zur Freizeit zu verdeutlichen, trägt sie einen einfarbigen, allerdings modischen Kittel.*

*Der enge Raum ohne sichtbare Sitzgelegenheit soll dem Käufer den Eindruck ständiger Bereitschaft von seiten des Personals suggerieren. Die Verkäuflichkeit der Ware steigt mit dem Gefühl des Kunden, alles warte nur auf ihn, sei gleichsam begierig, sich mit ihm zu beschäftigen und ihn zu bedienen. Daraus folgen Konsequenzen für Bewegung, Haltung und Gesichtsausdruck der Verkäuferin. Sie soll sich sicher bewegen, damit der Käufer nicht den Eindruck erhält, sie wollte etwas verbergen oder wüßte nicht genau Bescheid in ihrem Bereich. Sie muß oder sollte doch lächeln - je kleiner und exklusiver das Geschäft, desto wichtiger ist dieses Verhalten -, um dem Kunden die Illusion zu geben, er, nicht sein Geld, sei gern gesehen. Die Haltung soll zurückhaltend, doch nicht abweisend sein. Ein gewisser Abstand läßt dem Kunden die Möglichkeit, sich frei zu bewegen und sich nicht eingeengt zufühlen. Die Kleidung der Verkäuferin schließlich soll dem Kunden (weil es sich um eine Boutique handelt) eine Vorstellung von der Erscheinung vermitteln, die er nach dem Kauf selbst abgibt.*

*In diesem Beispiel zeigt sich die Unterwerfung der Verkäuferin, ihrer Erscheinung und ihres Verhaltens, ja, ihrer ganzen Persönlichkeit, unter die Anforderungen des Warenverkaufs. Am Arbeitsplatz kann sie sich fast nur als Vermittlerin des Warentauschs entwickeln. Sie hat Rücksichten zu nehmen auf die Interessen des Geschäfts und die Wünsche der Kunden. Spielraum für die Verwirklichung ihrer eigenen Wünsche und Bedürf-*

*nisse hat sie hier nicht. Sie vertritt nicht ihre Interessen, sondern die von Dingen anderen gegenüber; sie lächelt für die Dinge, bewegt und kleidet sich im Dienst der Dinge (hinter denen sich Gewinninteressen verbergen).* "

Wenn man eventuell ein Leben lang unter bestimmten Be-Ding-ungen, in bestimmten sozialen Beziehungen, an bestimmten Aufgaben oder Produkten zu arbeiten hat - dann prägt das die gesamte Persönlichkeit. Manager(in), Vertreter(in), Bergarbeiter(in?), Finanzbeamte(r), Verkäufer(in) etc. zu sein - das ist nicht eine äußerliche Beschäftigung während der Arbeitsstunden - es prägt die Identität der Person. Nicht zufällig gilt als die informativste Antwort auf die Frage, wer jemand ist, die Angabe des Berufs oder Arbeitsinhalts!

Auf die Frage nach Kriterien erfolgreicher Sozialisation (sowohl im Sinne der 'Vergesellschaftung' der Person wie der 'Individuierung' von Beziehungen und Strukturen) kann keine einfache Antwort gegeben werden, weil je nach gewähltem Standpunkt andere Maßstäbe angelegt werden können.

Aus der Perspektive der *Person* kann Sozialisation als gelungen angesehen werden, wenn ihr folgendes möglich ist: Mitspielen und improvisieren können ohne als Fremdling aufzufallen; aufgeklärt Durchblick haben und eigene Interessen kompetent durchsetzen können; Regeln und Normen kennen und mit ihnen jonglieren oder sie gegeneinander zum eigenen Vorteil ausspielen können; Arbeitszufriedenheit berichten, sich wohlfühlen ...

Bei einem *interpersonalen* Fokus könnte Sozialisationserfolg darin bestehen, daß Personen in allen relevanten sozialen Konstellationen integriert sind und soziale Unterstützung bekommen und geben (können), daß sie in der Lage sind, ihre Interessen zu vertreten, klare Grenzen zu ziehen und einander authentisch Feedback zu geben ...

Ein Vertreter des *Organisations- oder Kapitalstandpunkts* würde vielleicht von erfolgreicher 'Metamorphose' der Personen und Bedingungen sprechen, wenn die Mitarbeiter motiviert sind, hohen Einsatz, Commitment, Identifikation und Wir-Gefühl mit der Organisation zeigen; die Unternehmenskultur (Grundannahmen, Sprache, Normen, Werte) verinnerlicht haben und sie zugleich mit Augenmaß und konstruktiv verwirklichen und weiterentwickeln: mit- und weiterdenken (können), das Richtige tun in Situationen, für die es keine eindeutigen Regeln gibt; offiziellen Regeln "sinnvoll" zuwiderhandeln; keine Fehlzeiten produzieren und nur erwünschte Fluktuation zeigen (z.B.: andere Angebote ausschlagen, auch bei leichter Erkrankung zur Arbeit kommen), freiwillig mehr oder neue Aufgaben oder Pflichten übernehmen; extern für die Organisation eintreten und werben; befriedigende oder gar hervorragende Leistungen zeigen;

Es ist nachvollziehbar, daß bei derart vielen, komplexen und notwendigerweise stark wertbehafteten Kriterien nicht zu hoffen ist, ein aussagefähiges zusammenfassendes Maß für "gelungene Sozialisation" zu finden, das als Bezugspunkt für eine PE-Evaluation dienen könnte. Darauf soll im letzten Kapitel noch ausführlicher eingegangen werden.

## AU 3.2: Die Einführung neuer Mitarbeiter bei der Nixdorf Computer AG

*Im Folgenden sind Ausschnitte aus einem Bericht wiedergegeben, den der Journalist Karl Heinrich Rüßmann als Teilnehmer in einem Nixdorf-Einführungsprogramm für Neue Mitarbeiter der Nixdorf Computer AG im Manager Magazin veröffentlicht hat. Mit Ausnahme der in Klammer gesetzten Überleitungen handelt es sich um wörtliche Zitate. Auslassungen sind durch ... gekennzeichnet. Dieses Dokument der Vereinnahmung von Mitarbeitern ist nicht zuletzt deshalb pikant, weil Nixdorf aufgehört hat als selbständiges Unternehmen zu existieren.*

(Die Teilnehmer treffen) "in dem riesigen 2000-Betten-Hotel Sauerland Stern ... auf 255 weitere Nixdorf-Neulinge, angereist aus allen Teilen der Bundesrepublik. ... Für die meisten hier wird erst morgen, am 1. April, der offizielle Dienstbeginn bei Nixdorf sein - ein Dienstbeginn im Einführungsseminar.
... Das gewöhnlich einfach 'Nap' genannte Nixdorf-Auftakt-Programm ist dem Konzept nach nichts anderes als ein Rahmen für den raschen Transfer von Knowhow über die Art, wie bei dem erfolgreichsten deutschen Computerhersteller gedacht und gearbeitet wird."
... (Jeder Teilnehmer findet) "sich nach der Begrüßung in einer von 14 Arbeitsgruppen wieder. Diese Gruppen bilden für die nächsten Tage eine Art Familie, in der sich alle duzen. Sie sind zugleich eine Wettkampfgemeinschaft für die Hauptaufgabe des Auftaktprogramms, eine Nap-Dokumentation. Die Nap-Teams sollen sich nämlich, ohne jede Anleitung außer einem Handbuch, mit dem Nixdorf System 8870 und dem Textverarbeitungsprogramm Detas vertraut machen; mehrere Geräte samt Drucker sind zu diesem Zweck in jedem der Gruppenräume aufgebaut. Dann sollen sie auf beliebige Weise, zum Beispiel in einer Art Zeitschrift, die wichtigsten Ereignisse und Eindrücke ihrer Nap-Zeit dokumentieren. Die beste Dokumentation soll vor der Abreise prämiert werden.
Eine didaktisch glänzende Idee. Der Wettkampf mobilisiert Ehrgeiz, Kreativität, Spiellust und Mannschaftsgeist der Teilnehmer; und er bringt sie dazu, sich wie aus eigenem Antrieb mit den wesentlichen Inhalten des Auftaktseminars intensiv auseinanderzusetzen, den
- Vorträgen über die Geschichte und Philosophie des Unternehmens, seine Organisation und Personalführung sowie die Produkte und ihre Entwicklung;
- Übungen mit Nixdorf-Systemen;
- Begegnungen mit Führungskräften des Unternehmens, insbesondere auch Vorstandsmitgliedern (das traditionelle Gespräch mit Heinz Nixdorf fällt diesmal aus);
- vielfältigen Kontakten mit neuen Kollegen aus den unterschiedlichsten Aufgabengebieten, Regionen, Altersstufen und Hierarchieebenen."

(Der teilnehmende Journalist wird einer der 14 Gruppen zugeteilt, die sich "Die Nappies" nennt. Wie die anderen Gruppen wird sie von einer jüngeren Nixdorf-Führungskraft betreut, die sich zur Verfügung gestellt haben und vor dem Seminar auf ihre Aufgaben vorbereitet worden waren. Sie sorgen für die Einhaltung der Spielregeln, vor allem für Pünktlichkeit. Ein von der Gruppe benannter Gruppensprecher kümmert sich um die interne Organisation).

"... Die bis Mittwoch nachmittag, Punkt 17 Uhr, mit letztem Einsatz fertiggestellten Dokumentationen - bis zu 70 Seiten starke Sammlungen von Berichten, Gedichten, Witzen, kritischen Kommentaren und Photos mit teilweise phantasievollen Layouts - reflektieren den Prozeß beginnender Vertrautheit und Identifikation mit dem Unternehmen. Unter einem Bericht über das Gespräch mit Vorstandsmitgliedern wird stehen; '...gab uns letztlich die Sicherheit, eine richtige Entscheidung getroffen zu haben: WIR SIND NIXDORFER'.
Der Auftaktvortrag am Montag morgen über Geschichte, Struktur und Dienstleistungskonzept der Nixdorf Computer AG ist ein Paradestück des Bereichsleiters für

Kommunikation, Rolf Prey (44). Er entwirft per Film und Projektor das Bild des dynamischen, wachstumsstarken Unternehmens, das bis heute die Erfolgsstory seines Gründers Heinz Nixdorf fortschreibt - und dessen Leitideen:

- Datenverarbeitung gehört direkt an den Arbeitsplatz;
- nicht die große Rechner-Zentraleinheit steht im Mittelpunkt, sondern die branchenspezifische Problemlösung für den Kunden.

Prey trommelt zum ersten Mal die Kernsätze der Unternehmensphilosophie in die Köpfe, so anschaulich und sinnfällig, daß sein Vortrag zum Aha-Erlebnis wird. Die blassen Begriffe Qualität, Kundennähe, Wachstum, Innovationsstärke, Internationalität bekommen Farbe und Tiefenschärfe."

(In den Vortrag sind Attacken auf den Branchenführer IBM eingestreut).

"... Hinter Witzen und ironischen Wendungen verbergen die Nap-Teilnehmer ihren aufkeimenden Stolz über den vorlauten Computer-David: 'Unter anderem erfuhren wir beim Nap, daß es noch ein konkurrenzfähiges DV-Unternehmen gibt. Die geringfügig höheren Marktanteile spiegeln sich in dem nur etwa 50fachen Umsatz. Diesen kleinen Unterschied kompensiert die NCAG durch ERSTKLASSIGE Zuwachsraten' (aus der Dokumentation der Gruppe "Hellwach")."

(Nach weiteren Vorträgen über 'Aufbau und Aufgaben einer Nixdorf-Geschäftsstelle', das Aus- und Weiterbildungszentrum in Wiesbaden, das Schulungsangebot, die Personalpolitik, das Beurteilungswesen, die Karriereförderung und Gehaltsfindung wird noch über Datenschutz referiert und eine Imageuntersuchung über Nixdorf und seine Wettbewerber vorgestellt).

"... Der Dienstagabend bringt - wohlkalkuliert - einen Höhepunkt des Nixdorf - Auftakt - Programms, das Gespräch mit Vorstandsmitgliedern. Diesmal sind Vertriebsvorstand Arno Bohn (38) und Personalvorstand Karlheinz Voll (48) aus Paderborn angereist. In den Dokumentationsberichten erhalten sie Spitzenwerte als Sympathieträger für das Unternehmen und seine Ziele. 'Die ausgefeilte Vereinsphilosopie', schreibt später die Gruppe "Die wilde 13" in einer Art Fußballreportage, 'läßt im Zuhörer manchmal den Verdacht aufkeimen, eher Mitglied einer Religionsgemeinschaft... geworden zu sein. Diese Philosophie, eine Mischung aus amerikanischem Pragmatismus, altchinesischer Weisheit und Sepp-Herberger-Sprüchen, dient der Durchsetzung des leuchtenden Ziels: heute gegen Eintracht Siemens, morgen gegen Cosmos IBM'."

"... Bei all ihrem Expansionsdrang jedoch, versichert Personalvorstand Karlheinz Voll, bleibt die Nixdorf AG mitarbeiterorientiert. 'Jeder von Ihnen ist für uns gleich wichtig', sagt er mit Nachdruck in die Runde, 'ob er oder sie dafür sorgt, daß die Briefe richtig rausgehen oder daß ein neuer Computer entwickelt wird'."

(Am Abend des vorletzten Tags versammeln sich die NAP-Teilnehmer festlich angezogen im Bankettsaal des Hotels. Nach dem 'ansehnlichen Buffet' werden sie von einer professionellen Party-Band mit 'heißen Rhythmen' und einer 'umwerfend komischen Show' unterhalten. Am Schlußtag treffen sich die Teilnehmer noch ein letztes Mal in ihren Gruppenräumen und halten Rückblick und bewerten das Seminar).

" ... Bei den Nappies moderiert Noch-Offizier Harald die Aussprache. Vorherrschende Meinung: Das Seminar hat die Erwartungen weit übertroffen. Einziger Minuspunkt: Die Gruppen waren so auf sich bezogen, daß es wenig Kontakt zu anderen Nap-Teilnehmern gab.
Während der Aussprache sitzen drei Nappies noch einmal am Terminal und geben eine Liste mit Namen und Adressen aller Teammitglieder ins System ein, um sie 20fach auszudrucken. Der Kontakt zwischen den neuen Kollegen soll weiter gepflegt werden.

Zur gleichen Zeit hat eine Jury, der je ein Gruppenmitglied angehört, den Sieger im Dokumentationswettbewerb ermittelt. Bei der letzten Zusammenkunft aller Teilnehmer im Festsaal gibt Nap-Leiter Drees ihn, nach allen "zweiten Siegern", bekannt. Es sind die Nappies.
Die Schlußgeste entspricht dem Stil der Tagung: Alle Teilnehmer nehmen neben einer Urkunde die Dokumentation ihrer Gruppe in Photokopie mit nach Hause. Über Nacht haben Mitarbeiter in Paderborn fast 20.000 Kopien hergestellt und zusammengeheftet. Das ist wie eine Demonstration für einen der vielen Nixdorf-Sprüche, mit denen die Referenten ihre Vorträge gewürzt haben: 'Wer aufhört, besser sein zu wollen, hört auf, gut zu sein'" (aus: Karl Heinrich RÜSSMANN (1985): Wettkampf nach Mitternacht. Mitarbeitereinführung. Manager Magazin (6), 160-169).

## 4. PE-Bedarfsermittlung und -Bedarfsdeckung

### 4.1. Personal-Bestand und PE-Bedarf

PE wird in der Literatur meist behandelt als Sammelbegriff für zukunftsgerichtete Maßnahmen, die eine verbesserte *Qualifikation der Mitarbeiter* für betriebliche Aufgaben zum Inhalt haben. Dabei wird übersehen, daß auch der aktuelle Personal-*Bestand* Resultat von Personal-Entwicklung ist, gleichsam geronnene PE. PE ist nämlich nicht nur als zweckrationale und vom Management kontrollierte Veranstaltung zu sehen, sondern sollte umfassender als die Gesamtheit jener Veränderungsprozesse konzipiert werden, die Handlungspotential und -bereitschaft der "Belegschaft" formen und geformt haben. Damit wären auch z.B. Programme zur Steigerung der Leistungs-Motivation oder Strategien zur Verstetigung des Personal*bestands* PE-Maßnahmen, weil und wenn sie Einsatzbereitschaft und Einstellungen der Mitarbeiter nachhaltig modellieren. PE darf deshalb nicht allein als eine isolierte Spezialaufgabe gesehen werden, die lediglich die Qualifikationsverbesserung anstrebt. Ähnlich dem Marketing-Gedanken muß PE als eine (personalwirtschaftliche) Querschnittsfunktion aufgefaßt werden, die alle personalbezogenen Aktivitäten begleitet. Zugespitzt formuliert: Man kann nicht nicht PE betreiben. Alle betrieblichen Gestaltungsmaßnahmen hinterlassen im Personal als "Kollektivkörper" Spuren; es prägt sich ein, wie in typisierten Situationen mit dem Personal umgegangen wurde. Das müssen keine persönlichen Erlebnisse sein; es können auch Deutungsmuster und Interpretationsanleitungen sein, die als kollektiver Erfahrungsschatz über betriebliche Generationen weitergereicht werden.

So hat zum Beispiel SYKES (1965) gezeigt, daß die Hawthorne-Arbeiter keineswegs irrational gehandelt haben, als sie mögliche Einkommensverbesserungen durch Leistungssteigerung nicht realisierten, obwohl ihnen von der Werksleitung zugesagt worden war, daß auch bei konstanter Mehrleistung keine Akkordsatzveränderungen vorgenommen würden: Aus "kollektiver" Erfahrung wußten sie, daß zwar für bestehende Verfahren kein Neuansatz des Akkords erfolgte, daß der entsprechende Effekt aber sehr leicht dadurch erreicht werden konnte, daß die Arbeitsgänge - wenn auch nur in Details - neu gestaltet wurden und dann natürlich eine Neubestimmung der Akkordsätze vorgenommen werden "mußte".

Apersonale Maßnahmen, wie z.B. die Installation eines Zeiterfassungssystems, die Einführung systematischer Personalbeurteilung, ein neues Arbeitsbewertungsverfahren sind - vielleicht ungewollte - PE, weil sie verschlüsselt zum Ausdruck bringen, wie Personal typisiert und faktisch "gehandhabt" wird.

PE-Bedarf wird in der PE-Literatur sehr häufig auf "Bildungs"-Bedarf eingeengt, womit auf besonders markante Weise die individualistische Vereinseitigung des Zugangs sichtbar wird. Um dieser Verkürzung entgegenzutreten, wird im vorliegenden Text in gesonderten Kapiteln ausführlich auf die inter- und apersonalen Aspekte eingegangen (siehe Kap. 5 und 6); die folgende Fokussierung* auf die *personale* Qualifizierung (im Zusammenhang mit PE-Bedarfsermittlung und -deckung) ist deshalb ausdrücklich als Akzentsetzung anzusehen, die ein unselbständiges Moment zur genaueren Betrachtung isoliert, wohl wissend, daß es nicht aus seinem Kontext gerissen werden darf.

Betrachtet man PE als personalwirtschaftliche Funktion, stellt sich die Frage ihrer (Best-) Gestaltung. Zu diesem Zweck wird PE häufig als Prozeß vorgestellt, dessen einzelne Schritte analysiert, optimiert und aufeinander abgestimmt werden können. Ein solch "rationaler" Problemlösungs-Ansatz (s. dazu den Kommentar auf S. 63) liegt auch der folgenden Gliederung zugrunde, wenn zwischen Problementdeckung und -definition (PE-Bedarfsanalyse) und Lösungsentwicklung (Bedarfsdeckung) unterschieden wird. Auf die Kontrolle der Durchführung (Evaluation) wird dann im Kap. 7 eingegangen.

## 4.2. PE-Bedarfs-Ermittlung

### 4.2.1. Konzeptionelle Vorbemerkungen

Es geht nicht jeder PE eine Bedarfsanalyse voraus. Die Sozialisation von Mitarbeitern, das duale Berufsbildungssystem oder Beförderungen können als PE-Maßnahmen angesehen werden, denen *im Einzelfall* meist keine spezielle PE-Bedarfsanalyse zugrundeliegt.

Bei der PE-Bedarfsermittlung werden nicht selten einige Organisationsmythen gepflegt:
1. Wir handeln ökonomisch und tun (nur), was nötig ist: Zuerst wird eine Lücke festgestellt und dann wird - genau darauf abgestimmt - gezielt gehandelt.
2. Bei uns geht es rational zu! Wir wissen genau, was wir wollen und gehen konsequent vor, indem wir bewährte und günstige Verfahren einsetzen.
3. Wir haben alles im Griff! Wir wissen genau, welche Wirkungen und Nebenwirkungen unsere Bedarfsdeckungs-Maßnahmen haben und richten danach die Bedarfsermittlung aus.

Anstelle solcher Mythen könnte man auch schlagwortartig Begründungen dafür skizzieren, daß eine differenzierte PE-Bedarfsermittlung *nicht* stattfindet:
- Weil es Bildungsabteilungen gibt, gibt es Bildungsangebote.
- Wir können als Bildungsabteilung nicht maßgeschneidert jeden Einzelfall bedienen, sondern sind nur für den Durchschnitt, das Allgemeine da.
- Jeder bekommt, was er fordert. Wir sind eine Service-Abteilung, die nicht prüft oder bevormundet, sondern Aufträge ausführt.
- Wir wollen gut ankommen - und bieten, was gefällt.
- Wir sind die Schadensbegrenzer. Bei irgendwelchen Reorganisationen oder Investitionen treten wir dann auf den Plan, wenn die "Macher" in Schwierigkeiten geraten sind.
- Wir können gar nicht konsequent weiterbilden, weil in unserer Firma *zugleich* Widersprüchliches gilt:

   - "Wir ziehen alle an einem Strang - und der Beste wird befördert!"
   - "Wir respektieren Individualität, aber wir handeln wie ein Mann!"
   - "Wir achten die Privatsphäre, aber wehe, jemand hat Geheimnisse vor den anderen."
   - "Aufgaben und Ziele sind von oben vorgegeben, aber jeder identifiziert sich damit."
   - "Jedermann soll offen Kritik üben, aber er muß auch die Folgen zu tragen bereit sein."
   - "Jeder darf Fehler machen, aber die Organisation hat ein langes Gedächtnis."
   - "Es geht vor allem um Leistung, aber der Mensch steht im Mittelpunkt."

Praktiker wie Theoretiker, die sich mit der Analyse von PE-Bedarf auseinandersetzen, machen immer wieder auf hemdsärmelig-konzeptionslose Vorgehensweisen aufmerksam. Als Beispiel ist im folgenden Kasten eine ironisierende, aber durchaus erfahrungsgestützte Typologie von SATTELBERGER (1983) abgedruckt:

| Bedarfsermittlungsmethode | Dahinter stehendes Rollenverständnis des Bildungsverantwortlichen | oder auch... |
|---|---|---|
| "Was möchten Sie, wir liefern" | Bildungswesen als *Christkind* | Abfrage und Befriedigung subjektiver Wünsche und Bedürfnisse |
| "Wir bieten an, greifen Sie zu" (Wer zuerst kommt, mahlt zuerst) | Bildungswesen als Verkäufer mit *Bauchladensortiment* | Angebot einer Seminar- bzw. Themenpalette und Bedarfsermittlung durch Zahl der Platzbuchungen für die jeweilige Maßnahme |
| Heute gibt es Fisch (z.B. Kreativitätstraining), auch wenn Sie gerade Schuhe (z.B. Hilfe bei der Einführung von Bildschirmgeräten) brauchen | Bildungswesen als *zentralistischer Planwirtschaftler* | Zeitlich und inhaltlich festgelegte Mengengerüste, die von Experten geplant werden |
| Kamillentee (z.B. Verhaltenstraining) hilft bei jeder Krankheit | Bildungswesen als *Wunderheiler* | Standardisiertes Einheitsprogramm ("von der Stange"), das zu durchlaufen ist. Quasi ein "Regenschirm", unter dem die unterschiedlichsten Probleme Platz finden und gelöst werden. |

Wenn überhaupt systematisch PE-Bedarf ermittelt wird, dann wird er zumeist auf "Bildungs"-Bedarf eingeengt, womit der personalisierende Zugang offenkundig wird. Aber - wie oben begründet - die Personen sind nicht das Personal; es gibt im Unternehmen keine beziehungs- und organisationslosen Monaden*. Individuen sind immer in interpersonale Netze integriert und apersonalen Strukturen und Wirklichkeiten unterworfen.

Bei einer *personalen* Akzentsetzung ist es das erklärte Ziel, die Qualifikationen der Mitarbeiter zu erhöhen. Sehr unterschiedliche Ansatzpunkte solcher Qualifizierungen sind im Einleitungskapitel (S. 24 ff.) aufgeführt worden. Im überwiegenden Teil der vorliegenden Literatur dominiert ein vereinfachtes Qualifikationsverständnis. Zwei Beispiele:

a)  Zum einen wird häufig eine Trias von Qualifikationen zugrundegelegt (siehe z.B. DECKER 1984), die an Ruth COHNs Ich-Es-Wir - Schema orientiert ist:

Obwohl diese Etikettierung recht oberflächlich ist, kann sie doch eine nützliche Prüf- oder Erinnerungsfunktion erfüllen: Sie fordert darin auf, die ausschließliche Fixierung auf 'Fachkompetenz' aufzugeben und ausdrücklich auch Selbstentwicklung und interpersonale Entwicklung zu berücksichtigen. Eine ähnliche Einteilung (die z.B. im Sammelband von SATTELBERGER (1989) mehrmals zitiert wird) differenziert die Triade Fachkompetenz - Sozialkompetenz - Methodenkompetenz. Damit wird einer in Management-Zeitschriften diskutierten Entwicklung Rechnung getragen: Führungskräfte bräuchten - je höher ihr hierarchischer Rang, desto stärker - immer weniger Fachwissen, sondern immer mehr soziale Fähigkeiten und vor allem Prozeß- und Verfahrenskompetenz: Sie müssen nicht selbst Ergebnisse erarbeiten, sondern das Know-How beherrschen, Prozesse einzuleiten und zu steuern, in denen sie das Fachwissen anderer erfolgreich ('synergetisch') kombinieren.

b)  Eine weitere Einteilung folgt der verbreiteten Lernziel-Taxonomie* aus der BLOOM-Schule, in der ebenfalls eine Trias (hier aber eine andere, nämlich kognitive, affektive und motorische Ziele) formuliert wurde. In diesem Zusammenhang findet sich in der Literatur immer wieder die Arbeit von MÖLLER 1975 zitiert, in der dieser Autor Klassifikationen von BLOOM (zu den kognitiven Lernzielen), KRATHWOHL u.a. (zu den affektiven Lernzielen) und GUILFORD (zu den motorischen Lernzielen) übersichtlich zusammengestellt hat. Zur Illustration ist eine Abbildung aus DECKER 1984 wiedergegeben, in der die wichtigsten Differenzierungen (wenngleich selektiv kommentiert) enthalten sind (siehe nächste Seite).

Die Begründung für diese Lernzieltaxonomie ist rein traditional; es finden sich keine systematischen Argumente dafür, daß z.B. Fragen der Moral, der Identität, der Sozialbeziehungen ausgeklammert werden.

Einteilungen von Lernziel-Kategorien für die einzelnen Teilnehmer an Weiterbildungs-Maßnahmen - eventuell zusätzlich aufgefächert in Grob-, Richt- und Feinziele - machen eine Reihe von meist unausgesprochenen Voraussetzungen:

1. Das PE-Problem läßt sich individualisieren.

2. Es wird das Eigenschaftskonzept benutzt [und damit Stabilität (!), Situationsunabhängigkeit und Universalität der Persönlichkeitsdispositionen unterstellt].

3. Gleichzeitig aber wird (in teilweisem Widerspruch zu 2.) die gezielte *Formbarkeit* dieser Eigenschaften angenommen.

4. Häufig wird eine Art Maximierungsvorstellung gepflegt (Es kommt auf *möglichst viel* Sach-, Selbst- und Fachkompetenz an!).

5. Die einzelnen Inhalte bzw. Ziele gelten als operationalisierbar, zerlegbar, planbar und isoliert voneinander vermittel- und prüfbar.

**Abb. 4.1: Taxonomie von Lernzielen (nach DECKER 1984, S. 63)**

Auf dem Hintergrund derartiger restriktiver Festlegungen kann zwar PE-Bedarfsermittlung und -deckung betrieben werden - aber man darf nicht den Fehler machen, die Teilaufgabe 'Individuelle Qualifizierung' fürs Ganze der PE zu halten.

### 4.2.2. Bedarfsermittlung als Problemlösungsprozeß

Wie schon erwähnt sind die meisten Lehrbuch-Darstellungen zur PE-Bedarfsermittlung nach dem Vorbild rationaler technischer Planung konzipiert. Dies soll anhand einer Darstellung von LEITER u.a. (1982, S. 285) illustriert werden (s. Abb. 4.2); vergleichbare Skizzen eines Rationalkonzepts finden sich in HARTWIG & LAURIEN 1979, PATRICK 1989, S. 201, HÖLTERHOFF & BECKER 1986, S. 268 f, GOLDSTEIN 1986, S. 16.

Bedarf ist ganz allgemein eine Lücke oder Abweichung, eine Diskrepanz zwischen Ist und Soll. Erst wenn diese *beiden* Größen bestimmt sind, kann man von Bedarf reden - woraus ersichtlich wird, daß die Definitionsmacht (die Festlegung von Inhalt und Ausmaß des Ist und/oder Soll) eine buchstäblich entscheidende Voraussetzung für PE-Maßnahmen ist. Wenn z.B. ein Vorstandsmitglied feststellt, daß die "Motivation der Leute gesunken ist", dann kann die PE-Konsequenz sein, daß ein "Motivations-Seminar" angeboten wird. An diesem Beispiel wird deutlich, daß man - wenn Bedarfsermittlung als (technischer) Problemlösungsprozeß gesehen wird - mit der Phase der Problemdefinition oder gar schon mit der Phase der Problementdeckung bzw. Problemerzeugung beginnen muß: Man muß Probleme sehen, wo bisher keine gesehen worden waren.

**Abb. 4.2: Phasen der Bildungsbedarfsanalyse (aus: LEITER 1982, S. 285)**

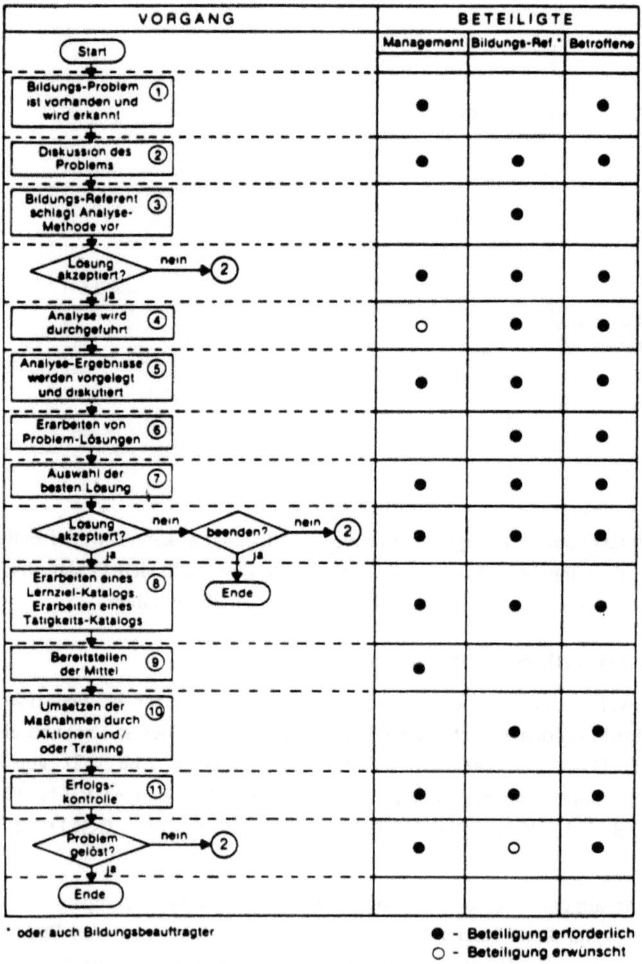

| VORGANG | BETEILIGTE | | |
|---|---|---|---|
| | Management | Bildungs-Ref.* | Betroffene |
| Start | | | |
| Bildungs-Problem ist vorhanden und wird erkannt ① | ● | | ● |
| Diskussion des Problems ② | ● | ● | ● |
| Bildungs-Referent schlägt Analyse-Methode vor ③ | | ● | |
| Lösung akzeptiert? nein → ② ja | ● | ● | ● |
| Analyse wird durchgeführt ④ | ○ | ● | ● |
| Analyse-Ergebnisse werden vorgelegt und diskutiert ⑤ | ● | ● | ● |
| Erarbeiten von Problem-Lösungen ⑥ | | ● | ● |
| Auswahl der besten Lösung ⑦ | ● | ● | ● |
| Lösung akzeptiert? nein → beenden? nein → ② ja / ja → Ende | ● | ● | ● |
| Erarbeiten eines Lernziel-Katalogs. Erarbeiten eines Tätigkeits-Katalogs ⑧ | ● | ● | ● |
| Bereitstellen der Mittel ⑨ | ● | | |
| Umsetzen der Maßnahmen durch Aktionen und/oder Training ⑩ | | ● | ● |
| Erfolgs-kontrolle ⑪ | ● | ● | ● |
| Problem gelöst? nein → ② ja | ● | ○ | ● |
| Ende | | | |

* oder auch Bildungsbeauftragter

● - Beteiligung erforderlich
○ - Beteiligung erwünscht

Nehmen wir als Problem an: "Es (!) wird zu wenig verkauft!" Die Ursachenanalyse kann viele Gründe entdecken: Die Verkäufer(innen) sind unfähig, unfreundlich, unmotiviert, überlastet. Das Bezahlungssystem ist ungünstig. Die physischen Arbeitsbedingungen (Raumklima) und die sozialen Bedingungen (Betriebsklima) sind schlecht. Das Personal ist im Verkaufen nicht geschult (kennt die Produkte nicht gut genug, kann mit Kunden nicht überzeugend argumentieren). Die Produkte sind minderwertig; es wird für sie nicht richtig geworben; die Preise sind zu hoch ... Diese Analyse ließe sich fast endlos fortführen. Je nachdem welche Akzente man setzt, werden spezifische PE-Maßnahmen nahegelegt. Das aber heißt auch, daß man bei komplexeren sozialen Problemen "die wahre Ursache" nicht finden kann, sondern daß man sich auf sie festlegt (siehe unten).

Dieselbe Aufmerksamkeit, die die *Ist-Analyse* erfährt, verdient bei einem durchgehaltenen rationalen Problemlöse-Konzept der PE auch die *Soll-Analyse*. Dabei muß man Abschied nehmen von der Vorstellung statischer wohldefinierter Zielgrößen. Wie eine PE, so gibt es auch eine ZE (Zielentwicklung): die Ziele *entwickeln sich* im Zeitablauf und im Verlauf ihrer Verwirklichung! Das bedeutet zudem, daß nicht beliebige Ideal-Zustände als Bezugspunkte gesetzt werden können, sondern daß man sich der internen Differenziertheit und Widersprüchlichkeit von PE-Zielen bewußter wird. Ein Blick auf die oben (siehe S. 7) abgedruckten Untersuchungsergebnisse zu Weiterbildungszielen und -motiven belehrt darüber, daß außerordentlich unterschiedliche Beweggründe für PE wahrscheinlich sind.

Dabei kommen mehrfache Konflikte ins Blickfeld:

1. Zwischen intentionalem (gezieltem, geplantem) und funktionalem (beiläufigem, ungesteuertem) Lernen wird eine kategorische Grenzlinie gezogen. Wenn die Forderung nach klaren meßbaren PE-Zielen aufgestellt wird, wird für intentionales Lernen plädiert. Im Prinzip erfordert das aber die Kontrolle (Ausschaltung oder Indienstnahme) aller funktionalen Sozialisationseinwirkungen. Dieser hohe Anspruch ist angesichts der Komplexität, Variabilität und Ambiguität der Einflußgrößen vornherein zum Scheitern verurteilt.
2. Man muß davon ausgehen, daß jeder der Beteiligten am PE-Prozeß *eigene* Ziele hat, so daß Zielkonflikte wahrscheinlicher sind als Zielharmonie.
3. Auch innerhalb der einzelnen Ziel-*Inhalte* und zwischen ihnen sind Konflikte wahrscheinlich (z.B. zwischen kognitiven, affektiven und aktionalen oder zwischen selbst-, sozial- und fachbezogenen Zielen); allein schon deshalb, weil die Befriedigung dieser jeweiligen Zielinhalte in Konkurrenz um knappe Ressourcen erfolgt.
4. Zielerreichung *durch* PE muß in Konkurrenz zu anderen Verfahren der Zielerreichung gesehen werden und sich ihnen gegenüber rechtfertigen (z.B. Personalauswahl, Situationsänderung, Motivation).
5. PE ist zwar einerseits ein faktisches, andererseits aber auch ein symbolisches Geschehen: Es geht nicht nur um die Erfüllung *deklarierter* (oder gar quantifizierter) Ziele, sondern auch um Nebenwirkungen (diese sind manchmal sogar die eigentlichen Ziele, während jene bloß Fassade sind). Welche Bedarfe gesehen und befriedigt werden, verrät etwas über die Nutzung von PE als Aktivitäts-, Fürsorge-, Fortschrittlichkeits-, Reichtums- usw.-Nachweis.

Bedarfsermittlung kann zum einen als *Finden* definiert werden, das an den Grundsätzen orientiert ist, daß der Bedarf objektiv gegeben ist und durch intensive Bemühung erkannt werden kann. PE ist so gesehen Lückenschließung. Es wird davon ausgegangen, daß ein Unternehmen dann funktioniert, wenn es einen Job-Man-Fit gibt (exemplarisch vertritt - wie auf S. 61 gezeigt - CONRADI diesen Standpunkt); damit reduziert man das Problem auf (objektive) Anforderungsanalyse und Eignungsfeststellung und sowohl "der Job" wie "die Person" werden als definiert, meß- und quantifizierbar unterstellt. Damit dasselbe auch für den (mis)fit gesagt werden kann, muß vorausgesetzt werden, daß beide Vergleichsobjekte in denselben Dimensionen und Maßeinheiten erfaßt werden können!

Eine andere Situation entsteht, wenn man davon ausgeht, daß die beiden Seiten dieser Fit-Gleichung grundsätzlich nicht exakt erfaßbar sind und daß vor allem inter- und apersonale Bedingungen hinzukommen, die sich durch eine Arbeitsplatz- und Personanalyse nicht hinreichend genau und umfassend ermitteln lassen. Dann steht nicht Finden, sondern Bestimmen im Mittelpunkt:

Beim sozialen *Bestimmungs*-Prozeß wird Wirklichkeit durch konsensuelle* Definition erzeugt: Man einigt sich auf eine bestimmte Sicht der Dinge und darauf bezogene Maßnahmen. Um auf das oben erwähnte Beispiel zurückzukommen: Wenn zu wenig verkauft wird, könnte das von einem Vorstandsmitglied nicht als Frage überhöhter Preise oder unattraktiver Lage etc., sondern eben - wie gesagt - als Problem der Mitarbeiter-Motivation bestimmt (!) werden; dann würde entsprechend (re-)agiert werden! An eine solche Wirklichkeits*konstruktion* (nicht: -abbildung!) schließen sich dann nahtlos weitere passende Handlungen an.

Bedarf ist also nicht einfach *da*, sondern muß *gesehen* und *definiert* (ausgegrenzt) und *bestimmt* werden. Für diese komplexen Operationen werden oft eigene Stellen und Verfahren eingerichtet, die dann nur noch spezielle Hin-Sichten zulassen oder erzeugen. Sind z.B. Meldesysteme etabliert, dann "fällt Bedarf ins Auge", drängt sich unübersehbar auf. Wie oben schon erwähnt, beginnt Problemlösen mit der Problem-Ent-Deckung als einem oft kreativen Akt des Findens bisher übersehener Handlungschancen.

Dies sollte nicht einzelnen (PE-)Experten überlassen bleiben. Auf S. 21 f. ist bereits die kooperative "Problemklärungs-Methodik" von STIEFEL (1982) dargestellt worden. Ein entgegengesetztes Beispiel ist als AU 4.2 am Ende dieses Kapitels (S. 197-199) abgedruckt. Durch eine Checkliste von Fragen versuchen HÖLTERHOFF & BECKER (1986) PE-Verantwortlichen eine Hilfestellung zum Sammeln der relevanten Informationen zu geben. Obwohl es sich bei den beiden Autoren um sehr erfahrene Praktiker handelt, kann man sich nicht vorstellen, daß mit einem solchen Instrumentarium differenzierte Bedarfsermittlung betrieben werden kann. Zwar hängen alle Fragen 'irgendwie' mit PE zusammen, aber die erforderlichen Interpretationsprozesse und Schlußfolgerungen werden nicht offengelegt. Es ist nicht klar, wie die erhobene heterogene und ungeordnete Informationsmenge in Bedarfs-Inhalte übersetzt wird.

Die abgedruckte Liste kann als Übungsmaterial benutzt werden, um über die Annahmen und Methoden nachzudenken, die erforderlich wären, um die erhobenen Informationen systematisch auszuwerten, aus ihnen Bedarfsdimensionen und -intensitäten abzuleiten und auf (welche?) PE-Ziele [oder welches PE-Verständnis?] zu beziehen.

Eine Verfahrensalternative zu dem diffusen Breitbandvorgehen HÖLTERHOFF & BECKERs bietet der Ansatz von DOMSCH (1983, s. Tab. 4.1, S. 166). Hier werden verschiedene Vorgehensweisen einer "partizipativen Bildungsbedarfsermittlung" vorgestellt, wobei der enge Bezug zu STIEFELs "Problemklärungsseminar" - s. S. 21 - auffällt.

Die Beispiele von STIEFEL, DOMSCH, HÖLTERHOFF & BECKER, die zum Vorgehen bei der PE-Bedarfsermittlung angeführt wurden, sollten zeigen, daß der "PE-Bedarf" keine dingliche Größe ist, die "an sich" gegeben ist.

Wenn Bedarf definiert und konstruiert wird, kann man sehr verschiedene Akzentsetzungen unterscheiden. Eine Reihe von wichtigen Punkten - die als Prüfliste gelesen werden kann - ist zum Beispiel:

1. *Zeitliche Dimension*
  a) *Aktueller* Bedarf kann erkannt werden in Symptomen, (Früh-)Warnsignalen etc. PE, die sich auf diese Bedarfs-Klasse beschränkte, würde sich als Personal-Wartung oder -Instandsetzung verstehen, sie wäre Re-Aktion auf erkannte Defizite. Es wird also zuerst festgestellt, "wo es brennt", und dann wird mit konzentrierten Feuerwehr-Aktionen geantwortet.
  b) *Künftiger* Bedarf wird erwartet oder prognostiziert, entweder indem von der Gegenwart ausgehend auf die Zukunft extrapoliert wird ("Wegen der geburtenschwachen Jahrgänge werden wir einen Fehlbestand an Ingenieuren haben") oder indem er selbst geschaffen wird ("Wenn wir CIM einführen, dann werden wir folgende Personalqualifikationen brauchen: ..."). Bedarf kann also durch die proaktive* Nutzung von Chancen entstehen.

2. *Gewichtung*
  PE-Bedarfe haben eine unterschiedliche Dringlichkeit, Fristigkeit und Bedeutung. Wenn Engpaßsituation bestehen oder vorhersehbar sind, die das Funktionieren der Unternehmung akut gefährden können (Ausfall von Bedienungs- oder Reparaturmannschaften für wichtige Anlagen) werden kurzfristig erhebliche Anstrengungen unternommen. Erscheint der Bedarf im Augenblick nicht dringlich (z.B. qualitativ hochwertiges Personal in 5 Jahren zum Ersatz dann ausscheidender Mitarbeiter zu haben), dann können verfügbare personelle und finanzielle Ressourcen dazu verwendet werden, andere aktuellere 'Brandherde' zu bekämpfen, statt die langfristige Aufbau-Arbeit zu leisten.

3. *Zielinhalte*
  a) *Defizitorientiert*: Leitfrage ist "Woran fehlt es?" Es geht um Schwächen, Mängel, Probleme, Lücken, Versäumnisse, die beseitigt werden müssen.
  b) *Chancenorientiert*: Hier stehen ungenutzte Möglichkeiten, Potentiale, Stärken im Mittelpunkt; Ziel ist es, Spielräume auszuschöpfen und Gelegenheiten zu nutzen.

4. *Wer stellt Bedarf fest?*
  Wird Bedarf im Rahmen der eingerichteten Prozeduren fest-gestellt (!) und weiterverarbeitet, dann ist von großer Bedeutung, *wer* diagnostiziert (s. oben: Definitionsmacht). Mögliche Standpunkte und Interessen sind in der nachstehenden Abbildung veranschaulicht (s. S. 167):
  Hier taucht das Problem der "Beobachter" auf, jener Personen oder Instanzen, aus deren Blickwinkel (Erfahrungen, Interessenslage, Zielsetzungen) heraus die Bedarfs-Ermittlung betrieben wird. Beobachter können sein

- Manager,
- Vorgesetzte,
- Mitarbeiter,
- PE-Spezialisten,
- Bildungsbeauftragte,
- Externe Berater usw.

**Tab. 4.1: Partizipative Bildungsbedarfsermittlung (aus DOMSCH 1983)**

| Methoden | Vorgehen |
|---|---|
| 1. Bedarfsplanung mit Hilfe gemeinsam erarbeiteter Lernzielkataloge | - Erstellung eines detaillierten Lernzielkataloges mit Beteiligung der betroffenen Mitarbeiter und Festlegung von Prioritäten<br>- Basis in der Regel: Arbeitsplatzbeschreibungen/Arbeitsplatzanalysen/geplante Vorhaben/absehbare Veränderungen der Anforderungen etc.<br>- Transfer der Lernziele in die Planung konkreter Bildungsmaßnahmen nach Prioritäten<br>- Zentrale Erfassung/Auswertung/Feed back |
| 2. Bedarfsplanung mit Hilfe vorgegebener Lernzielkataloge | - Erstellung eines detaillierten Lernzielkataloges ohne Beteiligung der betroffenen Mitarbeiter<br>- Basis in der Regel: Arbeitsplatzbeschreibungen/-Arbeitsplatzanalysen/geplante Vorhaben/absehbare Veränderungen der Anforderungen etc.<br>- Besprechung des Lernzielkataloges mit betroffenen Mitarbeitern und gemeinsame Festlegung von Prioritäten<br>- Transfer der Lernziele in die Planung konkreter Bildungsmaßnahmen nach Prioritäten<br>- Zentrale Erfassung/Auswertung/Feed back |
| 3. Bedarfsplanung auf der Basis kritischer Vorfälle und Ereignisse | - Schilderung von gewesenen und vorhersehbaren positiven Erlebnissen, kritischen Problemen, Vorfällen, Ereignissen, Situationen etc. durch die betroffenen Mitarbeiter<br>- Selbstanalyse durch die Mitarbeiter und Empfehlung gezielter Bildungsmaßnahmen<br>- Gruppendiskussion und Empfehlung konkreter Bildungsmaßnahmen<br>- Zentrale Erfassung/Auswertung/Feed back |
| 4. Bedarfsplanung mit Hilfe gegenseitiger Interviews | - Vorbereitung der Interviews und des Erfassungsbogens/Schulung in Interviewtechnik<br>- Mitarbeiter mit vergleichbaren Tätigkeiten sprechen über ihre Tätigkeit und Bildungsbedürfnisse<br>- Protokollierung konkreter Bildungsmaßnahmen<br>- Zentrale Erfassung/Auswertung Feed back |
| 5. Bedarfsplanung mit Hilfe von Beurteilungs- und Förderungsgesprächen | - Gespräche zwischen Vorgesetzten und Mitarbeitern über bisherige Zeit (Leistungen, Verhalten, Anforderungen etc.) und zukünftige Anforderungen/Entwicklungsmöglichkeiten<br>- Gemeinsame Erarbeitung von konkreten Bildungsmaßnahmen/Aufnahme spezieller Mitarbeiterwünsche<br>- Zentrale Erfassung/Auswertung/Feed back |
| 6. Bedarfsplanung mit Hilfe von Mitarbeiterbefragungen | - Entwicklung eines Fragebogens zur Erfassung des Bildungsbedarfs<br>- Erfassung des Bedarfs mit Hilfe des Fragebogens (und evtl. zusätzlichen Interviews)<br>- Diskussion der Ergebnisse und Prioritätensetzung<br>- Zentrale Erfassung/Auswertung/Feed back |

Beobachtet wird, was beschrieben werden kann (was man "zur Sprache bringen"(!) kann - was bedeutet, daß die zur Verfügung stehenden Instrumente die Such- und Sichtweisen ebenso sehr bestimmen wie es umgekehrt der Fall ist:

Hinzu kommen weitere Differenzierungen des Beobachtens, die eine globale Aussage über "den" Bedarf erschweren: Geht es um Selbst- oder Fremdbeobachtung (z.B. erleben Mitarbeiter selbst einen PE-Bedarf oder wird er ihnen attestiert?)? Erfolgt die Beobachtung spontan oder auf Anordnung? Werden die Beobachtungskategorien freigestellt oder vorgegeben? Werden einzelne oder Gruppen zur Beobachtung aufgefordert?

**Abb. 4.3: Akteure/Beteiligte im Prozeß der PE**

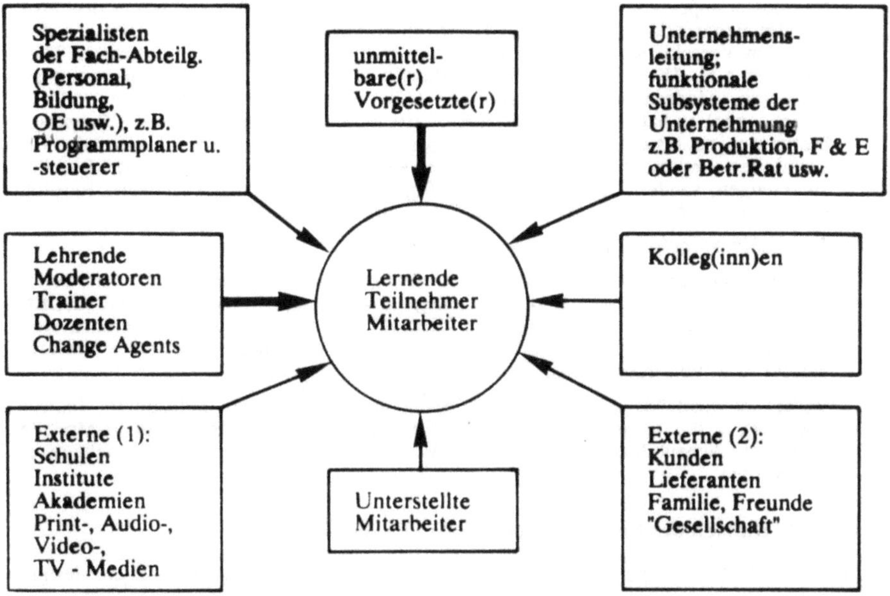

Aus dieser Abbildung geht hervor, daß z.B. Mitarbeiter andere Bedarfe (Bedürfnisse?) haben können als etwa diejenigen, die die Zentrale Bildungsabteilung oder die unmittelbaren Vorgesetzten diagnostizieren. Dabei spielen nicht nur eventuell verschieden *Inhalte*, sondern auch die *Form* ihrer Feststellung eine Rolle. Es macht einen großen Unterschied, ob die Bedarfsfeststellung eine Fremd- oder eine Selbstdiagnose ist, ob z.B. die Personalabteilung die Bedarfe feststellt oder die direkt betroffenen Vorgesetzten oder Mitarbeiter.

Damit wird neben dem erkenntnistheoretischen Aspekt (Gibt es die Möglichkeit, den 'wahren' Bedarf objektiv zu erkennen?) auch die politische Dimension des Beobachtens aufgezeigt. Wessen Beobachtungen und Beschreibungen sich durchsetzen, hat Definitionsmacht. Die verschiedenen "stakeholders", die oben genannt wurden (s. auch die Abb. 4.3), haben höchst unterschiedliche Chancen, "ihre Sicht der Dinge" durchzusetzen, so daß im Grunde jede Bedarfs-Feststellung mit einem Index gekennzeichnet sein müßte: *Wer* hat den Bedarf registriert/behauptet?

In Abwandlung eines unter Kommunikationstrainern beliebten Spruchs über Behaltenswahrscheinlichkeit und Handlungswirkung von Informationen könnte man im Hinblick auf den PE-Bedarf formulieren: Vorhanden ist nicht gesehen, gesehen nicht thematisiert, thematisiert nicht beschrieben, beschrieben nicht ratifiziert, ratifiziert nicht bearbeitet, bearbeitet nicht befriedigt.

Zusätzlich zum Bedarf, der durch Erkennungs-Routinen (Beispiel: Personalbeurteilung) automatisch und offiziell bestimmt wird, kann *verdeckter* Bedarf aufgespürt werden. Dabei hängt es von den gewählten Suchmethoden ab, welchen Bedarf man findet, je nachdem, ob man

- *reaktive* (gezielte Befragungen, Gruppendiskussionen etc.) oder
- *nonreaktive* Methoden (Fehlzeiten, Ausschuß, Altersstruktur etc.)

einsetzt. Hier ist wieder auf die oben schon dargestellten "partizipativen" Methoden der Bedarfsfindung zurückzukommen, bei denen ausdrücklich versucht wird, ein Definitionsmonopol von (selbsternannten) Experten zu vermeiden und schon den Prozeß der Bedarfsklärung als einen PE-Prozeß zu verstehen (s. S. 21 u. 166). Zu den zentralen Vorschlägen gehört, an konkreten Problemen (und nicht an abstrakten Themen wie z.B. "Konflikt" oder "Delegation") zu arbeiten, nicht Einzelpersonen zu trainieren, sondern sich an "Familien" (also existierende Arbeitsgruppen oder -beziehungen) zu halten, die Betroffenen selbst Inhalt, Form und Tempo des Prozesses bestimmen zu lassen (und nicht ein expertenentworfenes Schema zu absolvieren), verfahrens- und nicht ergebnisorientiert zu sein (also nicht ein erwünschtes Resultat zu erzeugen, sondern dafür zu sorgen, daß gelernt wird, wie man ein solches Resultat erzeugt) und möglichst praxis- und das heißt: arbeitsplatznah zu arbeiten.

5. *In welcher Sprache wird Bedarf festgestellt?*

Die Bemerkungen, die oben zur *Beschreibung* gemacht wurden, sind noch weiter auszuführen, weil gängige Diskurse festlegen, was gesagt werden kann und verstanden wird. Allein schon die Rede vom "Bedarf" ist eine Semantik, die verführt, weil sie nur dann PE-Aktionen erlaubte, wenn ein (objektiver oder subjektiver) "Bedarf" besteht, d.h. von irgendjemand geltend(!) gemacht(!) wird.

Bedarf ist nicht "da", sondern wird "bezeichnet", in Zeichen, Indikatoren, Indices übersetzt, z.B. in eine technizistische Sprache oder in rationale Ablauf-Modelle (Grafiken, Schaubilder, Netzpläne ...). Was nicht vor-gesehen ist, kann nicht gesehen werden.

### 4.2.3. Methoden der Ermittlung personalen PE-Bedarfs

PE-Bedarf kann auf apersonaler, interpersonaler und personaler Analyse-Ebene festgestellt werden. Meist wird wie selbstverständlich die Fokussierung* auf *individuellen* Weiterbildungsbedarf vorgenommen und damit das Verständis von Personal-Entwicklung als Personenentwicklung festgeschrieben. Wie schon ausführlich begründet, muß sich eine Person*al*-Entwicklung aber auch auf die interpersonalen Beziehungen und die objektivierten apersonalen Strukturen erstrecken. Auf die letzten beiden Aspekte wird in den zwei folgenden Kapiteln ausführlich eingegangen, so daß hier die Akzentsetzung auf den (personalen) Qualifikationsbedarf erfolgen kann.

Setzt man PE-Bedarfsanalyse gleich mit Bildungsbedarfsanalyse, dann geht es um das Aufspüren von Defiziten in kognitiven Fähigkeiten, affektiven Haltungen oder pragmatischen Fertigkeiten von Personen(mehrheiten).

Dieser Ansatz liegt den oben (S. 63) dargestellten Job-Person-Fit-Modellen zugrunde, bei denen Anforderungsprofile einerseits der Arbeitsplätze und andererseits der (vorhandenen oder der benötigten) Personen entworfen werden und dann bei Diskrepanzen nicht die Arbeitsplätze den Personen angepaßt werden, sondern Personen so "entwickelt" werden, daß sie zu den Arbeitsbedingungen passen ('fit' sind).

In ihrem Überblick über Methoden der PE-Bedarfserfassung führen BRONNER & SCHRÖDER (1983, Abb. 37 und 38) 28 Verfahrensgruppen auf. Demzufolge kann man etwa aus einer Personalstruktur-Analyse PE-Bedarf ableiten; dabei werden systematisch personalwirtschaftliche Kennziffern oder Stellen(besetzungs)pläne ausgewertet: Man erkennt z.B., daß 'zu wenig' Frauen in Führungspositionen sind, daß für bestimmte Positionen (etwa bald ausscheidende Führungskräfte) keine Nachfolger und/oder Stellvertreter 'aufgebaut' sind, daß bei gleichbleibender Fluktuationsrate ein Engpaß (oder ein Überhang) für bestimmte Stellen entstehen wird etc. Daraus lassen sich dann PE-Bedarfe und -Programme ableiten: Frauenrekrutierungs- und -förderungsprogramme, Nachwuchsarbeit, Fluktuationsförderungs- oder -dämpfungsinitiativen usw. ... Auch aus Revisionsberichten, der Analyse von Produktionsmängeln (Menge, Termine, Qualität) oder Wertanalysen können PE-Bedarfe herausgelesen und Schlußfolgerungen für PE-Maßnahmen abgeleitet werden. Besonderes Gewicht haben Investitions- und Produktionspläne; sie werden als Vorgaben für die nachfolgende oder simultane PE-Planung betrachtet: Wenn man weiß, daß wegen der Umstellung der Produktionsverfahren zum Zeitpunkt x bestimmte Facharbeiter-Qualifikationen benötigt werden, kann man in rechtzeitigem Vorlauf für deren Erzeugung sorgen; wenn bestimmte Geräte eingeführt werden sollen (z.B. PCs in der Bürokommunikation) muß man die betroffenen Arbeitskräfte schulen, wenn Re-Organisationen geplant sind, kann man 'freigesetzte' Arbeitskräfte systematisch umschulen ... Bei all diesen Verfahren *ergibt sich* PE-Bedarf quasi automatisch aus vorgelagerten Planungs-, (Des-)Investitions- oder Fertigungsentscheidungen. Das zentrale Problem besteht häufig darin, daß man zwar weiß, *daß* PE-Bedarf besteht oder entsteht, daß aber zuweilen nicht klar ist, welche *spezifischen* Qualifikationen oder Fertigkeiten gefordert werden. Die Bedarfsfrage ist einfach zu lösen, wenn es z.B. darum geht, für eine bestimmte Software zu schulen; was aber muß jemand können, der MeisterIn oder NachfolgerIn werden soll? Was braucht jemand für einen bevorstehenden Auslandseinsatz? Sollen oder können ein zu hoher Krankenstand oder eine ungewöhnliche Ausschußrate als PE-Problem definiert werden - und welche Spezifikationen des Bedarfs folgen daraus?

Wie generell bei der Arbeitsanalyse gibt es auch hier eine Reihe bewährter Zugänge. Man kann

a) Experten oder Betroffene *befragen* (mündlich oder schriftlich, strukturiert oder unstrukturiert, regelmäßig oder bei Bedarf, gezielt oder allgemein, quantitativ oder qualitativ usw.). Varianten sind z.B.

- Hochstrukturierte Fragebogen mit vorgegebenen Antwortmöglichkeiten (Beispiel: CULBERTSON in BRONNER & SCHRÖDER 1983, S. 119f); NEGES (1991 S. 160-172);

- Hochstrukturierte Checklisten (z.B. in Quizform: BRONNER & SCHRÖDER 1983, Abb. 31);

- Offene Fragebogen (s. das Beispiel von HÖLTERHOFF & BECKER 1986, das in AU 4.2 auf den Seiten 196-198 abgedruckt ist);

- Schwach strukturierte Befragungen, z.B.

  - Problemübersichten und Critical Incident-Schilderungen (s. BRONNER & SCHRÖDER 1983, Abb. 33 und 32). Aus detaillierten Schilderungen markanter Vorfälle (Arbeitsunfälle, Kundenbeschwerden, Kooperationskonflikte usw.) können Schwachpunkte abgeleitet werden, die PE-Bedarf markieren;

  - Bilder, Collagen [s. das auf S. 194 abgedruckte Beispiel aus LEITHÄUSER & VOLMERG (1988)];

  - Von Betroffenen erstellte Life Cycle - Kurven (s. HIRTH, SATTELBERGER & STIEFEL 1981), in denen die Betroffenen ihren bisherigen (oder erwarteten) Werdegang als Kurvenzug in einem Koordinatensystem mit der Abszisse 'Zeit' und der Ordinate 'Befriedigung' (oder 'Herausforderung', 'Angst' etc.) zeichnen;

  - Moderierte Gruppendiskussionen [s. Studie "Zentraler Schreibdienst" in LEITER u.a. (1982, S. 186-195)];

- Aktionsforschung oder Organisationsentwicklungs-Projekte, die Bedarfsermittlung mit Bedarfsdeckung verschränken. In diesen Fällen definieren die Betroffenen ihre Probleme und Situationen selbst und vereinbaren in eigener Regie und Verantwortung korrektive Maßnahmen.

b) Man kann die Arbeitsdurchführung *beobachten* (entweder bei der realen Arbeitsausführung oder bei Simulationen der Tätigkeit) und aus Fehlern, Störungen, Mängeln etc. Bedarfe ableiten.

c) Schließlich besteht noch die Möglichkeit der 'Dokumentanalyse', z.B.

  - Ableitungen aus formalisierter Personalbeurteilung (für systematisch erfaßte "Defizite" der Mitarbeiter werden maßgeschneiderte Entwicklungsmaßnahmen vorgeschlagen);

  - Ableitungen aus Szenarios, die explizit Qualifikationsaussagen machen;

  - Folgerungen aus Führungsgrundsätzen, Unternehmensverfassungen, Leitbildern, Strategiekonzepten, Corporate Identity Statements, internen und externen Gutachten, Ethischen Standards oder Selbstverpflichtungen (z.B. zur 'Humanisierung der Arbeit' oder zu 'Werteorientierter Personalpolitik'). Das angestrebte Soll wird mit dem bestehenden Ist konfrontiert und etwaige Diskrepanzen werden als PE-Bedarf formuliert.

- Analyse von Laufbahn-, Stellvertreter- und Nachfolgeplänen in Verbindung mit Stellenbeschreibungen und Anforderungsprofilen, um jene 'Lücken' zu identifizieren, die durch PE-Maßnahmen beseitigt werden können.

Aus all diesen Quellen der PE-Bedarfsermittlung resultieren im Regelfall Aussagen über (personale) *Qualifikationen* (Eigenschaften, Fähigkeiten, Fertigkeiten, Wissen, Orientierungen, Einstellungen, Haltungen usw.), die verändert werden sollen. Es ist daran zu erinnern, daß - obgleich diese Bestimmung des PE-Bedarfs in der Praxis überwiegt - damit nur ein Teil dessen erfaßt ist, was in einem umfassenderen Sinn als Inhalt der PE zu bezeichnen ist. Es sind nämlich - wie in Tab. 4.2 veranschaulicht - auch objektive strukturelle und soziale Aspekte als PE-*Inhalte* zu erfassen (siehe die Zeilen der Matrix) und man muß sich vergegenwärtigen, daß sehr unterschiedliche *Akteure und Adressaten* der PE (siehe die Spalten) in Frage kommen: Wenn 'ich selbst' dafür verantwortlich bin, PE-Bedarfe sowohl anzumelden wie zu decken, dann werde ich möglicherweise andere Inhalte nennen oder Akzente setzen als wenn Vorgesetzte, Stäbe oder Kunden Agenten oder Ziele von PE-Interventionen sind. Mit dieser Tabelle soll abschließend quasi in der Form einer Zusammenfassung daran erinnert werden, daß die Akzentsetzung auf *personale Qualifikationen* zwar den in der Literatur am häufigsten genannten, keineswegs aber den einzigen oder gar wichtigsten Gegenstand von PE-Bedarfs-Analyse und -Deckung betont.

### 4.3. Bedarfsdeckung

#### 4.3.1. Vorbemerkungen

Die Abkoppelung und säuberliche Scheidung von Bedarfsermittlung und -deckung suggeriert eine klare zeitliche Abfolge, die in der Praxis oft nicht gegeben ist. Nicht selten werden *vor* einer systematischen Bedarfsanalyse oder *ohne* sie PE-Maßnahmen eingeleitet. Der häufigste Fall dürfte sein, daß "bewährte Bausteine" oder allgemein praktizierte Standard- oder Routine-Inhalte vermittelt werden, wie etwa Gesprächstraining, Kreativitätstechniken, Moderationsverfahren usw., weil davon ausgegangen wird, daß für derartige Angebote immer eine Nachfrage besteht.

Eine Bedarfsanalyse registriert, *daß* PE-Bedarf besteht; damit ist noch nicht geklärt, ob die Verantwortlichen bzw. Betroffenen diesen Bedarf decken wollen und decken können. Es mag z.B. in der Personalabteilung erkannt werden, daß das autoritäre Führungsverhaltens des Vorstands ein Haupthindernis für eine konstruktive Personalentwicklung ist - und dennoch wird nur in seltenen Fällen dieses Problem direkt angesprochen und gelöst werden. Oder: Ein PE-Bedarf wird registriert und soll auch bearbeitet werden, aber es fehlen für eine wirklich grundlegende Veränderung die nötigen Ressourcen (mangelnde finanzielle Mittel, personelle Engpässe, Zeitdruck usw.), so daß man sich mit wenig(er) effektiven Hilfslösungen zufriedengeben muß. Mit diesen Anmerkungen soll daran erinnert werden, daß Form und Inhalt der Bedarfsdeckung als eigenständige Problemlösungs-Aufgabe zu verstehen sind und keineswegs bruch- und anstrengungslos aus der PE-Bedarfsanalyse abzuleiten sind.

Tab. 4.2: PE-Instanzen: Akteure und Adressaten der PE

Wer ändert (sich):

| Was ändert sich bzw. wird geändert: PE-Inhalte | Organisationsinterne Stellen bzw. Faktoren ||||||| Organisationsexterne Faktoren ||||
|---|---|---|---|---|---|---|---|---|---|---|---|
| | Selbst | Kollegen | Vorgesetzte | Fachressort, z.B. Pers.-Abteilg. | Betriebsrat, Sprecher-Ausschuß | Stäbe, Gremien, Projektgruppen | Top-Management; Mutterunternehmen | Unternehmensberater | Kunden | Lieferanten | Behörden | Öffentlichkeit, Presse, Wissenschaft |
| 1 Ziele | | | | | | | | | | | | |
| 2 Ressourcen | | | | | | | | | | | | |
| 3 Produkte, Aufgaben, Arbeitsinhalte | | | | | | | | | | | | |
| 4 Verfahren, Methoden, Techniken, Regeln, Vorschriften, Strukturen, Strategien, Systeme | | | | | | | | | | | | |
| 5 Wissen, Fähigkeiten, Fertigkeiten, Orientierungen | | | | | | | | | | | | |
| 6 Physische Arbeitsbedingungen, Technik, Architektur | | | | | | | | | | | | |
| 7 Soziale Netze, Beziehungen | | | | | | | | | | | | |
| 8 Identität | | | | | | | | | | | | |

Selbst wenn also Bedarfe systematisch registriert und von den maßgeblichen Stellen ratifiziert wurden, müssen die Interventionen zu ihrer Deckung auf dem Hintergrund apersonaler, interpersonaler und personaler Bedingungen und Möglichkeiten gefunden und entwickelt werden.

Es ist zu klären, wo Freiheitsgrade und wo unüberschreitbare Grenzen bestehen, welche Festlegungen und Vor-Regelungen erfolgt sind usw. Es können Normen, Gewohnheiten oder Vorgaben existieren im Hinblick auf die Dauer der Maßnahmen (z.B. kurz- vs. langfristig), Kosten, Orte (z.B. intern vs. extern), Durchführende (z.B. hauseigene Trainer vs. Externe), Teilnehmer (z.B. Voraussetzungen, Homogenität), Methoden (z.B. Frontalunterricht vs. Eigenaktivität) usw.

Die Bedarfsdeckung ist somit nicht die bürokratisch exakte Exekutierung* der in der Phase der Ermittlung erkannten Bedarfe. Ein wichtiger Grund dafür ist auch (neben unvorhersehbaren Entwicklungen, Ressourcenproblemen, politischen Interventionen usw.), daß Diagnose (Bedarfsermittlung) und Intervention (Bedarfsdeckung) im allgemeinen nicht mit der gleichen Methodik erfolgen. Wollte man diese systematische Diskrepanz vermeiden, müßte man - das Kunstwort sei verziehen - deckungsmethodenspezifische Bedarfsermittlung betreiben: Man müßte also z.B. ein Rollenspiel durchführen (oder ein Problem lösen, eine Gruppensitzung moderieren lassen usw.), *dabei* registrieren, welche Defizite/Potentiale existieren und *mit der gleichen Methodik* (Rollenspiel, Problemlösetechnik, Moderationsverfahren) trainieren. In der Praxis wird aber - wenn überhaupt - meist themen- oder inhaltsspezifisch Bedarf ermittelt (z.B. "Es fehlt an Kooperationsfähigkeit"), der dann mit einem bestimmten Methoden-Mix (z.B. Rollenspiele, Teamtraining) befriedigt wird.

Bei näherem Hinsehen erweist sich die Bedarfs-*Deckung* als ein mehrdimensionales und schlechtstrukturiertes Problem, bei dem die gleichen Dimensionen verwandt werden können, die schon bei der Bedarfs-*Ermittlung* genutzt wurden: Apersonale, interpersonale und personale Bedarfe können auf apersonale, interpersonale und personale Weise gedeckt werden: Statt unfallträchtige Maschinen zu ersetzen, kann man Sicherheitstrainings veranstalten; statt ängstliche Mitarbeiter in ein Selbstsicherheitstraining zu schicken, kann man Teambildungs-Interventionen durchführen; statt aufwendige Kommunikationsrichtlinien zu erlassen, kann man technische oder architektonische Veränderungen der Arbeitsbedingungen vornehmen ... Weil Möglichkeiten der inter- und apersonalen Intervention in den nächsten beiden Kapiteln dargestellt werden, soll hier auf wichtige Methoden der (personalen) Qualifizierung eingegangen werden.

### 4.3.2. Personale PE-Bedarfsdeckung

Hier wird davon ausgegangen, daß *die einzelne Person* Träger von Handlungspotential ist; *sie* ist es, die Änderungsimpulse erhalten muß. Im Grunde könnten hier die oft zu Katalogstärke angewachsenen Bildungsprogramme großer Unternehmen zitiert werden, weil sie zum weit überwiegenden Teil auf die Vermittlung oder Veränderung personaler Fähigkeiten, Fertigkeiten und Verhaltensweisen abgestellt sind.

In seiner oben schon erwähnten großen Umfrage bei deutschen Unternehmen hat WEISS (1990) auch nach den thematischen Schwerpunkten der Weiterbildungsaktivitäten gefragt. In Tab. 4.3 sind seine Ergebnisse abgedruckt; sie zeigen die erhebliche Bandbreite von Themengebieten. Eine ähnliche Auswertung hat OLESCH (1988) vorgelegt, der "... alle Weiterbildungsangebote und -themen von 8 Großunternehmen sowie fast allen Weiterbildungsinstitutionen von Nordrhein-Westfalen laut Rationalisierungskuratorium der Deutschen Wirtschaft, Landesgruppe Düsseldorf, im Jahre 1985 und 1987 untersucht" hat (S. 566). In OLESCHs Auswertung zeigt sich, daß überbetriebliche Weiterbildungs(!)angebote - nicht überraschend - auf die Verbesserung personaler Qualifikationen zielen, weil die konkreten sozialen und die organisatorisch-strukturellen Belange extern kaum simuliert und noch weniger verändert werden können (s. auch die Angaben in der empirischen Studie von KETTGEN 1989, S. 147). Dasselbe gilt auch für jene zahlreichen als Profitcenter eingerichteten Bildungsabteilungen größerer Unternehmen, die ihre Leistungen auch auf dem freien Markt anbieten. Aber auch in den internen PE-Angeboten der meisten Firmen mit ausdifferenziertem Bildungswesen zeigt sich ein Übergewicht von personal adressierten Interventionen. Belege dafür sind die "Angebotskataloge", die den Nachfragern ein breites Spektrum von Methoden offerieren.

Entscheidend ist für die *personalen* Interventionen, daß die Person dabei als Monade* gesehen wird, denn *in* ihr soll sich etwas verändern; die Veränderung wird *in* der Person gespeichert und von ihr besessen: verläßt die Person die Unternehmung, ist die PE-Investition für die Unternehmung abzuschreiben.

Als Beispiele für Restriktionen, die sich bei einer (rein) personalen Perspektive für die Planung der Bedarfsdeckung ergeben, seien folgende Überlegungen angeführt:
- Wird bei jeder PE-Maßnahme vorher die individuelle "PE-Akte" studiert? Gibt es einen "Bildungspaß", aus dem auf einen Blick das Insgesamt der bisherigen Schulungsmaßnahmen einer Person ersichtlich ist?
- Werden die Mitarbeiter "persönlich verplant" (oder in Rollen, als Typen)? Das bedeutete eine maßgeschneiderte PE-Planung, durch die einzelne gezielt "aufgebaut" werden!
- Werden nicht nur die Fachkenntnisse einer Person, sondern auch ihre sonstigen Besonderheiten berücksichtigt (z.B. emotionale Reaktionen, soziale Haltungen)?

Nimmt man "personale" Bedarfsdeckung ernst, dann zeigt sich, daß trotz des personalistischen Mißverständnisses (das insbesondere bei der PE-Bedarfsanalyse weitverbreitet ist), die Bedarfsdeckung vielfach eher themen- oder rollenbezogen geplant wird ("Alle werden in Kreativitätstechniken geschult" oder "Alle neuernannten Prokuristen nehmen am 'Führungsseminar 1' teil"). Damit aber werden die Besonderheiten der einzelnen Personen nivelliert oder vernachlässigt.

Im folgenden Abschnitt 4.3.3.1 sind die wichtigsten PE-Interventionen zusammengestellt. Dabei ist in den meisten Fällen die personale (oder interpersonale bzw. apersonale) Akzentsetzung der Interventionsmethode klar zu erkennen. Das darf aber nicht blind machen für die Mischformen, die zwischen verschiedenen Perspektiven vermitteln. Es gibt im Grunde nur wenig PE-Maßnahmen, die lediglich auf einer einzigen Einfluß-

**Tab. 4.3:** Thematische Schwerpunkte von PE-Veranstaltungen
(modifiziert nach Angaben in WEISS 1990, S. 92 f; die Daten stammen aus Erhebungen in fast 1500 Unternehmungen der 'alten' BRD)

| Themenbereiche | Lehrveranstaltungen | | Informationsveranstaltungen | |
|---|---|---|---|---|
| | in Prozent der Unternehmen | Rangplatz | In Prozent | Rangplatz der Unternehmen |
| EDV - kaufmännischer Bereich | 62,7 | 1 | 45,9 | 1 |
| Verkaufstraining | 52,1 | 2 | 27,1 | 9 |
| kaufmännische, betriebswirtschaftliche Themen | 48,4 | 3 | 38,6 | 4 |
| Technik - betriebliche Anwendungen | 48,2 | 4 | 40,6 | 3 |
| Mitarbeiterführung | 45,4 | 5 | 22,0 | 11 |
| Technik - theoretische Fachkenntnisse | 45,1 | 6 | 37,9 | 5 |
| EDV - technischer Bereich | 44,9 | 7 | 34,0 | 6 |
| Arbeitssicherheit/ Unfallschutz | 44,8 | 8 | 34,0 | 6 |
| Managementtraining und Managementtechniken | 41,6 | 9 | 20,6 | 12 |
| Produkte und Produktanwendungen | 38,9 | 10 | 41,4 | 2 |
| Rhetorik | 28,9 | 11 | 7,3 | 16 |
| Recht/Steuern | 27,8 | 12 | 22,9 | 10 |
| Fremdsprachen | 26,0 | 13 | 3,9 | 17 |
| Umweltschutz | 24,1 | 14 | 31,3 | 8 |
| Berufs- und Arbeitspädagogik | 21,2 | 15 | 10,8 | 13 |
| Naturwissenschaften/ Mathematik | 12,3 | 16 | 7,4 | 15 |
| Wirtschafts- und Gesellschaftspolitik | 8,6 | 17 | 12,3 | 14 |

Ebene ansetzen. Man muß vielmehr davon ausgehen, daß Maßnahmen umso wirksamer sind, je mehr Perspektiven sie integrieren. Um an diese Verschränkungen von Interventions-Ebenen zu erinnern, seien einige Beispiele "mehrdimensionaler" Techniken genannt (s. dazu COMELLI 1985, SIEVERS 1977, FRENCH & BELL 1977):
- personal und interpersonal: familiy lab, 3-D-Analyse;
- personal und apersonal: Beurteiler-Training, Versetzung, Job Rotation;
- interpersonal und apersonal: Quality Circles, Confrontation Meetings, Teilautonome Arbeitsgruppen;
- personal, interpersonal und apersonal: Rollenverhandeln, Grid*.

Je umfassender die einbezogenen Perspektiven sind, desto breiter anwendbar ist das jeweilige Vorgehen, so daß mit den Mehr-Ebenen-Ansätzen auch dann Veränderungen erzeugt werden, wenn vorher keine systematische Bedarfs- und Befriedigungsanalyse durchgeführt wurde.

### 4.3.3. PE-Methoden

Im Folgenden sind in einer unkommentierten Aufzählung die in der PE-Praxis meisteingesetzten Methoden zusammengestellt. Nach diesem Überblick werden dann in einem zweiten Schritt Ordnungskriterien für dieses Inventar vorgeschlagen.

#### 4.3.3.1. Überblick über die wichtigsten Methoden der PE

1. Vormachen, Zeigen, Unterweisen, Demonstrieren [s. z.B. die Refa-4-(bzw. 6-) Stufen-Methode, REFA 1975; ZIMMER 1977]
2. Beobachtungslernen (WUNDERLI 1978)
3. Selbststudium, Selbstentwicklung (z.B. mit technischen Lehr-Medien); s. z.B. Leittext-Methode [KOCH 1986 a u. b; MEIER & SIEBECK 1990)] (s. a. Pkt. 15)
4. Mentales Training, "symbolic rehearsal"; Superlearning, Suggestopädie; Mind mapping [DHORITY 1986, LOZANOV 1979, HINKELMANN 1986, KIRCKHOFF 1988, ORNSTEIN 1989, PELKE 1990, SCHUSTER & GRITTON, 1986, STAMMANN-FÜSSEL 1990, JAEHRLING 1989, WESTER 1990]
5. Arbeitsplatztausch (Job Rotation)
6. Arbeitserweiterung (Job Enlargement)
7. Arbeitsbereicherung (Job Enrichment)
8. Überlappende Arbeitsplätze
9. Besichtigungen, Exkursionen
10. Vortrag, Teamteaching, Experten- oder Podiumsdiskussion, Präsentationen
11. Lehrgespräch
12. Streitgespräch, Debatte, Pro-Contra-Diskussion
13. Gruppendiskussion, Konferenzschaltungen, Gesprächstriaden (zwei diskutieren, einer beobachtet und gibt Feedback)
14. Moderationstechniken (v.a.: "Metaplan") [BARNBECK 1989, BATAILLARD o.J. u. 1984, BÖNING 1990, DERSCHKA & GOTTSCHALL 1984, DONNERT 1990, KLEBERT, SCHRADER & STRAUB 1985, SCHNELLE 1978, SIEMENS 1979]

15. Programmierte Unterweisung, Computer-Unterstütztes Training (Computer-Unterstützte Unterweisung CUU, Computer Based Training CBT); Interaktive Lernsysteme (z.B. Computer und Bildplatte) [MANDL & FISCHER 1985, FRANK 1990, JANOTTA 1990, KÜFFNER & SEIDEL 1989, SEIDEL & LIPSMEIER 1989, ZIMMER 1990; LEHMANN 1990 (Kap. 4)]

16. Mediengestütztes Training: Video, Bildplatten, Filme, Audiocassetten, Fachbücher, Fachzeitschriften, Lehrtexte, Arbeitshefte; Fernstudium, Teletraining [SCHACHTSIEK 1990, SCHÖNHERR 1990, Staatliche Zentrale für Fernunterricht ZFU und BIBB 1989]

17. Fälle

    a) kritische Vorfälle, kurze Skizzen ('incidents') [PIGORS & PIGORS 1986, SAHM 1977, 1979, 1981, KAISER 1983, PERLITZ & VASSEN 1976]

    b) ausgearbeitete Fallstudien, umfangreiches Material [ALBACH & GABELIN 1977, GROENEWALD 1988, ALEWELL u.a. 1971]

18. Simulationen:]

    a) Maschinelle, wie z.B. Flug- oder Fahrsimulatoren; Arbeit an Übungsmaschinen- oder -materialien; Arbeiten im "Methodenraum", "Sandkasten"

    b) Planspiele, z.B. Manöver, (computerunterstützte) business oder management games [HEINECKE, LÜLLMANN & ROST 1988, LEHMANN & PORTELE 1976, BALON & SOKOLL 1974]

    c) Gruppendynamische Spiele (.s.a. Pkt. 28) [ANTONS 1973, BÖDIKER & LANGE 1975, KIRSTEN & MÜLLER-SCHWARZ 1977, KÜCHLER 1979, ORLICK 1984 und 1985, PFEIFFER & JONES 1974-1979, WEBER 1986, RÖSCHMANN 1978, VOPEL 1978]

    d) Rollenspiele [BIRKENBIHL 1981, KOCHAN 1974, 1981, SAUL 1983, SADER 1986, SHAFTEL & SHAFTEL 1973, FREUDENREICH 1977, SCHÜTZENBERGER-ANCELIN 1976]

19. Projektarbeit: Definition und Bearbeitung konkreter Praxisprobleme bis zur Entscheidungsreife oder zur Umsetzung/Anwendung der Lösungen [HEINTEL & KRAINZ 1988, DECKER 1984, SATTELBERGER 1989, BROSS 1989, FOY 1982, FISCHER u.a. 1982, HANSEL & LOMNITZ 1987, PAMPUS 1987, FREY 1982]; Multiplikatoren-Ansätze (z.B. DITTGEN 1989)

    Varianten des 'Organizational Behavior Modification' (s. NEUBERGER 1990a); s.a. das 'Transfertraining' (STURM 1991)

20. Einsatz als Assistent ("rechte Hand"), Stellvertreter, "Schatten" (Junior board, multiples Management, Sonderaufträge [FIX 1989, GAULKE 1989, SOMMER 1985]

21. Lernen von/mit Coach, Trainer, Mentor, "Meister", Experten [MEGGINSON 1988, STIEFEL 1988, KASTNER 1990, NEUBEISER 1990, GOTTSCHALL 1989, WEISS 1990, GRAU & MÖLLER 1990]

22. Tutoren-, Paten-, Helfer-Systeme; "Trainer auf Zeit", Netzwerkbildung, Lernpartnerschaften, Erfahrungsgruppen [FISCHER 1989, MUELLER 1988, v. PAPSTEIN 1989]

23. Gesteuertes Modell-Lernen, Lernen am Vorbild

24. Qualitätszirkel, Werkstattzirkel, Lernstatt [ACKERMANN 1989, ANTONI 1990, BUNGARD & WIENDIECK 1986, DEPPE 1986, DUNKEL 1983, HEEG 1985, MAUCH 1989, RKW u.a. 1986, ZINK & SCHICK 1986 u. 1987]

25. OE-"Pakete" (wie Grid, NPI) [GLASL & DE LA HOUSSAYE 1975, BLAKE & MOUTON 1968; s.a. Pkt. 26]

26. Teambildung, Intergruppenarbeit, Konfrontationssitzungen, Mirroring, Prozeßberatung [LIPPITT & LIPPITT 1977, SCHEIN 1987 u. 1988; GEBERT 1972; BECKHARD 1967, FORDYCE & WEIL 1971, COMELLI 1985, FRENCH & BELL 1977, SIEVERS 1977]

27. Klinische Techniken ("Therapie für Normale"): Verhaltensmodifikation, Hakomi, Systemische Therapie, Autogenes Training, Entspannungstechniken, Selbstsicherheitstraining, Life styling ...

   zu Neurolingustischem Programmieren: BANDLER & GRINDER 1981, 1985, 1987; STAHL 1988, DILTS u.a. 1989, ULSAMER 1985

   zu Transaktionsanalyse: BERNE 1961, ENGLISH 1981; ERB 1990, HARRIS & HARRIS 1985, MEININGER 1974, RÜTTINGER & KRUPPA 1981, SCHMIDT 1987

28. Sensitivity Training, Strukturierte Partnerübungen, Training Groups, Laboratory Training, Encounter Groups, Kommunikationstraining, Supervision [GEBERT 1972, VOPEL & KIRSTEN 1977, SCHWÄBISCH & SIMS 1974, ROSENKRANUZ 1990, SLATER 1970, DYER 1977, HINKEL 1989, WOODCOCK 1979, SCHULZ VON THUN 1981 und 1989, FATZER & ECK 1990, RAPPE-GIESECKE 1990]

   zu Themenzentrierter Interaktion: COHN 1980, STOLLBERG 1982, BACHMANN & FLOTHOW 1990, LANGMAACK 1991

29. Outwardbound Training, Wilderness Training, Kampfsportarten [BRESS 1989, FISCHER 1990, JAGENLAUF & BRESS 1990, KÖHLER 1990]

30. Infomärkte, Fachmessen [HEIDACK 1987, SIEMENS 1979]

### 4.3.3.2. Zur Differenzierung von PE-Methoden

In der Literatur findet man immer wieder tabellarische Aufstellungen, bei denen eine Reihe von *Methoden* (Vortrag, Gruppendiskussion, Fallstudie, Rollenspiel usw.) mit einigen *Bewertungskriterien* kreuztabelliert werden (s. als Beispiel die Tab. 4.4 auf den beiden Seiten 194 u. 195, die bei CONRADI 1983, S. 100 abgedruckt ist). In dieser schon recht umfangreichen Tabelle sind 10 Methoden mit 7 Bewertungsaspekten kombiniert. Wollte ich dieser Logik entsprechend die Vielzahl der oben aufgeführten Methoden mit der großen Zahl der unten genannten Kriterien in Beziehung setzen, ergäbe sich eine unübersichtliche Zusammenstellung, die mehrere Seiten umfassen würde. Ich stelle deshalb die Bewertungsaspekte getrennt dar; zuvor aber sei an einige 'Selbstverständlichkeiten' erinnert:

a) Es gibt keine "beste" Methode.

b) Es ist praktisch unmöglich, für jede Methode ein eindeutiges Profil ihrer Merkmale zu zeichnen.

c) Wenn man rational handeln wollte, müßte man sich *vor* jeder Methoden-Entscheidung die Evaluationsaspekte klar machen (also nicht: Erst handeln, dann bewerten!).

d) Die Wahl einer Methode ist nie nur rational bestimmt. Es gibt auch latente Funktionen, irrationale Vorlieben, unantastbare Traditionen etc. (s. NEUBERGER 1987).

Die einfachste Antwort auf die Frage: "Welche Methode soll man wählen?" ist: "Die für das jeweilige Problem bestgeeignete!" Leider kommt man aber mit einem solchen Ratschlag nicht weiter, weil die Bestimmung der "Besteignung" selbst wiederum ein ungelöstes Problem ist. Im nachstehenden Überblick wird versucht zu zeigen, daß jede einzelne der oben genannten Methodengruppen nach einer Vielzahl von Kriterien einzustufen ist. Die abschließende Bewertung der Methodeneignung darf sich nicht auf ein herausgegriffenes Ziel verengen, sondern muß berücksichtigen, daß die Güte einer PE-Maßnahme von zahlreichen Einflußgrößen abhängt - und nicht nur von der Einhaltung des Kostenrahmens oder der Menge des gespeicherten Lernstoffs. Die folgende Aufstellung ist wie eine Art Prüfliste zu lesen: bei jedem Gliederungspunkt ist abzufragen, welche der unterschiedenen Varianten bevorzugt wird - und *warum* sie bevorzugt wird! Bei einer solchen Selbst-Prüfung zeigt sich, daß neben fremdbestimmten aufgezwungenen Restriktionen (die z.B. bei Personal, Orten, Anlagen, Kosten etc. bestehen können), eine Fülle von Weg- und Zielentscheidungen zu treffen sind, die oft nicht aus einem übergeordneten "PE-Ziel" abzuleiten sind, sondern kluge pragmatische Kompromisse zwischen unvereinbaren Anforderungen sind. Dies ist keine billige Ausflucht, sondern die Konsequenz aus der Einsicht, daß das Problem rational nicht lösbar ist. Es gibt keinen optimalen Methoden-Mix, weil das Optimum nicht definierbar ist. Auch von daher sind Empfehlungen verständlich, die andere Bewertungskriterien ins Spiel bringen (wenn etwa an Aktionsforschung orientierte Ansätze Akzeptanz oder Motivation als weitere Kriterien berücksichtigen). Die in der Praxis verbreitete 'evolutionistische' Strategie ist mit guten Gründen vertretbar: Vieles ausprobieren und das, was Erfolg bringt (oder Fürsprecher findet) eine Zeitlang praktizieren und periodisch wieder in Frage stellen! Je klarer die Bewertungskriterien (etwa "Beherrschungsgrad einer Fremd- oder Computersprache"), desto einfacher ist die Entscheidung für ein bestimmtes Vorgehen. Wenn aber zusätzliche Kriterien, die schlecht definiert sind und oft nicht individuell zurechenbar sind, hinzukommen (wie das typisch ist für inter- und apersonale PE-Bedarfe), müssen bei der Auswahl von Methoden auch mehrdimensionale, mehrdeutige, widersprüchliche und instabile Bewertungs-Kriterien berücksichtigt werden.

**Kriterien zur Bewertung von PE-Interventionen**

*Ambiente, Lern-Stätte:*

| | |
|---|---|
| gewohnt, eigener Arbeitsplatz (Bsp.: Meister unterweist Azubi) | fremd, Schulungszentrum, Hotel (Bsp. Seminar im Bildungszentrum) |

*Strukturiertheit*

| | |
|---|---|
| Systematisch, gezielt, geplant (Bsp: Programmierte Unterweisung) | unsystematisch, zufällig (Bsp.: Nachahmung eines Vorbilds) |

*Ausschließlichkeit*

Allein für Qualifikations-  
zwecke inszeniert  
(Bsp.: Videofilm)

Nebenprodukt anderer  
Arbeiten  
(Bsp.: Stellvertretung)

*Zertifizierung, inner- oder überbetriebl. Anerkennung und Verwertbarkeit*

Urkunde, Abschlußprüfung, Titel  
(Bsp.: Kurspunkte als Karrierevoraussetzung)

informell  
(Bsp.: Einsatz als Assistent)

*Technisierungsgrad, maschineller Aufwand, Ortsgebundenheit*

technische Medien eingesetzt (z.B. Video-  
oder Computer-Labor)  
(Bsp.: Computerunterstütztes Training)

rein interpersonelles Lernen

(Bsp.: Lehrgespräch)

*Ichbeteiligung der Teilnehmer*

ichfern, neutral, sachlich

(Bsp.: Vortrag, Arbeitshefte)

hohe Ichbeteiligung, Versagens-  
angst  
(Bsp.: Sensitivity-Training)

*Störung des normalen Arbeitsablaufs*

ja  
(Bsp.: Trainee fragt dauernd u. stört)

nein, voll integriert  
(Bsp.: Job Rotation)

*Dauer, erforderliche bzw. benötigte Trainingszeit*

kurzzeitig (Tage, Stunden)  
(Bsp.: Expertendiskussion)  
einschl. Vor- u. Nachberei-  
tungszeit

langdauernd (Monate, Jahre)  
(Bsp.: Org.entw.-Maßnahme)

*Zeitliche Terminierung*

genau absehbar, im voraus fixiert  
(Bsp.: Seminarveranstaltung)

offen, nicht festgelegt  
(Bsp.: Teambildungs-Prozeß)

*Steuerung*

ferngesteuert und fremdbestimmt  
(von Zentrale, Trainer, Anbieter);  
klarer "Führer"  
(Bsp.: Vortrag)

von Teilnehmern selbst  
gestaltet; Führung verteilt

(Bsp.: Projektarbeit)

*Problembezug*

aktuell ("here and now"), dringlich  
(Bsp.: Arbeitserweiterung)

nicht unmittelbar relevant  
(Bsp.: Outwardbound Training)

*Realismus, Praxisnähe*

akademisch, prinzipiell, abstrakt
(Bsp.: Theoretischer Lehrtext)

realistisch, praxisnah, konkret
(Bsp.: Vormachen, Unterweisen)

*Verwertbarkeit des im Training Produzierten*

keine; Spiel- oder Übungsmaterial
wird nach Training vernichtet

als "normales" Produkt verwertbar (verkaufen, nutzen, anwenden)

(Bsp.: Tafelanschreibungen bei Vortrag)

(Bsp.: Projektarbeits-Ergebnis)

*Träger, Entwickler*

Externer Anbieter, außerbetriebliche Leitung

(Bsp.: Arbeitsbücher, Planspiel)

Eigenentwicklung, innerbetriebliche Leitung
(Bsp.: OE-Maßnahme)

*Exakt definiertes Zielverhalten oder Ergebnis*

Bestlösung, Richtig-Antwort möglich
(Bsp.: Programmierte Unterweisung)

unmöglich
(Bsp.: Fallstudie)

*Modifizierbarkeit, Anpassungsfähigkeit*

starr, festgelegt

Konfektion ("von der Stange")
(Bsp.: Bücher, Filme, Videos)

variabel, neuen Lagen oder
Interessen anpaßbar, flexibel,
maßgeschneidert
(Bsp.: Quality Circles)

*Definition des Adressatenkreises*

"jedermann"
(Bsp.: Life styling)

hochspezfische Zielgruppe
(Bsp.: Lehrvideo über Herzoperation)

*Zusammensetzung der Teilnehmergruppe*

homogen
(Bsp.: Fachdiskussion)

heterogen
(Bsp.: Intergruppen-Konfrontat.)

*Bekanntheitsgrad/Vertrautheit der Mit-Teilnehmer*

Fremde (strangers, cousins)
(Bsp.: firmenübergreifendes ext. Seminar)

Kollegen (family)
(Bsp.: Teambuilding)

*Anzahl der Lernenden*

viele, große Mengen
(Bsp.: Vortrag)

eine einzelne Person
(Bsp.: Coaching)

*Soziale Situation*

einzeln, isoliert, nicht körperlich
anwesend
(Bsp.: Lehrcassette anhören)

interaktiv, gemeinsam, konkurrierend
(Bsp.: Gruppendiskussion, Spiel)

*Aktivierung der Teilnehmer*

keine Aktivierung, die Teilnehmer bleiben passiv
(Bsp.: Ansehen eines Lehrfilms)

starke Aktivierung

(Bsp.: Quality Circle)

*Eingehen auf individuelle Differenzen in Vorkenntnissen. Lerntempo, -stil ...*

Gleiches Programm für alle
(Bsp.: Lehr-Video)

Starke Individualisierung
(Bsp.: Life Styling)

*Methodenvielfalt*

Nur eine Methode eingesetzt
(Bsp.: Selbststudium eines Lehrtexts)

viele Methoden kombiniert
(Bsp.: Simulation)

*Trainingsinhalte, Vielfalt aktivierter Modalitäten (kogn., affekt., motor. etc.)*

einfach, sehr breit
(Bsp: OE)

komplex, hochspezifisch
(Bsp.: Programmiersprache)

*Kosten von Entwicklung und Organisation*

sehr hoch
(Bsp.: Computer-Planspiel)

gering
(Gruppendiskussion)

*Kosten von Durchführung, Betrieb, Up-Dating*

sehr hoch
(Bsp.: Videolabor, EDV-Studio)

gering
(Bsp.: Teamteaching)

*Änderbarkeit von Material, Setting usw.*

hoch, jede Situation ist anders
Abfolge von den Teilnehmern
steuerbar (dynamisch)
Programme lernfähig
(Bsp.: Sensitivity Training)

starr, statisch, jeder Durchgang ist gleich; Abfolge fix

Programme nicht lernfähig
   (Bsp.: starre Programmierte Unterweisung)

*Spezielle Trainerkompetenz nötig; Training an bestimme Personen gebunden*

ja
(Bsp.: Klinische Methoden; Fachvorträge)

nein
(Bsp.: Lehrtexte)

*Sichtbarkeit und Unmittelbarkeit von Lernfortschritt u./o. -erfolg*

| LE zeigt sich sofort und deutlich, sofortige Fehlerkorrektur (Bsp.: Vormachen - Nachmachen) | LE zeigt sich erst nach langer Zeit u. ist mehrdeutig (Bsp.: Transaktionsanalyse) |

*Sichtbarkeit und Erlebbarkeit des Zielbezugs*

| Jeder Teilnehmer weiß jederzeit, warum und wozu was geschieht (Bsp.: Projektarbeit) | Teilnehmer wissen oft nicht, warum und wozu etwas geschieht (Bsp.: Wilderness-Training) |

Berücksichtigt man, daß in der größten Zahl der PE-Veranstaltungen ein Methoden-Mix mit undurchschauten Interaktionseffekten eingesetzt wird (z.b. schriftliche Materialien, Vorträge, Videos, Gruppendiskussionen) und daß die Handhabung dieser Methoden einen enormen Spielraum läßt (Qualität der Dozenten, Zeitenge, räumliche Bedingungen etc. etc.), dann wird klar, daß bei der Frage nach dem optimalen Methodeneinsatz kein wohlstrukturiertes Problem vorliegt. In der Praxis wird dieses Problem deshalb meist auch unter Anwendung einiger Leitkriterien gelöst (z.B. Kostengünstigkeit, Vertrautheit, Verfügbarkeit), demgegenüber andere (z.B. Verhaltensänderung, Einprägungswirkung etc.) nachrangig werden. Damit aber kann sich eine verkündete Intention (z.B. 'effektiv Kenntnisse vermitteln') bei näherer Betrachtung sehr schnell als Lippenbekenntnis erweisen. Darauf wird im Kap.7 (Evaluation) ausführlicher eingegangen.

## 4.4. Transfer: Probleme und Möglichkeiten

Transfer bezeichnet - wortgetreu übersetzt - die *Übertragung* des Gelernten auf die Praxis. Damit wird zugleich die Eigen-Art der Lernsituation charakterisiert, für die das Transferproblem auftritt; sie ist sozial, sachlich und zeitlich 'besondert':

- *sozial*, wenn die Lernenden aus ihren alltäglichen sozialen Netzwerken herausgerissen werden und als einzelne und einander Fremde mit den Lerninhalten konfrontiert werden;
- *sachlich*, wenn nicht komplex verschränkte Alltagssituationen bearbeitet werden, sondern isolierte Spezialfragen, die möglichst thematisch rein behandelt werden;
- *zeitlich*, wenn das Lernen in einer relativ kurzen und prägnant von der Normalsituation abgehobenen Trainingszeit organisiert ist.

Falls derart gravierende Unterschiede bestehen zwischen dem Lernfeld einerseits und dem Funktions- oder Anwendungsfeld andererseits, dann leuchtet ein, daß es besonderer Bemühungen bedarf, diese Übertragungs- oder Übersetzungsarbeit zu leisten. BRONNER & SCHRÖDER (1983) charakterisieren - in Anlehnung an RACKHAM - die Situation in einem plastischen Bild:

*(Die Abbildung 4.4, siehe S. 186) "dokumentiert - in Analogie zu den Start- und Landephasen von Flugkörpern - die besonders kritischen Stadien ($K_1$ und $K_2$) des Prozesses.*

*Die 'Lern-Ballistik-Kurve' zeigt die zeitliche Position der energie-intensiven bzw. energie-bedürftigen Stadien $K_1$ und $K_2$. Sie bringt zum Ausdruck, daß für den Erfolg von Weiterbildung entscheidend sind*

- *die kognitiven und affektiven Start-Bedingungen beim Übertritt vom Funktionsfeld in das Lernfeld und, was hier von besonderem Interesse ist,*
- *die entsprechenden Lande-Bedingungen bei der Rückkehr in das Funktionsfeld aus dem Lernfeld. Von ganz zentralem Einfluß auf den Weiterbildungserfolg ist die Frage, ob und in welchem Maße die persönliche, motivationale und funktionelle Wiedereingliederung gelingt" (BRONNER & SCHRÖDER 1983).*

Je weniger die Lernsituation sachlich, sozial und zeitlich 'exklusiv' ist, je stärker also das Lernen in den normalen Arbeitsvollzug und die gewohnten sozialen Netzwerke integriert ist, desto weniger muß man sich über Transfersicherung Gedanken machen. Das erklärt auch die Erwartung, daß Formen der PE, wie sie in den nächsten beiden Kapiteln beschrieben werden (Qualitätszirkel, Projektarbeit, Organisationsentwicklung etc.), kaum

**Abb. 4.4: Transferförderung und Weiterbildungserfolg (in Anlehnung an RACKHAM 1979, S. 14), aus: BRONNER & SCHRÖDER 1983**

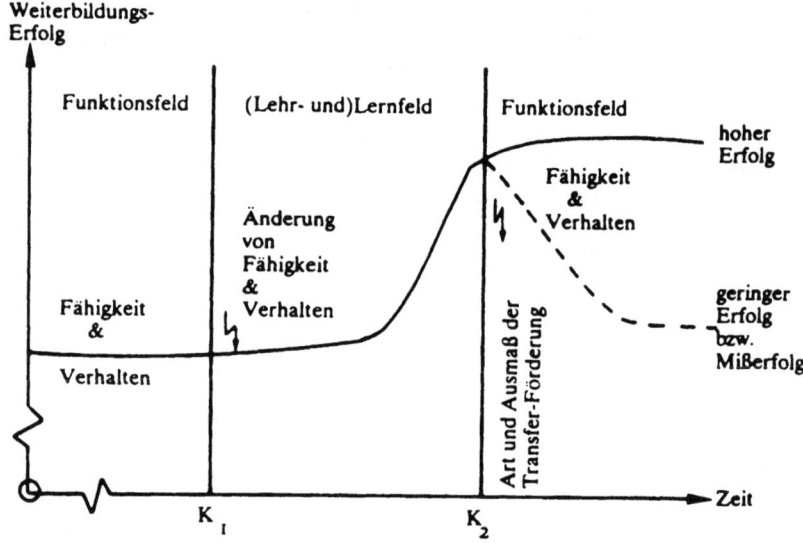

einer 'Übersetzungsarbeit' bedürfen, weil Lösungen für Alltagsprobleme von den unmittelbar Betroffenen gemeinsam erarbeitet und in die Tat umgesetzt werden. Dennoch gibt es auch in solchen Situationen die Möglichkeit, den Anwendungserfolg zu steigern, wenn man das Transferproblem nicht lokalisiert in der Schnittstelle zwischen Lern- und Funktionsfeld, sondern umfassender definiert: nicht nur nach, sondern auch vor und während einer PE-Maßnahme kann am Transfer gearbeitet werden (s.a. KETTGEN 1990). Die folgende Tab. 4.5 faßt diese Überlegung zusammen, indem sie für verschiedene Phasen des PE-Prozesses (vor, während, nach einer Maßnahme) und für verschiedene Aspekte (soziale, sachliche, zeitliche) Beispiele nennt.

Damit soll z.B. verdeutlicht werden, daß schon eine gründliche *Vorbereitung* Transfer-Sicherung bedeutet: Wenn etwa die unmittelbaren Bezugspersonen im sozialen Netz eines Teilnehmers (TN) darüber aufgeklärt werden, daß und wie eine Kollegin weitergebildet

Zeitpunkt

| Inhalte | vor der Veranstaltung | während der Veranstaltung | nach der Veranstaltung |
|---|---|---|---|
| soziale Aspekte | Vorgesetzte gehen im Besuch von Weiterbildungs-Veranstaltungen mit gutem Beispiel voran; Kollegen u. Vorgesetzte (und Unterstellte) informieren; Sorgfalt in der Auswahl der (Mit-)Teilnehmer (Kenntnisse, Lernvergangenheit, Arbeitserfahrung und -schwerpunkte); Netzwerke ('families') ausbilden; durch Gestaltung der Einladung motivieren; Vorbereitungstreffen mit anderen Teilnehmern, Freiwilligkeit der Teilnahme | Herstellung von Rapport* unter den Teilnehmern und zu Dozenten/Trainern; Sorge für konstruktives Lernklima; Individualität der Teilnehmer berücksichtigen; Feedbackrunden; Referentenbewertungen; ausdrückliche und sichtbare Widerstände bei der Anwendung des Erlernten benennen und behandeln | Bildung von Erfahrungsaustauschgruppen; Lernpartnerschaften, Information von Vorgesetzten, Kollen und Unterstellten; Bildung von Netzwerken, Projektgruppen; Unterstützung durch Vorgesetzte etc. |
| sachliche Aspekte | Lernbedarfe erheben, gründliche Diagnose von Problemen und Erwartungen; Information über die Veranstaltung (Inhalte, Methoden, Ablauf, Trainer); Zusendung von Materialien zur Vorbereitung: Fälle, Literatur(-listen), Problemfragen usw. | Eigenarbeit u. Berücksichtigung von persönlichen Lern- u. Anwendungsproblemen, Praxisbezug; Problemfälle aus dem Arbeitsbereich der Teilnehmer bearbeiten, Anwendungsprobleme ansprechen u. bearbeiten; abwechslungsreiche Gestaltung; tägliche Seminarbewertungen; Lernzusammenfassung, Erwartung abfragen | Nachbereitung von Fällen, Aufgaben, Literaturliste, Unterlagen, Checklisten, Anwendungshilfen, Aktionspläne, Erfolgserlebnisse; 'Verträge' mit sich selbst, Erfolgserlebnisse; Seminarauswertung (zur Gestaltung der Nachfolgeseminare) |
| zeitliche Aspekte | rechtzeitige Einladung (Gelegenheit zur Vorbereitung, Sorge für VertreterIn während Seminarabwesenheit) | Lerntempo anpassen, genügend Zeit für Rückfragen, Diskussion, Übungen, Freistellung von laufender Arbeit (Telefonate, Briefe...) | Schon- und Erprobungszeit einräumen; Follow-up-Veranstaltung ankündigen und durchführen |

Tab. 4.5: Maßnahmen zur Sicherung des Transfers

werden wird, können Gerüchte, Ängste, Neidreaktionen, Abwehrhaltungen etc. reduziert werden. Derartige interpersonale Widerstände werden auch verringert, wenn nicht nur eine, sondern mehrere (oder: alle) Gruppenmitglieder am Training teilnehmen oder wenn die PE-Maßnahme 'von oben nach unten' eingerichtet wird: Zuerst wird sie von den Vorgesetzten besucht und dann von ihren Unterstellten und deren Unterstellten usw. Desweiteren gilt, daß eine Teilnehmerin, die sich anhand von Unterlagen vorbereiten kann oder Problemfälle aus ihrem eigenen Arbeitsfeld sammeln und einbringen kann, besser eingestimmt auf das Kommende und eher zur Mitarbeit motiviert ist, als wenn sie damit plötzlich und unerwartet konfrontiert wird. Ein 'milder Zwang' zu einer solchen Vorbereitung kann auch dadurch ausgeübt werden, daß man ein Gespräch zwischen TeilnehmerIn und Führungskraft vorschreibt, in der beide ihre Erwartungen an die Veranstaltung und deren Beiträge zur Problemlösung im Arbeitsalltag offenlegen. Eine weitere vorbereitende Maßnahme ist, daß sich Dozenten bemühen, ihr Angebot maßgeschneidert auf die Bedürfnisse, Lernvergangenheiten, Lernstile, Erwartungen usw. der TN abzustimmen - was normalerweise erfordert, daß sich Trainer, Dozenten, Referenten oder Seminarleiter im Vorlauf Informationen über eben diese Ausgangsbedingungen beschaffen ... [Dazu gibt es strukturierte Erhebungsbögen; Beispiele sind in dem informativen Band von BRONNER & SCHRÖDER (1983) abgedruckt].

*Während* der Veranstaltung kann es sinnvoll sein, (zu Beginn oder täglich neu) die Erwartungen/Befürchtungen der Teilnehmer zu sammeln, zu dokumentieren und im Verlauf der PE-Maßnahme 'abzuhaken'. Man kann sich auch systematisch und regelmäßig davon überzeugen, ob die angestrebten Ziele oder die geäußerten Erwartungen erreicht wurden, z.B. durch eingeschobene Diskussionsphasen, offizielle Feedback-Runden (mit Äußerungszwang für jeden Teilnehmer), "Blitzlichter" (spontan organisierte Kurzäußerungen zu Verständlichkeit, offenen Fragen, Befindlichkeit etc.), Prüffragen, Fallbearbeitungen etc. In einigen Fällen werden auch (teil-)strukturierte Fragebögen eingesetzt (s. die Belege 4.1, 4.2 und 4.3).

Eine besonders interessante Variante, die sachliche, soziale und persönliche Widerstände zu thematisieren und zu bearbeiten erlaubt, sind Rollenspiele während der Veranstaltung. Dabei simulieren Teilnehmer die Situation "Zurück am Arbeitsplatz" und konfrontieren sich und die anderen nicht nur mit den erwarteten/befürchteten Problemen, sondern entwickeln und üben auch Strategien, mit diesen Schwierigkeiten umzugehen [s. dazu die Vorschläge in STIEFEL, MÜHLHOFF, NIEDER, SATTLER, SCHMIDT-BARTHMES & VOGEL (1979)].

*Nach Abschluß* der Bildungsmaßnahme werden nicht nur zur Evaluation (s. Kap. 7), sondern auch zur Transferverbesserung Fragebogen empfohlen und eingesetzt: Wenn die Teilnehmer ihre besondere (Un-)Zufriedenheit mit Organisation, Materialien, Ablauf, Methoden, Trainer, Unterbringung etc. artikulieren, kann man daraus Aufschlüsse gewinnen, was *das nächste Mal* verbessert bzw. beibehalten werden soll. Eine solche Befragung kann am Veranstaltungsende durchgeführt werden [s. die Beispiele bei BRONNER & SCHRÖDER (1983) oder NEGES (1991)] oder 1-2 Wochen nach der Rückkehr an den Arbeitsplatz. Im Seminar können schon Aktionspläne erstellt werden,

**Beleg 4.1: Evaluierungsbogen vor Seminarbeginn**
**(aus: BRONNER & SCHRÖDER 1983)**

---

**Modell B**    **Fragebogen zur Beurteilung von Weiterbildungs-veranstaltungen, die vorwiegend dem Training des Führungsverhaltens dienen**

**Teil I**

1. Vorbildung
   - nur Lehre u. prakt. Tätigkeit ☐
   - Fachschule
     - techn. ☐   wirtschaftl. ☐
   - Hochschule
     - Naturw. ☐   Techn. ☐
     - WiWi. ☐   Soz.W. ☐   Sonst.

2. Alter
   - < 25 ☐
   - 25—30 ☐
   - 30—40 ☐
   - > 40 ☐

3. Jahre in jetziger Tätigkeit
   - < 2 ☐
   - 3— 5 ☐
   - 6—10 ☐
   - > 10 ☐

4. Was ist Ihre Aufgabe im Unternehmen? (bitte konkret) _____

5. Mit wieviel Menschen haben Sie ständig zusammenzuarbeiten? _____

   Wieviel Prozent davon sind Ihnen
   nachgeordnet ☐    gleichgestellt ☐    übergeordnet ☐

6. Sind in Ihrem Unternehmen schriftliche Führungsgrundsätze festgelegt?
   Ja ☐    Nein ☐

7. Welche Grundsätze legen Sie Ihrem persönlichen Führungsverhalten zugrunde? _____

8. Haben Sie Schwierigkeiten im Umgang mit
   a) Kollegen ☐    b) Mitarbeitern ☐    c) Vorgesetzten ☐
   Wenn ja, worin bestehen sie? _____

9. An welchen anderen Führungsseminaren haben Sie bereits teilgenommen? _____

10. Haben Sie Literatur zu den Themen Führung, Führungsstile, Führungsmethoden und dergleichen studiert?   Ja ☐    Nein ☐
    Falls ja, was hat Sie besonders interessiert? _____

11. Wie sind Sie in dieses Seminar gekommen? _____

12. Was erhoffen Sie sich von der Teilnahme?
    (a) _____
    (b) _____
    (c) _____

13. Wollen Sie zum Ihnen vorliegenden Programm einen konkreten Änderungswunsch äußern? Wenn ja, welchen? _____

## Teil II
### Reflexion über den Tag

1. Formulieren Sie bitte das Ziel für den heutigen Tag
2. Wie weit wurde dieses Ziel erreicht? Warum nicht ganz?
3. Was gab das Thema her?
4. Wie akzeptierte die Gruppe das Thema?
5. Wie stand es heute um den menschlichen Kontakt innerhalb der Gruppe sowie mit Referenten und Leitung?
6. Zeigte sich heute Dominanz einzelner Personen oder Subgruppen? Falls ja, welche?
7. Wie aktiv waren Sie selbst heute?

   wenig |———————————| sehr

8. Der Referent

   war sachlich   gut |———————————| schlecht

   forderte Initiative und Aktivität der Gruppe   sehr |———————————| nicht

9. Was vom heutigen Tage war wesentlich?
   (a)
   (b)
   (c)
10. Wie war das sachliche Ergebnis der Gruppenarbeit?

    gut |———————————| schlecht
11. Wie hat der Tag auf Sie gewirkt?
12. Welche Entwicklung gegenüber den Vorträgen beobachteten Sie
    bei sich
    bei der Gruppe bzw. anderen Gruppenmitgliedern
    (a)
    (b)
    Was schließen Sie daraus?

**Beleg 4.2: Evaluierungsbogen nach jedem Seminartag (aus: BRONNNER & SCHRÖDER 1983)**

## Teil III

1. Was blieb als stärkster Eindruck?
   (a)
   (b)
   (c)
   Was waren die negativen Eindrücke?
   (a)
   (b)
   (c)
2. Welche Veränderungen haben Sie über dem Seminar an sich selbst beobachtet?
   Welche bei den anderen Mitarbeitern der Gruppe?
3. War die Zusammensetzung der Gruppe

   sehr gut |———————————| schlecht

   Was möchten Sie anders sehen (bitte konkret beantworten)?
4. Sollte auf die Mitwirkung bestimmter Dozenten verzichtet werden?
   Falls ja, auf _____ weil
                 _____ weil
5. Welche praktischen Konsequenzen möchten Sie aus der Teilnahme am Seminar ziehen?
6. Werden Sie das tun können? ☐ ja  Falls nein, aus welchen Gründen?
7. Wie beurteilen Sie (Wertung: 1 = gut; 2 = mittelmäßig; 3 = schlecht)
   Organisation ☐   Unterkunft ☐   Verpflegung ☐
   Arbeitsräume ☐   das ganze „Klima" ☐
8. Was können wir Ihres Erachtens zur Verbesserung des Seminars tun?
   (a)
   (b)
   (c)

**Beleg 4.3: Evaluierungsbogen zum Seminarende (aus: BRONNER & SCHRÖDER 1983)**

über deren Realisierung dann später Informationen eingeholt werden (s. Beleg 4.4) oder es können Follow-up-Treffen vereinbart werden, in denen sich die Teilnehmer nach mehreren Monaten wieder treffen, um sich gegenseitig über ihre Maßnahmen, Erfolge und Mißerfolge - und deren Gründe - zu informieren. Allein die Ankündigung solcher Treffen (und der Hinweis auf die dann nötige Berichterstattung und Begründung) kann die Bereitschaft steigern, sich um die Verwirklichung des Gelernten zu bemühen. Fast automatisch ergibt sich die "Wiederaufarbeitung", wenn PE-Interventionen nicht isolierte einmalige Ereignisse sind, sondern in ein systematisches Programm von Folgeveranstaltungen eingebettet werden. Dann kann man zu Beginn des jeweils nächsten Trainings zuerst die angesammelten Problemlasten miteinander diskutieren und aus den Lösungen und Mißerfolgen voneinander lernen.

Andere Möglichkeiten sind, "Verträge mit sich selbst" zu schließen (s. Beleg 4.5) oder Briefe an sich selbst zu schreiben, die zunächst dem Seminarleiter ausgehändigt werden, der sie dann Wochen später an den Teilnehmer absendet. Der Empfänger erfährt aus diesem selbstverfaßten Schreiben, was er sich alles vorgenommen hatte und wird daran erinnert, es vielleicht doch noch einmal oder verstärkt in die Tat umzusetzen zu suchen.

Schon während, aber vor allem nach der PE-Veranstaltung können 'Lernpartnerschaften' gebildet werden, in denen sich Personen zusammentun, die mit ähnlichen Aufgabenstellungen konfrontiert sind und sich gegenseitig nicht nur über Probleme und Lösungen informieren, sondern sich aktiv unterstützen. Ein Fragebogen zu einem solchen Lern-Netzwerk ist in NEGES (1991, S. 214 f) abgedruckt. Auch die Bildung von abteilungs- oder gar betriebsübergreifenden "Erfa-Gruppen" (Erfahrungsaustausch-Gruppen) wird angeregt: in ihnen treffen sich Personen, die mit ähnlichen Problemstellungen in ihrer Alltagsarbeit zu tun haben. Die Mitglieder berichten sich gegenseitig über Vorgehensweisen, Erfahrungen, Innovationen etc., so daß der im Seminar angestoßene Lernprozeß selbstorganisiert und auf breiter Basis fortgeführt wird.

FIGGE & KERN (1981, S. 202) berichten über eine weiterführende Beratung durch einen Trainer im Anschluß an ein Problemlösungs- und Entscheidungsseminar, wobei sie folgende Phasen hervorheben:

1. Der Trainer schulte die Methode im Seminar.
2. Die Teilnehmer reflektierten 1-2 Wochen über das Gelernte und suchten Anwendungsgebiete am Arbeitsplatz.
3. In einem Folgetraining wurden von den Teilnehmern eingebrachte Probleme und Fälle mit Hilfe des Trainers gelöst.
4. Der Trainer kam auf Anfrage des Teilnehmers an dessen Arbeitsplatz und half ihm bei der Anwendung.

Wichtig ist auch zu berücksichtigen, daß nicht nur personale und interpersonale, sondern auch apersonale Faktoren die Übernahme des Gelernten in den Arbeitsalltag fördern oder behindern (s.a. BALDWIN & FORD 1988). Wenn Organisationsstrukturen oder -abläufe ("Bürokratie"), etablierte formelle oder informelle Normen (Traditionen, Besitzstände), technische Ausstattung (ungeeignete Maschinen) oder physische Arbeitsbedingungen (Raumklima, Architektur etc.) alle Anläufe zur Anwendung der frisch erworbenen Kom-

**Beleg 4.4a:** Selbstkontrakt und Transferplanung (AGFA-Gevaert)
(aus: BRONNER & SCHRÖDER 1983)

| Aktionsplan | | | | | |
|---|---|---|---|---|---|
| Das will ich anfassen | Ab | Wer kann mir dabei helfen? Wen muß ich ansprechen? | Wer soll mir sagen, welche Fortschritte ich mache? Wer soll mich erinnern, wenn ich es nicht mache? | Mit dem Ergebnis meiner Aktion zufrieden? | |
| | | | | 3 Monate | 6 Monate |
| 1. | | | | | |
| 2. | | | | | |
| 3. | | | | | |
| 4. | | | | | |
| | | | | | |

**Beleg 4.4b:** Anwendungsplanung in der Haus KG (aus: FIGGE & KERN 1981)

### ANWENDUNGSPLANUNG/AKTIONSPLANUNG

- Was mache ich noch diese Woche?
  bis zum nächsten Seminar?
  noch dieses Jahr?
  noch innerhalb von 6 Monaten?......

- Wann berichte ich was?
  wie?
  wem?

- Welche Personen beziehe ich mit ein?
  - Betriebsrat
  - Vorgesetzter
  - Mitarbeiter
  - Familie
  - bestimmte Gruppen

- An welche Gruppen richte ich mich?

- Was probiere ich mal aus? ("Kleines Experiment")

- Welche Möglichkeiten passen besonders gut zu mir?

- Was arbeite ich noch durch?

- Mit wem als Partner würde ich gern gemeinsame Anwendung realisieren oder Erfahrungen austauschen?

- Wie will ich mein persönliches Verhalten ändern?

**Beleg 4.5a: Transferförderung durch Selbstvertrag (aus BRONNER & SCHRÖDER 1983)**

| Ein Vertrag mit mir selbst | | |
|---|---|---|
| Notieren Sie in der ersten Spalte die drei bzw. vier Themen, die Sie während der Veranstaltung am meisten beeindruckt haben. Schreiben Sie dann bitte in der zweiten Spalte das auf, was Sie pro Thema dazugelernt haben (ein oder zwei wesentliche Erkenntnisse). Zuletzt notieren Sie bitte das, was Sie sich vorgenommen haben. Schreiben Sie in die rechte Spalte zu jedem Thema und jeder Erkenntnis ein oder zwei Taten auf. Seien Sie konkret. Ein Beispiel könnte sein: 'Eine schriftliche Erfolgskontrolle für jedes unserer Seminare innerhalb von 30 Tagen entwickeln und einführen.' | | |
| Thema | Erkenntnisse | Taten (was und wann) |
| 1. | | |
| 2. | | |
| 3. | | |
| 4. | | |
| Behalten Sie das Original. Stecken Sie den 1. Durchschlag in den Umschlag, den Sie verschließen und an sich selbst adressieren. Wenn Sie wollen, geben Sie dem Trainer den 2. Durchschlag. | | |

**Beleg 4.5b: Änderungsvertrag (aus: FIGGE & KERN 1981)**

Änderungsvertrag für

.................................................... Datum:....................................................

| | AKTIONSPLAN |
|---|---|
| 1. Was will ich "wirklich"? <br> - realistisch (erwünschte Veränderung) <br> - in kurzer Zeit (3 Wochen) <br> - kontrollierbar | |
| 2. Was will ich nicht mehr tun? (unerwünschte Veränderung) | |
| 3. Überwiegen die Vorteile des neuen Verhaltens in der Summe die Vorteile des alten Verhaltens? | |
| 4. Wie werde ich mich möglicherweise selbst überlisten? | |
| 5. Wie gehe ich vor, das neue Verhalten zu erreichen? | |

**AU 4.1:   PE-Bedarfserhebung in Gruppendiskussionen
(aus: LEITHÄUSER & VOLMERG 1988)**

Eine interessante und kreative Vorgehensweise (Gruppendiskussion mit Anfertigung und Interpretation von Kollagen und "Körperbildern") ist als Beispiel für eine qualitative Methode der PE-Bedarfserhebung im folgenden Beispiel wiedergegeben (aus LEITHÄUSER & VOLMERG (1988).

"Unser Vorschlag für die Phase der Selbstauswertung besteht in der Aufforderung, sich einmal darüber Gedanken zu machen, was im Mittelpunkt und was mehr am Rande der Diskussion gestanden haben mag. Über diesen Einigungsprozeß in der Gruppe werden die Themen der Diskussion zusammengefaßt, strukturiert und in dieser Folge in symbolischer Gestalt (nicht in begrifflicher Gestalt) auf eine große Wandzeitung, unter Beteiligung aller, aufgemalt. Folgendes Bild kam dabei zustande:

Was auf dem Bild zu sehen ist:
Im Mittelpunkt des Bildes ist ein Angsthase zu sehen. In ihm sind die vielfältigen, in der Diskussion geäußerten Ängste und Hintergründe verkörpert, die einen die Situation, so wie sie ist - obwohl man sie sich anders wünscht - ertragen lassen. Da ist zunächst einmal die Angst, außerhalb der Sieben-Minuten-Pausen auf die Toilette zu gehen (Tür mit Herz rechts neben dem Hasen). Wenn man am Band arbeitet, keine Ablösung da ist und die Arbeit einem davonläuft (rechts oben), traut man sich nicht aufzustehen. Sofort wäre der Meister da, mit Peitsche und Fußtritten (links oder obere Bildseite) und würde einen zur Arbeit anhalten. Wie an die Kette gelegt fühlen sich die Teilnehmerinnen, unfrei und gelähmt von ihrer Angst. Was ließe sich dagegen tun? Die einzelne ist ohnmächtig, wenn mehr Einigkeit untereinander da wäre, gäbe es schon Möglichkeiten. Doch diese Einigkeit (links unten vier Strichmänner und eine Strichfrau, die unverbunden nebeneinander stehen) gibt es - aus vielerlei Gründen nicht -. Und auch der Betriebsrat scheint sich um die Probleme der Arbeiterinnen kaum zu kümmern. Da werden zwar viele Sitzungen gehalten (obere linke Bildseite) und Kaffee getrunken, doch die Kollegen werden im Unklaren gelassen: Niemand weiß und sagt etwas. Arbeitszeit (Uhr) und Prämienlohn (Geldscheine) wären z.B. etwas, wo was geändert werden könnte. Die Prämie ist zu niedrig und macht unzufrieden, weil man nicht für andere, die sich einen faulen Tag machen, mitarbeiten will. Zu Hause bleiben und nicht arbeiten gehen (links unten) wäre aber auch nicht das Wahre, selbst wenn man es sich finanziell leisten könnte. Auch hier käme man sich bald eingesperrt und von der Welt abgeschnitten vor.
In ähnlicher wie der hier für die Leserinnen und Leser formulierten Bilderläuterung erklären sich die in zwei Kleingruppen aufgeteilten Arbeiterinnen ihre gemalten Diskussionsergebnisse, wenn sie im Plenum wieder zusammenkommen. Hierzu wurde jeweils eine stellvertretende Sprecherin gewählt, die diese Aufgabe mit Unterstützung ihrer Kolleginnen übernimmt" (LEITHÄUSER & VOLMERG, 1988, S. 184 f).

petenzen be- oder verhindern, dann wird man dem nicht so sehr durch verbesserte Trainingsmethoden abhelfen können, sondern eben nur durch Umgestaltung der konkreten Arbeitsbedingungen. Darauf konzentrieren sich insbesondere jene Strategien der Organisationsentwicklung (s. Kap. 6), die technische oder strukturelle Innovationen begleiten.

An diesem Beispiel wird deutlich, daß die Grenze zwischen PE-Bedarfsermittlung und PE fließend ist: Schon das gemeinsame Sammeln und Visualisieren von Problemen *ist* PE, weil die Arbeiterinnen lernen, miteinander über ihre Ängste, Schwierigkeiten und Bedürfnisse offen zu reden, so daß sie nicht mehr als Privatangelegenheit jeder einzelnen, sondern als gemeinsame Anliegen erkannt werden. Damit werden neben Problembewußtsein unter Umständen auch gegenseitiges Vertrauen, Änderungswille und Solidarität entwickelt.

Das hermeneutische* Vorgehen, das die Autoren bei der Analyse ihrer Tonbandprotokolle von Gruppendiskussionen unter ArbeiterInnen und Meistern angewandt haben, ist im folgenden abgedruckt (s. Abb. 4.5):

Abb. 4.5: **Schema der Auswertung (aus: LEITHÄUSER und VOLMERG 1988, S. 257)**

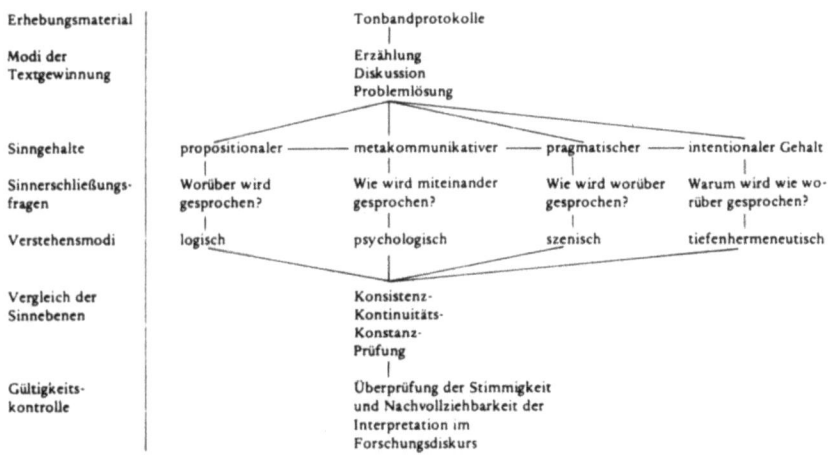

Tab. 4.4: Beschreibung und Bewertung von PE-Methoden (aus CONRADI 1983, S. 100)

| Lehr-methode | Kurzbeschreibung | Einsatz empfehlenswert | Vorteile | Nachteile | Anforderungen an Trainer | Anforderungen an Teilnehmer | Häufige Fehler | Richt-zeit |
|---|---|---|---|---|---|---|---|---|
| Vortrag | Rede anhand vorbereiteter Manuskripts | für Einführung und Überblick bei neuem Thema | viel Stoff in kurzer Zeit | geringer Behaltensgrad, keine TN-Aktivierung | hohe intellektuelle Konzentration | hohe intellektuelle Konzentration | Selbstdarstellg. des Vortragenden zu Lasten der TN-Bedürfnisse | 10 - 45 |
| Lehr-gespräch | gemeinsame, gezielte Stofferarbeitung durch strukturierte Fragen und Information | für Vermittlung von Wissen und Einsichten | Aktivierung und Einbeziehung der TN, hoher Behaltensgrad | großer Zeitverbrauch | souveräne Stoffbeherrschung und Verhaltenssicherheit | Akzeptierung des Trainers als Autorität zum Thema | zu laxes oder autoritäres Trainerverhalten erzeugt Lust- bzw. Disziplinlosigkeit u. Verlust d. Zielorientierg. | 30 - 45 |
| Gelenkte Diskussion | Meinungsaustausch gleichberechtigter Gesprächspartner unter Leitung eines Moderators | Auswertung von Gruppenarbeit | gute Lernkontrolle, schnelle Transparenz der TN-Profile | Gefahr von Leerlauf und Einzelprofilierung | "engagierte Neutralität" | Offenheit, diszipliniertes Verhalten | Abgleiten in Plauderei, Streitgespräch, Lehrgespräch | 10 - 20 |
| Einzelarbeit | Stofferarbeitung bzw. Lernüberprüfung anhand vorgegebener schriftlicher Fragestellungen | für Einstieg, Motivation und Kontrolle | Einbeziehung aller TN, hoher Behaltensgrad | Gefahr der "Schulatmosphäre" | behutsame Motivation | Akzeptierung von schriftlicher Abfrage und Kontrolle | zu lange und zu häufig eingesetzte Fragen | 10 - 15 |
| Gruppenarbeit | Untergruppen bearbeiten in eigener Regie und präsentieren die Ergebnisse dem arbeitsgleich oder arbeitsteilig ein Thema | für Förderung kooperativen Verhaltens und selbständiger Problemlösung | Aktivierung der TN, Motivierung zu Selbständigkeit | großer Zeitverbrauch, Gefahr von Leerlauf | klare Zielvorgabe | gegenseitige Akzeptierung, offenes, faires Verhalten | Stoffvorgabe zu umfangreich, Auswertung unsachgemäß | 30 - 60 |

| Lehrmethode | Kurzbeschreibung | Einsatz empfehlenswert | Vorteile | Nachteile | Anforderungen an Trainer | Teilnehmer | Häufige Fehler | Richtzeit |
|---|---|---|---|---|---|---|---|---|
| Debatte | 2 Parteien diskutieren kontrovers ein Thema vor dem anderen Plenumspublikum | zur Auflockerung bei trockenem, stockendem oder konfliktbeladenem Thema | Aktivierung der Debattierenden, Verdeutlichung von unterschiedlichen Standpkt. | Nichtdebattierende bleiben passiv, Emotionalisierung | klare Themen- und Regelvorgabe | offenes, faires Verhalten | Rolle der Nichtdebattierenden bleibt unklar, Zeit bleibt unklar oder wird verfehlt | 30 - 45 |
| Fallstudie | anhand eines beschriebenen Praxisfalles sollen Einflußgrößen in ihrer Abhängigk. u. Bedeutung erkannt und eine Problemlösung erarbeitet werden | zur Vertiefung von Wissen und zur Lernkontrolle | Aktivierung durch Praxisnähe | hoher Vorbereitungsaufwand | sorgfältiges Herstellen einer realen Situation, behutsame Motivierung | große Flexibilität und Identifikationsbereitschaft | umfangreiche Fallbeschreibung, nicht an Lernzielen orientiert | |
| Rollenspiel | Die TN stellen das Verhalten anderer Personen in einer vorgegebenen Situation vor Beobachtern dar | für Simulation von Mitarbeitergesprächen, Verkaufsgesprächen, Konfliktsituationen | schnelles Verhaltenslernen möglich, auch Beobachter werden aktiviert | Gefahr der Ineffizienz durch Realitätsferne | sorgfältiges Herstellen einer realen Situation, behutsame Motivierung | Hineindenken in Gegenposition erforderlich | Realitätsferne, Überforderung Ungeübter | 30 - 45 |
| Planspiel | anhand eines Modells treffen eine oder mehrere Spielergruppen Entscheidungen und verarbeiten deren Auswirkungen zu weiteren Entscheidungen | für Simulation von Entscheidungs- und Konfliktsituationen | Aktivierung der TN zu Wissenserwerb und Verhaltenslernen | hoher Zeitverbrauch, aufwendige Vorbereitung | sorgfältige Vorbereitung | hohe Flexibilität und Identifikationsbereitschaft | reine Sandkastenspiele | |
| Teamteaching | Mehrere Trainer treffen gemeinsam und gleichzeitig auf | für Themen, die gemeinsame Behandlung und unterschiedliches Fachwissen erfordern | Abwechslung für Trainer und Teilnehmer | hoher Planungsaufwand und man-power Bedarf für Trainer | intensive Vorbereitung, kooperatives Verhalten, ähnliches | Akzeptierung unterschiedlicher Trainerstile | unzureichende Vorabstimmung und ungleiche Wellenlänge führen zu TN-Verwirrung | 30 - 45 |

**AU 4.2:** **Fragenkatalog zur Bedarfsanalyse**
(aus: HÖLTERHOFF & BECKER 1986)

*Frage 1:*
Hatten und haben Sie in Ihrem Bereich irgendwelche auffälligen (gravierenden) Störungen festgestellt?
Welcher Art waren/sind diese Störungen? - Ich denke an Störungen im Arbeitsablauf und an alles, was Sie als Verantwortliche Ihrer Bereiche in der optimalen Erreichung Ihrer Ziele hemmt.

*Frage 2:*
Welche Störungen, Mängel, Unzulänglichkeiten in den von Ihnen direkt einzusehenden Arbeitsabläufen - und zwar vorwiegend bezogen auf Ihre Mitarbeiter, die Ihnen direkt unterstellt sind - haben welche Ursachen?
Beispiele:
a) Mängel in formalen Kenntnissen und Fertigkeiten (z.B. Briefe schreiben, Telefonate führen, Konferenz leiten, Arbeitsplanung, Informations-Effektivität, Kommunikationseffektivität)
b) Mangelhaftes Können (z.B. schwache Verkaufsargumentation)
c) Mängel in führungstechnischen Fertigkeiten
d) Wissenslücken, direkt auf ein umgrenztes Sachgebiet bezogen
e) Unterforderung oder Überforderung eines einzelnen/einer Arbeitsgruppe
f) Zeitmangel; Leerlaufperiode aufgrund stockenden Arbeitsflusses
g) Zu wenig Hilfsmittel (z.B. Fachliteratur, Informationsmaterial, Hilfsmittel technischer Art)
Welche Lösungswege schlagen Sie spontan vor (Training intern oder extern, Job rotation usw.)?

*Frage 3:*
Welche Veränderungen werden sich gegebenenfalls durch Umorganisation, neue Anforderungen usw. in Ihrem Bereich ergeben und welche Vorsorge wäre durch rechtzeitige Vorbereitung durch Bildungsmaßnahmen möglich?

*Frage 4:*
Wo in Ihrem Bereich ergibt sich durch technische Veränderungen bzw. durch Veränderungen in den Anforderungen der größte Bedarf an neuem Wissen?
Wo sind die Veränderungen am geringsten?

*Frage 5:*
Im Zusammenhang mit welchen Themenbereichen würden Sie es für sich selbst als notwendig erachten, Ihr Wissen
a) aufzufrischen,
b) zu erweitern,
um auf zukünftige Aufgaben vorbereitet zu sein?

*Frage 6:*
Für welche der Ihnen unterstellten Führungskräfte würden Sie das auch als notwendig erachten? In welchen Kenntnis- und Fertigkeitsbereichen?

*Frage 7:*
Könnten Sie auf Anhieb die Zahl der Mitarbeiter in Ihrem Bereich nennen, die Chancen für den Aufstieg haben sollten?

*Frage 8:*
Wie gehen Sie bei der Qualifikationsermittlung Ihrer Mitarbeiter vor?

*Frage 9:*
Wie groß schätzen Sie in Ihrem Bereich die Zahl der Bildungsfähigen/der Bildungswilligen?

*Frage 10:*
Wünschen Sie für sich selbst einen Ausbau fachlicher Kontakte (z.B. Besuch von Maschinenfabriken, Messen, öffentlicher und privater Institutionen, anderer Firmen?

*Frage 11:*
Würden Sie dies ebenfalls für Ihre Führungskräfte vorschlagen (gezielte Angaben)?

*Frage 12:*
Könnte es für Ihre tägliche Arbeit nützen, wenn Sie erlernte Sprachen ausbauen, auffrischen, neue Sprachen hinzulernen? Sehen Sie hierin ein zusätzliches Erfordernis in der Zukunft?
*Frage 13:*
Für welche Ihrer Mitarbeiter könnte das ebenfalls zutreffen?
*Frage 14:*
Haben Sie bzw. Ihre Mitarbeiter in der Vergangenheit an der Verbesserung Ihrer Fremdsprachenkenntnisse gearbeitet? Wenn ja, mit welchem Erfolg?
Wünschen Sie einen intensiveren betriebsinternen Fremdsprachenunterricht?
*Frage 15:*
Aus unseren Unterlagen können wir ersehen, daß .... Mitarbeiter aus Ihrem Bereich in der Vergangenheit an internen/externen Fort- und Weiterbildungsveranstaltungen teilgenommen haben; erkennen Sie bei diesen Mitarbeitern Erfolge aus jenen Bildungsbemühungen?
*Frage 16:*
Wieviel Zeit (pro Woche) verwenden Sie darauf, Ihren Mitarbeitern von Ihnen selbst erarbeitetes neues Wissen sowie Erkenntnisse mitzuteilen, die Sie durch Rundschreiben, bei Informationsveranstaltungen im Hause, bei Erfahrungsaustausch mit anderen Unternehmen, im Ausland erlangt haben?
*Frage 17:*
Geben Sie Ihren Mitarbeitern Informationsquellen an (Zeitungen, Zeitschriften, Fachlektüre)?
In welcher Form werden in Ihrem Bereich Publikationen ausgewertet?
*Frage 18:*
Sind in Ihrem Bereich Fort- und Weiterbildungsaktivitäten aus eigener Initiative ingangesetzt worden (Erfahrungsaustausch-Gespräche, Kurse zur Korrespondenzverbesserung)?
Wenn ja, mit welchem Erfolg?
*Frage 19:*
Wie groß muß Ihrer Auffassung nach für Sie persönlich und für Ihre Mitarbeiter der Zeitaufwand für berufliche Fortbildung sein (in Prozent der jährlichen Arbeitszeit)?
*Frage 20:*
Wann im Jahr liegen für Sie selbst die günstigsten Termine, zu denen Sie an Fort- und Weiterbildungsveranstaltungen teilnehmen können?
*Frage 21:*
Welche Termine würden Sie für Ihre Führungskräfte vorschlagen?
*Frage 22:*
Bis zu wie viele Mitarbeiter können Sie für welche Dauer entbehren, ohne daß in Ihrem Bereich ernsthafte Störungen auftreten?
*Frage 23:*
Würde es Ihnen viel Mühe machen, der Hauptabteilung Bildungswesen wichtige Termine, zu denen durch starke Arbeitsbelastung Seminarveranstaltungen unzweckmäßig sind, im voraus mitzuteilen?
Könnte das gleiche von den Ihnen unterstellten Führungskräften erwartet werden?
*Frage 24:*
Welche Aktivitäten bzw. Veranstaltungen in Ihrem Bereich (Kollektionsvorlagen, Messebesuche, Informationsreisen ins Ausland) sollten Ihrer Ansicht nach Veranlassung für Informationsgespräche nicht nur mit Ihren Mitarbeitern, sondern auch mit Mitarbeitern aus anderen Bereichen geben, für die Ihre Erfahrungen von Interesse sein könnten?
*Frage 25:*
Könnten Sie aus Ihrem Bereich Mitarbeiter benennen, die sich zur Einarbeitung neuer Mitarbeiter eignen?
*Frage 26:*
Könnten Sie Mitarbeiter benennen, die sich als Referenten für interne Fortbildungs- und Weiterbildungsveranstaltungen eignen?

*Frage 27:*
Könnten Sie Mitarbeiter benennen, die sich besonders gut für die Betreuung von Auszubildenden eignen?

*Frage 28:*
Wie groß schätzen Sie die Bereitschaft der Mitarbeiter in Ihrem Bereich, auf andere Arbeitsplätze (in andere Bereiche/im eigenen Bereich) zu wechseln, um Neues hinzuzulernen, mobiler zu werden?
Wie stehen Sie persönlich zu Job rotation als Mittel zur gezielten Personalentwicklung?

*Frage 29:*
Welche Möglichkeiten/Hindernisse würden sich bei solchem Vorhaben in Ihrem Bereich ergeben?
Wie groß ist Ihre Bereitschaft, einen eingearbeiteten, jedoch entwicklungsfähigen Mitarbeiter für Job rotation-Vorhaben freizugeben und dafür auf dessen Platz einen neuen Mitarbeiter anzulernen?

*Frage 30:*
Teilen Sie Ihren Mitarbeitern die von Ihnen festgestellten Qualifikationsmängel/ Fehler in Arbeitsabläufen ausführlich mit?

*Frage 31:*
Würde es Ihnen entscheidend helfen, wenn Sie ein betriebsinternes Beurteilungssystem als Führungsmittel zur Verfügung hätten?
Halten Sie überhaupt ein Beurteilungssystem für notwendig und sinnvoll?

*Frage 32:*
Welche Vorteile/Nachteile/Hindernisse (z.B. menschlicher Art) würden Sie bei der Einführung eines Beurteilungssystems voraussehen?

# 5. Die Entwicklung der interpersonalen Beziehungen

## 5.1. Vorbemerkungen

Bei der interpersonalen Betrachtungsperspektive erfolgt eine Akzentsetzung auf die Beziehungen, Konstellationen, Normen und Routinen, die sich zwischen *konkreten* Personen in überschaubaren Arbeitseinheiten herausbilden. Die Grenzlinie zu personalen und apersonalen Perspektiven ist nicht scharf; dies wird auch in der folgenden Diskussion seinen Niederschlag finden: Wenn z.B. im Sensitivity Training einander (anfangs) fremde Personen hautnah gruppendynamische Erfahrungen machen, dann kann es sein, daß diese *individuellen* Erfahrungen übertragen werden auf die spezifischen sozialen Beziehungen und Handlungen in der 'eigentlichen' Arbeitsgruppe. Oder: Wenn im 'Rollenverhandeln' Erwartungen aneinander veröffentlicht und schriftlich fixiert werden, dann bedeutet dies eine dauerhafte Festlegung, die nicht nur Beziehungsmuster festschreibt, sondern auch eine organisationale Strukturierungsleistung ist.

Ein großer Teil der PE-Aktivitäten, die im Folgenden erwähnt werden, wurden früher der OE (Organisationsentwicklung) zugerechnet. Damit zeigt sich ein weiteres Mal, daß eine rein pragmatische Einteilung, die sich an Traditionen oder Techniken orientiert, kaum eine Möglichkeit bietet, systematisch und theoriegeleitet zwischen Interventionen zu differenzieren. Für die Praktikerin ist ein solches Bemühen auch irrelevant; ihr geht es in erster Linie um den Effekt, weil sie stets unter dem Druck steht, ihre eigene Arbeit mit Erfolgen rechtfertigen zu müssen. Der Gefahr der Effekt-Hascherei, die damit entsteht, kann man leichter begegnen, wenn man das Privileg der Theoretikerin nutzt, handlungs- und erfolgsdruckentlastet alternative Sichtweisen zu erproben, Fakten unterschiedlich einzuordnen und Neben-Sachen ernstzunehmen.

Die Formung der intersubjektiven Beziehungen und Regelungen ist ein Geschehen, das - sei es bemerkt und gewollt oder nicht - stets mitläuft bei allen Gestaltungen der Arbeitssituation, ob sie nun on-the-job oder off-the-job erfolgen oder scheinbar 'rein' technisch oder 'rein' persönlich angelegt sind.

Über die Prägungswirkungen der 'Neuen Formen der Arbeitsgestaltung' (NFA, nämlich Job Rotation, Job Enlargement, Job Enrichment, Teilautonome Arbeitsgruppen) soll an dieser Stelle nur sehr verkürzt informiert werden, weil diese Gestaltungsformen im Basistext 5 dieser Schriftenreihe ("Arbeit", NEUBERGER 1985) ausführlich behandelt werden. Es geht bei den ersten drei dieser NFA - grob gesagt - vor allem um die Vergrößerung von Tätigkeits- (bzw. Handlungs-) und Entscheidungsspielräumen. In den Teilautonomen Arbeitsgruppen wird zusätzlich noch der 'Interaktionsspielraum' erweitert und damit der im vorliegenden Zusammenhang zentrale Aspekt des *sozialen und interpersonellen* Lernens thematisiert. Die Erfahrungen mit TA-Gruppen haben gezeigt, daß die Einführung dieser Arbeitsform tiefgreifende Veränderungen in personaler, interpersonaler und apersonaler Hinsicht nach sich zieht. Dies kann an Abbildung 5.1 aus KREIMEIER (1986) veranschaulicht werden, der am Beispiel einer 'Autonomen Fertigungsinsel' zeigt, daß in einer Arbeitsgruppe zahlreiche dispositive* und operative*

Funktionen zusammengefaßt werden können. Diese Anreicherung bedeutet für die beteiligten Arbeitnehmer, daß sie in die eigene Hand nehmen müssen, was vorher auf Spezialisten, Stäbe, Vorgesetzte etc. verteilt war. Alle diese Abstimmungs- und Integrationsprozesse sind sachzwanginduzierte PE 'on-the-job'.

**Abb. 5.1: Konzept einer autonomen Fertigungsinsel für die Teilefertigung (aus: KREIMEIER 1986)**

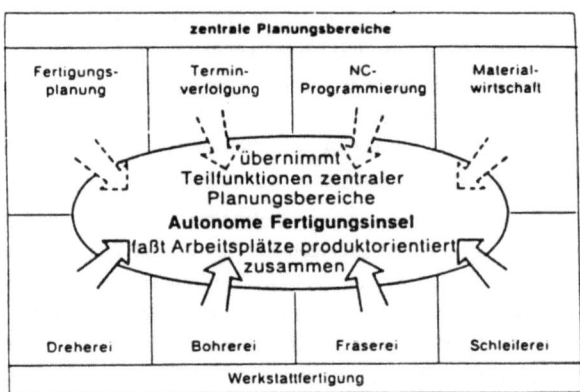

Über die Sonder-Erfahrungen bei den NFA hinaus gilt grundsätzlich, daß in Organisationen Menschen nicht als ver-einzelte soziale Atome, sondern (definitionsgemäß) *zusammen*-arbeiten. Auch wenn man der einzelnen Person 'social sensitivity' und 'action flexibility' beibringt (die beiden Zielsetzungen, die in der gruppendynamisch inspirierten Trainingsliteratur lange Zeit eine zentrale Rolle gespielt haben), hängt die Verwirklichung dieser Erfahrungen maßgeblich von den unmittelbaren sozialen Netzen ab, in die eine Person integriert ist.

Die Strategie der Isolierung oder Vereinzelung war solange sinnvoll, als es möglich war, die Arbeit so zuzuschneiden, daß sie in einzelne Portionen ("Krümel" - um FRIEDMANs treffenden Ausdruck zu gebrauchen) zerlegt und einzelnen Stellen zugeordnet werden konnte. Je wichtiger aber aus technisch-sachlichen Gründen die Vernetzung und Schnittstellen-Problematik wurde, desto mehr mußte auf die *Inter*-Aktion Rücksicht genommen werden. Zum anderen war seit jeher bekannt, daß nicht nur Erfordernisse der Aufgabenstellung Gruppenarbeit bedingen, sondern daß Normen, Regeln und Affekte das sozio-emotionale "Klima" der Zusammenarbeit gestalten und von großer Bedeutung für die Effektivität und Effizienz sind.

Die *Human Relations-Bewegung* hatte die 'Pflege der zwischenmenschlichen Beziehungen' von Aufgabeninhalten und Arbeitsprozeß abgekoppelt und sie als eine Sonderaufgabe vor allem der betrieblichen Vorgesetzten etabliert: Team-Geist wurde als Produktionsfaktor in den Dienst genommen. Diese abstrakte (d.h. vom Arbeitsprozeß abgehobene) Betonung des Sozialen und Zwischenmenschlichen blieb jedoch freiwillige

Zutat, zuweilen sogar Fremdkörper in einem ganz anders strukturierten betrieblichen Gefüge.

Erst in jüngster Zeit wird klarer erkannt, daß Zwischen-Menschen-Beziehungen durch die (veränderte) "Natur" der Arbeit gefordert werden und nicht kosmetisches Beiwerk sind, das jederzeit verweigert werden kann, wenn Verwertungsnotwendigkeiten entgegenstehen. Es geht seitdem um die Nutzung der *Human Resources*, also jener Wertstoffe, die durch den Menschen bereitgestellt werden. Im vorliegenden Zusammenhang interessiert vor allem die Leistungsrelevanz der Zusammen-Arbeit, die durch Veränderungen in den Produktionskonzepten (Flexibilisierung, Individualisierung, Entkoppelung, Selbstorganisation, Selbstkontrolle, Dezentralisierung, Professionalisierung der vormals lediglich 'Ausführenden') als eigenständiger und wichtiger Erfolgsfaktor erkannt wurde.

Durch Technik oder Logistik geforderte Zusammen-Arbeit stellt sich nicht automatisch ein - vor allem nicht auf dem Hintergrund einer ansonsten *individualistisch* akzentuierten Organisation der Arbeit (s. Lohn-, Beurteilungs-, Beförderungs-, Stellenbeschreibungs-, Kontrollsysteme usw.). Kooperation muß trainiert und in der alltäglichen Arbeit verankert werden.

Damit gewinnt die intersubjektive Dimension einen neuen Stellenwert. Es war schon immer 'normal', daß sich die Mitglieder von Arbeitsgruppen in praktizierter Solidarität gegenseitig ausgeholfen, beraten, unterstützt und geschützt haben; diese spontanen Mehrleistungen gerieten nicht selten in Konkurrenz zu betrieblichen Vorschriften oder Erwartungen (s. dazu die langjährige Diskussion über Vor- und Nachteile der sog. 'informellen Organisation'). Es ist inzwischen nicht nur 'normal', sondern unverzichtbar, Zusammen-Arbeit als Schlüsselgröße anzusehen und zu gestalten: Einzelleistungen lassen sich nicht mehr exakt abgrenzen und kontrollieren; Schnittstellenprobleme nehmen wegen der typischen Vernetzung zu (es kommt nicht mehr auf die bestmögliche Arbeit an einer einzelnen Stelle, sondern auf die bestmögliche Integration der Arbeiten an verschiedenen Stellen an); die *Ausführenden* sind die Experten, die über Spezialwissen verfügen, das von keinem übergeordneten Experten besessen wird oder gar korrigiert werden könnte. Allerdings - das darf nicht übersehen werden - gibt es neben dieser Entwicklung zur (selbstorganisierten) Zusammenarbeit nach wie vor vereinfachte und zerstückelte 'Resttätigkeiten', die *zentral* geplant, organisiert und kontrolliert werden.

In den Fällen, in denen Ko-Operation nicht mehr technisch erzwungen oder erzwingbar ist und auch nicht mehr organisatorisch perfekt steuer- und kontrollierbar ist, muß sie als 'weicher' Faktor berücksichtigt und optimiert werden. Der Logik der Organisation folgend werden für jene Problemstellungen, die ergebnisentscheidend sind, systematische, bewährte und routinisierbare Lösungen gesucht. Auf diesem Hintergrund sind die in jüngster Zeit verstärkt diskutierten und trainierten Varianten der (institutionalisierten) Zusammenarbeit zu sehen: Der frühere Appell zur Teamarbeit konkretisiert sich zum Programm. Es werden Qualitätszirkel durchgeführt, Integrations-Positionen geschaffen, Projektorganisationen eingerichtet, (teil-)autonome Arbeitsgruppen etabliert usw.

Das erfordert sorgsame Vorbereitung und Durchführung:
- Die beteiligten Personen müssen informiert, ausgewählt, motiviert und qualifiziert werden;
- Verfahren und Systeme müssen vorbereitet bzw. entwickelt, materialisiert und anwendungsreif gemacht werden;
- sie müssen in den Alltagsprozeß der Arbeitenden integriert und
- im Hinblick auf Zielbezug und -erreichung kontrolliert und adaptiert werden.

In der Praxis der Gruppenentwicklung sind dafür verschiedene Vorgehensweisen entwickelt worden. Zu Zeiten der Hochblüte von Gruppendynamik, Sensitivity Training und Organisationsentwicklung sind andere Akzente gesetzt worden als etwa heute bei Adaptationen von Lernstatt- und Qualitätszirkel-Methoden. Auf diese Varianten soll im Folgenden eingegangen werden.

Zunächst wird das Konzept der "Teamentwicklung" (Teambildung) vorgestellt, das eine Balance versucht zwischen problem- und beziehungsorientierten Trainingselementen. Danach wird auf eher persönlichkeitsnahe, weniger auf konkrete Arbeitssituationen bezogene und in ihrem Ablauf offene (unstrukturierte) Trainingsmethoden eingegangen, die im Kontext der sog. Gruppendynamik entwickelt wurden. Als stärker strukturierte Techniken werden anschließend "Rollenklärung" (Rollenanalyse) und "Rollenverhandeln" vorgestellt. In einem zweiten Abschnitt wird dann auf Qualitätszirkel, Projektarbeit und Netzwerkbildung eingegangen. Im Mittelpunkt der Überlegungen steht dabei - um an die Einbettung der Ausführungen zu erinnern - die Analyse der *intersubjektiven* Personalentwicklung in der 'dritten' (Sozialisations-)Phase: Vollmitglied werden.

## 5.2. Arbeitsplatzferne Interventionen

### 5.2.1. Teamentwicklung (Teambildung)

TE (Team-Entwicklung) gilt als eine Organisationsentwicklungsmaßnahme auf Gruppenebene. Dabei soll zweierlei erreicht werden:
- Probleme, die eine (Arbeits-)Gruppe belasten, sollen gemeinsam gelöst werden und
- die Gruppe soll zu einem Team werden.

Teamentwicklung ist kein Standardverfahren, sondern ein maßgeschneiderter Prozeß, der auf die jeweiligen Besonderheiten einer Gruppe Rücksicht nimmt. TE wird dann (und erst dann) zur OE, wenn die vereinbarten Neuerungen sachlich, sozial und zeitlich generalisiert werden: Sie müssen dauerhaft und jenseits der Gruppengrenzen durchgesetzt sein und auch dann praktiziert werden, wenn die Personen, die ursprünglich die Veränderungen erarbeitet und vereinbart haben, nicht (mehr) beteiligt sind.

Normalerweise wird dieser Prozeß nicht vom Vorgesetzten, sondern von einem (gruppenexternen) *Moderator* geleitet, weil dieser als "neutraler Dritter" nicht in Vorgeschichte und Interessenspositionen verstrickt ist. Der Moderator ist Experte für den *Prozeß*, er soll keine *inhaltlichen* Lösungen anbieten.

Der *Moderator* muß Vorgesetzte(n) und Gruppe aufklären über das geplante Vorgehen und dabei neben den positiven Möglichkeiten auch die Risiken aufzeigen (Erwartungsdruck, Ungeduld, Aufbrechen von Konflikten, Abbruch, Frontenbildung etc.). Beide Parteien müssen den Prozeß ausdrücklich bejahen und sich aktiv beteiligen; besteht diese Bereitschaft nicht, hat es keinen Sinn anzufangen.

Der Start einer TE-Maßnahme hat meist den Charakter einer Arbeitssitzung, die zwar während der Arbeitszeit, aber nicht am gewohnten Arbeitsplatz stattfindet (sondern in einem Hotel oder in Schulungs-Räumen, um Ungestörtheit, "Abstand" und Lockerheit zu gewährleisten).

Ein TE-Prozeß umfaßt meist folgende Schritte, wobei charakteristisch ist, daß im Prinzip jeder Teilnehmer in jeder Phase zu Wort kommen kann:

1. Gemeinsame Diagnose der Situation

    Zu dieser Bestandsaufnahme ("Wo drückt uns der Schuh?") kann man sich verschiedener Möglichkeiten bedienen:

    - Unstrukturierte Interviews, die der Moderator mit den Gruppenmitgliedern einzeln führt; er ordnet dann seine Einsichten thematisch und präsentiert diese Liste der Gesamtgruppe mit der Aufforderung, sie zu korrigieren oder zu ergänzen.

    - Strukturierte Fragebogen. Die Ergebnisse (Mittelwerte und Streuungen) werden gemeinsam analysiert und interpretiert.

    - Gruppendiskussion, die gleichlaufend - z.B. auf Pinnwänden mit Kärtchen etc. - dokumentiert wird (s.o.: "Moderationstechniken").

    - Auf eine eher spielerische und auflockernde Weise durch das Anfertigen einer Collage, das Aufführen einer typischen Szene, das Erfinden von charakteristischen Slogans oder neuen treffenden Namen für Vorgänge und Mitglieder.

2. Konzentration auf wenige Hauptprobleme

    Eine überschaubare Zahl (selten mehr als 3 bis 5) der wichtigsten Probleme, die durch Abstimmung, Kartenabfrage, Rangordnung, Punktgewichtungen etc. ausgewählt und festgelegt wurden, werden intensiv diskutiert.

3. Gemeinsame Problemlösung

    *3.1. Gemeinsame Problemdefinition und Ursachenanalyse.*

    - Aufklären der Vorgeschichte ("Wie kam es dazu"); wichtige Entwicklungen, Eingriffe, Präzedenzfälle usw.

    - Eingehen auf die konkreten Bedingungen der Gruppe (Zeitdruck, Ressourcen finanzieller, personaler, räumlicher, technischer Art).

    - Berücksichtigung der vorhandenen Strukturen und Beziehungen (Macht und Abhängigkeiten, Status, Privilegien).

    - "Kraftfeld-Analyse". Darunter versteht man eine Gegenüberstellung jener Kräfte, die einen bestimmten Zustand erzeugen oder stützen mit jenen, die diesen Zustand gefährden oder beseitigen können.

### 3.2. Entwicklung von Lösungsvorschlägen.

Dabei ist in Rechnung zu stellen, was von einzelnen Personen (inklusive dem/der Vorgesetzten), der Gruppe, dem Unternehmen und von Externen zu erwarten ist. In diesem Zusammenhang sind vor allem auch die oben genannten "Stärken" der Gruppe zu berücksichtigen. Für die vorgeschlagenen Lösungen sind Nutzen, Kosten und Risiken abzuschätzen.

### 3.3. Präsentation

Die von der Gruppe erarbeiteten Diagnosen und Lösungsvorschläge werden vom Moderator oder von Gruppenmitgliedern in Anwesenheit der Gesamtgruppe dem/der Vorgesetzten präsentiert und mit ihm/ihr diskutiert.

### 3.4. Entscheidung

Der/die Vorgesetzte trifft oder ratifiziert eine Entscheidung. Die Ziele ("Zustände danach") werden möglichst klar definiert, Realisierungsschritte erarbeitet, (Zwischen-) Termine festgelegt und Verantwortliche benannt. Alle Bedenken und Vorbehalte sind offenzulegen und nach Möglichkeit auszuräumen, um ein "Commitment" aller Beteiligten zu erreichen, d.h. ihre verbindliche und ausdrückliche Erklärung, daß sie "voll hinter dem Vorhaben stehen" und es zu "ihrer Sache" gemacht haben.

### 3.5. Die Maßnahmen werden durchgeführt.

### 3.6. Kontrolle

Zu den vereinbarten Zeitpunkten finden Bewertungen ("follow-ups") statt: "Was wurde (nicht) erledigt?", "Warum hat es (nicht) geklappt?", "Soll man es noch einmal oder anders versuchen?".

4. Von der Problemlösung zur Teamentwicklung

Der beschriebene *Gruppen-Problemlöseprozeß* wird dann zur *Team-Entwicklung*, wenn folgende Bedingungen gegeben sind:

- Intensive Kommunikation, Mitbeteiligung aller;

- offene Aussprache bei Wahrung von Vertraulichkeit und Respektierung jedes einzelnen Mitglieds;

- vitales Interesse an der Lösung der Probleme;

- gegenseitige Wertschätzung;

- konstruktive und bestärkende Erfahrungen (Bewältigung von Krisen, Erfolgserlebnisse, Zusammenhalt).

Beispiele der Selbstanwendung von Team-Entwicklung auf und durch Bildungsabteilungen wurden von TERJUNG (1990) und HINKEL (1989) beschrieben.

Derartige Erfahrungen verstärken in einem Kreisprozeß die Teambildung. Dabei ist die sogenannte *"Prozeßberatung"* von großer Bedeutung: Die Moderatorin meldet der Gruppe unmittelbar ihre Beobachtungen über die Art und Weise, wie die Gruppenmitglieder miteinander umgehen, zurück. Einzelne besonders wichtige Erkenntnisse können durch zwischengeschaltete kleine Übungen, Rollenspiele etc. vertieft werden.

Dies sei an folgendem Zitat aus ROSENKRANZ (1990, S. 217 f) illustriert:

*"Prozeßberatung ist daher ein gebräuchliches Instrument bei Organisationsentwicklungs-Projekten. Berater werden von Gruppen eingeladen, an gewöhnlichen Arbeitssitzungen teilzunehmen. Die Prozeßberater verstehen vom Inhalt der diskutierten Angelegenheit nicht viel. Sie haben aber eine gute Sensibilität für das, was in den Gruppen auf den verschiedenen Ebenen abläuft, entwickelt. Wenn die Vermutung besteht, daß bestimmte Prozesse die Arbeit der Gruppe stören, kann sich der Berater einschalten. Er schlägt der Gruppe vor, einige Minuten das Thema zu wechseln und darüber zu sprechen, was im Augenblick auf der Prozeßebene der Gruppe geschieht. Durch den Austausch und die Analyse von Beobachtungen und Eindrücken werden Störfaktoren der Zusammenarbeit aufbereitet. Am wirkungsvollsten bewältigt dies die Gruppe selbst, unter der Moderation des Beraters. In letzter Instanz konfrontiert er die Gruppe mit seinen eigenen Beobachtungen. Gewöhnlich wird ein professioneller Externer eingeladen, der je nach Kontrakt interne Berater und Gruppenmitglieder ausbildet. Später entschließen sich manche Gruppen, rotierend Prozeßberater aus den eigenen Reihen einzusetzen, die sich während der Sitzungen mehr auf die Prozedere- und Beziehungsebene konzentrieren. Ihr Ziel ist es, Störfaktoren zu identifizieren und sie im Gespräch durch nichtverletzendes Feedback zu bearbeiten. Sie übernehmen dann die Feedbackleitung. Die Schwierigkeit, auf der Inhalts- und Prozeßebene parallel zu arbeiten, wird zuerst durch einen externen, später einen zur Gruppe gehörigen Prozeßberater erleichtert. Schließlich wird es zur guten Gewohnheit, Prozeßanalyse auch ohne Anstoß von außen durchzuführen.*

*Das Vorgehen der Prozeßberatung läßt sich umschreiben mit der sogenannten "Dreivogel-Methode": "Ich möchte gerne ein Vogel sein, dann kann ich fliegen. Ich möchte gerne zwei Vögel sein, dann kann ich mich beim Fliegen beobachten. Als dritter Vogel kann ich mich schließlich beobachten, wie ich mich beim Fliegen beobachte." Sie karikiert treffend, wie Arbeitsprozesse beim einzelnen und bei Gruppen durch Beobachtung, Bewußtheit und Selbstaktivität verbessert werden können."*

Die humanistischen Grundgedanken vieler normativ-reedukativer* Gruppentrainings kommen besonders klar in den Prinzipien der sogenannten "Themenzentrierten Interaktion" (TZI) von Ruth COHN zum Ausdruck: "Ich" (die Person), "Wir" (die Gruppe als Ganzes) und "Es" (die Aufgabe) - dargestellt als die Eckpunkte eines gleichseitigen Dreiecks - müssen (eingebettet in eine je spezifische Umwelt) in jeder Phase gleichgewichtig berücksichtigt werden, wenn dauerhafte und tragfähige Lösungen gefunden werden sollen. Also: Niemand soll sich für die anderen opfern, sondern auf sich und seine Interessen achten; die Sach-Aufgabe darf nicht dem Schwelgen in Beziehungen geopfert werden; die individuellen Interessen finden ihre Grenzen in den berechtigten Ansprüchen der anderen und gemeinsamen Anliegen (s. dazu Beleg 5.1 aus KÜCHLER 1979; siehe auch COHN 1980, LANGMAACK 1991, BACHMANN & FLOTHOW 1990).

**Beleg 5.1: Kerngedanken der 'Themenzentrierten Interaktion' nach Ruth COHN aus: KÜCHLER, J. (1979): Gruppendynamische Verfahren in der Aus- und Weiterbildung, S. 63-65**

- "Das *Ich* ist jeder Einzelne mit seinen Bedürfnissen, Emotionen, Einstellungen, Erwartungen usw.
- Das *Wir* meint die Gruppe, ihr Beziehungsgeflecht, die Interaktionen, die in ihr ablaufenden Gruppenprozesse, das gemeinsame Erleben, die gemeinsamen Ziele und Bedürfnisse.
- Das *Es* bezeichnet das Thema, an dem sich die Gruppenaktivität orientiert.
- Die *Umwelt* beinhaltet die von außen auf die Gruppe wirkenden Einflüsse wie z.B. institutionelle Rahmenbedingungen, die gruppenexternen Bezüge jedes Einzelnen, Zeit, Raum und Natur.

Ich, Wir und Es lassen sich in einem gleichseitigen Dreieck darstellen, das von einer Kugel umschlossen wird. Diese symbolisiert die Umwelt.

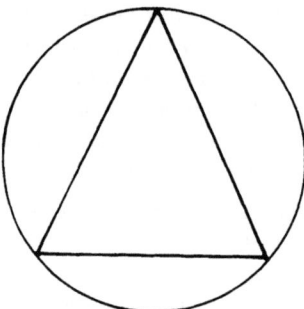

Die Eckpunkte des Dreiecks werden in der TZI-Gruppe als gleichwertig betrachtet. Das Gruppengeschehen verläuft optimal, wenn die drei Faktoren "Ich - Wir - Es" in einem dynamischen Gleichgewicht stehen. Erst die Balance ermöglicht die Selbstverwirklichung des Individuums, die Kooperation der Gruppe und die angestrebte Aufgabenlösung. Sie ist vom Gruppenleiter und der Gruppe selbst immer wieder neu herzustellen.

Zur Stützung der "empfindlichen Kommunikationsstruktur der themenzentrierten interaktionellen Methode" (...) formuliert COHN (...) *Postulate*, die von den Teilnehmern als Grundregeln für das gemeinsame lebendige Lernen beachtet werden sollen:

"(1) Versuche, in dieser Sitzung das zu geben und zu empfangen, was Du selbst geben und empfangen möchtest (Diese Richtlinie schließt alle folgenden, die nur zu größerer Verdeutlichung gegeben werden, ein).

(2) Sei Dein eigener Chairman und bestimme, wann Du reden oder schweigen willst und was Du sagst.

(3) Es darf nie mehr als einer auf einmal reden. Wenn mehrere Personen auf einmal sprechen wollen, muß eine Lösung für diese Situation gefunden werden.

(4) Unterbrich das Gespräch, wenn Du nicht wirklich teilnehmen kannst, z.B. wenn Du gelangweilt, ärgerlich oder aus einem anderen Grund unkonzentriert bist. (Ein 'Abwesender' verliert nicht nur die Möglichkeit der Selbsterfüllung in der Gruppe,

> sondern bedeutet auch einen Verlust für die ganze Gruppe. Wenn eine solche Störung behoben ist, wird das unterbrochene Gespräch entweder wieder aufgenommen werden oder einem momentan wichtigeren Platz machen).
>
> (5) Sprich nicht per 'man' oder 'wir', sondern per 'ich' (Ich kann nie wirklich für einen anderen sprechen. Das 'man' oder 'wir' in der persönlichen Rede ist fast immer ein Sich-Verstecken vor der Verantwortung).
>
> (6) Es ist beinahe immer besser, eine persönliche Aussage zu machen, als eine Frage an andere zu stellen (Meine Äußerung ist ein persönliches Bekenntnis, das andere Teilnehmer zu eigenen Aussagen anregt; viele Fragen sind unecht; sie stellen indirekte Ansprüche an den anderen und vermeiden eine persönliche Aussage).
>
> (7) Beobachte Signale aus deiner Körpersphäre und beachte Signale dieser Art bei den anderen Teilnehmern (Diese Regel ist ein Gegengewicht gegen die kulturell bedingte Vernachlässigung unserer Körper- und Gefühlswahrnehmung)."

Ein Team bildet sich - wie SHERIF in seinen berühmt gewordenen Experimenten zeigen konnte - wenn eine gemeinsame Not bewältigt, ein gemeinsamer Gegner bekämpft (und besiegt) und eine gemeinsame Aufgabe gelöst wird - und wenn die erreichte Gruppen-Identität in Symbolen plakativ ausgedrückt wird (Slogans, Namen, Zeichen, Maskottchen, Sondersprachen usw.). Ein Beispiel für einen solchen Teamentwicklungsprozeß, das nicht - wie SHERIFs Einsichten - aus einem Ferienlager Jugendlicher, sondern aus einer Bank stammt, ist in HARDER 1982 abgedruckt. HARDERs Vorgehen enthält Elemente aus sog. "instrumentierten" Trainings, weil er in den Problemlösungsprozess einzelne angeleitete Übungen (z.B. zu Kommunikation und Feedback) eingebaut hat, die spezifische Fertigkeiten vermitteln sollen (siehe dazu auch das ausführliche Protokoll einer Trainingswoche in BAMBECK 1988).

### 5.2.2. Gruppendynamische Trainingsformen

#### 5.2.2.1 Darstellung

Gruppendynamik wird meist als ein zusammenfassendes Etikett zur Kennzeichnung jener sozio-emotionalen Prozesse benutzt, die sich in (Arbeits-)Gruppen bei der Erledigung der Aufgaben abspielen; dabei steht die (meist) ungewollte und ungeplante Entwicklung der Beziehungen, Kontakte, Phantasien, Wünsche der Mitglieder im Zentrum.

In ihrer vielzitierten Unterteilung von OE-Philosophien haben BENNIS, BENNE & CHIN (1975) zwischen
a) rational-empirischen,
b) normativ-umerziehenden und
c) machtpolitisch-zwangsorientierten

Richtungen unterschieden. Als Beispiele für a) nennen sie unter anderem Personalauslese, Taylors Wissenschaftliche Betriebsführung bis hin zum Operations Research, behavioristische Lerntheorie, Massenkommunikation etc. Bei den re-edukativen Strategien (b) erwähnen sie u.a. die vor allem von LEWIN inspirierte Angewandte Sozialpsychologie, psychotherapeutische Schulen und die (Neo-)Human Relations Schule der Organisationstheorie. Zu den Macht- und Zwangsstrategien (c) zählen sie z.B. gewaltlose Aktionen (mit denen fremder Machteinsatz unterlaufen werden soll), Streiks, von 'oben' durchgesetzte Reorganisationen, gesetzliche und tarifliche Regelungen etc.

Gruppendynamische Interventionen können zur Gruppe der normativ-erzieherischen Strategien gezählt werden. Drei Hauptstränge innerhalb dieser Gruppe, werden in jeder 'Abstammungslehre' der gruppendynamischen Trainingsformen hervorgehoben (s. z.B. KÜCHLER, 1979; COMELLI 1985), wobei meist darauf hingewiesen wird, daß in den konkreten Trainingstechniken fast immer alle drei Ursprünge zusammenfließen:

- *die klinische Orientierung der psychotherapeutischen Ansätze:*
  FREUD (Psychoanalyse, v.a. in jenen Akzentsetzungen, die von der sog. TAVISTOCK-Gruppe in England für die Arbeit mit Organisationen entwickelt wurden), MORENO (Psycho- und Soziodrama), ROGERS (Personzentrierter nichtdirektiver Ansatz), PERLS (Gestalttheorie), BERNE (Transaktionsanalyse), BANDLER & GRINDER (Neurolinguistisches Programmieren)*, SELVINI-PALAZZOLI (systemische Familientherapie).

- *die sozialpsychologische Orientierung der LEWIN-Schule:*
  Ausgehend von den Führungsstilexperimenten von LEWIN, LIPPITT & WHITE (1939) und den Gruppendiskussions-Studien zur Meinungsänderung in bezug auf Ernährungsgewohnheiten, haben sich am National Training Laboratory in Bethel Formen der partizipativen Gruppenarbeit entwickelt. Die starke Trennung von Experten (Stab, Veranstalter) und Teilnehmern wurde aufgehoben; die Besprechungen des 'staff' über den Fortgang des Trainings wurden auch den Teilnehmern zugänglich gemacht, so daß es zu einer Verbindung von Forschung und Intervention kam (Aktionsforschung). Aus LEWINs 'feldtheoretischen' Anfängen heraus entwickelte sich eine breite Strömung unterschiedlichster gruppendynamischer Trainingsformen (s. dazu unten).

- *die Human-Relations-Bewegung der Organisationstheorie*
  Diese Traditionsrichtung geht zurück auf die Hawthorne-Studien, die zwischen 1927 und 1932 in der Western Electric bei Chicago durchgeführt worden waren (s. NEUBERGER 1977). Als das wichtigste Ergebnis gilt die Bedeutung der zwischenmenschlichen Beziehungen (v.a. der Vorgesetzten-Mitarbeiter-Beziehungen) im Rahmen der sog. 'informellen Organisation'. Der Human-Relations-Bewegung und ihrer harmonistischen konsensorientierten Ideologie ist auch der Optimismus im Hinblick auf die Vereinbarkeit von persönlicher (bzw. sozialer) und ökonomischer Zielerreichung zu verdanken, der für viele Autoren der späteren OE-Literatur kennzeichnend ist.

Es ist an dieser Stelle aus Raumgründen nicht möglich, einen auch nur annähernd erschöpfenden Überblick über die heterogenen Ansätze und Techniken der gruppendynamischen Trainingsformen zu geben. Zur Differenzierung der Ansätze sei verwiesen auf zusammenfassende Darstellungen bei KÜCHLER (1979), COMELLI (1985), SLESINA & KRÜGER (1978), WÜBBENHORST & STAUDT (1982), FRENCH & BELL (1977). Hier sei nur eine kleine Auswahl der am häufigsten verwendeten Kennzeichnungen zitiert: Sensitivity Training, Encounter Group, Awareness Training, Gestalt Training, Themenzentrierte Interaktion, Lab(oratory) Training, Instrumentierte T-Gruppe, Human Relations Training, Soziodrama ...

Die Gruppendynamik hat - vor allem in ihren instrumentierten Varianten - das Repertoire der innerbetrieblichen Trainingsformen erheblich bereichert; viele der oft außer- ordentlich kreativen Übungen können tiefe emotionale Wirkung auslösen und Personen nachhaltig beeinflussen. Allerdings ist unklar, inwieweit diese *personalen* Erfahrungen tatsächlich zu einer Veränderung von *interpersonalen* Verhaltensweisen, Beziehungen und Einstellungen 'back home' führen (s. die zusammenfassenden Darstellungen von GEBERT 1972, LIEBERMANN u.a. 1974, und SMITH 1975).

Auf die beiden Hauptgruppen von Verfahren, die 'reinen' Selbsterfahrungsgruppen (Sensitivity Gruppen, Encounter-Gruppen, T-Gruppen, laboratory training) und die 'instrumentierten' Gruppen soll näher eingegangen werden. Zunächst zu den unstrukturierten Erfahrungsgruppen. Wichtige Charakteristika unstrukturierter T-Gruppen sind:

- Es geht um *Selbst-Erfahrung*: Nicht irgendwelche kognitiven Inhalte sollen angeeignet werden; im Mittelpunkt stehen vielmehr emotionale Betroffenheit, sinnliches und körperliches Erleben und Ausleben, unmittelbare soziale Begegnung (Spüren, Zulassen und Zeigen von Offenheit, Authentizität*, Konflikt, Angst, Ärger, Aggression, Vertrauen etc.). Es interessiert nicht, was 'man' 'normalerweise' tut oder tun sollte, sondern was 'Ich' tue oder erlebe ....
- Betonung des *Hier und Jetzt*. Nicht konkrete Probleme der Arbeitssituation stehen auf dem Programm, sondern das aktuelle Geschehen. Auch wenn Konflikte oder Einschränkungen 'dort und damals' entstanden sind, so werden sie doch nur in ihrer momentanen Inszenierung zum Gegenstand der Erfahrung und Auseinandersetzung.
- *Unstrukturiertheit*. Dieses Merkmal wird in den verschiedenen Richtungen unterschiedlich stark betont. Das unten berichtete Beispiel des Marathon-Trainings markiert das eine Ende der Skala; im klassischen Sensitivity Training (s. GEBERT 1972) wird demgegenüber ein extremes Maß an Unstrukturiertheit praktiziert: Nach einführenden Worten hält sich der Trainer - obwohl anwesend - zurück; er überläßt die Gruppe sich selbst, d.h. der spontan sich entwickelnden Dynamik der Aggressionen, Cliquenbildungen, Rückzüge, Rivalitäten, Depressionen, Rollenzuweisungen usw. [Eine mit zahlreichen Protokolldaten belegte Schilderung gruppendynamischer Sitzungen (und ihre psychoanalytische Interpretation) findet sich in SLATER (1970); zahlreiche konkrete Beispielsszenen sind auch in ROSENKRANZ (1990) abgedruckt; SICHROVSKY (1988) hat eine gruppendynamische Trainingswoche in Romanform verarbeitet].
- *Soziales Lernen*: Die Gruppe ist - wie GEBERT (1972, S. 238) formuliert - Gegenstand, Medium und Ort des Lernens: Beobachtungen und Deutungen der konkreten Geschehnisse werden ausgetauscht, so daß dem unmittelbaren *Feedback* eine besondere Rolle zukommt. Nicht was 'objektiv' ist, sondern was wahrgenommen wird und wirkt, gilt als wirklich - vielzitierter Leitspruch: 'Real is what has effects' - und diese Wahrnehmung soll ausgesprochen oder auf andere Weise (nonverbal, mit 'Stimmungsbarometer', Gruppenlandschaft, Bildern) mitgeteilt werden.

SMITH hat - ähnlich wie GEBERT 1972 - ein Sammelreferat über die Effekte gruppendynamischer Trainings vorgelegt. Er wählt (1975, S. 597) angesichts der extremen Bandbreite der als 'Sensitivity Gruppen' titulierten Verfahren folgende Abgrenzungsmerkmale:

Das Training
- erfolgt in Kleingruppen (8-14 Personen),
- beinhaltet die Untersuchung der momentanen ('hier und jetzt') zwischenmenschlichen Beziehungen in der Gruppe,

- erstreckt sich auf Personen, die nicht in psychotherapeutischer Behandlung sind (von SMITH für ein fragwürdiges und wenig trennscharfes Kriterium gehalten, weil T-Gruppen zuweilen als 'Therapie für Normale' bezeichnet werden oder die Mitglieder als 'normale Neurotiker' gelten).
- Das vielfach benutzte Merkmal: "Der Trainer übernimmt keine Führer-Rolle" lehnt SMITH ab, weil Trainer trotz aller versuchten Enthaltsamkeit im Hinblick auf Steuerungsversuche dennoch zentrale Figuren bleiben, an denen sich die Mitglieder orientieren: man kann auch nicht-direktiv führen!.
- Weil die Trainingsdauer sehr unterschiedlich ist (von unter 10 bis über 50 Stunden) legt SMITH das willkürliche Kriterium von mindestens 20 Stunden Dauer fest.

Zu den wichtigsten Ergebnissen: Von den 100 Studien, die Erfolgsmessungen unmittelbar nach dem Training durchführten, fanden 78 signifikant größere Veränderungen als in Kontrollgruppen. Von 31 Studien, die Effekte '1 Monat oder später' nach dem Training erfaßten, fanden 21 eine signifikante Veränderung. Inhalte dieser Veränderungen waren: günstigeres Selbstbild, verringerte Vorurteile, veränderte Werte in einigen strukturierten Persönlichkeitsfragebogen, verschiedene Verhaltensänderungen.

GEBERT (1972) stellt in seinem Sammelreferat drei Ebenen der Veränderung fest:
- *intrapersonal* (Beziehung des Individuums zu sich selbst)

   Veränderungen des Selbstbildes (Annäherung der Selbstwahrnehmung an die Wahrnehmungsweise anderer, Annäherung des Real-Ichs an das Ideal-Ich), Erhöhung des Selbstvertrauens bzw. der Selbstsicherheit, verbesserte Selbsteinsicht (Einsicht in die eigene Dynamik, erhöhtes Bewußtsein gegenüber dem eigenen Verhalten und dessen Konsequenzen, verstärkte Bereitschaft, sich in seinem So-Sein zu akzeptieren).

- *interpersonal* (Veränderung in der Beziehung zum Anderen)

   Erhöhte Toleranz gegenüber anderen (Abbau autoritär-diskriminierender Einstellungen), mehr Nachsicht gegenüber den Schwächen anderer, stärkere Berücksichtigung der Individualität des einzelnen; Veränderungen im Bereich Kontaktdichte und größere Übereinstimmung zwischen gezeigter und von anderen gewünschter Kontaktdichte; Veränderungen auf der Dimension "Dominanz-Unterwerfung".

- *Gruppe* (Veränderungen der Beziehungen bzw. Interaktionsmuster in Gruppen)

   Intensivierung kooperativer Verhaltensmuster, erhöhte Mitarbeiterorientierung, Verbesserung des Informationsflusses, Steigerung der '*Handlungsflexibilität*' (flexibleres, aufgabenangepaßtes Verhalten, mehr experimentierende Grundhaltung, Erleichterung von Entscheidungsprozessen; weniger Dogmatik und Willkür in Urteilen, erhöhte Bereitschaft, neue Vorschläge und Gesichtspunkte zur Kenntnis zu nehmen; gelockerteres, entspannteres Verhalten); Erhöhung des '*sozialen Gespürs*' (erhöhtes Einfühlungsvermögen, erhöhte Sensibilität gegenüber den Gefühlen und Bedürfnissen anderer; erhöhte Sensibilität gegenüber gruppendynamischen Prozessen bzw. Konstellationen).

*Keine* Veränderungen fanden sich in den von GEBERT analysierten Studien in den Bereichen Aggressivität, Labilität, Ehrerbietung gegenüber Autorität, Entfremdung, Innen- vs. Außengeleitetheit.

In der *Bewertung* seiner Ergebnisse stellt GEBERT zusammenfassend fest (1972, S. 244 f):

*"Bezogen auf ein vorgegebenes bestimmtes Meßinstrument ist die Anzahl der sich verändernden Trainees eher als gering einzustufen, wobei allerdings eine erhebliche individuelle Streuung in Rechnung zu stellen ist.*

*Im Gruppendurchschnitt dürfte ... etwa ein Drittel der Trainees einen wesentlicheren Lernfortschritt erzielen, während sich ein weiteres Drittel überhaupt nicht verändert ...*
*Vom Standpunkt einer individuellen Bewertung aus ist vor allem die inhaltliche Variabilität der Ergebnisse zu berücksichtigen; sie besagt:*
*a) Irgendetwas lernt jeder Trainee (und vielleicht sogar sehr Wesentliches)*
*b) Verschiedene Trainees lernen häufig Verschiedenes (was bedeutet, daß die Vorhersagbarkeit des Ergebnisses im Einzelfall begrenzt ist).*
*Die Möglichkeit, daß die notwendige Belastung und Krise in einem laboratory training für den einzelnen zu einer nicht mehr zu verantwortenden Überforderung führt, kann offenbar nicht ausgeschlossen werden...*
*Im betriebspsychologischen Kontext ist anzumerken, daß sich die Interaktionsmuster im Sinne einer Annäherung an die Theorie Y zu verändern scheinen ...."*

Die zwischenzeitlich gestiegene Zurückhaltung im Einsatz 'reiner' T-Gruppen im Rahmen betrieblicher PE ist u.a. darauf zurückzuführen, daß bei manchen Teilnehmern Reaktionen ausgelöst werden, die eine intensive individuelle Bearbeitung erforderten, die aber aus Zeitmangel (oder aus mangelnder fachlicher Kompetenz des Trainers/der Trainerin) nicht erfolgt, so daß die im Training gewünschte Destabilisierung ('Auftauen') nicht aufgefangen und in konstruktive Restabilisierung transformiert wird und das notwendige Maß an 'Alltagstauglichkeit' nicht wieder hergestellt wird. (Auf dieses Problem soll unten noch einmal eingegangen werden).

Diese Besonderheiten machen verständlich, daß die Übertragung der Erfahrungen in gruppendynamischen Trainings auf die betriebliche Alltagssituation sehr kontrovers diskutiert wird. Nach einer Zeit der Euphorie (zwischen 1965 und 1975) ist es stiller geworden um diese Trainingsformen; ihre Bedeutung und Anwendungsbreite ist gegenüber den stärker strukturierten, auf konkrete betriebliche Situationen und unmittelbar verwertbare Problemlösungen gerichteten Interventionen zurückgegangen.

Als Alternative zu den unstrukturierten T-Gruppen, die für manche 'strukturgewohnten' Teilnehmer ängstigend sind und eine unerwünschte emotionale Tiefe erreichen, wird - auch unter Ausnutzung des spielerisch-kreativen Moments - ein Arsenal von Übungen eingesetzt, die jeweils ganz bestimmte Fragestellungen gezielt zu bearbeiten erlauben.

Informationen über die Übungen, Spiele oder Techniken gruppendynamischer Trainings bieten die mehrbändigen Arbeiten von VOPEL (1978), PFEIFFER & JONES (1974-79); kürzere Überblicksdarstellungen sind zum Beispiel in BÖDIKER & LANGE (1975), ANTONS 1973, KIRSTEN & MÜLLER-SCHWARZ (1977), ORLICK (1984, 1985), KÜCHLER (1979) enthalten.

Zur Illustration für strukturierte (oder 'instrumentierte') Trainigsformen ist in AU 5.1 (S. 235-237) ein Beispiel abgedruckt.

Das extreme Beispiel des Marathon-Trainings habe ich gewählt, um einen konkreten Eindruck zu vermitteln von der Kreativität und Vielseitigkeit der Spiele-Erfinder und -Anwender, vom Abwechslungsreichtum eines Trainings, der starken Aktivierung der Teilnehmer und der sozio-emotionalen Tiefendimension, die erreicht werden kann.

Gleichzeitig wird an diesem Beispiel aber ein Problem sichtbar, das abgeschwächt auch in gruppendynamischen Veranstaltungen auftaucht, die weniger Übungsteile haben. Im Bestreben, die Veranstaltung möglichst lebendig, variationsreich und erlebnishaltig (oder auch nur: unterhaltsam?) zu machen, bleiben Reflexion, Verarbeitung und behutsames Eingehen auf den Einzelfall häufig auf der Strecke.

### 5.2.2.2: Zur Kritik gruppendynamischer Trainingsformen

Engagierte Vertreter gruppendynamischer Trainingsformen präsentieren eindrucksvolle Zusammenstellungen der Leistungen dieser Gruppe von PE-Maßnahmen: Soziale Sensiblität wird erhöht, Kommunikationsfähigkeit gesteigert, Selbsterkenntnis und realistische Selbsteinschätzung entwickelt, das soziale Verhaltensrepertoire erweitert, der Zugang zu Tiefenschichten des Erlebens geöffnet, Authentizität im Umgang miteinander geübt, das Zulassen und Ausdrücken von Emotionen enttabuisiert und gefördert, konstruktives Feedbackgeben trainiert usw. (s. dazu auch GEBERT 1972). Von Teilnehmern an solchen Veranstaltungen werden vielfach die Dichte, Tiefe und Neuartigkeit der Erfahrungen hervorgehoben, durch die Erlebnisdimensionen aktiviert würden, die häufig im bisherigen (Arbeits-)Leben verschüttet waren.

Mit ebensolcher Regelmäßigkeit werden jedoch zwei Problemkreise betont, die im Folgenden näher untersucht werden sollen: Es fällt schwer, die Erfahrungen produktiv in die betriebliche Situation zu übertragen und üblicherweise lassen sich solch stark erlebnisaktivierenden und ausdrucksintensiven Trainings nicht mit den unmittelbaren Arbeitskolleg(inn)en realisieren.

Die Faszination durch gruppendynamische Trainings rührt zum einen vom Kontrasteffekt her: Im Unterschied zum routinisierten Arbeitsalltag, bei dem es um Menge, Qualität, Termine, Kosten etc. geht, wird man im Training 'Alternative(r) auf Zeit': ansonsten Unterdrücktes und Verdrängtes (Erlebnishunger, Nähe, Gefühlsausdruck, Lachen, Toben, Schreien, Spielen usw.) kann akzeptiert ausgelebt werden - aber wohlgemerkt: fern vom Arbeitsplatz. In gewisser Weise lassen sich Parallelen herstellen zu anderen Ventilsitten (etwa Karneval, ritualisiertes Hänseln), die eine befreiende Druckabbau-Funktion haben und umso stärker institutionalisiert sind, je repressiver* das Leben ist. Was am Arbeitsplatz verpönt ist, kann hier gelebt werden - und damit hat es sich. Den eigenen Kolleg(inn)en sich in dieser Weise zu offenbaren, Sehnsüchte und Bedürfnisse auszudrücken und unzensiert authentisch zu sein, würde eine Kultur voraussetzen, die solche Lebensformen zuläßt. Dies ist in einem Ambiente, dessen unverzichtbare Kriterien Geld, Leistung, Zeit und Nutzen und dessen Folgen Konkurrenz, Unsicherheit, Kalkül und Eigennutz sind, nicht möglich - außer im Schonraum von Trainings, in dem wohldosiert der Traum von Freiheit, Gleichheit und Brüderlichkeit gelebt werden kann. Es wird quasi-familiäre Intimität beschworen: die im Arbeitsleben aufgezwungenen Normen und Konventionen erzeugen entsprechende Affekte (Scham und Peinlichkeit), die es verbieten zu weinen, "auszurasten", schwach oder liebevoll zu sein usw. In T-Gruppen werden solche Tabus vorübergehend außer Kraft gesetzt. Damit wird für kurze Zeit der Blick freigegeben auf das, was man ansonsten entbehrt oder wovor man sicher geschützt ist.

Weil aber solche Menschlichkeit weder berechenbar, noch planbar oder funktionalisierbar ist, muß das Ereignis Episode bleiben. Was hülfe es dem Unternehmen, wenn es den ganzen Menschen gewänne, dabei aber Schaden nähme an seiner Seele (und die heißt: Sicherung der langfristigen Einkommenserzielung)? Und das leben ja auch die Trainer vor: Sie engagieren sich (und werden engagiert) nicht etwa aus selbstloser Liebe zu den Menschen, sondern für Geld, für kurze Zeit, zum betrieblichen Nutzen. Gerade die Individualisierung der Erfahrungen im üblichen 'stranger lab' überträgt dem einzelnen die Verpflichtung, für sich auch 'back home' (wohlgemerkt: home!, gemeint ist der Arbeitsplatz) zu sorgen. Wenn dort nicht gelingt, was im Training möglich war, ist die Personalisierung der Verantwortung fürs Scheitern vorprogrammiert. Schmerz, Wut, Angst, Neid oder sexuelle Lust lassen sich nur in gezähmter, verstellter oder sublimierter* Form im 'stahlharten Gehäuse der Hörigkeit' unterbringen und begegnen einem dann als nützliche Tugenden wie Arbeitswut, Ehrgeiz, Mißerfolgsangst, Siegeswille. Interpersonelle PE kann sich nicht ausklinken aus dem Verwertungszusammenhang, in dem sie steht; wenn sie dies vortäuscht, riskiert sie Bumerangeffekte: Wer ent-täuscht wurde und deshalb klarer sieht, welche Erwartungen unerfüllt bleiben, ist vielleicht nicht mehr widerstandslos bereit, den selbst-losen Verzicht zu leisten, der in der weit überwiegenden Zahl der Arbeitsverhältnisse in der real existierenden Marktwirtschaft gefordert wird.

Dabei spielt auch eine Rolle, daß solche Trainings fast immer Führungskräften oder Außendienstmitarbeitern vorbehalten sind, einfachen Arbeitern oder Angestellten jedenfalls kaum angeboten werden. Warum haben Führungskräfte oder 'Grenzrolleninhaber' diese Trainings nötig oder verdient? Sollen sie vielleicht gar nicht sensibilisiert, sondern eher immunisiert werden? Es gilt als ausgemacht, daß eine 'Therapeutisierung' des Arbeitslebens unerwünscht ist. Zum einen soll damit die Krankschreibung normaler Mitarbeiter vermieden werden, zum anderen müßte erst gezeigt werden, daß die Erweiterung der Bandbreite menschlicher (Er-)Lebens- und Ausdrucksmöglichkeiten - das zentrale Ziel therapeutischer Bemühungen - dem Unternehmen Vorteile bringt. Die Trainings-Erfahrungen sollen nicht so sehr bereichern, als daß sie instrumentalisiert werden sollen: Es ist nützlich, die eigenen Stärken und Schwächen ebenso wie die der anderen klarer zu sehen, und über ein breiteres Handlungsrepertoire zu verfügen, wenn man die anderen damit besser lenken kann. Und nur solche Personen, die andere beeinflussen sollen, können interpersonelles Training ganz buchstäblich verwerten.

Weil gruppendynamische Trainingsformen *off*-the-job aus den geschilderten Erwägungen Transfer-Probleme aufwerfen, wurden alternative Verfahren entwickelt, die *on*-the-job praktiziert werden und auf die konkreten sozialen und sachlichen Arbeitsbedingungen direkt Bezug nehmen. Darauf soll im Folgenden anhand einiger Beispiele eingegangen werden. Zunächst sollen zwei strukturierte Vorgehensweisen vorgestellt werden, die nicht im Rahmen der normalen Arbeitsroutine inszeniert werden (Rollenklärung, Rollenverhandeln). Obwohl diese Interventionen im Zwischenfeld zwischen 'arbeitsplatzfern' und 'arbeitsplatznah' stehen, sollen sie noch in diesem Abschnitt vorgestellt werden. Im nächsten Abschnitt (5.3.) wird auf Interventionen eingegangen, die unmittelbar ins Arbeitsgeschehen integriert werden können (Qualitätszirkel, Projektarbeit usw.).

## 5.2.3. Rollenklärung bzw. Rollenanalyse

Hier handelt es sich eigentlich um eine Art kooperativ erstellter Stellenbeschreibung. Dabei wird von der Beobachtung ausgegangen, daß in Arbeitsgruppen, die komplexe Aufgaben zu erledigen haben, sehr häufig jeder seine Spezialaufgabe erfüllt und sich darüber wundert oder ärgert, daß "die anderen" ihren Verpflichtungen nicht nachkommen. Jeder hat die Tendenz, seine Sicht der Dinge zu verabsolutieren", so daß sich schließlich eine Kluft auftut zwischen der jeweils subjektiven Rollen-Auffassung und den Rollen-Erwartungen, die an die anderen Positionsinhaber gerichtet werden, so daß sich "Rollen-Konfusion" breit macht. Aber auch wenn neue Stellen geschaffen oder neue Mitarbeiter integriert werden sollen, lohnt es sich, die "Rollen-Analyse-Technik" (RAT) anzuwenden (HARRISON 1977). Mit ihrer Hilfe sollen zwei Ziele erreicht werden:

- Steigerung der Transparenz der gegenseitigen Rollenerwartungen (Man weiß, was die anderen von einem wollen) und
- Abgrenzung und/oder Neudefinition der Erwartungen.

*Das Vorgehen:*

Jede selbständige Position wird nacheinander als "Fokal-Rolle" betrachtet, also quasi als Brennpunkt der Erwartungen anderer.

1. In einem ersten Schritt beschreibt die Inhaberin dieser Position vor allen anderen Gruppenmitgliedern Einordnung, Daseinszweck ("mission"), Aufgaben, Befugnisse und Verantwortlichkeiten ihrer Stelle, so wie sie sie sieht. Alles wird auf einem Flipchart aufgelistet und von der Gesamtgruppe solange ergänzt oder korrigiert, bis alle der Überzeugung sind, daß die Position vollständig beschrieben ist.
2. Sodann formuliert die Inhaberin der Fokalrolle ihre Erwartungen an die wichtigsten Stellen, mit denen sie zusammenarbeitet. Auch diese Liste wird veröffentlicht, von allen erörtert, bearbeitet und schließlich verabschiedet.
3. Im dritten Schritt erfolgt eine Veränderung der Betrachtungsrichtung: Die anderen Stelleninhaber(innen) formulieren ihre Erwartungen an die Fokalrolle. Auch diese Aussagen werden protokolliert, diskutiert, modifiziert und gemeinsam akzeptiert.
4. Der abschließende vierte Schritt besteht darin, daß die Inhaberin der Fokalrolle eine schriftliche Zusammenfassung des "Rollenprofils" erstellt, wie es sich in den drei vorangegangenen Schritten herauskristallisiert hat. Die Gesamtgruppe ratifiziert das Ergebnis und wendet sich der Wiederholung der Prozedur bei der nächsten Fokalrolle zu.

## 5.2.4. Rollenverhandeln

Dieses ebenfalls von HARRISON entwickelte Verfahren gilt als "harte" Organisationsentwicklungs-Technik, weil es direkt Macht, Abhängigkeit, Konflikt und Konkurrenz in Arbeitsgruppen angeht (s.a. HILL 1990). Rollenverhandeln unterstellt, daß es das Ziel jedes Mitglieds ist, größeren Einfluß auf die anderen zu gewinnen und deren Einfluß auf die eigene Arbeit nach Möglichkeit zu verringern. Die Rolle, über die verhandelt werden soll, schließt nicht nur die formale Stellenbeschreibung ein, sondern auch die informellen Ansichten, Erwartungen und Übereinkünfte, die sich im Laufe der Zusammenarbeit herausgebildet haben. *"Die Technik beruht auf einer grundlegenden Annahme: daß die meisten Leute eine fair ausgehandelte Regelung einem Zustand un-*

*gelöster Konflikte vorziehen, und daß sie bereit sind, Zeit zu investieren und Konzessionen zu machen, wenn es darum geht, zu einer Lösung zu gelangen"* (HARRISON 1977).

Das Verfahren läuft in 3 Schritten ab:

*1. "Beratungsvertrag"*

In ihm wird festgehalten, was Berater oder Moderator und Gruppenmitglieder voneinander zu erwarten haben. Dieser Pakt enthält folgende Bestimmungen:

- Es geht nicht um Gefühle, sondern um die Arbeit: Wer tut was, wie und mit wem.
- Erwartungen und Forderungen an das Verhalten anderer müssen möglichst offen, genau und konkret genannt werden; sie müssen schriftlich fixiert werden.
- *"Wenn ein Mitglied an ein anderes Mitglied eine Bitte oder Forderung nach Verhaltensänderung richtet, wird der Berater immer nach dem 'quid pro quo' (was für was) fragen, das es zur Erlangung des Gewünschten zu geben bereit ist"*. Wer etwas will, muß etwas herzugeben bereit sein.
- Über diese Leistungen und Gegenleistungen wird verhandelt. Dabei sind Drohungen und Druck nicht ausgeschlossen, werden aber als uneffektiv betrachtet, weil sie zu Abwehr, Verheimlichung, Vergeltung, Verhandlungsabbruch usw. führen können. Das Ergebnis der Verhandlungen wird schriftlich niedergelegt.

*2. Problemdiagnose.*

Jedes Mitglied wird aufgefordert darüber nachzudenken, was sich ändern müßte, damit seine eigene Effektivität verbessert wird. Jedes Mitglied muß dann für jedes andere Mitglied einen "Problemdiagnosebogen" ausfüllen. Folgende drei Fragen sind dabei zu beantworten:

- "Es würde mir helfen meine eigene Effektivität zu steigern, wenn Sie folgendes MEHR ODER BESSER machen würden: ... "
- "Es würde mir helfen meine eigene Effektivität zu steigern, wenn Sie folgendes WENIGER ODER NICHT MEHR tun würden: ... "
- "Mit folgenden Verhaltensweisen haben Sie mir geholfen, meine Effektivität zu steigern und ich hoffe, daß Sie sie in Zukunft BEIBEHALTEN: ... "

Die ausgefüllten Listen werden dann so ausgetauscht, daß jede Person alle Listen hat, die sich auf ihr Arbeitsverhalten beziehen. Jedes Mitglied fertigt nun eine Liste für sich selbst an, indem es auf ein großes Blatt Papier (z.B. Flip-Chart) alle Verhaltensweisen einträgt, die andere mehr/besser, weniger/nicht mehr oder unverändert getan wissen möchten (siehe das beigefügte Beispiel). Diese Listen werden so aufgehängt, daß die ganze Gruppe sie prüfen kann. Jedes Mitglied darf die anderen, die Aussagen gemacht haben, nach dem Was, Warum und Wie ihrer Wünsche fragen.

*3. Rollen-Verhandeln.*

Als eine Art Vorbild werden zwei Teilnehmer gebeten, zusammen mit dem Berater vor der Restgruppe den Prozeß vorzuführen: Jeder von den beiden wird aufgefordert, a) jene Bereiche zu nennen, in denen er sich eine Änderung des anderen besonders wünscht und b) jene Bereiche, in denen er glaubt, den Veränderungswünschen des anderen entgegenkommen zu können.

Der Prozeß des Verhandelns besteht darin, daß beide Parteien sich aufeinander bezogene Angebote von der Art "Wenn Sie X tun, werde ich Y tun" machen. Das Verhandeln ist zu Ende, wenn die Partner zufrieden sind mit den Gegenleistungen, die sie für ihre Angebote erhalten haben. Diese Übereinkunft wird dann schriftlich fixiert; außerdem fordert der Berater die Partner auf, offen über Sanktionen zu reden, wenn einer das Verhandlungsergebnis nicht respektiert. Alle Übereinkünfte werden der Gesamtgruppe bekanntgegeben, so daß auch über das Ausmaß an Redlichkeit und Realitätsorientierung der Vertragsparteien diskutiert werden kann.

Nach einer gewissen Zeit (z.B. 4 Wochen) kann man sich zu einer halbtägigen Sitzung wiedertreffen, um über die zwischenzeitlichen Erfahrungen zu reden und eventuelle Verbesserungen zu vereinbaren.

Diese Vorgehensweise wird in den folgenden drei Belegen 5.2 - 5.4 exemplarisch illustriert.

---

**Beleg 5.2: Problemdiagnosebogen**

Botschaften eines Stelleninhabers an seinen Vorgesetzten

1. Es würde mir helfen, meine eigene Effektivität zu steigern, wenn Sie folgendes *mehr oder besser* machen würden:
   *"Seien Sie den Verbesserungsvorschlägen von seiten der Verfahrensingenieure gegenüber aufgeschlossener. Helfen Sie bei der Kostenkontrolle (siehe 2). Kämpfen Sie härter mit, um unsere Pläne zu verbessern."*

2. Es würde mir helfen, meine eigene Effektivität zu steigern, wenn Sie folgendes *weniger oder nicht mehr* tun würden:
   *"Als Beurteiler und Richter bei der Kostenkontrolle zu fungieren; häufig kleine Einzelheiten bei der Arbeit zu überprüfen; so viele detaillierte Arbeitsberichte zu verlangen."*

3. Mit folgenden Verhaltensweisen haben Sie mir geholfen, meine Effektivität zu steigern, und ich hoffe, daß Sie sie in Zukunft *beibehalten*:
   *"Bei unseren wöchentlichen Treffen die volle Information weiterzugeben. Immer verfügbar zu sein, wenn ich das Bedürfnis habe, mit Ihnen zu sprechen."*

aus: HARRISON, R. (1977). Rollenverhandeln: ein "harter" Ansatz zur Team Entwicklung. In: SIEVERS, B. (Hrsg.). Organisationsentwicklung als Problem. Stuttgart (Klett-Cotta)

---

Die beiden Beispiele für strukturierte Rollen- oder Beziehungsgestaltung haben - anders als z.B. T-Gruppen - die Übertragung der Ergebnisse auf die konkrete Arbeitssituation gleichsam 'eingebaut'. Dies ist noch mehr der Fall bei den folgenden Interventionstechniken.

**Beleg 5.3: Zusammenfassung der Botschaften an einen Stelleninhaber von den anderen Gruppenmitgliedern.**

| Mehr oder besser | Weniger oder nicht mehr | Beibehalten wie bisher |
|---|---|---|
| Informiere über den Projektfortschritt, wenn er von den Fertigungsterminen abweicht - B., T., D. | Die Leute andere gute Arbeitsgelegenheiten wahrnehmen lassen - kleb' nicht an deinen guten Ingenieuren - T., B. | Die Arbeiter in Wartung und Instandhaltung trainieren - H. |
| Schicke Berichte über den Fortschritt des xy-Projekts - B. | Häufiges Fehlen bei den wöchentlichen Planungstreffen - T., B. | Gute Vorschläge bei den Treffen - T., H. |
| Veranlasse, daß die Ingenieure, wenn Hilfe gebraucht wird, leichter verfügbar sind - J., H. | Ignorieren der Notizen und Berichte zur Kostenkontrolle - D. | Schwierige und unangenehme Fragen stellen - T., J. |
| Sei besser informiert bezüglich der Pläne und Aktivitäten - D. | Meine Prioritäten bei der Ingenieursarbeit zur Seite schieben - H., J. | Bereitschaft, bei Designproblemen zu helfen - B., J. |
| Bestehe auf Sicherheitsvorschriften bei Ingenieuren im Produktionsbereich - H. | Zu Lasten anderer Zeit für das xy-Projekt erzwingen - D. | Projektarbeit von guter Qualität - B., H., D., J. |
| Treibe das ABC-Projekt stärker an - D., H., T., J. | Übereinkünfte bezüglich des Projektbudgets ohne vorherige Diskussion übergehen - D. | |

aus: HARRISON, R. (1977). Rollenverhandeln: ein "harter" Ansatz zur Team Entwicklung. In: SIEVERS, B. (Hrsg.). Organisationsentwicklung als Problem. Stuttgart (Klett-Cotta)

---

**Beleg 5.4: Abschließende schriftliche Übereinkunft zwischen Stelleninhaber J. und Vorgesetztem D.**

*J. ist einverstanden, D. sofort mitzuteilen, wenn es so aussieht, als ob die vereinbarten Fertigstellungszeiten und Kostenvoranschläge nicht eingehalten werden können, und jeden Fortschritt des Projekts in zweiwöchentlichen Abständen mit D. vollständig durchzusprechen.*

*Als Gegenleistung ist D. einverstanden, keine Fragen zu Einzelheiten und Fertigungszeiten zu stellen, und während des Versuchs mit dieser Übereinkunft zu sehen, ob die Information ausreicht, die sich aus der frühzeitigen Behandlung obiger Fragen ergibt.*

aus: HARRISON, R. (1977). Rollenverhandeln: ein "harter" Ansatz zur Team Entwicklung. In: SIEVERS, B. (Hrsg.). Organisationsentwicklung als Problem. Stuttgart (Klett-Cotta)

## 5.3. Arbeitsplatznahe Interventionen

### 5.3.1. Qualitätszirkel

Die Diskussion über Teamentwicklung ist in jüngster Zeit weitgehend verdrängt worden durch die Auseinandersetzung mit 'moderneren' Konzepten, die sich unter dem Sammelbegriff Qualitätszirkel zusammenfassen lassen (oft synonym gebrauchte Etikettierungen sind: Lernstatt, Werkstattzirkel, Problemlösegruppen, Werkstattforen, Vorschlagsgruppen, Mitarbeitergespräche usw.).

#### 5.3.1.1. Geschichte

Die Geschichtsschreibung der Qualitätszirkel-"Bewegung" wird im allgemeinen eröffnet mit einem Hinweis auf amerikanische und japanische Vorbilder (s. dazu auch LEDFORD u.a. 1988). In der Bundesrepublik werden als erste Anfänge meist die Lernstatt-Experimente einiger Großunternehmen genannt (z.B. BMW, HOECHST, MAN, BOSCH usw.). Es ging bei diesen Versuchen anfangs um die Beseitigung von Kommunikationsproblemen, die wegen des hohen Anteils ausländischer Mitarbeiter in der Produktion auftraten. Deshalb wurden Sprachkurse angeboten, die eng an den Arbeitsprozessen orientiert waren und in der Werkstatt als Lernstatt - meist von speziell geschulten Meistern - durchgeführt wurden. Es zeigte sich jedoch, daß auf diese Weise nicht nur sprachliche Fertigkeiten trainiert, sondern auch allgemeine Kommunikations- und Beziehungsprobleme behandelt wurden, so daß es in vielen Fällen zu einem besseren Verständnis füreinander, zu stärkerer Integration der ausländischen Mitarbeiter in die Belegschaft und zu engagierterer und produktiverer Mitarbeit kam. Daraus entstand die Anregung, die Lernstatt-Erfahrungen auf alle Mitarbeiter auszuweiten und auf breiter Front Werkstatt- oder Qualitätszirkel einzurichten.

Einen Überblick über die chronologische Entwicklung bei BMW präsentiert Beleg 5.5 aus HOHMANN (1987, S. 53).

**Beleg 5.5: Formwandel der Lernstatt (aus: HOHMANN 1987, S. 53)**

| Jahr | Anforderungen des Unternehmens | Zielsetzung | Lernstatt-Entwicklung |
|---|---|---|---|
| 1973 | - Abbau der Fehlzeiten, Fluktuation, Kosten | - Vermittlung arbeitsplatz- und umweltbezogener Sprachkenntnisse | - Lernstatt als Sprachmodell<br>• Vorgesetzter als Trainer seiner Mitarbeiter<br>• gemischte Gruppen (6-8 MA) |
| 1974/75 | - Abbau der Blockbildungen unterschiedlicher Nationalitäten | - Aufklärung<br>- Hilfestellung<br>- Integration<br>- Verbesserung des Arbeitsklimas | |
| 1978 | - Vermittlung von Qualitätsbewußtsein<br>- Abbau von Nacharbeit und Ausschuß<br>- Betriebsidentifikation | - Abbau der Info-Defizite<br>- Hilfe zur Selbsthilfe<br>- Aufzeigen von Arbeitsabläufen und -zusammenhängen<br>- Handhabung von Maschinen und Einrichtungen<br>- Erlangung sozialer Kompetenz<br>- Mitwirkung an Entscheidungen und Prozessen | - Lernstatt als Kommunikationsmodell<br>• vom Sprachmeister zum Moderator<br>• Zugang zu Informationskreisläufen<br>• Info von unten nach oben<br>• Einbindung der Hierarchie |
| 1980 | - Bereitschaft für Veränderungen<br>- übergreifende Zusammenarbeit<br>- neue Qualifikationsanforderungen<br>• fachlich<br>• persönlich | - Wecken des MA-Potentials<br>- übergreifende Zusammenarbeit mit<br>• vor- und nachgelagerten Bereichen<br>• Fertigung/Logistik/Instandhaltung Höherqualifizierung<br>- Vorbereitungshilfe für neue Aufgaben | - Lernstatt als Problemlösungsmodell<br>• Vermittlungsinstanz für<br>- Einsicht<br>- Bereitschaft<br>- Selbstinitiative |
| 1983/84 | - Personalpolitische Komponente:<br>von der gelernten Hilflosigkeit zur aktiven<br>• Mitgestaltung<br>• Mitverantwortung | - Von der puren Mitarbeit über Mitdenken als Voraussetzung zum Mitwirken und Kompetenzerlangung zum Mitplanen:<br><br>**DER MITARBEITER DER ZUKUNFT!** | - Lernstatt als Organisations-Entwicklungs-Modell an der Basis<br>• Handlungskompetenz<br>• Teamfähigkeit<br>• Veränderungsbereitschaft<br>• Neue Formen der Zusammenarbeit |

## 5.3.1.2. Definition

DEPPE (1989, S. 176) bietet eine synthetische Definition an, die praktisch alle Bestimmungen umfaßt, die üblicherweise zur Charakterisierung von Qualitätszirkeln herangezogen werden:

*"Qualitätszirkel sind*
- *(1) auf Dauer angelegte*
- *(2) Gesprächsgruppen,*
- *(3) in denen sich eine begrenzte Zahl an Mitarbeitern*
- *(4) eines Arbeitsbereichs*
- *(5) der unteren Hierarchieebene*
- *(6) in regelmäßigen Abständen*
- *(7) während oder bezahlt außerhalb der regulären Arbeitszeit*
- *(8) auf freiwilliger Basis treffen, um*
- *(9) selbstgewählte*
- *(10) Probleme des eigenen Arbeitsbereichs zu diskutieren und*
- *(11) unter Anleitung eines geschulten Moderators*
- *(12) mit Hilfe spezieller Problemlösungstechniken*
- *(13) Lösungsvorschläge zu erarbeiten und*
- *(14) die Umsetzung der Verbesserungsvorschläge (selbständig oder im Instanzenweg) zu initiieren und kontrollieren,*
- *(15) wobei die Verbesserungsvorschläge im Rahmen der gesetzlichen oder betrieblichen Bestimmungen vergütet werden und*
- *(16) der Gruppenarbeitsprozeß für die Teilnehmer Lerneffekte beinhaltet."*

In dieser Begriffsbestimmung finden sich auch Angaben über die wichtigsten beteiligten Akteure. In der folgenden Abb. 5.2 sind die Mitwirkenden und ihre Beziehungen skizziert (s. ähnliche Diagramme bei DEPPE 1989, S. 181, BUNGARD & ANTONI 1990, S. 38 bzw. DOMSCH 1985, S. 34 oder ENGEL 1987, S. 65).

## 5.3.1.3. Organisation und Arbeitsweise

Eine Analyse der in dieser Abbildung aufgeführten Stellen oder Einrichtungen offenbart zugleich zentrale Probleme der Qualitätszirkelarbeit, denn alle Beteiligten erfüllen spezifische Funktionen, die erfahrungsgemäß für das Gelingen bedeutsam sind:

Die Funktion des *Steuerungskomitees* liegt vor allem darin, die 'Machtpromotion' des Projekts im Unternehmen zu sichern: Mitglieder sind höhere Führungskräfte (vorzugsweise Mitglieder der Geschäftsführung oder des Vorstands). Die Steuerungsgruppe definiert zum einen die Rahmenbedingungen der QZ-Arbeit (Mittelbewilligung, Arbeitszeit-Freigabe, Belohnungssysteme usw.). Damit werden Ernsthaftigkeit der Absichten und 'hierarchische Rückendeckung' zum Ausdruck gebracht: Wenn die Unternehmensleitung nicht aktiv hinter dem Projekt steht, ist es im Regelfall zum Scheitern verurteilt. Das gilt vor allem für jene Phase der Arbeit, in der es um die Durchsetzung und Ausführung erarbeiteter Vorschläge geht, aber auch um die Startmotivation ('kick-off') und die Überwindung von Demotivations-Phasen.

**Abb. 5.2: Akteure der Qualitätszirkelarbeit**

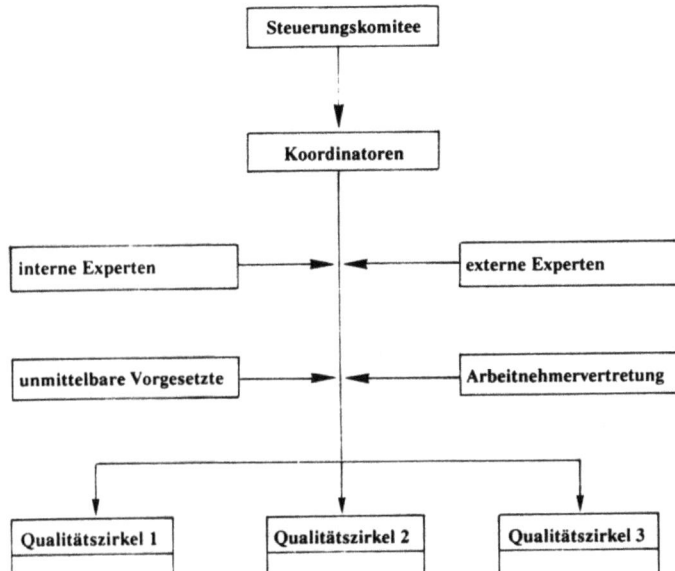

Die *Koordinatoren* haben die Aufgabe, die organisatorischen, sachlichen, pädagogischen und finanziellen Voraussetzungen zu schaffen, die für eine erfolgreiche Durchführung der QZ-Arbeit nötig sind (Termine, Räume, Ausstattung mit Materialien, Organisation der Ausbildung der Moderatoren).

Die *Moderatoren* sind die Leiter der Qualitätszirkel; sie müssen in Techniken der Leitung von Problemlöse-Gruppen geschult und erfahren sein. Die Frage, ob Meister bzw. andere betriebliche Vorgesetzte Moderatoren sein sollten, wird kontrovers diskutiert: Auf der einen Seite wird die Vorgesetztenposition gestärkt und die Realisierungswahrscheinlichkeit von erarbeiteten Vorschlägen gesteigert, auf der anderen Seite fehlt den Vorgesetzten zuweilen die Eignung und Akzeptanz für die Moderatorenrolle und sie provozieren eingespieltes Verhalten gegenüber der formellen betrieblichen Autorität (Folgsamkeit, Konventionalität, Verantwortungsrückdelegation etc).

Die Einbindung der unmittelbaren betrieblichen *Vorgesetzten* ist von doppelter Bedeutung: zum einen sind sie unmittelbar betroffen von den Ergebnissen der QZ-Arbeit und müssen sich vielleicht implizit vorhalten (lassen), daß sie eigentlich selbst die entwickelten Innovationen hätten vorschlagen sollen, zum anderen können sie durch ihr (Des-) Interesse und die (Nicht-) Förderung der Mitarbeit erheblich zur (De-)Motivation der Teilnehmer beitragen.

*Interne und externe Experten* können von den Qualitätszirkeln auf Bedarf und Anfrage hinzugezogen werden, wenn es bei der Problembearbeitung darum geht, spezifische Fachfragen kompetent und kurzfristig beantwortet zu bekommen.

Die *Arbeitnehmer-Vertretung* verfolgt im allgemeinen die QZ-Arbeit mit gespaltener Bewertung: Auf der einen Seite sind QZ wünschenswerte Einrichtungen praktizierter Mitbeteiligung der Arbeitnehmer, auf der anderen Seite aber gibt es die Befürchtung, daß der Betriebsrats- und Gewerkschafts-Einfluß unterlaufen und Produktionswissen der Arbeitnehmer relativ kostengünstig 'angezapft' werden soll. Es wird deshalb empfohlen, den Betriebsrat im Steuerungskomitee zu beteiligen (oder ihn zumindest laufend und umfassend zu informieren) und die Vergütung der Ideen (analog der Prozedur beim Vorschlagswesen) exakt zu regeln.

Die *Mitarbeiter* in den Qualitätszirkeln sollten auf freiwilliger Basis rekrutiert werden; sie müssen im Regelfall auf ihre Arbeit in speziellen Trainings vorbereitet werden (z.B. Gruppendiskussions- und Problemlöse-Techniken). Es muß in den Teilnehmern die Erwartung gefestigt werden, daß sich ihre Arbeit lohnt, daß sich also die Verhältnisse zu ihren Gunsten ändern werden und die Beteiligung an eventuellen Produktivitätsgewinnen gesichert ist.

### 5.3.1.4. Stellungnahme zur Qualitätszirkel-Methode

Die anfänglich nahezu kritiklose Euphorie im Hinblick auf die Leistungsfähigkeit von Qualitätszirkeln ist in den letzten Jahren einer differenzierteren Betrachtungsweise gewichen, die neben den häufig realisierbaren Vorteilen auch Probleme und Schwierigkeiten zur Kenntnis nimmt.

Registriert man - z.B. anhand der Abb. 5.3 aus BUNGARD & ANTONI (1990, S. 39) - die *positiven* Auswirkungen von Qualitätszirkeln, wie sie in einer Befragung von 41 "Experten" festgestellt wurden, dann fällt auf, daß *sozio-emotionale* Auswirkungen (Kommunikation, Arbeitszufriedenheit, Motivation, Mitsprachemöglichkeiten, Zusammenarbeit) überwiegen, jedenfalls deutlich häufiger konstatiert werden als 'harte' ökonomische Kriterien (Kosten, Produktivität, Qualität, Verbesserungsvorschläge).

In derselben Befragung wurden auch *Probleme* genannt (s. Abb. 5.4). Diese Daten geben - zusammen mit den Ergebnissen mehrerer Erhebungen ANTONIs (1988), die in Tab. 5.1 zusammengestellt sind - einen Eindruck von der Störungsanfälligkeit der QZ-Arbeit und zeigen mit besonderer Eindringlichkeit, daß es vor allem *interpersonelle* Probleme sind, die bei dieser Form der Gruppenarbeit virulent werden.

**Abb. 5.3: Positive Auswirkungen von Qualitätszirkel**
Mittelwerte (M) und Streuungen (S) der Einschätzungen auf einer sechsstufigen Likertskala (1 = stimmt gar nicht bis 6 = stimmt völlig) von 41 befragten Experten der 100 umsatzgrößten bundesdeutschen Industrieunternehmen der Jahre 1989/90.

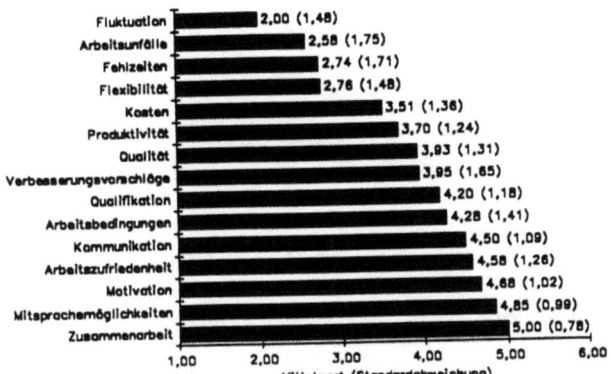

**Abb. 5.4: Schwierigkeiten bei der Durchführung von Qualitätszirkel**
Mittelwerte (M) und Streuungen (S) der Bewertungen auf einer sechsstufigen Likertskala (1 = keine Schwierigkeit bis 6 = sehr große Schwierigkeit) von 41 befragten Experten der 100 umsatzgrößten bundesdeutschen Industrieunternehmen der Jahre 1989/90.

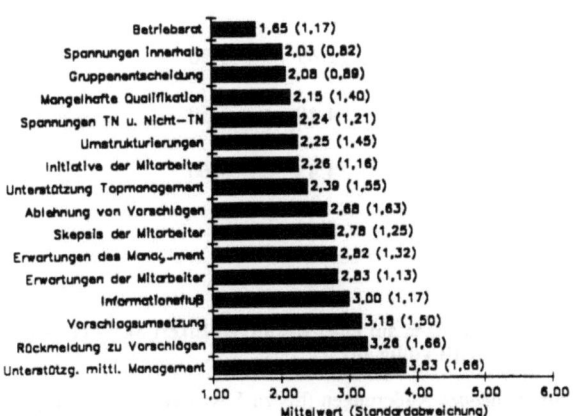

**Tab.: 5.1:** Hauptschwierigkeiten der Qualitätszirkel-Arbeit aus der Sicht verschiedener Beteiligter [A = 40 Moderatoren eines Großunternehmens; B = 18 Moderatoren eines Großunternehmens; C = 202 Moderatoren eines Großunternehmens und D deren Vorgesetzte (N = 18)] (zusammengestellt aus: ANTONI, 1988, S. 87 u. 89)

|  | A* | B* | C** | D** |
|---|---|---|---|---|
| Man hat (bei C u. D: "die Meister haben") zu wenig Zeit für die QZ-Arbeit | 3.23 | 4.58 | 35 % | 36 % |
| Man hat (bei C u. D: "die Meister haben") zu wenig Möglichkeiten, die Probleme zu beseitigen | 3.65 | 3.25 | 35 % | 47 % |
| Man hat zu wenig Unterstützung von Vorgesetzten | 3.47 | 3.33 | 10 % | 6 % |
| Man hat zu wenig Unterstützung von Stäben | 3.64 | 3.42 | 27 % | 47 % |
| Es werden zu viele unwichtige Probleme genannt | 4.15 | 3.36 | 40 % | 36 % |
| Die Erwartungen der Vorgesetzten (bei C u. D: "des Managements") sind zu hoch | 3.97 | 4.67 | 31 % | 31 % |
| Die Erwartungen der Mitarbeiter sind zu hoch | 3.97 | 3.64 | 32 % | 33 % |
| Man hat so viele Probleme gelöst, daß die Luft raus ist | 3.52 | 2.23 | 18 % | 19 % |
| Die Gesprächsleitung der QZ ist schwierig | 2.69 | 3.50 | 5 % | 19 % |
| Die erste Rückmeldung auf Vorschläge dauert zu lange | 4.10 | 3.50 | - | - |
| Die endgültige Verwirklichung der Vorschläge dauert zu lange | 4.45 | 3.60 | - | - |
| Die Mitarbeiter haben zu wenig Interesse | 3.50 | - | - | - |

\* Mittelwerte der Einschätzungen auf einer 6-stufigen Likert-Skala (1 = trifft überhaupt nicht zu bis 6 = trifft völlig zu)

\*\* Prozentwerte zustimmender Äußerungen (bis zu 5 Aussagen konnte zugestimmt werden)

Damit kann wieder zurückgekehrt werden zur Diskussion des intersubjektiven Aspekts der dritten Sozialisationsphase ("Vollmitglied werden"), für den die Beispiele der Teamentwicklung, des Rollenverhandelns und der Qualitätszirkel-Arbeit Illustrationen waren: Es genügt nicht, *individuelle* Qualifikationen zu vermitteln und seien sie noch so breit gestreut (kognitiv, affektiv, motivational, instrumentell, moralisch usw.). Ebenso wichtig ist es, die Bedingungen und Formen der *Zusammen*-Arbeit zum Gegenstand der Analyse- und Gestaltungsbemühungen zu machen, wenn man die Einschränkung auf den engen Begriff der Person-Entwicklung zugunsten des weiteren Konzepts der Personal-Entwicklung überwinden möchte. Das Intersubjektive ist nicht erschöpft in dem, was man einzelnen Personen antrainieren kann; es ist untrennbar gebunden an die konkreten Menschen, die *untereinander in Beziehung stehen und miteinander arbeiten*. Dies kann stellvertretend an einzelnen oder im Labor (zusammen mit Fremden) nur unzulänglich simuliert werden; die Perspektive darf zudem nicht eingeengt werden auf die Binnen-Situation der Arbeitsgruppe, sondern muß die Vernetzung mit anderen relevanten Positionen und Personen (z.B. Management, Fachabteilungen, Betriebsrat) berücksichtigen und dabei auch den konkreten sachlichen Randbedingungen (Zeitdruck, finanzielle Ressourcen, materielle Gegebenheiten etc.) Rechnung tragen. Diese unausweichliche Konkretheit und Besonderheit macht es auch so schwierig, Paket- und Patentlösungen, die sich anderswo bewährt haben, auf eine spezifische Arbeitsgruppe zu übertragen. Man hat andererseits auch nicht die Option, interpersonelle Beziehungen und Strukturen auszublenden: sie bilden sich unausweichlich heraus und es hat sich als unerfüllbarer Anspruch erwiesen, sie gezielt und rational zu gestalten (s. die schon erwähnte Diskussion über 'formale vs. informelle' Organisation). Weil die Einflußgrößen auf die interpersonelle Konstellation und Dynamik so zahlreich, komplex, intransparent, mehrdeutig und variabel sind, muß man sich mit der Schaffung von günstigen Bedingungen für geplante Entwicklungsrichtungen begnügen. Der aktuelle Verlauf kann die Erwartungen enttäuschen; deshalb müssen die gewollten Ausprägungen zusätzlich durch andere dauerhaft bestehende oder ad hoc einsetzbare Lenkungsinstrumente abgesichert werden - also durch die Möglichkeit zur *personalen* Intervention oder zur *apersonalen* Rahmengestaltung.

Qualitätszirkel sind im Grunde spezielle Formen der Projektarbeit (siehe dazu unten und ANTONI 1990). Sie sind hierarchisch kontrollierte Einrichtungen (s. Steuerungskomitee!), die ergänzend zur Normalarbeit eingesetzt werden. Die Verwirklichung der erarbeiteten Lösungen dauert oft (zu) lange, das Engagement höherer Vorgesetzter und von Stäben läßt oft zu wünschen übrig, was nachvollziehbar ist, da die Projektarbeit in ihre angestammten Zuständigkeiten eingreift. Weil Qualitätszirkel nicht von professionellen Experten geleitet werden und viele Mitglieder nicht in aktiver Mitwirkung geübt sind (angesichts einer langen Tradition der Bevormundung), sind sie vor allem Veranstaltungen des Lernens durch Tun: Im Prozeß des gemeinsamen Problemlösens werden jene Kompetenzen entwickelt, die zur effektiven Bewältigung der Aufgabe an sich vorausgesetzt werden. Insofern sind sie eigentlich nur dann wirksam, wenn sie sowohl langfristig wie erfolgreich tätig sind, denn erst dann kann die spezifische Kombination aus Fach-, Methoden- und Sozialkompetenz, die Qualitätszirkel vermitteln (können), zur vollen Entfaltung kommen. Qualitätszirkel dürfen deshalb nicht als spektakuläre Einmalaktionen mißbraucht werden. Diese Überlegung weitergedacht führt jedoch zu der Einsicht, daß Mitbeteiligung und Mitbestimmung der Mitarbeiter zur generellen und selbstverständlichen Institution werden müssen - und nur weil dies im allgemeinen nicht der Fall ist, haben Qualitätszirkel eine solche Aufmerksamkeit finden können.

Mit einer funktionierenden QZ-Infrastruktur wird gleichzeitig ein wirksames Instrument geschaffen, das auch für nicht selbstbestimmte Themenstellungen genutzt werden kann. Illustrierend sei folgendes Beispiel zitiert, das 'zwischen den Zeilen' auch einiges verrät über die innere Haltung, aus der heraus QZ-Arbeit in dieser Firma - den Drägerwerken - betrieben wird:

*"Dazu gehört weiter, daß die Qualitätszirkel-Ergebnisse generell jeweils vor dem Top-Management präsentiert werden, das auch in dieser Sitzung die erforderlichen Entscheidungen fällen muß. Dieses Vorgehen ist sicher aufwendig und umständlich. Doch es hat Vorteile, die - jedenfalls bei Dräger - wesentlich schwerer wiegen: Es wird eine zusätzliche Möglichkeit institutionalisiert, wo Mitarbeiter der untersten Ebene (Qualitätszirkelteilnehmer) mit obersten Führungskräften zusammenkommen, sich kennenlernen und gleichberechtigt miteinander diskutieren. Es gibt der oberen Führungsmannschaft eine unverfängliche Gelegenheit, über alle Hierarchiegrenzen hinweg und ohne unzulässige Umgehung der Berichtswege Hinweise zu erhalten, Einstellungen kennenzulernen, diskutieren und sich selbst artikulieren zu können.*

*Dies kulminiert in einer jährlich mit allen Moderatoren für Qualitätszirkel abgehaltenen Tagung, unter Teilnahme auch von Vorstandsmitgliedern, in der Erfahrungen aufgearbeitet und Strategien für die Zukunft entwickelt werden ...*

*Die Tatsache, daß bei Durchhalten dieser Linie auf Dauer sämtliche qualifizierten Mitarbeiter und Nachwuchskräfte zu Moderatoren ausgebildet sind, kann zu einer unglaublichen Schlagkraft der Organisation führen. Dazu ein Beispiel: Als Dräger im März 1988 vor der Situation stand, die abstimmberechtigten Pflichtmitglieder in der AOK, d.h. rund 2000 gewerbliche Mitarbeiter, mit dem Ziel des Austritts aus der AOK und Gründung einer eigenen Dräger-Betriebskrankenkasse vertraut zu machen, war die Frage schnell beantwortet, wie man alle Betroffenen in kleinen Gruppen gesprächsweise erreichen könnte: Wir hatten lediglich (dies klingt einfacher als es war) alle Gruppenführer der Produktion zu freiwilligen Moderatoren für dieses spezielle Thema zu gewinnen. Daß dies gelang und zu einem herausragenden Erfolg führte (90 % Wahlbeteiligung und davon 83% Ja-Stimmen), bestätigt mindestens tendenziell die Richtigkeit des Bemühens bei Dräger, jede Führungskraft qualifiziert zu schulen und zur Identifikation mit diesem Unternehmen zu gewinnen"* (Gensch, 1989, S. 197).

### 5.3.2. Projektarbeit

Projekte sind zeitlich befristete, einmalige (und damit neuartige, d.h. wenig vorstrukturierte und risikobehaftete), umfangreiche oder komplexe Aufgaben, die zusätzlich zu den routinemäßig laufenden erfüllt werden müssen. Es kommt in ihnen darauf an, daß Spezialisten aus verschiedenen Funktionsbereichen effektiv zusammenarbeiten. Das erwartete Ergebnis (Projektziel) ist meist als eine in sich abgeschlossene ganzheitliche Leistung klar definiert, nicht aber der Weg zu diesem Ziel. Beispiele: Komplexer Anlagenbau (Sport-Stadien, Staudämme, Kernkraftwerke, Pipelines, Wolkenkratzer), Entwicklung und Einführung neuer Produkte, Maschinen oder Verfahren (neues Automodell, EDV-Systeme, Marketing-Strategien, Führungsleitlinien), Unternehmensanalyse und -beratung ...

Dabei gibt es unterschiedliche organisatorische Strukturen:

*Projektarbeit organisiert durch eine stabsartige Koordinationsstelle*

Wenn sich an der gegebenen Organisation strukturell nichts ändert (also alle Mitarbeiter in ihren bisherigen Funktionen und Unterstellungen weiterarbeiten), fällt dem Projektmanager in der Art einer formal weitgehend einflußlosen Stabsstelle die Aufgabe zu, Ressourcen für seine Aufgabenstellung durch Überzeugungsarbeit zu akquirieren - formelle Macht hat er dazu nicht.

*Projektarbeit in speziellem Projektteam*

Aus der bestehenden Organisation werden bis zum Erreichen des Projektziels Fachkräfte ausgegliedert und im Projektteam zusammengestellt, die *vollzeitlich* die Projektaufgabe verfolgen. Zur Projektarbeit werden alle nötigen Ressourcen bereitgestellt; nach Erfüllen der Aufgaben gehen die Mitglieder wieder in ihre alten Stellen zurück.

*Projektarbeit in einer Matrix-Organisation*

Hier werden von übergeordneten Stellen der Projektmanagerin neben der Projektzielsetzung auch Entscheidungs- und Anweisungsbefugnisse übertragen, die es ihr erlauben, in bestimmtem Umfang von den funktionalen Stellen der Organisation (die disziplinar den Linienvorgesetzten unterstellt bleiben) Leistungen anzufordern. Die Projektaufgabe liegt sozusagen quer zu den normal weiterlaufenden anderen Aktivitäten der Stelleninhaber und beansprucht deren Arbeitszeit meist nicht ausschließlich. Die Überschneidung der Weisungsbefugnisse der Funktional- und Projektvorgesetzten wird bewußt in Kauf genommen; die resultierenden Konflikte sollen nur im Ausnahmefall durch Rückdelegation auf die übergeordneten Stellen (z.B. ein Steuerungskomitee) gelöst werden.

Diese Varianten machen deutlich, daß Projektarbeit als PE-Strategie in unterschiedlichem Ausmaß zur *interpersonellen* Entwicklung 'on-the-job' beiträgt - am wenigsten tut das die erste Variante. Es liegt im Wesen der Projektarbeit, daß sie zeitlich befristet ist und daß jeweils neue Teams zusammengestellt oder Kooperationspartner gewonnen werden müssen. Damit überwiegt im Regelfall das Training *individueller* sozialer Kompetenzen (Flexiblität, Überzeugungskraft, soziale Anpassung usw.), erst in zweiter Linie werden Strukturen und Inhalte *sozialer Beziehungen* weiterentwickelt.

Auch bei der Erwähnung neuer Ausbildungsmethoden im System der (dualen) Berufsausbildung ist schon auf die Projektmethode als eine der drei methodischen Innovationen, die das BIBB untersucht hat, hingewiesen worden. Auch hier ging es neben der Vermittlung von Sach- und Methodenkompetenz um das Training von Sozialkompetenz. Zusätzlich dazu hat das Arbeiten in/an Projekten den weiteren Vorteil, daß selbstverantwortlich ganzheitliche reale (nicht künstliche, simulierte) Aufgaben ausgeführt werden - was einen Motivationsschub auslösen kann. Grundsätzlich gilt, daß sich Arbeitnehmer vor allem dann engagieren werden, wenn sie unmittelbar erleben können, daß das, was sie tun, nützlich und verwertbar ist, von ihnen selbst gestaltet werden kann und eine abgeschlossene 'runde' Sache ist, so daß das Lernen im (sinn- und wertvollen) Tun erfolgt. In dieser Form ist Projekt-Arbeit gleichzusetzen mit problem- und aktionsorientiertem Lernen. Für das Beispiel des Management-Trainings führt FOY dazu aus:

*"Problemorientiertes Lernen unterscheidet sich vom traditionellen Managementtraining in vielerlei Hinsicht. Das Lehrmaterial besteht nicht aus Büchern oder Fachstudien, sondern aus realen, dynamischen Unternehmensproblemen, die schwieriger vorherzusagen oder zu lösen sind als Probleme auf dem Papier. In einem 'richtigen Fall' muß der Teilnehmer seine eigene Diagnose finden und dann versuchen, die Mitglieder seiner Organisation zu überzeugen, diese Diagnose zu akzeptieren und entsprechend seinen Vorschlägen zu handeln. Im allgemeinen haben die Probleme, mit denen sich die Teilnehmer beschäftigen, undefinierte Dimensionen und überschreiten Organisationsgrenzen. Weil die Teilnehmer weder die Befugnis noch die Autorität haben, einseitig Handlungen vorzunehmen, lernen sie sehr viel darüber, wie man Risiken eingeht, sich persönlich festlegt und andere davon überzeugt, selbst Risiken einzugehen und sich persönlich festzulegen. Problemorientiertes Lernen beruht auf drei einfachen Prinzipien:*

- *Reife Menschen lernen am besten, wenn sie selbst mit wirklichen Problemen konfrontiert werden, deren Lösungen unbekannt sind.*
- *Die eigenen Erfahrungen können zusammen mit den von anderen überprüft werden, um Lösungen für größere Probleme zu finden.*
- *Learning by doing ist besonders effektiv, wenn ein Problem in einer unbekannten Situation angegangen wird." (FOY, 1982, S. 71).*

Projekte werden in Weiterbildungsprogrammen zunehmend häufiger eingesetzt. Die Kriterien, nach denen Projekte im Nachwuchskräfte-Entwicklungs-Programm (NEP) der MTU ausgewählt und bearbeitet werden (sollen), liefern interessante Aufschlüsse über die PE-Ziele, die verfolgt werden. Dazu zwei Textstellen aus Berichten dieser Firma:

*"- Die Bearbeitung erfolgt zusätzlich zur normalen Arbeitsaufgabe beziehungsweise Tätigkeit des Teilnehmers.*
- *Die Auswahl geschieht gemeinsam mit Coach und Teilnehmern.*
- *Das Projekt muß im Interesse der Hauptabteilung beziehungsweise des Unternehmens liegen.*
- *Der thematische Bezug zum Arbeitsfeld der Teilnehmer soll erhalten bleiben.*
- *In der Projektarbeit müssen die Teilnehmer auch mit Problemfeldern der Führung, Kommunikation und Zusammenarbeit konfrontiert werden. Die hier gemachten Erfahrungen sind wesentlicher Bestandteil der Projektarbeit und somit Gegenstand der Dokumentation.*
- *Der Hauptabteilungsleiter erteilt den schriftlichen Auftrag zur Projektbearbeitung"* (BAUER, KEMM & VOIGT, 1989, S. 125)

oder:

*"Kriterien für die Projektwahl:*

*Bei der Wahl der zu bearbeitenden Führungssituation gelten folgende Kriterien:*
- *die Situation muß auch auf der (zwischenmenschlichen) Verhaltensebene liegen, darf also kein reines Sachproblem sein*
- *es soll sich um ein persönliches (eigenes) Problem handeln*
- *die Situation muß konkret sein*
- *es soll sich um ein aktuelles, ungelöstes, aber prinzipiell lösbares Problem handeln oder um eine relativ typische Situation, die allgemein als schwierig erlebt wird*

- *der Teilnehmer soll an einer Bearbeitung dieser Situation wirkliches Interesse haben"*
*(SATTELBERGER, 1989, S. 105).*

Einige inhaltliche Beispiele für bearbeitete Projekte:
*"Beispielsweise wurden folgende Projekte angepackt:*
- *Einführung von CAD (Computer Aided Design) im Instandsetzungsbereich,*
- *Einführung eines Projektmanagementsystems (PMS) für den EDV-Zentralbereich und Fachbereichsorganisation,*
- *Systemplanung und Einführung eines Zeichnungsverwaltungssystems für CAD-Datenbestände,*
- *Überprüfung der Möglichkeit, Gruppenakkord an Stelle von Zeitlohn bei Verpackungstätigkeiten einzuführen,*
- *Erstellung eines rollierenden Finanzplans und dessen Abstimmung mit den Betroffenen,*
- *Personalschulung im Qualitätssicherungswesen"*

*(aus: SATTELBERGER, 1989, S. 106).*

oder:

*"Beispiele für Führungssituationen, die im Rahmen der individuellen Führungsprojekte bearbeitet werden,*
- *Erstellung eines bereichsübergreifenden EDV-gestützten Wartungs- und Instandsetzungsdatensystems,*
- *Bewältigung der Schnittstelle Leiter Werkstatt/Leiter Terminsteuerung,*
- *Veränderung der Aufgabengebiete und Kompetenzen in einer siebenköpfigen Arbeitsgruppe,*
- *Umgang mit einem Mitarbeiter, der leistungsmäßig stark abfällt ('reinen Wein einschenken'),*
- *Ablösung eines Gruppenleiters und Auswahl eines neuen Gruppenleiters; Erstellung eines Personal- und Strukturentwicklungsplans für die Abteilung,*
- *Reduzierung der Abteilung um acht Mitarbeiter durch Transfer in andere Abteilungen,*
- *Einführung einer bereichsübergreifenden Besprechung zur Qualitätsverbesserung bei einem Produkt"* *(BAUER, KEMM, VOIGT 1989, S. 125).*

Für den Meisterbereich finden sich Ausführungen zur Projektarbeit bei PLUMEIER (1989, S. 140) und BROSS (1989, S. 152).

Bedenkt man, daß manche Projekte - trotz ihrer Befristung - monate- und jahrelang dauern können, dann wird die Qualität der *intersubjektiven* Beziehungen zum kritischen Erfolgsfaktor. Die eigenartige und eigenständige Kooperationsform der Projektarbeit läßt es nicht zu, daß z.B. traditionelle Anweisungsverhältnisse praktiziert oder tragfähige Austauschbeziehungen und Vertrauensverhältnisse herausgebildet werden (s.a. BOOS 1990). Dennoch wird es in vielen Organisationen immer wichtiger, das Arbeiten unter solch rasch sich wandelnden Bedingungen (z.B. Modellwechsel, Systeminnovation) einzuüben und zu beherrschen. Es ist deshalb wichtig, daß Unternehmen mit instabiler, funktionsübergreifender, multipersonaler "hierarchiereduzierter" Kooperation (z.B. in lockeren selbstorganisierenden Netzstrukturen) erfolgreich umgehen können - und dies muß trainiert werden. Nicht zuletzt sind solche Herausforderungen auch ideale Testfelder für den Fach- und vor allem Führungskräftenachwuchs, ganz abgesehen davon, daß die oft interessanten Aufgabenstellungen als Alternative zur hierarchischen Karriere eingesetzt werden können.

Diese Einbettung der Projektarbeit als PE-Leistung verweist darauf, daß wichtige (individuelle) Qualifikationen vermittelt werden, z.B. Überzeugungskraft, Durchsetzungsvermögen, Ambiguitätstoleranz (wegen der fehlenden Eindeutigkeit in der Kompetenzverteilung), Ausdauer, Kompromißbereitschaft, Kommunikationsgeschick, die "Kunst des Durchwurstelns" (LINDBLOM), Sensibilität für gegenseitige Abhängigkeit, Bereitschaft und Fähigkeit zur Selbstorganisation (flexibles Aushandeln von Ordnungen anstelle der Berufung auf fixierte Ordnungen), ganzheitliches Denken und Planen, Konfliktfähigkeit, Grenzrollen ausfüllen können, Informationssammlung und -verarbeitung unter Unsicherheit etc. Falls diese Kompetenzen *nur in einzelnen Personen* verankert sind, ist ihre Umsetzung in der Zusammenarbeit erheblich erschwert; wurden die entsprechenden Erfahrungen von mehreren Personen gemacht, gelingt der Transfer in neue Situationen leichter, vor allem dann, wenn diese Personen die neuen Herausforderungen gemeinsam bewältigen müssen und damit auch die an ihre gegenseitigen Beziehungen geknüpften Erfahrungen und Kenntnisse verwertet werden können.

REESER (1969) konstatiert in diesem Zusammenhang eine gewisse Söldner-Mentalität bei erfahrenen (quasi 'professionellen') Projekt-Mitarbeitern: es wird ohne inneres Engagement und ohne Loyalität gegenüber der Unternehmung gearbeitet (S.406). Daran zeigt sich das Problempotential häufig wechselnder Kooperationsbeziehungen; wenn sich die oben diskutierten Charakteristika einer "Gruppe" (s. S. 27 ff) nicht entwickeln können, dann fehlen Wir-Gefühl, Hilfsbereitschaft, gegenseitige Verantwortung, Langzeitperspektive etc.

BIEKER (1989, S. 233) beschreibt derartige Erfahrungen bei Bertelsmann:

*"Die temporäre (Zusammen-)Arbeit in Projektteams bringt nicht nur Chancen, sich für 'höhere' Aufgaben zu empfehlen, sondern bedeutet auch eine Verunsicherung der beruflichen Perspektive: Nach Ablauf der Projektarbeit steht die Rückkehr in die 'alte' Arbeitseinheit bevor, in der sich inzwischen neue Konstellationen ergeben haben können, so daß Privilegien, Erfahrungen und Erwartungen in Frage gestellt sind und persönliche Entwicklungschancen beeinträchtigt werden. ("Wie geht's nach dem Projekt weiter, wohin komme ich dann, steige ich auf, bin ich dann in der 'alten Truppe 5. Rad am Wagen', weil schon ersetzt ...?")*

*" ... Neben der Integration in das Tagesgeschäft wird dem Assistenten in der Regel Projektarbeit übertragen. Hierbei haben wir ein breites Spektrum an Themen, z.B. Organisations- und Wirtschaftlichkeitsanalysen, Analysen von Wettbewerbssituationen bis hin zur Marketing- oder Vertriebskonzeption. Häufig ergeben sich derartige Projekte, weil Assistenten der Meinung sind, daß bestimmte Abläufe zu optimieren seien oder Entscheidungen anders getroffen werden sollten. Ein Projekt gibt ihm dann die Möglichkeit, die Situation differenzierter zu analysieren und detaillierte Vorschläge zu erarbeiten. Gleich-*

*zeitig zeigen sich in der Regel bei der Auswahl von Projekten die speziellen Neigungen zu bestimmten Aufgabengebieten, und durch die intensive Beschäftigung mit einem Detailproblem ergeben sich in der Regel Weichenstellungen für Anschlußaufgaben".*

Weitere Beispiele finden sich bei LANGE (1989, S.179-182, aus der Beiersdorf AG) und bei EHRENTHAL (1989, S. 165, aus dem Otto Versand).

### 5.3.3. Netzwerkbildung

Mit dieser summarischen Kennzeichnung ist nicht gemeint [wie in H.-P. FISCHERs Motto: 'Knoten knüpfen muß jeder für sich selbst" (1989, S. 311)], daß die Bildungsarbeit 'lose Enden' liefert, die die einzelnen in eigener Anstrengung und Verantwortung sinnvoll zusammenknüpfen müssen. Es geht vielmehr um die Tatsache, daß in jeder Unternehmung die interpersonellen Beziehungen von großer Bedeutung sind: Beispiele sind 'gute Kontakte' oder gar stabile Koalitionen (Cliquen, Seilschaften) für den Austausch von Informationen ('Insider-Wissen'!), die Abkürzung von Entscheidungsprozessen ('Obergefreiten-Dienstweg'), die spontane unbürokratische Unterstützung in Problemfällen usw. Wer eine Kollegin oder einen Kollegen in einer anderen Abteilung persönlich kennt, hat es leichter, sie einfach mal anzurufen und Unkonventionelles zu erbitten. Ein wichtiges Nebenziel gemischter firmeninterner Trainingsveranstaltungen ist es, die Entwicklung von Beziehungen und Corpsgeist zu begünstigen. Das Nebenziel kann natürlich auch zum Hauptziel gemacht werden, etwa in OE-Maßnahmen, die Konflikte zwischen Abteilungen oder Bereichen klären und lösen sollen (s. dazu unten). Die Netzwerkbildung kann auf vielerlei Weise gefördert werden; neben den Möglichkeiten im Rahmen von Projektarbeit seien noch einige weitere Beispiele angeführt, die zumindest indirekt zur Pflege und Knüpfung interpersoneller Beziehungen beitragen:

*Multiplikatorenkonzept*

Die Grundidee ist es, qualifizierte *interne* Spezialisten für die Schulungsarbeit heranzuziehen. Damit wird kompetentes Fachwissen mit Kenntnis der konkreten Anwendungsprobleme verbunden. Zusätzlich aber haben diese 'Multiplikatoren' den Vorteil, die informellen Regeln des Hauses zu kennen ('Stallgeruch'), mit den Werten (Unternehmenskultur) und Machtrelationen vertraut zu sein und so die Abstoßungsreaktionen, die externe Fachleute auslösen, zu überstehen. Zugleich wird ein Pool fähiger Trainer herangebildet, die in der Lage sind, als erfahrene Multiplikatoren zu wirken. Der Einsatz in dieser Funktion bereichert ihre Arbeitsinhalte, zwingt die Fachleute zur vertieften Auseinandersetzung mit ihrem Spezialgebiet und zur ständigen Aktualisierung ihres Wissens. Nicht zuletzt steigt das innerbetriebliche Renommee. Man kann sogar soweit gehen, ein vorübergehendes "Trainings-Assignment" als Voraussetzung für die Karriere als Führungskraft zu definieren.

Ein Beispiel gezielt betriebener Netzwerkbildung als Methode der PE ist in Arbeitsunterlage 5.2 beschrieben (s. S. 237 ff).

Weitere Beispiele sind bei SATTELBERGER (1989, S. 211-235) zitiert; darunter auch ein Projekt, bei dem sogar Azubis für ihresgleichen als Multiplikatoren für die CAD-Ausbildung eingesetzt wurden.

*Beziehungsstiftung und -pflege*

Dazu schreibt GENSCH (1989, S. 199f) über die Praxis bei der Drägerwerk AG; insbesondere der letzte Absatz macht die interpersonelle Akzentsetzung besonders deutlich:

*"Zu diesem Gesamtkomplex von Maßnahmen der Personalentwicklung gehört schließlich die Förderung der verschiedensten Get-together-Veranstaltungen. Dies sind 'house-warming parties' nach dem Umzug größerer Bereiche, dazu gehören Feten, mit denen Bereiche ihren Mitarbeitern Dankeschön sagen für ganz besondere Erfolge, die mit erheblichem gemeinsamen Einsatz erreicht wurden, mit Anstrengungen, die weit über das Maß hinausgehen, das üblicherweise gefordert werden kann.*

*Dazu gehört - wie in den letzten Jahren regelmäßig - eine 'Umsatzfeier', zu der der Vertrieb viele hundert Mitarbeiter aus allen Unternehmensbereichen quer durch die Hierarchie einlädt, um sich bei ihnen in launiger Form für die Unterstützung beim Erreichen der Umsatzziele zu bedanken.*

*Wo sonst gibt es für die Führungskräfte und Mitarbeiter aller couleur die Gelegenheit, sich zu treffen, zu sprechen, entstandenen Ärger in einer für den anderen annehmbaren Form abzubauen, kurz gesagt, sich besser kennenzulernen und damit die Voraussetzungen für eine störungsfreie Zusammenarbeit jährlich neu zu vertiefen."*

In diesen Zusammenhang würden auch Aktivitäten wie 'Stammtische' gehören (analog der japanischen Praxis, nach Arbeitsende noch stundenlang in Lokalen zusammenzusitzen und sich zu unterhalten) oder die betriebliche Förderung von Hobby-, Sport- oder Kulturgruppen.

Um bei dieser Gelegenheit einige Beispiele von Trainer-Slang zu geben: Ähnliche Anliegen wie bei get-together-meetings werden auch in kick-off-Veranstaltungen (bei Einführung neuer Produkte oder Fusion von Unternehmensteilen) oder start-up-Programmen (bei Etablierung neuer Projekt-Teams) verfolgt.

*Lerngemeinschaften*

Aktive Vorgesetzte oder Fachleute, die das gemeinsame Anliegen haben, sich in eine neue Materie einzuarbeiten oder neue Verfahren zu üben, können diese Aufgabe untereinander aufteilen, so daß der Aufwand für den einzelnen geringer, die konkrete eigene Situation berücksichtigt und auf die speziellen Lerninhalte und -barrieren der einzelnen besser eingegangen wird. Bei dieser Form der Selbstentwicklung wird auch die Einschaltung der zentralen Bildungsabteilung vermieden - und der damit verbundene formale Aufwand reduziert und die oft erhebliche zeitliche Verzögerung umgangen, die zu erwarten ist, wenn eine neue hausinterne professionelle Dienstleistung angefragt wird. Dabei wird als wichtige Motivations- und Erfolgsvariable die Vertrautheit miteinander und das Vertrauen untereinander genutzt. Das Anliegen firmiert in der Literatur unter verschiedenen Begriffen (z.B. Lernpartnerschaften, Lerngemeinschaften, interaktionelles Lernen, selbstorganisierte Workshops, hierarchiefreies Lernen etc.).

In einer von BERTHOLD beschriebenen Lerngemeinschaft wurden z.B. folgende Themen bearbeitet: Innovationen in Organisationen, Systems Engineering, Der Einfluß des Unternehmens auf die Umwelt, Aufbauorganisation ...

*"Lerngruppen von jeweils 3 Teilnehmern hatten die Aufgabe, an den Hochschulen oder aus der Literatur neue Antworten zu den Fragestellungen zu suchen. Diese Antworten wurden von der jeweiligen Gruppe in die Form einer Lehrmoderation gebracht und diese Lehrmoderation wurde im gesamten Plenum bearbeitet. Auch bei dieser interaktionellen Lernform sollte die Erfahrung mit dem Thema in der Praxis unseres Unternehmens und die Anwendbarkeit der neuen Methoden oder des neuen Wissens auf die tägliche Arbeit überprüft sowie auftretende Widerstände vorüberlegt werden. Einige der neuen Themen wurden von den Teilnehmern so hervorragend ausgearbeitet, daß diese auch mit anderen Gruppen im Rahmen des allgemeinen Bildungsprogramms bearbeitet wurden"* (BERTHOLD 1989, S. 332 f).

*Kollegiale Supervision\**

Eine weitere Variante der Entwicklung sowohl der Fach-, als auch der Sozialkompetenz greift zurück auf die Institution der sog. BALINT-Gruppen (so benannt nach dem ungarisch-englischen Therapeuten, der sie zum ersten Mal propagiert hat. Dabei trafen sich praktizierende Therapeuten unter der Leitung eines erfahrenen Analytikers und diskutierten Fälle aus ihrer Praxis). In der *kollegialen* Supervision fehlt die Dominanz durch den Experten: Fachleute und/oder Führungskräfte treffen sich, um miteinander Praxisprobleme zu erörtern und von den unterschiedlichen Erfahrungen und Sichtweisen der Teilnehmer zu profitieren. Nach der Darstellung eines 'Falls' durch eine(n) Teilnehmer(in) verhelfen die anderen durch Rückfragen und Rückmeldungen zur Ausleuchtung der verschiedenen (evtl. übersehenen) Facetten des Falls, schlagen Interventionen vor und berichten über eigene ähnlich gelagerte Probleme, deren Lösung und die Folgen. Entscheidend ist, daß in einer kooperativen, vertrauensvollen und akzeptierenden Weise diskutiert wird. Balint-Gruppen sind zum Scheitern verurteilt, wenn einzelne Teilnehmer(innen) sie zur Profilierung benutzen oder als gesellschaftliches Ereignis mit Unterhaltungswert betrachten oder wenn hierarchisch höherstehende Vorgesetzte anwesend sind, die das Verfahren zur Potentialselektion mißbrauchen.

## 5.4. Schlußbemerkung

Qualitätszirkel, Projektarbeit und Netzwerkbildung sind in ihrer PE-Wirkung nicht beschränkt auf die *interpersonelle* Dimension, unter der sie hier behandelt wurden. Fast ausnahmslos sind ihre Installation, die Nutzung und die Resultate mit *apersonalen* (organisatorischen, strukturellen, materiellen) Effekten verbunden. Insofern können dieses und das folgende Kapitel nur akzentuierend voneinander getrennt werden. Bei den PE-Interventionen, um die es im nächsten Kapitel geht, wird jedoch der 'gesamtorganisatorische' Bezug ausdrücklich in den Vordergrund gestellt.

## AU 5.1: Die Marathon-Methode (nach: SVENSON 1972. Die Marathon-Methode nach Bach und Stoller. Gruppendynamik, 4, 407-422)

### ABLAUF
*1. Verpflichtung, sich der Gruppe zu widmen*
a) Akzeptieren der Grundregeln: gegenseitige Offenheit, Rückzugsmöglichkeiten, Gebrauch von Vornamen, Verzicht auf Statusinformationen; Rauchverbot im Gruppenraum; erst fühlen und handeln - später theoretisieren.
b) Aufwärmen der Gruppe: Berührungsübung im Kreis: Blickkontakt, Schultern berühren, Augen schließen, hin- und herpendeln und "oum-oum" summen. (Schaffung eines entspannten und emotionalen Klimas.)

*2. Übung gegen Anfangsresistenz*
Sitzen mit geschlossenen Augen auf dem Boden; Konzentration auf den Boden, den eigenen Körper, dann auf den linken und rechten Nachbarn. (Empfindung der Umgebung, Entspannung, Gruppengefühl).

*3. Die Gruppenmitglieder stellen sich vor*
Teilnehmer gehen nacheinander in die Gruppenmitte und erzählen von ihrer Person und den Gründen für ihre Trainingsteilnahme. Während der Vorstellung kann Gruppe im Chor rufen "Wer bist Du?".

*4. Zurückweisungstriade*
Drei Personen gehen aufeinander zu und bemühen sich nichtverbal umeinander, Bildung eines Paares, Gespräch über die empfundenen Gefühle (u.a. Ausgeschlossen-Werden) und Vergleich mit Alltagsverhalten.

*5. Einige häufige Rituale*
a) Haircut (Kopfwaschen, Standpauke): Teilnehmer geben sich zu verstehen, was sie am anderen gerade ärgerlich stimmt. Mögliche Frage des Partners: "Was kann ich tun, um wieder Dein Freund zu sein?"
b) Vesuvius: Wutkanonade über alles mögliche, was den einzelnen Teilnehmer stört.
c) Museum: Sich an ehemalige Kränkungen durch andere (z.B. Ehepartner) erinnern; diese so verwenden, als ob sie gerade geschehen wären.

*6. Gong - Entspannung / Versenkung*
Teilnehmer liegen auf dem Rücken, Trainer (...) schlägt einen großen tibetanischen Gong: "Das erzeugt Alpha-Wellen. Das Böse geht, das Gute kommt."
Dauer: ca. 40 Minuten; Erlebnisse: Geburtsvorgang, Fliegeralarm, warme und kalte Füße usw. (Übung aus der Art-Therapie).

Knapp sechs Stunden Ruhepause (viele kleine Gruppen blieben in den Räumen).

*7. Morgenpromenade (7 Uhr)*
Teilweise Partnerspaziergänge, Atemübungen und Gangarten wie Zen-Schritt oder Kraftgang.

*8. Zeichnung des Idealpartners*
Interpretation der Zeichnungen durch die Gruppe zur Beziehungsklärung zum 'Maler' oder zur Selbstexploration des Betrachters.

9. *Körperablehnungs- und Körperverherrlichungs-Übung*
Jeder Teilnehmer weist auf die drei häßlichsten Stellen seines Körpers hin, Gruppe beklagt diese; anschließend Hinweis auf die drei schönsten Stellen, Gruppe spendet Beifall. (Akzeptierung körperlicher Schwächen und Vorzüge.)

10. *Lockerungsspaziergang*

11. *Grundregeln des 'Fair Fight for Change' kennenlernen*
'Zurückspiegeln' der Beschwerden des anderen zur Verdeutlichung seiner Änderungswünsche; Durchspielen des 10stufigen Fair-Fight-Rituals, danach Praxis in Dreiergruppen.

12. *Primal Scream (Urschrei)*
Ein Gruppenmitglied liegt auf der Matte, schlägt um sich, strampelt und schreit immer lauter werdend "Nein", später Erweiterung zu Vater- bzw. Mutter-Nein. (Nachholen eines befreienden Neins zu frühkindlichen entwicklungsverformenden Elternforderungen).

13. *Vertrauensübungen im Freien*
Rückwärtiges Fallen in die Arme eines anderen; Blindenführung.

14. *Attraktion - Reservation*
Rückmeldung positiver und negativer Eindrücke an andere Gruppenmitglieder, stillschweigende Annahme des Feedback.

15. *Geschlechterkampf (Gender Club)*
Versammlung weiblicher und männlicher Teilnehmer in getrennten Räumen, dort Vergegenwärtigung der Vorurteile gegen das andere Geschlecht; Gang jedes Einzelnen in die andersgeschlechtliche Gruppe (Hölle), Beschimpfung der Gruppe und Beschimpftwerden, danach versöhnende Umarmung.

16. *Herr- und Sklave-Spiel (Sklavenmarkt)*
Partnerübung: jeder ist einem Partner ein guter Sklave, dann ein guter Herr, prägnantes Durchspielen der jeweiligen Rollen (2 mal 5 Minuten), Feedback. (Ausleben von Autorität und Unterwerfung.)

17. *Modellieren*
Ein 'Bildhauer' formt die Gruppe nach seinen Vorstellungen, Themen: z.B. die ideale Gruppe, die jetzige Gruppe, Mann-Frau-Beziehung.

18. *Gruppengedanken*
Nach langer Verhandlung in 3er oder 6er Gruppen Ausstoßung eines Gruppenmitgliedes, anschließend Nennung der Gründe für den Ausschluß durch den Ausgestoßenen selbst. (Gegenüberstellung von Selbst- und Fremdwahrnehmung.)

19. *Nonverbale Reaktionen*
Nonverbales Ausdrücken der Gefühle gegenüber einzelnen und der Gruppe.

20. *Hohes Gericht*
Jeder Teilnehmer wählt drei 'Richter', die ihn im Positiven und Negativen beurteilen, zuvor: positive und negative Selbstbeurteilung des Verhaltens in der Marathongruppe; Trainer ist erster 'Angeklagter'."

**AU 5.2: Das Konzept der Beratungsnetze bei BMW (aus: v. PAPSTEIN 1989):**

"Der Grundgedanke: bereits existierende Experten und Facharbeiter in den Abteilungen - wir nennen sie Vor-Ort-Berater - werden nach dem Multiplikatorenprinzip geschult und in ein Netzwerk integriert. Neu an diesem Konzept ist weniger die Tatsache, daß die Beraterfunktion dieser Experten institutionalisiert wird, sondern die Einbindung dieser Fachberater in ein Netzwerk. Zu diesem Netzwerk gehören außer den Vor-Ort-Beratern die Mitarbeiter und Führungskräfte der Abteilungen und die Benutzerservice-Stellen. Sie sollen sowohl Inputs für die Vor-Ort-Berater gezielt aufbereiten als auch Informationen und Erfahrungen der Vor-Ort-Berater sammeln, koordinieren und auswerten. Schließlich ist auch die Personalentwicklung in das Netz integriert: Sie erhält dadurch rechtzeitig Informationen über Anwendungsniveau und Bildungsbedarf.

Wichtig für das hier vorgestellte Konzept ist, die Berater müssen nicht erst gesucht und ausgebildet werden, es gibt sie bereits. Allerdings sind sie bisher noch nicht organisiert. Die Erfahrung zeigte, daß sich etwa fünf bis sechs Berater (für jeweils verschiedene Schwerpunkte) in einem Beratungsbereich von etwa 150 bis 200 Mitarbeitern organisieren, das heißt, ein Berater betreut dann maximal 30 Mitarbeiter. Was bisher aber fehlte, war die Verbindung zu Kollegen in Nachbarbereichen, die sich mit ähnlichen Themen beschäftigen. Hier ging Knowhow fürs Unternehmen verloren; oft wurde die gleiche Arbeit doppelt gemacht.

Solange die Personalentwicklung diese Personen nicht kannte, konnte ihr Wissen auch nicht genutzt werden. Es wurden deshalb immer wieder neue Multiplikatorennetze aufgebaut, anstatt bestehende zu stabilisieren. Jetzt werden vorhandene Multiplikatoren koordiniert und in das "technische Netz" integriert. Das heißt, man kann auf bestehende Ressourcen zurückgreifen: Es wird lediglich eine neue Struktur geschaffen, die vorhandenes Wissen effizienter nutzt.

Und genau hier liegt der entscheidende Vorteil: Der Vor-Ort-Berater unterstützt seine Kollegen "vor Ort", das heißt am Arbeitsplatz. Er hilft, wenn Probleme sichtbar werden, oder zeigt bessere Lösungen bestimmter Aufgaben. Mitarbeiter lernen so weniger praxisfremd. Führungskräfte haben einen direkten Ansprechpartner. Sie erhalten immer dann, wenn es notwendig ist, direkte Beratung. Mit einem kleinen Kern von Mitarbeitern kann man so relativ schnell alle Anwender mit einer neuen Technologie vertraut machen.

Bisher erfolgte die rein fachliche Beratung über das Netz der "Benutzerservice-Stellen". Diese Institutionen sind verantwortlich für die Freigabe von Software, für die Fehlerfreiheit von Anwendungen und das Einhalten technischer Standards - also reine IV-Spezialisten. Im Gegensatz dazu sind die Vor-Ort-Berater Mitarbeiter einer Abteilung und damit auch Teil der internen Lernorganisation einer Abteilung.

Vor-Ort-Berater sind keine Trainer, sondern ganz normale Ingenieure oder Sachbearbeiter, die einen Wissensvorsprung haben, die in ihrem Fachgebiet auf dem neuesten Stand der Technik sind....

Die Vor-Ort-Berater übernehmen sozusagen die Funktion der Knoten im Netz. Sie müssen in ihrem Bereich so kompetent sein, daß sie die Aufgabe nicht nur partiell, sondern auch für die ganze Abteilung übersehen können. Sie sollten in der Lage sein, Technik richtig einzuschätzen: wozu nutzt eine bestimmte Technologie, welche Probleme bringt sie vor Ort? Die institutionalisierte Netzstruktur verhindert auch, daß nicht gesichertes Wissen verbreitet wird. Eine der wichtigsten Aufgaben der Vor-Ort-Berater liegt darin, Ineffizienzen im Umgang mit Informationstechnik zu verhindern und das Niveau der Anwender zu steigern.

Außer der fachspezifischen Qualifikation sollte ein Berater die Organisationsstrukturen kennen und Zusammenhänge überblicken können. Und er muß eine Qualifikation als "Berater" haben, das heißt er muß ein Mensch sein, zu dem Mitarbeiter gerne hingehen. Dabei darf aber eines nie vergessen werden: Der Vor-Ort-Berater ist in erster Linie qualifizierte Fachkraft und erst in zweiter Linie Berater. Nur so kann er aufgabenbezogen Fachwissen vermitteln. Eine Verteilung von 30 Prozent Beratungsaufgaben und 70 Prozent Fachaufgaben hat sich dabei bewährt....

Die Beratungsnetze sind ein selbstregulierendes System: Die dezentralen Benutzerservice-Stellen übernehmen die fachliche Betreuung der Vor-Ort-Berater und fungieren als Bindeglied zwischen den Systemspezialisten des zentralen Benutzerservice und den Vor-Ort-Beratern. Der zentrale Benutzerservice hat die Aufgabe, neue Produkte am Markt zu testen und zu prüfen, was in das Unternehmen paßt. In einem nächsten Schritt nehmen dann die dezentralen Benutzerservice-Stellen das neue Produkt für die Anwendung in ihrem Bereich unter die Lupe. Ist der IV-Benutzerservice in das Netz integriert und steht nicht mehr "außen" wie bisher, haben die Vor-Ort-Berater kompetente Stellen im Unternehmen, an die sie ihre Inputs geben können und die diese Inputs qualifiziert auswerten; nur so ist effizientes Fehlermanagement gewährleistet....

Das hier vorgestellte Modell birgt viele neue Chancen, aber es hat auch seine Grenzen. Sich permanent ändernde Organisationsstrukturen können auch eine permanente Unsicherheit zur Folge haben. Ein nicht hierarchisches Modell bietet den Beteiligten wenig Möglichkeiten, sich anzulehnen oder einfach passiv unterzuordnen. Man muß sich in diesem Netz selbst definieren. Ein mögliches Problem für die Vor-Ort-Berater sind ihre ganz unterschiedlichen Beziehungen zu Führungskraft, Benutzerservice und Mitarbeitern aus der Personalentwicklung. Der Fachberater hat es zu tun mit dem Vorgesetzten seiner Abteilung, der Personalentwicklungsstelle, und dem Benutzerservice - alle drei üben einen gewissen Druck auf ihn aus. Gegenüber der Führungskraft muß er die Konsequenzen seiner Entscheidungen tragen und natürlich die Abteilung fachlich kompetent beraten. Die Personalentwicklung verlangt von ihm die Verantwortung für die Qualität des Trainings, und der Benutzerservice drängt vor allem auf die Einhaltung der technischen Standards. Hier gilt es, Zuständigkeiten klar zu definieren....

Eine zweite mögliche Problemquelle ist die Überlastung des Netzes durch zuviele Inputs, das heißt, daß zuviele Informationen "ungefiltert" an alle Abteilungen gegeben werden - beispielsweise jede Woche ein neues Release einer Software. Hier ist der zentrale Benutzerservice gefragt. Er muß Inputs filtern, zusammenfassen, sorgfältig planen: welche Abteilung, welcher Fachberater benötigt - anwenderbezogen - welche Informationen....

Vernetzung bedeutet auch: Weg vom "Einzelkämpferdenken" und dem Bestreben, sich einzeln zu optimieren. Anspruchsvolle Aufgaben, optimale Qualität der Arbeit und die effiziente Nutzung komplexer Systeme erfordern die Zusammenarbeit über Abteilungsgrenzen hinaus. Technische Vernetzung verlangt nach idealer Vernetzung. Die Informationstechnik ist also Zwang und Chance zugleich: Effizienter miteinander kommunizieren, und damit effizienter arbeiten."

# 6. Personalentwicklung als Organisationsentwicklung

## 6.1. Vorbemerkung

Um das Teilgebiet der OE ist es in den letzten Jahren ruhiger geworden; der Boom, den die Fachdiskussion in den siebziger Jahren hatte, ist abgeebbt. Neue (Mode-)Themen haben OE den Rang abgelaufen (z.B. Kultur-Management oder Systemische Beratung bzw. Systemisches Management); dabei entsteht jedoch der Eindruck, daß unter neuem Namen vielfach nur die alten Inhalte, Vorgehensweisen und Probleme weiterdiskutiert werden. Die meisten Autoren, die das Thema OE zusammenfassend behandeln, betonen gleich zu Beginn ihrer Ausführungen, daß es kaum möglich ist, die Vielzahl der Auffassungen unter einen Hut zu bringen: OE ist viel eher ein Sammelbegriff für Interventionstechniken als eine Bezeichnung für eine Theorierichtung. Weil im vorliegenden Text ein Großteil der Verfahren, die üblicherweise der OE zugerechnet werden, schon im Abschnitt "Interpersonelle PE" dargestellt und erörtert wurden, konzentriert sich die folgende Auseinandersetzung auf die Aufgabe, übergreifende Problemstellungen an der Organisations-Entwicklung herauszuarbeiten. Damit fällt jedoch nur ein Teil der Schwierigkeiten weg. Weil im allgemeinen nur der *'normativ-umerziehende'* Strang der Techniken organisationalen Wandels "OE" genannt wird (s. die oben schon referierte Einteilung von BENNIS u.a.), beziehen sich die meisten OE-Interventionen auf Einstellungen und Verhaltensweisen von *Personen* und/oder die Beziehungen in (Klein-)*Gruppen*. Es muß dabei die starke Annahme gemacht werden, daß das *Organisationale* sich wandelt, wenn Personen oder Gruppen sich verändern.

Aus gewerkschaftlicher Sicht geht es in der OE darum, *"die Produktivkraft Seele anzuzapfen"* (KÜLLER 1981, S. 336), aus Managementsicht sollen Änderungswiderstände bei allfälligen Reorganisationen überwunden und Leistungs- und Wissensreserven ausgeschöpft werden und aus der Sicht sozialwissenschaftlich orientierter Theoretiker und Berater stehen das Lernen von Lernen und die Versöhnung von persönlichen, sozialen und ökonomischen Zielen im Zentrum. Diese heterogene Sicht der Dinge spiegelt sich auch in den Begriffsbestimmungen, von denen im Folgenden einige abgedruckt sind.

## 6.2. Zum Konzept "Organisationsentwicklung"

### 6.2.1. OE-Definitionen

In Definitionen werden Akzentsetzungen und Problemsichten (sowohl Hin- wie Wegsichten) erkennbar. Karsten TREBESCH - ein in Deutschland bekannter OE-Autor und -Berater und Mitherausgeber der Zeitschrift 'Organisationsentwicklung' - hat 1982 eine Überblicksdarstellung vorgelegt. Seine Arbeit trägt den bezeichnenden Titel: "50 Definitionen der Organisationsentwicklung und kein Ende. Oder: Würde Einigkeit stark machen?" Er versucht die zitierten 50 Definitionen zu ordnen - mit dem Ergebnis, daß er zwar einige Hauptlinien der Übereinstimmung herausarbeiten kann, die Unterschiedlichkeit jedoch weit größer ist.

Um Anschauungsmaterial für dieses Resümee zu liefern, seien zunächst einige (z.T. von TREBESCH übernommene) Definitionen zitiert, bevor dann anschließend auf ihre Analyse eingegangen wird.

*"Die Organisationsentwicklung ist ein Verfahren, das*
*1. planmäßig*
*2. betriebsumfassend*
*3. von der Führung gesteuert*
*4. zum Zweck der Verbesserung von Wirksamkeit und Gesundheit der Organisation*
*5. durch geplantes Eingreifen in den Organisations-'Ablauf' (Prozesse) mittels Erkenntnissen aus den Verhaltenswissenschaften*
*angewandt wird"* (BECKHARD 1972).

*"Es scheint also, daß der Zweck von OE-Bemühungen sein sollte, eine perfekte Übereinstimmung zwischen Unternehmenszielen, -zwecken bzw. -werten einerseits und der Befriedigung menschlicher Bedürfnisse wie Zugehörigkeit, Leistung, Bestätigung und Selbstachtung andererseits zu bewirken"* (BRADFORD 1978).

*"Die GOE versteht Organisationsentwicklung als einen längerfristig angelegten, organisationsumfassenden Entwicklungs- und Veränderungsprozeß von Organisation und der in ihr tätigen Menschen. Der Prozeß beruht auf Lernen aller Betroffenen durch direkte Mitwirkung und praktische Erfahrung. Sein Ziel besteht in einer gleichzeitigen Verbesserung der Leistungsfähigkeit der Organisation (Effektivität) und der Qualität des Arbeitslebens (Humanität). [Unter 'Qualität des Arbeitslebens' bzw. 'Humanität' im Arbeitsbereich versteht die GOE nicht nur materielle Existenzsicherung, Gesundheitsschutz und persönliche Anerkennung, sondern auch Selbständigkeit (angemessene Dispositionsspielräume), Beteiligung an den Entscheidungen sowie fachliche Weiterbildungs- und berufliche Entwicklungsmöglichkeiten]"* [Gesellschaft für Organisationsentwicklung (GOE) 1980].

*Im engeren Begriff von OE geht es um "... Änderungen des Problemlöseverhaltens von Menschen in Organisationen durch reaktives und proaktives Lernen im interpersonellen Kontext, wobei Lernen sich sowohl auf individuelle Verhaltensänderungen als auch auf Veränderungen in den Interaktionsmustern (strukturell und prozessual) bezieht ..."* (BARTÖLKE, 1980, Sp. 1469 f).

*"Wir möchten den hier angenommenen Beratungsansatz der OE wie folgt definieren:*
- *Zielsetzung der OE ist, geplanten Wandel in der Organisation so zu ermöglichen, daß verschüttete humane Ressourcen zur Erhöhung der betrieblichen Effizienz frei werden und gleichzeitig das individuelle Wohlbefinden der Organisationsmitglieder steigt.*
- *Die OE-Berater fühlen sich für die Prozeßgestaltung des geplanten Wandels verantwortlich, wobei sie das pädagogische Konzept verfolgen, die im Unternehmen tätigen Menschen soweit zu bringen, daß sie nach einiger Zeit, unabhängig von den Beratern, selbst derartige Prozesse planen und steuern können.*
- *Geplanter Wandel hat auf der personalen Ebene, im Sinne von Verhaltens- und Einstellungsänderungen, und auf der strukturellen Ebene (Aufbauorganisation, Vorschriften etc.) zu erfolgen. Durch die Gleichgewichtung der strukturellen Ebene unterscheidet sich unser 'idealtypischer OE-Beratungsansatz' sehr stark von der Mehrheit der OE-Praktiker, die den personalen Ansatz stärker betonen.*
- *Die Berater sind Experten für die Gestaltung der Veränderungsprozesse, wobei sie von der Annahme ausgehen, daß Fach-Know-how ausreichend im Unternehmen vorhanden ist und durch Veränderungsprozesse stärker als bisher wirksam werden soll. Der OE-Berater bringt daher kein Fachinput ein.*
- *Veränderungsarbeit findet im wesentlichen in Workshops und Trainings gemeinsam mit den Beratern statt.*
- *Wesentliche Werthaltungen des OE-Beraters sind:*
  - *Es ist möglich, Unternehmens- und Mitarbeiterziele auf einen Nenner zu bringen.*
  - *Partizipation ist ein Grundwert, der auf jeden Fall im Unternehmen zu verstärken ist.*

- *Die zu bearbeitenden Widersprüche sind: Individuum - Gruppe - Organisation, Humanität - Effizienz" (EXNER, KÖNIGSWIESER, TITSCHER 1987).*

*"Das Gesamtziel jeder Organisationsentwicklung ist 'vielfältig'. Einerseits geht es bei allen Bemühungen darum, die Organisation und ihre Mitarbeiter wirklich zu verändern. Diese Veränderung kann resultieren in neuen Strukturen, neuen Funktionsverteilungen, neuen Aufgabengebieten, Führungsstilen und -techniken usw. Zweitens sollen alle genannten Veränderungen von den Mitarbeitern der Organisation möglichst selbständig, bewußt und willentlich herbeigeführt werden - und nicht lediglich aufgrund außerhalb oder innerhalb der Organisation gegebener Zwänge! Das Konzept der Organisation soll von den Angehörigen der Organisation selbst stammen. Es soll wirklich ihr geistiger Besitz sein und nicht kritiklos von einem außenstehenden Experten übernommen worden sein. Ferner sollen, nach der anfänglichen Hilfe durch einen externen Fachmann auf dem Gebiet der Organisationsentwicklung, die Mitarbeiter der Organisation fähig sein, die weitere Entwicklung - die ja in einer dynamischen Gesellschaft nie aufhört, mit eigenen Mitteln durchzuführen, ohne von externen Hilfen abhängig zu bleiben. Darum sollen die Betroffenen gleichzeitig aus dem ganzen Vorgehen bei der Organisationsentwicklung lernen können, wie die weitere Entwicklung von ihnen selbst vorangetrieben werden kann" (GLASL 1975).*

TREBESCH fand in 'seinen' fünfzig Definitionen häufiger folgende Inhalte (in Klammern jeweils die Anzahl der Nennungen; s. TREBESCH 1982, S. 42):

- sozialer und kultureller Wandlungsprozeß (Veränderungsstrategie)(19),
- Steigerung der Leistungsfähigkeit des Systems (18),
- Gesamtsystem-Bezug, betriebsumfassend (18),
- Integration von individueller Entwicklung und Bedürfnissen mit Zielen und Strukturen der Organisation (17),
- aktive Mitwirkung der Betroffenen (17)
- bewußt gestaltet, methodisch, planmäßig, gesteuertes Vorgehen (16),
- angewandte Sozialwissenschaft (14),
- Effektivitätssteigerung (13),
- (gemeinsame) Lernprozesse (13),
- Anpassung der Organisation an die Umwelt (12),
- Steigerung der Problemlösefähigkeit des Systems (12) ...

Die bunte Mischung aus angestrebten Zielen, Gegenstandsbezug, method(olog)ischem Programm und disziplinärer Einordnung läßt den eklektizistischen* Charakter der meisten Ansätze erahnen. KAHN resümiert in ähnlichem Zusammenhang (1977, S. 287) und legt dabei zugleich sein Wissenschaftsverständnis offen:

*"Organisationsentwicklung ist kein Begriff, zumindest nicht im wissenschaftlichen Sinne des Wortes; sie ist nicht genau definiert; sie ist nicht zurückführbar auf spezifische, eindeutige, beobachtbare Verhaltensweisen; sie hat keinen vorgeschriebenen und nachweisbaren Platz im Bezugsrahmen logisch miteinander verknüpfter Begriffe, d.h. im Rahmen einer Theorie."*

Jede Standortbestimmung ist willkürlich und subjektiv. Dies gilt auch für die folgenden Charakterisierungen, die hier zunächst nur aufgeführt werden. In der abschließenden kritischen Würdigung der Ziele und Leistungen von OE (s. Pkt. 6.4) komme ich darauf im einzelnen zurück.

### 6.2.2. Zentrale Themen der OE

*1. Person und Organisation*

Der Fokus ist - bei den weit überwiegenden normativ-umerziehenden Ansätzen - ein doppelter: Person *und* Organisation. Kann man wie selbstverständlich davon ausgehen, daß klar ist, was die 'Organisation' ist, die verändert/entwickelt werden soll? Daß dies keineswegs unproblematisch ist, wird anhand der Organisationsmetaphern in der folgenden vierseitigen Tab. 6.1 gezeigt, in der auch auf die Beziehung zwischen Organisations-Metaphern und OE eingegangen wird. Diese Tabelle ist selbsterklärend und soll deshalb nicht weiter kommentiert werden. Auf das Hauptproblem - was nämlich das Organisationale an OE ist - soll jedoch unten (siehe S. 254 ff) näher eingegangen werden.

## 2. *Effektivität und Humanität*

Es gehört zu den in den meisten Definitionen zitierten Überzeugungen vor allem der OE-Praktiker, daß die beiden immer wieder genannten Zielbereiche *Effektivität und Humanität* vereinbar sind. Angesichts der Konflikthaftigkeit oder sogar Widersprüchlichkeit dieser Zielinhalte ist eine solche Annahme keineswegs trivial, sondern bedarf besonderen Begründungsaufwands, der sich nicht beschränken sollte auf die Wünschbarkeit der Harmonie oder den Verweis auf Einzelfälle, in denen sie vorgeblich gelungen ist.

## 3. *Pragmatismus und Arbeits(platz)bezug*

Das Verändern im Rahmen der OE ist in einem hohen Maße *pragmatisch, konkret und arbeits(platz)bezogen*, bleibt also nicht auf abstrakte Kenntnisse, Werthaltungen, Einstellungen, Bereitschaften etc. beschränkt. In den OE-Berichten begegnet einem eine bewundernswerte Fülle kreativer Ideen und unkonventioneller Verfahren; das Experimentieren mit neuen Möglichkeiten überwiegt das Systematisieren und Theoretisieren; wenn das mit Aktionsforschung begründet wird, dann muß man festhalten, daß es weit mehr action als research gibt.

## 4. *OE als Prozeß*

OE wird überwiegend als (unabgeschlossener) *Prozeß* angesehen. Dabei steht im allgemeinen nicht im Mittelpunkt, daß OE ein langfristiges, zeitabsorbierendes Geschehen ist. Vielmehr wird betont, daß nicht (nur?) das Ergebnis - z.B. eine vollzogene Re-Organisation - wichtig sei, sondern das Lernen des Lernens. Dementsprechend kann als Kriterium gelungener OE weniger der erfolgreiche Abschluß eines spezifischen Vorhabens gewertet werden, sondern eher die Fähigkeit, auf künftige Herausforderungen in neuer (kompetenterer) Weise reagieren zu können (bzw. typische Problemsituationen erst gar nicht entstehen zu lassen).

## 5. *Zur Rolle der OE-BeraterInnen*

Es wird meist davon ausgegangen, daß OE-Prozesse angeregt, betreut oder begleitet werden müssen von entsprechenden Spezialisten. Deren Bezeichnungen (Change Agent, Facilitator, Entwicklungshelfer, Katalysator, Berater, Moderator etc.) suggerieren die Abstinenz von sowohl inhaltlicher Problemlösung wie auch machtpolitischer Durchsetzung. Zugleich aber wird auch deutlich gemacht, daß sich die alltäglichen spontanen und urwüchsigen Veränderungen in Organisationen nicht als OE qualifizieren. Damit wird OE als besonderes Inventar von Techniken und/oder Strategien angesehen, das der Professionalisierung bedarf und fähig ist. Andererseits gilt es als besonders erfolgreiche OE, wenn *nach* der Tätigkeit eines OE-Professionals sich 'die Organisation' selbständig weiterentwickelt.

## 6. *Beteiligung der Betroffenen*

Immer wieder wird auch die *aktive Mitbeteiligung* aller Betroffenen betont; für eine so konzipierte OE wären direktive 'top-down-Maßnahmen' (etwa die Strategie des 'Bombenwurfs', s. S. 35) keine Organisations*entwicklung*, sondern bestenfalls ein 'geplanter Organisationswandel' oder eine angeordnete Strukturreform. Ziel von OE als Technik ist ihre Selbstaufhebung, und zwar durch die Verankerung der schon in Punkt 5 erwähnten Selbst-Entwicklung: aus eigenen Kräften den permanenten Wandel bewältigen.

- 242 -

| Metapher | (Unausgesprochene) Grundannahmen Kernbegriffe, Assoziationen | Entsprechende OE-Begriffe | Diagnose-Methoden | Interventions-Techniken | Rollen von OE-Leuten |
|---|---|---|---|---|---|
| Gebäude Haus, Pyramide, "Paläste und Zelte" | Die Organisation existiert real, ist relativ beständig und klar begrenzt. Verbreitete Begriffe und Assoziationen: Hierarchischer "Aufbau" (!); "flache" und "steile" Organisation, alles hat seine richtige "Stelle", es gibt einen Bauplan (Organigramm); alles ist wohlberechnet (Zug, Druck, Statik). Vorgesetzte (VG) sind die "Säulen" oder "Stützen" der Organisation bzw. ihre Architekten. Man spricht von Struktur (Teambuilding !), guter Substanz.... Mythen: Uns kann nichts erschüttern. Wir überragen alle. | Modernisieren, sanieren, renovieren; Umbau, Abriß, Anbau, Erweiterung, Türen öffnen, Durchgänge brechen; versetzen, Platz tauschen, aufsteigen (!); Schwarzbauten, Geheimgänge, Risse, Einsturzgefahr, Zusammenbruch; Fassade tünchen, Art deco, einzäunen... | objektive Skalen (a la Aston Group) Formalisierung, Strukturierung, Konfiguration... Organigramm, Stellenbeschreibung | planned organizational change, sorgfältig geplanter Umbau, Auswechseln von Personen und Stellen, "Bombenwurf" | Planer Gutachter Architekt Bauleiter Feuerwehrmann Experte |
| Maschine Uhrwerk Motor Apparat | Organisation ist 'organon': Werkzeug, Instrument, (Herrschafts-)Apparat; durchdachte Konstruktion, die plangetreu gebaut ist, reibungslos und gesetzmäßig funktioniert und einem definierten Zweck dient. Vorgesetzter: Lenker, Steuermann, Pilot, Kapitän, Lotse. Mythen: Alles läuft wie geschmiert. Es gibt 'scientific management'! | Reparieren, instandsetzen, (vorbeugend) warten, instandhalten, schmieren, ölen, reinigen (vom "Sand im Getriebe"), starten, stoppen, beschleunigen; Ersatzteile beschaffen und einbauen, schadhafte Teile auswechseln | Funktionsdiagramm Netzplan Schaltplan Operationsresearch Simulationen | Probeläufe experimentelle Projekte | Sozialingenieur Tankwart Katalysator Experte |
| Computer Gehirn Schaltzentrale | Organisation als wohldefiniertes Problem, zu dessen Lösungen bewährte komplexe Routinen vorliegen; rationale und rationelle Informationsverarbeitung und Entscheidung. Irgendwo im System sind Wissen und Kompetenz vorhanden; entscheidend ist es, sie zu finden und zu aktivieren; es gibt keine klare Lokalisation: Netzstrukturen; Substitution; bounded rationality, satisficing, quasi-resolution of conflict.... Vorgesetzte: Zentraleinheit, Programmierer Mythos: Es geht rational zu! | Neues Betriebssystem installieren, (um-)programmieren, neue Software implementieren, Arbeits- und Speicherkapazität ausweiten, leistungsfähigere Prozessoren einbauen; intelligentere Lösungen finden und einbauen | Management Informations-System (MIS) | Training von Problemlösetechniken, Entscheidungstechniken | Systempfleger Programmierer |

Tab. 6.1: Organisationsmetaphern

| Metapher | (Unausgesprochene) Grundannahmen Kernbegriffe, Assoziationen | Entsprechende OE-Begriffe | Diagnose-Methoden | Interventions-Techniken | Rollen von OE-Leuten |
|---|---|---|---|---|---|
| Organismus | Organisationen sind eigen- und selbständige Lebewesen mit spezifischen Bedürfnissen; lebende Ganzheiten, die eine Entwicklung durchmachen. Kriterien: Gesundheit und Überleben, also nicht exakt definierte Einzelziele, sondern Erhaltung der Lebensprozesse. Es gibt life cycles, Wachstum, Krisen, Altern, Erkranken; s.a. Mutter-Tochter-Unternehmen "Betriebskörper"... Vorgesetzte: Kopf, Gehirn, Herz, Arzt, Chirurg Mythen: Wir sind unsterblich. Wir sind unverwundbar. Wir sind kerngesund. | Reifen (lassen), operieren, amputieren, trans- u. implantieren, narkotisieren, Beruhigungsmittel geben; Geburts- und Sterbehilfe leisten; impfen, immunisieren, doping, aufputschen, wiederbeleben (revitalisieren); erkranken, heilen (s. "Pathologie Organisation") Abwehrkräfte stärken | "röntgen"; möglichst genaue "Diagnose" (!) Gesundheitscheckliste (s. COMELLI) pathol. Symptome (s. K. TÜRK) | Fitnessprogramm, abspecken, energetisieren, (re-)vitalisieren, kick-off | Arzt Geburtshelfer Sterbehelfer Trainer Therapeut |
| Persön-lichkeit | Wie bei "ausgeprägten" Persönlichkeiten kann man bei Organisationen mit bestehenden Reaktionen, Handlungen, Haltungen rechnen v.a. in unsicheren und mehrdeutigen Situationen. Organisationen sind einmalig, individuell; sie haben ihren unverwechselbaren Charakter oder Stil, ihre "identity" (s.: Unternehmenspersönlichkeit"). Organisationen haben ein Unbewußtes, Verdrängungen und Neurosen. Sie entwickeln Mechanismen und Institutionen der Angstabwehr. Vorgesetzte sind Vorbilder, "starke" Persönlichkeiten, strafende/lobende Über-Ichs Mythen: v.a. narzißtische: Wir sind die größten, besten, humansten. | Selbstverwirklichung, Emanzipation; (harte) Schule durchmachen, sich profilieren, markante corporate identity formen/präsentieren, turn-around, Sinn geben, zufrieden machen. | Merkmale der (Un-)Gesundheit; Stärken-Schwächen-Analyse, Abwehrmechanismen, organisat. Unbewußtes, Über-Ich | Sensitivity-Training, life style analysis, klientenzentrierte Beratung | Coach Therapeut Lehrer Pädagoge Berater Sozialarbeiter |
| Population (und Ökologie) | Nicht die einzelne Organisation interessiert, sondern die "Art": In bestimmten Situationen/Umwelten gedeihen bestimmte Populationen, die dann die verfügbaren Ressourcen ausnutzen/ausbeuten und so überleben. Survival of the fittest (oder - mit BOULDING - survival of the fitting: das beste Beziehungsmuster: Art-Umwelt überlebt). Es gibt starke Erblasten: ganze Arten werden - wenn sie sich nicht an Entwicklungen anpassen - "ausgelöscht" (siehe etwa Feinmechanik durch Computer) | Expandieren, sich vermehren, Nischen besetzen; Mutation, Selektion, Retention; Rück-, Ausbildung von Anlagen, Abhärtung. | Strategische Erfolgspositionen feststellen, "comps" identifizieren, Kraftfeld-Analyse | outward-bound training Produktkannibalismus | Entwicklungshelfer Züchter Gärtner |

Tab. 6.1 fortgesetzt: Organisationsmetaphern

| Metapher | (Unausgesprochene) Grundannahmen Kernbegriffe, Assoziationen | Entsprechende OE-Begriffe | Diagnose-Methoden | Interventions-Techniken | Rollen von OE-Leuten |
|---|---|---|---|---|---|
| Adhocratie Mülleimer (garbage can) | Teilnehmer, Probleme und Lösungen treffen "zufällig" in Entscheidungsgelegenheiten zusammen; es gibt kaum rationale Planung; Planung als Fassade; es herrschen organisiertes Chaos und organisierte Anarchie: Mehrdeutigkeit, Widersprüchlichkeit und Intransparenz sind normal. Maximen: Durchwursteln, Weitermachen, eigenen Vorteil und eigene Vorhaben realisieren wollen. | Es gibt keine "gezielte" OE, denn alles ist ständig im Fluß. OE ist allenfalls: "Struktur in Interaktion bringen" (access/decision structure ändern) | Brüche, Lücken, Widersprüche, Irrationalitäten aufzeigen (anhand von Fallgeschichten) | Technology of foolishness, Playfulness | Zünglein an der Waage, Zufallsgenerator, Clown, Hofnarr, unschuldiges Kind |
| System | Organisation ist grenzziehende und -erhaltende Einheit, die durch spezifische Operationsweisen charakterisiert ist. Als autopoietisches System erzeugt die Organisation die Elemente, aus denen sie besteht, selbst. Organisation ist nichttriviale Maschine, die durch die eigene Geschichte determiniert und für den externen Beobachter kaum prognostizierbar ist; Unberechenbarkeit, order from noise. Anstelle linearer Kausalketten: Regelkreise, Vernetzung, zirkuläre Kausalität, positives und negatives Feedback, Ganzheitlichkeit. Elemente existieren nicht selbständig, sondern aufgrund der Ordnung (Struktur) die sie erzeugt und die sie erzeugen. Vorgesetzte: nicht Macher, sondern Element. Mythos: Es kommt auf jeden einzelnen und jede Kleinigkeit an. | Ko-Evolution fördern; (Zer-)Störung des Operationsmodus durch Irritationen. Grenzen neu definieren Durchlässigkeit erhöhen | Identifizieren von "Schleifen"; Feedback-Beziehungen offenlegen, Data-Survey & feedback, Systemanalyse | Bombenwurf, Irritationen, Störungen, Meldesysteme installieren, Jiu-Jitsu-Prinzip, tight/loose coupling, Selbstorganisation anregen/erzwingen | Katalysator Beobachter Prozeßberater |
| Theater Zirkus Drama | Dramatische Aufführung, die nach einem bestimmten Drehbuch (Skript, Plan, Vorlage) abläuft, Rollen und Text sind vorgegeben. Alles funktioniert wie festgelegt und abgesprochen. Improvisationen sind in beschränktem Umfang möglich/nötig. Vorgesetzte: Stückeschreiber, Regisseure. Mythos: Bei uns spielt jeder seine Rolle perfekt. | Skripten neu interpretieren, neue Inszenierungen erarbeiten, Charaktere herausarbeiten. Publikum beeindrucken. Illusionen erzeugen (Show-Effekte). Repertoire vergrößern. Ensemble verkleinern/vergrößern | Transaktionsanalyse (Skripts) | role playing | Regisseur Intendant (Kunst-) Kritiker |

- 245 -

| Metapher | (Unausgesprochene) Grundannahmen Kernbegriffe, Assoziationen | Angesprochene OE-Begriffe | Methoden | Techniken | OE-Leisten |
|---|---|---|---|---|---|
| Familie Kleingruppe Gemeinschaft Mannschaft "Truppe" | Organisationen sind verschworene Gemeinschaften ("informale" Organisation), Teams, Bünde. Wichtig sind: Zusammenhalt, intensive und offene Kommunikation, konstruktive Konfliktlösungen, Authentizität. Vorgesetzte: Vater/Mutter Mitarbeiter: Kinder Mythen: Wir sitzen in einem Boot. Wir sind eine große Familie. Einer für alle. | Integrieren, zusammen-schweißen, harmonisch zusammenarbeiten, emotionalisieren, Beziehungsarbeit, Kommunikation verbessern, vertrauen, Offenheit steigern, neuen Führungsstil einführen; sich trennen, ein Machtwort sprechen, die Seinen um sich scharen, (Ko-)Evolution | Rollenklärung Rollen-Analyse 3-D-Analyse Kommunikationsanalysen Klima-Fragebogen | Rollen-Verhandeln, Machtstrategien, Kommunikationstraining; T-groups/Sensitivitytraining, Moderationstraining, (Intergroup-)Teambuilding, Motivationstraining, 3rd party consultat. | Familientherapeut (Prozeß-)Berater Vermittler Schlichter 3rd-party peace maker |
| Kultur Staat Eingeborenenstamm | Organisation ist geschichtlich gewachsene Einheit mit gemeinsamen Werten und Normen, einer verbindenden Sprache, geteilten Glaubensüberzeugungen, Mythen, Sitten, Techniken, Werkzeugen, "Kult-Stätten", Heimat". Bedeutung von sozial konstruierter Wirklichkeit, Symbolisierungen; es gibt festgelegte Positionen und Rollen (Priester, Zauberer, Wahrsager, Medizinmänner...);Personenkult um "Helden". Vorgesetzte: Heiland, Held, Retter, Führer Mythen: Wir sind die Elite. An unserem Wesen soll die Welt genesen. Wir haben eine bedeutende Mission zu erfüllen. | Missionieren, neue Visionen aufzeigen, kolonisieren, transformieren, mental programmieren, kultivieren, zivilisieren; neue Sitten einführen, mimikry, nachahmen, re-education, Umwertung aller Werte, "gleichschalten" | Werte-Inventare, Mythen, Artefakte und Rituale analysieren | Verkünden neuer Grundsätze, Rituale einführen, Sprachregelungen, Logos, Symbole etc. ändern | Magier Zeremonienmeister Guru Missionar Wanderprediger |
| (Mikro-)Politik Kampf Spiele | Organisationen sind Systeme gleichzeitig ablaufender Spiele oder ein Schlachtfeld oder Koalitionen von Interessengruppen, die miteinander konkurrieren und gleichzeitig voneinander profitieren u. so lange zusammenbleiben, wie sie dies tun. Akzeptanz oder gar Betonung von Macht, Konflikt, Rivalität; "Einigung" auf Spielregeln, die allgemeiner Rahmen sind für Taktiken, Strategien, Täuschungen, Kampf um Verfügungsrechte. Es gibt kein gemeinsames inhaltliches Ziel; intern herrschen Widersprüche, Konflikte usw. Vorgesetzte: "gamesmen", Drahtzieher, Machiavellisten, Feldherren, Strategen Mythen: Jeder für sich und Gott gegen alle. Hier wird dir nichts geschenkt: um alles mußt du kämpfen! | Spielregeln ändern, Spielregeln vereinbaren, Koalitionen vermitteln, Gewinnchancen u./o. Teilnahmebedingungen ändern, sabotieren, Brände legen, aufhetzen, Regelverstöße aufzeigen | Rollen-Analyse, confrontation meeting, Transaktionsanalyse | gemeinsame (!) Projekte, Bombenwurf, Rollen-Verhandeln, Befehle (top down), Subversion, Training in Machiavellismus u. Mikropolitik | Schiedsrichter Sanitäter Moderator peacemaker Mitmischer Koalitionspartner Geheimagent Aufklärer Spion |

Tab. 6.1 fortgesetzt: Organisationsmetaphern

## 7. Das Menschenbild der OE

Die normativ-reedukative Richtung der OE zeichnet sich weniger durch ein ausgearbeitetes Organisationsbild, als vielmehr durch ein bestimmtes Menschenbild aus. Es wird unisono gefordert, daß die konkreten Verfahrensweisen von einer bestimmten Haltung ('Philosophie') getragen sein sollen, die ihnen eine strategische Ausrichtung gibt. Diese zumeist als humanistisch, emanzipatorisch, demokratisch, partizipativ etc. deklarierte Einstellung muß im Hinblick auf ihre Verwirklichungsbedingungen und -grenzen untersucht werden, wenn sie nicht dogmatische oder leere Setzung sein soll.

Vor der Stellungnahme zu diesen Kernpunkten der OE (s. S. 254 ff) werden zunächst als Anschauungsmaterial einige der Techniken vorgestellt, die üblicherweise der *Organisations*-Entwicklung zugeschrieben werden. Systematisierte Zusammenstellungen finden sich etwa bei FRENCH & BELL 1974; KIRSCH, ESSER & GABELE 1979; WÜBBENHORST & STAUDT 1978; COMELLI 1985. Hier wäre zu wiederholen, was oben schon bei der Diskussion der personalen und interpersonalen Interventionstechniken gesagt wurde: daß nämlich Zuordnungen zu diesen Klassen nur akzentuierend erfolgen können, weil insbesondere komplexere Techniken zugleich mehrere Ansatzpunkte haben.

### 6.3. OE-Techniken (Beispiele)

#### 6.3.1. Daten-Erhebungs- und -Rückkopplungs-Methode (Data-Survey-Feedback)

Diese Bezeichnung ist ein Sammelbegriff für eine Vielzahl sehr unterschiedlicher Vorgehensweisen, die in einer großen Zahl von Interventionstechniken integriert oder variiert werden (z.B. bei der 3-D-Analyse, dem Konfrontations-Treffen, der Intergruppen-Arbeit, der Diagnosesitzung in Arbeitsgruppen, der Teamentwicklung bzw. den 'Problemlösungsgesprächen' usw.).

Das allgemeine Ablaufschema ist:

*0. Vorphase: Kontaktaufnahme, Vorgespräche, Vereinbarung des Vorgehens*

Diese zuweilen in den Methoden-Darstellungen übersehene Phase ist von großer praktischer Bedeutung. Hier werden die Weichen gestellt, weil das Projekt angeregt und auf den Weg gebracht wird, interne/externe Berater verpflichtet, der Personenkreis, die Vorgehensweisen und Inhalte festgelegt, Fristen vereinbart und Mittel bewilligt werden.

*1. Datenerhebung (Sammlung diagnostischer Informationen)*

Diese Datenerhebung kann (hoch)strukturiert erfolgen [z.B. mit Interviewleitfaden oder sogar standardisierten Erhebungsverfahren (dazu: NADLER 1977 oder in Deutschland der Fragebogen von DOMSCH (s. DOMSCH & SCHNEBLE 1990), der auch in COMELLI 1985 abgedruckt ist)] oder weitgehend unstrukturiert, z.B. durch Tiefeninterviews eines Beraters oder durch Auswertung vorliegender Informationen (Fehlzeitendaten, Beschwerden, Leserbriefe in Werkszeitungen usw.).

*2. Aufbereitung der Daten*

Die erhobenen Informationen werden ausgewertet, zusammengefaßt und aufbereitet (Tabellen, Profile, Balken- oder Kuchendiagramme, Bilder, Zitate ...). Diese Verdichtungsarbeit kann zentralisiert durch Spezialisten erfolgen oder in Projektgruppen unter Mitbeteiligung von Personen, auf die sich die Erhebungen beziehen.

*3. Rückkopplung der Daten*

Die verdichteten Daten werden 'zurückgegeben' an die Datenlieferanten. Dabei gibt es eine Mehrzahl von Optionen: Man kann alle Erfaßten informieren oder nur eine ausgewählte Gruppe, man kann die Information schriftlich liefern oder in einer mündlichen Präsentation, man kann sie in Einzelgesprächen übermitteln oder in Gruppensitzungen usw.

*4. Analyse, Maßnahmenplanung und -vereinbarung*

Auf der Basis der rückgemeldeten Daten findet ein Analyse- und Interpretations-Prozeß statt, der einmünden soll in die Ableitung von konkreten Maßnahmen, die möglichst präzis beschrieben, bestimmten Veranwortlichen übertragen und zeitlich terminiert werden sollen.

*5. Realisierung der Maßnahmen*

*6. Evaluation und Nachfassen*

Nach einer vereinbarten Frist wird überprüft, ob die geplanten Ziele erreicht wurden. Gegenbenfalls wird der gesamte Prozeß (0. bzw. 1. - 5.) neu in Gang gesetzt.

Der Vorteil einer organisationsweit angelegten Datenerhebungs-Rückkopplungs-Aktion ist, daß nicht nur eine breite Informationsbasis vorliegt, die beliebig differenziert werden kann (z.B. Aufgliederung nach Bereichen, Funktionen, Geschlecht, hierarchischer Stellung, Erfahrung usw.), sondern daß in den Erhebungs-, Analyse- und Planungs-Phasen eine große Zahl von Personen beteiligt wird, was sowohl die Gültigkeit der Informationen wie die Akzeptanz der Lösungsvorschläge steigern kann. Durch die Konkretheit der abgeleiteten Maßnahmen werden eindeutige Bezugspunkte geschaffen, deren Erreichen oder Verfehlen systematisch und unmißverständlich geprüft werden kann. Von den OE-Praktikern wird immer wieder darauf hingewiesen, daß Data-Survey-Feedback-Verfahren ihre Wirkung erst in der Wiederholung entfalten: Wenn die Beteiligten erfahren haben, daß sie nicht bloß als Datenlieferanten mißbraucht werden, sondern daß sich durch ihre Mitwirkung tatsächlich etwas in ihrem Sinne ändert, dann werden sie sich im nächsten Durchgang mit steigendem Engagement beteiligen.

Konkrete Beispiele für Data-Survey-Feedback-Interventionen liefern WILPERT (1977) in seiner umfangreichen vergleichenden Studie von Führungsverhalten oder PAPENFUSS, PFEUFFER & v. ROSENSTIEL (1985) in einer kleinen Untersuchung, in der sechs Mitglieder der Geschäftsleitung von Bertelsmann sich selbst und einander mithilfe von Fragebogen bewerteten, die Ergebnisse aufbereitet rückgemeldet bekamen und Konsequenzen diskutierten. Bemerkenswerte Ergebnisse dieses Projekts waren unter anderem, daß Fremd- und Selbstbilder stark auseinandergingen, daß Fremdbeurteilungen kritischer ausfielen als Selbstbeurteilungen und daß eine Person von verschiedenen Beurteilern sehr unterschiedlich wahrgenommen wurde.

## 6.3.2. Konfrontations-Treffen

Diese Interventionstechnik wird BECKHARD (z.B. 1972, 1977) zugeschrieben. Sie besteht aus folgenden Schritten, die COMELLI (1985, S. 381-383) zusammenfaßt:

"1. **Atmosphäre schaffen** und die Bereitschaft zur Mitarbeit erzeugen: Ein(e) Top-Manager(in) führt in die Ziele der Sitzung ein, legt das eigene Interesse und Engagement dar, fordert zu offener Nennung und Diskussion von erlebten Problemen auf und sichert zu, daß niemand für seine unverblümt geäußerte Meinung irgendwelche Sanktionen zu befürchten habe. Eventuell fügt die OE-Beraterin noch einige Erläuterungen zur Vorgehensweise und/oder zu ihrer Rolle hinzu.

2. **Sammeln von Informationen:** Zu diesem Zweck werden zahlreiche Untergruppen gebildet, die möglichst heterogen sein sollen. Vorgesetzte und ihre unmittelbar unterstellten Mitarbeiter sollen auf keinen Fall der gleichen Kleingruppe zugeteilt werden. Das Top-Management bildet eine eigene Gruppe. Alle Beteiligten sollen von ihren eigenen Bedürfnissen ausgehen und in die Gruppenarbeit einbringen, welche Einstellungen, Gefühle und auch Frustrationen sie gegenüber ihrer Organisation haben. Auch sollen sie auf Schwachpunkte, Zielunklarheiten oder andere Probleme hinweisen und schließlich persönliche Anregungen zur Verbesserung der Situation nennen.

3. **Präsentation aller Gruppenberichte im Plenum:** Dies markiert die eigentliche Konfrontation - und zwar in einem mehrfachen Sinn: Zum einen wird das Top Management mit einer neuen Sicht der Dinge konfrontiert, zum anderen konfrontieren sich die Mitglieder mit Problemen, denen sie bislang ausgewichen waren und schließlich findet auch eine Konfrontation mit anderen Gruppen und deren Interessen statt. Die Berichte der Kleingruppen werden im Plenum erstattet, auf Flip-charts protokolliert und als 'Lernlandschaft' an die Wände gehängt. Daraus werden anschließend Problemfelder gebildet (z.B. Kommunikationsprobleme, Beziehungsprobleme, administrative Probleme usw.) und die Einzelbeiträge entsprechend zugeordnet. Die Listen werden abgeschrieben, kopiert und liegen zu Beginn des nächsten Schrittes allen TeilnehmerInnen vor.

4. **Setzen von Prioritäten und Festlegen von Sofortmaßnahmen:** Dazu bilden die TeilnehmerInnen Gruppen entsprechend ihren funktionalen Zugehörigkeiten und bearbeiten unter der Leitung der jeweils zuständigen Führungskraft die folgenden drei Aufgaben:

   - Bestimmung der Prioritäten bei denjenigen Problemen, die in ihre *eigene* Zuständigkeit fallen, und Festlegung von Sofortmaßnahmen, zu denen sie sich vor der gesamten Organisation verpflichten wollen;

   - Identifizierung derjenigen Probleme, die ihrer Meinung nach sofort vom *Top-Management* bearbeitet werden müßten;

   - Überlegung und Entscheidung darüber, wie man die Ergebnisse des Konfrontationstreffens den *unterstellten Mitarbeitern* mitteilen soll.

   Damit endet das Treffen für die Arbeitsgruppen, während das Top-Management sich zu einer weiteren Sitzung trifft:

5. **Treffen des Top-Managements:** Es werden nach Auswertung des obigen Treffens erste Entscheidungen über Sofortmaßnahmen getroffen und Beschlüsse über weitere Maßnahmen gefaßt. Über diese Entschlüsse werden alle Mitglieder des mittleren und unteren Managements innerhalb weniger Tage informiert.

6. **Erfolgskontrolle:** Etwa einen bis eineinhalb Monate später trifft sich wieder das gesamte Management, um Bilanz zu ziehen und über die Erfolge der seinerzeit beschlossenen Maßnahmen zu berichten. Dieser letzte Schritt hat sich als hilfreich und notwendig erwiesen, weil er zweifellos eine gewisse verpflichtende Wirkung hat."

## 6.3.3. Intergruppen-Arbeit

(nach FRENCH & BELL, 1973, S. 122 ff.)

Sind die Beziehungen zwischen zwei Arbeitsgruppen durch Mißverständnisse und Feindseligkeiten belastet, dann wird die Gesamteffizienz der Unternehmung beeinträchtigt. Für solche Situationen wurde eine Interventionstechnik entwickelt, die aus 6 Schritten besteht:

1. Die Vorgesetzten beider Gruppen (oder die beiden Gesamtgruppen) treffen sich mit deren Berater oder Moderator und erklären ausdrücklich ihr Interesse und ihre Bereitschaft, an einer Verbesserung ihrer Beziehungen arbeiten zu wollen.
2. Die beiden Gruppen versammeln sich in getrennten Räumen; jede erstellt zwei Listen: In der einen führen sie _ihre_ Gedanken, Einstellungen, Gefühle, Vorurteile gegenüber der anderen Gruppe auf. In der zweiten Liste versucht jede Gruppe vorherzusagen, was die _andere_ Gruppe in ihrer Liste über die eigene Gruppe sagen wird. (Manchmal wird ausdrücklich die Instruktion gegeben, nicht nur die Mängel, sondern auch die Stärken der anderen Gruppe aufzulisten.)
3. Die beiden Gruppen kommen zusammen und tauschen die Informationen auf ihren Listen aus: Gruppe A präsentiert, wie sie die Gruppe B sieht und was ihr an dieser Gruppe nicht gefällt; Gruppe B veröffentlicht ihre Auffassungen über und Schwierigkeiten mit Gruppe A. Der Berater sorgt dafür, daß zu diesem Zeitpunkt noch keine Diskussion erfolgt, sondern bloß Verständnisfragen gestellt werden. Danach trägt Gruppe A vor, wie sie vermutet hatte, von Gruppe B charakterisiert worden zu sein; analog verfährt Gruppe B.

[Anmerkung: Die beiden Schritte 2 und 3 sind auch als 3-D-Analyse oder 'Organisationale Spiegelung' (organisational mirroring) bekannt, weil durch Erarbeitung und Austausch von Fremd- und Selbstwahrnehmungen Perspektivenwechsel erzwungen wird].

4. Die beiden Gruppen ziehen sich getrennt in ihre jeweiligen Besprechungsräume zurück und haben zwei Aufgaben zu bearbeiten: Zum einen diskutieren sie, was sie über sich und die andere Gruppe gelernt haben. Meist zeigt sich, daß viele Reibereien und Spannungen auf fehlerhafte Wahrnehmungen und Kommunikationen zurückzuführen sind und daß die Unterschiede zwischen den Gruppen eigentlich nicht so groß wie erwartet sind. Zum anderen fertigt jede Gruppe eine nach Wichtigkeit geordnete Liste mit den Punkten an, die als reale Probleme zwischen den beiden Gruppen bestehenbleiben. Normalerweise ist diese Liste viel kürzer als die erste.
5. Die beiden Gruppen kommen wieder zusammen und machen sich gegenseitig mit ihren Listen vertraut. Danach fertigen sie zusammen eine gemeinsame Liste jener Fragen an, die beide übereinstimmend geklärt haben möchten. Die Punkte werden nach Dringlichkeit und Wichtigkeit in eine Rangreihe gebracht. Gemeinsam werden Handlungsschritte erarbeitet, wie die Probleme zu lösen sind und Verantwortlichkeiten zugeteilt. Damit ist die Intervention beendet.
6. Nach einer vorher vereinbarten Zeitstrecke treffen sich die Vorgesetzten oder Gesamtgruppen wieder, um in einer Follow-Up-Sitzung darüber zu diskutieren, was in der Zwischenzeit geschehen ist: Ob die Vereinbarungen eingehalten wurden, welche Situation nun besteht und ob erneute Klärungen nötig sind.

## 6.3.4. Integrierte Modelle der OE

Im Folgenden sollen noch zwei Integrierte Modelle vorgestellt werden, die jeweils eine Art 'Paketlösung' anbieten, weil die Abfolge der einzelnen Interventionen einem charakteristischen Muster folgt.

### 6.3.4.1. Das Modell des NPI (Niederländisches Pädagogisches Institut)

Es handelt sich hier um ein Beratungsmodell, bei dem die interpersonalen Prozesse eine besondere Beachtung finden. Das Modell baut außerdem ausdrücklich auf anthroposophischen Grundlagen auf und geht davon aus, daß ein Klient seine Probleme selbst lösen kann, wenn er dazu gebracht wird, seine Situation und seine Ziele unverzerrt zu erkennen. Aufgabe des Beraters ("Entwicklungshelfers") ist es, den Prozeß der Selbstwerdung in Gang zu setzen und als Katalysator zu begleiten. Zugrundegelegt wird ein 5phasiges Veränderungsmodell, das seine Entwicklungsimpulse aus den Polaritäten Ist-Soll und Jetzt-Später erhält. Das Phasenmodell wird durch folgende graphische Abbildung veranschaulicht:

**Abb. 6.1:** Das NPI-Modell der Organisationsentwicklung

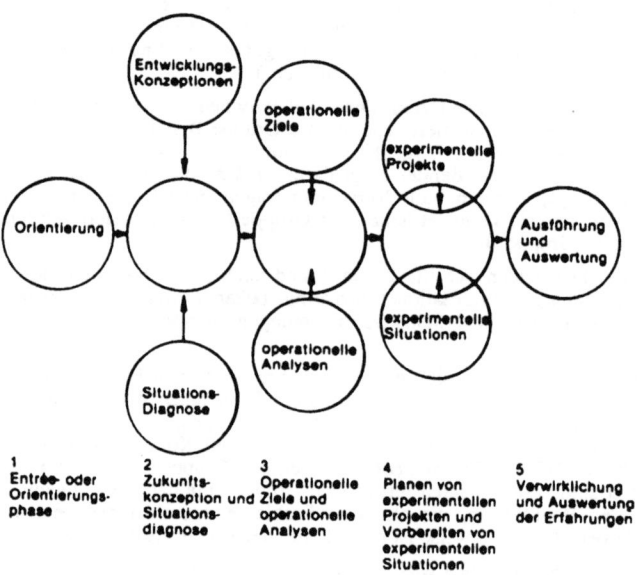

*1. Phase:* Orientierungsphase

Hier wird der erste Kontakt zwischen Klientensystem (KS) und Entwicklungshelfer (change agent, CA) hergestellt, die Ausgangsprobleme werden aus der Sicht des KS definiert, es wird ein Vertrauensverhältnis zwischen KS und CA hergestellt und evtl. im KS eine "Initiativ-Gruppe" geschaffen.

*2. Phase:* Erarbeitung einer globalen Zukunftskonzeption und einer Situationsdiagnose

Die Zukunftskonzeption soll zum Ausdruck bringen, auf welche Bedürfnisse die Organisation künftig antworten will, wie sich die Organisation entwickeln soll und was von den Mitgliedern erwartet wird. Die o.a. Abbildung zeigt den Abstand, der zwischen dem globalen idealen Entwicklungs-Leitbild und der augenblicklichen Lage klafft. Diese Diskrepanz wird in "positive Unzufriedenheit" umgesetzt. Die Spitzenführung gibt eine "Intentionserklärung" ab, daß der Entwicklungsprozeß fortgesetzt wird.

### 3. Phase: Operationelle Zielsetzung und Analyse

Das globale Leitbild der 2. Phase wird zu operationellen Zielsetzungen verdichtet und Analysen konkreter, in der Organisation stattfindender Prozesse werden vorgenommen. In dieser Phase kommen der Teambildung und Teamentwicklung besondere Bedeutung zu. Auf diesen Grundlagen werden konkrete Änderungsvorschläge entwickelt.

### 4. Phase: Experimentelle Projekte und Situationen

Die vorgeschlagenen Veränderungsprojekte werden in ihrer Reihenfolge und Terminierung geplant und experimentelle Situationen, in denen sie realisiert werden sollen, werden vorbereitet (Zeit, Raum, Hilfsmittel, Finanzen).

### 5. Phase: Realisierung und Auswertung

Schrittweise Einführung der Veränderung in der Organisation. Ausweitung auf alle organisatorischen Bereiche, Etablierung der OE als kontinuierlicher Prozeß, Auswertung der Erfahrungen und ihre Berücksichtigung beim weiteren Vorgehen.

In dem Prozeß der zunehmenden Konkretisierung nähern sich Ist und Soll an, bis es in der letzten Phase zur Deckung kommt.

#### 6.3.4.2. "Grid Organization Development" von BLAKE & MOUTON

Auch dieser Ansatz ist interaktionsorientiert, aber sehr viel stärker systematisiert und instrumentiert als der NPI-Ansatz. Externe Berater sind nur in der Führungsgruppe der Organisation tätig, in den anderen Gruppen wird diese Aufgabe von organisationsinternen Trainern übernommen, die sich des standardisierten Instrumentariums der "Grid-Methode" bedienen können.

### 1. Phase: Einführendes "Grid laboratory seminar"

In diesem einführenden externen Seminar werden die Führungskräfte in Gedanken und Vorgehensweisen der Grid-Methode eingeführt. Sie erhalten die Gelegenheit, bei der Lösung konkreter (standardisierter) Problemfälle in Selbsterfahrung ihr eigenes Verhalten kritisch zu analysieren und mit einem Idealmodell zu konfrontieren: Das sog. "Verhaltensgitter" (managerial grid) besteht aus zwei Dimensionen (Leistungs- und Mitarbeiter-Orientierung). Als ideal gilt ein 9,9-Führungsstil, bei dem LO und MO maximal ausgeprägt sind. Neben dem eigenen Führungsverhalten wird auch die "Organisationskultur" untersucht und Teamarbeit trainiert (s. die Abbildung auf S. 252).

Leistungs-Orientierung

### 2. Phase: Teamentwicklung

Beginnend an der Spitze der Organisation werden die einzelnen Gruppen dazu angehalten, ihr eigenes Verhalten (bei Kommunikation, Planung, Organisation, Zielsetzung,

Normierung etc.) zu erkennen und zu kritisieren, Idealvorstellungen zu entwickeln und sich diesen anzunähern.

*3. Phase*: Intergruppen-Arbeit

Auch die Beziehungen *zwischen* den einzelnen Gruppen in der Organisation werden untersucht. Jeweils zwei Gruppen, die miteinander zusammenarbeiten, treffen in "confrontation meetings" zusammen, um die zwischen ihnen bestehenden Probleme zu diskutieren und abzubauen. Auch hier wird zunächst ein Idealbild entworfen, die Abweichungen davon analysiert und Möglichkeiten der Annäherung an das Ideal erarbeitet.

*4. Phase*: Entwicklung eines Idealmodells der Organisation

Die Spitzengruppe (!) der Organisation entwirft ein Idealmodell der Organisation (in bezug auf Prozesse, Strukturen und Klima). Auch dazu werden schriftliche Unterlagen und Meßinstrumente ("Corporate Excellence Rubric") zur Verfügung gestellt.

*5. Phase*: Realisierung des Idealmodells

Für die einzelnen Organisationsbereiche werden Projektteams ("task forces") gebildet, die für ihre Gebiete die Verwirklichung des Idealmodells vorantreiben, Pläne, Strategien und Detailmaßnahmen ausarbeiten. Ihre Aktivitäten werden von einem Koordinator abgestimmt und von der Organisationsspitze sanktioniert.

*6. Phase*: Systematische Auswertung und Effektivitätskontrolle

Mit den 72 Feldern des "Corporate Excellence Rubric", einem umfassenden Diagnose- und Bewertungsinstrument, können der Fortschritt bestimmt, Mängel erkannt und neue Maßnahmen gezielt eingeleitet werden.

Bevor auf die Kritik der Organisationsentwicklung eingegangen wird, ist noch einmal darauf hinzuweisen, daß hier nur die 'normativ-umziehende' Richtung der OE vorgestellt wurde. Organisationsänderungen, die der 'rational-empirischen' oder der 'Macht- und Zwangs-'Strategie folgen, wurden ausgespart. Klassische von 'oben' angeordnete Re-Organisationen, Veränderungen aufgrund von technischen Investitionen oder Produktumstellungen, die Einführung neuer Entgelt-Systeme, Anwesenheitskontrollen, Förderprogramme, Arbeitszeitregelungen usw. sind *auch* OE, aber sie werden meist von einzelnen Personen oder Fachabteilungen vorbereitet und durchgeführt, ohne daß die Fragen, die im Folgenden erörtert werden, im einzelnen thematisiert werden - was bei der 'OE im engeren Sinn' immerhin der Fall ist (auch wenn darauf, wie zu zeigen ist, noch kaum befriedigende Lösungen gefunden wurden).

## 6.4. Kritik der OE

Die folgende Würdigung der humanistisch-sozialpsychologischen OE als Teilgebiet der PE folgt der 7-Punkte-Liste, die oben im Kap. 6.2.2. als "Zentrale Themen der OE" vorgestellt wurde.

### 6.4.1. Struktur vs. Person (Organisation vs. Individuum)

Schon in den zitierten OE-Definitionen kommen verschlüsselt oder offen wichtige Grundannahmen zum Ausdruck, die die normativ-umziehenden OE-Ansätze charakterisieren. Eine der bedeutsamsten Voraus-Setzungen, die oft in den Rang fragloser Gültigkeit erhoben wurde, ist: *Es ist zwischen personalen und strukturalen Ansätzen zu unterscheiden.*

Diese Annahme geht davon aus, daß Menschen die *Elemente* des Systems Organisation sind; erst die *Beziehungen* zwischen diesen Elementen konstituieren ein System. Diese nach einem ontologischen Teil-Ganzes-Verständnis modellierte Systemauffassung, die LUHMANN (1984) der ersten Generation von System-Theorien zuordnet, unterstellt, daß

a) die Teile (Menschen) eine eigenständige Existenz unabhängig von den jeweiligen Beziehungen haben und daß gleichzeitig

b) "das Ganze mehr ist als die Summe seiner Teile", daß also durch die spezifische (struktur- und oder technikbestimmte) Konstellation der Elemente völlig neue Qualitäten erzeugt werden.

Mit b) werden Holismus (Übersummativität des Ganzen) und Emergenz (Entstehen qualitativer Neuerungen) behauptet, mit a) Autonomie und Dingcharakter der beteiligten 'Elemente', die aber gleichzeitig 'offen' sind, d.h. durch die Veränderung der Beziehungen in ihrer Qualität modifiziert werden. Den beiden Grundbegriffen entsprechend gibt es für einen derartigen Ansatz zwei Interventionsmöglichkeiten: Man kann entweder die Elemente (Personen) ändern oder die Beziehungen.

Wenn man - so der 'personale' Ansatz - Mitgliedern neue Einsichten, Bedürfnisse oder Werthaltungen vermittelt (z.B. im Sensitivity Training, durch eine Lebensstil-Analyse, durch Kommunikationstraining usw.), dann wird sich über kurz oder lang auch das Gefüge der Organisation verändern. Gleichzeitig aber bewirken übersummative und emergente Eigenschaften (wie Klima, Atmosphäre, Geist, Kultur, Mentalität ...) der Organisation einen Wandel der Personen.

Gegen die dingliche Auffassung von Person, die als Ganzes (total!) für die bzw. in der Organisation vereinnahmt wird, ist oben schon opponiert* worden. Die *'ganze* Person' ist vielmehr Umwelt für die Organisation, die sich nur eines verwertbaren Teils des Menschen bedient: seines Arbeitsvermögens. Es ist natürlich unbestritten, daß 'ganze Menschen' arbeiten, aber es interessieren bei weitem nicht alle ihre Merkmale und Möglichkeiten, sondern nur funktionale, brauchbare. Deshalb ist es buchstäblich Ansichts-Sache, welche der personalen Merkmale berücksichtigt und verwertet werden. Systeme werden erst durch Akte der Grenzziehung geschaffen und erhalten - und diese Grenzen werden durch systemische Hin-Sichten gezogen. Für die Organisation 'Kirche' sind andere Aspekte relevant als für die Organisationen 'Betrieb', 'Sportverein', 'Berufsverband' usw. So gesehen schaffen die organisationalen Sichtweisen (und die in ihnen verwirklichten Interessen und Beziehungen) die Menschen, die 'in' der Organisation arbeiten.

Aus einer solchen Perspektive wird es wichtig, die Art der organisationsspezifischen Beziehungen zu klären und die Mechanismen aufzuhellen, die das Fortbestehen dieser von Handelnden und Handlungen abgelösten - verselbständigten, z.T. verdinglichten - 'Strukturen' gewährleisten. Variiert man die Bezeichnung für die hier behauptete Ver-Sachlichung, dann fällt durch die Steigerungsform des an sich Gleichen auf, was dahintersteht: apersonal, unpersönlich, unmenschlich. Bei einem strukturellen Organisationsbegriff ist 'Organisation' dann nicht mehr gebunden an die stets erneute Verlebendigung durch Handlungen von Subjekten, sondern hat sich verselbständigt, besteht für sich und wirkt zurück als ein äußerer Zwang, bei dem die Erinnerung an seine (in ter)subjektive Genese getilgt ist.

GEBERT (1980, S. 289) bringt das Strukturale (das er auch das 'Situative' nennt) mit der Blaupause der Soll-Organisation in Zusammenhang und behauptet die Gleichsetzung von Verhaltens- und Struktur-Änderungen:

*"Zusätzlich darf bei dem strukturalen Ansatz nicht übersehen werden, daß die Ist-Strukturen der Organisation im Gegensatz zu den Soll-Strukturen auf Verhalten von Personen reduzierbar sind, womit Veränderungen des Verhaltens von Personen zugleich Struktur-Veränderungen darstellen ... Inhaltlich bezieht sich der strukturale Ansatz demnach primär auf die Veränderung von Soll-Strukturen (gelegentlich als formale Organisation bezeichnet) sowie auf eine Veränderung der Arbeits-Technologien, Maschinen, Raumaufteilungen usw."*

Dabei wird jedoch nicht deutlich, welche besondere Qualität Verhaltensänderungen haben müssen, um als Strukturänderungen gelten zu können (s. dazu näher unten im Punkt 4). Wenn GEBERT feststellt, daß *"die Soll- und Ist-Struktur (bzw. die formale und die informale Organisation) jedoch häufig sehr weit auseinanderklaffen"* (a.a.O., S. 290), unterstellt er die reale Existenz *zweier* "Strukturen" oder "Organisationen", anstatt von *einer* Wirklichkeit auszugehen, die nur aus verschiedenen Blickwinkeln gesehen wird: die informale(?) Ist(?)-Organisation(=Struktur)(?) ist nicht das empirisch Vorfindliche, sondern genauso wie die normative formale Soll-Struktur ein Beobachtetes, gedanklich Geordnetes. Das Soll ist andererseits als verbindlicher Erwartungsdruck ebenso "real" wie eine erkannte Verhaltensregelmäßigkeit. Man kann die Pole formal - informal (oder: Soll - Ist, Struktur - Verhalten, Organisation - Person) nicht gegeneinander ausspielen, miteinander in Konflikt sehen oder unabhängig voneinander stehen lassen, weil man damit Sichtweisen zu Wirklichkeiten verdinglicht.

Die Alternative zu einer strukturalistischen 'Es-gibt-Sichtweise' von Organisation ist die 'Wir-erzeugen-Sichtweise': Organisation hat keine stabile reale Existenz, sondern ist ein Konstrukt, und zwar im doppelten Sinn. Einmal ist Konstrukt als hypothetischer *Begriff* zu verstehen (in Abgrenzung zu Sache oder Ding; die Nichtidentität mit der Wirklichkeit wird betont), zum anderen als *Erzeugnis* oder (Konstruktions-)Leistung, die nicht von einer einzelnen Person erbracht wird, sondern im verbundenen Handeln vieler ins Leben gerufen und am Leben erhalten wird. Die Regeln des Sehens (Abbildung, Karte, Typisierung, Ideologie usw.) und die Regeln des Erzeugens (Routinen, Normen, Gebote usw.) sind *soziale* Produkte. Sie können zu Stein, Stahl oder Software geworden sein (Gebäude, Maschinen, Programme) und damit Sach-Zwang ausüben; das darf aber nicht vergessen machen, daß ihre Erzeugung, Konkretisierung und Nutzung sozial bedingt sind und sozial abgesichert sein müssen. Im vorliegenden Text ist dieses Verständnis von *'organisational'* gemeint: die im aufeinander bezogenen Handeln einzelner erzeugten und aktiv aufrecht erhaltenen (sozial, sachlich und zeitlich) verallgemeinerten Regeln, Prinzipien und Deuteschemata.

Eine OE, die einer solchen *organisationalen* Perspektive verpflichtet ist, sieht sich deshalb zum einen mit einer *diagnostischen* Aufgabe konfrontiert, die zwei Schwerpunkte hat: sie muß deutlich machen, aus wessen Blickwinkel beobachtet/beschrieben wird (Grenzziehung: Außenperspektive) und wie die internen Verfahrensweisen beschaffen sind, die dafür sorgen, daß bestimmte Konstellationen und Prozesse bestehen und sich wiederholen (Selbsterzeugung: Innenperspektive). Zum anderen können sich *Interventionen* ebenfalls an der Außen- und Innenperspektive orientieren.

Ein Sachbearbeiter im Personalwesen sieht eine Organisation möglicherweise aus anderem Blickwinkel als eine höhere Vorgesetzte im Controlling oder ein Arbeiter im Materiallager. Was ändert eine OE-Maßnahme bei diesen Personen? Ihre höchst subjektiven Ansichten? Welcher offiziellen, objektiven, gültigen, vorherrschenden Sicht sollen sie angeglichen werden? Resultiert am Ende einer gelungenen OE eine gemeinsame und einheitliche Ansicht 'der Organisation'? Sollen Personen vor allem offener oder wirksamer über ihre jeweiligen Ansichten miteinander reden können - und wäre dies (schon) *Organisations*-Entwicklung?

Den Überlegungen zufolge, die im ersten Kapitel begründet wurden, ist dann von *organisationaler* Perspektive zu reden, wenn es um überdauernde Zusammenhänge in/von anonymen Personenmehrheiten geht, die sich von einer/ihrer Umwelt *abgrenzen* und sowohl eine bestimmte *Identität* wie verbindliche interne *Interaktionsmuster* entwickelt haben. Hinzukommen unter den gegebenen historisch-gesellschaftlichen Bedingungen noch als empirisch nahezu universale Merkmale *Hierarchie* und *Formalisierung*.

Als *Organisations*-Entwicklung bezieht sich OE deshalb nicht auf individuelle Wahrnehmungen oder Fähigkeiten, sondern auf gruppenübergreifende Kollektive und deren handlungsleitende oder -beschränkende Strukturen, Grenzen, Regeln, Interessen, Routinen etc., sowie auf die Mechanismen, die die fortwährende Erzeugung dieser Aspekte sicherstellen. So gesehen ist ein Rhetorik-Training ebensowenig eine OE-Maßnahme wie ein Abteilungsbeschluß zur Neuverteilung von Räumen und Mitteln oder die Beförderung einer Frau ins Top-Management - jedenfalls so lange nicht, wie nicht geklärt ist, welche bislang gültigen Generalisierungen dadurch dauerhaft, einzelfallübergreifend und verbindlich verändert wurden. Ob etwas OE war, läßt sich somit eigentlich nur rückblickend entscheiden. Das gilt in besonderem Maße für die sozialpsychologisch fundierten normativ-reedukativen Strategien.

Die beiden anderen Theorie- und Technikstränge, die oben - s. S. 208 f - im Anschluß an BENNIS u.a. (1975) zitiert wurden, sind eher akteursbezogen, dezisionistisch*, planvoll-gezielt, objektivierend und hierarchisch kontrolliert.

Beim 'rational-empirischen' Ansatz stehen scheinbar 'rein sachliche', technische oder organisatorische Maßnahmen im Vordergrund. Es geht im Grunde um die von PETERS & WATERMAN (1984) so genannten 'harten S': Systeme, Strategien, Strukturen. Beispiele wären die Einführung flexibler Fertigungssysteme, Laufbahnordnungen, Anwesenheitskontrollen, Planungsverfahren usw., die allesamt Auswirkungen auf die Organisation der Zusammenarbeit haben. Dieser ingenieursmäßige sachlich-bürokratische Ansatz (s. TAYLOR, WEBER) hat den Glauben an die *technische* Machbarkeit und Optimierbarkeit von *sozialen* Systemen nach dem Muster Entwurf - Realisierung - Kontrolle umzusetzen versucht. In der Theoriegeschichte der Organisationslehre ist er der Vorläufer und Antagonist der Human Relations-Schule (MAYO, ROETHLISBERGER, LIKERT, McGREGOR, ARGYRIS usw.), mit der die normativen OE-Ansätze eng verbunden sind. Diese Orientierung konzentriert sich eher auf die 'weichen S' (style, staffing, skills - also Führungsstil und Betriebsklima, Ausstattung mit Personal und 'Pflege' dieses Personals sowie Vermittlung der entsprechenden sozialen Fertigkeiten).

Beim *'machtpolitisch - zwangsorientierten'* Ansatz werden Aktionen strategisch bedeutsamer Gruppen oder Personen betont, die als Promotoren, Stabilisatoren oder Restriktoren des Wandels wirken. Diese politische Perspektive der OE wird z.B. bei BREISIG 1990 oder SCHIENSTOCK & MÜLLER 1978 betont. Das betriebliche Geschehen wird als politische Arena betrachtet, in der sich jene Akteure durchsetzen, die es verstehen, Machtpotentiale aufzubauen und Widerstände zu brechen oder zu umgehen. Beispiele für daraus folgende Maßnahmen mit OE-Wirkung sind u.a. die Einflußnahme auf übergeordnete Zielsetzungen, Entscheidungen über die Verteilung knapper Ressourcen (Finanzen, Stellen, Informationen etc.), Veränderungen von Zuständigkeiten und Arbeitsinhalten usw. Damit werden übergreifende Bedingungen geschaffen, auf die sich die Mitglieder der Organisation in ihren Planungen, (Inter-)Aktionen und Ansprüchen einstellen müssen - und auf diese Weise wird 'die Organisation' 'entwickelt'.

### 6.4.2. Effektivität und Humanität

OE-Praktiker verheißen die gleichzeitige Erfüllung humaner und ökonomischer Ziele. Daß an dieses unwahrscheinliche Ergebnis geglaubt wird, ist vermutlich vor allem damit zu erklären, daß die Verbindung von Effizienz, Produktivität, Flexibilität, Problemlösefähigkeit einerseits mit Partizipation, Authentizität, Selbstverwirklichung und Gesundheit andererseits eine solch große Attraktivität besitzt, daß kritische Realitätsprüfung ausgeschaltet wird. Es besteht die Neigung kontrafaktisch zu glauben, was man sich wünscht. Dies wird unterstützt durch die Marketingstrategie der OE-Anhänger; auch wenn sie von ihrer Mission durchdrungen und von ihrem Beitrag zu einer besseren Arbeitswelt überzeugt sind, so bleibt doch als wesentliches Faktum, daß die meisten ihr Geld mit diesem Produkt verdienen und es deshalb so vermarkten müssen, daß Nachfrage erzeugt und befriedigt wird. Das erreichen sie vor allem dadurch, daß sie zumeist keine trockene wissenschaftliche Lektüre, sondern aus dem Leben gegriffene Fallbeispiele bieten, die fast alle imponierende Erfolgsstories sind. In zuweilen naiv anmutendem Optimismus wird positives Denken vorgeführt: Alle Schwierigkeiten können überwunden werden, wenn man nur an sich und die Methode glaubt! Manchmal erinnern der fast missionarische Eifer und das enthusiastische Engagement für die "gute Sache OE" an eine Art weltlicher Evangelisation, die ihre Schubkraft aus dem Kampf gegen das abschreckend gezeichnete Böse erhält, nämlich die verkrusteten, lähmenden, entfremdeten Bedingungen der Großen Bürokratie.

*"Wir sollten T-Gruppen segnen, weil sie für Manager das tun, was Hasch, flower power, psychedelische Erfahrungen und Hard-Rock-Musik für die weit jüngere Generation tun ... Die Trainierten werden erfrischt in eine Welt von Hierarchien, Konflikt, Autorität, Dummheit und Brillianz zurückkehren, aber die Hierarchien usw. werden wahrscheinlich nicht verschwinden. Die meisten Organisationen bleiben ausgeprägt autoritäre Systeme, einige benutzen sogar T-Gruppen, um diese wesentliche Tatsache zu verbergen"* (PERROW, 1972, S. 118).

Die Verkündigung lautet: Wer sich zum neuen Weg OE bekehrt und Denken, Werte, Gewohnheiten und Verhalten ändert, der wird belohnt werden mit Leistung und Zufriedenheit. Das Doppelziel wird dabei nicht als zwar unerreichbares, aber motivierendes Fernziel gesehen (als 'regulative Idee' oder 'positive Utopie'), sondern als durchaus realisierbar, ja auf Erden schon realisiert - siehe die Erfolgsfälle. Mit der gleichen Verheißung haben schon TAYLOR oder MAYO gelockt, als sie für Scientific Management oder Human Relations warben und wie damals so gibt es auch heute beeindruckende Erfolgsmeldungen aus dem Kreis der Anhänger, die sich durch Skepsis oder gar Hohn aus dem Lager der Kritiker nicht irritieren lassen. Oft genug gehört es zur Immunisierungsstrategie der Glaubensgemeinschaft, den ohnehin Überzeugten die Kritik der Gegner überzeichnet (als Verfehlen der reinen Lehre) vorzuführen, um noch engeren Schulterschluß zu erreichen:

TREBESCH (1987, S. 313) resümiert die Aufzählungen von Kritiken bei BURKE: Demzufolge ist OE *"... nur eine von vielen Heilslehren, oberflächlich, vor allem kommerziell orientiert, atheoretisch, anti-intellektuell, zweideutig, eine religiöse Heilslehre und sogar überflüssig."*

Er fährt dann fort mit Bemerkungen über die Situation der OE in Deutschland (S. 315 f):

*"Bevor sich dieses zarte Pflänzchen als Ableger des größeren Busches aus den USA überhaupt entwickeln konnte, wird es bereits als Mode ausgenutzt und zur Wunderdroge, zum Frustschutzmittel und zu einem Schlagwort hochgejubelt, unter dem sich alles sammeln läßt, was mit dem 'Menschen' zu tun hat, und sei es nur als Alibi ... OE lebt vielfach von dem Lippenbekenntnis der Manager. Wenn sie aber einen Wandel auslöst, der an die vermeintlichen Grundfesten ihrer Existenz rüttelt, dann wird dieser Zug schnell verlassen und als irregeleitet abgestempelt. OE soll als Placebo verabreicht werden, und eine Wirkung wird als unerwünschte Nebenwirkung erstaunt registriert und schnell behoben. Im Sinne von Human Relations- Maßnahmen soll mehr Farbe in den Alltag gebracht werden, damit die nunmehr glücklichen Kühe besser zu melken sind ... OE als 'Poona der BWL' (so Klaus Doppler) wird zum Teil publizistisch ausgeschlachtet von Autoren, die zwar der Sprache mächtig sind, aber den Sinn, die Absichten und Ziele der Konzepte nicht erfassen wollen oder können."*

Wenn *high tech* (die harten S structure, strategy, systems) mit *high touch* (den weichen S style, skills, staffing) versöhnt wird, dann scheint das nicht rational und systematisch programmierbar zu sein. Die Spontaneität, Flexibilität und Lebendigkeit, die das Ziel auszeichnen, prägen auch schon den Weg zum Ziel. An die Stelle von Planung und Kalkül rücken Glaube und Vertrauen. Die OE-Methoden scheinen auf magische Weise das Welträtsel der Verbindung von Menschlichkeit und Profit gelöst zu haben. Ob sie nun sich selbst überzeugen müssen, naiv-unbekümmert an ihr Ideal glauben oder das Versprechen als zuweilen marktschreierisches Akquisitionsargument einsetzen - immer wieder betonen OE-Vertreter das Gelingen eines Ziels, das schon die frühsozialistische Bewegung erträumt hatte: die freie Assoziation der Produzenten, in der jeder seine Persönlichkeit entfalten, seine Bedürfnisse befriedigen und sein Bestes leisten kann.

KUBICEK, LEUK & WÄCHTER (1980) fragen in diesem Zusammenhang nach, was mit den verheißenen *Produktivitätsgewinnen* geschieht: Werden die Arbeitnehmer mit der zugleich erhöhten Arbeitszufriedenheit (als intrinsischer immaterieller Belohnung) abgespeist oder werden sie tatsächlich (formal geregelt und einklagbar) mitbeteiligt an den erwarteten Einkommenszuwächsen?

### 6.4.3. Pragmatismus und Arbeits(platz)bezug

Vielen Kritikern gilt OE als ein theorieloses Sammelsurium von Interventionstechniken; freundlicher formuliert: die Innovationen der Praktiker sind den Analysen der Theoretiker weit vorausgeeilt. Das Fehlen einer Theorie wird durch Aktionismus überspielt, bei OE herrscht der Primat der Tat.

*"Aber nicht nur die kommerzielle Nutzung fördert das Auftreten von Scharlatanen. Die mangelhafte Ausbildung und damit soziale Kompetenz auch von OE-Beratern (obwohl Teile des Wertsystems internalisiert wurden) führt dazu, daß häufiger weniger diagnostiziert, sondern sofort verändert wird; daß 'beste Wege' vorgeschlagen werden, Berater nur noch von ihrer Trickkiste leben und ständig an Menschen rumbasteln, statt Strukturen zu prüfen oder zumindest in Frage zu stellen, sind weitere Folgen"* (TREBESCH 1987, S. 317)

Eine verbreitete Darstellungstechnik in der OE-Literatur ist es, polare Gegenüberstellungen anzubieten, wobei die eine Seite als Feindbild gedacht ist, von der sich der andere Pol umso strahlender abhebt. Solche Gegensatzpaare sind z.B. lebendig vs. erstarrt, gemeinschaftlich vs. vereinzelt, kooperativ vs. konkurrierend, selbstbestimmt vs. fremdbestimmt, gleichberechtigt vs. hierarchisch gestuft, ganzheitlich vs. zerstückelt, Einweg-Kommunikation vs. Allkanal-Kommunikation, vertrauensvoll offen vs. mißtrauisch bedeckt, sinnlich-affektiv vs. intellektuell usw. Die jeweils erste Charakterisierung steht für gelungene OE, sie markiert das wiedergewonnene Leben in einer versteinerten Bürokratie. Übersehen wird dabei, daß jedes Auftauen, Verflüssigen, Verlebendigen wieder einmünden muß in ein Stabilisieren, weil effektives und effizientes *kollektives* Handeln in mehrdeutigen und instabilen Umwelten vor allem aufgrund der Entlastung durch Routine, Strukturen und vorgeregelte Entscheidungsprämissen möglich wird.

Stabilisierung durch stets revidierbare Absprache ist zerbrechlicher als verbindliche Generalisierung (die - siehe oben - das Kernmerkmal von Organisiertheit ist). Wenn OE nicht bloß Person- oder Beziehungs-Entwicklung sein will, muß sie das prekäre Spannungsverhältnis von Auftauen und Einfrieren, Verfestigen und Verflüssigen, Destabilisieren und Restabilisieren im Auge behalten; sie kann sich nicht auf eine Seite schlagen. Nicht allein Liebe und Vertrauen erhalten eine Organisation funktionsfähig, sondern vor allem Rechte, Regeln und Sanktionen. Diese Einsicht hat dazu geführt, daß OE-Berater gelernt haben, detaillierte Kontrakte zu schließen, Übereinkünfte schriftlich zu fixieren (s. dazu das Beispiel des Rollenverhandelns), darauf zu achten, daß Veränderungen sich auch *formal* (Organigramme, Kompetenzen, Privilegien, schriftliche Abmachungen) oder *materiell* (Architektur, Arbeitsbedingungen) niederschlagen ...

Unter den Grenzbedingungen der kapitalistischen Marktwirtschaft, die OE-Enthusiasten manchmal zu vergessen scheinen, müssen sich Gestaltungsformen gegenüber Alternativen rechtfertigen. Jene Alternative, die billiger, sicherer, schneller, problemloser, leichter beherrschbar, nicht systemgefährdend usw. ist, wird ausgewählt werden. Humanisierung konkurriert unausweichlich mit Rationalisierung (hier gemeint als die Ersetzung lebendiger Arbeit durch Technik). OE scheint nur dort konkurrenzfähig, wo wegen der schlecht definierten Situation und unprogrammierbarer Handlungen auf menschliche Zu-Tat nicht zu verzichten ist, wo also der "objektive Faktor Subjektivität" (KAPPLER 1980, S. 217) eine zentrale Rolle spielt. Deswegen findet sich OE auch selten im Bereich der un- und angelernten Arbeiter und der einfachen Angestellten; deren Arbeiten sind leichter maschinisierbar als die von Führungskräften und Entwicklern!

Wenn immer wieder hervorgehoben wird, daß OE pragmatisch, konkret-nützlich, arbeitsplatzbezogen sei, dann wird verschwiegen, daß jede *gewollte* Veränderung - ob ausgesprochen oder nicht - ein bestimmtes(!) Ziel, den besseren Zustand, anstrebt. Das Pragmatische mißt sich am Ideal. Nicht diese Entgegensetzung kann also gemeint sein, sondern das undogmatische *Vorgehen* bei der OE, das für sich in Anspruch nimmt, keine Standardrezepte oder Konfektionsware anzubieten und das jeden Fall als Einzelfall zu betrachten vorgibt. Eines der bekanntesten und kommerziell erfolgreichsten OE-Programme, das Grid-Modell, ist jedoch ein Gegenbeweis für diese Einmaligkeits-Zusicherung.

### 6.4.4. OE als Prozeß, nicht als einmalige Problemlösung

Es geht hier nicht um den scherzhaften hintergründigen Vorwurf, daß OE-Leute wie Eunuchen seien, die zwar im Prinzip wissen, wie es geht, aber zum Selbertun nicht in der Lage sind. Als Prozeß-Spezialisten 'begleiten' sie das Handeln der anderen, ohne inhaltliche Vorschläge zu machen. Die Enthaltsamkeit in bezug auf substantielle Problemlösungen (mangels Expertise) ist jedoch nur die eine Seite; die andere ist, daß Entwicklungen, weil sie bestehende Zustände/Strukturen überwinden und ersetzen müssen, sehr häufig konflikt- und krisenhaft verlaufen und deshalb Verfahrensspezialisten für das Verlernen und Neulernen gebraucht werden: *das* ist die gefragte Expertise. Nicht zuletzt deshalb wird immer wieder betont, daß der Ausgang von OE-Prozessen vorab nicht definiert werden kann; OE ist deshalb nicht gleichzusetzen mit '*geplantem* organisationalen Wandel'!

Versteht man OE als 'organisationales Lernen', dann genügt es nicht, daß Menschen in Organisation lernen, sondern daß 'die Organisation' lernt. Lernen ist die Änderung von Handlungen, um künftige Erwartungsenttäuschungen zu vermeiden. Organisationen sind gekennzeichnet durch die Einrichtung von Institutionen, Programmen, Regeln, Routinen, Rollen, Technologien, Schemata etc., die sicherstellen sollen, daß 'richtig' gehandelt wird. Weil mehrere Akteure unabhängig voneinander, aber dennoch koordiniert handeln müssen, ist es wichtig, allgemeine Erwartungsschemata einzurichten, auf deren Erfüllung sich jeder Handelnde verlassen kann. Diese Erwartungen müssen *formalisiert* (verschriftlicht, dokumentiert, in einheitliche Form gebracht sein), zeitlich, sozial und sachlich *generalisiert* und *verbindlich* gemacht worden sein (z.B. an die Mitgliedschaftsbedingung geknüpft sein). Damit wird gewährleistet, daß auch in Zukunft (tendenziell: immer) in bestimmten (beschriebenen, typisierten) Situationen an bestimmten Positionen vorhersehbar gehandelt wird - auch wenn Personen ausgewechselt werden oder aktuelle Absprachen nicht möglich sind. Organisationslernen (= OE) ist die Änderung dieser Programme, um sicherzustellen, daß aufgetretene Probleme auf eine *organisierte* Weise bewältigt oder Chancen genutzt werden können. Es geht also nicht um individuelle Kreativität, gesundes Augenmaß oder scharfen analytischen Verstand einzelner, sondern um allgemeingültige Festlegungen. OE ist aus der *organisationalen* Perspektive die Änderung dieser Festlegungen. Ihrem Wesen entsprechend können diese Änderungen nicht stillschweigend oder unbemerkt erfolgen - weil sie ja für alle Organisationsmitglieder gelten sollen und nicht nur für solche, die untereinander unmittelbaren Kontakt haben und miteinander bindende Vereinbarungen treffen können. Neu-Regelungen müssen deshalb veröffentlicht und wiederum den Prozeduren der Formalisierung, Generalisierung und Verpflichtung unterworfen werden. Dieser zentrale Unterschied zu personalen und interpersonalen OE-Interventionen wird in großen Teilen der OE-Literatur nicht gesehen, weil sie stark humanistisch und sozialpsychologisch geprägt ist und formale Regulierung als Ausdruck einer zu überwindenden Bürokratisierung sieht, anstatt sie als den anderen Pol in der Dialektik von Verflüssigung und Verfestigung zu akzeptieren.

*"Eine solche Optimierung des organisationsinternen Problemlösungspotentials setzt jedoch komplizierte Lernprozesse voraus, die aufgrund ihrer mehrfachen Reflexivität gesellschaftlich-evolutionär betrachtet in hohem Maße zugleich unwahrscheinlich und instabil sind ... Derartige Lernprozesse bedürfen daher einer zusätzlichen Absicherung durch Institutionalisierung, Systembildung, Rollen und/oder Programme ... Organisationsentwicklung kann in diesem Zusammenhang als eine Strategie bzw. als ein Programm zur Initiierung, Steuerung und Garantierung derartig komplexer Lernprozesse der Systemveränderung und -entwicklung verstanden werden. Organisationsentwicklung ist eine Optimierungsstrategie für das Problemlösungspotential von Organisationen, die sich 'hauptsächlich auf das Verstehen und Planen der Veränderung und nicht so sehr auf die geplante Veränderung' richtet ..."* (RIECKMANN & SIEVERS 1978, S. 263)

Auf dem Hintergrund dieser Überlegungen erscheint die immer wieder betonte Prozeßhaftigkeit und Reflexivität der OE ('lernen zu lernen', 'Hilfe zur Selbsthilfe') in einem neuen Licht. Es geht dann nicht nur um die Bereitschaft von Individuen oder Gruppen, eingeschliffene Verhaltensgewohnheiten oder Ansichten zu revidieren, sondern um das Schaffen von Bedingungen, die eine 'permanente Kultur(r)evolution' erlauben. Diese dürfen sich nicht erschöpfen im Appell an Personen, den unumgänglichen Wandel zu wollen, sondern müssen Institutionen vorsehen, die diese Flexibilität nicht nur zulassen, sondern erzeugen. Beispiele solch struktureller Einrichtungen können sein:

- Rotationsprinzip, um allzu enge Netzwerke, Besitzstandsdenken, Abteilungsblindheit etc. zu bekämpfen;
- Verflachung der Hierarchie, um durch die Ausweitung der 'Leitungsspanne' die Vorgesetzten zu zwingen, Handlungs- und Entscheidungsspielräume der Unterstellten auszuweiten;
- Projektarbeit mit immer wieder neu zusammengesetzten Gruppen (s. oben);
- Schaffung alternativer Karrierewege (z.B. Fachlaufbahn neben Führungslaufbahn), um exzellente fachliche Leistungen zu würdigen und zu intensivieren;
- Aufbau eines Vorschlags- oder Innovationswesens, das für Veränderungsideen Kanäle schafft neben den formalen Zuständigkeiten;
- Umgestaltung der Belohnungssysteme (Entgelt, Aufstieg, Arbeitsbedingungen, Statussymbole etc.) in einer Weise, die innovative Problemlösungen honoriert ...

## 6.4.5. Zur Rolle der OE-Berater(innen)

Die Rolle der Berater(innen) wird in der OE-Literatur sehr unterschiedlich diskutiert. Den einen sind sie die Agent(inn)en des Wandels, zu dem das System aus eigener Kraft nicht fähig ist, den anderen sind sie Mietlinge des Top Managements, die willfährig dessen Interessen umsetzen.

OE ereignet sich nicht naturwüchsig, sondern wird gelenkt. Es gibt jemand, der die Initiative ergreift, ein Problem diagnostiziert, auf Abhilfe sinnt usw. Wenn Führungskräfte nicht von sich aus in traditioneller Manier re-organisieren (s. die rational-empirischen oder zwangsorientierten Strategien), dann werden OE-Fachleute eingeschaltet. Dies können interne und externe Berater(innen) sein, in jedem Fall aber benötigen sie für ihre Arbeit den Auftrag, die Genehmigung oder vielleicht auch nur die stillschweigende, stets widerrufliche Tolerierung durch die Organisationsspitze oder von Leuten deren Vertrauens - und zwar in allen Schritten: Zulassung, Programm, Arbeitsbedingungen, Entlohnung, Anschlußaufträge usw.

Es wird viel darüber diskutiert, ob *interne* oder *externe* Berater effektiver arbeiten; Argumente pro und contra haben LIPPITT & LIPPITT (1977) zusammengestellt:

(1) *"Ein interner Berater investiert für gewöhnlich mehr Zeit in das Klientensystem als ein externer.*

(2) *Der interne Berater ist ein Teil des Klientensystems und kann daher möglicherweise nur einen Teil des Problems darstellen; dies trifft für den externen Berater kaum zu.*

(3) *Der interne Berater ist nicht so frei, das Klientensystem zu verlassen, wenn eine Problemsituation gemildert wird, während der externe Berater für gewöhnlich frei ist, zu kommen und zu gehen.*

(4) *Der interne Berater erhält normalerweise für seinen Beratungsdienst vom Klientensystem keine zusätzliche Entschädigung, sondern dies wird eher als seine übliche Arbeit angesehen, der externe Berater kann sein Honorar aushandeln.*

(5) *Die Bezahlung eines internen Beraters als Berater ist üblicherweise nicht an Ergebnisse gebunden, wie dies bei einem externen Berater der Fall sein kann.*

(6) *Der interne Berater erscheint dem Klientensystem nicht als so teuer wie ein externer Berater.*

(7) *Der interne Berater wird für gewöhnlich nicht als Prophet im eigenen Lande anerkannt; der externe Berater entspricht eher der herkömmlichen Vorstellung eines "Experten".*

(8) *Ein interner Berater wird meist nicht einen so breiten Erfahrungshintergrund haben wie der externe Berater; sein Erfahrungshintergrund wird spezialisierter sein.*

(9) *Ein interner Berater wird leichter mit einer unzulänglichen Leistung durchkommen als ein externer Berater.*

(10) *Häufig arbeitet der interne Berater innerhalb des Klientensystems auf einem niedrigeren Einflußniveau im Vergleich zum höheren Einfluß des externen Beraters.*

(11) *Manchmal stößt der interne Berater innerhalb des Klientensystems auf Widerstand wegen seiner Beziehung zur Hierarchie, aus Gründen althergebrachter Interessen oder organisatorischer Richtlinien; für den externen Berater ist dies weniger wahrscheinlich.*

*(12) Der interne Berater kennt die politischen Realitäten des Klientensystems besser als ein externer Berater.*

*(13) Ein interner Berater wird die Sprache des Klientensystems besser kennen als ein externer Berater.*

*(14) Ein Klientensystem neigt eher dazu, einem internen Berater den Eindruck zu vermitteln, daß alles in Ordnung sei, als wirklich um Hilfe zu fragen; in der gleichen Situation wird das Klientensystem hingegen externe Beratung suchen."*

Wenn man von Organisations-Entwicklung spricht, muß man auch von der Entwicklung des Beratungsverhältnisses sprechen. Geht man nicht vom Sonderfall des Einzelkämpfers aus, dann treffen zwei soziale Systeme aufeinander: das Klienten-System und das Berater-System. Beide sind Organisationen (intern differenziert, formalisiert, programmgesteuert etc.), beide beobachten einander und verändern einander. Beratung ist ein Akt der gegenseitigen Durchdringung (Interpenetration); dem Beratungssystem fällt dabei die Aufgabe zu, nicht mit dem Klienten-System symbiotisch zu verschmelzen, sondern als Medium zu fungieren, das Strukturen und Prozesse im Klienten-System abbildet und dieses Bild an das Klienten-System rückmeldet (s. SCHMITZ 1988), damit aus dieser Konfrontation motivationale und inhaltliche Anstöße zur Veränderung entstehen.

Auf diesem Hintergrund können auch verschiedene Berater-Typologien gesehen werden. KAPPLER (1987) diskutiert z.B. drei verbreitete Typen von Beratern: Experten, Prozeßberater und Katalysatoren (s.a. die ähnliche Einteilung von TICHY 1974: Bezugsgruppenanwalt, Top-Management-Berater, OE-Berater, Sozialtechnologe A und B).

- *Experten* fühlen sich für inhaltliche Problemlösungen kompetent und halten - wie im klassischen Arzt-Patient-Verhältnis - den Klienten (für) unmündig und abhängig. Weil der Abstand des Experten zum Laien erhalten bleibt, muß in jeder neuen Problemsituation erneut der Expertenrat gesucht werden.
- *Prozeßberater.* Wie oben (S. 260) schon dargestellt, fühlt sich die Prozeßberaterin nicht für Sach-, sondern nur für Methodenfragen zuständig. Sie sorgt dafür, daß Kommunikations- und Verständnishindernisse aufgezeigt und bearbeitet werden und bietet dafür aktiv Hilfestellung.
- *Katalysatoren* verändern - der Idee nach - nicht durch Intervention, sondern durch Anwesenheit. Weil sie da sind, beginnen Leute miteinander zu sprechen, sich zu rechtfertigen, Vorschläge zu machen, Fachwissen zu präsentieren, Störungen aufzudecken usw. Da alles nötige Problemlösungswissen ohnehin in den Beteiligten steckt, sind Katalysatoren gut beraten, wenn sie nicht beraten (KAPPLER 1987).

Der normativ-umerziehenden OE-Philosophie stehen die Typen des Prozeßberaters und Katalysators am nächsten. Denn sie 'enteignen' Probleme nicht und lösen sie nicht stellvertretend für die Organisation. Es gilt als eine wichtige Voraussetzung, daß die Beteiligten zunächst akzeptieren, *daß* sie Probleme haben, um dann daran zu arbeiten, diese Probleme gemeinsam zu definieren. Dieser Prozeß *ist* schon OE, weil - vielleicht zum erstenmal - verschiedene Ansichten ausgetauscht, Tabus gebrochen, Konflikte veröffentlicht, Wünsche geäußert werden ... Erfahrung und Vertrautheit mit diesem Prozeß erlauben es, eigenständige Problemlösekapazität zu entwickeln, die langfristig verfügbar ist und auf andere Situationen übertragen werden kann.

Das darf natürlich nicht vergessen lassen, daß eine Beraterin zunächst einmal von jemand in die 'problematische' Organisation oder Abteilung gerufen wird. Mit diesem Akt ist sie eingebaut in ein politisches 'Spiel': Wer eine Beraterin beizieht, sucht eine Koalitionspartnerin in einer innerbetrieblichen Machtfrage (SELVINI-PALAZZOLI u.a. 1984). Die Beraterin kann dann als Behältnis für viele Problemdefinitionen ('alte Rechnungen'), Sündenbock/Opferlamm, Mülleimer, Sprachrohr, Schiedsrichterin etc. ge- oder mißbraucht werden. Gerade weil dieses 'Spiel' außerordentlich komplex und undurchschaubar ist, wird Berater(inne)n immer wieder die Empfehlung gegeben, diese Situation in kollegialer Supervision zu reflektieren, um nicht unbemerkt in eine Rolle delegiert zu werden, die der Problemlage nicht gerecht wird.

In der Literatur finden sich zuweilen Überlegungen zur Einstiegstrategie für OE-Projekte (s. GLASL & de la HOUSSAYE 1975), die sich obwohl sie 'rein technisch' gemeint sind, auch lesen lassen als Beispiele politischer Strategien. Veranschaulicht am Beispiel der Organisationsmetapher 'Pyramide' wird zwischen folgenden Varianten unterschieden:

a) *top-down:* Die Unternehmensleitung geht mit gutem Beispiel voran und erst wenn sie überzeugt und 'entwickelt' ist, diffundieren die Neuerungen nach 'unten'.

b) *bottom-up:* Konkrete Veränderungen an den Arbeitsplätzen 'unten' (Automatisierung, Entsinnlichung, Vernetzung, Flexibilisierung etc.) machen es nötig, daß sich auch die vorgelagerten betrieblichen Ebenen auf die neue Situation einstellen. Seltener dürfte es sein, daß auf Werte- oder Anspruchswandel reagiert wird (solange er sich nicht in Fehlzeiten, Abwanderung, Ausschußproduktion etc. bemerkbar macht).

c) *Keil-Strategie:* Es wird mit den Veränderungen im Mittelmanagement begonnen, von dem aus man sich dann nach beiden Richtungen (oben und unten) vorarbeitet.

d) *Nester-Strategie* (auch Flecken- oder Kerne-Strategie): Zunächst werden einige besonders progressive oder erfolgversprechende Abteilungen oder Projekte für OE-Maßnahmen ausgesucht. Sind diese Pilotprojekte erfolgreich, entsteht von selbst innerbetrieblich ein Nachfragesog.

e) Wenn a) und b) gleichzeitig verfolgt werden, wird von *'bi-polarer' Strategie* geredet. REHN (1979) erweitert den starren mechanistischen bipolaren Ansatz durch ein sogenanntes *'Gegenstrom-Modell'* der OE. Wie aus Abb. 6.2 hervorgeht, will er den hierarchischen Aufbau durch ein 'dynamoarchisches' Prinzip ersetzen. Demzufolge werden im Top-Management (TM) in Konkretisierung der 'übergeordneten Unternehmensziele' Aufgabenstellungen entwickelt, die als Entwürfe und Impulse an das Mittelmanagement (MM) weitergegeben werden. Dieses erarbeitet auf der Basis der Ideen Aufgabenlösungen, die sich auch an den Bedingungen orientieren, die auf der Ebene des Unteren Managements (LM) bestehen. Vom LM wird das MM auf den Wegen der Beratung über die konkreten Möglichkeiten und Probleme informiert: die globalen Impulse des TM konkretisieren und spezialisieren sich, indem sie mit den Gegebenheiten des LM konfrontiert werden. Top-down- und bottom-up-Verfahren sind also in einer Art Gegenstromverfahren zugleich wirksam, so daß die im Unternehmen vorhandenen Kenntnisse, Ziele, Interessen miteinander konfrontiert und verschränkt werden (können). REHNs anthroposophisch* inspiriertes Modell bleibt sowohl dem Hierarchie-Prinzip treu (es berücksichtigt sogar nur Führungsebenen, keine ausführenden Stellen), wie es auch von Harmonie-Vorstellungen ausgeht: das Mittelmanagement ist der Ort, in dem sich die gegenläufigen Prozesse verwirbeln und konstruktiv verbinden.

**Abb. 6.2: Gegenstrom-Modell: Die Funktionsweise der Dynamoarchie**

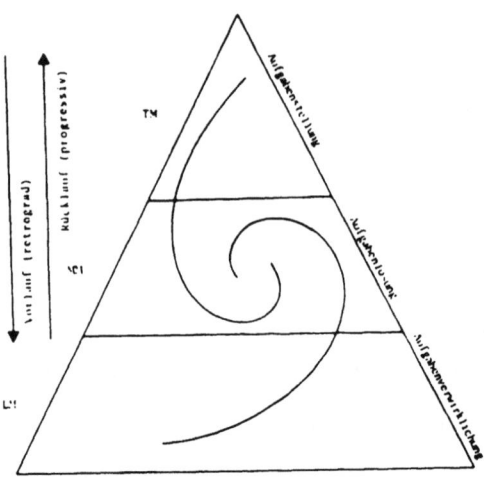

Schon die Wahl der Pyramiden-Metapher betont augenfällig die Hierarchie als das entscheidende Problem und so gilt es als eine unstrittige Praktikereinsicht, daß OE-Projekte, die nicht zumindest die *Billigung* des Top-Managements haben, von vorneherein zum Scheitern verurteilt sind (s. GEBERT 1976). Die unbemerkte subversive Ummodelung ganzer Organisationen gehört ins Reich der Phantasie. Besonders deutlich wird das, wenn man probeweise die Gebäudemetapher durch eine andere ersetzt, z.B. die Organismus-Metapher (s. die obige Tab. 6.1 auf S. 243 ff). Dann würde OE sich vielleicht darstellen als Amputation, Transplantation, Impfung, Fitnesstraining, Hygiene- oder 'Ernährungs'- Ratschläge, Verabreichung von Medikamenten, Ruhigstellung usw.

Dabei muß grundsätzlich - um einer entweder naiven oder verlogenen Sicht der Dinge vorzubeugen - auch die ökonomische und rechtliche Sicht des Beratungsverhältnisses bedacht werden. Berater verdienen ihr Geld mit dieser Aufgabe und das nur solange, wie sie gerufen werden. Gerufen aber werden sie von Leuten, die die Macht dazu haben und die ein Interesse daran haben, *ihre* Arbeit effektiver/effizienter zu gestalten. Für eine Systemänderung, die die Privilegien der Privilegierten beschnitte, bleibt da wenig Spielraum. Wenn der Korridor der erkannten Veränderungsmöglichkeiten so eng ist, daß sich ein Berater nur noch als Spitzel, Lakai oder Delegierter einer bestimmten Gruppe erleben kann, wird er die Zusammenarbeit aufgeben (sofern er den Verlockungen eines entsprechenden Honorars widerstehen kann). Wo aber diese Sollbruchstelle ist, läßt sich kaum definitiv und für alle ausmachen.

Aus gewerkschaftlicher Sicht werden Berater immer wieder als Agenten der anderen Seite betrachtet, weil sie unter dem Deckmantel einer attraktiven Philosophie letztlich dem Programm einer einheitlichen solidarischen Interessensvertretung entgegenhandeln und nicht erkennen, daß sie Instrument eines Teile-und-Herrsche-Strategems sind. Unter anderem deswegen nennt KÜLLER OE

*"Firmentherapie, sofern der Chef mitmacht. OE hat im Betrieb die gleiche Funktion wie ein Eheberater oder Psychotherapeut im Falle einer Ehekrise. Dort wird durch die Einschaltung eines externen Beraters den Beteiligten wieder ein Gespräch miteinander ermöglicht ... Auf die betriebliche Ebene übertragen bedeutet dies, daß Verkrustungen, Positionskämpfe von Stelleninhabern, Informationsblockaden etc. ein Ausmaß erreicht haben, welche die Unternehmensleitung zum Handeln zwingt (sofern sie diese Vorgänge überhaupt wahrnimmt). Erfolgreich durchgeführte OE bedeutet, daß das Top-Management von diesem Ballast befreit und in seiner Führungsfunktion entlastet werden kann. Dadurch werden kritische Phasen, vor allem bei Rationalisierungsvorhaben, besser bewältigt werden können" (KÜLLER, 1981, S. 337).*

KÜLLER fragt sich (rhetorisch) ob OE lediglich ein 'Schönwettermodell' ist, das nur für extrem wachstumsstarke Firmen geeignet ist. Ähnlich kritisch nimmt BREISIG (1990, S. 336 f) zur Selbstverklärung der Berater Stellung:

*"Ebenso muß der in der Literatur stets aufs neue beschworene Mythos des pädagogisch motivierten und beiderlei Interessenlagen berücksichtigenden Beraters bezweifelt, zumindest relativiert werden. Diese Vorstellung kommt der eines Samariters im Dienst der Organisation nahe, der bescheiden im Hintergrund Anstöße zur Besserung im allseitigen Interesse gibt. Dabei gerät allzu leicht die finanzielle Abhängigkeit (insbesondere des externen Beraters) aus dem Blickfeld. Es ist ausschließlich die Unternehmensleitung, die die Entscheidung trifft, ob ein Berater und wenn ja welcher aus dem hartumkämpften 'Beratermarkt' verpflichtet werden soll. Selbst der aufrichtigste OE-Berater läuft in diesem Spannungsfeld zwischen pädagogischem Änderungsanspruch und ökonomischer Abhängigkeit Gefahr, ausschließlich solche Probleme aufzugreifen, deren schnelle und für den Klienten (sprich: die Unternehmensleitung) bequeme Lösung sein Honorar gerechtfertigt erscheinen läßt. Wenn aber die Honorarabhängigkeit des Beraters die Wahl der Interventionspunkte weitgehend bestimmt, ist die Wahrscheinlichkeit groß, daß von dem plakativen Humanisierungsanspruch letztlich nicht viel übrig bleibt."*

### 6.4.6. Zur Beteiligung der Betroffenen

Zum Credo der OE-Praktiker gehört auch, daß keine von ExpertInnen gefertigten Lösungen übergestülpt werden sollen, sondern daß die Betroffenen zu Beteiligten am Problemlösungs- und Veränderungsprozeß zu machen sind. Dies wird zuweilen ganz nüchtern und funktionalistisch gedeutet, wenn z.B. für GROCHLA (1982, S. 81) OE ein Instrument zur Akzeptanzbeschaffung ist. Gegen den unreflektierten Partizipationshymnus wendet sich auch BREISIG (1990, S. 336), indem er Arbeitnehmerinteressen zur Geltung bringt:

*"Hinter vielen OE-Projekten stehen nackte Rationalisierungsvorhaben mit einem 'sozialen Tarnmantel', der ihre Durchführung und Durchsetzung erleichtern bzw. erst ermöglichen soll.*

*Als überwiegend prozeßorientierte Strategie eignet sich OE als Forum der Scheinbeteiligung besonders gut. Es besteht die Gefahr, daß sich die Beteiligungsangebote auf den Verlauf der Veränderungsprozesse und die Ausfüllung der 'Zulieferungs-' und Akzeptanzsicherungsfunktion beschränken und innerhalb dieses Rahmens regelrecht verpuffen, ihn nicht verlassen (dürfen). Durch die Harmoniethese und das Ziel der Entbürokratisierung wird die Illusion genährt, mit Hilfe von OE könnten bestehende Herrschaftsstrukturen aufgebrochen werden. Oft ist OE jedoch höchstens geeignet, sie zu verschleiern und dadurch im Gegenteil zu festigen ...*

Auch KAPPLER warnt davor, Beteiligung lediglich entweder als Technik oder als humanes Beziehungsangebot zu betrachten, jedenfalls herauszulösen aus dem Kontext, in dem sie stattfindet: Die Mitbeteiligung wird ständig kontrolliert, damit sie nicht ausufert und etablierte Verfügungsrechte gefährdet. Es handelt sich nicht um (gesetzlich abgesicherte) *Mitbestimmung*, sondern bloß um jederzeit widerrufliche Mitwirkung. Das Schlagwort von der "Mitbestimmung am Arbeitsplatz" verbrämt die zugrundeliegende Problematik: Zwar thematisiert es das Manko der gesetzlichen Mitbestimmung, weil mit der Delegation von Mitbestimmungsrechten an Funktionäre die Entwicklung von Fähigkeit zur und Interesse an Selbstbestimmung allzu oft lahmgelegt wird, anderseits aber suggeriert es, daß lokale Verbesserungen im ansonsten unveränderten Gesamtrahmen möglich wären.

Diese Art von Einbindungsstrategie kommentiert KAPPLER (1980, S. 218):

*"Mit der verstärkten Beteiligung an der Organisation der Kapitalverwertung wird freilich das Individuum für eben diese Organisation der Kapitalverwertung verantwortlich, d.h. eingebunden in den Prozeß der Reproduktion der eigenen Abhängigkeit. Organisationsentwicklung unterstützt solche Einbindungen besonders, da sie dazu beiträgt, die Reibungsverluste, die bei freigesetzter Kreativität entstehen können, zu minimieren und einer gruppendynamischen Cortisontherapie zu unterziehen. Toleranz wird zum Sedativum\*, Einbindung homöopathisch verabreicht; das Zulassen des 'unkontrollierten' Ausbruchs beraubt schließlich auch ihn seiner befreienden Potenz."*

Die Frage der Mit-Beteiligung bekommt eine ganz andere (theoretische) Richtung, wenn man die Entwicklungen der letzten Jahre weg vom Konzept der OE hin zu Modellen 'systemischer Beratung' oder 'systemischen Managements' berücksichtigt (s. WIMMER 1990; GEBHARDT 1989; EXNER, KÖNIGSWIESER & TITSCHER 1987; SCHMIDT 1987; KÖNIGSWIESER & PELIKAN 1990). Systemische Ansätze üben an mehreren Voraussetzungen der 'klassischen' OE Kritik.

Aus systemischer Perspektive wird an den OE-Ansätzen deren Macher-Phantasie bemängelt, die sie als Erbe von 'planned organizational change' übernommen haben und den Glauben nährt, mit bestimmten Interventionen könnten beabsichtigte Ergebnisse erreicht werden. Systemansätze stellen dem entgegen, daß wegen der unüberschaubaren Komplexität sozialer Systeme und der unterschiedlich dichten Vernetzung grundsätzlich der Ablauf von Re-Organisationsprozessen nicht vorhergesehen und gezielt gesteuert werden kann, sondern daß Systeme durch externe Anstöße lediglich 'irritiert' werden. Diese Störung suchen sie intern zu verarbeiten und dabei kann es zu (unerwarteten) Umstrukturierungen kommen. Systeme sind reflexiv oder selbstreferentiell\*: sie beobachten sich fortwährend selbst und haben zahlreiche Verfahren und Institutionen für diese Selbst-Beobachtung ausgebildet. Information ist nur das, was von diesen Einrichtungen (und nicht etwa: von Dritten oder Experten) als Unterschied erkannt und prozessiert werden kann. Deshalb beginnt Systementwicklung schon bei der Kodierung von Unterscheidungen. Organisationen 'sehen' nicht, was sie - aufgrund ihrer eingebauten Informationsverarbeitungs-Programme - nicht sehen können. Deshalb spielt die Veränderung dieser Programme (Deutero-Lernen, double loop learning) eine so ausschlaggebende Rolle und darum ist die Kommunikation über die Kommunikation so relevant.

Die scheinbar klare Grenze zwischen System und Umwelt wird in Frage gestellt; sie besteht nicht 'an sich', sondern wird von Beobachtern gezogen. Insofern ist die Grenzziehung eine standpunktbezogene *aktive* Leistung, die stets in Frage steht. Das aber bedeutet auch, daß nicht von vorneherein klar ist, wer Täter, wer Beteiligter und wer Betroffener ist: die klare Subjekt-Objekt-Trennung wird - wie schon in Konzept und Praxis der Aktionsforschung - aufgehoben. Auch (scheinbar) Externe verändern die Organisation (und werden durch sie verändert); das eröffnet z.B. auch eine Grundlage, die Intervention von (externen) Beratern theoretisch zu fassen (s.a. SCHMITZ 1988).

Organisationen verändern sich fortwährend spontan (Selbstorganisation); es gibt keine dinglich-statische Organisation, die auf eine Intervention wartete. Jede Intervention konkurriert zu jedem Zeitpunkt mit einer großen Zahl simultaner 'Irritationen' und es ist nicht ausgemacht, welche sich in welcher Weise durchsetzen wird.

Nicht mehr Elemente (z.B. störende Personen oder nicht funktionierende Abteilungen) stehen im Mittelpunkt, sondern Beziehungen, Strukturen, Regeln und Wirkungen. Jedes Problem wird als 'Index-Problem' identifiziert: es verrät nicht etwas über den Problemträger, sondern über den Zustand und die Wirkungsweise des Gesamtsystems (und über den Beobachter, der die Unterscheidung 'normal - problematisch' macht). Es geht deshalb auch nicht um die 'Entwicklung' von Betroffenen, sondern um die Veränderung von Handlungs- oder Kommunikations*mustern* oder *-regeln*.

Auch das emanzipatorische Interesse (normativ-reedukativ!), das viele OE-Praktiker auszeichnete und sie veranlaßte, mit 'heißem Herzen' für Veränderung in Richtung auf Menschlichkeit, Ent-Fremdung, Authentizität, Sensibilität etc. hinzuwirken, ist einer distanzierteren 'kühleren' Betrachtungsweise gewichen. Die Intervenierenden suchen sich nicht zu 'verstricken' (die Täterin-Betroffene-Beteiligte-Rolle zu fusionieren), sondern sich stets Rechenschaft zu geben über die Qualität ihrer Beziehungen, Sichtweisen und Unterscheidungen. Damit steigt auch die Verfügbarkeit von Beratern für jedweden Einsatz.

Zwischen OE- und systemischen Ansätzen läßt sich kein kategorischer Trennungsstrich ziehen. Die meisten der 'systemischen' Gedanken sind von OE-Autoren - wenngleich weniger ausgearbeitet - schon vorweggenommen worden, so daß nicht von einem Paradigmenwechsel, sondern von neuen Akzentsetzungen gesprochen werden kann. Am bedeutsamsten scheint, daß die Theorie selbstreferentieller autopoietischer* Systeme (v.a. LUHMANN 1984) das lange beklagte Theoriedefizit der OE zu beheben vermag.

### 6.4.7. Das Menschenbild der OE

Es ist oben schon angemerkt worden, daß die OE-Tradition sich weniger durch ein konturiertes Organisations-, als vielmehr durch ein spezifisches Menschenbild auszeichnet:

*"Die OE beruht auf einer Reihe von Werten wie Vertrauen, Liebe, Authentizität, Selbstkontrolle, Selbstverantwortung, Offenheit, Autonomie, Humanisierung, Gleichberechtigung usw." (TREBESCH 1987, S. 319).*

BENDIXEN macht jedoch geltend, daß ein im falschen Bewußtsein befangenes Subjekt gar nicht wissen kann, was für es gut ist.

*"In der Praxis läuft ein bei der Bedürfnisartikulation und -durchsetzung sich selbst überlassenes Individuum Gefahr, seinen eigenen Gewohnheiten aufzusitzen und dadurch weitergehende Möglichkeiten der Selbstverwirklichung zu verfehlen. Wesentliches Moment der Organisationsentwicklung ist daher eine 'normative Prioritätsverlagerung, die weniger einem Organisationsmodell als vielmehr einem Menschenbild normativen Charakter einräumt' (SIEVERS). Die darin zum Ausdruck kommende emanzipatorische Rationalität muß sich wissenschaftstheoretisch so orientieren, daß sie ihr Menschenbild auch kontrafaktisch aufrechterhalten kann, und zwar nicht nur gegenüber organisatorischen Zuständen, sondern auch gegenüber den betroffenen Individuen selbst, deren Selbstverwirklichungsziele oft hart von ihren Alltagserfahrungen eingeengt sind, die sie nur selten überschreiten können. Die Organisationsentwicklung ist daher auch pädagogisch-normativ orientiert" (1980, S. 198).*

Das kann dazu führen, daß der Organisationsentwickler - weil aufgeklärter - auch gegenüber uneinsichtigen Personen an seiner Mission festzuhalten hat: ein Beispiel für gutgemeinte Entmündigung! Es liegt ein Paradox in der These, daß z.B. einerseits der Wert 'Selbstbestimmung' realisiert werden soll, daß dieser Wert aber andererseits vorgegeben ist und nicht durch die Beteiligten (selbstbestimmend) in Frage gestellt werden darf (s.a. SIEVERS, 1977).

Der selbsterteilte Auftrag, für die Verwirklichung der humanistisch-emanzipatorischen Werte die organisationalen Voraussetzungen zu schaffen, hat nicht nur ungeteilte Zustimmung erhalten. Dabei ist weniger die Kritik aus dem konservativen Lager gemeint (die in Nachfolge Milton Friedmans feststellt, daß "the business of business is business" - und sonst nichts), sondern vor allem der unverhüllte dogmatische Anspruch aufs richtige Menschenbild, der gespeist wird vom orthodoxen Bewußtsein, im Besitz der Wahrheit zu sein. Dagegen wendet sich KAPPLER (1980, S. 220f):

*"Nicht wie die Kinder sollen wir werden, sondern wie der Organisationsentwickler, der ein feines Menschenbild für uns bereithält. Aber einen Platz für den Menschen hat er nicht bereit. Denn der würde sich nicht einfach formen und kneten lassen, sondern darauf bestehen, in den Augen des Organisationsentwicklers ein Exot zu sein, jemand, für den das DIN-genormte Menschenbild kein Begriff ist, sondern eine Definition, die genausogut durch die Definition ersetzt werden kann, daß Menschen Säugetiere mit Ohrläppchen sind. Organisationsentwicklung, die auf normativer Basis betrieben wird, tut so, als könne sie etwas Reales für die Erreichung ihrer Normen leisten und sieht nicht, daß diese Normen nur dann Erfüllung finden, wenn sie bereits als Normen in der Gesellschaft vermittelt sind, d.h., wenn sie nicht den Normen der Herrschenden entstammen. Die Illusion zu erwecken, daß Normen geändert werden können, beliebig, ahistorisch und gewissermaßen gesellschaftsfern auf der Insel der jeweils zu entwickelnden Organisation, ist gerade eine wirksame 'Strategie' der Hierarchiesicherung."*

Wenn Mitarbeiter durch OE tatsächlich vom Objektstatus zum Subjektsein befreit werden sollen ["Der Mensch als das Maß aller Dinge" (= homo-mensura-Prinzip), s.a. GLASL, 1980, S.102], dann muß diese neugewonnene Subjektivität nicht nur Einsicht oder Einwilligung in die jeweils gegebene 'Notwendigkeit' zulassen, sondern auch deren von der Hierarchie nicht geplante oder gewollte Überwindung. An dieser Stelle macht jedoch der Widerstand der 'Praxis' einmal mehr klar, daß es in OE nicht um Selbst-Verwirklichung geht, sondern um (nützlich mitgestaltende) Anpassung.

## 6.5. Zur Wirksamkeit von OE

In einer Auswertung von 35 quantitativ orientierten OE-Studien haben PORRAS & BERG (1978) die Effektivität von OE zu klären versucht. Dabei haben sie für verschiedene (empirisch häufiger untersuchte) Segmente einerseits Prozeß- und andererseits Ergebnis-Variable differenziert. Ihre Zusammenstellung der Variablen ist in den Abb. 6.3 a und b abgedruckt. Diese Abbildungen vermitteln einen Eindruck von der Vielfalt der einzelnen Größen, die gemessen wurden (wobei in praktisch allen Studien unterschiedliche Variablen auf unterschiedliche Weise erfaßt und unterschiedliche OE-Techniken eingesetzt wurden).

Im Resümee ihrer Auswertung der 35 OE-Studien stellen PORRAS & BERG (1978, S. 263 f) fest:

*"OE hat als noch embryonales Feld relativ wenig systematische Evidenz über ihre Wirksamkeit produziert. In der vorliegenden Analyse werden einige Annahmen über die Wirkung von OE bestätigt, andere nicht. Eine allgemeine Annahme - daß der wichtigste Effekt von OE ist, Leute glücklicher und zufriedener zu machen - wurde durch die Daten nicht bestätigt, die zeigten, daß verschiedene Arten von Zufriedenheitsmaßen sich als Folge von OE-Programmen relativ selten änderten. Vielfach wird angenommen, daß OE ihre Hauptwirkung auf organisationale Prozesse und relativ wenig Wirkung auf Ergebnisse hat, aber die Daten zeigen, daß eher die entgegengesetzte Beziehung besteht oder daß OE Ergebnisse zumindest genauso sehr wie Prozesse beeinflußt. Es wurde gezeigt, daß die Wirkung von OE auf personbezogene Prozeßvariablen gleich war der auf aufgabenbezogene und nicht, wie oft geglaubt, daß OE primär personorientierte Prozeßvariablen ändert und sehr wenig relative Wirkung auf aufgabenorientierte Variablen hat. Obwohl die OE-Theorie die Gruppe für das entscheidende Einfallstor in die Organisation und einen zentralen Mechanismus der Veränderung hält, ändern sich Gruppenprozeß-Variablen in weniger als der Hälfte der Fälle, in denen sie gemessen wurden. Für viele sind OE- und T-Gruppen-Ansätze synonym. Die untersuchten Studien belegen, daß obgleich die T-Gruppen einen relativ großen Prozentsatz der hauptsächlichen Interventions-Ansätze ausmachen (23%), dennoch bei weitem der häufigste Änderungsansatz die Teambildungs-/Teamentwicklungs-Technik ist.*

*Aber nicht alle allgemein vertretenen Auffassungen über OE blieben ohne Unterstützung durch die Daten. Die Daten bestätigen die Überzeugung, daß OE keine Wirkung auf gesamtorganisatorische Prozesse hat, sondern primär auf das Individuum wirkt ... Die Befunde stimmen auch mit der Ansicht überein, daß OE-Interventionen durch T-Gruppen, Encounter-Gruppen und Sensitivity-Gruppen keine starke Wirkung auf Prozesse und Ergebnisse der Organisation haben. Diese Klasse von Interventionen resultiert im niedrigsten Prozentsatz berichteter Änderungen.*

*Eine Analyse der empirischen Forschung über OE wäre nicht vollständig ohne eine Diskussion der Probleme bei der Messung von Veränderungen in Sozialsystemen. Es gibt eine Mehrzahl von Fragen: Was ist Veränderung? Welche Arten von Veränderung werden gemessen? Wie angemessen sind verschiedene Forschungsdesigns? Wie relevant sind Selbstberichte bei der Veränderungsmessung? Welche systematischen Verzerrungen gibt es bei Vor-Messungen?"*

Mit diesen letzten Bemerkungen sind Problemfelder genannt, auf die im nächsten Kapitel ausführlich eingegangen werden soll.

**Abb. 6.3a:** OE-Prozeß-Variablen (aus: PORRAS & BERG 1978, S. 252)

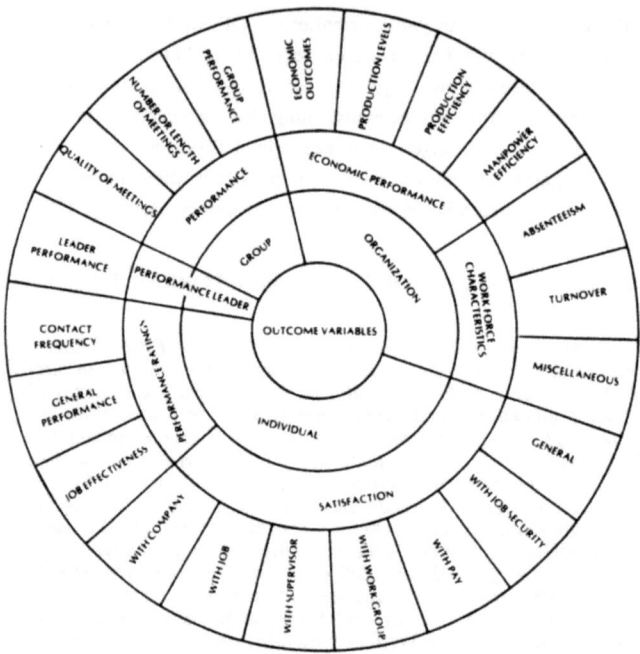

**Abb. 6.3b:** OE-Ergebnis-Variablen (aus: PORRAS & BERG 1978, S. 253)

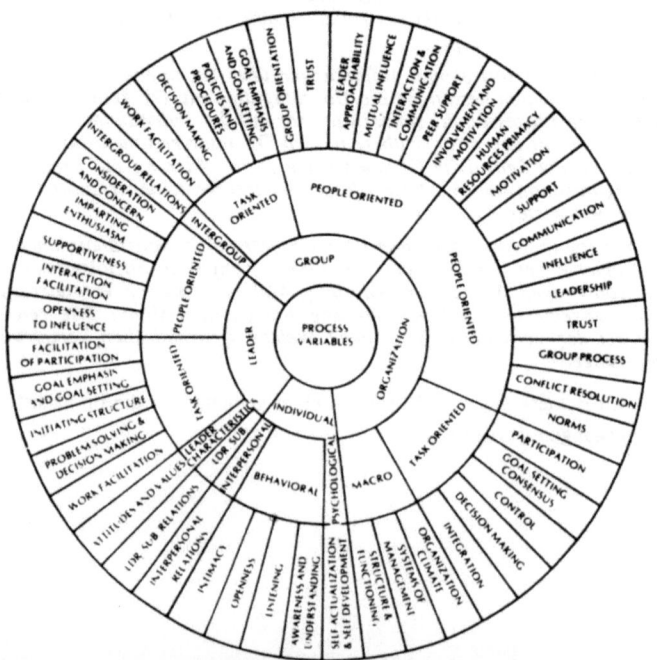

## 7. PE- Evaluation

### 7.1. Grundlagen

#### 7.1.1. Der Evaluationsbegriff

Für Evaluation finden sich in der Literatur verschiedene Bezeichnungen: Effizienzforschung bzw. -prüfung, Erfolgsbewertung, Erfolgsermittlung, Erfolgskontrolle, Evaluierung, Qualitätskontrolle, Wirkungskontrolle, Bewertung. Manuela NORK - die zu diesem Thema eine Monografie geschrieben hat - legt sich auf folgendes Begriffsverständnis fest (1989, S.38):

*"Evaluation bedeutet die Bestimmung eines Wertes; d.h. auf Weiterbildungsmaßnahmen angewendet, daß die Auswirkungen der Weiterbildungspolitik und -maßnahmen sowohl auf die Teilnehmer/innen als auch auf die Organisation in Bezug auf die Ziele, die sie zu erreichen versuchen, untersucht und die Ergebnisse anhand der vorher festgelegten Ziele und Kriterien bewertet werden".*

Nach MÜNCH & MÜLLER 1988, S. 31 ist Evaluation:

*"... eine bewußte, ziel- und/oder kriteriengeleitete Bewertung."*

WOTTAWA & THIERAU (1990, S. 18) zitieren ROSSI & FREEMANN (1985), die unter Evaluation verstehen:

*"... die systematische Anwendung sozialwissenschaftlicher Methoden zur Bewertung der Konzeption, des Designs, der Implementation und des Nutzens einer sozialen Interventionsmaßnahme."*

Dem stellen sie ihre eigene Definition von Evaluation gegenüber, die sie sehen als

*"... Prozeß der Beurteilung des Wertes eines Produktes, Prozesses oder eines Programmes, was nicht notwendigerweise systematische Verfahren oder datengestütze Beweise zur Untermauerung einer Beurteilung erfordert" (1990, S. 9).*

Die immer wieder geäußerte Auffassung, daß Evaluation nur dann einen Sinn habe, wenn sie das Erreichen gesetzter Ziele prüfe, wird von den Vertretern des Konzepts einer *"zielfreien Evaluation"* zurückgewiesen (s. EASTERBY-SMITH, 1986, S. 36 ff). Sie gehen davon aus, daß die Ziele, die dem Evaluator genannt würden, weder vollständig, noch stabil, noch eindeutig seien und daß meist neben den genannten Zielen eine große Zahl weiterer Ziele verfolgt würden, die man unberücksichtigt ließe, wenn man sich allein auf proklamierte Ziele konzentrierte (Beispiele für einige oft übersehene Ziele s. S. 284 ff). Wie bei allen organisationalen Aktivitäten gäbe es auch bei der PE verschiedene "stakeholders" (Interessenten), die jeweils ganz andere Ziele oder zumindest andere Prioritäten von Zielen hätten. Die Verabsolutierung offizieller Standpunkte (z.B. des Managements) werde dem Facettenreichtum des Problems nicht gerecht. Außerdem fördere die Ziel-Orientierung eine Ergebnis-Fixierung und vernachlässige den Prozeß.

#### 7.1.2. PE-Philosophie und Evaluation

Bevor man sich mit technischen Details befaßt, sollte grundsätzlich die sog. *Philosophie der PE* in einem Unternehmen geklärt sein: Wird sie als Investition oder Aufwand gesehen? Ist sie lang- oder kurzfristig angelegt? Ist es Sache jeder einzelnen Person, die

Initiative für ihre Qualifikation zu ergreifen oder werden 'von oben' Weiterbildungs-Kontingente zugeteilt? Liegt die Verantwortung bei den Linien-Abteilungen oder der PE-Abteilung? Zielt PE auf personelle und/oder auf inter- und apersonale Änderungen?

Evaluation ist *kein* zeitloses und bedingungsloses Projekt. Im ersten Kapitel sind schon einige der Chronologien, Systematiken, Konzeptionen oder Schulen von PE-Arbeit dargestellt worden; sie zeigen, daß es ganz verschiedene Auffassungen über PE gibt. Deshalb ist es wichtig, diese "Philosophien" zu berücksichtigen, weil sich ihnen das Evaluations-Problem jeweils ganz anders stellt.

Um einige Beispiele zu geben: COMELLI (1985, S. 94) unterscheidet "übliche Formen der Management-Entwicklung", "traditionelle Organisationsplanung" und "Organisationsentwicklung"; DECKER (1984, S. 283) trennt zwischen "traditioneller Bildungsarbeit" vs. "Bildungsarbeit als Organisationsentwicklung"; HÖLTERHOFF (1989, S. 28) typisiert verschiedene 'Reifegrade' der PE-Arbeit (Institutionalisierungsphase, Differenzierungsphase, Integrationsphase), STIEFEL unterscheidet zwischen lehrorientiertem, lernorientiertem, transferorientiertem und problemlösungsorientiertem Vorgehen (zitiert in MÜNCH & MÜLLER 1988 S. 26). Für alle diese Typen, Phasen, Vorgehensweisen muß jeweils die Evaluation unterschiedlich organisiert sein! Auch PULLIGs etwas dramatisierende Entgegensetzung von "angstmotivierter" und "stilbildender" Weiterbildung hat Konsequenzen für Inhalte und Strategien der Evaluation:

*"Viele Weiterbildungsaktivitäten sind die Antwort auf ein ungemütliches Gefühl von Angst: Angst vor der - meist technischen - Überlegenheit der anderen (anderer Kollegen, anderer Abteilungen, anderer Betriebe, anderer Regionen, anderer Staaten). Mit anderen Worten: die Angst um das Überleben treibt uns zur Anstrengung auch auf dem Gebiet der Weiterbildung an und nicht etwa - was ja immerhin noch denkbar wäre - die Freude an der Entwicklung und Entfaltung geistiger und körperlicher Fähigkeiten. Das Ergebnis solcher angstmotivierender Weiterbildung ist deshalb nur die Anpassung der Mitarbeiter an von außen kommende und als bedrohlich empfundene Zwänge. Eine solche Weiterbildung reagiert jeweils nur.*

*Dieser negativ motivierten Weiterbildungs'philosophie' sollte die bewußt stilbildende Funktion der Weiterbildung entgegengesetzt werden. Die Weiterbildung hat demnach die Aufgabe, das gesamte 'Miteinander-Umgehen' im Betrieb und die übergeordneten Unternehmensziele zu prägen, oder - um einen neuerdings vielzitierten Begriff zu gebrauchen - die gesamte Unternehmenskultur gezielt und bewußt zu beeinflussen. Es geht dabei konkret um eine Korrektur und Ergänzung einseitiger technisch-ökonomischer Orientierungen durch geistige Aspekte wie Entfaltung, Freiheit, Gerechtigkeit, Schönheit usw."*
*(PULLIG, 1987, S. 28f).*

Wenn Evaluation nicht losgelöst von den allgemeinen Funktionen der PE gesehen werden kann, dann spiegelt sich in den erwarteten objektiven Wirkungen von PE-Evaluation *auch* die 'PE-Philosophie'!

### 7.1.3. Die Funktionen von PE-Evaluation

Die PE-Evaluation hat nach MÜNCH & MÜLLER (1988, S. 32) eine Innovations-, Optimierungs-, Legitimations- und Entscheidungsfunktion; SCHINDLER (1979, S. 9) unterscheidet die Funktionen der Kontrolle, Steuerung und Unterstützung. Dem Folgenden lege ich in den ersten fünf Punkten die Gliederung von Manuela NORK (1989, S. 39) zugrunde. Sie differenziert folgende Funktionen:

1. *Legitimationsfunktion*. Darunter versteht sie im Anschluß an EASTERBY-SMITH "*proving*" (beweisen) - also den Nachweis, daß die propagierten Ziele tatsächlich erreicht wurden.

2. *Verbesserungsfunktion*. Hier geht es um Möglichkeiten des "*improving*", also des Verbesserns der Vorgehensweisen aufgrund von Alternativenvergleichen und Erfahrungen.

    Evaluation erlaubt ein Feedback zur Überprüfung einiger Methoden-Entscheidungen und zwar (s. EASTERBY-SMITH 1986, S. 34 f):

    a) *Intra-Methoden-Entscheidungen* (z.B. innerhalb der Methode "Vortrag" können sehr viele verschiedene Varianten zielführend sein);

    b) *Methoden-Entscheidungen*: Es kann Gründe geben, für bestimmte Ziele bestimmte Methoden vorzuziehen (z.B. "Vortrag" oder "Fallstudie" oder "Rollenspiel" für die Thematik der Personalbeurteilung);

    c) *Programm-Entscheidungen*: Hier geht es um die Programmgestaltung (1-Tages- vs. 1-Wochen-Kurs, stark oder kaum strukturiert; von internen oder externen Referenten gestaltet usw.);

    d) *Strategie-Entscheidungen* im Hinblick auf die optimale Ressourcen-Nutzung und die Organisation der PE-Abteilung;

    f) *Politik-Entscheidungen*. Wieviel Mittel überhaupt für PE vorgesehen sind, welche Rolle die PE-Abteilung zu spielen hat, ob PE "Schmieröl-Funktion" oder Organisations-Entwicklung leisten soll ...

3. *Integrationsfunktion*. NORK folgt auch darin EASTERBY-SMITH, der dem "proving" und "improving" noch "learning" hinzufügt und damit deutlich machen möchte, daß Evaluation immer schon einen Änderungsimpuls beinhaltet. Es soll nicht nur gerechtfertigt und verbessert werden, Evaluation soll auch als permanenter Lernprozeß in alle Einzelmaßnahmen der PE integriert werden.

4. *Entscheidungsfunktion*. Die Ergebnisse der Evaluation müssen in unternehmerische (v.a. personalpolitische) Entscheidungsprozessse einbezogen werden.

5. *Prognosefunktion*. Nicht nur für abgelaufene Projekte, sondern auch für künftig zu realisierende sollen Erfahrungswerte und Einsichten zur Verfügung gestellt werden.

    NORKs Aufstellung ist "pädagogisch" begründet, d.h. sie ist orientiert am Nachweis der Lernzielerreichung und deren Konsequenzen. Es sind jedoch noch weitere Begründungen für die Durchführung von Evaluationen denkbar:

6. *Ausschöpfung von Rationalisierungsmöglichkeiten*

    Es geht darum, die Arbeit der entsprechenden Stellen zu "durchleuchten", gerade angesichts der vielfach von den "hardliners" in der Unternehmung (z.B. im Rechnungswesen) gegen die "softies" (z.B. in der Bildungsabteilung) erhobenen Vorwürfe, der Beitrag von PE zur Unternehmenszielsetzung sei nicht erkennbar oder die Möglichkeiten (der Rationalisierung) seien nicht ausgeschöpft. Evaluation dient hier vor allem dazu, ein diffuses Unbehagen gegenüber PE, hinter dem sich nicht selten auch Mißtrauen verbirgt, in einer - im Unternehmen - allgemein respektierten Form zu artikulieren (s. dazu auch S. 298 ff).

Diese Argumentation wird von BRONNER & SCHRÖDER (1983, S. 45) vertieft, die neben pädagogischen noch *ökonomische* Gründe für die Erfolgsermittlung nennen:

- *Ressourcen-Gewinnung*: Innerhalb einer Unternehmung besteht stets ein Wettbewerb um knappe Ressourcen: *"Ähnlich wie im Bereich der industriellen Fertigung ist eine gewisse Basiskapazität erforderlich, die Fixkosten-Charakter hat"* ( BRONNER & SCHRÖDER, 1983, S. 47).
- *Ressourcen-Bemessung*: Verteilung der bereitgestellten Mittel innerhalb der Weiterbildung: Für welche Inhalte, Personen, Programme etc. sollen welche Ressourcen eingesetzt werden?
- *Rechenschaftslegung*: Nachweis des Erreichens gesetzter Ziele.
- *Effizienz-Nachweis*: Demonstration, daß der Nutzen von Weiterbildung ihre Kosten übersteigt.

7. *Legitimation für Budgets und Aktivitäten*

Anders als im obengenannten Pkt. 1 der NORKschen Liste (in dem die Legitimation der *pädagogischen* Effekte betont wurde) und anders als in den beiden voranstehenden Punkten (in denen es sich um Forderungen *an die* PE-Abteilung dreht), geht es hier um Begründungen für monetäre und positionale Forderungen *der* PE-Abteilung an die Unternehmung bzw. deren Leitung [z.B. Stellenanforderungen im PE-Bereich, Ausweitung der Programme, Einbeziehung von neuen Zielgruppen (Beanspruchung von Arbeitszeit), Kosten für Medien und Anlagen (Bildungszentrum) ...].

Weil die PE-Funktion mit den üblichen quantitativen, monetären Rechtfertigungen der Mittelverteilung konkurrieren muß, besteht die Tendenz, sich in eben dieser Form zu präsentieren und "harte Daten" zu produzieren (Mannstunden, Befragungsoder Testergebnisse, Auslastungsquoten, Zuwachsraten, Inhaltsausweitung etc.). Evaluation hat hier die Funktion, das Geschehen abzubilden, sicht- bzw. vorzeigbar zu machen und nicht zuletzt: als einen rationalen und kontrollierten Prozeß *erscheinen* zu lassen.

8. *Kosten der Evaluation*

Dabei ist zunächst einmal an die monetären Kosten zu denken: Die Kosten für betriebliche Weiterbildung in der BRD betrugen im Jahr 1989 ca. 21,6 Mrd. DM (die staatl. Ausgaben für Schulen und Hochschulen im gleichen Zeitraum: ca. 26 Mrd. DM; dazu ausführlich unten im Abschnitt 7.3.1, S. 292 ff).

Der Personalvorstand von BMW berichtete 1988 in einem (unveröffentlichten) Vortrag folgende Zahlen über sein Unternehmen:
"Wir geben pro Jahr ca. 100 Millionen DM - das entspricht in etwa 2,5% unserer gesamten Lohn- und Gehaltssumme oder dem Budget einer mittelgroßen Universität - für die berufliche Erstausbildung sowie für Fort- und Weiterbildungsmaßnahmen aus. Insgesamt nahmen 1987 40.000 Mitarbeiter an unseren Fort- und Weiterbildungsmaßnahmen teil ..."

Weil PE soviel Geld kostet, ist es vernünftig, einen Nachweis über Effektivität und Effizienz des Mitteleinsatzes zu fordern.

Über den Kreis der monetären Belastungen hinaus dehnt WOTTAWA (1986, S. 714) die Überlegungen zum Thema Kosten aus:

*"Evaluationen sind aufwendig. Vor allem sorgfältig geplante, durchgeführte und ausgewertete Evaluationsstudien erfordern von allen Beteiligten einen hohen Einsatz. 'Kosten' im weitesten Sinn, neben den Finanzierungskosten, sind:*

- *Zweifel an der Richtigkeit des bisherigen Handelns: Allein die Tatsache eine Evaluationsmaßnahme wird unter Umständen als Kritik und Abwertung des bisherigen pädagogischen Geschehens erlebt, denn die Evaluation kann nur dann eine Verbesserung bringen, wenn die bisherigen Handlungsmuster als 'suboptimal' eingeschätzt werden.*

*Dieser Effekt ist bei langandauernden Maßnahmen und bei starker Identifikation mit dem bisherigen Vorgehen bzw. Programm besonders 'subjektiv' kostenträchtig.*
- *Unruhe bei allen Beteiligten: Das Überprüfen gewohnter, noch mehr die versuchsweise Einführung neuer Maßnahmen stört die oft für den Erfolg wichtige Selbstverständlichkeit des pädagogischen Geschehens.*
- *Die Beeinträchtigung der Lebenssituation der Beteiligten: Eine Kontrolle der Effektivität von Mitarbeitern einer Erziehungsberatungsstelle beeinträchtigt z.B. Ansehen und Selbstwertgefühl; oder aufgrund von Evaluationsergebnissen werden externe Management-Seminare an neue, vermutlich bessere Anbieter vergeben.*
- *Zusätzliche Arbeitsbelastung bei allen Beteiligten.*
- *Zeitverzögerung durch die Evaluation: Dies trifft vor allem dann zu, wenn die gewünschte Verhaltensalternative ohne Evaluation sofort und ohne das Risiko einer negativen Bewertung durchsetzbar wäre.*
- *Mögliche Schädigung der Betroffenen durch probeweise eingesetzte Maßnahmen: Wenn z.B. eine neue Methode des Jugendstrafvollzugs trotz aller positiven Erwartung im Vergleich zum alten Verfahren höhere Rückfallquoten zur Folge hat.*

*Die bei jedem Evaluationsvorhaben nicht vermeidbaren Nachteile bzw. Kosten werden nur dann von der entscheidenden Instanz in Kauf genommen, wenn man plausibel machen kann, daß der Nutzen mit hoher Wahrscheinlichkeit diese Kosten überwiegen wird. Evaluatoren müssen also nicht nur über Sachkompetenz verfügen, sondern die beteiligten bzw. zuständigen Stellen auch von dieser Fachkompetenz überzeugen können."*

In ähnlicher Weise diskutieren KURTZ, MARCOTTY & STIEFEL (1984, S. 22 f) meist nicht offengelegte Evaluierungswiderstände auf seiten des Programmplaners, des Trainers, des Auftraggebers und der Teilnehmer.

9. *Nutzen der Evaluation*

Man darf sich nicht auf die *Kosten* der Evaluation fixieren; als Beispiele für zuweilen übersehene *Nutzen*aspekte führen WOTTAWA & THIERAU (1990, S. 25 f) an:
- *Verantwortungsdelegation*: Bei weitreichenden oder kostenintensiven Entscheidungen sucht man Absicherung durch Expertengutachten und Zahlenwerke.
- *Durchsetzungshilfe*: Bei umstrittenen Projekten kann man nach der "Fuß-in-der-Tür-Technik" die Realisierung erleichtern (oder gar erst politisch durchsetzen), wenn man in einer "Pilotstudie" eine Evaluation durchführt; mit einer solchen Salamitaktik ermöglicht man Gewöhnungsprozesse an das Neue. Außerdem werden bei den (hoffentlich) herausgefundenen positiven Ergebnissen der Bewertungsstudie Widerstände gegen Innovationen reduziert.
- *Entscheidungshilfe*: Gemäß dem Modell rationalen Entscheidens wird in einer Situation, die auf die Wahl zwischen zwei gut strukturierten Alternativen zugespitzt ist, durch differenzierte Kosten-Nutzen-Bewertung die Wahl erleichtert.
- *Optimierungsgrundlage*: Komplexe Maßnahmen können durch differenzierte Rückmeldungen gezielt verbessert werden.

Gründe dafür, daß systematische Evaluation so *selten* stattfindet, nennt NORK 1989, S. 43 ff); ihre Aufzählung läßt sich spiegelbildlich lesen als eine Zusammenstellung von hemmenden Bedingungen, die zu beseitigen wären, wenn eine wirksame Evaluation stattfinden soll:

1. Fehlendes Evaluationsbewußtsein.
2. Zu hohe Kosten des Evaluierens.
3. Unerschütterlicher Glaube an die Wirksamkeit von Trainingsmaßnahmen.
4. Ängste der Beteiligten.

5. Mangel an Konzepten und Instrumenten.
6. Probleme der Zurechenbarkeit.

### 7.2. Methodik der Evaluation

#### 7.2.1. Vorbemerkungen

Üblicherweise wird in den akademischen Evaluationstexten die methodisch-technische Diskussion in den Vordergrund gerückt; es geht dann vor allem um Designs, komplexe Kontrollgruppen-Trainingsgruppen-Arrangements, Fragen der testtheoretischen Qualität von Meßinstrumenten etc.

Bevor der Blickwinkel auf die technische Dimension der Evaluation (das "Wie") verengt wird (s. dazu unten), soll zunächst in einem Überblick der Facettenreichtum des Evaluationsproblems umrissen werden (s. dazu auch den informativen Überblick bei KURTZ, MARCOTTY & STIEFEL 1984). Man muß sich systematisch mit folgenden Problemkreisen auseinandersetzen, die alle für Anlage und Ausgang eines konkreten Projekts von großer Bedeutung sein können:

- *Wer evaluiert?*

    Es macht einen Unterschied ob dies eine Person, eine Gruppe oder eine Abteilung ist, ob sie firmenintern oder -extern angesiedelt ist, welche Macht oder Reputation sie hat usw.

- *In wessen Auftrag wird evaluiert?*

    Evaluation ist meist ein aufwendiger Prozeß, der nur dann angestrengt wird, wenn sich die Auftraggeber für *ihre* Ziele etwas versprechen - und die verschiedenen Beteiligten (Unternehmensleitung, PE-Abteilung, Dozenten, Vorgesetzte, Teilnehmer usw.) haben z.T. sehr unterschiedliche Interessen und Ziele. Es kommt also sehr darauf an, wer den Auftrag definiert und wer die bzw. alle Ergebnisse erhält und die Konsequenzen zieht.

- *Wo wird evaluiert?*

    Hier ist vor allem an die verbreitete Unterscheidung von *in-vivo-* und *in-vitro-*Evaluation (wörtlich: 'im Leben' vs. 'im Glas', also: Feldstudie vs. Laborstudie) zu denken; darauf wird bei der Diskussion von Design-Fragen noch eingegangen.

- *Wer oder was wird evaluiert?*

    Evaluationen beziehen sich auf (Lehr-)Personen, Programme, Instrumente, Verfahren, Projekte, Systeme usw. EASTERBY-SMITH (1986, S. 35) schlägt z.B. vor, danach zu differenzieren, welche Entscheidungen die Evaluation begründen soll; er nennt 5 Bereiche: Intra-Methoden-Entscheidungen (z.B. innerhalb der Fallstudien-Methode können manche Vorgehensweisen effektiver sein als andere); Inter-Methoden-Entscheidungen (Ist es besser, eine Fallstudie oder ein Rollenspiel einzusetzen); Programm-Entscheidungen (Wie sollen die verschiedenen Interventionen aufeinanderfolgen etc.?); Strategie-Entscheidungen (z.B. über die beste Organisation der PE-Abteilung oder den günstigsten Mittel-Einsatz); Politik-Entscheidungen (Grundsatz-Entscheidungen über die PE-Politik, den Stellenwert der PE im Unternehmen etc.).

    Je nach der Definition des Evaluationsinhalts (*gezielte* Auftragsbeschreibung) können z.B. bestimmte Personen, Bedingungen oder Aspekte usw. ausgeklammert oder besonders intensiv untersucht werden. Hier ist vor allem auch an die personalen, interpersonalen und apersonalen Facetten zu denken.

- *Wie wird evaluiert?*
  Diesem *technischen* Aspekt widmet die Diskussion normalerweise am meisten Aufmerksamkeit. Es geht dabei um Designfragen, z.B. formative vs. summative Evaluation (siehe unten), quantifizierendes oder qualitatives Vorgehen, mündliche oder schriftliche Datenerhebung, Qualität der eingesetzten Meßinstrumente, Entwicklung von Kriterien, Methoden der Evaluation ["Evaluation by wandering around" (Zufallseindrücke von Vorgesetzten bei Aufzugfahrten, Werksdurchgängen oder Kantinenbesuchen usw.) oder systematische Evaluation?].
- *Welche Ziele verfolgt die Evaluation?*
  Man kann dabei zwischen offiziellen und latenten Zielen unterscheiden. Wie oben schon bei der Diskussion der "Funktionen der Evaluation" ausgeführt, gibt es zahlreiche offen proklamierte und viele insgeheim verfolgte Ziele. Hier wäre auch zu klären, wer an der *Zielformulierung* mitwirkt und ob sie vollinhaltlich allen Beteiligten und Betroffenen offengelegt wird.
- *Kosten-Nutzen-Analyse der Evaluation*
  Welche personellen, finanziellen, zeitlichen Ressourcen sind für die Evaluation selbst vorhanden?
  Wie oben schon ausgeführt, interessieren in diesem Zusammenhang nicht nur *monetär bewertbare* Kosten und Nutzen, sondern das Insgesamt der positiv und negativ bewerteten Folgen. Was diese (Neben-)Folgen anbelangt, so ist dabei nicht nur an eine PE-, sondern auch an eine Evaluationsfolgen-Abschätzung zu denken, weil die Möglichkeit besteht, daß die Durchführung von Evaluationen nicht nur erwünschte und erwartete, sondern unerwünschte und (zunächst) nicht bedachte Konsequenzen haben kann: Im Wissen, daß sie bewertet werden, können sich Beteiligte mehr anstrengen, sie können sich aber auch darauf konzentrieren, einen guten Eindruck zu machen und z.B. Auslastungszahlen aufblähen, Fragebögen geeignet gestalten, günstige Kennziffern wählen etc.

Im Sinne eines möglichst informativen Controllings müssen alle Teilschritte oder Phasen der PE erfaßt werden (und nicht nur die herausgegriffenen Einzelresultate des sog. "bottom line"-Denkens, bei dem nur zählt, was letztlich 'unterm Strich' herauskommt!). PE-Evaluation beginnt schon mit der Bedarfsanalyse oder mit dem Entschluß, eine Evaluation zu machen. Es ist ein großer Unterschied, ob die Evaluation schon *vor* der der PE-Maßnahme oder erst *nach* ihrem Abschluß konzipiert wird. Weitere wichtige Überlegungen beziehen sich auf Vorhandensein oder Ausprägungsgrad von PE-Marketing, Informationen über das Angebot, Art der Nachfrageregulierung, Teilnehmer-Auswahl, Programm- und Methodenplanung, Durchführung usw. Wenn z.B. die Qualität des PE-Marketings unanalysiert bleibt, kann es sein, daß unbefriedigende Qualifikations-Ergebnisse nicht auf schlechte Lehr(er)qualität, sondern auf falscher oder verzerrter Ansprache, Aktivierung und Auswahl von Teilnehmern basieren!

### 7.2.2. Arten der Evaluation

Es ist hier nicht möglich, auf die zahlreichen Differenzierungen, die sich in der Literatur finden, näher einzugehen, z.B. parteiliche vs. überparteiliche E.; offene vs. geschlossene E.; praxis-, entwicklungs-, theorieorientierte E.; antizipatorische, Prozeß- oder Dynamik-, Ergebnis-E.; compliance vs. program impact E. usw. (siehe dazu den Überblick bei WOTTAWA & THIERAU 1990, S. 28 ff).

Drei Beispiele seien angeführt:

1) **Formative vs. summative Evaluation**

Diese Unterscheidung geht auf SCRIVEN (1972) zurück (s. GOLDSTEIN 1986, S. 147).

*"Bei der formativen Evaluation werden die durch den Evaluationsprozeß gewonnenen Erkenntnisse schon während des zu überprüfenden Bildungsganges ... in Veränderungen des Bildungsganges umgesetzt und damit Optimierungseffekte angestrebt. Es handelt sich also bei der formativen Evaluation um einen iterativen Prozeß der Findung und Umsetzung von Evaluationsergebnissen. Die formative (prozeßbegleitende und gestaltende) Evaluation ist immer dann angezeigt, wenn vorrangiges Ziel der Evaluation die Optimierung der Bildungsmaßnahme ist. Bei der summativen Evaluation wird dagen die zu evaluierende Bildungsmaßnahme während des Evaluationsprozesses soweit wie nur möglich konstant gehalten. Die Ergebnisse der Evaluation werden am Ende der Bildungsmaßnahme ... als Summe von Einzelergebnissen und als Beziehungsgeflecht in einem Abschlußbericht festgestellt. Daraus können dann Konsequenzen für die Beendigung oder für die Weiterführung der Bildungsmaßnahme (in gleicher oder veränderter Form) gezogen werden"* (MÜNCH & MÜLLER 1988, S. 33).

Es ist also eine innere Beziehung zwischen formativer Evaluation und "Aktionsforschung" anzunehmen [s. dazu das Ablauf-Diagramm von CONRADI (1983, S. 114), das auf der folgenden Seite als Abb. 7.1 abgedruckt ist].

Im Unterschied zu summativer Evaluation, die meist harte, quantitative Daten und standardisierte Instrumente nutzt und objektivierend vorgeht, wird bei formativer Evaluation mit qualitativen Daten gearbeitet; den teilnehmenden Subjekten (!) wird Mitsprache oder Selbstbestimmung eingeräumt.

Formative Evaluation ist zudem "Echtzeit-", summative Evaluation ist "Konserven-Forschung", weil vergangenheitsbezogen. Ein großes Problem ist deshalb, daß der Weg vom Befund zur darauf folgenden Aktion (der bei formativer Evaluation in den Prozeß eingebaut ist), bei summativer Evaluation nicht untersucht werden kann, sondern erst in einem folgenden Evaluationsprozeß getrennt studiert werden muß.

2) **Evaluation bei deterministischer vs. katalytischer Weiterbildung**

Deterministische Weiterbildungsevaluation bezieht sich auf die Registrierung der Ergebnisse in einem rational geplanten und kontrollierten Prozeß, während katalytische* Weiterbildungsevaluation den unplanbaren, systemischen Charakter von Weiterbildung betont und respektiert.

*"Deterministische Weiterbildung ist somit gekennzeichnet durch*

- *konkret erkennbaren und definierten Bildungsbedarf*
- *eindeutig bestimmbare, weitgehend konstante Funktions-Zusammenhänge zwischen den Problemlöse-Potentialen*
- *zuverlässig vorhersehbare Wirkungen einer gezielten Defizit-Minderung und damit*
- *einen in hohem Maße programmierbaren Erfolg der Bildungsmaßnahmen ...*

**Abb. 7.1:** **Weiterbildungsevaluation im Aktionsforschungsansatz**
(aus: CONRADI 1983: Personalentwicklung. Stuttgart, Enke)

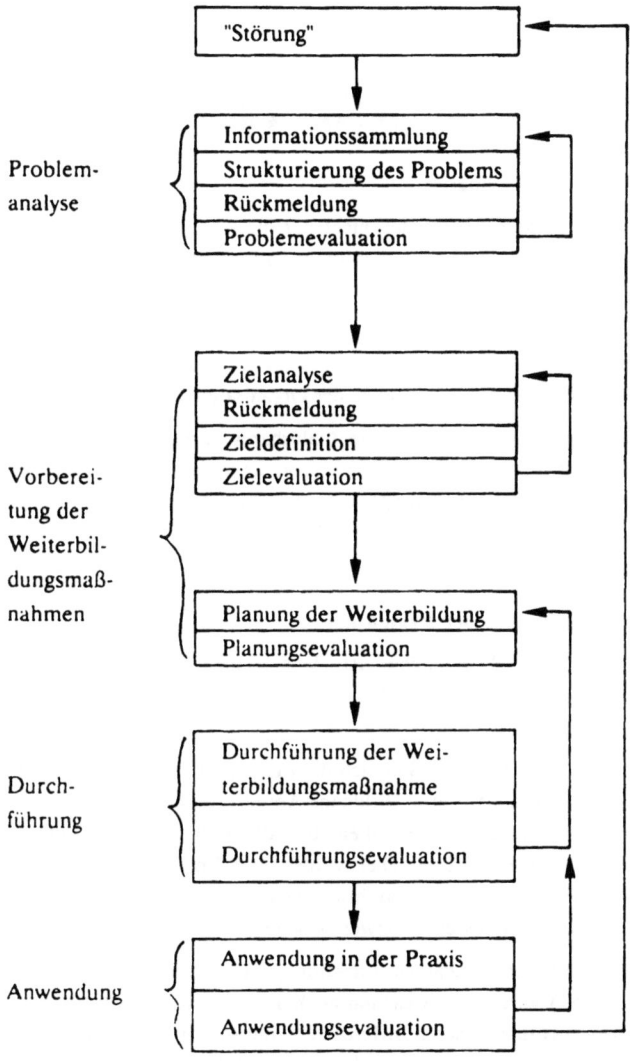

*Katalytische Weiterbildung ist gekennzeichnet durch*

- *nicht endgültig definierten, sondern auch vom Teilnehmer artikulierbaren Bildungsbedarf,*
- *komplexe und variable Funktions-Zusammenhänge zwischen den Problemlöse-Potentialen,*
- *nur sehr begrenzt vorhersehbare Wirkungen einer Potential-Verstärkung und damit*
- *einen nur in geringem Maße programmierbaren, wenn auch durchaus steuerbaren Erfolg der Bildungsmaßnahmen (BRONNER & SCHRÖDER 1983)."*

### 3) Fremd- oder Selbstevaluation

Wenn die Teilnehmer oder Betroffenen nicht nur die Objekte von Bildungsmaßnahmen sind, sondern selbst als Subjekte aktiv werden und auch ziel-, methoden- und verlaufsbestimmend eingreifen können, steigen vermutlich Akzeptanz und Motivation, Praxisnähe und Transfer-Wahrscheinlichkeit.

Hier könnte man auch nach den Bedürfnissen, Befürchtungen oder Wünschen der Betroffenen fragen und nicht nur nach den Zielen der Organisation.

Bei allen Arten von Evaluation taucht ein (unlösbares ?) Zurechnungsproblem auf. Es dürfte kaum möglich sein, irgendeine Intervention als *nicht* PE-relevant auszuschließen. PE ist eine Perspektive (wie Marketing), die im Unternehmen bzw. im Leistungserstellungsprozeß nicht präzise abgegrenzt und fachlich zugeordnet beginnt und endet, sondern die alle Prozesse und Strukturen durchdringt.

### 7.2.3. Erstreckungsbereich der Evaluation

Wenn PE eine 'unendliche Geschichte' ist, dann können bei der Evaluation sehr verschiedene Kapitel dieser Geschichte (oder sogar Absätze, Sätze, Wörter) herausgegriffen werden.

Dabei tauchen neue Probleme auf: Soll sich die PE-Evaluation nur auf die formalisierte, ausdifferenzierte, professionalisierte "Bildungs-Arbeit" (durch hauptamtliche Dozenten, Trainer, Experten ...) beziehen, oder sollen auch alle Maßnahmen der betrieblichen Sozialisation einbezogen werden? Dann aber würden auch "job rotation" oder die Anschaffung neuer Technologien oder die Einführung neuer personalwirtschaftlicher Verfahren oder ... unter PE-Gesichtspunkten zu bewerten sein!

Vor allem in der englischsprachigen Literatur (s. GOLDSTEIN 1986, EASTERBY-SMITH 1986, S. 51) wird - im Anschluß an KIRKPATRICK (1979) oder HAMBLIN (1974) - zwischen mehreren Phasen differenziert, die sowohl an Meßzeitpunkten wie an Erstreckungsgraden orientiert sind. Im folgenden ist HAMBLINs Einteilung wiedergegeben:

- *Reaktion*

    (während des Trainings; z.B. Zwischenfragen, Übungsarbeiten; Schlußbefragungen der Teilnehmer zu Inhalten, Dozenten, Methoden usw.). KIRKPATRICK (1979, S. 78) definiert die "Reaktions-Phase" operational: *".. wie sehr den Trainierten ein bestimmtes Trainingsprogramm gefallen hat"*. Daraus erhellt, daß die Reaktions-Evaluation zuweilen "Happiness Index" oder "Popularitätswettbewerb" genannt wird (s. NORK 1989, S. 76).

- *Lernen*

  Hier geht es um die Erreichung der proklamierten Lernziele; es soll geprüft werden, ob die Teilnehmer verstanden und/oder sich angeeignet haben, was sie nach dem Training wissen bzw. können sollten.

- *Verhalten*

  Hier geht es um die Anwendung des Gelernten am Arbeitsplatz "back home", also um die Übertragung vom "Lernfeld" ins "Funktionsfeld". Nicht mehr die "reinen" Kategorien der Lernziele, sondern die komplexen und kontaminierten (verunreinigten) Bedingungen der Praxis-Anwendung sind hier zu prüfen.

- *Organisations-Ergebnisse*

  Eine noch weitere Entfernung von der Trainingssituation stellt die Messung der Resultate für die Organisation dar. Als Kriterien werden hier Daten über organisatorische Leistungsverbesserungen herangezogen, so wie sie sich in Kennziffern (Fluktuationsrate, Ausschuß, Produktivität) oder in der Bilanz (Umsatzsteigerung, Gewinnverbesserung) ausweisen lassen.

- *Übergeordnete Werte.*

  Dabei geht es um Grundannahmen, Leitwerte oder Mythen der Organisation, wie sie vor allem im Unternehmenskultur-Ansatz formuliert werden.

NORK behauptet im Einklang mit vielen anderen (s. 1989, S. 96), daß diese einzelnen Ebenen im Zusammenhang gesehen werden müssen, weil die jeweils vorgelagerten Ebenen die Fundamente legen für Erfolge in den nachgelagerten (Wer im Training nichts gelernt hat, kann es praktisch nicht anwenden; wer sein Verhalten nicht ändert, kann keine besseren Leistungsergebnisse erreichen usw.). Damit wird der dynamische Prozeß der permanenten Evaluation sichtbar, den sie - im Anschluß an HAMBLIN - als "Evaluationskreislauf" bezeichnet:

Abb. 7.2: **"Konsequenzenkette" für ein Trainingsereignis nach HAMBLIN (aus: EASTERBY-SMITH 1986, S. 33)**

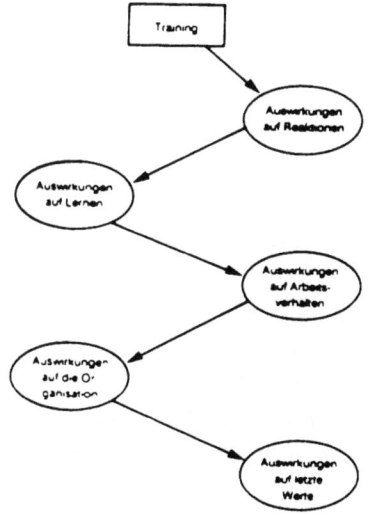

Allerdings ist dieses *"Ketten-Modell"* nicht unwidersprochen geblieben (s. EASTERBY-SMITH 1986, S. 52 ff). Bei einer linear-kausalen Phasen-Abfolge werden einige Annahmen gemacht, denen plausible Alternativen entgegengesetzt werden können: Es muß ein *Trainings*ereignis gegeben haben, bevor eine der 5 Konsequenzen zu beobachten ist (man muß also andere Ursachen von Veränderungen ausschließen können); die zeitliche Reihenfolge muß eingehalten werden (man kann aber am Arbeitsplatz zuerst ein bestimmtes Verhalten zeigen und erst später darüber reflektieren), jedes Ergebnis wird durch das unmittelbar vorhergehende Ergebnis determiniert (möglicherweise gibt es Fernwirkungen und komplexe Vernetzungen) und die Sequenz ist hierachisch organisiert (es können aber auch Phasen 'übersprungen' werden). EASTERBY-SMITH merkt auch an, daß die Begriffe Reaktion, Lernen, Verhalten, Resultate, Wertänderungen auf ganz verschiedenen analytischen Ebenen liegen und daß man schon allein deshalb keine eindeutige Abfolge- oder Verursachungs-Beziehung unterstellen dürfe. ALLIGER & JANAK (1989) kommen nach einer Literaturrecherche zu dem Ergebnis, daß die Korrelationen zwischen den Ebenen (nur) zwischen .13 und .40 liegen; sie weisen auch darauf hin, daß die verschiedenen Ebenen jeweils ganz andere Zeithorizonte (bei der Erfassung) haben: 'Reaktionen' werden sofort nach dem Training gemessen, während 'Resultate' für das Unternehmen erst sehr viel später sichtbar werden. Oft liegt es auch nicht im Entscheidungsbereich einer Person, z.B. ihr 'Verhalten' zu ändern, weil die Bedingungen, die dieses Verhalten erzwingen und aufrechterhalten, durch technische oder organisatorische Maßnahmen vor-gegeben sind.

Damit wird deutlich: Bei der Evaluation geht es nicht nur um die eigentliche PE-Maßnahme ("Lernfeld"), sondern auch um das "Umfeld" vor und neben der Personal-Entwicklung, sowie um Anwendung des Erworbenen im "Funktionsfeld" und damit um die Berücksichtigung der Bedingungen, die dort herrschen (s. dazu auch die Überlegungen zum Transfer, die oben - S. 186-194 - angestellt wurden).

In diesem Zusammenhang ist das *CAIPO-Modell* von EASTERBY-SMITH (1986, S. 46 ff) zu erwähnen, das verschiedene *Ansatzpunkte* für Evaluationen aufführt, die einander aber nicht ersetzen können, sondern - mit vielleicht unterschiedlicher Intensität - *allesamt* zu beachten sind:

- *Context* (die Umstände außerhalb des PE-Programms, wie z.B. organisatorische Bedingungen, Management-Philosophie etc.);
- *Administration* (die technischen Aspekte der Vorbereitung und Nachbereitung, wie Teilnehmer-Auswahl, Materialerstellung, Erfolgsmessung etc.);
- *Inputs* (Hier geht es um die Methoden, Techniken und Personen, die die PE-Maßnahmen gestalten; etwa interne oder externe Trainer, Rollenspiele oder Fallstudien, strukturierte Fragebogen oder freie Gruppen-Feedbacks etc.);
- *Process* (Damit sind die Vorgänge während des Trainings, ihre Beschreibung, Interpretation und Erklärung gemeint);
- *Outcomes* - die Ergebnisse, die oben schon als Reaktionen, Lernen, Verhalten, Resultate oder Wertewandel beschrieben wurden.

Ein weiteres Mal wird damit verdeutlicht, daß sich eine Evaluation nicht als "Erfolgs-Kontrolle" mißverstehen darf, wenn sie alle die Funktionen, die eingangs genannt wurden, erfüllen möchte. Das bedeutet unter anderem, daß eine Evaluation, die diesen Namen verdient, nicht in eine einzige Kennziffer münden darf, sondern ein ganzes Netzwerk von Kriterien berücksichtigen muß.

Wie umfangreich die Problematik einer umfassenden PE-Evaluation ist, kann aus einer Darstellung von STIEFEL (1988) entnommen werden, die er im Rahmen des Vorschlags eines "Management Training Audits" vorgelegt hat (s. Beleg 7.1 auf der folgenden Seite).

Transfer und Evaluation sind somit nicht zusätzliche oder fremdgesetzte Auflagen, die PE erfüllen muß, sie können vielmehr als konstruktive tragende Elemente in den PE-Zyklus integriert werden: Transfer und Evaluation sind Aufgaben, die im PE-Prozeß selbst zu erfüllen sind und damit Lernchancen darstellen. Bei der Planung von PE-Maßnahmen sind Transfer und Evaluation 'einzubauen' - sie sind nicht etwas, was ausschließlich 'danach' (nach 'Abschluß der Maßnahme') passiert. Für den *Transfer* sind dazu oben (s. S. 186) schon einige Anregungen gegeben worden; für die *Evaluation* könnte das bedeuten, daß Planer, Dozenten, Vorgesetzte, Teilnehmer *vorab* jene Kriterien offenlegen müssen, die während und nach der Maßnahme als Bewertungsmaßstäbe benutzt werden (sollen).

PE-Maßnahmen sollten also nicht nur *technisch* evaluiert werden (Genügen sie gesetzten Qualifikations-, Innovations-, Koordinations-Ansprüchen usw.?), sondern auch im Hinblick auf weitere Neben-Ziele, die durchaus zuweilen sogar Haupt-Ziele sein können. Im Folgenden seien einige Einsatzmöglichkeiten und Funktionen von PE genannt. Eine umfassende Evaluation hätte auch zu prüfen, ob diese vielfach tabuisierten oder verharmlosten Anwendungen von PE erfolgreich sind (s. dazu auch NEUBERGER 1987):

PE-Maßnahmen werden benutzt als
- Dank oder Belohnung für Mitarbeiter, die sich besonders angestrengt haben; als Ersatz für andere erhoffte Gegenleistungen, die verwehrt bleiben (statt eines Titels, einer Gehaltserhöhung oder Beförderung); als Incentive, um zu höherem Einsatz zu motivieren; als Zeit verbrauchende Puffer- oder Zwischenlösung (z.B. für Auslandsheimkehrer, für die noch keine geeignete Position gefunden ist).
- In ähnlicher Weise kann PE als eine Art Sozialleistung 'gewährt' werden; dann hätte sie vor allem auf Erholungswert (Tagungshotel in schöner Gegend, Urlaubsersatz), Unterhaltung (Show-Effekte eines bekannten Dozenten) und Abwechslungsreichtum (als Alternative zu einem tristen Arbeitsalltag) zu achten.
- Nicht individuelle Qualifikationsverbesserungen stehen im Mittelpunkt, sondern die Entwicklung der zwischenmenschlichen Beziehungen: Wir-Gefühl oder Corpsgeist in einer großen anonymen Firma erzeugen; KollegInnen, die man nur vom Telefon oder aus Schreiben kennt, persönlich kennenlernen - was später hilft, unbürokratische Abkürzungen zu gehen.
- Gelegenheit zur Selbstdarstellung für verschiedene Personen, Funktionen, Projekte (z.B. Vorstandsmitgliedern begegnen, interessante Arbeitsfelder des Unternehmens vorgeführt bekommen, einen guten Eindruck von der Bildungsabteilung bekommen, sich als Teilnehmer wichtig machen können ...).
- Demonstrative Pflege oder Inszenierung der Organisationskultur, insbesondere von bedeutsamen Organisationsmythen oder -ideologien (z.B. Kooperation, Leistung, Ra-

**Beleg 7.1: Fragen zur Beurteilung einer Weiterbildungsabteilung**
(aus: STIEFEL, R. in: io Management Zeitschrift 57, 1988, Nr. 3, S. 134)

1. **Konzeption und Ziel der Weiterbildungsarbeit**
   1.1. Gibt es in der Weiterbildungsabteilung eine Konzeption und eine grundsätzliche Zielsetzung, wie Weiterbildung im Unternehmen betrieben werden soll?
   1.2. Wie vereinbart sich die Konzeption und Zielsetzung mit den Umweltbedingungen des Unternehmens sowie der Mission und den Zielen des Unternehmens?
   1.3. Wie werden die Vorgaben für die einzelnen Weiterbildungsaktivitäten ermittelt?

2. **Evaluierung des Lern- und Transfererfolgs der Teilnehmer**
   2.1. Gibt es ein System der Ermittlung von Lernerfolgen der TN, das das Lernergebnis (einschl. der Nebeneffekte) valide ermittelt?
   2.2. Gibt es eine systematische Transferevaluierung (einschl. Transferhilfe) am Arbeitsplatz der Teilnehmer?

3. **Evaluierung der Trainer**
   3.1. Nach welchem System wird die Trainerleistung evaluiert?
   3.2. Gibt es Trainerentwicklungsmaßnahmen, die auf die Evaluierungsdaten einzelner Trainer aufbauen?
   3.3. Gibt es ein Auswahl-, Einsatz- und Förderungskonzept für Trainer?

4. **Evaluierung einzelner Weiterbildungsleistungen**
   4.1. Wie wird die Notwendigkeit der Weiterentwicklung einzelner Weiterbildungsleistungen überprüft?
   4.2. Welche Grundsätze gelten für die Neuentwicklung von Problemlösungshilfen?

5. **Evaluierung einzelner Weiterbildungsleistungen**
   5.1. Wie sind die Bedingungen für die Rekrutierung und den Einsatz von qualifiziertem unterstützendem Personal (Seminarassistenten, Sekretärinnen usw.)?
   5.2. Wie steht es mit den räumlichen Bedingungen für die eigene Arbeit wie auch für den Seminarbetrieb?
   5.3. Wie wird überprüft, daß das gegenwärtige Budget für Weiterbildung in der Höhe für das Unternehmen gerechtfertigt ist?

6. **Evaluierung der Mittelverwendung**
   6.1. Gibt es ein System der Mittelerfassung und Mittelverwendung, das sicherstellt, daß die angestrebten Ergebnisse auf dem kostengünstigsten Weg erzielt werden?
   6.2. Wie werden die anfallenden Kosten der Weiterbildung einzelnen Aktivitäten zugerechnet?

7. **Evaluierung der Unterstützung der Weiterbildung durch das Management**
   7.1. Welches Konzept wird in der Weiterbildung verfolgt, um die Geschäftsführung zur aktiven Unterstützung der Weiterbildung zu bringen?
   7.2. Wie werden die Führungskräfte der Linie systematisch in die Weiterbildungsarbeit einbezogen?

8. **Evaluierung der Außenbeziehungen**
   8.1. Wie wird sichergestellt, daß mit den relevanten Personen und Institutionen außerhalb des Unternehmens die adäquate Beziehung aufgebaut und gepflegt wird?
   8.2. Welches "Modell" gibt es in der Weiterbildungsabteilung über relevante Personen und Institutionen außerhalb des Unternehmens?

9. **Evaluierung des eigenen Entwicklungspotentials**
   9.1. Gibt es Mechanismen in Ihrer Abteilung, die den Leistungsvollzug permanent überprüfen und auf Veränderungen hinwirken?
   9.2. Macht sich Ihre Abteilung regelmäßig zum Gegenstand des Lernens und der Weiterentwicklung?

tionalität, Fairness, Intrapreneurship, Flexibilität, Mobilität, Konkurrenz etc.). Der erlebten 'rauhen' Wirklichkeit wird damit eine mögliche oder verheißene Alternative gegenübergestellt. Dazu gehört auch zur Schau gestellter Aktionismus in der PE, der suggerieren soll, die Probleme seien erkannt und würden entschlossen angepackt.

- Personalisierung von Mißerfolgen: Wenn PE auf (personale) Qualifizierung beschränkt bleibt, kann sie als Ablenkung von gravierenden Ursachen des Scheiterns benutzt werden; der Appell an Personen, sich zu entwickeln, erspart unter Umständen die Änderungen von Technologien oder Organisationsstrukturen.
- Initiationsritus* für Beförderte; Statussymbol; Abgrenzung und Aus-Zeichnung für besondere Gruppen von Mitarbeitern, deren Exklusivität oder Elite auf diese Weise hervorgehoben wird.
- Loyalitätsverpflichtung: Wenn das Unternehmen 'so viel' für eine Person tut, dann schuldet diese als Gegenleistung Treue, Einsatz, Dankbarkeit ...
- Einwilligung in das Programm von Anpassungen, die das Unternehmen verlangt; generelle Änderungsbereitschaft erzeugen: lebenslang (um-)lernen, wenn es 'das Unternehmen' will. Damit wird eine generelle Fungibilität erzeugt.

Diese keineswegs erschöpfende Auflistung soll daran erinnern, daß die Ausschließlichkeit, mit der zuweilen über '*exaktes* Bildungscontrolling' geredet wird (siehe dazu unten) *auch* eine Verschleierungsfunktion hat, weil damit zugunsten vorgeblicher Rationalität von einer Vielzahl nur scheinbar nebensächlicher Funktionen abgelenkt wird - die sich allerdings nicht leicht durch Fragebogen oder Kennziffern erfassen lassen.

In diesem Zusammenhang ist auch auf einige (aus Unternehmenssicht!) *unerwünschte* (Neben-)Wirkungen von PE zu erinnern, die aber im Rahmen einer Bilanzierung der Effekte durchaus zu berücksichtigen sind:

- PE-Maßnahmen können Mitarbeiter *unzufrieden* machen, weil sie im Training Idealzustände vorgeführt bekommen, an denen gemessen ihre Alltagswirklichkeit entmutigend ist; Hoffnungen auf Veränderungen werden geweckt, aber nie eingelöst, so daß die Frustration danach noch größer wird.
- Manche Trainings (z.B. verhaltens- oder persönlichkeitsorientierte) können Selbstwertkrisen auslösen oder zum Überdenken des eigenen Lebensentwurfs anregen, so daß Arbeit nicht mehr länger zentrales Lebensinteresse ist.
- Nach Qualifikationsmaßnahmen können Mitarbeiter Forderungen stellen (Einkommenserhöhung, Aufstieg, bessere Arbeitsmittel) oder die Unternehmung verlassen, weil sie auf dem Arbeitsmarkt günstigere Chancen haben.
- Ein jährliches Kontingent an Kursen oder Schulungstagen wird zum Anspruch oder Besitzstand, so daß für den Betrieb fixe Ausgaben entstehen, denen kein entsprechender Ertrag gegenübersteht.

Die Überlegungen, die hier kurz skizziert werden, können als ein Plädoyer für eine 'zielfreie' Evaluation (s.o.) verstanden werden, die sich offen hält für die Berücksichtigung auch solcher Funktionen, an die bei einer strikten 'Messung der Lernziel-Erreichung' nie gedacht würde.

## 7.2.4. Methoden und Methodologie der Evaluationsforschung

*Methoden der Datenerhebung*

Dieser Bereich ist meist der umfänglichste in pragmatischen und methodisch orientierten Texten. Auffällig dabei ist, daß in aller Regel nur die offiziell proklamierten (instrumentellen) Funktionen der PE erfaßt werden.

Ausführlich informieren (auf deutsch) BRONNER & SCHRÖDER 1983, STIEFEL 1974 oder DÖRING 1973, 1976, sowie (auf englisch) EASTERBY-SMITH 1986 und GOLDSTEIN 1986.

Weil hier keine grundsätzlichen Unterschiede bestehen zu den Methoden, die oben bei der Bedarfs-Entwicklung und -Erfassung beschrieben wurden, seien an dieser Stelle nur die allgemeinen Methodenklassen in Erinnerung gerufen:

- Interviews,
- Gruppeninterviews (z.B. auch mit Moderationstechniken wie etwa Metaplan),
- Fragebogen (mit unterschiedlichen Strukturierungsgraden: von freier Aussage bis zum Ankreuzen vorgegebener Aussagen), wobei diese Nach-Fragen vor, während, nach dem Training stattfinden (s. die abgedruckten Beispiele auf S. 190 u. 191) und vom Trainierten, vom Trainer oder den späteren Kontaktpartnern (z.B. Untergebenen, KollegInnen, Vorgesetzten, KundInnen) beantwortet werden.
- Leistungsanalysen (Tests, Arbeitsproben, Planspiele, Personalbeurteilungen),
- Dokumenten-Analyse (Betriebliche Kennziffern, Revisionsberichte, Beschwerdebriefe, Vorschlagswesen, Presseberichte etc.)

Auf die beiden letzten Methoden wird unten im Zusammenhang mit 'Bildungscontrolling' noch differenzierter eingegangen.

*Zur Methodologie der Evaluationsforschung*

Evaluationsforschung hat sich zu einem elaborierten\* Forschungszweig der (empirischen) Sozialwissenschaften entwickelt, weil sie geradezu ideale Möglichkeiten eröffnet, das dort erarbeitete methodologische Wissen und technische Können unter Beweis zu stellen. Evaluationsprojekte werden gern zu Spielwiesen der Demonstration methodologischer Raffinesse gemacht; dabei wird nicht selten das konkrete Gesamtanliegen übersehen (s. dazu unten).

Im Folgenden soll der Akzent auf die (Meß-)Probleme gelegt werden. Dies geschieht nicht so sehr in der Absicht, das Arbeiten mit einem verfeinerten Methodenarsenal anzuregen oder zu begründen, sondern um auf diese Weise auf charakteristische Schwierigkeiten der Evaluation aufmerksam zu machen. Ich schließe mich dem Kommentar von WOTTAWA & THIERAU (1990, S. 123 f) an, mit dem sie ihre Darstellung von Design-Varianten abschließen:

*"Eine möglichst gute Kenntnis der Techniken der Versuchsplanung zur Vermeidung von Störeffekten ist eine unverzichtbare kognitive Grundlage für sinnvolles Arbeiten im Bereich von Evaluationsprojekten. Man darf nur nicht den Fehler machen, 'sklavisch' an den entsprechenden, von der Grundlagenforschung her geprägten Vorbildern zu hängen. Diese sind zwar bei entsprechenden Voraussetzungen optimale Bearbeitungswege, aber in*

*keiner Weise die einzige Möglichkeit, heuristisch verwertbare Informationen zu sammeln. Nur für den relativ kleinen, aber das Bild des Evaluators zumindest in der Literatur stark prägenden Teilbereich summativer Evaluation können Idealvorstellungen bezüglich der Designs gelegentlich wirklich realisiert werden. In den übrigen Fällen stellen die Designforderungen häufig nur eine Denkhilfe in Form eines nicht-erreichbaren Ideals dar, dessen Annäherung man soweit wie möglich versuchen sollte."*

Weil die ausgefeilten Entwürfe der Methodiker dem üblichen Tun der Bildungspraktiker weit vorauseilen, ist es wichtig, diese Relativierung im Auge zu behalten. Die wohl am häufigsten eingesetzte 'praktische' Evaluationsmethode dürfte die am Ende einer Veranstaltung durchgeführte schriftliche Bewertung durch die Teilnehmer sein. Die folgenden Überlegungen zur 'internen Validität' sollen zeigen, daß diese Vorgehensweise - gemessen am "nicht-erreichbaren Ideal" *experimenteller* Versuchsanordnung - alles andere als befriedigend ist.

### 7.2.4.1. Probleme der "Internen Validität"

Einen Überblick über Methodenprobleme der "internen Validität" gibt die folgende Zusammenfassung aus GEBERT (1972, S. 50 ff; s.a. GOLDSTEIN 1986, S. 148 ff und EASTERBY-SMITH 1986, S. 25-31). Es geht dabei um eine Zusammenstellung jener Einflußfaktoren, die Schlußfolgerungen im Hinblick auf die Wirksamkeit von experimentellen Interventionen relativieren können.

Die Abkürzungen in den folgenden Ausführungen bedeuten:
X = experimenteller Einfluß (treatment)
O = Messung, und zwar:
$O_1$ = zeitlich erste Messung (vor X)
$O_2$ = zeitliche spätere Messung (nach X)

*Allgemeine Störvariablen*

1. *Geschichte*: Zusätzliche Einflüsse im Zeitabstand zwischen $O_1$ und $O_2$, die weder durch die Tatsache der Messung bedingt, noch in den Probanden begründet sind (etwa wenn zeitlich gleichlaufend zum Training eine Organisations-Struktur-Veränderung stattfindet).
2. *Reifung*: Systematisch bedingte Veränderung "in" den Individuen, bedingt durch den Faktor Zeit (z.B.: Personen werden älter und dabei in ihrem Führungsverhalten nachsichtiger).
3. *Statistische Regression*: Sind Gruppen hinsichtlich eines Merkmals extrem ausgelesen (wenn sich z.B. nur sehr mitarbeiterorientierte Vorgesetzte zum Training melden), dann tendieren die Meßwerte in $O_2$ zum Mittelwert.
4. *Auslese*: Unterschiedliche Gewinnung/Zusammenstellung der zu vergleichenden Gruppen (wenn z.B. in die Experimental-Gruppe die experimentierfreudig-interessierten, in die Kontrollgruppe die vorsichtig-konservativen Vorgesetzten kommen).
5. *Experimenteller Ausfall*: Unterschiedlicher Ausfall in den zu vergleichenden Gruppen im Zeitpunkt $O_2$ (wenn z.B. die Experimentalgruppe bei Nachbefragungen eine Rücklaufquote von 60% erreicht, die Kontrollgruppe dagegen 80%).

*Fehlerquellen, die mit der Tatsache der Messung selbst in Zusammenhang stehen:*
6. *Testen*: Veränderungen in $O_2$, die durch Messung zum Zeitpunkt $O_1$ bedingt sind (Erfahrung im Umgang mit den Fragen, Lernzuwachs, mit anderen Teilnehmern diskutierter Sinn der Fragen).
7. *Instrumentbezogener Abfall*: Veränderungen im Meßinstrument selbst, die nicht durch eine vorausgegangene Messung bedingt sind (z.B. Schwankungen im Beurteilungsmaßstab bei Einstufungs-Verfahren: z.B. strenger urteilen).
8. *Interaktion*: Wechselwirkung zwischen einer Messung und einer anschließenden experimentellen Maßnahme X (wenn man durch die Fragen eines Vor-Tests "sensibilisiert" wird und auf bestimmte Maßnahmen besonders achtet).
9. *Wahrnehmungs- und Erwartungsfehler*: Es besteht ein bestimmtes Interesse, positive Veränderungen zu berichten (am Ende einer Veranstaltung werden von den Trainierten meist recht gute Bewertungen abgegeben; Kollegen oder Unterstellte, die vom Training wissen, sind bereit, im Sinne des Trainings Veränderungen wahrzunehmen...).

### 7.2.4.2. Untersuchungs-Designs

Zur Bewältigung dieser Probleme werden verschiedene *Untersuchungsdesigns* vorgeschlagen (s. dazu die Zusammenstellungen bei WOTTAWA & THIERAU 1990, S. 122 f oder WEINERT 1981). In der folgenden Überblicksdarstellung (AU 7.1 auf den Seiten 312/313), die aus WEINERT (1981, S. 252-257) entnommen ist, sind verschiedene Versuchspläne skizziert, die in unterschiedlicher Weise den genannten Störgrößen Rechnung zu tragen suchen. WEINERT ergänzt seine Ausführungen noch durch *quasi- experimentelle* Untersuchungspläne, deren methodische Ansprüche gelockert sind, so daß auf Restriktionen der Praxis Rücksicht genommen werden kann. Dazu gehören u.a. Zeitreihen-Designs, die an nur *einer* Gruppe - der trainierten - zu mehreren Zeitpunkten vor, während und nach dem Training Messungen vornehmen. Sollten sich im Kurvenverlauf der Meßpunkte in enger Beziehung zum Training Sprünge oder Diskontinuitäten zeigen, wäre das ein Indiz für Veränderungen. Langsame Veränderungen oder Spätfolgen können damit schlecht identifiziert werden. Eine andere Methode ist die "Institutionelle Zyklus-Analyse": Wenn mehrere Trainingsgruppen nacheinander in Zyklen das gleiche Trainingsprogramm absolvieren, kann man die Vor- und Nach-Trainings-Messungen jeder Gruppe miteinander vergleichen und aus den (eventuellen) Unterschieden der Meßwerte *nach* dem Training der einen Gruppe und *vor* dem Training der nächsten Schlüsse ziehen.

Für eine exakte Evaluation müssen zusätzlich zu den genannten methodischen Problemen u.a. Eingangsvoraussetzungen der Teilnehmer, Zusammensetzung der Gruppen, Qualifikation und Interventionsstrategie der Trainer, Methodenvariationen und -abfolgen, Zeitdauer oder Fristen von Training und Messung, physische und organisatorische Rahmenbedingungen etc. berücksichtigt oder gar kontrolliert werden. Je mehr Einflußgrößen berücksichtigt werden sollen, desto komplizierter und praxisferner wird das Design.

Wenn ausgefeilte (quasi-)experimentelle Evaluationsdesign präsentiert werden, dann könnte der Eindruck entstehen, das Evaluationsproblem sei exakt zu lösen. Aber es gibt nicht "die" Evaluation; vielmehr ist jeweils zwischen verschiedenen Alternativen oder

Strategien zu wählen. WOTTAWA & THIERAU (1990) referieren dazu einige Praxisbeispiele, darunter die praxisnahe Untersuchung von BERTHOLD u.a. 1980; eine andere Studie, die ein realistisches Konzept einer betrieblichen (Transfer-)Evaluierung präsentiert und prüft, stammt von KURTZ & MARCOTTY 1983.

Es gibt eine Reihe von Überblicksdarstellungen über die Effekte von PE-Maßnahmen (s. auch die im Kapitel 7.2.4 zitierte Literatur). Im Folgenden soll kurz auf drei Meta-Analysen (von GUZZO, JETTE & KATZELL 1985, BURKE & DAY 1986 und NEUMANN, EDWARDS & RAJU 1989) eingegangen werden. Das Anliegen von Meta-Analysen ist es, bei der Zusammenschau vorliegender empirischer Studien einen quantitativen Ausdruck für die untersuchten Effektstärken zu gewinnen (statt wie in den üblichen Sammelreferaten plausibel-intuitiv zu argumentieren). Das Problem liegt darin, daß Meta-Analysen eine große Zahl von Studien zusammenfassen müssen, zwischen denen erhebliche Differenzen (im theoretischen Konzept, den eingesetzten Meß- und Datenverarbeitungsverfahren, den Untersuchungspopulationen etc.) bestehen; nur ein Teil dieser Unterschiede kann systematisch genutzt werden, um die Ergebnisstreuung zu interpretieren. Um das am Beispiel der drei erwähnten Studien zu illustrieren:

Als unterschiedliche PE-*Maßnahmen* unterscheiden die Autoren:

| GUZZO et al. 1985 (98 Studien) | BURKE & DAY 1986 (70 Studien) | NEUMANN et al. 1989 (126 Studien) |
|---|---|---|
| - Training/Anleitung (z.B. Verhaltenstrainings, Managementseminare etc.) | Allgemeines Management | Mitarbeiterbezog. Interventionen |
| | Soziale Interaktion/ Führung | |
| - Beurteilung/ Feedback (z.B. Beurteilungsgespräche, Rückmeldung von Leistungsdaten) | Beurteilung | |
| | Selbsterfahrung | |
| | Problemlösung/ Entscheidung | |
| - Managemt. by Objectives | | |
| - Goal setting | | |
| - Finanzielle Anreize | Motivations-/ Einstellungs-/ Werte-Änderungen | Technologiebezog. Interventionen |
| - Arbeitsumgestaltung | | |
| - Entscheidungstrainings | | |
| - Führungsstiltraining (z.B. Partizipation) | | |
| - Flexible Arbeitszeit | | |
| - Sozio-technische Maßnahmen (Kombinationen der o.a. Maßnahmen) | | Multiple Interventionen |

Bei einer solch oberflächlichen und willkürlichen Untergliederung von PE-Interventionen kann man nicht hoffen, ein besseres Verständnis der zugrundeliegenden Prozesse zu gewinnen. Das gleiche Argument kann man wiederholen, wenn man die Unterteilung der Erfolgskriterien betrachtet: auch hier sind relativ kunterbunt unterschiedliche Ansatzpunkte kombiniert worden: Bei GUZZO et al. (sogenannte) objektive Leistungsdaten, Verhaltensmaße (wie etwa Fluktuation), Störungen (wie Unfälle), bei BURKE & DAY subjektive und objektive *Lern*kriterien, subjektive *Verhaltens-* und objektive *Ergebnis*kriterien, bei NEUMANN et al. *Einstellungen* zur Zufriedenheit, zu sich, zu anderen, zur Arbeit und zur Organisation. Es verwundert deshalb nicht, daß die gefundenen Zusammenhänge im allgemeinen recht niedrig sind. Auch dann, wenn sie statistisch gesichert sind, ist nicht erkennbar, welchen Beitrag sie zum besseren (theoretischen) Verständnis der Wirkungsbeziehungen leisten sollen. Damit aber zeigt sich, daß selbst (oder gerade?) bei hoher Akribie der Analyse sich die Wirkungsbeziehungen so komplex - und so wenig durchschaut - darstellen, daß vor voreiligen Schlußfolgerungen gewarnt werden muß. Unter Rückgriff auf sog. exakte oder objektive *empirische* Erkenntnisse ist es nicht zulässig, auf eine bestimmte PE-Methode zu schwören oder bestimmte Ergebnisse zu versprechen - auch wenn gezeigt wurde, daß (fast) alle PE-Maßnahmen (irgendwelche) Auswirkungen auf (irgendwelche) Kriterienmaße haben.

Aus diesen Überlegungen folgt, daß die scheinbar so simple Frage "Ist PE wirksam?" ebenso einfach beantwortet werden kann: Ja! Damit ist aber nicht gesagt, daß die *gewollten* Wirkungen erzielt wurden, sondern nur, daß *irgendetwas* verändert wurde. Diese Folgerung ist enttäuschend für jemand, der glaubt oder verspricht, daß verheißene Wirkungen eintreten werden. Sie ist aber der Komplexität des Problems gerecht, denn PE kann nicht (nur) als Sachproblem definiert werden, bei dem die Materialeigenschaften eines behandelten Objekts verändert werden. PE ist ein schlechtdefiniertes Problem, bei dem es um Einfluß auf Subjekte geht, die jede Einwirkung auf dem Hintergrund ihrer Biografie und ihrer aktuellen Situation aktiv verarbeiten. Eine Evaluation, die sich am Modell der Materialprüfung orientiert, verfehlt diese Besonderheit. Werden aber politische, systemische und sinnhafte Dimensionen berücksichtigt, dann ist es nicht mehr möglich, eine auf einen Kennwert komprimierte Antwort zu geben: Es gibt viele sehr verschiedene Antworten auf die vielen sehr verschiedenen Fragen (s. die Ausführungen in den Punkten 7.1.3 und 7.2.1).

### 7.3. PE: Investition oder Kosten?

Bevor die Diskussion von Kosten und Nutzen der PE detailliert wird, soll auf eine eigenartige Asymmetrie der Behandlung dieser Thematik in der Literatur aufmerksam gemacht werden: Es finden sich sehr ausführliche und differenzierte Aussagen zur *Kosten*-Analyse, die in konkrete Erfassungsempfehlungen münden; ihnen stehen im allgemeinen nur relativ gedrängte und oberflächliche Überlegungen zum *Nutzen* gegenüber, die im Rahmen grundsätzlicher Überlegungen verbleiben und vor der Komplexität der Probleme häufig in die Formulierung von Wünschenswertem flüchten. Außerdem werden meist nur die in einer Periode angefallen Kosten erfaßt und keine Aufwandsverteilungen über

Nutzungsperioden vorgenommen - obwohl doch PE-Maßnahmen im Regelfall periodenübergreifende Wirkungen haben (sollen). Darin kommt nach meiner Meinung zum Ausdruck, daß man sich bislang viel zu wenig bemüht hat, die Funktionen von PE aufzuklären, obwohl doch aus einer betriebswirtschaftlichen Perspektive eine 'reine' Kosten-Diskussion fragwürdig ist. Kosten sind nämlich

*"... in Geld bewertete Mengen an Produktionsfaktoren (Arbeitsleistungen, Betriebsmittel und Werkstoffe), sowie in Geld bewertete Dienstleistungen Dritter und öffentliche Abgaben, die bei der Erstellung betrieblicher Leistungen verbraucht werden"* (WÖHE, 1976, S. 446).

Kosten sind somit nur in Bezug auf (bestimmte) *'betriebliche Leistungen'* definiert; kann man nicht angeben, wofür 'Kosten' eigentlich angefallen sind, kann man sie auch nicht als solche bezeichnen - es sind dann lediglich Ausgaben.

### 7.3.1. Monetäre Kosten der PE

Was die (sog.) Kosten der PE anbelangt, so sind verschiedene Analyse-Modelle vorgeschlagen worden:
- von der Sachverständigenkommission "Kosten und Finanzierung der außerschulischen beruflichen Bildung" (1974),
- von der Deutschen Gesellschaft für Personalführung DGFP (einem Dachverband der Personalleiter) (1980),
- vom Zentralverband der Elektrotechnischen Industrie (ZVEI) (1982),
- vom Bundesinstitut für Berufsbildung (VON BARDELEBEN u.a. 1990),
- vom Institut der deutschen Wirtschaft (WEISS 1990).

Auf die Unterschiede zwischen diesen Ansätzen soll hier nicht vergleichend eingegangen werden (s. WEISS 1990, S. 20-37). Der Großteil der Diskussion konzentriert sich auf die Differenzierung von Kosten*arten*. Übereinstimmend wird unterschieden zwischen direkten und indirekten Kosten, Personal- und Sachkosten (wobei bei den Personalkosten meist zwischen haupt- und nebenamtlichem PE-Personal differenziert wird), sowie Kosten für interne und externe Weiterbildung; zuweilen werden Opportunitätskosten berücksichtigt (der Ausfall an Nutzen, der einem Betrieb entstanden wäre, hätten die in Weiterbildung engagierten Mitarbeiter ihre normalen Tätigkeiten ausgeführt, z.B. verkauft, repariert, produziert etc). Von ausschlaggebender Bedeutung ist natürlich, *was* als 'betriebliche Bildung' bezeichnet wird: ob man z.B. nur die Ausgaben für berufliche Aus-, Fort- bzw. Weiterbildung berücksichtigt, oder auch das 'Lernen am Arbeitsplatz', Umschulungsmaßnahmen, Informationsveranstaltungen, Einarbeitung neuer Mitarbeiter etc.

Um einen inhaltlichen Überblick zu geben, sind in der folgenden Tab. 7.1 das Schema des Deutschen Instituts der Wirtschaft (WEISS 1990) und die Ergebnisse der Befragung in fast 1500 Unternehmen der (alten) Bundesrepublik abgedruckt. Die Aufstellung ist nach den in der Studie unterschiedenen Hauptarten der betrieblichen Weiterbildung differenziert:

**Tab. 7.1:** Kostenpositionen in der Studie von WEISS (1990, S. 154/155)

Einzelkostenplan

| Kostenpositionen | Kostenangaben absolut in Millionen DM | in Prozent |
|---|---|---|
| 1. Kosten des haupt- und nebenamtlichen Weiterbildungspersonals | 278,8 | 6,9 |
| 2. Kosten der Lehrveranstaltungen insgesamt | 2 027,9 | 49,8 |
| 2.1 Direkte interne Kosten (zum Beispiel Honorare, Raumkosten, Sachkosten, Reisekosten) | 322,7 | 7,9 |
| 2.2 Direkte externe Kosten (zum Beispiel Teilnahme- und Prüfungsgebühren, Reisekosten) | 310,1 | 7,6 |
| 2.3 Indirekte Kosten (für Teilnehmer und nebenamtliche Dozenten) | 1 395,2 | 34,3 |
| 3. Kosten der Informationsveranstaltungen insgesamt | 425,9 | 10,4 |
| 3.1 Direkte Kosten (zum Beispiel Honorare, Raumkosten, Sachkosten, Gebühren, Reisekosten) | 225,5 | 5,5 |
| 3.2 Indirekte Kosten | 200,4 | 4,9 |
| 4. Kosten des Lernens am Arbeitsplatz insgesamt | 870,7 | 21,4 |
| 4.1 Einarbeiten und Anlernen (zum Beispiel Sachkosten, anteilige Personalkosten der Teilnehmer und Betreuer) | 341,8 | 8,4 |
| 4.2 Unterweisung | 460,0 | 11,3 |
| 4.3 Coaching | 33,8 | 0,8 |
| 4.4 Lernprogramme | 22,0 | 0,5 |
| 4.5 Qualitätszirkel | 13,2 | 0,3 |
| 5. Sonstige Kosten insgesamt | 67,0 | 1,6 |
| 5.1 Direkte sonstige Kosten (zum Beispiel Spenden, Stipendien, Prämien, Lehrgangsgebühren der Betriebsräteschulung) | 21,7 | 0,5 |
| 5.2 Indirekte sonstige Kosten (zum Beispiel aufgrund der Freistellung von Mitarbeitern für „externe" Bildungsaufgaben, für Bildungsurlaub und die Betriebsräteschulung) | 45,3 | 1,1 |
| 6. Nicht differenzierte (Gesamt-)Kosten | 402,7 | 9,9 |
| 7. Zwischensumme | 4 073,1 | 100,2 |
| 8. Finanzierung durch Dritte | 6,8 | 0,2 |
| 9. Weiterbildungskosten insgesamt | 4 066,3 | 100,0 |

- Lehrveranstaltungen,
- Informationsveranstaltungen,
- Lernen am Arbeitsplatz.

Neu ist gegenüber den sonstigen Aufstellungen, daß hier neben den 'Lehrveranstaltungen' auch die beiden anderen Aktivitäten als betriebliche Weiterbildung kostenmäßig erfaßt werden (s. dazu unten Abb. 7.3).

Ein sehr großer Kostenblock - der größte Einzelposten überhaupt - ist in Pkt. 2.3 (Indirekte Kosten) enthalten; hier geht es um Fortzahlung von Gehältern und Löhnen für Teilnehmer von Weiterbildungsveranstaltungen während dieser als 'unproduktiv' angesehenen Lern-Zeit - was noch zu diskutieren sein wird. Die Probleme der anteiligen Kostenermittlung für das *neben*amtliche Weiterbildungspersonal (wenn z.B. ein firmeninterner Spezialist in einer Lehrveranstaltung als Referent auftritt) werden in der Studie genannt; es wird über Zeitanteile eine Zurechnung für möglich gehalten.

Die Studie von WEISS wurde sehr oft zitiert, weil ausgehend von diesen Daten eine *Hochrechnung* auf die Gesamtausgaben für betriebliche Bildung in der (alten) BRD vorgenommen wurde, die - für den Untersuchungszeitraum 1987 - einen Betrag von 26,7 Milliarden Mark ergab.

Abb. 7.3: **Hochrechnung der Weiterbildungskosten in der Studie von WEISS (1990, S. 178)**

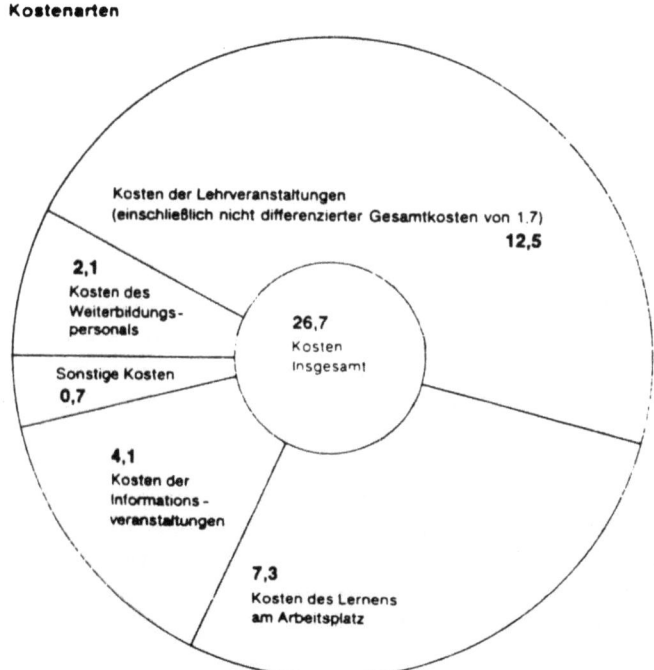

Aus der abgedruckten Aufstellung und der grafischen Darstellung der *Hochrechnungsergebnisse* in Abb. 7.3 geht hervor, daß allein für 'Lernen am Arbeitsplatz' 7,3 Mrd. DM ausgegeben wurden. Diesen Betrag kann man jedoch fast beliebig ausweiten, wenn man davon ausgeht, daß praktisch fortwährend bei/während der Arbeit gelernt wird und daß damit 'produktive Zeit' 'verlorengeht'. Aus einer solchen Perspektive werden Willkür und Schwierigkeit der Differenzierung von Kostenarten sichtbar, weil unterstellt werden muß, daß es 'vollausgebildete' 'fertige' MitarbeiterInnen gibt - eine Fiktion.

Noch 1984 hatte SCHLAFFKE (einer der Herausgeber der WEISS-Studie) formuliert:

"Betriebliche Weiterbildung wird hier verstanden als diejenigen Kurse, Seminare oder Lehrgänge, die dazu dienen, die Qualifizierung des einzelnen Arbeitnehmers zu erhalten, zu erhöhen oder neuen technischen und ökonomischen Bedingungen anzupassen. Nicht erfaßt werden damit jene Weiterbildungsaktivitäten, die direkt am Arbeitsplatz stattfinden ('training-on-the-job'), da sie so gut wie nicht meßbar sind und ihnen damit auch keine Kosten zugerechnet werden können" (FALK & SCHLAFFKE, 1984, S. 43).

Zur beruflichen Bildung (genauer: PE) könnten noch inter- und apersonale Maßnahmen hinzugerechnet werden, weil - wie gezeigt - auch Dinge, Räume und organisationale Strukturen, Institutionen und Verfahren das aggregierte Arbeitsvermögen (Personal) verändern. Hier zeigt sich einmal mehr, daß mit gleicher Intensität wie über die Kosten auch über die Leistungen, Funktionen, Nutzen der PE nachgedacht werden müßte. Zusätzlich müßte geklärt werden, inwieweit PE-Maßnahmen Folge-Kosten auslösen (s. KLUSEN 1985, S. 241, der darauf hinweist, daß besser ausgebildete Mitarbeiter höhere Gehaltsforderungen stellen oder mit Abwanderung drohen können). Auch die Frage der Opportunitätskosten müßte geklärt werden: Denkt man nämlich in "entgangenen Nutzenseinheiten", dann unterstellt man, daß es einen statischen, entwicklungs- oder lernfreien Raum der Arbeitsleistung geben könne - eine in sich widersinnige Auffassung, denn alles Arbeiten ist Erfahrungsgewinn und damit PE. Man könnte nämlich bei einer solch weiten Auffassung jeden Fehler, der gemacht wird, jedes Scheitern, jeden Fall von Mißmanagement etc. als wertvolle Lernerfahrung betrachten, für die man eben Lehr-Geld bezahlen mußte!

Die Überlegungen würden noch erheblich komplizierter, wollte man unter PE nicht nur - wie dies in der bisherigen Literatur zur Evaluation meist geschieht - persönliche Qualifizierung verstehen, sondern auch interpersonale und apersonale Maßnahmen (z.B. Maßnahmen zur Förderung gruppeninternen Zusammenhalts, Veränderungen der Unternehmenskultur etc.). Diese Weiterungen zeigen, daß ein "enger" Kostenbegriff nicht in der Lage ist, den komplexen Verschränkungen gerecht zu werden, die die 'Veränderung des aggregierten Arbeitsvermögens' bedingen und mit sich bringen. Das würde erfordern, daß man sich - s.u. - mit Humanvermögens-Rechnungen auseinandersetzt und dabei die Beschränkungen auf individualisierende Wertansätze (Wie steigt der Wert eines Mitarbeiters durch eine Qualifizierungsmaßnahme?) überwindet und tatsächlich *aggregierte* Ansätze entwickelt (Was ist - bezogen auf die menschlichen Ressourcen - ein Team wert? Was eine ganze Firma?).

Kosten-Analysen wie die Studie von WEISS haben nicht zuletzt eine politische Funktion: Sie sollen darauf aufmerksam machen, welch hohen Aufwand die Betriebe für Weiterbildung treiben (insgesamt mehr als der Staat für alle Universitäten einschließlich Universitätskliniken). Die Zahlen sind beeindruckend, auch wenn sie einiges an Überzeugungskraft verlieren, wenn man sich vor Augen hält, daß die Betriebe noch deutlich mehr für ihre Werbung ausgeben. Eine der nahegelegten Schlußfolgerungen ist, daß die Unternehmen, die 'aus eigener Tasche' so viel für Bildung bezahlen, sich nicht vom Staat immer neue Auflagen und Lasten aufbürden lassen müssen (wie politische Parteien und Gewerkschaften es von Zeit zu Zeit fordern). Deutlich wird das in einer Äußerung von Autoren, die der Bundesvereinigung der Deutschen Arbeitgeberverbände nahestehen:

"Daneben hat die Kostenerfassung eine weitere außerbetriebliche Aufgabe in der Information der Verbände, Gewerkschaften, politischen Parteien sowie der weiteren interessierten Öffentlichkeit. Zu denken ist hier in erster Linie an das von der Sachverständigenkommission 'Kosten und Finanzierung der beruflichen Bildung' vorgeschlagene Fondsmodell zur Finanzierung der Berufsbildung, die ausdrücklich die schrittweise Einbeziehung der beruflichen Weiterbildung in die Fondsfinanzierung empfohlen hat. Hier gilt es, das Weiterbildungsaufkommen der Betriebe der deutschen Industrie zu dokumentieren, um die Finanzierungsdiskussion auf eine sachliche Grundlage zu stellen" (FALK & SCHLAFFKE, 1984, S. 42).

Eine weitere praktische Konsequenz besteht darin, die Betriebe selbst auf diesen hohen Kostenblock aufmerksam zu machen und sie anzuregen, über Maßnahmen nachzudenken, wie diese Kosten systematisch erfaßt und nutz(!)bringend eingesetzt werden können. Dies ist die Aufgabe des Bildungs-Controllings, das in letzter Zeit immer mehr Aufmerksamkeit findet.

Ein Beispiel für eine unternehmensinterne Seminarkostenkalkulation (der Firma Bosch) ist in Beleg 7.2 abgedruckt (aus BÜSCHELBERGER 1991). Sie unterscheidet zwischen 'einmaligem' und 'laufendem' Aufwand, der jeweils (haus-)intern oder extern anfallen kann und erlaubt die zusätzliche Differenzierung zwischen fixen und variablen Kosten, so daß ein interner Verrechnungs-Preis für jeden Teilnehmer kalkuliert werden kann. Wenn Vorgesetzte für die Seminar-Veranstaltung ihrer Mitarbeiter aus ihrem eigenen Bildungsbudget diesen Preis bezahlen müssen, werden sie - so hofft man - gründlich überlegen, ob ihnen die Veranstaltung dies wert ist. Im Profitcenter-Modell heißt das: Man überläßt die Nutzen-Kalkulation den Abnehmern.

Weiterbildungsausgaben werden in vielen Firmen (immer noch) einfach budgetiert; praktizierte Vorgehensvarianten hat KLUSEN beschrieben:

- *"Es wird ein Prozentsatz vom Umsatz oder von der Lohn- und Gehaltssumme festgelegt; die Höhe des anzuwendenden Prozentsatzes ergibt sich aus dem Vergleich mit anderen Unternehmungen;*
- *das Weiterbildungsbudget wird in Abhängigkeit vom durchschnittlichen Jahresgewinn der vorangegangenen Geschäftsjahre errechnet;*
- *das Budget errechnet sich aus einem Durchschnittswert pro Mitarbeiter, der mit einer zusätzlichen Gewichtung für Abteilungen mit über- oder unterdurchschnittlicher Weiterbildungsintensität versehen wird;*
- *die zu budgetierenden Aufwendungen pro Mitarbeiter orientieren sich am Jahresentgelt des jeweiligen Mitarbeiters;*

**Beleg 7.2: Seminarkostenkalkulation (aus: BÜSCHELBERGER 1991, S. 310)**

| Standort: | Si | Titel: | MOS-Design | Bez.: | TEMOS |
|---|---|---|---|---|---|
| Dauer: | 5 | Tage Teilnehmer: 12 | | Seminare p.a.: | 3 |

| Einmaliger Aufwand | | intern | extern |
|---|---|---|---|
| Konzeptionskosten | (DM) | 12310 | 3150 |
| Materialerstellung | (DM) | 0 | 2000 |
| Laufender Aufwand je Seminar | | intern | extern |
| Organisation | (Std.) | 6 | xxxx |
| | (DM/Std.) | 80 [1] | xxxx |
| | (DM gesamt) | xxxx | 0 |
| Referentenaufwand | (Std.) | 8 | xxxx |
| | (DM/Std.) | 80 [1] | xxxx |
| | (DM gesamt) | xxxx | 6000 |
| Reisekosten/Verpflegung | (DM) | 0 | 800 |
| Unterlagen/Teilnehmer | (DM) | 30 | 0 |
| Sachkosten | (DM/Teilnehmertag) | 70 [1] | xxxx |

| Kosten/Seminar: | 15390 DM | Kosten/TN: | 1283 DM |
|---|---|---|---|
| davon variabel: | 7800 DM | davon variabel: | 650 DM |
| | | Preis: | 1300 DM |

[1] Interne Verrechnungssätze (werden einmal pro Jahr aufgrund Jahresbudget ermittelt) Eingabedaten

- *das Budget beruht auf Erfahrungswerten früherer Jahre und wird jährlich entsprechend der allgemeinen Kostenentwicklung angepaßt" (KLUSEN, 1985, S. 277).*

Aus solchen Vorgehensweisen wird erkennbar, daß Leistungen oder Nutzen der PE nicht systematisch und differenziert zu den Kosten in Beziehung gesetzt werden, sondern daß - wie oben schon ausgeführt - implizit eine Vielzahl von Nebenfunktionen und Traditionen verfolgt werden.

### 7.3.2. Bildungscontrolling

Ein Controlling, das sich nur auf Kosten und damit vergangenheitsbezogene Daten erstreckt, ist relativ uneffektiv. Es betont nur die Kontroll-, nicht aber die Planungs- und Steuerungsfunktion des Controlling.

Der Begriff des (Bildungs-)Controllings wird in der Literatur sehr uneinheitlich gebraucht; VON LANDSBERG (1990, S. 351 f) nennt einige unterschiedliche Sichtweisen: begleitende Kontrolle aller kostenwirksamen Vorgänge, Bewegungen in der Gewinn- und Verlustrechnung und der Bilanz, Instrument der Gewinn- oder Erfolgssteuerung, Wächter der Wirtschaftlichkeit, 'ökonomischer Fluglotsendienst' usw.

VON LANDSBERG selbst definiert als Funktion von Controlling

*"... das Betriebsgebaren auf Erfolgskurs zu halten. Der Handwerkskasten der Controller dient der Steuerung: Controller erarbeiten Vorgaben, erhöhen die betriebswirtschaftliche Transparenz des betrieblichen Geschehens und bemühen sich um die Anpassung des Geschehens an die Vorgaben. Sie berichten über Wirtschaftlichkeit, kümmern sich um deren Verwirklichung" (1990, S. 352).*

Bildungscontrolling hat sich nicht nur mit der Registrierung von Ergebnissen oder Verläufen zu begnügen, sondern den ganzen Steuerungs-Zyklus zu bearbeiten. Er besteht aus folgenden Einzelschritten:

- Entwicklung der Vorgaben (Pläne, Sollwerte),
- Erfassung der Ist-Werte (Ergebnis- oder Erfolgsmessung),

    [bei beiden Leistungen sind *Operationalisierungen* zu entwickeln; es ist festzulegen, wie, wann, von wem und für wen diese operationalisierten Werte ('controls') zu erheben sind];

- Soll-Ist-Vergleich (Wirtschaftlichkeitskontrolle),
- Interpretation und Bewertung von Abweichungen,
- Vorschlagen und Einleiten von korrektiven und/oder präventiven Handlungen (und der Analyse von deren Kosten-Nutzen-Verhältnis).

Darüber hinaus muß das Controlling die zur Erfüllung dieser Aufgaben nötigen Organisationsformen, Methoden und Instrumente entwickeln, realisieren und prüfen (dazu gehören auch systematische Überlegungen, welche Kosten bzw. negativen Folgen z.B. zu detaillierte Kontrollen kurz- oder langfristig verursachen; z.B. Anstrengungen der Kontrollierten, das 'System zu schlagen', Verselbständigung der Kontrollen zum Selbstzweck, Erzeugung von papierenen* Scheinwelten etc.). In der Controlling-Literatur wird immer wieder auf ein Dilemma hingewiesen: Je exakter, differenzierter und konkreter die Messung und Bewertung, desto stärker fühlen sich die Betroffenen überwacht und desto mehr werden Initiative und Innovation stranguliert. Je vager, großzügiger und abstrakter das Planen, Messen und Steuern, desto größer sind die Spielräume für Sonderwege, Initiativen und Innovationen. Es geht also um die Versöhnung von Freiheit und Zwang, Vertrauen und Kontrolle, Ordnung und Chaos; Extremisierung jeweils eines Pols ist schädlich. Es ist deshalb keineswegs wirtschaftlich, für möglichst exakte Kostenrechnung zu plädieren, wenn nicht die Kosten einer solchen Kostenrechnung ins Kalkül gezogen werden.

Aus den vom Controlling erwarteten Leistungen wird deutlich, daß sein Wert steht und fällt mit der Qualität der Daten und der Modelle, mit denen die Daten verknüpft, interpretiert und verarbeitet (zu Handlungs- oder Steuerungsempfehlungen verdichtet) werden. Ein Controlling, daß sich beschränkte auf quantifizierbare (oder gar monetarisierte) Werte, würde der Komplexität der Wirklichkeit nicht gerecht.

Hier ist die schon oben beklagte Tatsache wieder zu erwähnen, daß - weil sie z.T. leicht erfaßbar sind - sich aller Eifer auf die Kosten konzentriert und das Ziel verfolgt, detaillierte Verfahren und Systeme zu installieren. Dabei werden die korrespondierenden Leistungen, ihr Nutzen, alternative Möglichkeiten, Vernetzungseffekte etc. mißachtet.

Aus diesen Gründen ist - wie schon angedeutet - die sog. Controlling-'Philosophie' von Bedeutung. Damit ist die Grundhaltung gemeint, aus der heraus Controlling organisiert und durchgeführt wird (z.B. Vertrauen vs. Mißtrauen; Beteiligung der Betroffenen vs. Behandlung als Objekte; Selbst-Control vs. Fremd-Control; Vergangenheits- vs. Zukunftsbezug; Detail- vs. Global-Controlling; Offenheit vs. Heimlichkeit etc.).

Controlling hält aber fest an der These, daß es möglich ist, die komplexen Abläufe in Organisationen transparent zu machen, modellhaft abzubilden und gezielt zu steuern. Damit bedient die Institution des Controlling den Rationalitäts- und Steuerbarkeits-Mythos, der in Unternehmen gepflegt wird. Eine Alternative dazu wäre, von Organisationen als 'organisiertem Chaos' auszugehen (eine Betrachtungsweise, die Controllern keineswegs fremd ist, s. HORVATH 1982). Ein solcher Ansatz würde nicht versuchen, die internen Vorgänge *im einzelnen* zu überwachen und zu steuern, sondern eher evolutionistisch vorzugehen: Aufgabe wäre dann, sicherzustellen, daß ein System stets genügend Innovationskraft und 'freie' Ressourcen (Slack) besitzt und dem Selektionsdruck, der von einer feindlichen (internen oder externen) Umwelt ausgeht, widerstehen kann. Was überlebt, hat sich (deshalb) bewährt, ohne daß man seinen Erfolg im einzelnen nachvollziehen und schon gar nicht rational planen könnte! Konsequent wäre es in diesem Sinne, z.B. die PE-Aktivitäten als Profitcenter einzurichten und es dann dem Spiel der Kräfte zu überlassen, ob eine solche Institution wächst oder schrumpft.

In diesem Zusammenhang wird häufig verlangt, daß diejenigen, die Mittel aufwenden, Informationen über die zu erwartenden Gegenleistungen und Nutzensbeiträge erhalten. Dies kann dadurch geschehen, daß man den entsprechenden Stellen Informationen rückkoppelt, die Erfolgsbeiträge von PE signalisieren (z.B. mit Hilfe von Datenbanken, in denen Teilnehmer-Bewertungen von Kursen und/oder Referenten gespeichert sind). Man kann auf diese Weise erfahren, welcher Trainer oder Referent bei früheren Veranstaltungen 'gut angekommen' ist; ob aber seine Beiträge von Nutzen für die Arbeit waren, ist damit noch lange nicht erkennbar.

Seminar- oder Trainerbeurteilungen unmittelbar nach Seminarende sind - wie oben gezeigt - ein sehr unzulängliches Erfolgskriterium.

In der Literatur zum Bildungscontrolling werden zusätzlich zu oder - häufiger - anstelle von pädagogischen Effektivitäts- oder Effizienzmessungen personalwirtschaftliche Kennziffern vorgeschlagen. Im Folgenden soll eine Zusammenstellung von WILKENING (1986, S. 313) vorgestellt werden, der folgende vier Methoden-Gruppen aufführt:

1) Rendite-Formeln, z.B.

$$\frac{\text{durch Bildung erzielte Deckungsbeiträge} \times 100}{\text{eingesetztes Kapital in Form von Kosten der Bildungsinvestition}}$$

Eine solche Formel hat wohl eher magischen Charakter, als daß sie mit verläßlichen Kennwerten ausgestattet werden könnte.

2) Kostenvergleiche mit ähnlichen PE-Maßnahmen.

Das Problem liegt hier darin, daß damit gleichzeitig auch eine Qualitätserfassung der verglichenen Veranstaltungen verbunden sein müßte.

3) Einzelvergleich im Zeitablauf mit Kontrollgruppen [s. dazu die Anmerkungen zu den (quasi-)experimentellen Designs].

4) Äquivalenz-Ziffern der Bildungsarbeit; im einzelnen führt WILKENING auf:

"- *Trainingskosten in Prozent vom Gesamtumsatz des Unternehmens,*
- *Trainingskosten in Prozent der Gesamtpersonalkosten,*
- *Ausfallzeiten durch Bildungsmaßnahmen in Prozent der Gesamtkapazität,*
- *Ausfallzeiten durch Trainingsmaßnahmen in Prozent des durchschnittlichen Krankenstandes,*
- *Ausfallzeiten durch Trainingszeit pro Mitarbeiter in Tagen pro Jahr,*
- *Relation freiwilliger Sozialaufwendungen des Unternehmens zu Bildungsaufwand je Mitarbeiter,*
- *Werbeausgaben zu Trainingsaufwand,*
- *Trainingsaufwand zu allgemeinen Repräsentationskosten,*
- *Trainingsaufwand zu Forschungs- und Entwicklungsaufwand,*
- *Trainingsaufwand zu Kosten (die dem Unternehmen in der Regel unangenehm sind),*
- *Trainingsaufwand zu Fluktuationskosten (spezifiziert bei Bedarf zu Aufwand für Rekrutierung, Einarbeitung, Austritt, Such-, Folge- und Ausfallzeiten),*
- *Trainingsaufwand zu Forderungsausfällen des Unternehmens im laufenden Jahr,*
- *Trainingsaufwand zu Ausschußkosten pro Jahr.*

*... So sind Untersuchungen und Erhebungen bei großen deutschen Unternehmen aus den letzten Jahren bekannt geworden, die eine Korrelation feststellen zwischen der Anzahl von Bildungsmaßnahmen, dem Anteil der Belegschaft, die an derartigen Maßnahmen teilnimmt, und überdurchschnittlichen Gewinn- und Umsatzerfolgen dieser Unternehmen. Hier drängt sich natürlich sofort die Frage nach Ursache und Wirkung auf. Sie läßt sich nicht ohne beträchtlichen methodischen Aufwand beantworten, der in den erwähnten Erhebungen in der Regel nicht zu gewährleisten war"*
(WILKENING, 1986, S. 314).

Man kann sich fragen, welche theoretischen Überlegungen hinter der Wahl der einzelnen Meßgrößen - vor allem im Pkt 4 - stehen: Mit welcher Begründung und zu welchem Steuerungszweck setzt man Werbeausgaben und Trainingsaufwand ins Verhältnis?

Warum Trainingsaufwand zu allgemeinen Repräsentationskosten? Trainingsaufwand zu Fluktuationskosten? Warum werden überhaupt vorwiegend Aufwendungen mit Aufwendungen verglichen (und nicht Aufwendungen mit Erträgen)? Möglicherweise machen alle diese Vergleiche Sinn, aber - abgesehen von den wohl nur schwer zu lösenden Operationalisierungs-Problemen - dürften in jedem Einzelfall äußerst komplexe Hypothesen zugrundeliegen, die aus wenig entwickelten, zumindest aber unexplizierten* Theorien abgeleitet sind.

Weil oder wenn man die Fülle der erwarteten Leistungen und der Beziehungen zwischen Einsatz- und Ergebnisgrößen nicht zentral definieren kann (oder will), kann man die PE-Arbeit als *Profitcenter* organisieren. Dieses wäre das Anbieten von Leistungen für inner- (und außer-)betriebliche Nachfrager. Diese Leistungen können auch zu kostendeckenden Preisen abgerechnet werden (Costcenter), wobei Konkurrenzdruck dadurch geschaffen wird, daß es innerbetrieblichen Vorgesetzten überlassen bleibt, ob sie die PE-Leistung vom betrieblichen oder von einem externen Anbieter beziehen. Es kann den Verfügungsberechtigten zudem freigestellt sein, welchen (prozentualen) Aufwand sie für PE treiben wollen.

Obgleich in jüngster Zeit das Profitcenter-Konzept für die Bildungsarbeit geradezu euphorisch gepriesen wird (s. etwa BÜSCHELBERGER 1991 oder FESTAG 1991), gibt es dazu auch kritische Stimmen (WEUSTER 1991), die Vor- und Nachteile gegenüberstellen: Die einzelnen lokalen Nachfrager (Linienvorgesetzte) überblicken oft nicht die Anbieter-'Szene', sie können versucht sein, aus kurzsichtigem Ertragsdenken an Bildungsaufwendungen zu sparen, sie erfassen nicht umfassend und detailliert alle tatsächlichen Kosten (zusätzlich zu den Seminarkosten), die anfallen, sie überschauen manchmal nicht die strategische Dimension der Weiterbildung und ebenso wenig deren Querschnittsfunktion (Es sind möglicherweise - zentral und strategisch - neue Technologien geplant, die erhebliche PE-Investitionen schnell veralten lassen; jede Abteilung erfindet für ihre scheinbar einmalige Situation Weiterbildung neu, obgleich andere vergleichbare Probleme haben). Andererseits entfiele bei einer Profitcenter-Regelung der ständige Legitimationsdruck der PE-Abteilungen. Sie könnten dann zeigen, daß sie sich selbst erhalten oder gar Gewinn erwirtschaften können (wenn sie zusätzlich externe Nachfrage befriedigen dürfen) und sie wären gezwungen, ihre Angebote stark den Bedürfnissen der Nachfrager anzupassen und sehr flexibel zu sein.

Ein Problem ist, daß PE-Aufwendungen - wie gesagt - zwar in einer Planperiode abgerechnet werden, aber über mehrere Perioden genutzt werden können. Je nach betrieblichem Rechnungswesen und Unternehmenspolitik kann es für Vorgesetzte sinnvoll sein, *keinen* hohen Bildungsaufwand zu treiben, wenn sie z.B. vorwiegend unter *Kosten*gesichtspunkten und *periodenbezogenen* Leistungen bewertet und befördert werden. Wer für die Zukunft investiert, schneidet bei einem solchen System schlechter ab: der inner- und außerbetriebliche Konkurrent, der an PE-Ausgaben spart, hat im kurzfristigen Vergleich die besseren Zahlen, wird befördert - und hinterläßt der Nachfolgerin ein 'veraltetes' Arbeitsvermögen, das weniger leistungs- und konkurrenzfähig ist (was seinen Erfolg umso strahlender erscheinen lassen kann, denn er hatte ja sogar mit einer solchen Mannschaft bemerkenswerte Ergebnisse erzielt!).

Wie generell bekannt, haben Controlling-Informationen nicht nur berichtenden oder beschreibenden, sondern steuernden Wert; dies letztere in zweifacher Hinsicht:
- zum einen sind sie Informationen, die den Handelnden (und vor allem auch höheren Vorgesetzten) Planabweichungen aufzeigen und sie zu korrektiven (feedback) oder präventiven und konstruktiven (feedforward) Maßnahmen anregen;
- zum anderen zeigen sie allen Handelnden, nach welchen Kriterien sie *tatsächlich* bewertet werden. Nicht vollmundige Bekenntnisse zum Beispiel zu einem kooperativen Führungsstil, zu Werteorientierung oder einer Vertrauenskultur sind es, die dann zählen, sondern das, was 'unterm Strich herauskommt', z.B. periodenbezogene monetäre Erträge. Daraus kann unter Umständen gelernt werden, daß alles andere (die 'weichen Kriterien'!) zu vernachlässigen ist.

### 7.3.3. PE als Investition

BRONNER & SCHRÖDER (1983, S. 39) zitieren eine Aussage WITTEs zum Potential- und Investitionscharakter der Weiterbildung; dieser plädiert dafür, einen Umdenk-Prozeß einzuleiten:

*"Die entstehenden Ausgaben sind nicht soziale Geschenke an die Belegschaft, sondern sinnvolle Investitionen. ... Die aktuellen Probleme, denen sich die Unternehmungen gegenübergestellt sehen, sind nur mit Mitarbeitern zu bewältigen, die wohlinformiert, einfügungsbereit und entscheidungsbewußt sind. Die allein im Ausführen von Befehlen geübte, engstirnig und isoliert arbeitende Fachkraft ist als eine Gefahr für die Lebensfähigkeit der Unternehmung erkannt worden."*

Nach SCHIERENBECK kann man zwischen verschiedenen Investitionsmotiven differenzieren (Ersatz-, Rationalisierungs-, Umstellungs- und Erweiterungsinvestition). Diese objektivierenden, auf Sachinvestitionen bezogenen Termini wenden BRONNER & SCHRÖDER auch auf betriebliche Weiterbildung an; sie fordern statt des vorherrschenden Kosten- ein Investitionsdenken. Sie benennen als Kronzeugen WITTE, der eine Reihe von Gründen für die geringe Verbreitung des Investitionsdenkens in der Weiterbildung aufführt, weil diese nämlich

- *"kein sichtbares Investitionsobjekt verkörpert,*
- *ein Investitionsobjekt von mangelnder Faßbarkeit, vor allem fehlender Quantifizierbarkeit darstellt,*
- *erst ab einem bestimmten Ausgabenvolumen als Investition bewußt wird,*
- *oft kurzfristig erfolgreich erscheint oder ein Erfolg innerhalb einer kurzen Zeitspanne erwartet, bzw. gefordert wird,*
- *kaum oder nur sehr unbestimmt eine Erfolgserwartung zu formulieren erlaubt,*
- *hinsichtlich ihres anteiligen Beitrags zum Unternehmenserfolg nur schwer isoliert werden kann; damit ist zugleich das Problem der fehlenden Zurechenbarkeit angesprochen"* (BRONNER & SCHRÖDER, 1983, S. 40).

Hinzukommt (a.a.O.) eine weitere Eigenheit von Weiterbildungs-Investitionen:

*"'Die neuerworbenen Fähigkeiten erhöhen sich nämlich noch bei ihrer Anwendung. Sie werden innerhalb des Betriebs weitergegeben und lassen den Ausgebildeten nicht selten vom Lernenden zum Lehrenden werden'"*.

GRÜNEFELD (1989, S. 191) bemerkt zu diesem Problemkomplex lakonisch:

*"Eine Feststellung des Ertrages 'in Mark und Pfennig' kann es nicht geben, weil es keine Maßstäbe gibt, den Ertrag von Weiterbildungsmaßnahmen zu messen. ... In diesem Zusammenhang muß auch daran erinnert werden, daß es zahlreiche andere Arten von Aufwendungen und Investitionen gibt, bei denen eine Ertragsberechnung kaum einen Sinn hätte. Wie sollten beispielsweise der Bau eines Werkskasinos oder einer neuen Straße im Werk ertragsmäßig beurteilt werden? Diese Investitionen werden danach beurteilt, ob sie kostengünstig erbracht wurden und für die Infrastruktur eines Unternehmens notwendig sind, ohne daß jemand nach dem Ertrag fragen würde. Ähnlich verhält es sich mit dem Weiterbildungsaufwand. Dieser ist genauso notwendig wie eine soziale Einrichtung und kann seine 'Berechtigung' genauso wenig durch eine Marginalrendite nachweisen.*

*Die Frage nach dem Ertrag des Weiterbildungsaufwandes ist daher in dieser Form nicht berechtigt, sondern muß in die Frage münden, ob die gesetzten Ziele planvoll, rechtzeitig und kostengünstig erreicht wurden. Form und Inhalt der verschiedenen Weiterbildungsmaßnahmen sind daher immer wieder auf den rationellen Einsatz der Mittel und auf Übereinstimmung mit den Unternehmenszielen kritisch zu prüfen und zu beurteilen".*

Man kann also - GRÜNEFELD zufolge - nicht pauschal 'den Ertrag' von PE erfassen, sondern muß zuerst prüfbar offenlegen, was man im einzelnen mit PE erreichen wollte, um danach dann festzustellen, ob man genau dies erreicht hat und ob man es wirtschaftlich erreicht hat. Dieses eindeutige Plädoyer für eine summative Evaluation braucht man nicht unwidersprochen stehenzulassen (s. S. 279), es hat aber den Vorteil, die Aufmerksamkeit nicht nur gebannt auf die Kosten, sondern auch auf die "gesetzten Ziele" (und die sonstigen Neben-Wirkungen) zu lenken. Dies ist bislang viel zu wenig geschehen.

### 7.3.4. Lohnt sich PE?

PE darf nicht nur als pädagogisch-didaktisches Projekt verstanden werden, sondern muß auch aus einer (personal-)*wirtschaftlichen* Perspektive gewürdigt werden. Wirtschaften bedeutet zunächst ganz *unhistorisch-allgemein*: Durch rationellen Ressourceneinsatz Knappheiten beseitigen und Bedürfnisse befriedigen.

*Historisch-spezifisch* gilt: Unter den konkreten Bedingungen einer kapitalistischen Marktwirtschaft geht es ums Geld, genauer: Kapital. Wenn man in diesem Rahmen über PE nachdenkt, darf man nicht nur von Personen ausgehen - so als ob *sie* Anfang und Ziel aller Bemühungen seien - , sondern muß auf weitere fundierende Bedingungen zurückgreifen: das sind zunächst die Leistungs- und Zirkulationserfordernisse, letztlich aber die Kapitalverwertungsinteressen.

*PE ist die Anpassung des Personals(!) an den Leistungs- und Kapitalverwertungsprozeß.*

Diesem *objektiven* Interesse ist PE unterworfen und deshalb setzen z.B. die volkswirtschaftliche Entwicklung (Konjunkturlage) und die Unternehmens-Entwicklung der PE Grenzen.

Würde man PE nur als betriebliche *Institution* sehen (in Alleinzuständigkeit z.B. einer spezialisierten PE-Abteilung), dann würde man übersehen, daß die *Funktion* PE von vielen Einrichtungen im Unternehmen wahrgenommen werden kann (z.B. von Linien-Vorgesetzten oder personalwirtschaftlichen Systemen), denn PE leistet als allgemeine Funktion einen nützlichen Beitrag zum Kapitalverwertungsprozeß. Entkoppelt man die

PE von diesem Bezug, dann führt sie ein Eigen-Leben, das beziehungslos(!) neben Personalbeschaffung, Investitionspolitik, Technologie, Organisation usw. steht. Einbettung und Stellenwert der PE im betrieblichen Prozeß geraten aus dem Blickfeld. Aber nach der oben skizzierten Personal-Definition muß jede Veränderung des betrieblichen Arbeitsvermögens (etwa des Personalbestands) konsequenterweise als PE bezeichnet werden. Damit ist PE nicht gleich Personalwesen, weil wichtige Anliegen wie Begründung und Regelung von Personalkosten, Personalinformation, Personalplanung etc. in ihrer Eigenständigkeit nicht angetastet werden.

Würde man PE nur unter pädagogischem effizienzorientiertem Blickwinkel (in den Konkretisierungen von Ausbildung, Weiterbildung, Team-Entwicklung oder Organisations-Entwicklung) sehen, dann sähe man zwar das Nächstliegende genau, verlöre aber den Überblick und damit Einsichten. Eine *ökonomische* Betrachtung soll zeigen, ob bzw. wann es sich lohnt, PE zu nutzen.

Zu diesem Zweck wird im Folgenden die These aufgestellt, daß die Institution der Personalwirtschaft unmittelbar vom Sachprozeß (Produktion, Absatz, Dienstleistung) und mittelbar vom Kapitalverwertungsprozeß abhängt.

Somit lassen sich drei aufeinander aufbauende Bedingungs- und Wirkungs-Ebenen unterscheiden, die sich ordnen lassen nach dem (abnehmenden) Gewicht, das sie bei Letztentscheidungen über die Gestaltung der Arbeitsverhältnisse haben:

1. Ebene: Finanzieller Prozeß

   Bezug: *Kapital.* Im Mittelpunkt stehen Kapitalverwertungs- oder -vermehrungsinteressen. Es geht ums Geld: Produkte und Menschen sind gleich-gültig. Wichtigste Begriffe: Kosten, Aufwände, Erlöse, Erträge, Investitionen, Verzinsung, Abschreibung, Rendite, Kapitalrückfluß ... Betrieblich sind diese Funktionen z.B. in Rechnungswesen und Finanzierung institutionalisiert.

2. Ebene: Sach-(Leistungs-)Prozeß

   Bezug: *Technik & Organisation/Logistik & Materielle Bedingungen.* Im Mittelpunkt stehen Produktions- *und* Absatzprozesse; beide Seiten sind wichtig, weil sich erst am Markt entscheidet, ob für ein Gut/eine Dienstleistung Nachfrage gefunden oder erzeugt werden kann. Wichtigste Begriffe: Effizienz, Qualität, Produktivität, Marktanteil, Marktdurchdringung, Wachstum, Schnelligkeit, Sicherheit, Flexibilität ... Die betriebliche Institutionalisierung erfolgt z.B. in Materialwesen, Produktion, F&E, Marketing, Vertrieb, Organisation, Information.

3. Ebene: Sozialer/personaler Prozeß

   Bezug: *Menschen (Arbeitskräfte).* Es geht hier um die Zuordnung von Menschen zum Leistungs-/Absatzprozeß. Wichtigste Begriffe: Qualifikation, Motivation, Loyalität, Identifikation, Zufriedenheit, Selbstverwirklichung ... Betrieblich ist dieser Prozeß institutionalisiert z.B. in Personalwesen und Allgemeiner Unternehmensführung.

In umgekehrter Reihenfolge werden normalerweise bei wirtschaftlichen Schwierigkeiten Eingriffe vorgenommen: am ehesten beim Personal (z.B. bei Ausgaben für PE). Das *objektive* Interesse der Unternehmung ist es zunächst einmal, die Kapitalverwertung zu gewährleisten und zu schützen.

Die drei Ebenen lassen sich einander zuordnen und ineinander abbilden. Dabei gibt es Freiheitsgrade innerhalb und zwischen den Ebenen und somit ganz verschiedene Möglichkeiten, den Leistungsprozeß zu organisieren, Mitarbeiter den einzelnen Arbeitsschritten zuzuordnen, viel oder wenig Kapital zu binden usw.

Aufgabe der Personalwirtschaft insgesamt ist es, Menschen "betrieblichen Erfordernissen" (also dem Leistungs- und Kapitalverwertungsprozeß) zuzuordnen. In diesem Rahmen käme dann einer 'personalistischen' Personal*entwicklung* die Aufgabe zu, der *einzelnen* Person bestimmte Fähigkeiten, Bereitschaften, Werte, Haltungen zu vermitteln. Die Person muß zudem lernen (bzw. gelehrt werden), sich in sozialen Beziehungen zurechtzufinden, z.B. 'teamfähig', 'gruppentauglich' zu sein, sich auf organisatorische Rahmenbedingungen, Werte, Regeln, Strukturen etc. einzustellen. Eine solch individualistische Konzeption geht jedoch vom ökonomischen Homunkulus des *Rationalakteurs* aus, der als einzelner, ja geradezu autistisch, handelt.

Ein marktwirtschaftlich-kapitalistisches Unternehmen hat kein natürliches Interesse an Person-Entwicklung. Es will vielmehr - wie in Kap. 1 erörtert -
a) fungibles und elastisches Personal (im Sinne FLOHRs), das
b) ökonomisch beschafft, erhalten bzw. produziert ('entwickelt') werden kann - natürlich innerhalb der 'constraints', die das Unternehmen zu berücksichtigen hat (Gesetze, Tarifverträge, Traditionen, Macht- und Marktverhältnisse usw.).

Also sind Menschen, materielle Bedingungen (Maschinen, Gebäude, Formulare, Ordnungen) und Kapital zu organisieren. Eine solche Organisation ist nicht lückenlos determiniert, es gibt jeweils mehrere Optionen und Freiheitsgrade. Ein (marktwirtschaftliches) Unternehmen muß nicht unbedingt PE machen oder genauer: PE kann auf vielfältige Weise substituiert werden:

*Alternativen bzw. funktionale Äquivalente zu PE*

Mit dem "Faktor Personal" erwirbt man einerseits 'Eigen-Sinn' und ein 'Transformations-Problem' (von Arbeits-Vermögen in Arbeits-Leistung), andererseits aber auch produktive Potenzen (Mitdenken, Kreativität, Gespür, Loyalität, Multifunktionalität ...). Die folgenden Überlegungen klingen/sind *ahuman*, aber vermutlich realistisch unter den gegebenen Bedingungen des Primats\* der Kapitalverwertung.

Anstelle von PE kommen folgende Möglichkeiten in Betracht, die natürlich nicht jeweils wirkungs*gleich* sind, dennoch aber mit zentralen Funktionen von PE konkurrieren:

a) Einkaufen (just-in-time) und/oder vorrätig halten von benötigten Personen:
    1. Personalbeschaffung, Leiharbeit, Werkverträge etc.
    2. Übernahme ins Personalverhältnis als
    2.1. Stamm- oder
    2.2. Randbelegschaft.
b) Ersetzen von Personal durch Technik (Rationalisierung).
c) Verlagerung der Produktion in Niedriglohngebiete.
d) Ersetzen von Arbeitsleistungen durch Einkauf materieller Leistungen vom Markt (Vor-Produkte, Zulieferer, Auslagerungen, usw).
e) Externalisierung der PE-Aufgabe (Übertragung von Umschulung an die Bundesanstalt für Arbeit) oder Subventionierung der PE-Arbeit durch öffentliche Mittel.

Eine PE "im Hause" steht in Konkurrenz zu diesen Alternativen und muß sich ihnen gegenüber als *ökonomischer* erweisen.

Die folgenden Überlegungen zur Prüfung der Existenzberechtigung von eigenständigen PE-Aktivitäten argumentieren nach dem Prinzip des advocatus diaboli: Erst wenn man die Gegenargumente gegen eine bestimmte Position zusammengetragen hat, kann man abschätzen, ob die eigene Position stark genug ist, sich gegen diese Angriffe verteidigen zu können.

*Warum lohnt es sich nicht, auf PE zu setzen?*

a) Von einem (Stamm-)Personal, in das viel PE-Aufwand gesteckt wurde, kann man sich wegen der sog. Verrechtlichung der Arbeitsbeziehung nicht ohne weiteres trennen (wenn es nicht mehr gebraucht wird oder nicht die günstigsten Leistungs- oder Verwertungscharakteristika hat).

b) Mit hohen Kosten ausgebildete Mitarbeiter verlassen das Unternehmen; PE nutzt damit schlimmstenfalls der Konkurrenz.

c) Auch bei "Nichtnutzung" von 'entwickeltem' Personal fallen 'Leer-Kosten' an.

d) Die Anpassung *vorhandener* Mitarbeiter an *neue* Aufgaben etc. kostet Zeit und Geld und hat evtl. geringere Effizienz als Alternativen wie z.B. Technisierung oder Personalbeschaffung.

d) Vom Markt kann man besser/aktueller ausgebildete und/oder noch nicht in den betrieblichen Traditionen /Strukturen befangene Mit-Arbeiter erwerben. Damit ist eine strategische Grundsatzentscheidung verbunden, nämlich die Entscheidung zwischen 'Organisation' oder 'Markt', die u.a. die vergleichende Kalkulation von Transaktions- u. Herrschaftskosten erfordert.

*Warum dann dennoch PE?*

a) Weil man dazu *gezwungen* ist (s. die eben genannten Punkte a und c: z.B. Kündigungsschutz, Vermeidung von Leerkosten) und vor allem

b) weil es *vorteilhaft* ist:

- Wenn man 'gute Leute' hat (Stammpersonal mit erwünschten extrafunktionalen Qualifikationen wie Loyalität, Leistungsbereitschaft, sozialer Kompetenz usw.), dann ist es günstiger, sie zu 'entwickeln': "Da weiß man, was man hat".

- Personal kann 'maßgeschneidert' werden; wenn die dann vermittelten Kompetenzen nicht zertifiziert werden, so daß sie auch am externen Arbeitsmarkt nicht verwertet werden können, wird die Betriebstreue bzw. Verfügbarkeit gesteigert.

- PE kann genutzt werden zur Überbrückung technologischer Lücken in der Zeit der Umstellung auf neue Anlagen, Verfahren etc. Hier kann man sich die Elastizität des Faktors Personal zunutze machen.

- Zusätzliche, nicht an die (Einzel-)Person gebundene Leistungsfaktoren können erzeugt oder genutzt werden (z.B. Gruppendruck oder -loyalität, Traditionen, Identifikation mit der Firma, unternehmenskulturelle Prägungen ...).

- Rückzahlungspflichten (zumindest psychologische) können begründet werden: "Wenn das Unternehmen so viel für mich tut, dann muß ich mich dafür erkenntlich zeigen."

- Die Mitarbeiter selbst erheben einen Anspruch auf PE (meist im Sinne individueller Qualifizierung), um damit ihre Chancen auf den internen und externen Arbeitsmärkten zu verbessern oder auch nur, um für sich persönlich zu profitieren. Auch 'von außen' gesehen kann sich das Renomme eines Unternehmens, gute PE zu machen, für die Akquisition interessanter Personen auszahlen.

- Solange man Inhalte, Methoden, Teilnehmer und Ziele *selbst* bestimmen kann, läßt sich PE für eigene Zwecke instrumentalisieren. Die Bedeutung dieses Arguments erhellt aus der erheblichen Beunruhigung, die die jüngsten Initiativen von Gewerkschaften und SPD zur betrieblichen Weiterbildung ausgelöst haben. Beide Gruppierungen fordern verstärkten externen Einfluß und Kontrolle.

Ein schon öfter diagnostiziertes Problem ist, daß die Kosten von PE relativ leicht, die Nutzen von PE kaum erfaßt werden (können). Beispiele der Bewertungsprobleme: Was ist Firmentreue wert? Was organisationales Know-how (bestimmte Werte, Leute und Traditionen kennen ...)? Wie hoch ist die Verbleibewahrscheinlichkeit "Neuer"? Deren Einarbeitungskosten im Vergleich zu den Schulungskosten "Alter"?

PE ist also weder Allheilmittel noch unersetzlich (s. funktionale Äquivalente). Sie hat spezifische Eigenheiten, die kontrolliert und beherrscht werden müssen. Das kann am Beispiel der immanenten Probleme etwa von OE gezeigt werden, die in Verlauf und Ergebnis oft nicht exakt kalkulierbar ist und die deshalb von Teilen des Managements (wegen dessen dominanter Control-Perspektive) mit Mißtrauen gesehen wird. Relativ einfach zu steuern und abzuschätzen sind (individualistische) Qualifizierungs-Maßnahmen, schlechter schon gruppenbezogene Interventionen, noch schlechter OE-Projekte.

Das Wirtschaftliche und besonders das Unternehmerische an PE ist, daß bei ihr in besonderer Weise die Kategorien 'Zeit' und 'Unsicherheit' berücksichtigt werden müssen.

*a) Zeit*

PE ist zeitraubend. Unter real existierenden Bedingungen muß Kapital jedoch 'arbeiten', so daß es auf die Umschlagsgeschwindigkeit ankommt; insofern ist Zeit Geld. Deshalb werden besonders zeitverbrauchende Formungen externalisiert (s. z.B. die Grund-Ausbildung im dualen System).

PE steht zum einen unter dem leitmotivischen Motto: Was ist, war. Das Bestehende gehört jeweils schon der Vergangenheit an, weil es - unmerklich oder abrupt - durch das Neuere ersetzt wird. An dieser ständigen 'schöpferischen Zerstörung' hat PE teil, sie ist ihr Ausdruck oder - in wohl seltenen Fällen - bewirkt sie gar. Insofern setzen sich 'bewährte Konzeptionen' oder 'gute Erfahrungen' stets dem Verdacht auf Rückständigkeit aus.

PE wirkt zum anderen nachhaltig erst in der Zukunft und stellt deshalb eine Vor-Leistung (Investition) dar, die nach Möglichkeit betriebsgebunden bleiben soll. Deshalb sind Investitionen in Personen, die sich vom Unternehmen wieder leicht trennen können, unwirtschaftlich. Man muß deshalb entweder diese Personen 'binden' (Stammbelegschaft, Unternehmenskultur) oder von vorneherein verstärkt in interpersonale Beziehungen oder apersonale Strukturen investieren.

*b) Risiko*

PE ist zudem riskant. Es ist nicht sicher, daß die von ihr versprochenen Effekte eintreten. Es gibt dabei eine doppelte Unsicherheit:

a) Wird sich die personale/interpersonale/apersonale Änderung zum Zeitpunkt $t_n$ wie gewollt einstellen?

b) Wird die gewollte Veränderung zum Zeitpunkt $t_n$ überhaupt noch nötig oder optimal sein?

Es scheint deshalb durchaus sinnvoll, PE konservativ zu betreiben: Entweder indem 'on-the-job' gearbeitet wird, so daß der Bezug zu den unmittelbaren Erfordernissen immer gewährleistet ist und gleichzeitig - wenn auch eventuell mit reduzierter Effizienz - produktive Arbeit geleistet wird. Oder man segmentiert PE: Für jene Personen, die sehr wichtig sind (Führungskräfte, Stammbelegschaft) bleiben die 'teureren' Investitionen vorbehalten, während für den "Rest" nur kurzfristige und beschränkte Maßnahmen vorgesehen werden.

Um den Gefährdungen durch Zeitlichkeit und Risiko zu begegnen, wird zuweilen *'strategische PE'* vorgeschlagen. Im Vorwissen von und Vorgriff auf Korridore der Unternehmensentwicklung erfolgen Weichenstellungen der PE-Arbeit. Eine 'organisierte Anarchie' - wie die kapitalistische Wirtschaft - erfordert von jedem Akteur zum einen Einsatz oder Anlage von Ressourcen, zum anderen und gleichzeitig das Offenhalten von Möglichkeiten. Geht man davon aus, daß es der Einzelwirtschaft nur in Grenzen möglich ist, die Zukunft vorherzusehen oder gar zu gestalten, so konzentriert sich strategische PE zunächst auf die Entwicklung wahrscheinlicher Szenarios, um dann im zweiten Schritt Grundsatzentscheidungen zu ihrer Bewältigung herbeizuführen. Eine alternativenlose Festlegung auf bestimmte Strategien erweist sich dabei als sehr riskant; deswegen wird nach Möglichkeiten gesucht, sich für mehrere Entwicklungspfade Optionen freizuhalten. Das 'strategische' Denken erinnert jedoch nicht nur an das Erfordernis der Beweglichkeit, sondern zwingt auch dazu, ins Kalkül gezogene Vorgehensweisen miteinander in Beziehung zu setzen und Kompensations-, Substitutions-, und Interaktionseffekte zu berücksichtigen. Strategische PE muß aber nicht zu um- und weitsichtig geplanten Qualifizierungs-Offensiven führen, sondern kann auch - siehe oben - die Verlagerung der Produktion in ein Billiglohnland bedeuten. In dem hier entwickelten Sinn von 'Personal' wäre dies durchaus PE!

### 7.4. Schlußbemerkung zur Meta-Theorie der PE

Als Möglichkeiten einer vertiefenden Prozeßanalyse werden im Folgenden drei verschiedenen Zugänge (systemischer, politischer, symbolischer Ansatz) genannt, die Erklärungspotential und Integrationskraft zu haben scheinen. Die Ausführungen beschränken sich lediglich auf Skizzen, die ausgearbeitet werden müßten; die kurzen Anmerkungen sollen nur einige Richtungen aufzeigen, die nach meiner Meinung erfolgversprechend sind.

*Systemische Erklärungsmöglichkeiten*

Statt bzw. zusätzlich zu der vorherrschenden individualisierenden pädagogisch-methodenfixierten Betrachtungsweise geht es um die Einbettung in Geschehens-Ströme, Handlungs-Prozesse, Beziehungs-Netze usw., die emergente und kontraintuitive, perverse, unintendierte*, zirkulär eskalierende (circuli vitiosi !) Eigenschaften haben.

Ausbildung, Organisationsentwicklung, Weiterbildung, Teamentwicklung, Managemententwicklung usw. greifen 'irgendwie' und 'grob' in diesen Prozeß ein. Sie irritieren ('verstören') bestehende Fließgleichgewichte und 'das System' paßt sich an. Für einen solchen Ansatz gilt zunächst 'Alles ist PE', denn jede Hervorhebung (Grenzziehung) ist willkürlich bzw. reflektiert einen bestimmten Beobachter-Standpunkt (und nicht die 'objektive Wirklichkeit'). Es geht somit um Zurechnung bzw. Referenz etwa zu personalen, interpersonalen und apersonalen Faktoren. Dabei wird man Abschied nehmen müssen von den Ideen der rationalen Planbarkeit und vollständigen Beherrschbarkeit.

Ein Beispiel für unbeabsichtigte Nebenwirkungen: Je erfolgreicher ein Personalchef in der Eliminierung starker Gewerkschaften oder Betriebsräte ist, desto mehr ist seine eigene Position gefährdet: Man braucht ihn nicht mehr, weil seine Existenzberechtigung entfallen ist. Paradoxerweise sind Personalabteilungen im Unternehmen umso wichtiger, je stärker ihre Antagonisten sind. Je erfolgreicher ein Personalchef in der Ausschaltung der Gegenseite ist, desto entbehrlicher wird er selbst.

Alle Entwicklung ist letzten Endes Selbst-Entwicklung, die nur von außen angestoßen werden kann. Insofern wären dann personale, interpersonale und apersonale Systeme jeweils anderen 'inneren Gesetzmäßigkeiten' unterworfen, nach denen sie funktionieren. PE läßt sich dann nicht von außen (z.B. durch Experten oder Manager) 'machen', sie erfolgt nach dem Anstoß in den betreffenden Systemen selbständig und selbsttätig.

*Politische Erklärungsmöglichkeiten*

Hier würde der 'control'-Aspekt und die Sicherung der Transformation des Arbeitsvermögens zur Arbeitsleistung im Mittelpunkt stehen. Eine politische Betrachtungsweise geht grundsätzlich davon aus, daß die handelnden Akteure oder Koalitionen unterschiedliche Interessen haben und versuchen, ihre Ansprüche auch gegen den Widerstand anderer durchzusetzen. PE ist damit immer und unausweichlich mit Einsatz, Aufbau und Abwehr von Macht verbunden. Demnach wäre es nötig, die unterschiedlichen 'stakeholders' zu erfassen und ihre Interessen und Strategien aufzuzeigen. Solche Überlegungen sind keinem PE-Praktiker fremd, der schon einmal versucht hat, Geld für PE-Initiativen zu akquirieren oder Budgetkürzungen abzuwehren oder 'echte' OE- oder TE-Projekte zu realisieren. Eine politische Analyse müßte sich intensiv mit der Beziehung zwischen Arbeitsökonomie und Mikropolitik befassen.

*Symbolische Erklärungsmöglichkeiten:*

Dabei muß man zwischen verschiedenen Auffassungen von 'symbolisch handeln' differenzieren, z.B.

- etwas symbolisieren, in einem Symbol materialisieren (greifbar oder gegenwärtig machen, objektivieren),
- symbolisch handeln (nur so tun, als ob man handelte), 'uneigentliches' täuschendes Fassaden- und Show-Handeln,
- von der Fakten- auf die symbolische (Sinn-, Bedeutungs-)Ebene wechseln.

Alle drei Facetten werden in PE beansprucht: Dicke Bildungskataloge oder voll durchtechnisierte Schulungszentren sind Beispiele für Materialisierungen mit stark symbolischem Gehalt, Seminarschlußbefragungen oder Vorstandsbesuche fallen häufig in die zweite Rubrik und Neuinterpretationen bestehender Tatsachen als Voraussetzung ihrer Veränderung wären wiederum der dritten Kategorie zuzuordnen ... Charakteristisch für den symbolischen Ansatz ist es, die Dinge (Fakten) nicht *für sich* zu nehmen, sondern als Verschleierung, Stellvertretung oder Konkretisierung eines anderen, das noch nicht zur Wirklichkeit gelangt ist oder dessen Wirklichkeit verborgen bleiben soll. Es hat einen Sinn(!), daß und wenn Evaluation sich auf Ergebnisse oder Kosten kapriziert, PE mit persönlicher Qualifizierung gleichgesetzt wird, PE als rationaler Problemlösungsprozeß konzipiert wird, der Einführung neuer Mitarbeiter (im organisationsinternen und -externen Schrifttum) große Aufmerksamkeit geschenkt wird, strategische PE-Planung gemacht wird ...

**AU 7.1: Experimentelle Versuchspläne (aus: WEINERT, A. 1981. Lehrbuch der Organisationspsychologie, München u.a. Urban & Schwarzenberg, S. 252-257)**

"Um ... die Frage beantworten zu können, ob Veränderungen im 'Kriterium', d.h. ob eine Veränderung von Verhalten am Arbeitsplatz, von Wissen, von Fähigkeiten und Attitüden wirklich als das Ergebnis von Trainingsbemühungen anzusehen ist, müssen bestimmte Bedingungen erfüllt und gewisse Forschungskonstellationen konstruiert werden, die diese Effekte zuverlässig meßbar machen. Diese Bedingungen und Konstellationen, die als 'experimental designs' bezeichnet werden, variieren mit der Anzahl der erstellten Trainings- und Kontrollgruppen, mit der Anzahl der Messungen (unterschiedliche Zeitpunkte: z.B. vor, im und nach dem Training) und mit den Zeitintervallen, in denen Kriterien gemessen werden (vgl. hierzu CAMPBELL & STANLEY, 1963, und MacKINNEY, 1957).

Der einfachste, schnellste und am häufigsten beschrittene Weg zur Erforschung der Effizienz von Trainingsprogrammen und von Trainingstechniken ist der, eine Kriterienmessung (= C) nach Abschluß des Trainings (= T) durchzuführen.

    T    C                  *Messung nach Trainingsabschluß*

Diese Messung ist allerdings nur von geringem Wert, da eine Veränderung, die eventuell durch das Training verursacht wurde, nicht festgestellt werden kann. Wir erfahren lediglich den momentanen Zustand des Verhaltens oder der Leistung, wissen aber nicht, ob dieser Zustand besser, schlechter oder gleich ist, wie der Zustand vor dem Training.

*Zwei Messungen: Vor- und nach dem Training*

Eine bessere Methode stellt die Technik des Messens vor - und nach - dem Training dar, um Veränderungen im Kriterium festzustellen.

    $C_1$       T       $C_2$    *Messung vor und nach dem Training*

Allerdings verstreicht ein Zeitintervall zwischen den beiden Messungen, von dem nur ein Teil durch das Trainingsprogramm selbst ausgefüllt wurde. Es ist also möglich, daß Veränderungen im Kriterium das Resultat anderer Einflüsse, Erfahrungen oder Ereignisse sein könnten, oder daß nur der 'Hawthorne-Effekt' (...) diese Veränderungen bewirkt hat. Um solche Zweifel und Unsicherheiten auszuräumen, ist es deshalb notwendig, diesen beiden Messungen an der Trainingsgruppe Messungen an einer Kontrollgruppe zuzuordnen, die der Trainingsgruppe in jeder Hinsicht äquivalent sein muß, und an der gleichfalls beide Messungen durchgeführt weden, mit der einzigen Ausnahme, daß diese Gruppe nicht am Training teilnimmt.

| | | | |
|---|---|---|---|
| Trainingsgruppe | $C_1$ | T | $C_2$ | *Trainings- und Kontrollgruppen-Design* |
| Kontrollgruppe | $C_1$ | | $C_2$ | *mit Messungen vor und nach dem Training* |

Damit kann angenommen werden, daß beide Gruppen durch Organisationsfaktoren gleichermaßen beeinflußt werden, und daß Unterschiede in den Trainingskriterien auf die Wirksamkeit des Trainingsprogramms zurückzuführen sind. Allerdings werden mit diesem Design weder der 'Hawthorne-Effekt' noch positive Effekte der Arbeitsmotivation kontrolliert. Dadurch wird in vielen Fällen die Interpretation von Einstellungs- und Verhaltensänderungen recht schwierig, vor allem dann, wenn sich nicht nur die Leistung der Trainingsgruppe verändert, sondern auch die der Kontrollgruppe. Die zu klärende Frage ist nun, wie die Veränderungen in der Kontrollgruppe zu interpretieren sind, und was der Grund für diese Veränderungen sein könnte.

*Ein neuer Ansatz: zwei Messungen und zwei Kontrollgruppen*

Um die Möglichkeit einer Veränderung, die auf den 'Hawthorne-Effekt' bzw. auf positive Effekte in der Arbeitsmotivation zurückzuführen ist, zu verringern, können zu den Messungen vor und nach dem Training Messungen an einer zweiten Kontrollgruppe hinzugefügt werden.

Diese zweite Kontrollgruppe kann gleichzeitig zwei Funktionen erfüllen: Identifizierung der Quelle der Veränderungen des Arbeitsverhaltens und Kontrolle der Interaktionseffekte. Die zusätzliche Kontrollgruppe erhält eine Art 'Training', das aber ein Placebo (= P) darstellt, d.h. ein Training, dessen Inhalte keine Lerneffekte besitzen, womit eventuell nur ein 'Hawthorne-Effekt' verursacht wird.

| | | | | |
|---|---|---|---|---|
| Trainingsgruppe | $C_1$ | T | $C_2$ | *Design mit zwei Messungen* |
| 1. Kontrollgruppe | $C_1$ | | $C_2$ | *und zwei Kontrollgruppen* |
| 2. Kontrollgruppe | $C_1$ | P | $C_2$ | *und Placeboeffekt* |

Damit erhält jede Gruppe zwei Messungen, eine vor und eine nach dem Training; die erste Kontrollgruppe erhält kein Training, die zweite Kontrollgruppe erhält ein 'Placebo-Training' ohne Effekt. Können Leistungsveränderungen beobachtet werden, die in der Trainingsgruppe und in der zweiten Kontrollgruppe gleichermaßen auftreten, so kann man daraus schließen, daß diese Veränderungen nicht auf die Inhalte des Trainingsprogramms selbst zurückzuführen sind, sondern zum Beispiel auf Veränderungen in der Arbeitssituation. Die zweite Anwendungsmöglichkeit für eine zweite Kontrollgruppe kann darin bestehen, Interaktionseffekte, die zwischen der Kriterienmessung vor Beginn des Trainings und dem Training selbst eintreten können, zu kontrollieren, da Fragen, Anweisungen, Instruktionen und Prüfungen das Verhalten des Trainingskandidaten u.U. beeinflussen werden.

Diese Beeinflussung kann kontrolliert werden, indem nur Trainings- und erste Kontrollgruppe vor und nach dem Trainingsprozeß eine Kriterienmessung erhalten. Die zweite Kontrollgruppe hingegen erhält statt einer vor dem Training verabreichten Kriterienmessung den Mittelwert derjenigen Kriterienmessung zugeteilt, die für Trainings- und erste Kontrollgruppe vor dem Training ermittelt wurde ($XC_1$).

| | | | | |
|---|---|---|---|---|
| Trainingsgruppe | $C_1$ | T | $C_2$ | *Design mit 2 Messungen und 2 Kon-* |
| 1. Kontrollgruppe | $C_1$ | | $C_2$ | *trollgruppen zur Messung der Inter-* |
| 2. Kontrollgruppe | $XC_1$ | T | $C_2$ | *aktionseffekte zwischen Training* |
| | | | | *und Vor-Trainings-Kriterienmessung* |

Sollte sich herausstellen, daß zwischen den Kriterienmessungen der Trainingsgruppe und denjenigen der zweiten Kontrollgruppe keine Unterschiede bestehen, so ist dies ein Hinweis dafür, daß keine Interaktionseffekte zwischen Vor-Trainingskriterienmessung und Training vorhanden sind, und ein Vergleich zwischen $XC_1$ und $C_2$ gibt darüber Aufschluß, ob hier ein Trainingseffekt vorhanden ist.

*Maximale Kontrolle: Vier-Gruppen-Design*

Ein Maximum an experimenteller 'Eleganz' und Kontrolle bietet allerdings ein Design, das von SOLOMON (1949) vorgeschlagen wurde und das vier verschiedene Gruppen zur Überprüfung der Effizienz von Trainingsprogrammen erfordert: eine Trainingsgruppe und drei Kontrollgruppen.

| | Zeit der Kriterienmessung vor dem Training | Trainingszeitraum | Zeit der Kriterienmessung nach dem Training | |
|---|---|---|---|---|
| Trainingsgruppe | $C_1$ | T | $C_2$ | *Vier-Gruppen-* |
| 1. Kontrollgruppe | $C_1$ | P(Placebo) | $C_2$ | *design von* |
| 2. Kontrollgruppe | $C_1$ | | $C_2$ | *SOLOMON* |
| 3. Kontrollgruppe | | | $C_2$ | *(1949)* |

Die Wirkung der vor dem Training durchgeführten Kriterienmessung C (Interaktionseffekt) wird identifiziert durch Vergleichen der zweiten und dritten Kontrollgruppe. Ein wesentlicher Nachteil dieser Methode besteht jedoch darin, daß hierbei eine sehr große Anzahl von Trainingskandidaten erforderlich ist, und daß praktisch nur ein Viertel der Gesamtzahl der Trainingskandidaten am eigentlichen Trainingsprogramm teilnehmen kann."

## 8. Sachregister

3-D-Analyse 34, 247, 250
Abhängigkeit als Entwicklungsphase 49
Akkomodation 123
Akkulturation 64
Aktionsforschung 242, 268, 280, 281
Alternativen zur PE 306 f
alternatives Engagement 79
Altersstrukturhypothese 74
Andragogik 43
antizipatorische Sozialisation 123
apersonale PE 12, 34, 70, 122
apersonale Systemcharakteristika 23
Arbeitsordnung 84-88
Arbeitstugenden 82-92
Arbeitsvermögen 3, 4, 6, 9, 10, 15
Arbeitszeitsysteme 36
Assessment Center 36, 147
Assimilation 123
Ausbilder 112 ff
Ausbildungsberater 112
Auszubildende 90, 113-118, 120
autonome Arbeitsgruppen 203
Azubis, s. Auszubildende
ba-Gruppen 48
back home 214
BALINT-Gruppen 234
basic assumptions 47
Bedarfsdeckung 171-186
Beförderung 158
Beobachtungslernen 176
Berater 242, 252 (s.a. OE-Berater und Prozeßberater)
Beruf 104-108
Beruf und Berufsausbildung 103
Beruflichkeit (Professionalität) 101
Berufsausbildung 6, 71; s.a.: Duales System
Berufsgrundbildungsjahr 121
Berufsschule 118
Berufstauglichkeit 71
besonderte PE 42, 110
Betriebliche Sozialisation 122 - 156
Bildungs-Bedarf 159, s.a.: PE-Bedarf
Bildungsabteilungen 174
Bildungsbedarfsanalyse 20
Bildungscontrolling 287, 288, 297, 299-303
Bildungshypothese 74
Bildungspaß 174
Bildungssystem 72
Bipolare Strategie 265
Bombenwurf 242
bottom-up Strategie 265
Bundesinstitut für Berufsbildung (BIBB) 112, 117
CAIPO-Modell 284
causal maps 136
Change Agent 242, 252

Coaching 6, 65, 178
Computer-Unterstützte Unterweisung (CUU) 177
Computer based training (CBT) 177
Confrontation meeting 253
Controlling 299 f
Controlling-Philosophie 300
cultural heroes 92
Data-Survey-Feedback 247
Daten-Erhebungs- und -Rückkopplungs-Methode 247
Defizitwahrnehmungshypothese 74
Dependenz in der Gruppenentwicklung 50
Deutero-Lernen 268
Differenzierungs-Phase 51
Drama-Dreieck 32
Dreivogel-Methode 206
Duales System 65, 71, 108, 111-121, 158, 228, 308
dynamoarchisches Prinzip 265
Eigen-Art 55
Eigen-Dynamik 56
Eigen-Initiative 55
Einführung neuer Mitarbeiter (s.a. Einführungsprogramme)
Einführungsprogramme 64, 137 - 140, 154 - 156
Eintritts-Phase 126 - 153
Einzelkostenplan der PE 294
Elastizität von Personal 15
Emergenz 18, 22, 54, 56
Emotionen 32
Encounter groups 179
Enkulturation 93
Entfremdung 94, 95
Entwicklungsbegriff 39- 57
Entwicklungshelfer 242
Erfolgskontrolle 273, 285 (s.a. Evaluation)
Training Audit 285
Ethik 82
ethnisches Unbewußtes 93
Evaluation 141, 273-313
Evaluation der Weiterbildungsabteilung 286
Evaluation und Transfer 68
Evaluation, formative 279, 280
Evaluation, Fremd- 282
Evaluation, Funktionen von 274-277
Evaluation, Kosten der 276
Evaluation, latente Funktionen von 285 f
Evaluation, Selbst- 282
Evaluation, summative 279, 280, 289, 304
Evaluation, zielfreie 273, 286
Evaluations-Designs 279, 290
Evaluationsbegriff 273
Evaluationskreislauf 283
Evaluationskriterien 150

Evaluationsmethodik 278-292
Evaluationsnutzen 277
Evaluierungswiderstände 277
Evaluation, in-vivo vs. in-vitro 278
Evolutions-Modelle 53, 65
Experimentelle Versuchspläne 312-313
extrafunktionale Qualifikationen 26, 92, 121, 132, 135
Fachkompetenz 160, 227
Fachmessen 179
Facilitator 242
Fallstudien 177
Fernstudium 177
Feinziele 40, 160
Fokal-Rolle 215
formale Organisation 255
freizeitorientierte Schonhaltung 79
Fungibilität von Personal 15
funktionales Lernen 163
Funktionsfeld 283, 284
Gegenstrom-Modell 265
Geld und PE 14, 304-307 (s.a. Kosten der PE)
Geschlechter-Sozialisation 71
Gleichgewichtsethik 77
Grid Organization Development 252
Grid-Modell 252, 260
Grobziele 40, 160
Grundannahmen 47 (s.a. ba-Annahmen)
Gründungsphase 51
Gruppe 27 ff
Gruppen-Problemlöseprozeß 205
Gruppendynamik 27, 44, 51, 64, 178, 203, 208
Gruppenrollen 29
Gynagogik 43
Habitus 102
Happiness Index 283
Herrschaft dritten Grades 84 (s.a. Unternehmenskultur)
homo mensura-Prinzip 270
Human Relations 202, 209, 257-259,
Human Resources 8, 202
Humanisierung 11
humanistisch-sozialpsychologische OE 254
Identifikation 11
Identität 32
Imitations-Lernen 41
improving 275
Individualisierung 42
Individuation 49, 50, 122, 123, 153
Infomärkte 179
informale Organisation 255
Informalisierung 91
Inkompetenz-Zuweisung 105
Institutionelle Zyklus-Analyse 290

intentionales Lernen 163
Interaktion 27
Interaktionsspielraum 200
Interaktive Lernsysteme 177
Interdependenz 50
Intergruppen-Arbeit 247, 250, 253
Interne Validität 289
Interpersonale Beziehungen 22
interpersonale PE 12, 27, 70, 122
Intrapreneur 12
Job Enlargement 177, 200
Job Enrichment 177, 200
Job Rotation 177, 200, 282
Job-Man-Analysis 18
Job-Man-Fit 63, 163, 169
Kampf und/oder Flucht 49
Karriere 6, 43, 135, 152
Karriereorientierung 79
Katalysator 242, 251, 264
Keil-Strategie 265
Kettenmodell der Evaluation 284
Kollegiale Supervision 234
Konfrontations-Treffen 34, 247, 249
Konsequenzenkette der Evaluation 283
Kontingenz-Theorie 57
Kosten der PE 292-303
Kostenarten 293
Kraftfeld-Analyse 205
Krisen und Entwicklung 37
Kultivierung 84
Kultur-Management 65
laboratory training 179
labour-process-debate 9
Laufbahn 134; s.a. Karriere
learning 275
Learning by doing 229
Lebensstil-Analyse 255
Leittextausbildung 117
Lernen am Arbeitsplatz 295, 296; s.a. PE-on-the-job
Lernfeld 283, 284
Lerngemeinschaften 233
Lernpartnerschaften 178
Lernstatt 203, 219 (s.a. Qualitätszirkel)
life styling 26, 44
Lohnabhängigkeit 93
Lücken-Management 40
Machiavellismus 33
Macht 33, 38
machtpolitisch-zwangsorientierter Ansatz 257
Mangelhypothese 74
Marathon-Training 213
materialistische Werte 72
Matrix-Management 36

Matrix-Organisation 228
Mentales Training 177
Mediengestütztes Training 177
Meta-Analysen 291
Meta-Theorie der PE 309 ff
Metamorphose 56, 150, 153
Metamorphose-Phase 124
Metaplan 177, 288
Methodenkompetenz 160, 227, 228
Mikropolitik 33
Mind mapping 177
Mirroring 178
Modell des NPI 251
Modell-Lernen 41
Modelle der OE 251
Moderationstechniken 177, 204, 288; s.a. Metaplan
Moderator 204, 242
Mortifikation 129
Multiplikatorenhypothese 75
Multiplikatorenkonzept 232
Nebenwirkungshypothese 74
Nester-Strategie 265
Netze 64, 150
Netzwerkbildung 70, 178, 203, 232-234
Neurolinguistisches Programmieren (NLP) 178
normativ-reedukativ, s. normativ-umerziehend
normativ-umerziehende Ansätze 241, 269, 254, 264
normative Orientierungen 132
Normenfallen 129, 130
OE, s. Organisationsentwicklung
OE-Berater(innen) 249, 260 - 266
OE-Definitionen 239
Oneness 49
Organigramm 43
Organisation 10, 11, 19, 23
Organisationale Spiegelung 34, 250
Organisations-Entwicklung 13, 16, 34, 64, 200, 203, 206, 239-270, 274, 305, 308, 310
Organisationskultur 253,; s.a. Unternehmenskultur
Organisationsmetapher 241
Organisationsmythen 158
Organizational Behavior Modification 41, 178
Outplacement 6
Outwardbound-Training 65, 179
Paarbildung 50
partizipative Bildungsbedarfsermittlung 165, 168, 169
Patensysteme 138 ff, 178
PE 'into-the-job' 63, 122
PE 'near-the-job' 63
PE 'off-the-job' 16, 42, 63, 122, 200, 214

PE 'on the job' 17, 26, 63, 65, 200, 201, 214, 228, 296, 309; s.a. Lernen am Arbeitsplatz
PE 'out-of-the-job' 63
PE als Investition 292, 303, 304
PE, laufbahnbezogene 63
PE-Äquivalente 306 f
PE-Adressaten 172
PE-Akteure 172
PE-Bedarf 161; s.a. PE-Bedarfsermittlung
PE-Bedarfsdeckung 171-194
PE-Bedarfsermittlung 157-171
PE-Definitionen 1-6, 304
PE-Inhalte 172, 175
PE-Marketing 279
PE-Philosophie 273
PE-Projekte 38
PE-Substitution 306 f
PE-Ziele 42
Person-Entwicklung 13
Personal 8 ff, 305 f
Personalarbeit 9
personale PE 12, 20, 24, 70
personale PE-Bedarfsdeckung 174
Personalwesen 9, 10, 12, 14, 305 ff
personnel development 8
Pflicht- und Akzeptanzwerte 78
Phasen beruflicher Entwicklung 45
Phasen-Konzepte der Person-Entwicklung 44
Phasen-Modelle 122
planned organizational change 268
Planspiele 178
politics, s.a. Politik
Politik 34, 38, 70, 312
postmaterialistische Werte 72
Praxis-Schock 127, 130, 132
Problemdiagnosebogen 216, 217
Problemklärungs-Methodik 164
Problemklärungs-Seminar 20, 21, 165
Problemlösen (und PE) 20, 40, 63
Profitcenter 174, 297, 300, 302
Projektarbeit 178, 203, 227-232
Projektausbildung 117
Projektbegriff 203
Projektgruppen 64, 228
Projektteam 228
proving 275
Prozeß-Beratung 28, 29, 205, 206
Prozeßberater(in) 264
Qualifikation 3, 16, 43, 63, 159, 171
Qualifikations-Lücken 63
Qualifizierung 42
Qualitätszirkel (QZ) 6, 203, 219-227
QZ-Definition 221
rational-empirische Strategie 257, 262

Refa-Methode 176
Reifen und Wachstum 44
Reorganisationsprojekte 34
Reproduktion 42
Richtziele 40, 160
role negotiation 123, s.a. Rollenverhandeln
Rollen-Analyse-Technik (RAT) 215
Rollengestaltungsverfahren 29
Rollenklärung (Rollenanalyse) 203, 215
Rollenspiel 29, 178
Rollenverhandeln 200, 203, 215, 216-218, 260
Rollenzuweisung 28
Rotationsprinzip 28
S-R-(= Stimulus-Response-)Theorie der PE 57
Sachkompetenz 228; s.a. Fachkompetenz
Schichtspezifische Sozialisation 71
Schlichtung durch neutrale Dritte 34
Schulsystem 103
Schwellenüberschreitungs-Prozeß 63
Scientific Management 258
Selbst-Entwicklung 3, 17, 55, 70
Selbstentfaltungswerte 79
Selbstkompetenz 160
Selbstorganisation 53
Selbstverwirklichung 269
Seminarkostenkalkulation 297, 298
Sensitivity Training 33, 65, 179, 200, 203, 255
Simulation 23, 177
Sozialcharakter 64, 71, 92, 93
Sozialdisziplinierung 83
Sozialisation 70-108, 92, 122, 123, 133, 152, 158,
Sozialisation des Lohnabhängigen 65
Sozialisation im Beruf 71
Sozialisation im Betrieb 122-156
Sozialisation in den Beruf 71
Sozialisation von Frauen 96
Sozialisationshypothese 74
Sozialisierung 42; s.a. Sozialisation
Sozialkompetenz 160, 227, 228
Spiele in Organisaltionen 29
stakeholders 168, 310
Stellenbewertung 36
Steuerungskomitee 221, 228
Störvariablen der Validität 289
stranger lab 28, 214
Strategie des Bombenwurfs 34
Strategische PE 309
Strukturhypothese 74
Suggestopädie 177
Superlearning 177

symbolic management 26, 36, 37
symbolisches Lernen 163
Symbolisierung 65
Systemische Beratung 268, 239
Systemische PE 65, 312
Systemisches Management 239, 268
T-Gruppe 214, 271, 258
task forces 36, 64
Team-Entwicklung 13, 29, 203, 205, 247, 252, 253, 271, 305, 310
Teamausbildung 117
Teambildung 203, 252, 271
Teamteaching 177
Teamtraining 16
Teilautonome Arbeitsgruppen 200
Themenzentrierte Interaktion (TZI) 178, 206
top down Strategie 265
totale Organisation 127
Trainee-Programme 130, 144-150
Trainees 127, 131
Trainer auf Zeit 178
Trainingsaufwand 301
Transaktions-Analyse 29, 179
Transfer 186-194, 284, 285
Transformations-Modell 64
Transformationsproblem 9, 14-16
Transport-Modell 64
unbesonderte PE 42, 110
Unternehmenskultur 10, 17, 23, 36, 91
Vergesellschaftung 92, 123, 153; s.a. Sozialisation
Ware Arbeitskraft 94
weibliches Arbeitsvermögen 100
Weiterbildung 13, 16; s.a. PE
Weiterbildung, deterministische 280
Weiterbildung, katalytische 280
Weiterbildungskosten (Hochrechnung) 295
Weiterbildungsziele 6
Werte-Verfall 75, 91
Wertewandel 72-82
Wertwandelsschub 79
Wilderness Training 179
Wir-Gefühl 32
Zeitlichkeit 37
Zeitreihendesign 290
Ziele 40
Zivilisation 84
zwangsorientierte Strategie 262
Zweikomponenten-Struktur der Arbeitsmoral 77

## 9. Autorenregister

Ackermann 178
Albach 177
Alewell 177
Allen 141
Alliger 284
Anolli 209, 264
Antoni 178, 221, 223, 225, 226
Antons 178, 212
Apel 82
Arendt 119
Argyris 257
Bachmann 179, 206
Bahlmann 5
Baldwin 193
Balon 178
Bambeck 208
Bamme 71, 94, 102, 132, 152
Bandler 178, 209
Barnbeck 177
Bartölke 240
Bataillard 177
Bateson 18
Bauer 229, 230
Beck 104 - 107
Becker 161, 164, 165, 170, 197
Beckhard 178, 240, 249
Beicht 293
Bell 176, 178, 209, 247, 250
Bendixen 269
Benne 208, 257
Bennis 49, 50, 208, 257
Bentham 84
Berg 270 - 272
Berne 29, 179, 209
Berthel 4, 152
Berthold 234, 291
Bieker 231
Bion 47 - 49, 51, 64
Birkenbihl 178
Blake 178, 253
Bleicher 177
Bloom 160
Boos 230
Bosetzky 129, 136
Bourdieu 102
Bödiker 178, 212
Böll 293
Böltken 73, 75
Böning 177
Bradford 240
Brater 105 -107
Breisig 137, 257, 266, 267

Bress 179
Breuer 91
Bronner 169, 170, 186, 187, 189, 190, 192, 194, 276, 282, 288, 304
Bross, 178, 230
Büschelberger 297, 298, 302
Bungard 221, 223
Burke 258, 291, 292
Burschik 63, 161, 162, 170
Bühler 44
Chin 208, 257
Cohn 159, 179, 206, 207
Comelli 176, 178, 209, 247, 274
Conradi 1, 2, 18, 61, 63, 163, 179, 181, 280, 281
Culbertson 170
Daheim 107
Dahrendorf 135
Darrow 44
Day 191, 293
De la Houssaye 178, 264
Decker 159 - 161, 178, 274
Deppe 178, 221
Derschka 177
Dettmann 63
Devereux 93
Dhority 177
Di Blasio 209, 263
Dilts 178
Dittgen 178
Dittrich 135
Döring 279
Domsch 164 - 166, 221, 247
Donnert 177
Drumm 4
Dundes 151
Dunkel 178
Dyer 179
Easterby-Smith 24, 273, 275, 278, 282 - 284, 288, 289
Ebner 117
Edwards 291, 292
Ehrenthal 232
Elias 84
Engels 5
English 179
Erb 179
Erikson 44
Esser 34, 35, 247
Exner 240, 268
Falk 296, 297

Fassbender 191
Fatzer 179
Ferring 144 - 146
Festag 302
Figge 4, 192 - 194
Fischer 177
Fischer, G. 179,
Fischer, H.-P. 38, 178, 232
Fisher 123, 126, 136, 141
Fix 178
Flohr 84, 306
Flothow 179, 206
Ford 193
Fordyce 178
Foucault 84
Foy 178, 229
Förderreuther 146, 150
Frank 177
Franklin 89
Freemann 272
Frese 26
French 176, 178, 209, 247, 250
Freud 84, 209
Freudenreich 178
Frey 117, 178
Friedman 201
Fromm 93
Gabele 34, 35, 247
Gabelin 177
Gaulke 178
Gebert 178, 179, 210 - 213, 265, 266, 289
Gebhardt 268
Gehring 73
Geissler 119, 120
Gensch 227, 233
Glasl 178, 241, 264, 270
Goffman 129
Goldstein 161, 280, 282, 288
Gottschall 137, 177, 178
Grau 178
Grausam 63, 161, 162, 170
Greif 117
Greiner 37, 52, 53
Grinder 178, 209
Gritton 177
Grochla 266
Groenewald 177
Grünefeld 304
Guilford 160
Guzzo 291, 292
Haberkorn 137
Hahn 177
Hamblin 282, 283
Hamel 9
Hansel 178

Harder 208
Harris, A. 179
Harris, T. 179, 229
Hartwig 161
Heeg 178
Heidack 179
Heinecke 178
Heinrich 129, 136
Heintel 178
Hentze 4
Herz 75
Hill 216
Hinkel 179, 205
Hinkelmann 177
Hinterhuber 4
Hippler 128, 133, 137, 139
Hirth 26, 170
Hochschild 100
Hofstetter 6, 7
Hohl 33
Hohmann 219, 220
Hohn 132
Holling 71, 94, 102, 132, 152
Hoppenstedt Technik Tabellen Verlag 63
Hölterhoff 161, 164, 165, 170, 197
Horvath 300
Inglehart 72 - 76
Jablin 123, 126, 141
Jaehrling 177
Jagenlauf 179
Jagodzinski 75
Janak 284
Janotta 177
Jette 291, 292
Jones, G.R. 141
Jones, S.E. 178, 212
Josefowitz 100
Jung 4
Kahlert 130, 132 - 134
Kahn 241
Kailer 6, 7
Kaiser 177
Kant 82
Kappler 267, 270
Kastner 178
Katzell 291, 292
Kemm 18, 229, 230
Kern, H. 4, 135
Kern, M. 192 - 194
Kettgen 6, 174, 187
Kieser 128, 133, 137, 139
Kirckhoff 177
Kirkpatrick 282
Kirsch 34, 35, 247
Kirsten 178, 179, 212
Klages 77 - 79

Klebert 177
Klein 72
Klusen 296, 297
Kmieciak 75
Knicker 33
Koch, H.-E. 152
Koch, J. 117, 177,
Kochan 178
Kompa 14
Konegen-Grenier 144
Kossbiel 43, 63
Köhler 179
Königswieser 240, 268
Krainz 178
Krathwohl 160
Kreimeier 201, 202
Kresbach-Gnath 100
Kruppa 29, 179
Krüger, H. 209
Krüger, K.-H. 128, 133, 137, 139
Kubicek 259
Kurtz 117, 277, 278, 291
Kübel 14
Küchler 178, 206, 207, 209, 212
Küffner 177
Küller 239, 266
Lange, A. 4, 232
Lange, W. 178, 212
Langmaack 179, 206
Laurien 161
Lawler 219
Ledford 219
Lehmann, J. 178
Lehmann, R.G. 177
Leiter 63, 161, 162, 170
Leithäuser 32, 88, 170, 195, 196
Lempert 71, 94, 102, 132, 152
Leuck 259
Levinson 44
Lewin 64, 209
Liebermann 210
Lievegoed 51
Likert 257
Lindblom 92, 231
Lippitt G. 178, 263
Lippitt, R. 178, 209, 263
Lipsmeier 177
Löffler 130, 132 - 134
Lomnitz 178
Louis 127, 139
Lozanov 177
Luhmann 91, 254, 269
Lukie 141, 142
Lüllmann 178
Maccoby 89

Maier 83, 91, 130, 132 - 134
Mandl 177
Marcotty 277, 278, 291
Marx 94, 95
Mauch 178
Mayo 257, 258
McGregor 257
Löffler 130, 132 - 134
Megginson 178
Meier 117, 177
Meininger 179
Mentzel 5
Meyer 141
Meyer-Drawe 26
Mickler 135
Miles 210
Mohrman 219
Moser 43
Mouton 252
Möller, Ch. 160
Möller, U. 178
Mueller, C. 178
Mühlhoff 189
Müller, H.J. 273, 274, 280
Müller, K.H. 4
Müller, V. 256
Müller-Schwarz 178, 212
Münch 5, 273, 274, 280
Nadler 247
Nagel 128, 133, 137, 139
Neges 170, 189
Nerdinger 74, 81
Neubeiser 178
Neuberger 8, 30, 33, 41, 55, 151, 178, 179, 200, 209, 285
Neumann 135, 291, 292
Nieder 189
Noelle-Neumann 75, 76, 80
Nork 273, 275, 276, 283
Offe 135
Olesch 174
Orlick 178, 212
Ornstein 177
Ortmann 84
Pagter 151
Pampus 117, 178
Papenfuss 248
Patrick 63, 161
Pelke 177
Perl 209
Perlitz 177
Perrow 258
Peters 257
Pfeiffer 178, 212
Pfeuffer 248
Pigors, F. 177
Pigors, P. 177

Plumeier 230
Pollard 83
Porras 270 - 272
Portele, 178
Posner 139
Powell 139
Pullig 274
Rackham 186, 187
Raju 291, 292
Rappe-Giesecke 179
Raufeisen 4
Reeser 231
REFA 176
Rehn, G. 265
Rehn, M.L. 123, 139, 142, 143
Reineke 64
Reisky 101
Rieckmann 262
Riekhof 63
RKW 178
Roethlisberger 257
Rogers 209
Rosenkranz 179, 206, 210
Rossi 273
Rost 178
Röschmann 178
Runge, 63, 161, 162, 170
Rüßmann 154 - 156
Rüttinger 29, 179
Sabel 137
Sader 178
Sahm 177
Sampson 26
Sattelberger 26, 36, 65, 169, 170, 178, 230
Sattler 189
Saul 178
Schachtsiek 177
Schein 45, 122, 124 - 126, 134, 140, 178
Schelsky 108
Schettgen 144
Schick 178
Schienstock 257
Schierenbeck 303
Schindler 274
Schlaffke 296, 297
Schmidt 179, 268
Schmidt-Barthemes 189
Schmidt-Jörg 100
Schmidtchen 77, 136
Schmitz 264, 268
Schneble 247
Schneider 102
Schnelle 177
Schönherr 177
Schrader 177

Schröder 169, 170, 186, 187, 189, 190, 192, 194, 276, 282, 288, 303
Schuler 5
Schulz von Thun 179
Schulze 83
Schumann 135
Schuster 177
Schützenberger-Ancelin 178
Schwäbisch 179
Scriven 280
Seidel 177
Seifert 124
Seiwert 26
Selvini-Palazzoli 209, 264
Shaftel F. 178
Shaftel G. 178
Sheehy 44
Sheldon 136
Shepard 49, 50
Sherif 208
Sichrovsky 210
Siebeck 117, 177
Siemens AG 177, 179, 
Sievers 176, 178, 217, 218, 262, 269
Sims 179
Slater 48 - 50, 64, 179, 210
Slesina 209
Smith 210, 211
Sokoll 178
Sommer 178
Spiess 74, 81
Staehle 134
Stahl 178
Stammann-Füssel 177
Staude 144, 150
Staudt, E. 63
Staudt, K.-U. 209, 247
Stengel 74, 77, 79, 81
Stiefel 20 - 22, 26, 123, 126, 137, 139, 164, 165, 169, 189, 271, 274, 277, 278, 285, 286, 288
Stollberg 179
Straub 177
Strube 63
Strümpel 76, 77
Stulle 60, 63
Sturm 178
Super 124
Svenson 235
Sykes 157
Taylor 258
Terjung 205
Terzi 89

Thierau 273, 276, 277, 280, 288, 290, 291
Thom 57, 58, 144 - 146
Tichy 264
Titscher 240, 268
Tramsen 105-107
Trebesch 239 - 241, 258, 259, 269
Treiber 129, 130
Tuckmann 44, 47
Turquet 49
Türk 36
Ulsamer 178
van Maanen 123, 133, 140
Vassen 177
Vogel 189
Voigt 18, 229, 230
Volmerg 32, 88, 170, 195, 196
von Bardeleben 293
von Behr 110
von Landsberg 298
von Papstein 178, 237
von Rosenstiel 74, 75, 77, 79 - 81, 248
Vopel, K. 178, 212
Wächter 259
Walden 293
Watermann 257
Watzlawick 32
Weber 178
Weil 178
Weinert 299, 312
Weinstock 135
Weiss J. 90, 174, 175
Weiss, R. 114
Weiss Th. 6, 7, 178
Wester 177
Weuster 302
White 64, 209
Wilkening 301
Wilpert 248
Wimmer, P. 122
Wimmer, R. 268
Windolf 132
Witte 303
Wittwer 111
Wöhe 293
Woodcock 179
Wottawa 273, 276, 277, 280, 288, 290, 301
Wunderli 176
Wübbenhorst 209, 247
Yalom 210
Zeller 104
Zimmer 176, 177
Zimmermann 127
Zimmermann-Sonntag 5
Zink 178

# 10. Glossar

Ich danke Frau Heike Husen und Frau Natalie Wendisch für die Mitarbeit bei der Erstellung des Glossars.

| | |
|---|---|
| Adhocratie adhocratisch: | Wortspiel, das einen Organisations- oder Führungsstil bezeichnet, bei dem je nach Lage der Dinge, spontan gehandelt wird. Zusammengesetzt aus ad hoc.(lat.): eigens zu diesem Zweck, aus dem Augenblick entstanden; und cratein (griech.): herrschen. |
| advocatus diaboli: | Anwalt des Teufels, scharfer Richter |
| affektiv: | das Gefühlsleben betreffend |
| AgentIn: | Akteur, Handelnde(r) |
| akkomodieren: | anpassen |
| akzentuierend: | betonend, hervorhebend |
| Altruismus: | Selbstlosigkeit, Aufopferung für bzw. Hingabe an andere |
| Ambiguität: | Mehrdeutigkeit, Doppelsinn |
| Andragogik: | Erwachsenenbildung; eigentl.: Männerbildung |
| anthroposophisch: | von Anthroposophie: Lehre, die das "Wissen vom Menschen" und seiner Verflechtung mit dem Übersinnlichen vertiefen will |
| Artefakt: | künstlich Erzeugtes |
| Assignment: | Zuweisung, Einweisung, Zuordnung, übertragene Aufgaben |
| Assimilation; assimilieren: | Angleichung; angleichen |
| Authentizität: | Glaubwürdigkeit, Echtheit |
| Autismus; autistisch: | (krankhafte) Ich- oder Selbstbezogenheit, Kontaktunfähigkeit |
| Autopoiese; autopoietisch: | Selbst-Erzeugung; selbstgeschaffen |
| autoritativ: | auf Autorität beruhend, maßgebend, entscheidend |
| basal: | grundlegend, fundamental |
| BIBB: | Bundesinstitut für Berufsbildung |
| Change Agent: | Entwicklungshelfer; jemand, der/die Veränderungen vorantreibt |
| coaching: | trainieren, pauken, einüben, einarbeiten; Nachhilfeunterricht, Training |
| Commitment: | Engagement, Verpflichtung, Bindung |
| defaitistisch, defätistisch: | mut- u. hoffnungslos, zum Aufgeben bereit, pessimistisch |
| deontologisch: | von Deontologie: Ethik als Lehre von den Pflichten (vom griech. "deon": Erfordernis, Pflicht) |
| dezidiert: | entschieden, bestimmt |
| dezisionistisch: | von Dezisionismus: "rechtsphilosophische Anschauung, nach der das als Recht anzusehen sei, was die Gesetzgebung zum Recht erklärt"; allg.: entscheidungsbestimmt, durch willkürliche Entscheidung bewirkt |
| disjunktiv: | trennend, auseinanderhaltend, besondernd; einander ausschließend |
| dispositiv: | leitend, verfügend (Dispositionen treffen können) |

| | |
|---|---|
| dogmatisch: | lehrhaft, streng an Glaubens- oder Lehrsätze gebunden. Dogma: unbezweifelbare Lehre |
| dyadisch: | in einer Zweierbeziehung |
| eklektizistisch; eklektisch: | auswählend; unselbständig gesammelt u. zusammengestellt; unschöpferisch zusammengetragen |
| elaborieren: | ausarbeiten |
| emergent: | von emergieren: auftauchen, entstehen, sich hervortun, sich entwickeln |
| energetisieren: | mit Energie aufladen |
| erratisch: | verirrt, zerstreut, zufällig verteilt |
| Evolution: | Aus-Wicklung, Entfaltung, Entwicklung |
| Exekutierung: | Vollziehung, Vollstreckung, Ausführung |
| Fokussierung: | auf einen Brennpunkt (Fokus) ausrichten, konzentrieren |
| fungibel: | einsetzbar, ersetzbar, vertretbar, austauschbar |
| grid: | Gitter, Netz |
| Gynagogik: | Frauenerziehung |
| hermeneutisch: | (nach dem Gott Hermes als Mittler zwischen Göttern und Menschen); erklärend, deutend, auslegend, sinnverstehend |
| Heuristik: | Suchprogramm, Denk-Anweisung, Lehre von den Methoden zur Gewinnung neuer (wissenschaftl.) Erkenntnisse |
| idiosynkratisch; Idiosynkrasie: | (gr. idios: eigen, selbst; synkrasis: Vermischung); einmalig, höchstpersönlich, besondere Veranlagung, Eigenheit |
| immanent: | einbegriffen, enthalten(d), innewohnend |
| informalisieren: | etwas informell, zwanglos, formlos gestalten |
| Initiationsritus: | Initiation: Einweisung, Einführung; Ritus, der den Übergang, die Einführung in eine neue gesellschaftliche Kategorie reguliert (z.B. vom Kind zum Mann) |
| Integrität: | von integer: unbescholten, sauber; Unversehrtheit, Rechtschaffenheit, Unbescholtenheit |
| intentional: | absichtlich, gewollt, zweckbestimmt |
| Intervention: | von: intervenire = dazwischentreten; Vermittlung, Eingriff, Einmischung |
| katalytisch: | von Katalyse: Herbeiführung, Beschleunigung, Verlangsamung einer (chem.) Reaktion; wie ein Katalysator einen (chem.) Prozess anregen, ohne selbst verändert zu werden |
| kathartisch: | reinigend, lösend, läuternd |
| konsensuell: | übereinstimmend, gleichsinnig, im selben Sinne wirkend |
| kontingent: | abhängig, zufällig |
| kontrafaktisch: | entgegen einer Tatsache, tatsachenwidrig |
| Konturierung: | Abgrenzung, Profilierung, Umrißzeichnung |
| konvergieren: | aufeinander zulaufen, sich überschneiden |
| Lab-Training: | Laboratory training; "künstliche", experimentelle Trainingssituation (entfernt vom Arbeitsplatz) |
| Meta: | griech. Vorsilbe mit der Bedeutung: jenseits, über |

| | |
|---|---|
| Monade: | unteilbare Einheit |
| monieren: | tadeln, beanstanden, rügen, kritisieren |
| Neg-Entropie: | negative Entropie; Informationsgehalt; Ordnung, Gliederung, Struktur |
| neurolinguistisches Programmieren: | (von neuro: Nerv, lingua: Sprache): therapeutische Richtung, die die 'Umprogrammierung' von Verhalten betreibt |
| normativ-reedukativ: | Umerziehung (s. Edukation: Erziehung, re: zurück), normativ: an Normen oder Sollvorstellungen orientiert |
| ontologisch: | das Seiende betreffend/bezeichnend, wesensmäßig |
| operant: | wirksam, spontan handelnd (nicht reizgebunden) |
| operativ: | konkrete Maßnahmen ausführend, direkt handelnd |
| opponieren: | widersprechen |
| Organigramm: | grafische Darstellung der (hierarch.) Stellenstruktur einer Organisation |
| outplacement: | Entlassung, Kündigung (v.a. von Führungskräften und Leitenden Angestellten) |
| papieren: | aus Papier |
| Paraphrasierung: | Umschreibung, ausschmückende Bearbeitung |
| Pathologie: | Wissenschaft von der Krankheit und ihrer Entstehung |
| peripher: | am Rande liegend, randständig |
| Perturbation: | Verwirrung, Abweichung; Durcheinanderbringen, Störung |
| poolen: | zusammenlegen, vereinigen |
| polyvalent: | mehrwertig |
| prästabiliert: | vorweg festgesetzt |
| Primat: | Vorrang, Vorherrschaft |
| privatistisch-hedonistisch: | privatistisch: abgesondert, vereinzelt, für sich isoliert; Hedonismus: Lebensauffassung, die den Sinn des Lebens im Genießen sieht |
| proaktiv: | zukunftsgerichtet, voraushandelnd |
| programmatisch: | grundsätzlich, richtungsweisend, vorbildlich |
| projektiv: | (auf etwas) übertragend |
| QZ, QC: | Qualitätszirkel, quality circle |
| Rapport: | Bericht, Meldung; unmittelbare enge Beziehung |
| ratifizieren: | gutheißen, genehmigen; Vertrag unterzeichnen |
| repressiv: | unterdrückend, Druck ausübend |
| Reprise: | Wiederaufnahme, Neuauflage (z.B. einer vergriffenen Schallplatte oder eines Buches) |
| Reputation: | guter Ruf, Ansehen |
| residentiell: | ansässig, wohnhaft (seine 'Residenz' haben) |
| Retention: | Zurückhaltung, Einschaltung, Bewahrung |
| Rigidisierung: | (Rigidität: Steifheit, Starre); Versteifung, Verhärtung |
| Sedativum: | Beruhigungsmittel |

| | |
|---|---|
| selbstreferentiell: | auf sich selbst bezogen |
| sensumotorisch: | sinnesgesteuert, Verschränkung von Sinnlichkeit und Handeln |
| sophisticated: | verfeinert, raffiniert, weltgewandt, 'hochgestochen', geistreich, anspruchsvoll, kultiviert, hochentwickelt |
| sublimieren: | läutern, ins Erhabene steigern, auf höheres Niveau übertragen |
| suggerieren: | den Eindruck erwecken, einreden |
| Supervision: | Überwachung; gemeinsam mit einem erfahrenen Experten bestimmte Arbeitsprozesse besprechen |
| symbiotisch: | Symbiose: Zusammenleben mit gegenseitigem Vorteil |
| Syntalität: | Kunstwort, das nach dem Muster von 'Personalität' gebildet ist; Charakter einer Gruppe, Ganzheitlichkeit |
| task force: | Arbeitsgruppe, die sich einer bestimmten Aufgabe widmet |
| Taxonomie: | gesetzhafte Ordnung, Ordnungssystem |
| Triangulierung: | aus drei Ecken/Richtungen orten oder verankern |
| unexpliziert: | unerklärt, unentfaltet |
| unintendiert: | unbeabsichtigt, ziellos |
| UvD: | Unteroffizier vom Dienst |
| verabsolutieren: | für wahr hinstellen, radikalisieren, jedem Zweifel entziehen |
| Varietät: | Abwandlung, Abart, Spielart |
| Vignette: | Randverzierung, Erzähl-Skizze, Kurzfall-Darstellung |
| virulent: | aktiv, krankheitserregend, ansteckend |
| zentrifugal: | vom Mittelpunkt wegstrebend |
| zentripetal: | zum Mittelpunkt hinstrebend |
| zertifizieren: | bescheinigen, beglaubigen; ein Zeugnis ausstellen |

## 11. Literaturverzeichnis

ACKERMANN, M.P. (1989): Quality Circles in der Bundesrepublik Deutschland - hemmende und fördernde Faktoren einer erfolgreichen Realisierung. Frankfurt

ALBACH, H. & GABELIN, T. (1977): Mitarbeiterführung. Wiesbaden (Gabler)

ALEWELL, K., BLEICHER, K. & HAHN, D. (Hrsg.)(1971): Entscheidungsfälle aus der Unternehmenspraxis. Wiesbaden (Gabler)

ALLEN, N. & MEYER, J. (1990): Organizational socialization tactics: A longitudinal analysis of links to newcomers' commitment and role orientation. Academy of Management Journal, 33, 847-858

ANTONI, C. (1988): Probleme bei der Implementierung von Qualitätszirkeln - Ein Überblick über empirische Forschungsbefunde. Zeitschrift für Arbeits- und Organisationspsychologie, 32, (2), 80-91

ANTONI, C. (1990): Einzelfallstudien zur Evaluation betrieblicher Kleingruppen-Konzepte - Ergebnisse und Probleme eines Vergleichs eines Qualitätszirkel- mit einem Projektgruppen-Modell. Mannheimer Beiträge zur Wirtschafts- und Organisationspsychologie, Heft 1, 89-

ANTONI, C. (1990): Qualitätszirkel als Modell partizipativer Gruppenarbeit. Analyse der Möglichkeiten und Grenzen aus der Sicht der betreffenden Mitarbeiter. Bern (Huber)

ANTONI, C. (1990): Qualitätszirkel als Modell partizipativer Gruppenarbeit. Analyse der Möglichkeiten und Grenzen aus der Sicht betroffener Mitarbeiter. Bern (Huber)

ANTONI, C., BUNGARD, W., KÜBLER, E. (1990): Qualitätszirkel und ähnliche Formen der Gruppenarbeit in der Bundesrepublik Deutschland. Eine Bestandsaufnahme der Problemlösungsgruppen-Konzepte bei den 100 umsatzgrößten Industrieunternehmen. Mannheimer Beiträge zur Wirtschafts- und Organisationspsychologie, Heft 1, 18-52

ANTONS, K. (1973): Praxis der Gruppendynamik. Übungen und Techniken. Göttingen (Hogrefe)

APEL, K.-O. (1976): Transformation der Philosophie. Bd. 2: Das Apriori der Kommunikationsgemeinschaft. Frankfurt (Suhrkamp)

ARGYRIS, Ch. (1965): Personality and organization. New York u. Evanston

BACHMANN, W. & FLOTHOW, K. (1990): NLP und TZI - Zwei Konzepte des Kommunikationstrainings. Bergisch Gladbach (Th. Hobein)

BAHLMANN, W. (1983): Systematische Personalentwicklung. Eine herausfordernde Aufgabe für Führungskräfte und Spezialisten. In: SPIE, U. (Hrsg.): Personalwesen als Managementaufgabe. Stuttgart (Poeschel), 307-329

BALDWIN, T.T. & FORD, J.K. (1988): Transfer of training: A review and direction for future research. Personnel Psychology, 41 (1), 63-105

BALON, K.-H. & SOKOLL, D. (1974): Planspiel - Soziales Lernen in simulierter Wirklichkeit. Starnberg (Raith)

BAMME, A., HOLLING, E. & LEMPERT, W. (1983). Berufliche Sozialisation - Ein einführender Studientext. München (Max Huber)

BANDLER, R. & GRINDER, J. (1981): Neue Wege der Kurzzeit-Therapie. Neurolinguistische Programme. Paderborn (Junfermann)

BANDLER, R. & GRINDER, J. (1985): Reframing: Ein ökologischer Ansatz in der Psychotherapie (NPL). Paderborn (Junfermann)

BANDLER, R. & GRINDER, J. (1987): Kommunikation und Veränderung. Die Struktur der Magie II. Paderborn (Junfermann)

BANDLER, R. & GRINDER, J. (1987): Metasprache und Psychotherapie. Struktur der Magie I. Paderborn (Junfermann)

BANDLER, R., MACDONALD, W. (1990): Der feine Unterschied. NLP-Übungsbuch zu den Submodalitäten. Paderborn (Junfermann)

BANDLER, Richard & GRINDER, John (1987). Veränderung des subjektiven Erlebens: Fortgeschrittene Methoden der NLP. Paderborn (Junfermann)

BARNBECK, K. (1989): Pinwand, Filzstift und Packpapier zuerst entdeckt. Die Quickborner Metaplaner. Congress & Seminar (5), 30-34

BARTÖLKE, K. (1980): Organisationsentwicklung. In: GROCHLA, E. (Hrsg.): Handwörterbuch der Organisation. Stuttgart (Poeschel), 1468-1481.

BATAILLARD, V. (o.J.): Die Pinwand-Technik. Ein Leitfaden für den Einsatz in der Unternehmens-Praxis. Zürich (Organisator)

BATAILLARD; V. (1984): Pinwand-Moderations-Technik. Zürich (Organisator)

BATESON, G. (1985): Ökologie des Geistes. Frankfurt (Suhrkamp)

BAUER, B., KEMM, R. & VOIGT, B. (1989): Experiment mit einer alternativen Lernorganisation. In: SATTELBERGER, Th. (Hrsg.): Innovative Personalentwicklung. Grundlagen, Konzepte, Erfahrungen. Wiesbaden (Gabler), S. 115-132.

BECK, U., BRATER, M. & DAHEIM, H. (1980): Soziologie der Arbeit und Berufe. Reinbek (Rowohlt).

BECK, U., BRATER, M. & TRAMSEN, E. (1976): Beruf, Herrschaft und Identität. Ein subjektbezogener Ansatz zum Verhältnis von Bildung und Produktion. Soziale Welt, 27, 8-44 und 180-205

BECKHARD, R. (1967): The confrontation meeting. Harvard Business Review, 45, 149-155

BECKHARD, R. (1972): Organisationsentwicklung - Strategien und Modelle. Bad Homburg v.d.H., Verlag für Unternehmensführung Dr. Gehlen

BECKHARD, R. (1975): Die Konfrontationssitzung. In: BENNIS, W.G., BENNE, K. & CHIN, R. (Hrsg.) (1975): Änderung des Sozialverhaltens, Stuttgart (Klett), 402-412

BENDIXEN, P. (1980): Der theoretische und pragmatische Anspruch der Organisationsentwicklung. Die Betriebswirtschaft, 40, 187-203

BENNIS, W.G. & SHEPARD, H.A. (1974): A theory of group development. In: GIBBARD, G., HARTMAN, J. & MANN, R. (Eds.): Analysis of groups. San Francisco (Jossey-Bass)

BENNIS, W.G., BENNE, K. & CHIN, R. (Hrsg.) (1975): Änderung des Sozialverhaltens, Stuttgart (Klett).

BERNDT, G. (1986). Einführung und Standortbestimmung. Die Bedeutung der Personalentwicklung als Qualifizierungsinstrument. In: BERNDT, G. (Hrsg.) Personalentwicklung. Ansätze - Konzepte - Perspektiven. Köln u.a. (Heymanns Verlag)

BERNE, E. (1961): Transactional analysis in psychotherapy. New York

BERNE, E. (1970): Spiele der Erwachsenen. Psychologie der menschlichen Beziehungen. Reinbek (Rowohlt)

BERTHEL, J. & KOCH, H.E. (1985): Karriereplanung und Mitarbeiterförderung. Sindelfingen (Expert u. Taylorix)

BERTHEL, J. (1989): Personal-Management. Grundzüge für Konzeptionen betrieblicher Personalarbeit. Stuttgart (Poeschel)

BERTHOLD, H.-J. (1989): Aus der Praxis für die Praxis. In: SATTELBERGER, Th. (Hrsg.): Innovative Personalentwicklung. Grundlagen, Konzepte, Erfahrungen. Wiesbaden (Gabler), S. 328-334.

BERTHOLD, H.-J., GEBERT, D., REHMANN, B. & VON ROSENSTIEL, L. (1980): Schulung von Führungskräften - eine empirische Untersuchung über Bedingungen und Effizienz. Zeitschrift für Organisation, 49, 221-229

BEYER, H. T. (1990): Personallexikon. München/Wien (Oldenbourg-Verlag)

BIEKER, J. (1989): Managemententwicklung bei Bertelsmann. In: RIEKHOF, H.-Ch. (Hrsg.): Strategien der Personalentwicklung. Wiesbaden (Gabler), 227-236

BION, W. (1971): Erfahrungen in Gruppen. Stuttgart (Klett)

BIRKENBIHL, M. (1981): Rollenspiel-Labor für das Management-Training. Eine Anleitung für Trainer zum Einsatz und zur Entwicklung von Rollenspielen. Mit 20 Beispielen. Karlsruhe u. Goch (Bratt)

BLAKE, R.R. & MOUTON, J.S. (1968): Corporate excellence through grid organization development. A systems approach. Houston (Gulf Publishing)

BLAKE, R.R. & MOUTON, J.S. (1980): Verhaltenspsychologie im Betrieb. Das neue Grid-Management-Konzept. Düsseldorf/Wien (Econ).

BLOOM, B.S. (Hrsg.)(1972): Taxonomie von Lernzielen im kognitiven Bereich. Weinheim (Beltz)

BÖDIKER, M.-L. & LANGE, W. (1975). Gruppendynamische Trainingsformen. Reinbek (Rowohlt) rororo 6936

BÖLTKEN, F. & GEHRING, A. (1984): Zur Empirie des Postmaterialismus. Quota und Random, Äpfel und Birnen, Kraut und Rüben. Zentralarchiv für empirische Sozialforschung, Universität zu Köln, Information 15, 38-52

BÖLTKEN, F. & JAGODZINSKI, W. (1984): Viel Lärm um nichts? Zur 'stillen Revolution' in der Bundesrepublik 1970-1980. In: STIKSRUD, A. (Hrsg.): Dokumentation über den fünften Workshop 'Politische Psychologie' (BDP-IAPP): Jugend und Werte. Berlin (FU). Nr. 3 (1-16)

BÖNING, U. (1990): Moderieren mit System. Besprechungen effizient steuern. Wiesbaden (Gabler)

BOOS, F. (1990): Projektmanagement. In: KÖNIGSWIESER, R. & LUTZ, Ch. (Hrsg): Das systemisch-evolutionäre Management. Wien (Orac), 69-77

BOSETZKY, H. & HEINRICH, P. (1985): Mensch und Organisation. Aspekte bürokratischer Sozialisation. Köln u.a. (Deutscher Gemeindeverlag u. Kohlhammer)

BOURDIEU, P. (1982): Die feinen Unterschiede. Kritik der gesellschaftlichen Urteilskraft. Frankfurt (Suhrkamp)

BRADFORD, L. (1978): National Training Laboratories (NTL). Academy of Management OD Newsletter, Winter, S. 1-2

BREISIG, Th. (1990): Betriebliche Sozialtechniken. Frankfurt u. Neuwied (Luchterhand)

BREISIG, Thomas (1990) It's team time. Kleingruppenkonzepte in Unternehmen. Köln (Bund)

BRESS, H. (1989): Outward Bound - Kritik einer "Kritik". Personalführung, (11), 1082-1084

BRONNER, R. & SCHRÖDER, W. (1983). Weiterbildungserfolg. Modelle und Beispiele systematischer Erfolgssteuerung. Bd. 6 des Handb. f. d. Praxis in Wirtschaft u. Verwaltung. München u.a. (Hanser Verlag)

BROSS, K. (1989): Lernen an betrieblichen Projekten in Förderkreisen für Gruppenmeister. In: SATTELBERGER, Th. (Hrsg.): Innovative Personalentwicklung. Grundlagen, Konzepte, Erfahrungen. Wiesbaden (Gabler), S. 150-154.

BÜHLER, Ch. (1959): Der menschliche Lebenslauf als psychologisches Problem. Göttingen (Hogrefe)

Bundesminister für Bildung und Wissenschaft (Hrsg)(1989): Berufsbildungsbericht. Bad Honnef (Bock)

Bundesminister für Bildung und Wissenschaft (Hrsg)(1990): Grund- und Strukturdaten 1990/1991. Bad Honnef (Bock)

BUNGARD, W. & ANTONI, C. (1990): Gruppenorientierte Interventionstechniken. Mannheimer Beiträge zur Wirtschafts- und Organisationspychologie, (3), 1-40

BUNGARD, W. & WIENDIECK, G. (1990): Qualitätszirkel in einem Großbetrieb der metallverarbeitenden Industrie - Ergebnisse einer Befragung von Vorgesetzten, Moderatoren und Mitarbeitern. Mannheimer Beiträge zur Wirtschafts- und Organisationspsychologie, Heft 1, 53-88

BUNGARD, W. & WIENDIECK, G. (Hrsg.)(1986): Qualitätszirkel als Instrument zeitgemäßer Betriebsführung. Landsberg (Moderne Industrie)

BUNGARD, W. (1990): Qualitäts-Zirkel und neue Technologien. Mannheimer Beiträge zur Wirtschafts- und Organisationspsychologie, Heft 1, 1-17

BUNK, G. & ZEDLER, R. (1986). Neue Methoden und Konzepte beruflicher Bildung. Köln (Dt. Instituts-Verlag)

BURKE, M.J. & DAY, R.R. (1986): A cumulative study of the effectiveness of managerial training. Journal of Applied Psychology, 71, 232-245

BURKE, W.W. (1972): The demise of OD. Contemporary Business (1), 57-65

BURKE, W.W.& HORNSTEIN, H.A. (Eds) (1972): The social technology of organization development. Fairfax, Va.

BÜSCHELBERGER, D. (1991): Das Konzept von Bosch. Bildung in Bosch-Qualität. Personalführung, 5, 304-312

CLEGG, W.H. (1987). Management Training Evaluation: An Update. Training and Development Journal, 2, 65-71

COHN, R. C. (1980): Von der Psychoanalyse zur themenzentrierten Interaktion (TZI). Von der Behandlung Einzelner zu einer Pädagogik für alle. Stuttgart (Klett-Cotta)

COMELLI, G. (1985). Training als Beitrag zur Organisationsentwicklung. Handbuch der Weiterbildung für die Praxis in Wirtschaft u. Verwaltung. München (Hanser Verlag)

CONRADI, W. (1983). Personalentwicklung. Stuttgart (Enke)

CROCKETT, W.J. (1970): Team building - One approach to organization development. Journal of Applied Behavioral Science,6 (3), 291-306

DAHRENDORF, R. (1956): Industrielle Fertigkeiten und soziale Schichtung. Kölner Zeitschrift für Soziologie und Sozialpsychologie, 8, 540-568

DE VRIES, S.Ph. (1993): Jüdische Riten und Symbole. Reinbek: Rowohlt

DECKER, F. (1984). Grundlagen und neue Ansätze in der Weiterbildung. Handbuch der Weiterbildung für die Praxis in Wirtschaft und Verwaltung. München (Hanser Verlag)

DEPPE, J. (1986): Qualitätszirkel - Ideenmanagement durch Gruppenarbeit. Bern, Frankfurt, New York (Lang)

DEPPE, J. (1989): Mitarbeitermotivation durch Qualitätszirkel. In: DEPPE, J., SCHARFENKAMP, N. & VOß, J. (Hrsg): Arbeit und Personal. Beiträge zu aktuellen Problemen der Personalwirtschaft. München u. Mering (Hampp), S. 171-196

DERSCHKA, P. & GOTTSCHALL, D. (1984): Metaplan. Das Geheimnis der Wolke. Management Wissen, (12), 17-33

DETTMANN, U. (1979). Das Fortbildungssystem der Westdeutschen Landesbank Girozentrale (S. 237-248). In: SCHÄKEL, U. & THIEDE, J.D. (Hrsg.). Aktuelle Konzeptionen und Instrumente der betrieblichen Weiterbildung in der Diskussion. Düsseldorf (Werner-Verlag)

Deutsche Gesellschaft für Personalführung (DGFP) (1980): Personalzusatzkosten. System zur Inhaltsbestimmung und Gliederung. Freiburg.

DEVEREUX, G. (1982): Normal und anormal. Aufsätze zur allgemeinen Ethnopsychiatrie. Frankfurt (Suhrkamp)

DHORITY, L. (1986): Moderne Suggestopädie. Bremen (PLS)

DIETERLE, W. (1983): Betriebliche Weiterbildung. Problemfelder und Konzeptionen. Göttingen (Otto Schwartz)

DILTS, R., BANDLER, R., GRINDER, J. u.a. (1989): Strukturen subjektiver Erfahrung. Ihre Erforschung und Veränderung durch NLP. Paderborn (Junfermann)

DITTGEN, K.-H. (1989): Ein Multiplikatorenkonzept mit Auszubildenden im Rahmen von CAD-Betriebseinsätzen. In: SATTELBERGER, Th. (Hrsg.): Innovative Personalentwicklung. Grundlagen, Konzepte, Erfahrungen. Wiesbaden (Gabler), S. 221-224.

DOMSCH, M. & SCHNEBLE, A. (1990): Mitarbeiterbefragungen. Heidelberg (Physica)

DOMSCH, M. (1983). Partizipative Bildungsplanung im Betrieb. In: Weber, W. (Hrsg.): Betriebliche Aus- und Weiterbildung.Ergebnisse der betriebswirtschaftlichen Bildungsforschung. Paderborn. 97-110

DOMSCH, M. (1985): Qualitätszirkel. Bausteine einer mitarbeiterorientierten Führung und Zusammenarbeit. Zeitschrift für betriebswirtschafliche Forschung, 37, 428-441

DONNERT, R. (1990): Am Anfang war die Tafel... Praktischer Leitfaden für Vortrag, Lehrgespräch, Moderation, Seminar und Unterweisung. München (Lexika-Verlag)

DOPPLER, K. & VOIGT, B. (1981): Gruppendynamik und der institutionelle Faktor. In: BACHMANN, C.H. (Hrsg.): Kritik der Gruppendynamik. Frankfurt (Fischer), 340-362

DÖRING, P.A. (1973): Erfolgskontrolle betrieblicher Bildungsarbeit. Frankfurt (RKW)

DÖRING, P.A. (1976): Kontrolle des Lernerfolgs und der Wirtschaftlichkeit der betrieblichen Bildungsmaßnahmen. Teil I: Erfolgsmessung. Frankfurt

DÖRNER, D., KREUZIG, H.W., REITHER, F., STÄUDEL, T. (Hrsg.), (1983): Lohausen. Vom Umgang mit Unbestimmtheit und Komplexität. Bern (Huber)

DÖRNER, D. (1989): Die Logik des Mißlingens. Strategisches Denken in komplexen Situationen. Reinbek (Rowohlt)

DRUMM, H.J. (1989): Personalwirtschaftslehre. Berlin u.a. (Springer)

DUNDES, A. & PAGTER, C.R. (1987): When you are up to your ass in alligators - More urban folklore from the paperwork empire. Detroit (Wayne State Univ. Press)

DUNKEL, D. (Hrsg.)(1983): Lernstatt - Modelle und Aktivitäten deutscher Unternehmen. Köln (Deutscher Instituts-Verlag)

DYER, W.G. (1977): Team Bulding: Issues and alternatives. Reading, Mass. u.a. (Addison-Wesley)

EASTERBY-SMITH, M. (1986). Evaluation of Management Education, Training, and Development. Aldershot (Gower)

EBNER, H. (1985): Heinz wollte doch Maschinen bauen. In: WITTWER u.a. (Hrsg.): Ausbildung im Betrieb. Sindelfingen (expert), S. 311-377

EICHENBERGER, P. (1990). Millionen für Bildung, Pfennige für Evaluierung. Personalwirtschaft, 17, 3, 35-43.

ELIAS, N. (1969): Über den Prozeß der Zivilisation. Bd. 1 u. 2, Bern u. München (Francke)

ENGEL, P.O. (1987): Qualitätszirkel-Konzepte - erfolgreicher durch positive Verstärkung. In: HEIDACK, C. (Hrsg.) (1987): Neue Lernorte in der beruflichen Weiterbildung. Berlin (E. Schmidt), 63-76

ENGELS, F. (1980 bzw. 1845): Die Lage der arbeitenden Klasse in England. Berlin (Dietz), MEW 2, 225-506

ENGLISH, F. (1981): Transaktionsanalyse. Gefühle und Ersatzgefühle in Beziehungen. Hamburg (ISKO)

ERB, W. (1990): Konfliktfreie Gesprächsführung. Transaktionsanalyse. Tonkassette u. Arbeitsheft. Offenbach (Jünger)

ERIKSON, E. (1974): Jugend und Krise: Die Psychodynamik im sozialen Wandel. Stuttgart (Klett)

EXNER, A., KÖNIGSWIESER, R. & TITSCHER, S. (1987). Unternehmensberatung - systemisch. Theoretische Annahmen und Interventionen im Vergleich zu anderen Ansätzen. Die Betriebswirtschaft, 47, S. 265-284

FALK, R. & SCHLAFFKE, W. (1984): Kosten betrieblicher Weiterbildung im IHK-Bereich. In: WOORTMANN, G. (Hrsg.): Weiterbildungsmodelle und Weiterbildungspraxis. Stuttgart (Lexika), 41-47

FASSBENDER, S. (1974): Die Beurteilung von Weiterbildungskursen durch die Teilnehmer. Köln (Hanstein)

FATZER, G. & ECK, C. D. (Hrsg.) (1990) Supervision und Beratung. Ein Handbuch. Köln (Edition Humanistische Psychologie)

FELDMAN, D.C. (1976). A contingency theory of socialization. Administrative Science Quarterly, 21, 433-453

FERRING, K. & THOM, N. (1981): Trainee-Programme. Die Hoffnung auf Aufstieg läuft mit ... UNI-Berufswahl-Magazin, 5 (2), 6-13

FESTAG, W. (1991): Das Bildungszentrum als Profitcenter. Personalführung, 5, 314-317

FIGGE, H. & KERN, M. (1982): Konzeptionen der Personalentwicklung. Anspruch, Wirklichkeit, Perspektiven. Frankfurt u. Bern (Lang)

FISCHER, G. (1990): Gefahrentraining: Angst? Ach was. Manager Magazin (1), 178-180

FISCHER, H.-P. (1989): Die Arbeit des Sisyphus oder unsere Mission als Bildungsbereich in einer Automobilfabrik. In: SATTELBERGER, Th. (Hrsg.): Innovative Personalentwicklung. Grundlagen, Konzepte, Erfahrungen. Wiesbaden (Gabler), S. 42-53.

FISCHER, H.-P. (1989): Netzwerke knüpfen. In: SATTELBERGER, Th. (Hrsg.): Innovative Personalentwicklung. Grundlagen, Konzepte, Erfahrungen. Wiesbaden (Gabler), S. 281-286

FISCHER, H.-P. u.a. (1982): Projektorientierte Fachbildung im Berufsfeld Metall. Modellversuche zur Beruflichen Bildung, Heft 9. Berlin (Bundesinstitut für Berufsbildung)

FISCHER, H.-P., UHLENBROCK, H.-G., BEUTEL, K., VORNBERGER, E. (Hrsg.) (1989): Personalentwicklung im Werk. Hamburg (Windmühle)

FISHER, C.D. (1986). Organizational socialization. An integrative review. In: Rowland, K.M. & Ferris, G.R. (Hrsg.): Research in Personnel and Human Resources Management. JAI Press. Vol. 4, 101-145

FIX, W. (1989): Juniorenfirmen. Ein innovatives Konzept zur Förderung von Schlüsselqualifikationen. Berlin: E. Schmidt

FLOHR, B. & NIEDERFEICHTNER, F. (1982). Zum gegenwärtigen Stand der Personalentwicklungsliteratur: Inhalte, Probleme und Erweiterungen. Zeitschrift für betriebswirtschaftliche Forschung, Sonderheft 14.

FLOHR, B. (1981): Arbeiter nach Maß. Die Disziplinierung der Fabrikarbeiterschaft während der Industrialisierung Deutschlands im Spiegel von Arbeitsordnungen. Frankfurt u.a. (Campus)

FLOHR, B. (1984): Fungibilität und Elastizität von Personal. Göttingen (Vandenhoeck & Ruprecht)

FLÜGGE, G. (1980): Einführung und Einarbeitung neuer Mitarbeiter. In: NEUBAUER, R. & VON ROSENSTIEL, L. (Hrsg.): Handbuch der Angewandten Psychologie, Bd. 1, 287-307

FORBES, R.-L. (1977): Organization Development: Form or Substance? OD Practitioner 9, 2, S. 12

FÖRDERREUTHER, R. (1988): Traineeprogramme für Hochschulabsolventen. Teil 2: Kosten, Erfolgskontrolle und Gewinnung geeigneter Mitarbeiter. Personalführung, 11, 885-890

FORDYCE, J.K. & WEIL, R. (1971): Managing with people. A manager's handbook of organization development methods. Reading, Mass. u.a. (Addison-Wesley)

FOUCAULT, M. (1977): Überwachen und Strafen. Die Geburt des Gefängnisses. Frankfurt (Suhrkamp)

FOY, N: (1982): Die Wirtschaft entdeckt problemorientiertes Lernen. Harvard Manager, 4, 71ff.

FRANK, G. (1990): Interaktives Lernen. In: Hoppenstedt Technik Tabellen Verlag (Hrsg.): Innerbetriebliche Weiterbildung. Darmstadt (Hoppenstedt), S. 277-301

FRENCH, W.L. & BELL, C.H. Jr. (1977): Organisationsentwicklung. Sozialwissenschaftliche Strategien zur Organisationsveränderung, Bern u. Stuttgart (Haupt)

FRESE, M. (1988): Die Führung der eigenen Person. Streß-Management. Problemfeld 3 der Reihe "Besser führen". München (Institut Mensch und Arbeit)

FREUD, S. (1989): Studienausgabe Bd. 9: Fragen der Gesellschaft. Ursprünge der Religion. Hrsg. von MITSCHERLICH, A., RICHARDS, A. u. STRACHEY, J.. Frankfurt (Fischer)

FREUDENREICH, D. (1977): Kooperation lernen durch Rollenspiele. München (Kösel)

FREY, K. (1982): Die Projektmethode. Weinheim u. Basel (Beltz)

FRIEDMAN, G. (1952): Der Mensch in der mechanisierten Produktion. Köln (Bund)

GAULKE, J. (1989): Juniorenfirmen: Jeder darf Mist machen. Wirtschafts-Woche, (18), 65-66

GEBERT, D. & STEINKAMP, Th. (1990): Innovativität und Produktivität durch betriebliche Weiterbildung. Stuttgart (Poeschel)

GEBERT, D. (1972): Gruppendynamik in der betrieblichen Führungsschulung. Berlin (Duncker & Humblot)

GEBERT, D. (1976): Zur Erarbeitung und Einführung einer neuen Führungskonzeption. Theorie und Empirie. Berlin (Duncker & Humblot)

GEBERT, D. (1980): Organisationsentwicklung. In: HOYOS, C. Graf, KROEBER-RIEL, W., VON ROSENSTIEL, L. & STRÜMPEL, B. (Hrsg.): Grundbegriffe der Wirtschaftspsychologie. München (Kösel), 282-292

GEBHARDT, W. (1989): Organisationsentwicklung am Scheideweg. Gruppendynamik, 20 (2), 191-208

GEISSLER, K.A. (1991): Das Duale System der industriellen Berufsausbildung hat keine Zukunft. Leviathan, 19, 68-77

GENSCH, I. (1989): Personalentwicklung bei der Drägerwerk AG. In: RIEKHOF, H.-Ch. (Hrsg.): Strategien der Personalentwicklung. Wiesbaden (Gabler), 183-200

GIBBARD, G.S. (1974): Individuation, fusion, and role specialization. In: GIBBARD, G., HARTMAN, J. & MANN, R. (Eds.): Analysis of groups. San Francisco (Jossey-Bass), 247-276

GIDDENS, A. (1988): Die Konstitution der Gesellschaft. Grundzüge einer Theorie der Strukturierung. Frankfurt u. New York (Campus)

GLASL, F. & de la HOUSSAYE, L. (1975): Organisationsentwicklung. Das Modell des Niederländischen Instituts für Organisationsentwicklung und seine praktische Bewährung. Bern u. Stuttgart (1975)

GLASL, F. (1975): Situatives Anpassen der Strategie. In: GLASL, F. & de la HOUSSAYE, L. (1975): Organisationsentwicklung. Das Modell des Niederländischen Instituts für Organisationsentwicklung und seine praktische Bewährung. Bern u. Stuttgart (1975), S. 145-158

GLASL, F. (1980): Das Homo-Mensura-Prinzip und die Gestaltung von Organisationen. In: SIEVERS, B. & SLESINA, W. (Hrsg.): Organisationsentwicklung in der Diskussion. Arbeitspapier Nr. 44 des FB Wirtschaftswissenschaft, GHS Wuppertal, 99-133

GOFFMAN, E. (1972): Asyle. Frankfurt (Suhrkamp)

GOLDSTEIN, I. (1986): Training in organizations: Needs assessment, development, and evaluation. Monterey (Brooks/Cole)

GOTTSCHALL, D. (1983): Eingestellt und abgelegt. Manager Magazin, (1), 86-89.

GOTTSCHALL, D. (1989). Coaching: Ein Partner für alle Fälle. Manager Magazin, (2), 117-121

GRAU, U. & MÖLLER, U. (1990): Was wäre, wenn? Problem(auf)lösungshilfe. In: KÖNIGSWIESER, R. & LUTZ, Ch. (Hrsg.): Das systemisch-evolutionäre Management. Wien (Orac), 271-285

GREIF, S. & KURTZ, H.J. (1989): Ausbildung, Training und Qualifizierung. In: GREIF, S., HOLLING, H. & NICHOLSON, N. (Hrsg): Arbeits- und Organisationspsychologie. München (Psychologie Verlags Union), 149-161

GREINER, L.E. (1972): Evolutions and revolutions as organizations grow. Harvard Business Review, July/August, 37-46

GROCHLA, E. (1982): Grundlagen der organisatorischen Gestaltung. Stuttgart (Poeschel)

GROENEWALD, H. (1988): Fallstudien zum Personal-Management. Stuttgart (Poeschel)

GRÜNEFELD, H.-G. (1989): Bildungsaufwand: Planung, Erfassung und Kontrolle. Teil 1 Ausbildungsaufwand: Personalführung, 1,56-64; Teil 2 Weiterbildungsaufwand: Personalführung (2), 183-191

GUILFORD, J.P. (1979): Cognitive psychology with a frame of reference. San Diego (Edits)

GUZZO, R.A., JETTE, R.D. & KATZELL, R.A. (1985): The effects of psychologically based intervention programs on worker productivity: A meta-analysis. Personnel Psychology, 38, 275-291

HABERKORN, K. (1972): Die Einführungsschrift für neue Mitarbeiter. Neuwied (Luchterhand)

HAMBLIN, A.C. (1974): Evaluation and control of training. Maidenhead (McGraw Hill)

HAMEL, W. (1989): Individualisierung - Neue Herausforderung der Personalwirtschaft? In: DRUMM, H.J. (Hrsg): Individualisierung der Personalwirtschaft. Bern (Haupt) 59-68

HANSEL, J., LOMNITZ, G. (1987): Projektleiter-Praxis. Erfolgreiche Projektabwicklung durch verbesserte Kommunikation und Kooperation. Berlin u.a. (Springer)

HARDER, C.-J. (1982): Teamentwicklung in der Hypo-Bank. Bildungsforum-Informationen, 1982, 3 (August), 2-7

HARRIS, T., HARRIS, A. (1985): Einmal O.K. - Immer O.K. Transaktionsanalyse für den Alltag. Reinbek (Rowohlt)

HARRIS, T.A. (1967): I'm o.k. - You're o.k.: A practical guide to transactional analysis. New York (Avon); deutsch 1975: Ich bin o.k., du bist o.k. Reinbek (Rowohlt)

HARRISON, R. (1977): Rollenverhandeln: Ein 'harter' Ansatz zur Teamentwicklung. In: SIEVERS, B. (Hrsg.): Organisationsentwicklung als Problem. Stuttgart (Klett-Cotta), 116-135

HARTWIG, G. & LAURIEN, H. (1979). Weiterbildung in der Oetker-Gruppe. In: SCHÄKEL, U. & THIEDE, J.D. (Hrsg.): Aktuelle Konzeptionen und Instrumente in der betrieblichen Weiterbildung in der Diskussion. Düsseldorf (Werner-Verlag), 219-235

HEEG, F.J. (1985): Qualitätszirkel und andere Gruppenaktivitäten. Einsatz in der betrieblichen Praxis und Anmwendung. Berlin u.a. (Springer)

HEIDACK, C. (Hrsg.) (1987): Neue Lernorte in der beruflichen Weiterbildung. Berlin (E. Schmidt)

HEIDACK, C. (Hrsg.) (1989): Lernen der Zukunft. Kooperative Selbstqualifikation - die effektivste Form der Aus- und Weiterbildung im Betrieb. München (Lexika-Verlag)

HEINECKE, A., LÜLLMANN, K. & ROST, H. (1988): Ein Planspiel für den Personalbereich. Die Simulation des Entscheidungsfeldes eines Personalleiters. Personal - Mensch und Arbeit, (6), 232-236

HEINTEL, P. & KRAINZ, E. (1990): Projektmanagement. Wiesbaden (Gabler)

HEINTEL, P., KRAINZ, E.E. (1988): Projektmanagement. Eine Antwort auf die Hierarchiekrise? Wiesbaden (Gabler)

HENTZE, J. (1986): Personalwirtschaftslehre. Grundlagen, Personalbedarfsermittlung, -beschaffung, -entwicklung und -einsatz. Bern u.a. (Haupt)

HERZ, T. (1979): Der Wandel von Wertvorstellungen in westlichen Industriegesellschaften. Kölner Zeitschrift für Soziologie und Sozialpsychologie, 31, 282-302

HESSELER; M. & VAN WEERT-FRERICK, L. (1982): Erfolgskontrolle betrieblicher Fortbildungsmaßnahmen. Opladen (Westdeutscher Verlag)

HEUER, Ch. (1983): Bildungsbedarfsermittlung in der Praxis. In: STIEFEL, R.Th. &. KAILER; N. (Hrsg.): Entwicklungstendenzen als Herausforderung an die Praxis. München (Edition Academic), 293-316

HILL, R.L. (1990): Building more effective work teams through role negotiation. (Orion)

HINKEL, N. (1989): Teamentwicklung in einer Bildungsarbeit. In: SATTELBERGER, Th. (Hrsg.): Innovative Personalentwicklung. Wiesbaden (Gabler), S. 317-327

HINKELMANN, K.G. (Hrsg.) (1986): Superlearning und Suggestopädie. Ausgewählte Aufsätze. Bremen (PLS)

HINTERHUBER, H. (1979). Strategische Personalentwicklung. In: Wunderer, R. (Hrsg.): Humane Personal- und Organisationsentwicklung. Festschrift für Guido Fischer. Berlin (Duncker & Humblot), 147-169

HINTERHUBER, H. (1980): Personalentwicklung, organisatorische Aspekte der. In: GROCHLA, E. (Hrsg.): Handwörterbuch der Organisation. Stuttgart (Poeschel), 1864-1872

HIRTH, R., SATTELBERGER, Th. & STIEFEL, R.Th. (1981): Life Styling. Das Leben neu gewinnen. Landsberg (moderne industrie) bzw. dies. (1985): "Life Styling"- das Konzept zur neuen Lebensgestaltung. Landsberg (moderne industrie)

HOCHSCHILD; A.R. (1990): Das gekaufte Herz. Zur Kommerzialisierung der Gefühle. Frankfurt u. New York (Campus)

HOFF, E.-H. (1986): Arbeit, Freizeit und Persönlichkeit. Wissenschaftliche und alltägliche Vorstellungsmuster. Bern (Huber)

HOFF, E.H., LAPPE, L. & LEMPERT, W. (1990): Persönlichkeitsentwicklung in Facharbeiterbiographien. Bern (Huber)

HOFSTETTER, H., LÜNENDONK, Th. & STREICHER, H. (1986): Weiterbildung in Deutschland. Ergebnisse und Konsequenzen einer Enquete der SCS. Köln (Datakontext)

HOHL, E. & KNICKER, T. (1987): Die Führungskraft als Spielmacher. Harvard Manager, 3, 83-90

HOHMANN, R. (1987): Institutionalisierte Gruppenarbeit als pädagogische Strategie am Beispiel der Lernstatt. In: HEIDACK, C. (Hrsg.) (1987): Neue Lernorte in der beruflichen Weiterbildung. Berlin (E. Schmidt), 45-62

HOHN, H.-W. & WINDOLF, P. (1982): Selektion und Qualifikation - die betriebliche Personalauswahl in der Krise. WZB/LMP 82-28. Berlin (Wissenschaftszentrum)

HÖLTERHOFF, H. & BECKER, M. (1986). Aufgaben und Organisation der betrieblichen Weiterbildung. München u. Wien (C. Hanser)

HÖLTERHOFF, H. & BECKER, M. (1989). Personalentwicklung bei der Adam Opel AG. In: RIEKHOF, H.-Ch. (Hrsg.): Strategien der Personalentwicklung. Wiesbaden (Gabler), S. 117-140.

HÖLTERHOFF, H. (1989). Strategische Personalentwicklung. Personalführung 1, 26-35

Hoppenstedt Technik Tabellen Verlag (Hrsg.)(1990): Innerbetriebliche Weiterbildung. Darmstadt

HORVATH, P. (1982): Controlling in der 'Organisierten Anarchie'. Zeitschrift für Betriebswirtschaft, 52, 253-260

HUSE, E.F. (1980): Organization development and change, 2nd ed. St. Paul u.a. (West)

INFORMATIONSDIENST zur Zeitschrift TIBB (Technische Innovation und Berufliche Bildung) (1988), Heft 4.

INGLEHART, R. (1979): The silent revolution. Changing values and political styles among western publics. Princeton (University Press).

INGLEHART, R. (1989): Kultureller Umbruch. Frankfurt u.a. (Campus)

JABLIN, F.M. (1982): Organizational communication: An assimilation approach. In: ROLOFF, M.E. & BERGER, C.R. (Eds): Social cognition and communication. Newbury Park (Sage) 255-286

JABLIN, F.M. (1987). Organizational entry, assimilation, and exit. In: JABLIN, F.M., PUTNAM, L.L., ROBERTS, K.H. & PORTER, L.W. (eds.): Handbook of Organizational Communication. An interdiSciplinary perspective. Newbury Park u.a. (Sage), 679-640.

JAEHRLING, D. (1983): Aus-, Weiterbildung, Personalentwicklung. In: SPIE, U. (Hrsg.): Personalwesen als Managementaufgabe. Stuttgart (Schäffer), S. 295-305

JAEHRLING, D. (1989a): Effizienzsteigerung in der Personalentwicklung durch Suggestopädie? In: RIEKHOF, h.-C. (Hrsg.)(1989): Strategien der Personalentwicklung. Wiesbaden (Gabler), 353-364

JAEHRLING, D. (1989b): Suggestopädie und mentales Training in der betrieblichen Bildung bei Audi. Personalführung, 1, 44-47

JAGENLAUF, M. & BRESS, H. (1989): Wirkungsanalyse Outward Bound - Kurzbericht Teil I. In: Deutsche Gesellschaft für Europäische Erziehung (Hrsg.): Erlebnispädagogik/Berichte und Materialien, Heft 6.

JANOTTA, H. (1990) CBT Computer-Based-Training in der Praxis. Grundwissen, Einführungsmethodik, Projektplanung und -abwicklung, Bewertungskriterien. Landsberg (Moderne Industrie)

JONES, G.R. (1986): Socialization tactics, self-efficacy and newcomer's adjustment to organization. Academy of Management Journal, (2), 262-279.

JOSEFOWITZ, N. (1986): Paths to power. A women's guide from first job to top executive. Reading (Addison-Wesley)

JUNG, P. (1988): Die Konzeption der Personalentwicklung in der Allianz Versicherungs-AG. Wirtschaft und Gesellschaft im Beruf, Sonderheft Oktober 1988, S. 42-48.

KAHN, R. (1977): Organisationsentwicklung. Einige Probleme und Vorschläge. In: SIEVERS, B. (Hrsg.): Organisationsentwicklung als Problem. Stuttgart (Klett-Cotta), 281-301

KAILER, N. (1985): Ein Problemklärungsseminar in einem überbetrieblichen Management-Institut. Erfahrungen mit einem Konzept zur Seminarassistenenqualifizierung. In: KURTZ, H.-J. & STIEFEL, R.T. (Hrsg.): Organisationsentwicklung für Management-Andragogen. Planung, Durchführung und Evaluierung von problemorientierten Veränderungsprozessen. München (Edition Academic), 126-138

KAISER, F. (1976): Entscheidungstraining. Die Methoden der Entscheidungsfindung: Fallstudien, Simulation, Planspiel. Bad Heilbrunn (Klinkhardt)

KAISER, F. (1983): Die Fallstudie. Theorie und Praxis der Fallstudiendidaktik. Bad Heilbrunn (Klinkhardt)

KAPPLER, E. (1980): Wem nützt Organisationsentwicklung? Acht kritische Thesen und ihre Begründung. In: KOCH, U., MEUERS, H. & SCHUCH, M. (Hrsg.): Organisationsentwicklung in Theorie und Praxis. Frankfurt (Lang), 214-226

KAPPLER, E. (1987): Der gut beratene Berater. In: HINTERHUBER, H. & LASKE, S. (Hrsg.): Zukunftsorientierte Unternehmenspolitik. Konzeptionen, Erfahrungen und Reflexionen zur Personal- und Organisationsentwicklung. Freiburg (Rombach), 247-260

KASTNER, M. (1990): Personalmanagement heute. Landsberg (Moderne Industrie)

KEPNER, Ch.H. & TREGOE, B.B. (1971): Developing decision makers. HORNSTEIN, H., BENEDICT, B., BURKE, W., GINDES, M. & LEWICKI, R. (Eds.): Social intervention: A behavior science approach. New York, 122-133

KERN, H. & SCHUHMANN, M. (1970): Industriearbeit und Arbeiterbewußtsein. Frankfurt (EVA)

KETTGEN, G. (1989). Moderne Personalentwicklung in der Wirtschaft - Anspruch, Modell, Realisierung. Ehingen (Expert-Verlag)

KETTGEN, G. (1990): Transfersicherung in der betrieblichen Weiterbildung. In: LEHMANN, R. (Hrsg.): Planung, Praxis, Fallbeispiele in der betrieblichen Schulung. Stuttgart u.a. (Lexika), 143-149

KIESER, A., NAGEL, R., KRÜGER, K.-H., HIPPLER, G. (1985). Die Einführung neuer Mitarbeiter in das Unternehmen. Frankfurt/M. (Kommentator)

KIRCKHOFF, M. (1988): Mind mapping. Die Synthese von sprachlichem und bildhafteM Denken. Berlin (Synchron)

KIRKPATRICK, D.L. (1976): Evaluation of training. In: CRAIG, R.L. (Ed.): Training and development handbook. New York (McGraw-Hill), Chapt. 18

KIRKPATRICK, D.L. (1979): Techniques for evaluating training programs. Training and Development Journal, 33 (6), 78-92

KIRSCH, W., ESSER, W.-M. & GABELE, E. (1979). Das Management des geplanten Wandels. Stuttgart (Poeschel)

KIRSTEN, R. E. & MÜLLER-SCHWARZ, J. (1977): Gruppentraining. Reinbek (Rowohlt)

KITZMANN, A. & ZIMMER, D. (1982). Grundlagen der Personalentwicklung. Weil der Stadt (Lexika-Verlag)

KLAGES, H. (1984): Wertorientierungen im Wandel. Rückblick, Gegenwartsanalyse, Prognose. Frankfurt (Campus)

KLAGES, H. (1987): Indikatoren des Wertewandels. In: VON ROSENSTIEL, L., EINSIEDLER, H. & STREICH, R. (Hrsg.): Wertewandel als Herausforderung für die Unternehmenspolitik. USW-Schriften Bd. 13. Stuttgart (Schäffer),1-16.

KLEBERT, K., SCHRADER, E. & STRAUB, W. (1985): KurzModeration. Hamburg (Windmühle)

KLEIN, S. (1991): Der Einfluß von Werten auf die Gestaltung von Organisationen. Berlin (Duncker & Humblot)

KLUSEN, N. (1985): Zielsetzung, Planung und Kontrolle von Maßnahmen der beruflichen Weiterbildung in der erwerbswirtschaftlichen Unternehmung. Dissertation, Berlin

KMIECIAK, P. (1976): Wertstrukturen und Wertwandel in der Bundesrepublik Deutschland. Grundlagen einer interdisziplinären empirischen Wertforschung mit einer Sekundäranalyse von Umfragedaten. Göttingen (Schwartz)

KOCH, J. (1986 a): Das auftragsbezogene Leittextsystem - Modellversuch der Hoesch Stahl AG. In: Reader zur Fachtagung 'Gestaltung von Arbeit und Technik', Hochschultage Berufliche Bildung, Essen.

KOCH, J. (1986 b): Mit Leittexten die kaufmännische Ausbildung wirksamer gestalten. Technische Innovation und Berufliche Bildung (TIBB), Nr. 2

KOCHAN, B. (1974): Rollenspiel als Methode sprachlichen und sozialen Lernens. Kronberg

KOCHAN, B. (Hrsg.) (1981): Rollenspiel als Methode sozialen Lernens. Königstein/Ts. (Athenäum)

KOEDER, K.W. & STEIN, H. (1988): Personalentwicklung als zentrale Aufgabe des Personalwesens. Wirtschaft und Gesellschaft im Beruf, Sonderheft Oktober 1988, S. 2-5.

KÖHLER, H.-U. (1990): SchwertWeg für Manager. In: LEHMANN, R. (Hrsg.): Planung, Praxis, Fallbeispiele der betrieblichen Schulung. Stuttgart u.a. (Lexika)

KOMPA, A. (1990): Unterlagen zur Veranstaltung 'Personalplanung'. Vervielfältigtes Skriptum, Universität Augsburg

KONEGEN-GRENIER, Ch. (1988): Traineeprogramme: Berufsstart für Hochschulabsolventen. Köln (Deutscher Instituts-Verlag)

KÖNIGSWIESER, R. & PELIKAN, J. (1990): Anders - gleich - beides zugleich. Unterschiede und Gemeinsamkeiten in Gruppendynamik und Systemansatz. Manuskript (Wien, Forschergruppe Neuwaldegg)

KOSSBIEL, H. (1987). Betriebliche Weiterbildung und ihre Wirkungen auf Personalstruktur und Personalflexibilität. In: Gaugler, E. (Hrsg.): Betriebliche Weiterbildung als Führungsaufgabe. Festschrift für A. Marx. Wiesbaden (Gabler), 85-117

KRATWOHL, D.R., BLOOM, B.S. & MASIA, B.B. (1964): Taxonomy of educational objectives. The affective domain. New York (McKay)

KREIMEIER, D. (1986): Planungshilfe für die Disposition in teilautonomen Gruppen. Technische Rundschau 78 (45), 29-33

KRESBACH-GNATH, C. & SCHMID-JÖRG,I. (1988). Wer Frauen will, muß Frauen fördern. In: DEMMER, Chr. (Hrsg.): Frauen ins Management. Wiesbaden (Gabler), 179-216

KÜBEL, R. (1990): Ressource Mensch. Erfolg durch Individualität. München (Beck)

KUBICEK, H., LEUCK, H.G. & WÄCHTER, H. (1980): Organisationsentwicklung: Entwicklungsbedürftig und entwicklungsfähig. Gruppendynamik, 10, 297-318

KÜCHLER, J. (1979). Gruppendynamische Verfahren in der Aus- und Weiterbildung. München. Kösel

KUDA, E. (1983): Sicherung und Erweiterung beruflicher Qualifikationen - ein Schwerpunkt gewerkschaftlicher Interessenvertretung. Die Mitbestimmung (12), 543-545.

KÜFFNER, H. & SEIDEL, Ch. (Hrsg. (1989): Computerlernen und Autorensysteme. Stuttgart (Verlag für Angewandte Psychologie)

KÜLLER, H.-D. (1981): Organisationsentwicklung - ein Rationalisierungsinstrument. Unternehmer wollen 'Produktivkraft Partizipation' nutzen. Das Mitbestimmungsgespräch, 10, 335-340.

KURTZ, H.-J. & MARCOTTY; A. (1983): Seminar- und Transferevaluierung. Kritische Betrachtung unserer Erfahrungen mit einem praxisgerechten Konzept. In: STIEFEL, R.Th. &. KAILER; N. (Hrsg): Entwicklungstendenzen als Herausforderung an die Praxis. München (Edition Academic), 317-353

KURTZ, H.-J. & STIEFEL, R.T. (Hrsg.)(1985): Organisationsentwicklung für Management-Andragogen. Planung, Durchführung und Evaluierung von problemorientierten Veränderungsprozessen. München (Edition Academic)

KURTZ, H.-J., MARCOTTY A. & STIEFEL, R.T. (1984): Das Evaluierungsspektrum: Von subjektiv-pragmatischen bis zu objektiv-wissenschaftlichen Konzepten. In: KURTZ, H.-J., MARCOTTY, A. & STIEFEL, R.T. (Hrsg.): Neue Evaluierungskonzepte in der Management-Andragogik. München (Edition Academic), 13-26

KURTZ, H.-J., MARCOTTY, A. & STIEFEL, R.T. (Hrsg.)(1984): Neue Evaluierungskonzepte in der Management-Andragogik. München (Edition Academic)

LANGE, A. (1989): Personalentwicklung bei Beiersdorf. In: RIEKHOF, H.-Ch. (Hrsg.): Strategien der Personalentwicklung. Wiesbaden (Gabler), 169-182

LANGMAACK, B. (1991): Themenzentrierte Interaktion. Einführende Texte rund ums Dreieck. Stuttgart (Psychologie Verlagsunion)

LASKE, St. (1987): Personalentwicklung als Führungsmittel. In: KIESER, A., REBER, G. & WUNDERER, R. (Hrsg.): Handwörterbuch der Führung. Stuttgart (Poeschel), 1656-1668.

LEDFORD, Jr. G.E., LAWLER III, E.E., MOHRMAN, S.A. (1988): The quality circle and its variations. In: CAMPBELL, J.P. & CAMPBELL, R.J. (Eds.) Productivity in organizations: Frontiers of industrial and organizational psychologie. San Francisco (Jossey-Bass), 255-294

LEHMANN, J. & PORTELE, G. (Hrsg.)(1976): Simulationsspiele in der Erziehung. Weinheim (Beltz)

LEHMANN, R.G. (Hrsg.)(1990): Planung, Praxis, Fallbeispiele der betrieblichen Schulung. Dokumentation der Beiträge im Aus- und Weiterbildungszentrum Didactica '89. Stuttgart u. München (Lexika)

LEITER, R., RUNGE, Th., BURSCHIK, R. & GRAUSAM, G. (1982): Der Weiterbildungsbedarf im Unternehmen. Methoden der Ermittlung. München u. Wien (Hanser Verlag)

LEITHÄUSER, Th. & VOLMERG, B. (1988). Psychoanalyse in der Sozialforschung. Eine Einführung. Opladen (Westdeutscher Verlag)

LEVINSON, D. u. DARROW, Ch. (1979): Das Leben des Mannes. Werdenskrisen, Wendepunkte, Entwicklungschancen. Köln (Kiepenheuer & Witsch)

LEWIN, K., LIPPITT, R. & WHITE, R. (1939): Patterns of aggressive behavior in experimentally created 'social climates'. Journal of Social Psychology, 10, 271-299

LIEBERMANN, M., YALOM, I.D. & MILES, M.B. (1974): Die Wirkung von Encounter-Gruppen auf ihre Teilnehmer. Gruppendynamik, 5, 231-248

LIEVEGOED, B. (1974): Organisationen im Wandel - Die praktische Führung sozialer Systeme in der Zukunft. Bern (Haupt)

LIEVEGOED, B. (1979): Lebenskrisen - Lebenschancen. Die Entwicklung des Menschen zwischen Kindheit und Alter. München (Kösel).

LIKERT, R. (1961): New patterns of management. New York

LINDBLOM, Ch. E. (1959): The science of 'muddling through'. Public Administration Review, 2, 79-88

LIPPITT, G.L. (1970): Developping life plans. Training and Development Journal, 2-7

LIPPITT, R. & LIPPITT, G. (1977): Der Beratungsprozeß in der Praxis. In: SIEVERS, B. (Hrsg.): Organisationsentwicklung als Problem. Stuttgart (Klett), 93-115

LOUIS, M. (1980): Surprise and sense making: What newcomers experience in entering unfamiliar organizational settings. Administrative Science Quarterly, 25, 226-251

LOUIS, M., POSNER, B. & POWELL, G. (1983): The availability and helpfulness of socialization practices. Personnel Psychology, 36, 857-866

LOZANOV, G. (1979): Suggestology and outlines of suggestopedia. New York (Gordon & Breach)

LUHMANN, N. (1984): Paradigmawechsel in der Systemtheorie. Ein Paradigma für Forschritt? In: HERZOG, R. & KOSELLECK, R. (Hrsg.): Epochenschwelle und Epochenbewußtsein. München (Fink), 305-322

LUKJE, M. (1987): Evaluation innerbetrieblicher Traineeprogramme. In: WILL, H., WINTELER, A., KRAPP, A. (Hrsg.): Evaluation in der betrieblichen Aus- und Weiterbildung. Heidelberg (Sauer), 169-184

MACCOBY, M. & TERZI, K. (1981): What happend to the work ethic? In: HOFFMANN, W. & WYLY, T. (Eds.): The work ethic in business. Cambridge, Mass. (Oelgeschlager, Gunn & Hain), 22-38

MAIER, W. (1987). Arbeitstugenden im Wandel. Ein Vorschlag zur Strukturierung einer höchst aktuellen Debatte. Journal für Sozialforschung, 27, 315-328

MAIER, W. (1988): 'Ohne Fleiß kein Preis'. Über Arbeitstugenden. In: HAUBL, R. (Hrsg.): Wie man so sagt ... Weinheim (Beltz), 175-202

MAIER, W., KAHLERT, R. & LÖFFLER, J. (1989): Betriebliche Sozialisation am Beispiel eines Traineeprogramms. Eine empirische Untersuchung. Augsburger Beiträge zu Organisationspsychologie und Personalwesen, 7, 1-32

MANDL, H. & FISCHER, P. (Hrsg.)(1985): Lernen im Dialog mit dem Computer. München (Urban & Schwarzenberg)

MARCOTTY, A. (1984): Durch Übungen im Nachbereitungstreffen evaluieren heißt: Vier Fliegen mit einer Klappe zu schlagen. In: KURTZ, H.-J., MARCOTTY, A. & STIEFEL, R.T. (Hrsg.): Neue Evaluierungskonzepte in der Management-Andragogik. München (Edition Academic), 29-46

MARX, K. (1844 bzw. 1981): Ökonomisch-philosophische Manuskripte aus dem Jahre 1844. Berlin (Dietz) MEW, Ergänzungsband 1. Teil

MAUCH, H. (1989): Werkstattzirkel heißt: vor Ort lernen und Probleme lösen. In: SATTELBERGER, Th. (Hrsg.): Innovative Personalentwicklung. Grundlagen, Konzepte, Erfahrungen. Wiesbaden (Gabler), S. 201-210.

MAYO, E. (1933): Human problems of an industrial civilization. Boston

McGREGOR, D. (1960): The human side of enterprise. New York

MEGGINSON, D. (1988). Instructor, coach, mentor: Three ways of helping for managers. Management Education and Development, 19. Jg., Heft 1, S. 33 ff.

MEIER, R. & SIEBECK, C. (1990): Leittexte - eine neue Form des Selbstlernens auch für die Verwaltung? Verwaltung und Fortbildung, 18 (4), 163-178

MEININGER, J. (1974): Transaktionsanalyse. Die neue Methode erfolgreicher Menschenführung. München (Moderne Industrie)

MENTZEL, W. (1985): Unternehmenssicherung durch Personalentwicklung. Freiburg (Haufe).

MEYER-DRAWE, K. (1990): Illusionen von Autonomie. Diesseits von Ohnmacht und Allmacht des Ich. München (P. Kirchheim)

MICKLER, O., DITTRICH, E. & NEUMANN, U. (1975): Technik, Arbeitsorganisation und Qualifikation. Göttingen (SOFI)

MÖLLER, C. (1975): Techniken der Klassifizierung und Hierarchisierung von Lernzielen. In: FREY, K. (Hrsg.): Curriculum-Handbuch. München (Piper),Bd. II, 411-420

MOSER, G. (1979): Das Assignment-Problem im Personal-Informations-Entscheidungssystem. In: REBER, G. (Hrsg.): Personalinformationssysteme. Stuttgart (Poeschel), 204-264

MUELLER, R. K. (1988): Betriebliche Netzwerke. Kontra Hierarchie und Bürokratie. Freiburg/Br. (Haufe)

MÜLLER, K.H. & RAUFEISEN, E.-W. (1988): Personalentwicklung in der Hertie Waren- und Kaufhaus GmbH. Wirtschaft und Gesellschaft im Beruf, Sonderheft Oktober 1988, S. 28-34.

MÜNCH, J. & MÜLLER, H.J. (1988): Evaluation in der betrieblichen Weiterbildung als Aufgabe und Problem. In: DÜRR, W., LIEPMANN, D., MERKENS, H. & SCHMIDT, F. (Hrsg.): Personalentwicklung und Weiterbildung in der Unternehmenskultur. Baltmannsweiler ( Pädagog. Verlag Burgbücherei Schneider), 17-61.

MÜNCH, J. (1990): Qualität, Kosten u. Finanzierung betrieblicher Bildungsarbeit. In: Hoppenstedt Technik Tabellen Verlag (Hrsg.). Innerbetriebliche Weiterbildung. Darmstadt (Hoppenstedt), S. 223-250

NADLER, D.a. (1977): Feedback and organization development: Using data-based methods. Reading (Mass.)(Addison-Wesley)

NEGES, R. (1991): Personalentwicklungs- und Weiterbildungserfolg. Wien (Ueberreuter)

NEUBEISER, M.-L. (1990): Management-Coaching - der neue Weg zum Manager von morgen. Zürich u. Wiesbaden (Orell Füssli)

NEUBERGER, O. (1977): Organisation und Führung. Stuttgart (Kohlhammer)

NEUBERGER, O. (1980): Führung und Macht. Entwurf einer 'Alltagstheorie der Führung'. In: REBER, G. (Hrsg.): Macht in Organisationen. Stuttgart (Poeschel) 151-179

NEUBERGER, O. (1985): Arbeit. Stuttgart (Enke)

NEUBERGER, O. (1987). Der Hintersinn der Schulung. Management Wissen, 2, 74-79

NEUBERGER, O. (1989). Organisationspsychologie am Beispiel der Organisationsentwicklung. Augsburger Beiträge zu Organisationspsychologie und Personalwesen, Heft 8, 13-37

NEUBERGER, O. (1989): Mikropolitik als Gegenstand der Personalentwicklung. Zeitschrift für Arbeits- und Organisationspsychologie, 33 (N.F. 7), 40-46

NEUBERGER, O. (1990a): Führen und geführt werden. Stuttgart (Enke)

NEUBERGER, O. (1990b). Der Mensch ist Mittelpunkt. Der Mensch ist Mittel. Punkt. Personalführung 1, 3-10

NEUBERGER, O. (1990c): Das Konzept der Selbstentwicklung. In: HALLER, M., HAUSER, H. & ZÄCH, R. (Hrsg.): Ergänzungen. Bern u. Stuttgart (Haupt), 199-205

NEUBERGER, O. (1990d): Was ist denn das so komisch? Thema Firmenwitze. Weinheim (Beltz)

NEUBERGER, O. u. KOMPA, A. (1987). Wir, die Firma. Der Kult um die Unternehmenskultur. Weinheim (Beltz Verlag)

NEUMANN, G.A., EDWARDS, J.E. & RAJU, N.S. (1989): Organizational development interventions: A meta-analysis of their effects on satisfaction and other attitudes. Personnel Psychology, 42, 461-489

NOELLE-NEUMANN, E. & STRÜMPEL, B. (1985): Macht Arbeit krank? Macht Arbeit glücklich? Eine aktuelle Kontroverse. München (Piper)

NOELLE-NEUMANN, E. (1978): Werden wir alle Proletarier? Zürich (Interform)

NOELLE-NEUMANN, E. (1990): Der Wertewandel bei uns und in der DDR. !Forbes, 2, 310-311.

NORK, M. (1989): Management Training. Evaluation, Probleme, Lösungsansätze. München u. Mering (Hampp)

OESS, A. (1989): Total Quality Management. Die Praxis des Qualitäts-Managements. Wiesbaden (Gabler)

OFFE, C. (1972): Leistungsprinzip und industrielle Arbeit. Frankfurt (EVA)

OLESCH, G. (1988). Daten zur Personalentwicklung und Weiterbildung. Personalführung, 7, 566-572

ORLICK, T. (1984): Kooperative Spiele. Herausforderung ohne Konkurrenz. Weinheim (Beltz)

ORLICK, T. (1985): Neue kooperative Spiele. Weinheim (Beltz)

ORNSTEIN, R. (1989): Multimind. Ein neues Modell des menschlichen Geistes. Paderborn (Junfermann)

ORTMANN, G. (1984): Der zwingende Blick. Personalinformationssysteme - Architektur der Disziplin. Frankfurt u.a. (Campus)

PAMPUS, K. (1987): Ansätze zur Weiterentwicklung betrieblicher Ausbildungsmethoden. Berufsbildung in Wissenschaft und Praxis, 1987, 16 (2), 43-51

PAPENFUSS, K., PFEUFFER, E. & v. ROSENSTIEL, L. (1985): Selbst- und Fremdwahrnehnmung bei Führungskräften der höchsten Ebene. Psychologie und Praxis, 29 (3), 128-131.

PATRICK, J. (1989). Bildungsbedarfsanalyse. In: GREIF, S., HOLLING, H. & NICHOLSON, N. (Hrsg.): Arbeits- und Organisationspsychologie. München (Psychologie Verlags Union) S. 199-205

PAWLOWSKY, P. (1986): Arbeitseinstellungen im Wandel. München (Minerva)

PELKE, Sybilla (1990): Sanftes Lernen. Superlearning und andere moderne Lernmethoden. Tonkassetten und Lehrbuch. Bremen (PLS)

PERLITZ, M. & VASSEN, J. (1976): Grundlagen der Fallstudiendidaktik. In: WUPPERTALER KREIS (Hrsg.): Führungskräfte fördern. Bd. 3. Köln

PERLS, F. (1976): Gestalttherapie in Aktion. München (Kindler)

PERROW, Ch. (1972): Complex organisations. A critical essay. Glenview (Scott Foresman)

PETERS, T. & WATERMAN, T. (1984): Auf der Suche nach Spitzenleistungen. Landsberg (Moderne Industrie)

PFEIFFER, J.W. & JONES, J.E. (1974 - 1979): Arbeitsmaterial zur Gruppendynamik. Bd. 1-6 + Bd. 7 (Register). Gelnhausen (Burckhardthaus-Verlag) [Amerik. Original: (1969-1971): A handbook of structured experiences for human relations training. Vol. I, II, III. Iowa City]

PIGORS, P. & PIGORS, F. (1961): Case method in human relations. The incident process. New York u.a. (△)

PLUMEIER, W. (1989): Meisternachwuchs sichern durch langfristige Vorsorge und betriebsnahe Qualifizierung. In: SATTELBERGER, Th. (Hrsg.): Innovative Personalentwicklung. Grundlagen, Konzepte, Erfahrungen. Wiesbaden (Gabler), S. 133-149

POLLARD, S. (1967): Die Fabrikdisziplin in der industriellen Produktion. In: FISCHER, W. & BAJOR, G. (Hrsg.): Die Soziale Frage. Stuttgart (Koehler), 159-185

PORRAS, J. & BERG, P.O. (1978): The impact of organization development. Academy of Management Review, 2, 249-266

PULLIG, K.-K. (1987): Weiterbildung im Wandel. Ergebnisse einer Befragung. In: PULLIG, K.-K. & SCHÄKEL, U. (Hrsg.): Weiterbildung im Wandel. Konzeptionelle und methodische Innovationen. Hamburg (Windmühl), 7-40

RAPPE-GIESECKE, K. (1990): Theorie und Praxis der Gruppen- und Teamsupervision. Berlin (Springer)

REESER, C. (1969). Some potential human problems of the project form of organization. Academy of Management Journal, 12, 459-467

REFA (Hrsg.)(1975): Methodenlehre des Arbeitsstudiums. Teil 6: Arbeitsunterweisung. München

REHN, G. (1979): Modelle der Organisationsentwicklung, Bern u. Stuttgart u.a.(Haupt)

REHN, M.-L. (1990). Die Einarbeitung neuer Mitarbeiter. Eine Längsschnittstudie zur Anpassung an Normen und Werte der Arbeitsgruppe. München & Mering (Hampp)

REINEKE, R.-D. (1989): Akkulturation von Auslandsakquisitionen: Eine Untersuchung zur unternehmenskulturellen Anpassung. Wiesbaden (Gabler)

REISKY, K. (1991): Betriebliche Frauenförderung. Unveröfftl. Diplomarbeit, Universität Augsburg

REUBAND, K.-H. (1985): Arbeit und Wertewandel - Mehr Mythos als Realität? Kölner Zeitschrift für Soziologie und Sozialpsychologie, 37, 723-746

RIECKMANN, H. & SIEVERS, B. (1978): Lernende Organisation - Organisiertes Lernen. Systemveränderung und Lernen in sozialen Organisationen. In: BARTÖLKE, K., KAPPLER, E., LASKE, St. & NIEDER, P. (Hrsg.): Arbeitsqualität in Organisationen. Wiesbaden (Gabler), s. 259-276

RIEKHOF, H.-Ch. (Hrsg.) (1986). Strategien der Personalentwicklung. Wiesbaden (Gabler Verlag)

RISCHAR, K. & TITZE, Ch. (1984): Qualitätszirkel. Effektive Problemlösung durch Gruppen im Betrieb. Beruf und Bildung Bd. 12. Ehningen (Expert)

RKW, QCVD, AGP, IMT (Hrsg.), (1986): Quality Circles Voraussetzung für Spitzenleistungen? Erfolgreiche Unternehmen zeigen ihre Konzepte. Hamburg (Windmühle)

ROETHLISBERGER, F.J. & DICKSON, W.J. (1939): Management and the worker. Cambridge (Mass.)

ROGERS, C. (1972): Die nicht-direktive Beratung. München (Kindler)

RÖSCHMANN, Doris (△) Arbeitskatalog der Übungen und Spiele. Ein Verzeichnis von 400 Gruppenübungen und Rollenspielen. Hamburg (Windmühle)

ROSENKRANZ, H. (1990): Von der Familie zur Gruppe zum Team. Familien- und gruppendynamische Modelle zur Teamentwicklung. Paderborn (Junfermann)

ROSSI, P.H. & FREEMAN, H.E. (1985): Evaluation. A systematic approach. Beverly Hills (Sage)

RUDDIES, G.H. (1989): Verhaltens-Training im Beruf. Am Arbeitsplatz Probleme aktiver lösen. München (Lexika-Verlag)

RÜSSMANN, K.H. (1985): Wettkampf nach Mitternacht. Manager Magazin, 6, 160-169.

RÜTER, H.-D. (1988): Personalentwicklung bei der Landesbank Rheinland-Pfalz. Wirtschaft und Gesellschaft im Beruf, Sonderheft Oktober 1988, S. 35-41.

RÜTTINGER, R. & KRUPPA, R. (1981). TA-Manual: Praxis der Transaktionsanalyse in Beruf und Organisation. München (Preisinger)

SABEL, H. (1979): Zur Anwendung von Checklisten bei der Einführung neuer Mitarbeiter im Betrieb. Personalführung. (4) 87-91 und (6) 126-129.

SACHSSE, C. & TENNSTEDT, F. (Hrsg.): Soziale Sicherheit und Soziale Disziplinierung. Frankfurt (Suhrkamp)

Sachverständigenkommission 'Kosten und Finanzierung der beruflichen Bildung' (Hrsg.)(1974): Abschlußbericht. Bielefeld.

SADER, M. (1986): Rollenspiel als Forschungsmethode. Opladen (Westdeutscher Verlag)

SAHM, A. (1977). Humanisierung im Führungsstil. Frankfurt/M. (Kommentator)

SAHM, A. (1979): Lernziel Zusammenarbeit. Konfliktverarbeitung im Betrieb. Frankfurt (Kommentator)

SAHM, A. (1981): Übungsziel Führungsverhalten. Verhaltensbezogene Lernprozesse in der betrieblichen Weiterbildung. Berlin (E. Schmidt)

SAMPSON, E.E. (1983): Deconstructing psychology's subject. The Journal of Mind and Behavior, 4 (2), 135-164

SATTELBERGER, Th. (1983): Bildungsbedarfserfassung - Nadelöhr einer entwicklungs- und problemlösungsorientierten Bildungsarbeit. Organisationsentwicklung, (4), 1-34

SATTELBERGER, Th. (1989): Gedankenskizze zu Nachwuchsermittlung, Projektarbeit und Coaching. In: SATTELBERGER, Th. (Hrsg.): Innovative Personalentwicklung. Grundlagen, Konzepte, Erfahrungen. Wiesbaden (Gabler), S. 155-172.

SATTELBERGER, Th. (1989): Innovative Förderprogramme benötigen innovative Architekturen. In: SATTELBERGER, Th. (Hrsg.): Innovative Personalentwicklung. Grundlagen, Konzepte, Erfahrungen. Wiesbaden (Gabler), S. 90-114.

SATTELBERGER, Th. (1989): Kulturarbeit und Personalentwicklung: Ansätze einer integrativen Verknüpfung. In: SATTELBERGER, Th. (Hrsg.): Innovative Personalentwicklung. Grundlagen, Konzepte, Erfahrungen. Wiesbaden (Gabler), S. 239-258.

SATTELBERGER, Th. (1989): Lebenszyklusorientierte Personalentwicklung. In: ders. (Hrsg.): Innovative Personalentwicklung. Wiesbaden (Gabler), 287-305

SATTELBERGER, Th. (1989): Lernen in der Organisationsfamilie. In: SATTELBERGER, Th. (Hrsg.): Innovative Personalentwicklung. Grundlagen, Konzepte, Erfahrungen. Wiesbaden (Gabler), S. 175-185.

SATTELBERGER, Th. (1989): Personalentwicklung als strategischer Erfolgsfaktor. In: SATTELBERGER, Th. (Hrsg.): Innovative Personalentwicklung. Grundlagen, Konzepte, Erfahrungen. Wiesbaden (Gabler), 15-37

SAUL, S. (1983): Neue Ansätze im Rollenspieldesign. In: STIEFEL, R. & KAIILER, N. (Hrsg.): Jahrbuch 1983: Entwicklungstendenzen als Herausforderung an die Praxis. München (Academic), 269-291

SAUL, S. (1983): Neue Ansätze im Rollenspieldesign. In: STIEFEL, R.Th. &. KAILER; N. (Hrsg.): Entwicklungstendenzen als Herausforderung an die Praxis. München (Edition Academic), 237-268

SCHACHTSIEK; B. (1990): Fernunterricht in der betrieblichen Bildungsarbeit. In: LEHMANN, R. (Hrsg.): Planung, Praxis, Fallbeispiele der betrieblichen Schulung. Stuttgart u.a. (Lexika)91-98

SCHEIN, E. (1964): How to break in the college graduate. Harvard Business Review, 42, (6), 68-76

SCHEIN, E. (1978): Career dynamics. Matching individual and organizational needs. Reading, Mass. (Adison-Wesley).

SCHEIN, E. (1987): Process Consultation (Vol. 1), Reading (Addison-Wesley)

SCHEIN, E. (1988): Organizational socialization and the profession of management. Sloan Management Review, (Fall), 53-65

SCHEIN, E. (1988): Process Consultation (Vol. 2), Reading (Addison-Wesley)

SCHELSKY, H. (1967): Anpassung oder Widerstand. Soziologische Bedenken zur Schulreform. Heidelberg (Quelle u. Meyer)

SCHETTGEN, P. (1991): Führungspsychologie im Wandel. Wiesbaden (Deutscher Universitäts-Verlag)

SCHIENSTOCK, G. & MÜLLER, V. (1978). Organisationsentwicklung als Verhandlungsprozeß. Soziale Welt, △,375-393

SCHINDLER, K. (1979): Wirkung und Erfolg der Weiterbildung. Zu Fragen der Effizienzmessung. Beiträge zur Gesellschafts- und Bildungspolitik Nr. 37, Köln (Deutscher Institutsverlag)

SCHLEGEL, W. (1988): Die transaktionale Analyse. Ein kritisches Lehrbuch und Nachschlagewerk. 3. Auflage. Tübingen (Francke)

SCHMIDT, J. (1987): Von der Organisationsentwicklung zur Selbstorganisation: Prozessbeschreibung und pragmatische Konsequenzen. Organisationsentwicklung, 6, (4), 43-61

SCHMIDT, R. (1987): Richtig miteinander reden. Transaktionsanalyse im Alltag. Landsberg (mvg)

SCHMIDTCHEN, G. (1984). Neue Technik, neue Arbeitsmoral. Eine sozialpsychologische Untersuchung über die Motivation in der Metallindustrie. Köln (Deutscher Instituts-Verlag)

SCHMITZ, Ch. (1988): Beobachtung der Organisation. Dissertation (Wirtschaftsuniversität Wien)

SCHNEIDER; G. (1979): Paß auf, daß dir die Phantasien nicht durcheinandergeraten. Kursbuch, 58, 129-138

SCHNELLE, E. (Hrsg.)(1978): Neue Wege der Kommunikation. Spielregeln, Arbeitstechniken und Anwendungsfälle der Metaplan-Methode. Königstein.

SCHNELLE- CÖLLN, T. (1975): Visualisierung - die optische Sprache für problemlösende und lernende Gruppen. Quickborn

SCHÖNHERR, K.W. (1990): Fernunterricht in der betrieblichen Weiterbildung. In: SCHLAFFKE, W. & WEISS, R. (Hrsg.): Tendenzen betrieblicher Weiterbildung. Köln (Deutscher Instituts Verlag), 214-236

SCHRÖDER, W. (1986). Die Analyse von Wertestrukturen. Ansatzpunkte für Maßnahmen des Personalwesens. Personalführung, 1, 7 ff.

SCHULER, H. (1989): Vorwort des Herausgebers. Sonderheft 'Personalentwicklung' der Zeitschrift für Arbeits- und Organisationspsychologie, 33 (1)

SCHULZ VON THUN, F. (1989): Miteinander reden II. Stile, Werte und Persönlichkeitsentwicklung. Reinbek (Rowohlt)

SCHULZ VON THUN, F. (1981): Miteinander reden. Störungen und Klärungen. Reinbek (Rowohlt)

SCHULZE, W. (1987): Gerhard Oestreichs Begriff 'Sozialdisziplinierung' in der frühen Neuzeit. Zeitschrift für Historische Forschung, 14, 265-301

SCHUSTER, D.H. & GRITTON, Ch.E. (1986): Suggestopädie in Theorie und Praxis. Handbuch für den Unterricht mit holistischen Lehr-Lern-Systemen. Bremen (PLS Psychologische Lernsysteme)

SCHÜTZENBERGER-ANCELIN, A. (1976): Einführung in das Rollenspiel. Anwendungen in Sozialarbeit, Wirtschaft, Erziehung und Psychotherapie. Stuttgart (Klett)

SCHWÄBISCH, L. & SIMS, M. (1974): Anleitung zum sozialen Lernen für Paare, Gruppen und Erzieher. Reinbek (Rowohlt)

SCRIVEN, M. (1972): Die Methodologie der Evaluation. In: WULF, CH. (Hrsg.): Evaluation: Beschreibung und Bewertung von Unterricht, Curricula und Schulversuchen. München (Piper), 60-91 (engl. zuerst 1967)

SEEMAN, M. (1959): On the meaning of alienation. American Sociological Review, 24, 783-791

SEIDEL, C. & LIPSMEIER, A. (1989): Computerunterstütztes Lernen. Entwicklungen - Möglichkeiten - Perspektiven. Hamburg (Windmühle)

SEIFERT, K.H. (1989): Berufliche Entwicklung und berufliche Sozialisation. In: ROTH, E. (Hrsg.): Organisationspsychologie, Enzyklopädie der Psychologie, Bd. D III 3, Göttingen (Hogrefe), 608-630

SEIWERT, L.J. (1988): Mehr Zeit für das Wesentliche. Landsberg (Moderne Industrie)

SELVINI-PALAZZOLI, M., ANOLLI, L., DI BLASIO, P. u.a. (1981): Hinter den Kulissen der Organisation. Stuttgart (Klett-Cotta)

SHAFTEL, F. & SHAFTEL, G. (1973): Rollenspiel als soziales Entscheidungstraining. München (Reinhardt)

SHEEHY, G. (1976): In der Mitte des Lebens. Die Bewältigung vorhersehbarer Krisen. München (Kindler)

SHELDON, M.E. (1971): Investments and involvments as mechanisms producing commitment to the organization. Administrative Science Quarterly, 16, 143-150

SHERIF, M. (1973) The psychology of social norms. New York (Octagon)

SICHROVSKY, P. (1990): Seelentraining. Wie man in sechs Tagen sein Gesicht verliert. Reinbek (Rowohlt)

SIEMENS AG (Hrsg)(1979): Organisationsplanung. Planung durch Kooperation. Berlin u. München (Siemens)

SIEVERS, B. (Hrsg.) (1977): Organisationsentwicklung als Problem. Stuttgart (Klett-Cotta)

SLATER, P.E. (1970): Mikrokosmos: Eine Studie über Gruppendynamik. Stuttgart (Klett-Cotta)

SLESINA, W. & KRÜGER, H. (1978): Zur Theorie und Praxis der Organisationsentwicklung. Zeitschrift für Arbeitswissenschaft, 165-185

SMITH, P.B. (1975): Controlled studies of the outcome of sensitivity training. Psychological Bulletin, 82, 597-622

SOMMER, K.-H. (1985): Handlungslernen in der Berufsausbildung - Juniorenfirmen in der Diskussion. Eßlingen (Deugro)

SONNTAG, K. (1986): Auswirkungen neuer Produktionstechniken auf die Personalentwicklung. Personalwirtschaft, (8), S. 308ff.

SONNTAG, K.-H. (Hrsg.): Neue Produktionstechniken und qualifizierte Arbeit. Köln

Staatliche Zentrale für Fernunterricht (ZFU) und Bundesinstitut für Berufsbildung (BIBB) (Hrsg.)(1989): Ratgeber für Fernunterricht. Köln u. Berlin.

STAEHLE, W. (1989): Management. München (Vahlen)

STAHL, T. (1988): Triffst du 'nen Frosch unterwegs. NLP für die Praxis. Paderborn (Junfermann)

STAMMANN-FÜSSEL, M.P. (1990): "Suggestopädie": Effektive Trainingskonzepte für die Aus- und Weiterbildung. In: Hoppenstedt Technik Tabellen Verlag (Hrsg.). Innerbetriebliche Weiterbildung. Darmstadt (Hoppenstedt), S. 303-330

STAUDE, J. (1978). Betriebliche Traineeprogramme und ihre Kontrolle. Köln (Hanstein)

STAUDT, E. (1990): Defizitanalyse betrieblicher Weiterbildung. In: SCHLAFFKE, W. & WEISS, R. (Hrsg.): Tendenzen betrieblicher Weiterbildung. Köln (Deutscher Insituts-Verlag), S. 36-78

STEMME, F. & REINHARDT, K.-W. (1988). Supertraining - Mit mentalen Techniken zur Spitzenleistung. Düsseldorf/Wien: Econ-Verlag

STIEFEL, R. Th. & BRAUNSBURGER, C. (1983): Konzipierung eines Evaluierungssystems in der betrieblichen Weiterbildung. In: STIEFEL, R.Th. &. KAILER; N. (Hrsg.): Entwicklungstendenzen als Herausforderung an die Praxis. München (Edition Academic), 201-236

STIEFEL, R. Th. &. KAILER, N. (Hrsg.)(1983): Entwicklungstendenzen als Herausforderung an die Praxis. München (Edition Academic)

STIEFEL, R. Th. (o.J): Wie lernt man führen? Manuskript

STIEFEL, R. Th. (1974): Ermittlung von teilnehmerindividuellen Weiterbildungsbedürfnissen in der Programmplanung. Der Betriebswirt, 15, 77-92

STIEFEL, R. Th. (1974): Welche Bedürfnisse haben die Teilnehmer von Management-Kursen? Industrielle Organisation, 43, (10), 443-447

STIEFEL, R. Th. (1979): Einführungsprogramm für neue Mitarbeiter. Fortschrittliche Betriebsführung - Industrial Engineering, 5, 305-307.

STIEFEL, R. Th. (1979): Planung und Durchführung von Induktionsprogrammen. Die Einführung neuer Mitarbeiter als Instrument der Integration und Innovation. München (Ölschläger)

STIEFEL, R. Th. (1982). Zur Ermittlung des Weiterbildungsbedarfs. Zeitschrift für Arbeitswissenschaft, 36, NF 8, 54-58

STIEFEL, R. Th. (1988). Management Training-Audit. IO Management-Zeitschrift, 57 (3), S. 133-135

STIEFEL, R. Th. (1989): Erarbeitung von Vorgaben und Bedarfen im Rahmen strategieumsetzender Personalentwicklung. In: SATTELBERGER, Th. (Hrsg.): Innovative Personalentwicklung. Grundlagen, Konzepte, Erfahrungen. Wiesbaden (Gabler), S. 54-58.

STIEFEL, R. Th. (1989): Modelle und Beispiele personaler Zukunftssicherung im Unternehmen. In: SATTELBERGER, Th. (Hrsg.): Innovative Personalentwicklung. Grundlagen, Konzepte, Erfahrungen. Wiesbaden (Gabler), S. 80-89

STIEFEL, R. Th. (1989): Strategieumsetzendes Lernen. In: SATTELBERGER, Th. (Hrsg.): Innovative Personalentwicklung. Grundlagen, Konzepte, Erfahrungen. Wiesbaden (Gabler), S. 38-41.

STIEFEL, R. Th., MÜHLHOFF, W.R., NIEDER, P., SATTLER, P., SCHMIDT-BARTHMES, H.D. & VOGEL, H.-C. (1979). Überbetriebliche Weiterbildung besser nutzen. Berlin u. Köln (Beuth)

STOLLBERG, D. (1982): Lernen, weil es Freude macht. Eine Einführung in die themenzentrierte Interaktion. München (Kösel)

STREICH, R. (1989): Integrative Personalentwicklung: Das Beispiel der Nixdorf Computer AG. In: RIEKHOF, H.-Ch. (Hrsg.): Strategien der Personalentwicklung. Wiesbaden (Gabler), S. 213-223.

STRUBE, A. (1982). Mitarbeiterorientierte Personalentwicklungsplanung. Berlin (E. Schmidt)

STRÜMPEL, B. (1985). Arbeitsmotivation im sozialen Wandel. Die Betriebswirtschaft, 45, 42-50

STULLE, P.K. (1990): Ermittlung des Qualifikationsbedarf. In: Hoppenstedt Technik Tabellen Verlag (Hrsg.). Innerbetriebliche Weiterbildung. Darmstadt (Hoppenstedt), S. 177-185

STURM, S. (1991): Am laufenden Band. Beim Transfertraining schulen Chefs ihre Mitarbeiter am Arbeitsplatz. Manager Magazin, 5, 250-265

SUPER, D.E. (1980). A life-span, life-space approach to career development. Journal of Vocational Behavior, 16, 282-298

SVENSON, A. (1972): Die Marathonmethode nach Bach und Stoller. Gruppendynamik 4, 407-422

SYKES, A.M. (1965): Economic interests and the Hawthorne research. A comment. Human Relations, 18, 253-263

TAYLOR, F.W. (1917): Die Grundsätze der wissenschaftlichen Betriebsführung. Berlin u. München

TERJUNG, B. (1990): Person-centered approach und Organisationsentwicklung. In: BEHR, M., ESSER, U., PETERMANN, F. & PFEIFFER, W. (Hrsg.): Jahrbuch der personenzentrierten Psychologie und Psychotherapie. Bd. 2, Salzburg (Müller), S. 123-143

THIELE, A. (1983): Handlungsorientierung und Effizienz in der betrieblichen Führungskräfte-Weiterbildung. Beiträge zur Gesellschafts- und Bildungspolitik Bd. 88, Köln (Deutscher Instituts-Verlag)

THOM, N. (1987). Personalentwicklung als Instrument der Unternehmensführung. Stuttgart (Poeschel)

TICHY, N. (1974): Agents of planned social change: Congruence of value cognitions and actions. Administrative Science Quarterly, △, 164-182

TILLMANN, K.-J. (1989): Sozialisationstheorien. Eine Einführung in den Zusammenhang von Gesellschaft, Institution und Subjektwerdung. Reinbek (Rowohlt)

TITSCHER, S. & KÖNIGSWIESER, R. (1985). Entscheidungen in Unternehmen. Zur Theorie und Praxis des Umgangs mit Krisen wechselseitiger Abhängigkeit. Wien (Signum)

TREBESCH, K. (1982). 50 Definitionen der Organisationsentwicklung - und kein Ende. Organisationsentwicklung. Zeitschrift der Gesellschaft für Organisationsentwicklung e.V. 1. Jg. Heft, 2, 37-62

TREBESCH, K. (1987): Organisationsentwicklung in der Krise? In: HINTERHUBER, H. & LASKE, S. (Hrsg.): Zukunftsorientierte Unternehmenspolitik. Konzeptionen, Erfahrungen und Reflexionen zur Personal- und Organisationsentwicklung. Freiburg (Rombach), 313-329

TREIBER, H. & STEINERT, H. (1980): Die Fabrikation des zuverlässigen Menschen. Über die 'Wahlverwandtschaft' von Kloster- und Fabrikdisziplin. München (H.Moos)

TREIBER, H. (1973): Wie man Soldaten macht. Sozialisation in 'kasernierter Vergesellschaftung'. Düsseldorf (Bertelsmann Universitäts-Verlag)

TUCKMAN, B.W. (1965): Developmental sequence in small groups. Psychological Bulletin, 63, 384-399

TÜRK, K. (1976): Grundlagen einer Pathologie der Organisation. Stuttgart (Enke)

TURQUET, P.M. (1974): Leadership: The individual and the group. In: GIBBARD G., HARTMAN, J. & MANN, R. (Eds.): Analysis of groups. San Francisco (Jossey-Bass)

ULSAMER, B. (1985): NLP. Konzentration auf das Wesentliche. Psychologie heute, 12, 52-59

VAN MAANEN, J. & SCHEIN, E. (1979): Toward a theory of organizational socialization. In: STAW, B.M. (Ed.): Research in organizational behavior. Greenwich (JAI Press), Vol 1, 209-264

VAN MAANEN, J. (1976): Breaking in: Socialization to work. In: DUBIN, R. (Ed.): Handbook of work, organization, and society. Chicago (Rand McNally), 67-120

VAN MAANEN, J. (1978): People processing: Strategies of organizational socialization. Organizational Dynamics, 6, 19-36

VON BARDELEBEN, R., BEICHT, U., BÖLL, G. & WALDEN, G. (1990): Erhebungskonzeption zur Erfassung der betrieblichen Kosten der beruflichen Bildung unter Berücksichtigung von Nutzenaspekten (unveröfftl. Manuskript). Bonn

VON BEHR, Marhild (1981): Die Entstehung der industriellen Lehrwerkstatt. Materialien und Analysen zur beruflichen Bildung im 19. Jahrhundert. Frankfurt u.a. (Campus)

VON KLIPSTEIN, M. & STRÜMPEL, B. (1985): Gewandelte Werte- Erstarrte Strukturen. Wie die Bürger Wirtschaft und Arbeit erleben. Bonn (Neue Gesellschaft)

VON LANDSBERG, G. (1990): Weiterbildungscontrolling. In: SCHLAFFKE, W. & WEISS, R. (Hrsg.): Tendenzen betrieblicher Weiterbildung. Aufgaben für Forschung und Praxis. Köln (Deutscher Instituts-Verlag), 350-376

VON PAPSTEIN, P. (1989): Einzelkämpfer sind out. 'Vernetzte Beratung' optimiert Technik-Know-how der Mitarbeiter. Computerwoche, Extraausgabe Nr. 5 (15.12.89)

VON ROSENSTIEL, L. & STENGEL, M. (1987). Identifikationskrise? Zum Engagement in betrieblichen Führungspositionen. Bern u.a. (Huber)

VON ROSENSTIEL, L. (1987): Wandel in der Karrieremotivation - Verfall oder Neuorientierung? In: VON ROSENSTIEL, L., EINSIEDLER, H. & STREICH, R. (Hrsg.): Wertewandel als Herausforderung für die Unternehmenspolitik. USW-Schriften Bd. 13. Stuttgart (Schäffer), 35-52

VON ROSENSTIEL, L., EINSIEDLER, H.E. & STREICH, R.K. (Hrsg.), (1987). Wertewandel als Herausforderung für die Unternehmenspolitik. Stuttgart (Schäffer)

VON ROSENSTIEL, L., NERDINGER, F. & SPIESS, E. (1991): Was morgen alles anders läuft. Die neuen Spielregeln für Manager. Düsseldorf u.a. (Econ)

VON ROSENSTIEL, L., NERDINGER, F.W., SPIESS, E. & STENGEL, M. (1989). Führungsnachwuchs im Unternehmen. Wertkonflikte zwischen Individuum und Organisation. München (Beck)

VOPEL, K. (1978): Handbuch für Gruppenleiter. Zur Theorie und Praxis der Interaktionsspiele. Hamburg (Isko)

VOPEL, K. (1978): Interaktionsspiele. Bd. 1-6. Hamburg (Isko)

WALTON, R.E. (1969): Interpersonal peacemaking: Confrontations and third party consultation, Reading, Mass. u.a. (Addison-Wesley)

WANOUS, J.P. (1980): Organizational entry. Recruitment, selection, and socialization of newcomers. Reading u.a.

WATZLAWICK, P., BEAVIN, J.H. & JACKSON, D. (1980): Menschliche Kommunikation. Formen, Störungen, Paradoxien. Bern (Huber)

WEBER, H. (1986): Arbeitskatalog der Übungen und Spiele. Ein Verzeichnis von über 800 Gruppenübungen und Rollenspielen. Hamburg (Windmühle)

WEBER, M. (1921 bzw. 1972): Wirtschaft und Gesellschaft. Grundriß der verstehenden Soziologie. Tübingen (Mohr)

WEBER, W. (1985): Betriebliche Weiterbildung. Empirische Analyse betrieblicher und individueller Entscheidungen über Weiterbildung. Stuttgart (Poeschel)

WEINERT, A. (1981). Lehrbuch der Organisationspsychologie. München u.a. (Urban & Schwarzenberg)

WEINERT, F. (1976): Lernübertragung. In: WEINERT, F. u.a. (Hrsg): Pädagogische Psychologie, Bd. 2. Frankfurt (Fischer), 685-710

WEINSTOCK, S.A.(1963): Role elements. A link between acculturation and occupational status. British Journal of Sociology, 14, 144-149

WEISS, Josef (1990) Selbst-Coaching. Persönliche Power und Kompetenz gewinnen. Paderborn (Junfermann)

WEISS, R. (1985): Duales System ist Spitze. Gewerkschaftsreport, Heft 2, 4-8

WEISS, R. (1990): Die 26-Mrd.-Investition - Kosten und Strukturen betrieblicher Weiterbildung. Köln (Deutscher Instituts-Verlag)

WEISS, Th. (1990): Einzelberatung in der Personalentwicklung. In: KÖNIGSWIESER, R. & LUTZ, Ch. (Hrsg.): Das systemisch-evolutionäre Management. Wien (Orac), 286-298)

WELTZ, F., BOLLINGER, H., ORTMANN, R.G. (1989): Qualitätsförderung im Büro. Konzepte und Praxisbeispiele. Frankfurt u.a. (Campus)

WESTER, J. (1990): Superlearning. Schneller lernen ohne Stress. Wiesbaden (Englisch)

WEUSTER, A. (1991): Profit-Center-Konzept gerät ins Abseits. Personalwirtschaft (6), 49-51

WILDENMANN, B. (1985): Durchführung von Problemklärungsseminaren. In: KURTZ, H.-J. & STIEFEL, R.T. (Hrsg.)(1985): Organisationsentwicklung für Management-Andragogen. Planung, Durchführung und Evaluierung von problemorientierten Veränderungsprozessen. München (Edition Academic), 139-161

WILKENING, O.S. (1986). Bildungs-Controlling - Instrumente zur Effizienzsteigerung der Personalentwicklung. In: Riekhof, H.-C. (Hrsg.): Strategien der Personalentwicklung. Wiesbaden (Gabler)

WILPERT, B. (1977): Führung in deutschen Unternehmen. Berlin u.a. (de Gruyter)

WIMMER, P. (1985): Personalplanung. Stuttgart (Enke)

WIMMER, R. (1990): Wozu noch Gruppendynamik? Eine systemtheoretische Reflexion gruppendynamischer Arbeit. Gruppendynamik, 21, 5-28

WINDOLF, P. & HOHN, H.-W. (1981): Berufliche Sozialisation. Zur Produktion des beruflichen Habitus. Stuttgart (Enke)

WITTMANN, W.W. (1985): Evaluationsforschung. Heidelberg u.a. (Springer)

WITTWER, W. (1985): Aller Anfang ist schwer. Die ersten Wochen in der betrieblichen Ausbildung. In: WITTWER, W., ARBOGAST, Christine, EBNER, H. & WAKOUNIG, V. (Hrsg.) (1985): Ausbildung im Betrieb. Neun Lernsituationen für die Praxis. Sindelfingen (expert), 238-310

WITTWER, W. (1985): Gewußt wie. In: WITTWER, W., ARBOGAST, Christine, EBNER, H. & WAKOUNIG, V. (Hrsg.) (1985): Ausbildung im Betrieb. Neun Lernsituationen für die Praxis. Sindelfingen (expert), 156-237

WÖHE, G. (1976): Einführung in die Allgemeine Betriebswirtschaftslehre. München (Vahlen)

WOODCOCK, M. (1979). Team Development Manual. Aldershot (Gower), 115-120

WOTTAWA, H. & THIERAU, H. (1990): Evaluation. Bern u.a. (Hans Huber)

WOTTAWA, H. (1986). Evaluation. In: Weidenmann, B. & Krapp, A. (Hrsg.): Pädagogische Psychologie. München u.a. (PVU), 703-733

WÜBBENHORST, K.L. & STAUDT, K.-U. (1982): Organisationsentwicklung. Grundlagen, Ansätze, Kritik. Die Unternehmung, 36, 279-298

WUNDERLI, R. (1978): Psychoregulativ akzentuierte Trainingsmethoden. Elduntersuchung zum Einsatz von observativem, mentalem und verbalem Training in einer Lehrwerkstatt, Zeitschrift für Arbeitswissenschaft, 32, 106-111

ZAUNER, A. (1981): Schlagwort Organisationsentwicklung. Vom Ökonomismus zum Psychologismus in der betriebswirtschaftlichen Theorienbildung. Österreichische Zeitschrift für Soziologie, 6 (3), 39-47

ZELLER, E. & BECK, U. (1980). Berufskonstruktionen als Medien der Vermittlung von Bildung und Beschäftigten - Untersucht am Beispiel der Entstehung und Schneidung der medizinisch-technischen Dienstleistungsberufe. In: Beck, U., Hörning, K. & Thomssen, W. (Hrsg.): Bildungsexpansion und betriebliche Beschäftigungspolitik. Frankfurt u.a. (Campus), S. 80-97

Zentralverband der Elektrotechnischen Industrie e.V. (ZVEI) (Hrsg.)(1982): Leitfaden zur Ermittlung der Weiterbildungsleistungen - Struktur und Kosten - für Klein-, Mittel- und Großbetriebe. Frankfurt

ZIMMER, D. (1977): Kriterien zur Selektion von Ausbildungsmethoden. In: (o.V.): Personalenzyklopädie, Bd. 3, München (Moderne Industrie), 541-543

ZIMMER, D. (Hrsg.) (1990): Interaktive Medien für die Aus- und Weiterbildung. Marktübersicht,. Analysen, Anwendung. Bd. 1 der Reihe 'Multimediales Lernen in der Berufsbildung', Nürnberg (Bundesinstitut für Berufsbildung)

ZIMMERMANN, Sabine (1988): Der Berufseinstieg - Eine empirische Untersuchung von Hochschulabgängern. Unveröffentlichte Diplomarbeit, Univers. Augsburg.

ZIMMERMANN-SONNTAG, Bettina (1984): Einführung neuer Formen der Arbeitsorganisation im Ressort 'Forschung und Entwicklung'. Unveröffentlicher Projektbericht für das BMFT, GH Kassel

ZINK, K.J. (Hrsg.) (1986): Quality Circles 2: Beispiele aus deutschen Firmen, Erfahrungen und Perspektiven. München u.a. (Hanser).

ZINK, K.J. (Hrsg.) (1989): Qualität als Managementaufgabe (Total Quality Management). Landsberg/Lech

ZINK, K.J. & SCHICK, G. (Hrsg.) (1987): Quality Circles 1: Grundlagen, 2. überarbeitete Auflage. München, Wien (Hanser)

Bei Fragen zur Produktsicherheit wenden Sie sich bitte an:
If you have any questions regarding product safety,
please contact:

Walter de Gruyter GmbH
Genthiner Straße 13
10785 Berlin
productsafety@degruyterbrill.com